August Marahrem

Vollständiges Real-Lexikon der Buchdrucker-Kunst

und der ihr verwandten graphischen Künste und Gewerbe

August Marahrem

Vollständiges Real-Lexikon der Buchdrucker-Kunst
und der ihr verwandten graphischen Künste und Gewerbe

ISBN/EAN: 9783743630895

Hergestellt in Europa, USA, Kanada, Australien, Japan

Cover: Foto ©Thomas Meinert / pixelio.de

Weitere Bücher finden Sie auf **www.hansebooks.com**

Vollständiges
Real-Lexikon der Buchdruckerkunst
und der ihr verwandten
Graphischen Künste und Gewerbe

Unter Mitwirkung mehrerer Fachgenossen
zusammengestellt und herausgegeben
von
Aug. Marahrens,
Praktischem Buchdrucker, Verfasser des „Handbuchs der Typographie" und Mitarbeiter an mehreren
in- und ausländischen Fachblättern.

Erster Band:
A — Lehre vom Annoncensatz

Fulda
Verlag von Carl Köppel's Buchdruckerei
1877.

Vollständiges

Real-Lexikon der Buchdruckerkunst

Vorwort
zum ersten Bande

Es ist ein ordnungsmäßiger Brauch, daß ein Schriftsteller in dem Vorworte, welches das von ihm herausgegebene Buch bei den Lesern einführt, denselben mittheilt, welche Umstände die Veranlassung zu der Herausgabe gewesen sind und welches Ziel er sich bei der Abfassung gesteckt hat.

Auch ich will diesen Brauch nicht unterlassen, obschon ich mich in dem Prospekt über beide Punkte ausgelassen habe. Die Umstände, welche mich zu der Herausgabe dieses Buches veranlaßten, hatten darin ihren Grund, daß unserm Berufe und weiter den gesammten graphischen Künsten ein Wörterbuch mangelt, welches einen Inbegriff des Wissens des Berufs bildet, während anderen Künsten, Gewerben und Wissenschaften derartige Enzyklopädien seit lange zugänglich gemacht sind und ihr Werth anerkannt und gewürdigt worden ist.

Das Ziel, welches bei der Abfassung mir vorschwebte, ging dahin, unser Berufswissen nach allen Seiten hin, in seiner Geschichte, seiner Technik und seinen Beziehungen zur Wissenschaft zu behandeln. Aus diesem Grunde habe ich dem Titel das Prädikat „Vollständiges" beigegeben. Wie weit ich das mir gesteckte Ziel erreicht habe, darüber mögen meine Leser und Berufsgenossen entscheiden, aus einigen Erwähnungen in unseren Fachjournalen ist mir übrigens die Genugthuung geworden, daß jenes Prädikat anerkannt wird, indem sie auf verschiedene Artikel hinweisen, welche füglich hätten fortbleiben können und damit anerkennen, ohne es zu wollen, daß ich dem angedeuteten Ziele nicht fern geblieben bin.

Leider ist es mir nicht vergönnt gewesen, beständig an dem Druckorte mich aufhalten zu können, und daß dieser Umstand zu mancherlei Irrthümern und Störungen Veranlassung geben mußte, das wissen meine Herren Collegen sehr wohl, und brauche mich füglich nicht weiter darüber auszulassen, nehme aber ihre gütige Rücksicht dieserhalb in Anspruch.

Meinen Herren Mitarbeiter im In- und Auslande, sowie allen Denen, welche der Herausgabe mit so großer Zuvorkommenheit die Hand reichten, statte ich herzlichen Dank ab mit der Bitte, bei der Veranstaltung des zweiten Bandes dieselbe Freundlichkeit mir bewahren zu wollen.

Wittenburg, August 1877.

Aug. Marahrens.

Inhalt

	Seite
A	1
B	96
C	177
D	209
E	277
F	311
G	375
H	400
J	423
(Jobb)	430
K	433
L	449
Register	463

A

A (a), der erste Buchstabe in den Alfabeten aller bekannten Sprachen mit Ausnahme des der äthiopischen Sprache, in welchem dieser der dreizehnte in der Reihenfolge ist; in letzterm heißt er Alf, im Griechischen und Koptischen Alfa, im Arabischen Elif, im Hebräischen Alef, im Slawonischen Aß, im Armenischen Aip. Seiner sprachlichen Bedeutung nach ist dieser Buchstabe ein Grund- oder Selbstlaut (Vokal); im Deutschen, Schwedischen und Dänischen ist sein Umlaut Ää, welcher im letztern die Form von Æ æ hat, im Schwedischen und Dänischen kommt er nochmals als Umlaut vor, was im letztern durch Verdoppelung, im erstern durch ein o darüber ausgedrückt wird. Im Griechischen, Französischen und Wendischen ist er mit dem Circonflex (â á) versehen, wenn er gedehnt gesprochen werden soll, in den meisten romanischen Sprachen, in der tschechischen und ungarischen mit dem scharfen Lautzeichen (á), im Französischen und einigen romanischen und slawischen Sprachen mit dem harten Lautzeichen (à). Als Zahl hat A fast durchweg die Bedeutung von 1 oder des Ersten, des Anfanges, des Hauptsächlichen. Bei der vormals gebräuchlichen Buchstaben-Signirung bezeichnete man mit A den ersten Bogen.

Aa, bei der vormals gebräuchlichen Bogen-Signirung mittelst Buchstaben der 23. oder 24. Bogen.

Aaa, als Buchstaben-Signatur, wie sie vordem Brauch war, der 47. oder 48. Druckbogen.

Aanwyzing der tekenen, die by het corrigiren van drukproeven gebruikt worden (Anweisung der Zeichen, welche beim Lesen von Correcturen gebraucht werden), ist der Titel eines zu Amsterdam 1799 in Quart erschienenen Buches.

Abbinden. Die Auftragewalzen bei der Handpresse und Schnellpresse, sowie auch die Reibe- und Leckwalzen derselben, müssen, wenn dieselben gegossen und aus der Form herausgenommen sind, an beiden Enden in soweit verkleinert werden, daß die Masse derselben das Walzengestell oder bei den Schnellpressen den Schneckengang des nackten Cylinders nicht berührt. Diese Verkleinerung erzielt man am leichtesten durch Abbinden, indem man das Fortzunehmende mit einem scharfen Bindfaden umgiebt, denselben anzieht und, wenn er die Welle erreicht hat, ihn wieder herausnimmt. Nun kann man das sehr egal abgeschnittene Stück Masse leicht abnehmen. L—e.

Abbreviation, s. Abkürzung.

Abbreviationszeichen, s. Abkürzungszeichen.

Abbreviatur oder Abbreviation, s. Abkürzung.

Abbreviren, s. Abkürzen.

Abchasisches Alfabet. Das erste Druckalfabet des abchasischen Volkes, welches die Abchasa nordöstlich vom Schwarzmeer bewohnt, wurde auf Veranlassung der Schriftgießerei O. J. Lehmann in St. Petersburg während der letztverflossenen 60ger Jahre geschnitten und sind die Stahlstempel in deren Besitz. Der Urschrift des Volkes im Schnitt nachgebildet, fand dasselbe Beifall. Es besteht aus 46 Buchstaben, großen und kleinen (Majuskel und Minuskel), wird in der russischen Typographie Awarstii Alsabit genannt, und folgen sich die einzelnen Typen desselben in folgender Reihe:

А а　Б б　В в　Г г　Ҕ ҕ　Д д　Е е　Ж ж　З з　H h　H̅ h̅　H̆ h̆　I i

J j　К к　Ќ ќ　К̡ к̡　Л л　М м　Н н　О о　П п　Q q　Ļ ļ　Р р　С с

Ҫ ҫ　Т т　Т̡ т̡　У у　Х х　Х̇ х̇　Х̄ х̄　Ц ц　Ц̡ ц̡　Ƃ ƃ　Ƃ̄ ƃ̄　Ч ч　Ч́ ч́

Ч̆ ч̆　∮∮　Ш ш　Ŋ ŋ　Ŋ́ ŋ́　Ŋ̈ ŋ̈　Ω ω

Abdruck, s. Abzug.

Abdrucken, s. Abziehen.

Abebnen, den Hinterguß bei Kupferniederschlägen entweder vermittelst des Hobels, der Drehbank oder des Schleifens gerade machen; dasselbe ist der Fall bei Stereotypplatten und Abklatschen.

Abformen, auch Abgießen, heißt bei der Stereotypie, dem Abklatsch und dem galvanischen Kupferniederschlag die Bereitung der Matrizen, welche zur Bereitung von Druckplatten für die Buchdruckpresse bestimmt sind. Das Verfahren der Herstellung ist bei jedem der genannten Gegenstände verschieden und bei den betreffenden Artikeln beschrieben.

Abgang nennt man diejenigen Abbrücke in ihrer Gesammtheit, welche während des Druckes mißrathen oder tadelhaft sind. Dieselben dürfen nicht bei der Auflage bleiben, sondern werden beim Pressendruck sowohl, als auch bei der Maschine durch Zusammenschlagen gekennzeichnet. Der meiste Abgang entsteht bei der Schnellpresse durch mangelhaftes Anlegen und Punktiren, durch nicht ordnungs= mäßige Zurichtung oder nicht richtige Regulirung der Farbe, und auch in Folge nicht sorgfältig umschlagenen Papiers. Der Abgang darf die Auflage nicht un= vollzählig machen, dieselbe muß vielmehr die angenommene Zahl in guten un= tadelhaften Abdrücken enthalten. Um dieses zu ermöglichen, werden der richtigen Bogenzahl der Auflage so viel Bogen zugegeben, als der Abgang in seinem Ma= ximum annähernd beträgt; diese überzähligen Bogen heißen Zuschuß. Der Ab= gang in seinem Maximum sollte bei einer Auflage von 1000 Exemplaren eigent= lich 2 pSt. nicht übersteigen, und wenn er darüber hinausgeht, so ist das un= zuträglich. Bei unseren altvorderen Buchdruckern war es schon Brauch, eine Auf= lage von 1000 Exemplaren mit 25 Bogen Zuschuß zu versehen, ein Brauch, der heutigen Tages noch Geltung hat. Vermittelst dieses Zuschusses muß die wirk= liche Zahl der Auflage um 5 bis 6 Bogen überzählig sein, welch' letztere dazu verwendet werden können, beim Falzen noch zum Vorschein kommende Schlechte zu ergänzen. Uebrigens thut man wohl, den irgend brauchbaren Abgang aufzu= heben, um für alle Zufälligkeiten gesichert zu sein. Der rechtliche Zuschuß ist dem Auftraggeber zu berechnen. Die einzelnen Bogen des Abgangs heißen Ma= kulatur; vormals nannte man den Abgang in seiner Gesammtheit Mißdruck. Die einzelnen Bogen des Abgangs sind bei der Schnellpresse als Schwarze zu verwerthen.

Abgangsbogen ist der einzelne Bogen des Abgangs, ein unbrauchbarer Abdruck oder Makulatur.

Abgebrochene Spatien oder krumm gebogene dürfen beim Ausschließen nicht verwendet werden, weil sie einen krummstehenden Satz zur Folge haben und derartige Spatien beim Correcturmachen schwer herauszunehmen sind.

Abgekürzte Stiele heißen beim Musiknotensatz Vertikallinien, welche kürzer sind, als die gewöhnlichen Stiele der Notenköpfe, und die in vier verschiedenen Längen auftreten:

Ferner giebt es abgekürzte Stiele mit Linien oder jene Vertikallinien mit horizontal laufenden Strichen, welche von dem Stiel ab in folgenden Formen verlaufen:

Abgießen, s. Abformen.
Abguß, s. Matrize.
Abhandlung von der Buchdruckerkunst und einigen dahin gehörigen Stücken des Alterthums — ist der Titel einer sehr lehrreichen Schrift, welche bei Gelegenheit der dritten Säkularfeier der Buchdruckerkunst (1740) in Bremen erschienen ist. Der Verfasser ist unbekannt.
Abheben, einen Griff zum Ablegen, s. Ablegen.
Abhobeln, geschieht bei einer Stereotypplatte oder einem Unterguß mittelst des gewöhnlichen oder eines Kreishobels, bei Schließplatten, Fundamenten und Tiegeln mit der Hobelmaschine, beim Tabellensatz mittelst des Linienhobels, falls man nicht im Besitze von systematisch geschnittenen Messinglinien ist, die erforderlichen Stücke sich vielmehr aus Zeuglinien zusammensuchen oder aus langen Bahnen herausschneiden muß. Die Stücke, welche man zum Gebrauch wählt oder aus den Bahnen herausschneidet, müssen eine Kleinigkeit länger sein, als die wirkliche Größe es erfordert, mindestens aber um so viel, daß einige Hobelstöße nicht schaden. Um das Linienstück nun zu behobeln, legt man es in den geraden Einschnitt des Linienhobels so weit vor, daß das Hobeleisen die Linie treffen kann, hält mit dem Daumen der linken Hand die Linie fest und macht mit der rechten Hand ein paar Hobelstöße, wiederholt dieselbe Manipulation mit der anderen Seite der Linie und wenn dies geschehen, mißt man sie; falls dieselbe noch zu groß ist, nimmt man das Ueberschießende auf dieselbe Weise noch fort. Im letztern Falle muß man behutsam zuwerke gehen, damit man nicht zu viel abnimmt, weil dann das Stück nicht zu benutzen ist.
Abklatsch oder Cliché nennt man eine Druckplatte, welche aus einem Stück besteht, und durch Abformen und Abgießen hergestellt ist. Das Verfahren bei der Herstellung von Abklatschen ist ein außerordentlich mannichfaltiges; das hauptsächlichste ist jedenfalls das der Papierstereotypie, dann der Gypsstereotypie, weiter das der Gewinnung der Formen mittelst Weichmetalls und durch Guttapercha.
Abklatsch-Instrument, ein Werkzeug in der Schriftgießerei, ähnlich einer Guillotine, das zum Abklatschen, namentlich von Affiche-Buchstaben, treffliche Dienste leistet. Im obern Balken hängt ein schweres Gewicht, unter welchem die Matrize befestigt ist und gerade darunter auf dem Untergestell befindet sich in einer Umrahmung das jedesmal erforderliche geschmolzene Metall; ist das Gewicht entfesselt, so fällt es mit der Matrize wuchtig in das Metall hinein und übt dadurch die erforderliche Kraft aus, um das Metall in die feinsten Vertiefungen einzubringen und sie abformen zu lassen.
Abklatschmasse, das zum Abklatschen oder Clichiren zu benutzende Metall, ist das gewöhnliche Schrift- oder Letternmetall. Vorzügliche Dienste leistet zu diesem Zwecke das Freiberger Hartblei, Saxonia genannt.

1*

Abklopfbürste, die Bürste, mittelst welcher man Correcturabzüge macht. Diese muß von der Form der gewöhnlichen Bürsten sonderlich abweichen und mit einem etwa 16—20 Cm. langen Stiel oder Handgriff versehen sein, während die Größe der Bürste selbst von 8 zu 12 Cm. genügt. Die Haare müssen mindestens 3 Cm. lang, keine Borsten, sondern Pferdehaare und sehr dicht gesetzt sein. Die gewöhnlichen Kleiderbürsten zum Abklopfen zu benutzen, wie dies freilich in vielen Druckereien Brauch, ist nicht rathsam; die bedeutende Haarfläche derselben bringt ein Vibriren des Papiers und demzufolge ein Schmitzen und Dopliren zuwege.

Abklopfen, das Verfahren, mittelst der Bürste von einer Typenform Correcturabzüge zu machen, bei den Chinesen die allgemein gebräuchliche Methode zur Erzielung der Abdrücke von erhaben gravirten Platten, bei uns aber stark verbreitet zu der Herstellung von Correctur=Abzügen. Die Methode bedingt folgende Handhabung: der sehr fest ausgebundene Satz wird auf eine Marmor= oder eiserne Schließplatte, auf ein Pressenfundament u. s. w. gestellt, geklopft, aufgetragen, das ziemlich stark gefeuchtete Papier darauf gelegt und nun mit der Abklopfbürste so lange darauf geschlagen, bis überall ein gleichmäßiges Gepräge, die Schattirung, zum Vorschein kommt. Hiernach hebt man den auf solche Art bewerkstelligten Abzug vorsichtig ab, legt ihn zwischen zweifaches Papier und klopft mit der Bürste wie vorhin abermals wieder darauf, infolge dessen das Gepräge aus dem Papier wieder verschwindet. Trocknet man nun den Abzug, so hat man meist einen sehr leserlichen Abdruck. Bei dem Abklopfen ist noch zu beachten, daß auf der Walze mittelmäßig viel Farbe und das Papier nicht zu stark aber halb geleimt sein muß. Bei der Handhabung der Bürste hat man darauf acht zu geben, daß die Schläge gerade fallen und die Haarfläche der Bürste die Form auf einmal trifft. Die Farbe beim Abklopfen darf nicht zu schwach, aber auch nicht zu stark sein, sie muß vielmehr die Eigenschaft einer starken Klebrigkeit besitzen, damit das Papier beim ersten Bürstenschlage auf der Schrift festklebt. Löst sich dasselbe auf der geklopften Seite wieder ab, so tritt meistens ein Schmitzen ein.

Abtröschen nannte man zu der Zeit, wo die Buchdrucker ihre Farbe sich selbst bereiten mußten, das Reinigen des Firnisses während des Siedeprozesses, welches dadurch geschah, daß man Weizenbrod oder Semmel darin abglühte, s. auch Firnißkochen.

Abkürzen, auch schriftkürzen oder abbreviren, ist dem Setzer im glatten Satze nicht erlaubt, s. Abkürzung.

Abkürzung, auch Abbreviatur oder Schriftkürzung. Mit diesem Ausdruck bezeichnet man in der Typo= und Lithographie, sowie überhaupt in allen Arten der schriftlichen Darstellung die Verkleinerung eines Wortes durch Auslassung von Buchstaben, so daß dasselbe nicht in seinem vollständigen Wortbilde auftritt. Veranlassung zu dem Kürzen der Schrift ist beim Schreiben Gewinn an Zeit, beim Setzen Raumersparniß, und so treffen wir Abkürzungen denn auch vorherrschend an in den Werken der Wissenschaft, in Katalogen, Kalendern, Handelsberichten, Preislisten, Zeitungsannoncen u. s. w., nicht aber in den Werken der schönwissenschaftlichen Literatur. Für den Setzer gelten die Regeln: 1) daß er im glatten, fortlaufenden Satze keine Abkürzungen vornehmen darf und wenn solche im Manuscripte sich finden, er dieselben auszusetzen hat, weil er sonst in die Ungelegenheit kommt, dieses in der Korrektur nachzuholen; 2) daß er, wenn mehrere abgekürzte Wörter auf einander folgen, die Räume zwischen denselben von vornherein um Einpunktspatium kleiner machen muß, damit eine Gleichmäßigkeit der Zwischen=

räume erzielt wird. Regeln darüber, wie man in wissenschaftlichen und sonstigen Werken die Kürzungen machen soll, sind nicht gut aufzustellen, vielmehr sind dem Setzer beim Beginn eines Werkes dieserhalb Anhaltpunkte zu geben, welche er konsequent zu befolgen hat. Ein paar allgemeine Regeln, wie man abkürzen soll, sind allenfalls folgende: 1) bei einem mehrsylbigen Worte läßt man in der Kürzungsform niemals die erste Sylbe allein stehen, nimmt vielmehr den Mitlaut der zweiten Sylbe hinzu, z. B.: Anf., Anfang; Abg., Abgang, Abgeordneter; morg., morgens; fürstl., fürstlich; 2) nicht selten nimmt man den ersten und letzten Buchstaben eines Wortes: Hr., Herr; Nr. und No., Nummer und Numero; Bb., Band; 3) vielfach wieder nur den Anfangsbuchstaben eines Wortes: a. a. O., am angeführten Orte; d. J., dieses Jahres; u. a., unter anderen; v. o., von oben; u. f. w., und so weiter; 4) bei Verdoppelung eines Buchstabens wird bei Abkürzungen die Mehrzahl ausgedrückt: ff., feinfein, folgende; Abgg., Abgeordnete; mm., mehrere; MM. HH., meine Herren! — Geschichte der Abkürzungen. Das Kürzungsverfahren der Schrift in ihren einzelnen Wörtern und deren Sylben ist weit älter als die Druckkunst, es ist so alt wie die Schreibekunst selbst und von dieser auf die graphischen Künste übertragen. Das Bedürfniß nach einer kürzern Schrift, nach einer Abkürzung der mühevollen Arbeit ließ die Methode des Abkürzens sich Bahn brechen, aber dieses wurde bald mit einer Willkür gehandhabt, die einem Verständnisse des Lesers keine Rechnung trug, und in einer Art und Weise dabei verfahren, welche alle Regel und Konsequenz außer acht ließ, ja die mitunter nicht allein an das Unerhörte grenzte, vielmehr in das Gebiet des Abenteuerlichen hineintrat. Deshalb sind die Handschriften des Mittelalters und die Erstlingsschöpfungen des Buchdrucks für den Uneingeweihten so äußerst schwer leserlich. Eine besondere Rolle bei den massenhaft fortgelassenen Grund- und Mitlauten spielte der Faulenzerstrich (s. b.), sodann das Zeichen z für ter, ter, ur und tur, und endlich das eichen 9 für con, com, cum und cu zu Anfang und tus, tum zu Ende eines Wortes. Jeder Schreiber und jeder der ersten Buchdrucker hatte seine eigene Manier des Kürzens. Den unumschränktesten Gebrauch davon machte der erste Buchdrucker Ulms, Ludwig Hohenwang (s. b.), und es dürfte interessant sein, hier ein paar Proben der ungebundenen Freiheit zu geben, welche er sich beim Schriftkürzen erlaubte: seine Abkürzung des P, ursprünglich aus dem Worte vel erstanden, wurde zunächst vP geschrieben und für den Laut ul, sodann aber auch für andere an diesen Laut herantretende Laute, Mitlaute und Selbstlaute, ja sogar für weiter sich anschließende Sylben angewendet, z. B. ppPus für populus, pPa für plura, ecclPijs für ecclesiis, cPicus für clericus, capPo für capitulo, conciP für concilium, ill' für illae, aP für aliis, soPo für solutio, fPitas für falsitas, vPr für virtualiter. — Nach und nach, aber nur ganz langsam fortschreitend, nahm dieses unerhörte Abkürzen ab, dauerte aber in beschränkter Art noch bis ins vergangene Jahrhundert fort, bis es dann auf gewisse Werke beschränkt und die Art und Weise des Abkürzens mehr systematisch geregelt wurde.

Abkürzungszeichen, auch Abbreviations- oder Schriftkürzungszeichen, ist im Deutschen beim Druck der Punkt, beim Schreiben der Doppelpunkt (Kolon); dasselbe gilt auch von vielen anderen Sprachen; nur die Schweden machen eine Ausnahme, indem man in ihren Drucken eine Abkürzung meistens durch den Doppelpunkt vermittelt sieht, und sie diesen nicht am Ende, vielmehr zwischen den Buchstaben des abgekürzten Wortes stellen. Bei den Franzosen ist mehrfach Brauch, den Punkt als Abkürzungszeichen inmitten der Kürzung zu nehmen: M.^{mo}, oder sie lassen denselben ganz fehlen, z. B.: M^{ullo}; im Deutschen können wir den Kürzungspunkt bei gängigen Kürzungen fortlassen, so z. B. bei: Mk, Mark; M, Meter; Mm, Millimeter; Cm, Centimeter u. s. w.

Ablagern (in der Galvanoplastik), dasselbe wie niederschlagen lassen, einen Kupferniederschlag gewinnen, s. Kupferniederschlag.

Ablagerung oder Kupferniederschlag, s. d.

Ablaßbriefe waren zu Anfang der Buchdruckerkunst ein Haupterzeugniß der neuen Erfindung. Dieselben waren entweder aus beweglichen Lettern geformt oder in Holztafeln ausgeschnitten, die Seite enthält 31 oder 32 Zeilen und ist der Satz mit Zwischenräumen versehen zum Nachtragen für den Namen des Erwerbers und für Jahreszahl und Datum. Es giebt Ausgaben in lateinischer und deutscher Sprache; das Format ist Folio. Ein Druck derselben von Albrecht Pfister in Mainz zeigt die Lettern der Gutenbergschen 42zeiligen Bibel.

Ablegemaschine, s. Setz- und Ablegemaschine.

Ablegebrett, unterscheidet sich von dem Setzbrette nur dadurch, daß man ein schlechtes, abgängiges Setzbrett als solches nimmt, weil es so wie so durch das Wasser der ausgedruckten und gewaschenen Form und das Wasser des Anfeuchtens beim Ablegen zu leiden hat. Im engern Sinne versteht man unter Ablegebrett bloß dasjenige Brett, auf welchem der eben ablegende Setzer seinen Ablegesatz stehen hat.

Ablegegriff, oder bloß Griff, eine Anzahl Zeilen, welche der ablegende Setzer zum Zwecke des Ablegens zwischen den Fingern der linken Hand hält und die auf dem Ablegespahn ruhen.

Ablegen. Unter dem typographischen Terminus Ablegen versteht man die Auseinandernahme der beweglichen, zu einer festen Form aneinander gereihten Lettern, Typen oder gemeinhin Buchstaben oder auch Schrift, in weiterer Beziehung die Zurückführung der einzelnen Buchstaben in die für sie bestimmten Fächer des Schriftkastens, um aus letzterm zur Bildung neuer Formen wieder verwendet zu werden. Wie einfach diese Beschäftigung auf den ersten Anblick auch erscheint, so erfordert sie doch längere Uebung, um Fertigkeit darin zu erlangen. Die Handhabung ist folgende: das Geräth zum Ablegen ist der Ablegespahn, ein Holzspahn von etwa 2 Mm. Stärke, 2 Cm. Breite und einer Länge, die ein wenig über die Breite des abzulegenden Satzes hinwegsteht. Auch kann dieses Geräth in ähnlicher Form aus Metall bestehen. Der abzulegende Satz wird vor dem Ablegen mit einem Schwamm derart angefeuchtet, daß die Feuchtigkeit jedes einzelne Stück des Satzes gelinde beleckt hat. Nachdem nun der abzulegende Satz freigestellt ist, d. h. das Format davon entfernt oder die zusammenhaltende Schnur abgenommen ist, stellt man den Ablegespahn gegen die erste Zeile, und zwar so, daß das linke Ende des Spahnes mit dem Satze gleich steht, sein rechtes Ende soweit es reicht, über den Satz hinweggeht. Dann drückt man mit dem Ballen beider Daumen den Spahn sanft gegen den Satz, legt die drei letzten Finger beider Hände je rechts und links an den Satz und regulirt mit den Zeigefingern die Anzahl der Zeilen, welche man abheben will, trennt diese von dem übrigen Satze ab, legt die Zeigefinger über die oberste Zeile und drückt nun mit allen Fingern gemeinschaftlich diesen Theil des Satzes, welcher Griff heißt, an und hebt ihn auf, nachdem man sich durch mehrmaliges Probiren überzeugt hat, daß er hält, d. h. daß nichts herausfällt. Die Bildfläche des Griffes, der auf dem Ablegespahn ruht, nach innen, wird derselbe nun auf die linke Hand genommen und zwar so, daß der Ablegespahn in seiner Mitte auf den drei letzten Fingern ruht, die linke Seite durch die Maus und den Daumen eine Stütze hat und seine Rückseite durch den Zeigefinger vor Einfallen geschützt ist.

Jetzt beginnen Daumen und Zeigefinger der rechten Hand ihre Funktion: der Daumen legt sich gegen die Bildfläche des Griffes, der Zeigefinger gegen sein Fußende und letzterer schiebt vom rechten Ende der Zeile einen Theil derselben — etwa 12 bis 15 Buchstaben — dem Daumen zu, welcher sich darunter legt und sie mit Hülfe des Zeigefingers vom Griff abnimmt. Jetzt hält man diese Buchstaben zwischen Daumen und Zeigefinger, liest das Wort oder die Sylben und führt nun die einzelnen Buchstaben leise werfend in die für sie bestimmten Fächer zurück. Bei dieser Handhabung bekommt der Mittelfinger eine wichtige Funktion, denn diesem liegt es ob, die Buchstaben, welche vom Daumen und Zeigefinger gehalten werden, durch unaufhörliche Berührung immer den einen Buchstaben von dem andern abzutrennen. Vom guten, d. h. richtigen Ablegen hängt die Güte des Satzes ab. Man kann sich verwerfen, aber man muß den in ein falsches Fach gerathenen Buchstaben wieder heraussuchen.

Ablegesatz, s. Ablegen.
Ablegespahn, s. Ablegen.
Ablösen, beim Drucken. Wenn zwei Drucker an einer Handpresse arbeiten, auf der ein Werk gedruckt wird, was heute freilich Ausnahmen sind, so lösen sie sich bei jedem Zeichen (250 Abbrücken) ab und zwar in der Weise, daß der eine bald am Deckel ist oder zieht und bald an der Walze. — Sonst sagt man auch: das Format von einer Form ablösen, gebräuchlicher hierfür ist übrigens das Format a b s c h l a g e n, s. b.

Abnehmen, das zum Trocknen auf Latten oder Leinen aufgehängte Papier, geschieht entweder mit der Hand oder mittelst eines Aufhänge-Kreuzes, indem dasselbe unter die Lagen gebracht, sie damit emporgehoben und niedergelassen werden. Dann mit der linken Hand das Kreuz an seinem Stiel gefaßt, nimmt man mit der rechten die einzelnen Lagen davon ab, die man aufeinander, wenn es ein Werk ist, die Prime nach oben und zu rechter Hand, wenn Accidenzien ebenfalls die erste oder bedruckte Seite nach oben, legt. Ist das Kreuz leer, so wiederholt man dieselbe Handhabung, bis das Zusammengehörige vollständig abgenommen und aufeinandergefügt ist.

Abnudeln. Das Abnudeln zum Zwecke der Erzielung eines Correctur-Abzuges besteht darin, daß man mit einer mit Zeug überzogenen Walze über die abzuziehende Form rollt, nachdem diese gut ausgebunden oder geschlossen, auf eine feste glatte Platte gestellt, geklopft, aufgetragen, der angefeuchtete Abzugsbogen und noch ein anderer Bogen darauf gelegt ist. Die Manier des Abnudelns ist das unvollkommenste Verfahren des Correctur-Abziehens und steht selbst noch dem Abklopfen mit der Bürste nach. Will man beim Abnudeln einen halbwegs guten Abzug haben, so ist Bedingung, daß die Hand des Abziehenden ganz sicher sei und er der Walze auch die nöthige Kraft zu geben vermöge.

Abonnementslose Blätter nennt man diejenigen Erscheinungen auf dem Felde der periodischen Presse, welche ihre Leser nicht abonniren lassen, sondern die Exemplare unentgeltlich und für einen begrenzten Bezirk ziemlich allgemein verbreiten. Sie reflektiren auf einen reichen Zufluß von Inseraten und wollen sich aus der Einnahme derselben bezahlt machen. Sie sind keine Novität, denn seit langen Jahren tauchten hin und wieder und hier und da derartige Unternehmungen auf, welche je nach der Ausdauer oder der Befähigung ihrer Begründer Erfolg hatten oder nicht. Im Anfange und weiter im Laufe des Jahres 1876 aber mehrten sich die Erscheinungen dieser Art in den größeren Städten Deutschlands, so in Hamburg, in Bremen, in Hannover, in Köln, in Aachen, in Frankfurt a. M. u. s. w.

Abreiben, das Rähmchen auf einer Form. Um bei der Handpresse das Rähmchen, das dazu dient, das Abschmutzen der Stege auf das zu druckende Papier zu verhüten, in seinen Schriftstellen auszuschneiden zu können, muß man es abreiben. Zu diesem Zwecke geht man mit der Walze ein paarmal über die Form, legt dann Rähmchen und Deckel darauf und reibt nun mit der platten rechten Hand über den Timpan diejenigen Stellen ab, wo man Schrift fühlt. Ist die Schrift nach geschehenem Aufheben nicht deutlich zu sehen, so wiederholt man diese Prozedur nochmals unter Berücksichtigung der zuerst schlecht gekommenen Stellen.

Abreiben (die Walze) auf dem Farbetisch der Handpresse, ist eine Reinigungsmanier dieses Instruments. Auf den Farbetisch wird Wasser gegossen, die Walze mit Sand oder Sägespähnen versehen und dann mit derselben so lange auf dem Farbetisch hin- und hergefahren, bis die Farbe davon entfernt und die reine Masse bloßgelegt ist. Darauf mit einem Schwamm abgetrocknet wird sie fortgehängt und der Tisch mittelst eines Z i e h l i n g s behufs Beseitigung des Schmutzes von oben nach unten abgezogen. Diese Verfahrungsweise ist aber neuerdings ziemlich außer Gebrauch gekommen und an Stelle des Abreibens ist das Waschen der Walze getreten.

Abrichten, eine Presse, geschieht nach der Aufstellung mittelst einer Wasserwaage, die auf das Fundament gestellt wird. Fällt das Wasser nach einer Seite, so untersuche man zuerst, ob die Säulenschrauben auch fest angezogen sind oder ob die Schienen fest auf ihren Lagern ruhen. Ist in beiden Fällen nichts zu erinnern, und die Waage bleibt bei ihrer Abweichung, so muß man durch Unterlegen der Füße sich helfen, und hierbei so lange verfahren, bis der Wasserstand der Waage untadelhaft die Mitte einnimmt.

Absatz, folgt ebensowohl beim Schreiben, als auch beim Setzen stets nach einem Ausgang, wenn derselbe auch bei ersterm nicht so deutlich ausgeprägt und kenntbar ist, als bei letzterm. Erkennungszeichen des Absatzes ist der Einzug, f. b.

Abschlagen oder ablösen (das Format von einer ausgedruckten Form), begreift in sich die vorsichtige Fortnahme der diversen Stege des Formats, meistens Hohl- oder metallene Formatstege, sowie der Anlege-, Schließ- oder Schräg- (Schief-) stege. In unseren Tagen gehört diese Funktion meistens den Maschinenmeistern, welche das Format aufheben, wenn es noch weiter gebraucht wird oder um sich ihre Stege zu sichern. In früherer Zeit, wo man noch keine Metallstege, sondern nur Holzstege kannte, fiel diese Verrichtung dem Setzer zu, der dann selbst seine Form zum Abziehen und Einheben schließen mußte, was freilich heute auch in vielen Druckereien noch Brauch und jedenfalls ein guter Brauch ist.

Abschlagen, eine Presse oder Maschine. Hier ist die Regel aufzustellen, bei Abschlagen dasjenige Stück, was beim Aufstellen einer Presse oder Maschine zuletzt eingefügt wurde, zuerst herauszunehmen. Da wir bei Beschreibung der einzelnen Pressen und Maschinen · auch deren Aufstellung veranschaulichen, so wollen wir hiermit auf die Artikel an betreffender Stelle verweisen.

Abschmutzbogen. Um beim Widerdruck, wo die Farbe des Schöndrucks sich unterhalb befindet und durch den Gegendruck sich abdruckt, zu verhüten, daß jener Schmutz sich nicht auf den Bogen des Cylinders oder den Margebogen der Presse absetzt, bedient man sich der Abschmutzbogen, welche bestimmt sind, den abgesetzten Schmutz des Schöndrucks aufzunehmen. In erster Linie bedient man sich zur Erreichung dieses Zweckes des Petroleumsbogens, eines mit Petroleum getränkten Bogens weißen Papiers. Dann hat man Glycerinpapier verwendet und weiter den Oelbogen. Zu Illustrations- und Prachtwerken ist der Kali-Weinsteinsäure=Bogen (f. b.) zu empfehlen und ebenso auch der Glycerinbogen. Die Manipulation des Abschmutzbogens ist einfach die, daß man denselben auf den Cylinder oder bei der Presse auf den Deckel klebt und ihn dann wechselt (zuerst umdreht), wenn er sich abzuschmutzen anfängt. Bei der Anwendung von Petroleumbogen muß man zuerst ein paar Schwarze durchgehen lassen oder bei der Presse ein paar Abgangsbogen abziehen, damit diese die Schmutztheile des Petroleums in sich aufnehmen. Ein Petroleumbogen braucht nicht gewechselt, vielmehr nur abermals und abermals mit Petroleum bestrichen zu werden, dann sind aber immer vor dem Fortdrucken ein paar Schwarze durchzulassen. — Die Abschmutz= bogen sind so alt wie die Buchdruckerkunst selbst, aber unsere früheren Buchdrucker bedienten sich zur Erreichung dieses Zweckes des Schrenzes oder grauen Makulaturs (Löschpapiers), welches, da es knotenfrei sein mußte und in ziemlichen Mengen verbraucht wurde, die Papiermühlen eigens zu diesem Zwecke anfertigten. Ein solcher Abzieh= und Abschmutzbogen wurde von Zeit zu Zeit angefeuchtet, hielt aber dennoch nur bei 100 Abdrücken Stand. Bei dem weichen Papier konnte der Uebelstand nicht ausbleiben, daß es der Farbe des Schöndrucks nicht genügenden Widerstand leistete, vielmehr sich derart schnell mit Schmutz füllte, daß es letztern lieber zurückgab als neuen aufnahm. Der durch das ewige Wechseln entstandene Zeitverlust konnte bei der Schnellpresse nicht mehr ertragen werden, so daß man auf ein besseres Hülfsmittel sann und zuerst sich dem Oelbogen. (f. b.) zuwandte.

Abschmutzen oder sich abziehen, kommt beim Widerdruck vor, wo die Farbe des Schöndrucks dem weißen Bogen des Cylinders oder dem Margebogen der Presse zugekehrt ist; in Folge des abermaligen Drucks giebt nun die noch nicht völlig trockene Farbe des Schöndrucks einen Schmutz zurück, welche Wirkung mit diesem Ausdruck gekennzeichnet wird, s. Abschmutzbogen.

Abschmutztuch. Zur Aufnahme des Schmutzes, welchen beim Widerdruck die noch nicht völlig trockene Farbe des Schöndrucks abgiebt, bediente man sich einmal vereinzelt eines Baumwollenstoffes. Dieses mußte jedesmal, wenn es schmutzig geworden war, gewaschen werden, was umständlich war, und noch andere Unzuträglichkeiten eingerechnet, wohin zumal die Kostspieligkeit und die Ungleichheit des Fadens gehören, werden der Grund gewesen sein, daß es sich in der Praxis nicht hat behaupten können.

Abschneidelinie oder Durchschneidelinie, die Linie, welche als Merkzeichen zum Schneiden zwischen Sachen gestellt wird, welche mehrmals gesetzt, aber auf einmal gedruckt werden. Sie kann aber nur Anwendung finden bei Gegenständen, welche mit der Scheere durchgeschnitten werden sollen, denn bei Benutzung des Messers und Lineals schaden sie.

Abschnitt am Papier oder Coupon, zum Abtrennen, ist entweder durch eine Abschneidelinie zu markiren oder zu perforiren, s. b.

Abschnitt eines Buches. Ein Buch in Abschnitte zu theilen ist ziemlich aus der Mode gekommen und findet man dies auch eigentlich nur noch bei Werken im alten Gewande, bei Schulbüchern, Gesangbüchern, Gesetzen u. dgl. m. Wir wollen uns deshalb bei diesem Gegenstande hier nicht länger verweilen, vielmehr auf die Artikel Abtheilung, Rubrik, Ueberschrift verweisen.

Abschnitt beim Duodez, s. Duodez.

Abschnittlinie nennt man diejenige Linie, welche die verschiedenen Abschnitte, Kapitel, Rubriken und Abhandlungen in einem Buche von einander trennt. Man verwendet zu diesem Zwecke die verschiedenartigsten Linien: feine Linien, halbfette Linien, Zierlinien, englische Linien ɛc. Was die Größe der anzuwen=

benben Linie anlangt, so ist die Breite des Formats dabei maßgebend, und genügt bis 5 Concordanzen Breite eine solche von 4 Cicero, bei 6 Concordanzen eine Linie von 6 Cicero, und so verhältnißmäßig steigend. Der Raum, welchen eine Abschnitts- oder Kapitellinie einzunehmen hat, wird nach der Art des Werkes, ob kompreß, durchschossen oder splendid, bemessen. Bei kompressen Werken, welche noch dazu vorschriftsmäßig eng gehalten werden sollen, genügt schon der Raum einer Textzeile für die Linie und ist in Anbetracht ihrer Stellung zu bemerken, daß sie inmitten Quadraten vom Kegel der Textschrift auszuschließen ist und näher an dem dadurch abzuschließenden Satze, als an der nun folgenden Rubrik oder Ueberschrift stehen muß, daß also der Raum zwischen Schrift und Linie kleiner, als der zwischen letzterer und der Rubrik zu machen ist. Für die Anwendung der diversen Linien Regeln aufzustellen, ist nicht gut thunlich, da hierbei nicht selten der berechtigte Geschmack ein Wort mitzureden hat. Das aber sollte man beobachten, bei ernsten Sachen bunte oder Zierlinien zu meiden, hier vielmehr nur englische, feine, halbfette oder fettfeine anwenden. Bei Gedichten und splendiden Sachen sind Zierlinien am Platze. Der Brauch dieser Linie ist alt; in den Drucken des sechszehnten, siebenzehnten und achtzehnten Jahrhunderts kommt sie am häufigsten als fettfein oder feinfettfein mit Arabesken- und anderen Verzierungen, und meistens über die ganze Breite angewendet, vor.

Absetzen, die Walze, beim Verreiben der Farbe, ist beim Handpressendruck zur bessern Verreibung der Farbe erforderlich. Die Walze, auf den Farbetisch auf- und niedergerollt, wird am Ende des letzteren von demselben einen Augenblick abgehoben, dann wieder aufgesetzt, von unten nach oben gefahren und wieder zurück nach unten gerollt, wo jedesmal das Abheben der Walze vom Tisch, oder das Absetzen, wie der technische Ausdruck es nennt, vorgenommen wird. In Folge dieses Absetzens kommt jedesmal eine andere Stelle der Walze zur Verreibung, während andernfalls stets nur dieselbe Fläche verrieben werden würde.

Absetzen, ein Manuscript, bedeutet für den Setzer, ein ihm übergebenes Manuscript als Satz zu beendigen.

Abspülen. Beim Waschen der Formen ist das Abspülen als schließliche Reinigung ein Haupterforderniß. Die Form muß nicht nur auf der Bildfläche, vielmehr auch auf der Rückseite nochmals mit reinem Wasser abgespült werden, so daß auch der geringste noch daran haftende Schmutz damit fortgenommen wird.

Abstäuben muß man jede Form, welche längere Zeit uneingeschlagen gestanden hat, gleichviel, ob sie zum Druck oder zum Ablegen bestimmt ist; man bedient sich dazu des Blasebalges oder eines Federstäubers.

Abtheilung, ist verschieden von Abhandlung, Abschnitt, Kapitel, Artikel, Aufsatz, Paragraph, Titel etc., und zwar dadurch, daß diese jedes für sich ein Ganzes ausmachen, welche aber aus diesem Ganzen wieder in mehre Stücke zerlegt werden können, deren jedes dann Abtheilung genannt wird, welche mit Linien oder Sternchen von einander abgetrennt werden.

Abtheilungslinie. Um eine Abhandlung, einen Artikel, ein Kapitel etc. in deren einzelnen Theilen von einander abzuscheiden, bedient man sich meistens der feinen Linie und nur ausnahmsweise der halbfetten. Bei einer Formatbreite bis 5 Concordanzen genügt eine Länge von 4 Cicero, bei 10 Concordanzen eine solche von 8 Cicero, bei den dazwischen liegenden das entsprechende Verhältniß. Im kompressen Satz genügt der Raum einer Textzeile für die Linie; im durchschossenen genügen dafür zwei und im stark durchschossenen Satze drei Zeilen. Sie ist genau auf die Mitte der Breite der Zeile und auch inmitten des für dieselbe bestimmten Raumes zu stellen. — Eine Abtheilungslinie anderer Art ist die, welche die ganze Breite des Formats einnimmt; sie kommt am meisten in Zeitungen vor, hier durchweg bei Inseraten, wo sie die einzelnen Annoncen von einander trennt und selten mehr Raum bei sich hat, als den, welchen ihr Kegel bedingt. Endlich wird die Theilungslinie auch zuweilen bei lebenden Columnentiteln behufs Trennung der Schrift desselben vom Texte der Columne angewendet, hat dann aber meistens einen Achtpunkt-Raum bei sich, auf dessen Mitte sie zu stehen kommt.

Abtheilungssternchen. In dem Feuilleton der Zeitungen, wo Abtheilungslinien Mißverständnisse herbeiführen können, wendet man als Theilungszeichen meistens eine Sternchenzeile an, welche aus drei Sternchen besteht, die je zwei Gevierte von einander abstehen und von denen das erste und dritte signaturrichtig steht, das mittlere dagegen die Signatur nach oben hat (bei französischer Signatur tritt das entgegengesetzte Verhältniß ein); schließlich werden sie auf die Mitte der Zeile ausgeschlossen. Auch in Romanen und Novellen, in Werken der Poesie ꝛc. kommen Abtheilungssternchen in gleicher Weise als Theilungszeichen zur Anwendung.

Abtreten, eine Form zur Erzielung eines Correctur-Abzuges, eine Methode, welche vordem hier und da vorgekommen, jetzt aber gänzlich außer Brauch gekommen ist. Wir erwähnen derselben hier nur deshalb, weil sie zur Geschichte unsers Berufs gehört. Es verhielt sich so damit: auf die geschlossene und mit Farbe versehene Form wurden zuerst die Umlagen und der angefeuchtete Correcturbogen, weiter ein Buch weiches Papier und ein festes Brett gelegt, auf welchem dann ein Mann hin und her trat. Das Verfahren war also auf das Gewicht eines menschlichen Körpers als erzeugender Druck berechnet.

Abzählen, das Papier. Den Papierhaufen, von welchem abgezählt werden soll, legt man in der Breitseite vor sich hin, greift an der obern rechten Ecke des Papiers mit Zeigefinger und Daumen etwas mehr als 25 Bogen, drückt nun die Hand mit dem Daumen nach einwärts, während die genannten Finger das Papier festhalten. Jetzt zeigt sich an der linken Seite des Papiers ein weiter Busch einzelner Bogen und macht sich die linke Hand daran, mittelst Zeige- und Mittelfingers immer 3 Bogen abzutheilen und dem Daumen zuzuführen, an dem sie ruhen; man zählt gleichzeitig mit dem Abtheilen von je 3 Bogen so: 3, 6, 9, 12, 15, 18, 21, 24 und 1 ist 25. Das Buch ist voll, es wird zur Seite gelegt und ein zweites abgezählt, welches man auf das erste legt, aber etwa 3 Cm. nach oben rückt, so daß man beide von einander unterscheiden kann. Von nun ab kommen alle unebenen Buch mit dem ersten und alle ebenen mit dem zweiten Buch gleich zu liegen, oder genauer ausgedrückt, die unebenen liegen egal mit dem ersten unten, und die ebenen mit dem zweiten oben. Dies nennt man ver schränkt hinlegen. Durch diese Verschränkung der Buche lassen die einzelnen sich leicht abzählen, und zehn solcher Buche bilden ein Zeichen, das jedesmal durch einen Streifen Papier von den folgenden markirt wird. Buchdrucker, Steindrucker und Papiermacher zählen auf die beschriebene, althergebrachte, aber sichere Methode; es giebt neuerdings Drucker, welche mit der linken Hand einen Büschel bilden, der aber nimmer so ausfällt, als der mit der rechten entfaltete, und es ist wohl anzunehmen, daß diese links sind oder das Papierzählen wohl nur beim Buchbinder oder in der Papierhandlung gesehen haben.

Abzieh-Apparat, bestimmt zum Abziehen von Correcturen, basirt auf den Cylinderdruck und sind zumeist die englischen und amerikanischen ganz von Eisen. Die Form auf das Fundament gestellt, aufgetragen, den Bogen und wenn erforderlich nacheinander mehrere darauf gelegt, den Cylinder vor und rückwärts gelassen und der Abzug ist fertig. Meistens sind diese Apparate sehr gut. Die deutschen werden auf einen Tisch gestellt, die englischen haben zwei inmitten verbundene Füße.

Abziehbogen, s. Abschmutzbogen.

Abziehen ist gleichbedeutend mit „einen Abzug (Abdruck) machen"; es steht jedoch nur in Beziehung zur Handpresse, weil hier gezogen (Mittelwort von ziehen) wird. Bei der Presse wird also jeder Bogen abgezogen.

Abziehen einer Correctur. 1) auf der Handpresse in geschlossenen Formen oder in Schnüren, d. h. in ausgebundenen Columnen: die auf einem Setzbrett geschlossene Form muß in der Presse soweit aufgeschlossen werden, daß man dieselbe klopfen kann. Nun wird sie auf die Mitte des Tiegels gebracht, aufgetragen, die Stege mit Umlagen versehen, der angefeuchtete Bogen und ein Abgangsbogen auf die Form gelegt, der Deckel zugemacht, eingefahren, gezogen, ausgefahren, der Deckel aufgehoben und der Abzug abgenommen. In Schnüren werden die einzelnen Columnen auf das Fundament gestellt, aber so, daß sie in ihrer Gesammtheit die Mitte des Tiegels einnehmen; die übrige Prozedur ist dieselbe, wie vorhin beschrieben, nur ist zu beachten, daß man beim Klopfen und Auftragen sehr vorsichtig zuwerke gehen und vor dem Auflegen des Bogens auf die Form erst untersuchen muß, ob sich nicht etwa in Folge des Auftragens eine Schnur auf die Schrift gelegt hat, welche dann zu entfernen ist. Kleinere und ganz kleine Sachen sind ebenfalls auf die Mitte des Tiegels zu bringen und thut man bei diesen wohl daran, je rechts und links einen schrifthohen Steg an die Form zu legen; — 2) auf der Schnellpresse ist das Correcturabziehen einfacher und sicherer, als auf der Handpresse; die Form braucht nicht wegen des Druckes auf der Mitte des Fundaments zu liegen, vielmehr nur, wenn es eine große Form ist, um der Bänder willen, welche sich in der Mitte des Cylinders sind. Die Form wird ein paarmal hin und zurück unter die Auftragewalzen durchgeführt, der Bogen auf die Mitte des Cylinders gelegt, durchgedreht bis das Fundament wieder vorn steht und der Bogen, welcher auf die gewöhnliche Weise herauskommt, fortgenommen. Sind die Walzen aus der Maschine heraus und man trägt die Form mit einer Pressenwalze auf, so kann man den Bogen auch direkt auf die Form legen, muß dann aber, wenn die Form geschlossen ist, auf die durch die Pressenwalze beschmutzten Stege Umlagen legen. Nun durchgedreht, bleibt der Bogen auf der Form liegen und kann hier abgenommen werden. Kleinere Sachen zum Abziehen in der Maschine brauchen nicht auf die Mitte des Fundaments gestellt zu werden, aber nach oben und zwar so weit zurück, daß die Greifer nicht auf die Schrift kommen, und zwar aus dem Grunde nach oben, damit der abzuziehende Bogen auf den Cylinder gebracht werden kann. Nach geschehenem Abzuge ist die Form zu waschen. — Die anderen Methoden des Abziehens der Correcturen: das Abklopfen, das Abnudeln, das Abtreten und das mittelst des Abzieh=Apparats sind an betreffenden Stellen behandelt.

Abziehpresse, nennt man eine Presse, welche ausschließlich die Bestimmung hat, zum Abziehen von Correcturen verwendet zu werden. Eine solche ist deshalb denn auch in der Setzerei, nicht aber in dem Druckerlokal aufgestellt.

Abziehen, sich, gleichbedeutend mit abschmutzen, s. d.

Abzug ist der technische Terminus für Abdruck; eigentlich kann nur bei der Handpresse von einem Abzuge die Rede sein, weil er hier mittelst Ziehens hergestellt wird, und so ist uns der Ausdruck von früher überkommen und beibehalten und wird jetzt auch bei der Schnellpresse gebraucht.

Abzug machen, dasselbe wie abziehen.

Accente sind Tonzeichen, welche bei den Sprachen des Occidents am Kopfe des Buchstabens, bei den Sprachen des Orients aber sowohl am Kopfe als auch am Fuße angebracht sind. Von den Sprachen des germanischen Stammes bedient sich keine der Accente. Am meisten hat die ungarische Sprache dieselben aufzuweisen, dann die slawischen, mit Ausnahme der russischen, welche keine Tonzeichen kennt. Die romanischen Sprachen haben sämmtlich Accente. Die altgriechische Sprache als lebende kannte keine Tonzeichen, bei dieser wurden sie erst in Alexandria von dem Grammatiker Aristophanes aus Byzanz eingeführt. Die Hebräische Sprache bekam die Tonzeichen zwischen dem sechsten und achten Jahrhundert gleichzeitig mit dem Zeichen für Selbstlaute; sie stehen über oder unter dem ersten Mitlaute der Sylbe und dienen zugleich als Interpunktionszeichen. Die arabische Sprache hat fünf Tonzeichen. Im Griechischen giebt es drei Accente, welche auf die romanischen Sprachen übergegangen sind. Sie heißen: Akutus (´), Gravis (`) und Circumflex (~).

Accentuirte Buchstaben sind diejenigen Buchstaben, welche mit daran gegossenen Tonzeichen versehen sind. Man findet sie in der Antiqua der ungarischen Sprache, in den slawischen Sprachen, soweit deren Druckschrift Antiqua ist, und in den romanischen Sprachen. In der griechischen Schrift sind die dünnen Buchstaben immer mit angegossenen Accenten versehen.

Accidenz. Unter dieser Benennung verstehen wir in der heutigen Buchdruckerwelt alle diejenigen Erzeugnisse der Presse, welche außerhalb der Zeitungen und Werke stehen: also sämmtliche Formulare für Behörden, Kaufleute, Fabriken und das gesammte Geschäftsleben, die verschiedenen Arten von Karten und Briefe, Etiketten, Affichen, Tabellen u. s. w. Das Wort stammt aus dem Lateinischen und aus der ersten Zeit der Buchdruckerkunst. Seine wirkliche Bedeutung, etwas Zufälliges, Gelegentliches ist heute gerade in das Gegentheil umgewandelt, denn unser heutiges Verständniß dieses Wortes begreift etwas Hauptsächliches, ja, man möchte sagen, Unzähliges in sich, denn wer mag heute das zählen, was zu den Accidenzien gehört? Die Buchdrucker der früheren Jahrhunderte ernährten sich von Verlag und dieser bestand zumeist aus Gottes Wort; wenn einmal ein anderweiter Druckgegenstand vorlag, was aber nur höchst selten der Fall war, so nannten sie das Accidenz, also einen Nebenverdienst. Heute ist das Verhältniß, wie gesagt, umgekehrt. In Klimsch „Adreßbuch" finden wir konstatirt, daß es wenige Buchdruckereien in Deutschland, Oesterreich und der Schweiz giebt, deren Specialität nicht Accidenz ist. Heute giebt es Accidenzdruckereien, Accidenzsäle und Accidenzzimmer, Accidenzsetzer und Accidenzdrucker, Accidenzpressen und Accidenzmaschinen, Accidenzschriften, Accidenz=Gothisch, Accidenz=Kasten und Accidenz=Regale, Accidenz=Rahmen u. s. w. Es giebt Accidenzien, welche als Formulare, Blankets, Karten, Etiketten, Circulare, Preislisten, Affichen, Programme x. Tag für Tag in immensen Mengen verbraucht werden; es giebt aber auch Accidenzien, bei deren Ausführung Tüchtigkeit und sorgsamste Accuratesse seitens des Herstellers Bedingung ist; es giebt endlich aber noch Accidenzien, bei deren eleganter, glänzender, ja luxuriöser Ausführung die ganze Kunst der Producenten auf die Probe gestellt wird. Die Accidenz in ihrer heutigen Bedeutung ist ein Gegenstand, welchem der Fachmann seine ganze Aufmerksamkeit zuzuwenden hat.

Accidenzdruck ist die mechanische Vervielfältigung von Drucksachen, welche in das Gebiet der Accidenz (s. b.) gehört.

Accidenzdrucker, der Drucker oder Maschinenmeister, dessen Specialität der Druck von Accidenzien ist. Gegenüber dem Drucker, der nur im Stande ist,

Werke oder Zeitungen zu drucken, wozu es großer Fähigkeiten nicht bedarf, muß er nicht allein diese Branche kennen, sondern in allen übrigen Fächern des Druckens vollständig zu Hause oder mindestens doch wohl erfahren sein. Er muß mit allen Handgriffen und Verfahrungsweisen vertraut sein, weil seine Beschäftigung von der Affiche zur Visitkarte, von der Linienarbeit zum kompressen Schriftsatz wechselt; ihm muß nach allen Seiten hin Ordnungsliebe aneignen, um alles Geräth an seinem Platze und in sauberer Beschaffenheit zu haben, um Presse und Maschine stets in blitzendem Zustand erhalten zu können, denn Unordnung und Unsauberkeit ist störend beim Accidenzdruck; er muß durchaus nüchtern und unbedingt zuverlässig sein, weil ihm kostspieliges Material anvertraut wird, was bei Unsolidität und Nachlässigkeit nicht thunlich ist. Aber noch zwei Haupt=Eigenschaften sind es, welche einem Accidenzdrucker, will er dieses in Wirklichkeit sein, nicht abgehen dürfen, und diese sind: erstens, ein geübtes Auge, welches beim ersten Ueberblick des Abzuges sofort die mangelhaften Stellen, wo zu stark und wo zu schwach, und sonstige Ungehörigkeiten entdeckt, das auf der Stelle sich vergewissert, ob der Druck auf dem Papier seinen richtigen Stand hat oder nicht; und zweitens, eine geschickte Hand, der es möglich ist, die ermittelten Ungehörigkeiten im Umsehen zu beseitigen, die auf den ersten Griff das rechte Maß trifft und die Stelle nicht verfehlt, wo es mangelt.

Accidenzdruckerei, eine Druckerei, welche sich ausschließlich mit der Ausführung von Accidenzien befaßt und deren ganze Einrichtung folgeweise denn auch für diese Branche speziell bemessen ist. Man kann eine solche ihrer Leistungsfähigkeit nach als große, mittlere und kleine bezeichnen. Eine Accidenzdruckerei muß ein mannichfaltiges und kostspieliges Material an Zier=, Titel= und Accidenzschriften, Linien, Einfassungen und Verzierungen ꝛc. besitzen, wenn sie ihre Aufgabe nur irgendwie erfüllen will, und deshalb ist die Meinung, eine Accidenzdruckerei sei leichter zu beschaffen, als eine Werk= oder Zeitungsdruckerei, eine irrige. Die Accidenzdruckerei bedarf freilich von Werkschriften keine große Quantitäten, aber ihr dürfen die neuesten und beliebtesten Zier= und Titelschriften in vielen Garnituren, Einfassungen der verschiedensten Art, ein bedeutendes Quantum von Messinglinien, Polytypen ꝛc. nicht fehlen, und an Füllungsmaterial — Hohlstege, Quadraten, Durchschuß — ein Quantum zu Gebote stehen, wie dies in einer Werkdruckerei von gleichen Dimensionen bei weitem nicht erforderlich ist. Auch die kleinste Accidenzdruckerei, welche nur irgendwie den heutigen Anforderungen genügen will, bedingt einen bedeutenden Anschaffungspreis, welcher weniger aus den Pressen, als aus der Menge des Letternmaterials folgert.

Accidenz=Gothisch, schmale, s. Schmale Accidenz=Gothisch.

Accidenzkasten. Die Bedeutung, welche der Accidenzsatz in unseren Tagen erlangt hat, macht es nothwendig, dem Setzer durch bequeme Erlangung des benöthigten Materials behülflich zu sein und vortreffliche Dienste leistet in dieser Hinsicht ein Accidenzkasten,* von dessen Einrichtung wir nebenstehend ein Muster geben. Dieser Kasten enthält 120 Fächer; in der obern Abtheilung links liegen in 16 Fächern feine und Punktlinien von 6 bis 48 Punkten, daneben in 8 Fächern Klammern, Zierlinien, Ecken, während 5 Fächer beliebig und dem zeitweiligen Bedürfnisse entsprechend verwendet werden können. Inmitten über die ganze Breite befinden sich 8 große Fächer für Quadraten: Perl, Nonpareille, Petit, Corpus, Cicero, Mittel, Tertia, Text; darunter, ebenfalls über die ganze Breite, sind 16 Fächer für Stückdurchschuß von Achtelpetit, Viertelpetit, Viertelcicero zu je 4 Fächer für 1, 2, 3 und 4 Cicero. Die untere Partie des Kastens enthält rechts und links 6, also 12 Fächerreihen mit je 6 Fächern, welche zur Aufnahme

Accidenzkasten

von Ausschließungen für Perl, Nonpareille, Colonel, Petit, Bourgeois, Corpus, Cicero, Mittel, Tertia, Text, Doppelcicero und Doppelmittel zu Einpunkt-, Eineinhalbpunkt-, Dreipunkt- und Vierpunkt-Spatien, sowie zu Halbgevierten und Gevierten.

Accidenzlokal, in größeren Geschäften die Abtheilung für Accidenzsatz, wo alles Material, was zu dieser Branche erforderlich, vorhanden ist, sonst auch Accidenzraum, Accidenzzimmer genannt.

Accidenzmaschine. Von dieser Maschine sind zwei Systeme, Tiegel und Cylinder, vorhanden, und gebührt die Ehre der Erfindung des erstern dem Amerikaner Isaak Adams. Seit Erfindung der Schnellpressen war man immer gewöhnt, die Form in einer horizontalen Lage zu sehen, und war diese Einrichtung sowohl bei Hand- wie bei Schnellpressen gebräuchlich. Die Amerikaner wichen zuerst von diesem Prinzip ab, indem sie statt des horizontalen Fundaments bei den Tiegeldruck-Tretmaschinen ein schrägstehendes Fundament anbrachten. Der Druck wird durch einen Tiegel, der in Verbindung mit der Form einem halb aufgeschlagenen Buche gleicht, mittelst Zusammenklappens der beiden genannten Theile erzielt. Die Ansichten bezüglich der Verwendbarkeit dieser Maschine sind sehr getheilt; doch gehen alle darin einig, daß ein so reiner Druck wie auf einer gewöhnlichen Schnellpresse nicht erzielt werden kann, namentlich wenn der Satz kompreß ist und fette Schriften enthält. Es giebt viele Arbeiten, welche sich auf einer Accidenz-Tiegeldruck-Tretmaschine gut anfertigen lassen, z. B. Adressen auf Briefcouverts, Briefköpfe, Adreß-, Visiten, Verlobungs- und andere Karten u. dgl., überhaupt jeder splendide Satz, bei welchem von künstlerischer Ausführung abgesehen wird. Die Färberei ist durch eine Farbscheibe hergestellt, und sind die vorhandenen Walzen gleichzeitig Reibe- und Auftragewalzen, weshalb der Farbeapparat manches zu wünschen übrig läßt. Man sieht zwar oft Arbeiten, welche wirklich künstlich, sogar in mehreren Farben ausgeführt sind, auf denen zu lesen ist: „Gedruckt auf einer Tiegeldruck-Tretmaschine." Solche Anpreisungen dürften meistens mit Vorsicht aufgenommen werden, denn oftmals sind derartige Arbeiten gar nicht auf der Tretmaschine hergestellt, und wenn dies sogar der Fall wäre, so ist die Farbe entweder mit der Handwalze aufgetragen, oder der Druck durch allerlei Manipulationen mit soviel Zeitverschwendung zu Stande gebracht, daß derselbe auf einer gewöhnlichen Handpresse schneller erzielt worden wäre. — Isaak Adams Tiegeldruckmaschine wird von R. Hoe in Newyork gebaut; Degener und Weiler in Newyork und London bauen eine solche unter der Bezeichnung Liberty, eine französische führt den Namen Progreß, Louis Simon & Son in Nottingham nennt seine Accidenz-Tiegel-Tretmaschine Excelsior; sonst werden dieselben noch gebaut von A. Wilhelmi in Berlin, Maschinenfabrik Augsburg u. a. — Die Accidenz-Cylindermaschinen werden fast von allen Schnellpressenbau-Anstalten gefertigt: König & Bauer in Kloster Oberzell bei Würzburg bauen eine solche unter dem Namen Victoriamaschine, Schoop in Hamburg eine für Schreibpapierformat, eben diese Klein, Forst & Bohn Nachfolger in Johannisberg a. Rh. unter dem Namen Lilliput, G. Sigl in Wien und Berlin eine sog. Favoritmaschine, die Maschinenfabrik Worms (Hoffmann & Hofheinz) eine kleine nach englischem System, eine englische Northumbrian, und Swiderski in Leipzig baut eine solche, Lipsia genannt, ohne Bänder.

Accidenzpresse nennt man jede kleinere Handpresse, speciell sind dazu bestimmt solche von Albert & Hamm in Frankenthal, später von Albert & Co. in Frankenthal, sowie von Fritz Jänecke in Berlin gebaute; dieselben haben die Construktion des einfachen Knies (Washington) und mußten auf einen Tisch gestellt werden. So billig dieselben auch waren (115 und 150 Mk.), so sind sie doch nicht nur nicht leistungsfähig, sondern durchaus unpraktisch schon des leichten Baues halber.

Accidenzrahme, eine kleine Rahme, so genannt, weil dieselbe ausschließlich nur zum Schließen der kleinsten Gegenstände benutzt werden kann.

Accidenzraum, s. Accidenzsaal.

Accidenzregal. Es ist bei der Mannichfaltigkeit des Accidenzsatzes für den Accidenzsetzer eine undankbare Aufgabe, wenn er sein Material und die am meisten gebraucht werdenden Zier= und Titelschriften oftmals aus verschiedenen Zimmern sich zusammenholen soll, und in zweiter Beziehung ist dieser Umstand auch für die rasche Förderung der Arbeit störend. Es giebt deshalb außer dem Accidenzkasten ein noch weit trefflicheres Aushülfsmittel, nämlich das Accidenzregal. Die meisten Buchdruck=Utensilien=Handlungen haben diese Regale in sehr zweckdienlicher Ausführung in den Handel gebracht, und wollen wir hier ein solches einer kurzen Beschreibung unterziehen. Es hat das Aussehen eines Schreibpultes, eine Breite von nahezu 2 Mt., und ist oben mit 3 Klappen versehen, welche Vorrathsfächer für Schriftpackete, Cliches 2c. decken; auf diesen Klappen stehen zwei Kasten, ein größerer für Ausschluß aller Art von Nonpareille bis Doppelmittel, Durchschuß und Regletten, und ein kleinerer für systematische Linien; neben diesem Kasten ist ein Platz für ein Setzschiff; unter dem größern links ist ein ausziehbares Brett, welches man zum Aufstellen eines Titelschriftkastens, für das Placiren eines Linienhobels, für ein Schiff 2c. benutzen kann. Unter diesem Brett ist ein verschließbarer Kasten zum Aufbewahren von Manuscript, Correcturen und sonstigen Papieren. Links in zwei Abtheilungen sind kleine Kasten zum Aufstellen für Zier= und Titelschriften, rechts von oben nach unten sind leere Räume zum Einschieben von Brettern mit Satz oder Setzschiffen. Es liegt auf der Hand, daß ein solches Regal beim Accidenzsatz ganz besondere Vortheile bietet.

Accidenzsaal, ist in großen Druckereien die Abtheilung für Accidenzsatz, welche in kleineren Officinen Accidenzlokal, Accidenzraum oder Accidenzzimmer genannt wird.

Accidenzsatz. Hierunter versteht man den Satz aller derjenigen Preß=erzeugnisse, welche außerhalb der Werke und der periodischen Literatur stehen und bestimmt sind, dem öffentlichen Leben und Verkehr zu dienen. Man sehe die Artikel der einzelnen Arten desselben an den betreffenden Stellen.

Accidenzschiff, ein solches, welches vorzugsweise bestimmt ist, zum Accidenzsatz verwendet zu werden, und demnach genau gearbeitet und in allen seinen Dimensionen rechtwinkelig sein muß.

Accidenzschriften sind diejenigen Schriften, welche **vorzugsweise** oder **ausschließlich** zum Accidenzsatz verwendet werden sollen, denn im weitern Sinne kommen alle Schriften, seien dieselben zum Werk=, Zeitungs= oder Annoncensatz bestimmt, in der Accidenz=Branche zur Verwerthung. Zu allererst zählen nun zu den Accidenzschriften diejenigen, welche wir als Zier= und Titelschriften, sowie Luxusschriften kennzeichnen, und weiter zerfallen dieselben ihrem Charakter nach in Fraktur und Antiqua. So gehören in das Gebiet der Fraktur namentlich als Accidenzschriften: die mancherlei fetten und halbfetten Schriften schmalen und breiten, gerundeten und eckigen Schnittes; die diversen Arten von Gothisch in schmal und breit, mager, fett und halbfett, antik und modern, englisch und französisch; Rondegothisch, Kirchengothisch, Angelsächsisch, Bastard, welch letztere auch in das Gebiet der Gothisch gehören; Canzlei, alte und moderne, verzierte, die moderne in mager, fett und halbfett; Schochisch, Schwabacher in antik und

2

modern. Zur Antiqua gehören namentlich: die fetten und halbfetten und die verschiedenartigsten Cursiv, letztere ebenfalls in mager, fett und halbfett und rondeartig; die schmalen Schriften magern und fetten Schnittes; die breiten und gestreckten Schriften, ebenfalls in mager, halbfett und fett ꝛc.; die verschiedensten Egyptienne in mager, fett und halbfett, breit und schmal ꝛc.; die Grotesken in allen den mehrfach genannten Abzweigungen; die Clarendon als elegante Egyptienne; die nicht minder elegante englische Albine, letztere auch in halbfett; dann noch die auszeichnende und besonders hervortretende Steinschrift und Italienne; die Antiqua alten Styls: Garamond, Sedanois, Mediaeval, Elzevir, Schwanzschrift und Stelett; Schreibschriften im italienischen, französischen (Ronde), englischen, amerikanischen und deutschen Gewande; ferner das in ihrer Verschiedenheit zahllose Heer der Antiqua=Versalien u. s. w.

Accidenzsetzer. Der Accidenzsetzer hat die Aufgabe, diejenigen Arbeiten anzufertigen, welche man unter Accidenzien und Accidenzsatz versteht. Der letztere Satz ist schwieriger auszuführen, als der Zeilen= und Wertsatz und darum müssen einem Accidenzsetzer, wenn ihm der Accidenzsatz Specialität sein soll und er diesen Namen mit Recht führen will, auch bestimmte Eigenschaften in keiner Weise abgehen. Weil der Accidenzsatz das ganze Gebiet der Typographie beherrscht und das ganze Material, was sie besitzt, nach und nach für sich in Anspruch nimmt, so muß der Accidenzsetzer in seinem Berufe nicht allein wohl erfahren, nein, er muß in demselben auch vollständig zu Hause sein, ein gründliches Berufswissen sich aneignen. Er muß ferner ordnungsliebend und unbedingt zuverlässig sein, denn der Accidenzsatz verlangt die größte Accuratesse; der Accidenzsetzer soll correct setzen, und deshalb muß er eine tüchtige Schule gehabt haben; er muß gut ausschließen und die Zwischenräume gleichmäßig vertheilen, ferner ordnungsmäßig theilen, d. h. die Wörter in ihren Sylben von einer Zeile zur andern nicht halsbrechend auseinanderreißen. Bei der Herstellung von Accidenzien kommt es nicht allein auf Schönheit, oft sogar auf Eleganz und Luxus der Ausführung an; deshalb muß der Accidenzsetzer einen Sinn für Formenschönheit haben, allermindestens aber einen guten Geschmack besitzen, das Schöne ihn erfreuen, das Häßliche ihn beleidigen. Denn diese Eigenschaften nicht aneignen, der nicht gute Schulkenntnisse bis zu dem Grade einer allgemeinen Bildung hat, der nicht Anspruch auf den Ruf eines accuraten Setzers machen kann, dem der Sinn für Formenschönheit mangelt und der keinen Geschmack besitzt, der gerirte sich lieber alles als Accidenzsetzer, denn er würde doch nur trübe Erfahrungen zu machen haben.

Accidenzzimmer, in einer mittlern Buchdruckerei die Abtheilung für den Accidenzsatz, sonst auch Accidenzlokal, Accidenzraum ꝛc. genannt.

Accolade oder Klammer, ist nicht zu verwechseln mit der Parenthese oder der eckigen Klammer, welche nur Worte und Sätze einschließt, während erstere Zeilen einfaßt, welche zu einem Begriffe gehören. Vorzugsweise kommt sie zur Anwendung bei Aufzählungen, in Chronologien, Sprachlehren, Stammbäumen, in Tabellen, Gesang= und Musiknoten u. s. w. Ihrem Wesen nach besteht dieselbe entweder aus einem Stücke oder aus mehreren, namentlich dem Mittelstück mit dem in einer geschwungenen Spitze auslaufenden Mittelpunkt, den beiden rechts und links an das Mittelstück anschließenden Stücken und den an einem Ende hakenförmig verlaufenden beiden Endstücken. Die Kegelstärke der Klammer aus einem Stück ist verschieden nach der Länge und differirt zwischen Zwei= und Vierpunkten, ihre Länge steigt von Zehnpunkten anfangend bis zu 24 Cicero. Bei der mehrstücigen Klammer sind die kleinen ebenfalls aus einem Stücke gefertigt, weil beren Zusammensetzung nicht gut thunlich ist. Dem Metalle nach besteht sie entweder aus Schriftmasse oder aus Messing, welch letzterer bei der Anschaffung der Vorzug zu geben ist. Die Klammer aus einem Stück ist in der Zeichnung viel hübscher, als die gestückelte, weil diese eckige Formen, jene einen schönen Schwung aufweist. Betreffs der Anwendung der Klammer ist zu beachten, daß die Haken an den Enden dem Einzuschließenden zugewendet sein müssen, gleichviel, ob dieselbe in senkrechter Stellung oder in horizontaler Lage vorkommt; der Raum der Zeilen, welche sie einschließen soll, bestimmt ihre Lage, unter der sie nicht stehen, lieber ein wenig darüber hinausgehen darf; die Worte oder Zeilen, welche die Bedeutung des Eingeschlossenen angeben, müssen genau die Mitte der Accolade einnehmen, weche die auf ihren Mittelpunkt ausmündende Spitze anzeigt. In Stammbäumen ist nur die Stückklammer anzuwenden, weil hier die hinzielende Spitze nur selten in der Mitte, vielmehr ganz unregelmäßig vorkommt. Diese Stückklammer nennt man sonst auch systematische Klammer. — Ein Sortiment von aus einem Stücke gefertigten Klammern, also von der kürzesten bis zur längsten, nennt man Garnitur.

Account-Zeichen, in der amerikanischen Typographie eines der sog. Referenzzeichen, so geformt: ⁰/₀ bedeutet Rechnung und liegt im amerikanischen Oberkasten in der linken Abtheilung in der obersten Fächerreihe im dritten Fache vom Ende.

Achtelpetit oder Einpunkt, die dünnste Ausschließung, sonst auch Haaroder feines Spatium genannt, genau 0,3750 Mm. oder der zwölfte Theil von Cicero, kommt als Stückdurchschuß und Reglette, als feine, halbfette, doppelfeine und Punktlinie vor.

Achter oder **Nummer Acht,** das neunte Format in der aufsteigenden Skala der deutschen einheitlichen Papierformate, mißt 50 : 60 Centimeter und weist ein durchschnittliches Gewicht von 33 Kilo für das Ries von 1000 Bogen auf.

Achtzehner oder Octodez, ein Format, das aus 18 Blättern oder 36 Seiten besteht und vormals bei den beschränkten Papierverhältnissen häufiger als heute zur Anwendung kam. Man vermeidet es nämlich heute meistens aus dem Grunde, weil man von der Ansicht geleitet wird, ein solcher Bogen müsse, um gefalzt werden zu können, in drei Theile zerschnitten werden. Diese Annahme ist irrig, denn es giebt ganz verschiedene Methoden vom Ausschießen des Achtzehners, bei welchem der Bogen im Ganzen gefalzt werden kann, aber man hat bei der Wahl diejenige Art zu berücksichtigen, bei der dem Buchbinder es ermöglicht wird, durch den Bogen hindurch zu sehen, um nach dem Register falzen zu können. Das nachstehende Schema zum Ausschießen erlaubt dies dem Buchbinder ohne irgend welches Hinderniß:

Achtzehner

Aeußere Form oder Prime

1	36	25	12	13	24
4	33	28	9	16	21
5	32	29	8	17	20
9	31	30	7	18	19

Kopf

| 3 | 34 | 27 | 10 | 15 | 22 |
| 2 | 35 | 26 | 11 | 14 | 23 |

Innere Form oder Secunde

Achtzehner

Innere Form oder Secunde

23	30	3	14	15	2
26	27	6	11	10	7
32	21	20	33	36	17

Kopf

Kopf

31	22	19	34	35	18
24	29	4	13	16	1

Aeußere Form oder Prime

Achtzehner

Innere Form oder Secunde

7	6	3	10	11	2
20	17	16	21	24	13
					1*
32	29	28	33	36	25
					1**

Kopf

31	30	27	34	35	26
19	18	15	22	23	14
8	5	4	9	12	1

Aeußere Form oder Prime

(Siehe das Schema Seite 20)

Zählt man die Zahlen der Columnentitel der neben einander stehenden Seiten zusammen, so muß, wenn richtig ausgeschossen ist, jedesmal 37 herauskommen. In zwei Formen gedruckt ist das Format zum Umschlagen; in einer Form gedruckt, ebenfalls zum Umschlagen, sind beide Formen, wie das Schema zeigt, Kopf an Kopf zusammen zu legen. Das Falzen geschieht folgendermaßen: zuerst wird der Bogen in seiner Breitfläche im Kreuzsteg (oder Mittelsteg), die Prime-Signatur nach außen, und dann der Kopf der Columnen darauf gelegt, so daß die eine offene Seite des Bogens oben, die andere offene unten ist; die Seiten 6 und 19 befinden sich je rechts und links auf der Oberfläche und werden die Seiten 30 und 7 auf 31 und 6, 24 und 13 auf 12 und 25 und schließlich 18 auf 19 gefalzt. Beim Falzen handelt es sich ebenfalls um das Ergebniß der Zahl 37, wenn die beiden neben einander stehenden Seiten zusammengezählt werden: 30 : 7 = 37, 31 : 6 = 37, 24 : 13 = 37, 12 : 25 = 37, 18 : 19 = 37. — Die Prime-Signatur kommt wie gewöhnlich unter Seite 1, die Sternchen-Signatur unter Seite 23.

Es kann aber der Umstand eintreten, daß das Papier von solcher Stärke ist, um das Zusammenlegen der 18 Blätter nicht zuzulassen, weil der Rücken zu stark werden würde; in diesem Falle braucht man aber den Bogen nicht dreimal, sondern nur zweimal zu zerschneiden, um so drei Theile zu erhalten, welche als zwei an einander gefügt werden.

(Siehe Schema Seite 21)

Die oberen 12 Seiten (17 : 32) werden zuerst abgeschnitten und gefalzt, dann die linke Seite des Bogens (23 : 30); dieser Abschnitt gefalzt, wird in die Mitte des ersten Abschnittes gebracht. Der nun zurückgebliebene Theil ist ein vollständiger Octavbogen, und treffen hier ganz die Bedingungen dieses Formats zu. Gefalzt, kommen beide Theile an einander. Seite 1 erhält die Primesignatur, Seite 17 ein und Seite 23 zwei Sternchen. Auch dieses ist sowohl in einer, als in zwei Formen zum Umschlagen zu drucken und werden in letzterm Falle, wie das Schema zeigt, die Formen Kopf an Kopf gelegt. Die Zahlen der neben einander stehenden Columnen ergeben für den Octavbogen die bekannten 17, für den größern Abschnitt und ebenso auch für den kleinern 53.

Noch den Fall gesetzt, das zu diesem Format zu verwendende Papier sollte von außergewöhnlicher Stärke sein, was aber nur selten eintreten dürfte, so ist der Bogen mittelst zweier Schnitte durch seine Breite in drei Theile zu zerlegen, welche dann, jeder für sich gefalzt, nach der Reihenfolge an einander gelegt werden. Es wird wie folgt ausgeschossen:

(Siehe Schema Seite 22)

Ebenfalls zum Umschlagen. In anderer Weise kann der Bogen auch in der Höhe zweimal durchgeschnitten werden, ist dann aber im Kreuzsteg und Bundsteg zu falzen, während bei dieser nur im Bundsteg gefalzt wird. Signatur Seite 1, Seite 13 mit einem, Seite 25 mit zwei Sternchen. Die Werthe der neben einander stehenden Columnen abdirt, ergeben für den ersten Streifen die Zahl 13, für den zweiten die Zahl 37 und für den dritten die Zahl 61.

Achtundvierziger, Format von 48 Blättern oder 96 Seiten zum Bogen, oder 6 Octavbogen, welches wie 6 Setzformen neben und über einander geschossen und zum Falzen der Bogen in sechs Theile zerschnitten wird, so daß jeder Theil einen Octavbogen bildet. Ein solcher Bogen wird aber meistens formenweise, also zu 48 Seiten gleich 3 Octavbogen gedruckt, weil die gewöhnlichen Schnellpressen selten eine so große Druckfläche aufweisen. Vorkommendenfalls aber sind diese sechs Sebezformen, 1:2, 3:4, 5:6, entweder Kopf an Kopf, oder Seite an Seite, je nach Beschaffenheit des Papiers und nach Maßgabe des nachstehenden Schema zu stellen. Hier nun das Formatschema zum Ausschießen von Achtundvierziger in einer Form:

Acidimeter oder Säuremesser, auch Soolwaage genannt, dient zur Ermittelung des Säuregehalts und der Stärke der Säure, besteht aus einer gläsernen Röhre, die unten erweitert ist und in eine Kugel endigt, in welcher Quecksilber in dem Maße enthalten ist, daß dasselbe, die Glasröhre in reines Wasser gehalten, auf 0 Grad steht. Die Röhre ist mit einer Skala versehen, und behufs der Messung von Netzwasser oder Säure nimmt man einen Theil dieser Flüssigkeit in ein Cylinderglas und hält das Meßinstrument hinein. Die Steigung des Quecksilbers und die Zahl seines Ruhepunktes giebt die Stärke der Säure oder des Aetzwassers an. Dieses einfache, gar nicht so kostspielige, aber doch so vortreffliche Dienste leistende Instrument sollte keinem Künstler fehlen, der irgendwie mit Aetzen zu thun hat und weiß, wie trügerisch der richtige Stärkegrad auf andere Weise zu ermitteln ist.

Acta, auch Acta diurna, Acta populi, Acta urbis oder Acta urbana nannten die Römer die amtlichen Tagesberichte, welche nach Zell „Ueber die Zeitungen der Alten" und Schmidt „Das Staatszeitungswesen der Römer", die Stelle unserer Zeitungen vertraten. Gründer dieses Instituts war Julius Cäsar, obwohl schon vorher Neuigkeitsblätter bestanden, die von Privaten zusammengestellt und an auswärtige Freunde geschickt wurden. Der Inhalt dieser offiziellen Acta war sehr mannichfaltig; es wurden darin veröffentlicht Senatsbeschlüsse, kaiserliche Verordnungen, Ehrenbezeigungen, Handlungen höherer Magistrate, Todesund Geburtsfälle, städtische Nachrichten aller Art u. s. w. Die Abfassung geschah unter Aufsicht der Censoren und Aedilen. Die Veröffentlichung wurde dadurch bewerkstelligt, daß sie an einer Säule eine Zeitlang öffentlich aushingen, so daß Jeder sie lesen, Notizen daraus oder eine vollständige Abschrift derselben machen konnte. Ueberhaupt hieß das ganze Mittelalter hindurch bis auf die neuere Zeit jede

Zeitung und Sammelwerk Acta. Von den Acta der Römer sind Bruchstücke auf uns nicht überkommen.

Acta diurna, s. Acta.

Acta Eruditorum, Name der ersten in Deutschland erschienenen gelehrten Zeitschrift und lange Zeit hindurch eine der gelesensten und am weitesten verbreiteten. Zunächst wohl das Beispiel der französischen Journal des savans und des in Rom seit 1668 herausgekommenen Giornale de' letterati, aber auch eben die damals sich hebende Thätigkeit des deutschen Buchhandels veranlaßten den Leipziger Professor Otto Mencke 1680 zur Begründung dieses kritischen Organs. Nachdem er durch eine Reise nach Holland und dem bis dahin in literarischer Hinsicht fast ganz isolirten England die nothwendigen Verbindungen eingeleitet hatte, begann er in Gemeinschaft der ausgezeichnetsten deutschen Gelehrten 1682 die Herausgabe des Blattes. Redakteure waren: Otto Johann Burkhardt und Friedrich Otto Mencke, Mitarbeiter: Michel Ettmüller, Valentin Alberti, Veit Ludwig von Seckendorff, Johann Olearius, Friedrich Benedikt, Karpzoff, Adam Rechenberg, Johann Salomon Hyprian, Ehrenfried Walther von Tschirnhausen, Graf Heinrich von Bünau, Thomas Ittig, Johann Erhard Rapp, Geßner, Heumann, Ernesti, Reiske, Bach, Deyling, Börner, Klotz. Der Zweck des Blattes beschränkte sich auf treue und vollständige Relationen, und es blieb dieser Tendenz auch dann noch treu, als — zunächst durch die in Holland erstandenen französischen Journale — größere Lebendigkeit und Selbstständigkeit in die öffentlichen literarischen Verhältnisse gekommen war. Vielleicht in dieser zu geringen Beachtung des allmälich verwöhnten, literarischen Publikums, gewiß aber in der sorglosen Redaktion des Professors Bel und in den Unruhen des siebenjährigen Krieges lag der Grund, warum das Blatt immer mehr an innerm Gehalt und äußerer Verbreitung verlor. Zuletzt erschien es so unordentlich, daß 1782 erst der Jahrgang 1776 ausgegeben wurde, mit welchem es schloß. Mit allen Supplementen und Registerbänden bildet es eine Reihe von 117 Quartbänden.

Acta populi, s. Acta.

Acta urbis oder **Acta urbana,** s. Acta.

Actien, Satz von, gehört in das Bereich der Anfertigung von Wertpapieren, s. d.

Adams, Isaak, war Besitzer einer Buchdruck-Maschinenbauanstalt in Boston, Vereinsstaaten von Nordamerika, Massachusetts, und Erfinder der amerikanischen Tiegeldruckmaschine, die er Bed and Platen Book printing press nannte und die Karten- und Accidenz-Tiegel-Druck-Tretmaschine. Im Jahre 1858 verkaufte er sein Etablissement sammt Patentrecht seiner Pressen an die Firma R. Hoe & Co. in Newyork.

Additionszeichen ist das +, sonst auch Pluszeichen genannt, in Rechenbüchern beim Zusammenzählen.

Adreßbuch der Buchdruckereien von Mitteleuropa, der Stein-, Kupfer- und Stahlstichdruckereien, der Schrift- und Stereotypengießer, xylographischen Institute, Pressen- und Druckmaschinenbauer, Farbefabrikanten, sowie der mechanischen Papierfabriken — lautet der Titel des im Jahre 1854 von Dr. Heinrich Meyer in Braunschweig, Redakteur des „Journal für Buchdruckerkunst" herausgegebenen ersten deutschen Adreßbuches der Buchdruckereien und der mit diesen verwandten Geschäfte. Es enthält 210 Oktavseiten, ist aus Antiqua sehr splendid gedruckt und enthält 1. Buchdruckereien auf 141 Seiten, 2. Steindruckereien auf Seite 142—176, 3. Kupfer- und Stahlstichdruckereien S. 177—183, 4. Schriftgießereien S. 184—191, 5. Stereotypengießereien Seite 192—195, 6. Xylographische Anstalten Seite 196—198, 7. Buch- und Steindruckfarbe-Fabriken Seite 199—201, 8. Druckmaschinen- und Pressen-Fabrikanten S. 202—205, 9. Maschinenpapierfabriken S. 306—210. Im Eingange des Vorworts macht der Herausgeber die charakteristische Bemerkung: „Hätte sich voraussehen lassen, wie manchen Hindernissen, wie vieler Indifferenz und welcher Mühsal aller Art ich bei Zusammenstellung des vorliegenden Handbuchs begegnen würde — der erheblichen Portokosten gar nicht zu gedenken — so wäre die Herausgabe doch wahrscheinlich unterblieben."

Adreßbuch der Buch- und Steindruckereien Deutschlands, Oesterreichs und der Schweiz, herausgegeben von Karl Klimsch in Frankfurt a. M., 1876. Das Bedürfniß eines solchen Buches für die graphischen Künste und die damit konkurrirenden Neben- oder Hülfsgeschäfte, eines Buches, welches der Buchhandel lange besitzt, war schon seit der Zeit gefühlt und ausgesprochen worden, wo das von Dr. Joh. Heinrich Meyer in Braunschweig herausgegebene Adreßbuch der deutschen Buchdruckereien veraltet und also unbrauchbar geworden war. Das Buch erschien zu Anfang 1876, und zerfällt seiner Hauptsache nach in zwei Abtheilungen, deren erste ein „Alfabetisches Verzeichniß sämmtlicher Buch- und Steindruckereien Deutschlands, Oesterreichs und der Schweiz" enthält, von Seite 1 bis 312; die zweite Abtheilung bringt: 1) Verzeichniß sämmtlicher Buch- und Steindruckereien Deutschlands Oesterreichs und der Schweiz nach Ländern und Städten geordnet, S. 313—360; 2) Alfabetisches Städte-Register, S. 361—367; 3) Verzeichniß derjenigen Druckereifirmen, welche sich mit den überschriebenen Arbeitszweigen ausschließlich oder hauptsächlich beschäftigen, S. 368—373; 4) Verzeichniß der hauptsächlichsten mit Buch- und Steindruckereien in Verbindung stehenden Geschäfte, S. 374—382; 5) Tabellarische Uebersicht der in der ersten Abtheilung enthaltenen Druckereifirmen nach Ländern und Provinzen zusammengestellt, S. 383—384; 6) Jubiläumstafel, S. 385; 7) Vereine von Buch- und Steindruckern, S. 367—369; 8) Zusätze und Veränderungen während des Drucks, S. 390—396; 9) Nachträglich eingegangene Resultate der Volkszählung vom 1. Dezember 1875, S. 397. — Als dritte Abtheilung enthält der Nachtrag: 1) Das Urheberrecht des Deutschen Reiches mit Vergleichung ausländischer Gesetzgebung von A. W. Volkmann; 2) das deutsche Reichspreßgesetz, die Gesetze über das Urheberrecht an Werken der bildenden Künste, der Schutz der Photographien gegen Nachbildungen, der Markenschutz; 3) die deutschen Fachzeitschriften.

Aethiopisch-Amharisches Alfabet. Das Aethiopisch-Amharische Alfabet enthält 27 Zeichen für Mitlaute als Stammbuchstaben und 4 Zeichen für Diphthonge, deren Anlaut ebenfalls ein Mitlaut (K) ist. Die 27 Stammbuchstaben, welche als Mitlaut das kurze u und dessen Umlaut ä bei sich führen, verändern sich, wenn auch nicht wesentlich, sechsmal in der Form, je nachdem sie die Grundlaute u, i, breites a, ŋ und o nach sich haben. Die Diphthonge wechseln fünfmal ihre Gestalt von ua (kurz) zu ui, ue, ua (lang) und uŋ. Das Alfabet besteht nur aus Minuskeln, welche ihrer Form und Benennung nach dem Griechischen und Hebräischen nachgebildet zu sein scheinen.

Aetzen. Unter Aetzen versteht man das durch Säuren bewirkte Auflösen harter (fester) Substanzen, insbesondere der Metalle und Kalkgesteine. Es ist dabei aber von keiner Auflösung die Rede, wie z. B. sich Zucker in Wasser auflöst, sondern das Aetzen ist ein Zerstören der festen Substanz derart, daß die aufgelösten Theile sich mit dem Aetzmittel chemisch verbunden und dadurch eine ganz andere Beschaffenheit angenommen haben, so daß z. B. nach einem Eindampfen der Lösung nicht wie beim Zucker der ursprüngliche feste Körper zurückbleibt, sondern ein ganz anderer Körper (ein Salz) in der Lösung enthalten ist. Man sagt, die Säure frißt, damit ist die zerstörende Wirkung derselben gut genug ausgedrückt. Für den Zweck, den die Lithographie und die Steindruckerei mit dieser Operation im Auge haben, genügt aber in den meisten Fällen der Begriff des Auflösens, da wir uns nicht um die aufgelösten Theile des Steines oder Metalles weiter kümmern, sondern höchstens um deren gründliche Beseitigung von der Platte. Die Auflösung selbst wünschen wir gleichmäßig von der Oberfläche ab senkrecht in die Tiefe, dabei nicht zu langsam und nicht stürmisch vor sich gehend. Die Zusammensetzung oder die Wahl der Aetzmittel wird durch diese Bedingungen geleitet.

Aetzgrund nennt man die aus Asphalt oder schwarzem Wachs bestehende Masse, mit welcher bei der Chemietypie die Platte überzogen wird.

Aetzkunst nennt man die zum Kupferstechen nöthige Kunst, die mit der Radirnadel bearbeitete Platte mit Scheidewasser oder Salpetersäure zu behandeln, um dadurch die Zeichnung auf die metallene Tafel einzugraben, ohne des eigentlichen Grabstichels zu bedürfen. In der Zeit, die man braucht, um eine Kupfertafel mit dem Grabstichel zu vollenden, kann man in leichten Fällen beinahe hundert Tafeln ätzen. Auch giebt es Gemälde, z. B. die von Rembrandt, deren Halbdunkel oder Wirkung durch den Grabstichel, der mehr Glätte oder Glanz wiedergeben kann, nicht so wahr sich ausdrücken läßt wie durch das Aetzen. Die wesentlichen Bestandtheile dieses Aetzens sind: 1) das Firnissen der Platte, 2) das Aufzeichnen, 3) das Radiren, 4) das Verkleben der Platte, 5) das Einätzen, 6) das Reinigen der Platte. — 1. Das Firnissen der Platte. Ist die Kupferplatte mäßig erwärmt, indem man die unpolirte Seite derselben an die Flamme eines Lichtes oder Feuers hält, so wird die geschliffene und polirte Seite mit einem reinen, weichen, seidenen Beutel mit Firniß so überstrichen, daß ein dünner geschmolzener Firnißgrund auf der Platte bleibt. Man befestigt die Platte in einen Handschraubstock. Hierauf überreibt man dieselbe sanft mit einem in Seide gewickelten Baumwollenball, damit der Firniß überall gleichmäßig verrieben und geglättet wird, dann legt man die Platte auf zwei befestigte Nägel so, daß die gefirnißte Seite unterwärts gekehrt ist, nimmt eine große Wachskerze und bringt die Flamme derselben so dicht als möglich unter die Platte; nur hat man dafür Sorge zu tragen, daß der Docht nicht den Firniß berührt; man bewegt die Flamme unter der ganzen Fläche der Tafel hin, bis dieselbe schön glänzend schwarz geworden ist. Nun wird die Tafel mit der Oberfläche nach oben gestellt, um abzukühlen, doch muß man sorgsam verhüten, daß Staub darauf kommt. 2. Das Aufzeichnen. Man zeichnet entweder den Umriß eines Gegenstandes auf Papier, oder man chalkirt ihn auf ein in Oel getränktes dünnes Blatt und reibt die ganze Rückseite dieser Zeichnung mit Blutstein ein, doch dermaßen, daß diese Einreibung fest haftet. Nun legt man die Zeichnung auf die Platte, befestigt sie mit weißem Wachs an die Ecken und übergeht die Umrisse mit einer stumpfen Nadel; wenn man das Papier wegnimmt, wird man die Umrisse roth auf dem Firnißgrunde finden. 3. Das Radiren. Die so erhaltenen Umrisse werden nun mit der Radirnadel auf der Kupfertafel ausgezeichnet, wonach man mit weichem Leder die rothe Blutsteinfarbe wegwischt. Ist die Radirung soweit, als die Aetzung das Bild wiedergeben soll, ohne Verletzung des Firnisses vollendet, so wird 4. die Platte verklebt. Eine hierzu erforderliche Mischung von Wachs wird durch Wärme geschmeidig gemacht und in eine kleine Mauer rings um die Platte herumgelegt, damit jede Flüssigkeit auf deren Oberfläche beschränkt bleibt. 5. Das Einätzen. Nun wird Salpetersäure mit Wasser verdünnt auf die Platte gegossen; da der Firniß undurchdringlich ist, so kann sich die Salpetersäure nur da einätzen, wo die Nadel radirt, d. h. den Firniß weggenommen hat. Durch Erfahrung lernt man die Flüssigkeit weder zu stark noch zu schwach auftragen. Im erstern Falle wird das Geätzte nicht allein rauh aussehen, sondern das Aetz= mittel zerreißt auch die schwächeren Stellen des Firnisses und zerstört wohl gar das Ganze. Man muß in diesem Falle das Scheidewasser sofort abgießen, die Platte mit reinem Wasser waschen und am Feuer trocknen. Nachher bedeckt man die Stellen, welche nicht geätzt werden sollen, vermittelst eines Haarpinsels mit einem milden nicht zu starken Firniß. Jenes Abgießen und Abtrocknen muß auch geschehen, sobald man glaubt, daß die schwächeren Schatten gehörig tief geätzt sind. Während das Scheidewasser so wirkt, bedeckt sich die Platte mit Luft= blasen, welche von den darin enthaltenen Kupfertheilen grün gefärbt sind; man nimmt diese mit einer Feder sanft hinweg. 6. Das Reinigen der Platte. Ist das Aetzen vollendet, so muß die Tafel gewaschen und getrocknet werden. Die Wachseinfassung wird nun abgenommen und der Firniß weggeschafft, indem man die Platte heiß macht, Oel darauf gießt und sie mit einem feinen weichen Leinen= tuch abwischt. Dann macht man einen Probeabzug und hilft den mangelhaften Stellen mit dem Grabstichel nach. R. L.

Aetzmittel, s. Aetzwasser.

Aetznatron, auch kaustische Soda oder Seifenstein u. s. w. genannt, ist eine vortreflige kalte Lauge, wenn man 10 Theile Aetznatron in 90 Theile Fluß= oder Regenwasser löst. Diese Lauge leistet auch vorzügliche Dienste, wenn abzulegende Schrift in Folge der Gypsstereotypie, längern Stehens oder deren Neuheit klebt. Die Bildfläche mit dieser Lauge gelinde befeuchtet und nach we= nigen Minuten mit Wasser nachgewaschen, läßt sich diese Schrift bald ebenso gut ablegen, wie jede andere.

Aetzpräparat, ein im Handel vorkommendes zubereitetes Mittel zum Prä= pariren, d. h. Druckfertigmachen der Steine und Platten in der Litho= und Auto= graphie, sowie der Kupferstichplatten beim Kupferdruck.

Aetztisch, kommt in der Lithographie beim Aetzen der Steine zur Anwen= dung, hat die Form eines gewöhnlichen Tisches mit dem Unterschiede, daß sich auf seiner Oberfläche keine Platte, sondern ein vertiefter, offen daliegender Boden befindet, dessen Bretter sich nach einer Tülle hinsenken, die zum Ablaufen des Wassers bestimmt ist. Auf dem Boden des Tisches sind starke Leisten angebracht, welche zur Aufnahme des zu ätzenden Steines dienen. L. H.

Aetzwasser. Das Aetzwasser ist eines der wichtigsten Chemikalien für die Lithographie und den Steindruck. Es giebt kaum einen Lithographen oder Stein= drucker, der sich desselben nicht täglich bedient, sei es beim Präpariren der Zeich= nung zum Druck, sei es beim Ueberdruckeinschwärzen, sogar zum chemischen Gra= viren (Radiren), oder selbst zum Corrigiren. Ebenso mannichfach wie dessen Ge= brauch ist, ebenso vielseitig ist auch die Natur des Aetzwassers selbst, sowie seine Zusammensetzung und die Wirkung, welche dasselbe hervorbringen soll. Diese nothwendige Verschiedenheit in Zusammensetzung und Anwendung des Aetzwassers ist aber den meisten nicht klar, da der Gebrauch desselben nicht eine Folge ist des Verständnisses für Ursache und Wirkung, sondern für den größten Theil der Jünger Senefelders eine angelernte mechanische Verrichtung bildet, welche zwar oft durch unbeabsichtigte eigenthümliche Erscheinungen zum Nachdenken reizt, aber doch keine Veranlassung zum gründlichen Forschen bietet. Das Aetzwasser selbst, sonst auch Aetzmittel genannt, besteht aus verdünnten Säuren, und betrachten wir nun zunächst die gebräuchlichsten derselben, so finden wir 1) Schwefelsäure

(Vitriolöl), 2) Salpetersäure (Scheidewasser), 3) Salzsäure (Chlorwasserstoff=
säure), 4) Phosphorsäure, 5) Oxalsäure (Kleesäure), 6) Essigsäure, 7) Zitronen=
säure, Apfelsäure, Weinsäure ꝛc. — Die unter 5, 6 und 7 genannten Säuren
gehören der organischen Chemie an. — Zu diesen Säuren wollen wir gleich
noch eine in der Lithographie sehr wichtige Säure hinzufügen, welche bei jeder
Aetzprozedur sehr in Betracht gezogen werden muß: es ist dies die Kohlensäure.
Dieser letztern wollen wir vor allen unsere Aufmerksamkeit zuwenden und dabei
namentlich klar stellen, was man unter Säuren eigentlich versteht, damit der
Unkundige in der Chemie die Wirkungen der Säuren erkennen lernt. Wenn
nun bei den Säuren von einer chemischen Verbindung die Rede ist, so darf
man sich nicht ein Zusammenmischen von Substanzen vorstellen, sondern es
ist von einer derartigen Vereinigung derselben die Rede, wobei jede ihre bis=
herige Beschaffenheit ganz aufgiebt und mit einer andern sich zu einer neuen
Substanz verbindet. So kann ein fester Körper in einem flüssigen enthalten sein,
ein gasförmiger in einem festen, ein undurchsichtiger in einem durchsichtigen
u. s. w. Wenige der uns vorkommenden Steine und Flüssigkeiten sind Elemente,
d. h. untheilbare Stoffe, fast alle aber sind aus zwei oder mehreren Elementen
zusammengesetzt. Diese Verbindungen beruhen auf sogenannter Verwandtschaft
und zwar ist die verwandtschaftliche Zuneigung der verschiedenen Stoffe eine sehr
ungleiche, so daß eine weniger innige Verbindung sich auflöst, sobald es den
Theilen möglich ist, sich beliebtere Stoffe zur Vereinigung auszuwählen. Die
einfachste chemische Verbindung ist von zwei Elementen und in den meisten Fällen
die Verbindung irgend eines Elements mit Sauerstoff, doch es kommen auch
noch sehr zahlreiche Verbindungen der anderen Elemente unter sich vor, z. B.
mit Wasserstoff, Schwefel, Phosphor u. s. w. Einige Elemente vereinigen sich
mit dem Sauerstoff zu Säuren, so z. B. die vorhin erwähnte Schwefelsäure,
Stickstoffsäure (Salpetersäure), Kohlensäure. Die sauren Verbindungen haben
wiederum das Bestreben, sich mit einer nicht sauren Verbindung (alkalischen Ver=
bindung, Oxyd oder Base) zu einer Doppelverbindung sich zu vereinigen. Solche
Doppelverbindungen nennt man Salze. Im gewöhnlichen Leben bezeichnet man
mit Salz nur sauer oder bitter schmeckende Krystalle, die Chemie aber nennt
auch die erdigen oder süßen Verbindungen von Säuren und Basen Salze. Viele
Salze sind in Wasser löslich, es giebt aber auch solche, welche nicht löslich sind
in Wasser; der Aetzprozeß ist nichts anders, als die Erzeugung von in Wasser
löslichen Salzen. Die Nebenumstände, welche die Salzbildung und Auflösung
entweder fördern, hemmen oder in sonst einer Weise für die Zwecke des Aetzens
vortheilhaft oder nachtheilig beeinflussen, wollen wir jetzt versuchen, aus der
Betrachtung der bereits genannten hauptsächlichen Säuren kennen und berechnen
zu lernen. Betrachten wir zuerst die Kohlensäure, eine Verbindung des Elements
Kohlenstoff und Sauerstoff. Diese ist ein farb= und geruchloses Gas, welches
in Wasser nur in bestimmter Menge löslich ist. Die Kohlensäure ist eine sehr
schwache Säure, welche von allen anderen Säuren, mit Ausnahme der Blausäure
und Schwefelwasserstoffsäure, aus ihren Verbindungen verjagt wird, wobei sie
unter heftigem Aufbrausen entweicht. Der Lithographiestein ist eine Verbindung
von Kohlensäure mit Kalk, also kohlensaurer Kalk. Es ist deshalb das Aetzen
auf den lithographischen Stein mit jeder andern Säure möglich, welche ein in
Wasser leicht lösliches Kalksalz an Stelle des unlöslichen kohlensauren Kalkes er=
zeugt. Zink, Blei, Zinn, Antimon, Kupfer, Eisen (also auch Schriftmetall und
Stahlplatten) können durch Kohlensäure nicht in lösliche Salze verwandelt wer=
den, da die kohlensauren Metalloxydsalze alle in Wasser unlöslich sind. Aus

diesem Grunde kann man ein kohlensaures Wasser nicht zum Aetzen anwenden, abgesehen davon, daß die Säure zu schwach ist, um eine genügende Wirkung zu erzielen. Es beschränkt sich also das Interesse, was sie für uns bietet, auf das brausende Entweichen derselben und Blasenbilden beim Aetzen des lithographischen Steines. A. A.

Aeußere Form oder bloß Aeußere, sonst auch Prime genannt, ist diejenige Form, auf welcher sich die erste Columne des Bogens befindet. Beim Druck in Formen ist sie beim Einheben die zweite Form oder der Widerdruck.

Affiche, auch Plakat, ist ein Anschlagezettel, ein Aushängezettel zu dem Zwecke, um etwas kund zu geben, der daher augenfällig sein soll und somit aus großen und den größten Schriften angefertigt sein muß. Zur Veröffentlichung des Plakates dient in erster Reihe die Mauer der Straßenecke, dann die sog. Plakatsäule (eingeführt vom Buchdrucker E. Litfaß in Berlin), die Planke, die Vorhallen der Posten und Bahnhöfe, deren Wartezimmer, die Coupés der Eisenbahnen, die Gaststuben und andere öffentliche Lokale. Die Affiche in ihrer heutigen Gestalt — denn sie tritt auf in der allergewöhnlichsten Herstellung, aber auch in der elegantesten, ja selbst luxuriösen Ausführung, in Mehrfarben- und Golddruck — gehört der neuesten Zeit an, wo die Erscheinung zahlloser Arten von großen Schriften sie möglich machte. Afficirten auch die Römer bereits ein Affixum, so war dasselbe doch nur eine Bekanntmachung oder behördliche Verfügung, welche als Bogen an eigens dazu bestimmten Plätzen angeheftet wurde, wie dies bei unseren Behörden auch heute noch der Fall ist.

Affichendruck. Bei dem Druck der Affichen kommt es hauptsächlich darauf an, daß die Schrift in ihrer Gesammtheit vollständige Deckung der Farbe hat, so daß die Schrift untadelhaft schwarz auf dem Papier erscheint. Um diese zu erzielen, untersuche man zuerst die Form, ob die Schriften von gleicher Höhe oder, wenn Holzschriften, die Buchstaben von gleicher Höhe sind. Ist dies nicht der Fall, so unterlege man die zu niedrige Schrift oder die zu niedrigen Buchstaben auf dem Fundament, denn das Unterlegen auf dem Deckel oder dem Cylinder reicht deshalb nicht aus, weil die Form bei ungleicher Höhe der Schrift nicht gleichmäßig Farbe annimmt. Bei geringer Auflage zum Druck auf der Schnellpresse thut man daher gut, die Handpressenwalze zum Auftragen zu benutzen weil man mit dieser bei der größern Schrift länger anhalten kann. Es giebt auch Plakate in mehreren Farben, und kommt hier die Lehre vom Farbendruck in Betracht.

Affichendruckerei ist eine solche, deren Specialität die Anfertigung von Plakaten und Anschlagezetteln aller Art ist. So ist z. B. das Geschäft von Ernst Litfaß in Berlin, Adlerstraße, eine wirkliche Affichendruckerei.

Affichen-Einfassung, s. Plakat-Einfassung.

Affichenpapier ist ein sehr dünnes, naturfarbiges und weißes Papier im Format von 63:85 Cm. Es ist schwach geleimt und wird in verschiedener Beschaffenheit fabrizirt.

Affichensatz betrifft die Herstellung der Form zum Druck einer Affiche. Wenn auch in die Branche des Accidenzsatzes schlagend, so bildet er doch in neuester Zeit eine eigene Abtheilung dieser Branche. Beim Affichensatz kommt es darauf an, je nach Vorhandensein des Materials die Schriften so zu wählen, daß das Hauptsächlichste durch solche Schrift hervorgehoben wird, daß es sich derart auszeichnet, um zu allererst in die Augen zu fallen. In ihrer Gesammtheit müssen die Zeilen einer Affiche eine formenschöne Regelmäßigkeit bilden, um beim ersten Anblick einen angenehmen Eindruck hervorzubringen: wenn die Hauptzeile die ganze Breite des Formats einnimmt, so müssen die übrigen verhältnißmäßig von einander verschieden sein, bald in geringerer, bald in größerer Breite von einander abweichen, aber niemals dürfen zwei sich folgende Zeilen von gleicher Breite sein. Ebenso dürfen sich gleiche Schriften nicht folgen, vielmehr muß jede neue Zeile in Charakter, Kegel oder Beschaffenheit andersartig sein. Nach Gothisch, gleichviel, ob breit oder schmal, darf keine zweite Zeile aus Gothisch genommen werden, auf Egyptienne keine zweite aus derselben Schrift oder aus einer gleichartigen folgen. Hier fällt auch das in Betracht, was die Lehre vom Titelsatz vorschreibt. Zum gewöhnlichen Affichensatz bedarf man weder eines Winkelhakens, noch Schiffes, wenn dieselben nicht in der erforderlichen Größe vorhanden sind. Man nimmt einfach ein Brett, setzt das Format aus Hohlstegen zusammen und schließt nach Maßgabe derselben die Zeilen nach dem Gefühl aus, muß diese Hohlstege aber einigemal wiederholen.

Affichenschriften, Plakatschriften sind Schriften großen und größten Kegels, welche die Bestimmung haben, zur Herstellung von Affichen verwendet zu werden. Ihr Kegel wird nach Cicero berechnet, z. B. Bastard auf 4, 5, 6 oder 12 Cicero, schmale Fraktur auf 12 Cicero, moderne Gothisch auf 7 Cicero u. s. w. Der Beschaffenheit nach bestehen dieselben entweder aus Schriftmetall, dann ziemlich hohl gegossen oder auch auf Hohlfuß, oder aus Holz, s. Holzschrift.

Agate, Name einer Schrift in der englischen Typographie, hat einen Kegelgehalt von nicht ganz 6 Didotschen Punkten, entspricht also unserer Nonpareille deutschen Kegels. Name sowohl als Schrift ist neuern Ursprungs und wird vorzugsweise als Annoncenschrift zu Handelsberichten der Zeitungen und zu Taschenausgaben der Bibel und des Neuen Testamentes verwendet.

Ahle, das Instrument, mittelst dessen der Setzer beim Correcturmachen die Buchstaben aus den Ausschluß und den Satz herauszieht, hat so ziemlich die Form und Gestalt des bei anderen Geschäften verwendeten gleichnamigen Werkzeugs. Die Ahle besteht aus dem Heft, in dessen unterm Ende die etwa 3 Cm. herausstehende Spitze eingelassen und hier mit einem Metallring umgeben ist, um das Ausspringen des Holzes zu verhüten, und einer runden Scheibe am obern End des Heftes. Die beste, billigste und brauchbarste Ahle ist die aus Holz gefertigte, weil die aus Horn und Messing bestehenden so schwer sind, daß sie beim Niederschlagen der Buchstaben die Schrift leicht beschädigen können. Die Messing-Ahle besteht aus zwei, oft auch aus drei Theilen, so daß die Scheibe auf- und abgeschraubt werden kann, während die Spitze von einer Schraube gehalten wird. Der Setzer ist verpflichtet, die Ahle sich selbst zu halten. Bei Aufbewahrung der Ahle ist darauf zu achten, daß dieselbe sich in liegender Stellung befinde; auf die Scheibe gestellt, die Spitze nach oben, muß durchaus vermieden werden, weil sich Andere dadurch leicht beschädigen können.

Ahlheft, der mittlere Theil der Ahle zwischen Scheibe und Spitze, von runder abgedrehter Form und etwa 4:5 Cm. Länge, nach unten verjüngt zulaufend, ist zum Halten bestimmt.

Ahlscheibe, die runde, etwa 3 Centimeter im Durchmesser betragende Scheibe am obern Ende der Ahle, mittelst welcher die hineingesteckten Buchstaben niedergeschlagen werden. Sie muß aus Holz bestehen, um die Buchstaben nicht beschädigen zu können.

Ahlspitze, der untere Theil der Ahle, eine starke Stahlnadel, welche etwa 3 Cm. aus dem Hefte hervorfährt. Die sogenannten englischen aus gehärtetem Stahl, wenn auch bei uns fabrizirten, sind die tauglichsten. Dem Setzer ist es Pflicht, seine Ahlspitze immer so scharf zu erhalten, daß sie den Buchstaben der-

artig ansticht, um ihn herausheben zu können; eine stumpfe Ahle, die beim An=
stecken des Buchstabens abrutscht, ist geeignet, die Schrift zu beschädigen.

Aigle, Grand=, s. Grand=Aigle.

Aigu, im Französischen das scharfe Tonzeichen, wird bei dem é angewendet und deutet die scharfe Betonung einer Sylbe an.

A ij, bei der vormaligen Buchstaben=Signirung die Signatur der zweiten oder innern Form, der Secunde, wofür wir heute die Sternchen=Signatur zur Anwendung bringen.

Aikens, J. A., ein amerikanischer Buchdrucker aus Milwaukee, welchem das Verdienst gebührt, das Wesen der Cooperativen Zeitungen (s. b.) der Vereinsstaaten Nordamerikas organisirt und die Große Amerikanische Zeitungs= Association vom Jahre 1864 gegründet zu haben, welche über 2400 Buchdruckern der kleineren Provinzialstädte Blätter in jedem Umfange an beliebigen Tagen der Woche und nach jeder gewünschten politischen oder socialen Richtung liefert, s. Kopflose Blätter.

Akographie, die Kunst, in Kupfer hochätzen, oder vermittelst des Aetzver= fahrens erhabene Platten aus Kupfer für die Buchdruckpresse zu gewinnen, die in Form und Gestalt dem Holzschnitt gleich, aber härter und weniger kostspielig in der Herstellung sind. Dembour in Metz scheint der eigentliche Erfinder dieser Kunst gewesen zu sein, mit welcher er im Jahre 1834 unter dem Namen Me= tallektypographie ein derartiges Verfahren kundgab, das mehrere, nament= lich Duplat und Susemihl in Paris und Kaup in Darmstadt, schon lange vorher gekannt und ausgeführt gehabt haben wollen. L. Schönberg in London gab der Kupferhochätzung im Jahre 1842 den Namen Akographie. Himley übte das Verfahren vollkommener aus, als die übrigen. H. Heims trat im Jahre 1851 mit einem ähnlichen Verfahren auf, welches er Chalkotypie, d. h. Druck auf Kupfer, nannte.

Akutus oder Oxus, im Griechischen das scharfe Tonzeichen ('), dient als Andeutung der scharfen Betonung einer Sylbe, steht über dem Selbstlaut, wenn wenn es ein gemeiner, links an demselben, wenn es ein Versal ist.

Albertotypie, ein Verfahren, bei welchem die Photographie als Vermitt= lerin der Herstellung von Illustrationsplatten für die Steindruckpresse dienstbar gemacht wird, ist vom Hofphotographen Albert in München erfunden und nach ihm benannt. Die Methode ist klar und verständlich von ihm selbst beschrieben, wie folgt: Das in Frankreich patentirte neue Druckverfahren des Hofphotographen Albert in München für photographische Bilder gestattet, die lithographischen Steine und die Metallplatten durch polirte Glasplatten zu ersetzen, was eine große Er= sparniß an Kosten ermöglicht, während man eine beträchtliche Anzahl Abzüge machen kann, welche sich durch außerordentliche Reinheit der Bilder auszeichnen. Das Verdienst dieses Verfahrens besteht in seiner Einfachheit. Verfahren: In beiläufig 300 Gramm filtrirten Wassers löst man 150 Gramm Eiweiß nebst 15 Gramm Gelatine und 8 Gramm doppelchromsauren Kali; man begünstigt das Auflösen durch schwaches Erwärmen und filtrirt. Eine gut gereinigte Glasplatte, welche wenigstens 7 bis 8 Millimeter dick ist, überzieht man auf einer ihrer beiden Seiten mit einer Schicht genannter Lösung und läßt sie in einem ge= heizten und dunkeln Lokal trocknen. Diese Schicht eiweißhaltiger Lösung muß mit Vorsicht hergestellt werden, so daß sie keine Unregelmäßigkeit, weder auf der Ober= fläche, noch in der Färbung zeigt. Alsdann legt man auf die trockne Schicht ein Stück schwarzen Tuches recht genau auf und unterwirft die nackte Seite der Platte der Einwirkung des Tageslichtes. Der Erfolg dieser Operation ist ein wichtiger: die erwähnte eiweißhaltige Schicht, sie mag noch so dünn sein, hat zwei Oberflächen, eine innere, in unmittelbarer Berührung mit der Glasplatte, und eine äußere, welche mit dem Tuche in Berührung ist; die innere Oberfläche bleibt bei der Operation trocken, unlöslich und der Platte vollkommen anhaftend, während die äußere Oberfläche ein hinreichendes Adhäsionsvermögen behält, um auf dieser Schicht eine solche einer andern Lösung befestigen zu können. Diese zweite Schicht, welche man nach einer Exposition von ½ Stunde bis 2 Stunden aufträgt, ist folgendermaßen zusammengesetzt: 300 Gramm Gelatine, 100 Gr. doppelchromsaures Kali und 1800 Gramm filtrirtes Wasser; man läßt sie in derselben Weise trocknen, wie die erstere. Diese zweite Schicht bedeckt man nun mit einem auf beliebige Weise hergestellten Negativ, bringt das ganze in einen gewöhnlichen Copirrahmen und exponirt es dem Tageslichte während der für eine vollständige Wirkung desselben erforderlichen Zeit. Man kann sich durch den bloßen Anblick leicht überzeugen, ob die Wirkung des Tageslichtes auf die (durchsichtige) Platte vollständig erfolgt ist. Alsdann nimmt man die Platte aus dem Rahmen, legt sie beiläufig ½ Stunde lang in Wasser und läßt sie an der Luft trocknen. Die somit fertige Platte kann auf der mit den erwähnten Schichten bedeckten Seite nach einer vorläufigen schwachen Befeuchtung mit Wasser vermittelst einer Lederwalze mit Steindruckfarbe überzogen und in der lithographischen Presse abgedruckt werden, und zwar auf Papier aller Art, Pappe oder Gewebe. Von jeder präparirten Platte kann man 500 bis 1000 Exemplare abziehen. Um beim Drucken ein Zerbrechen der Glasplatten zu vermeiden, legt sie Albert auf ein hinreichend widerstehendes elastisches Kissen, oder er verstärkt auch die untere Fläche der Glasplatte mit einem Bett von Gyps, Cement ꝛc., welches dem Druck früher als Glas nachgiebt und vor letzterm bei einer unvermuthet starken Pressung zerdrückt wird. Um beim Drucken eine weiße Einfassung um das Bild herum und selbst auf dem Grunde desselben zu erhalten, legt man um das Bild einen metallenen Rahmen von entsprechender Größe. Das hier beschriebene Verfahren gewährt folgende Vortheile: 1) man kann von einer präparirten Platte eine größere Anzahl Bilder (500 bis 1000) abziehen; dies beruht auf der Anwendung einer zweiten empfindlichen Schicht, welche direct auf eine erste Schicht von analoger Zusammensetzung aufgetragen und in unmittelbare und innige Berührung mit der Negativplatte gebracht wurde; 2) die bisher verwendeten kostspieligen Stahlplatten oder lithographischen Steine werden durch die wohlfeilen Platten von Spiegelglas ersetzt. Von einer für den Druck nicht mehr brauchbaren Platte kann der Ueberzug mittelst erwärmter verdünnter Schwefelsäure leicht beseitigt werden; 3) die Durchsichtigkeit der Platte gestattet, den Gang der Operation während des Belichtens zu verfolgen; 4) man erhält Abdrücke von unvergleichlicher Reinheit, ohne alles Korn, von einer Weichheit der Mitteltöne, die kaum etwas zu wünschen übrig läßt, ohne Flecken und Unregelmäßigkeiten. Die englischen „Photographic News" beschreiben die Albertotypie folgendermaßen: Eine dicke Glasplatte, etwa 15 Millimeter dick, wird mit folgender Lösung überzogen:

    Filtrirtes Wasser . . . . . . 300 Theile,
    Eiweiß . . . . 150 „
    Gelatine . . . . 15 „
    Doppelchromsaures Kali . 8 „

Die hiermit bedeckte Platte wird getrocknet, ein schwarzes Tuch dahinter gelegt und etwa zwei Stunden dem Licht ausgesetzt. Sodann wird sie mit einer Mischung von Gelatine und doppelchromsaurem Kali überzogen. Die Verhältnisse für diese Mischung enthalten:

                    Gelatine . . . .   300 Theile,
                    Doppelchromsaures Kali .   100   „
                    Wasser 1800   „

Die Platte wird mit der Mischung überzogen, getrocknet und unter einem Negativ belichtet. Die Strahlen müssen senkrecht auffallen. Nach hinreichender Belichtung wird die Platte gewaschen und dann wie ein lithographischer Stein behandelt, d. h. mittelst einer Walze mit fetter Farbe bedeckt und in der lithographischen Presse vervielfältigt. Um unseren Lesern das ganze Verfahren klarer vorzulegen, wollen wir hier das Verfahren von Tessie und das Prinzip, worauf sich dieses und Alberts Verfahren gründet, durchgehen. Eine Platte wird mit Gelatine und Chromsalz überzogen, getrocknet und unter einem Negativ belichtet. Dann wird sie mit kaltem Wasser gewaschen, nicht um einen Theil der Gelatine zu entfernen, sondern nur um das Chromsalz zu entfernen und die Gelatine zu befeuchten. Die vollbelichteten Theile der Schicht, den tiefsten Schatten entsprechend, sind ganz unlöslich, und nehmen das Wasser nicht auf; die weniger belichteten Theile nehmen etwas Wasser an, da sie nicht vollkommen unlöslich geworden; die gar nicht vom Lichte getroffenen Stellen, also die höchsten Lichter, absorbiren das Wasser. Die so vorbereitete Schicht wird nun wie ein lithographischer Stein behandelt. Wenn man mit einer mit lithographischer Farbe versehene Walze darübergeht, haftet die Farbe an den vollbelichteten tiefen Schatten gut, an den höchsten Lichtern, ihrer Feuchtigkeit wegen, gar nicht und an den Halbtönen mehr oder weniger, je nach dem Grade ihrer Feuchtigkeit. Man erhält also einen genauen Abdruck des Negativs auf der Platte und kann hiervon durch Auflegen von Papier und geeignete Pressung Abzüge herstellen. Die Eigenthümlichkeit der so erhaltenen Abzüge besteht darin, daß die Abstufung vom Licht zum Schatten nicht in einem fortlaufendem Ton, sondern in einer überaus feinen Körnung stattfindet, was durch die Art und Weise, wie die Gelatine das Wasser absorbirt und abstößt, bewirkt wird. In den Tessie'schen Bildern ist dieses Korn, wenn auch sehr fein, vorhanden; in einigen von den Albertschen Copien ist es so fein, daß man selbst durch die Loupe nicht unterscheiden kann, ob es vom Bilde oder der Textur des Papiers herrührt. Der Fehler des Tessie'schen Verfahrens war der, daß die zarte Gelatineschicht beim Drucken zu sehr litt, so daß nicht mehr als 50 bis 70 Abzüge davon gemacht werden konnten. Wie es heißt, ist das Verfahren in soweit verbessert, daß bis 200 Abzüge von einer Platte erhalten werden können. Herr Albert versichert, 1000 Abzüge von einer Platte erhalten zu können; ob dies nun durch Unterlage von Gelatine, Eiweiß und Chromsalz ermöglicht wird, oder auf eine andere noch nicht bekannte Weise, darüber können wir keine Auskunft geben. Tessié legt viel Gewicht auf die Anwendung dreifachchromsaurer Salze; wir glauben indessen nicht, daß das Resultat hierdurch wesentlich beeinflußt wird. Das Prinzip, auf dem diese Verfahren beruhen, ist keineswegs neu. Poitevin hat es vor 20 Jahren deutlich beschrieben. Wir geben seine Mittheilungen nach der Specification seines englischen Patents vom 15. April 1856, worin es heißt: Ich drucke photographisch mit fetter Schwärze auf Papier, Metall, Holz, Glas und andere passende Materialien in folgender Weise: „Ich bringe auf die Oberfläche, welche die Zeichnung aufnehmen soll, eine oder mehrere Schichten einer Mischung von gleichen Theilen einer concentrirten Lösung von Albumin, Fibrin, Gummi arabicum, Leim oder einer ähnlichen organischen Substanz und einer concentrirten Lösung von doppelchromsaurem Kali oder irgend eines Salzes, dessen Basis die organische Substanz der ersten Lösung nicht fällt. Diese ein- oder mehrfache Schicht oder Häutchen wird getrocknet, wenn der photographische Eindruck mittelst Contact hervorgebracht werden soll, oder man es in der Camera obscura anwendet. Erzeugt man den Eindruck mittelst Contact, so wird die Oberfläche mit einem photographischen negativen Bilde, einem Stahlstich oder dergleichen bedeckt und dann wie im gewöhnlichen photographischen Prozeß exponirt. Nach hinreichender Exposition wird die Oberfläche, wenn sie trocken geworden oder im trockenen Zustande angewendet wurde, mittelst eines Schwammes mit Wasser befeuchtet, und während sie noch feucht ist, wird die fettige Tinte mittelst eines Ballens oder irgendwie auf die Oberfläche aufgetragen, wobei man findet, daß sie nur an denjenigen Theilen haftet, auf welches das Licht gewirkt hat. War das angewendete Bild ein Negativ, so erscheinen die Lichter und Schatten verkehrt und der Abdruck wird ein Positiv mit richtigen Lichtern und Schatten. Die Copie kann auf der Oberfläche, auf welcher sie zuerst erzeugt wurde, bleiben oder auf Papier oder eine andere Substanz übertragen oder abgedruckt werden, und die Operation läßt sich mehrfach wiederholen. So erhalte ich auf dem Lithographiestein oder einem andern passenden Material eine Zeichnung, von der ich im Stande bin, vielfache Abdrücke zu machen, indem ich die Methode des lithographischen Druckes, wobei die angefeuchtete Oberfläche mit einer fetten Tinte überzogen wird, anwende."

Albion, zu deutsch England. Unter dieser Benennung ist von der englischen Schriftgießerei eine sehr hervortretende und auszeichnende Schrift vom Charakter der Egyptienne eingeführt worden. Außer Pressen hat man auch schon englische Schreibschriften auf diesen Namen getauft, so daß derselbe typographisch einen ziemlich unbestimmten Begriff in sich schließt.

Albion-Presse, eine von Daune in London erfundene und gebaute eiserne Handpresse, welche in England stark verbreitet und auf dem System der Hagarpresse basirt ist; dieselbe bringt den Druck dadurch zuwege, daß mehrere schräg auf einander stehende Kegel mittelst einer Stange, welche sie in der Mitte verbindet, gerade gestellt werden.

Aldegrever, Heinrich, Maler und Kupferstecher, Holzschneider und praktischer Goldarbeiter, ein Schüler Albrecht Dürers, geboren 1502 zu Paderborn, wirkte besonders in der vervielfältigenden Kunst im Holzschnitt und Kupferstich. Seine Hauptwerke sind: Der barmherzige Samariter — Das jüngste Gericht — Die drei Männer im feurigen Ofen, und schätzenswerth seine Muster für das Kunstgewerbe. Von letzteren hat er mindestens hundert für die Goldschmiedekunst hinterlassen. Sein Sterbejahr ist nicht genau nachzuweisen, es wird aber wahrscheinlich zwischen 1557 und 1560 liegen, s. J. R. Obenetter, Heinrich Aldegrevers (1502—1555) Ornamente und Facsimiles in gleicher Größe der im königlichen Kupferstichkabinet zu München vorhandenen Originalstiche, 25 Stücke in photographischem Druck, 1876, H. Manz in München, 4., in Mappe 32 Mk.

Alde Manutio et l'Hellénisme à Venise (Alde Manutius und der Hellenismus in Venedig) ist der Titel des letzten von dem berühmten Buchdrucker und Schriftsteller Ambroise Firmin Didot (s. b.) in Paris veröffentlichten Werkes.

Aldens Setz- und Ablegemaschine. Alden, ein Amerikaner, trat im Jahre 1866, also zu gleicher Zeit mit Mackie, mit einer Setz- und Ablegemaschine hervor. Sie ist viel in Annoncen und Reklamen angepriesen worden, ob sie in der Praxis aber das Problem gelöst: davon ist nichts in die Oeffentlichkeit gedrungen. Bekannt ist aber, daß im Jahre 1870, also vier Jahre nach der Erfindung, noch mehrere Exemplare im Bau begriffen waren.

Aldine, Namensform für eine neuere Antiquaschrift von außerordentlich correctem Schnitt und sehr eleganter, ja, man kann wohl sagen aristokratischer

3*

Form, etwas fettem Grundcharakter, aber überallhin die richtige Mitte haltend. Zuerst wurde diese schöne Antiqua in England geschnitten, wo man sie nach dem berühmten italienischen Buchdrucker Aldus Manutius benannte, und, da sie englischen Ursprungs ist, nennt man sie bei uns auch Englische Albine. Es hat nicht lange gedauert, bis sie in Deutschland sich einbürgerte und in den Accidenzdruckereien eine Lieblingsschrift wurde.

Aldinen nennt man die Werke, welche aus der berühmten Officin des Aldus Manutius (Manucci) in Venedig hervorgegangen sind und sich wegen der Schönheit der Schriften und der Sauberkeit des Druckes auszeichnen. Die vollständigsten Sammlungen dieser seltenen Werke waren im Besitze des Pariser Buchhändlers und Bibliographen Renouard und des vormaligen Herzogs von Toskana, s. Manutius.

Aldinische Lettern, die Schrift, welche Aldus Manutius zu Ende des fünfzehnten Jahrhunderts in Italien einführte und die wegen ihrer Schönheit ungetheilten Beifall fand. Damals wurde sie auch die Italienische oder Geschobene Schrift genannt.

Aldorfer, Heinrich, s. Alttorfer.

Alfa, eine Faserpflanze, welche auf den Hochebenen Algeriens wild wächst und sich nach langjährigen Versuchen als ein vortheilhafter Rohstoff für die Papierfabrikation erwiesen hat. Es ist dort ein Flächenraum von über 4,000,000 Hektaren mit dieser Pflanze bedeckt, welcher einen unermeßlichen Reichthum repräsentirt. Nach den Mittheilungen des Kommandeurs Charnier in dem französischen „Journal officiel" könnte bei einer Bewirthschaftung dieser Fläche für den Kopf der Arbeiter auf einen jährlichen Ertrag von 1000 Kilo für die Hektare gerechnet werden. Seinen Berechnungen zufolge würde ein Arbeiter jährlich 44,000 Kilo trockene Faser ernten können.

Alfabet ist die Bezeichnung für die Gesammtheit der Buchstaben oder Schriftzeichen einer Sprache nach ihrer Form und Aussprache in herkömmlicher Reihenfolge, heißt im Deutschen Abc; die Bezeichnung ist aus den beiden ersten Buchstaben der griechischen Sprache, Alfa und Beta, gebildet worden. Die Zahl der bekannten Alfabete beträgt nahezu 400.

Alfabet-Berechnung. Seit 1872 ist man in Deutschland von der bis dahin gebräuchlich gewesenen Berechnungsweise des Satzpreises, nach welcher der Buchstabe n als Normalbuchstabe galt, abgegangen und hat an deren Stelle die sog. Alfabet-Berechnung treten lassen. Die Berechnung des Satzpreises auf diese Weise geschieht, indem die Breite des Formats mit Alfabeten der kleinen Buchstaben in folgender Art gefüllt wird:

Fraktur:
abcdefghiklmnopqrstuvwxy_abcdefghiklmnopqrstuvwxyz

Antiqua:
abcdefghiklmnopqrstuvwxy_abcdefghiklmnopqrstu

Griechisch:
αβγδεζηθικλμνξοπρς_αβγδεζηθικλμνξοπρςτυ

Das Verhältniß dieser drei Schriften zu einander ist folgendes: Fraktur 50, Antiqua 45, Griechisch 46. Der Satzpreis für die Fraktur ist danach 10 pCt. höher, als der der Antiqua, ein Umstand, welcher bei der Frage, ob Fraktur oder Antiqua als Druckschrift zur deutschen Sprache zu verwenden sei, sehr gewichtig in die Waagschale fällt. Auf denselben Raum aber gehen von

nnnnnnnnn_nnnnnnnnn_nnnnnnnnn_nnnnnnnnn_n

41 Buchstaben, und Antiqua

mmmmmmmm_mmmmmmmm_mmmmmmm

nach welcher Methode die Engländer und Amerikaner ihren Satzpreis berechnen, 27 Buchstaben. Die n-Berechnung ist demnach 28 pCt. und die m-Berechnung 46 pCt. niedriger, als die Alfabet-Berechnung. — Diese Verhältnisse gegen einander gehalten und verglichen, kann Jeder sich selbst Resultate bilden, die zum Nachdenken veranlassen.

Alfabete orientalischer und occidentalischer Sprachen — ist der Titel eines kleinen Heftes in gr. Octav mit einer Sammlung von Alfabeten der genannten Sprachen, das dem Setzer bei einzeln vorkommenden fremdsprachlichen Sätzen und Wörtern als Anhalt dienen kann. Im Jahre 1842 erschienen, fand die kleine Brochüre, bei dem Mangel richtiger Alfabete in den Handbüchern, eine solche Aufnahme, daß schon ein Jahr später die zweite Auflage gedruckt werden mußte. Bei den in dieser neuen Auflage aufgenommenen schwierigeren Alfabeten hat der Herausgeber nicht unterlassen, Revisionen betreffenden Autoritäten, z. B. den Professoren Brockhaus, Benfey, Dillmann, v. d. Gabelenz, Schafarik u. A. vorzulegen, welche ihn auch sehr bereitwillig unterstützt haben. — Es dürfte wohl erwartet werden, daß diese Sammlung nicht abgeschlossen ist, vielmehr weiter fortgesetzt werden wird.

Alfabet-Signirung, s. Buchstaben-Signirung.

Algebraische Zeichen, s. Mathematische Zeichen.

Allemand war der Name der gothischen Mönchsschrift, welche die ersten Buchdrucker in Paris, die Deutschen Cranz, Gehring und Freiburger, nach Frankreich brachten, und hier nach den gebrochenen Ecken Lettres de forme, in England Black letters genannt wurde. Sie bestand aus zwei Graden, von denen die kleinste zu Schulbüchern verwendet wurde und nach einem solchen „Summa St. Thoma" den Namen Lettres de somme erhielt. Die großen Buchstaben dieser Schrift zu Anfang eines Buches hießen Lettres cadeaux, die runden Anfangsbuchstaben der Kapitel und Abschnitte Lettres tourneurs.

Allgemeiner Anzeiger für Druckereien, ein abonnementsloses Inseratenblatt für Litho- und Typographie, herausgegeben von Klimsch u. Co. in Frankfurt a. M., begründet und redigirt von Karl Klimsch, besteht seit 1. Juli 1874, erschien zuerst in unregelmäßigen Zwischenräumen, seit dem 1. Juni 1875 aber am 1. und 15. jeden Monats. Sein Format ist Quart, der Umfang einer Nummer 4—6 Seiten, ist aus Antiqua gedruckt und wird allen Buch- und Steindruckereien Deutschlands, Oesterreichs und der Schweiz unentgeltlich und portofrei zugesandt.

Aloys, ein Lithograph, machte sich gemeinschaftlich mit einem andern Künstler namens Schilling um den Anastatischen Druck (s. d.) durch Entdeckung eines neuen Verfahrens verdient, welches von beiden Lithotypie genannt wurde.

Alphabet, s. Alfabet.

Alphabet-Berechnung, s. Alfabet-Berechnung.

Alphabete, s. Alfabete.

Alte Textur nannte Albrecht Dürer die damalige Gothische Schrift, die später Fraktur genannt wurde. Er befaßte sich jedoch weniger eingehend mit derselben, als mit der des Renaissance-Charakters, der Mediaeval, und als erstere schuf er nur eine alterthümliche, aus gemeinen (kleinen) Buchstaben bestehende Schrift, s. Thausing, Dürers Leben.

Altstylige Antiquaschriften sind in der neuesten Zeit in der Typographie Modesache geworden, wohin die Nachahmungen der albinischen Lettern, der Elzevire, der Lettern Garamonds, der Sedanois, der Mediaeval (spr. mediewwel) oder Schwanzschrift, der Renaissance u. s. w. zu zählen sind. Ob diese

Geschmackrichtung lange anhauern wird, läßt sich nicht sagen, steht aber jedenfalls zu bezweifeln.

Altstylige Arabesken, s. Arabesken.

Alttorfer, Albrecht (auch Altdorfer), Maler, Schönschreiber, Formenschneider und Kupferstecher, geboren zu Altdorf in Baiern 1488, gehörte zu den geistvollsten Meistern, welche die Dürersche Richtung befolgt haben, und so zählt man ihn auch zu den Schülern des letztern, obwohl dies nicht mit Sicherheit nachzuweisen ist. Seine Bilder sind von einer reichen vielgestaltigen Lebendigkeit erfüllt, die Landschaft ist mit gleicher Sinnigkeit behandelt wie das Figürliche und alles mit ungewöhnlicher Sauberkeit ausgeführt. Als Kupferstecher wird Alttorfer zu den sog. kleinen Meistern gerechnet, auch wohl der kleine Dürer genannt. Als Kupferstecher war er vorzugsweise berühmt in der zu seiner Zeit sehr gepflegten Manier des Hell=Dunkels oder Clair=Obscur. Alttorfer lebte zuerst in Nürnberg, starb aber 1538 als Rathsherr und Stadtbaumeister in Regensburg.

Am Deckel sein ist ein technischer Ausdruck, welcher die thatsächliche Ausübung des Druckens, die Herstellung des Abdrucks, in sich begreift, ist in soweit von Ziehen verschieden, als unter diesem eigentlich nur das Herüberziehen des Bengels der Presse verstanden wird, bei jenem aber alle Funktionen in Betracht kommen, welche bei der Herstellung des Abdrucks betheiligt sind, und wohin namentlich zählen das Anlegen oder Punktiren des Bogens, das Zumachen des Deckels, das Einfahren, das Ziehen, das Ausfahren, das Aufheben des Deckels und des Rähmchens und das Auslegen des Bogens.

Americaine, in der französischen Typographie der technische Ausdruck für Schreibschriften in ihrer Gesammtheit.

Amerikanischer Oberkasten. Der Amerikanische Schriftkasten besteht aus zwei gleich großen Theilen, dem Ober= und dem Unterkasten. Der Oberkasten ist durch eine starke, von oben noch unten gehende Leiste in zwei neben einander liegende Theile geschieden, deren jeder von rechts nach unten und von rechts nach links 7 Fächerreihen besitzt, also auf jeder Hälfte 49, auf beiden 98 Fächer, alle genau von gleicher Größe, enthält. In den obersten Fächerreihen liegen die diversen Referenz= und merkantilen Zeichen, die am häufigsten vorkommenden Bruchziffern auf einer Type, systematische Accoladen, Gedankenstriche auf Halbgeviert, Ein=, Zwei= und Dreigeviert, Registerpunkte auf Geviert (...), links Versalien und rechts Capitälchen. Im Plane nimmt sich dieser Kasten so aus:

*	†	‡	Erection	˙¦	...	℔	℣	@	º/₀	ª/c	′
1/2	1/3	1/4	1/8	2/3	3/4	5/8	Dollar	Ptr.	2 Gev.	3 Gev.	—	—
5/8	7/8	&	Æ	Œ	æ	œ	1/2	—	2 Gev.	3 Gev.	Æ	Œ	&
A	B	C	D	E	F	G	A	B	C	D	E	F	G
H	I	K	L	M	N	O	H	I	K	L	M	N	O
P	Q	R	S	T	V	W	P	Q	R	S	T	V	W
X	Y	Z	J	U	[ ]	( )	X	Y	Z	J	U	Feine Spatien	ﬀ

Amerikanischer Unterkasten, die untere Hälfte des aus zwei Theilen bestehenden Amerikanischen Schriftkastens. Gleich dem Amerikanischen Oberkasten ist auch der Unterkasten durch eine inmitten von oben nach unten sich ziehende starke Leiste in zwei Hälften getheilt. Auf der linken Hälfte hat derselbe 24, auf der rechten 30, also 54 Fächer von vierfach verschiedener Größe. Dieser Unterkasten dient zur Aufnahme der Gemeinen und gestaltet sich im Plane wie folgt:

ffi	fl	¼ G	⅛ G	'	k		1	2	3	4	5	6	7	8
j													ff	9
	b	c	d	e			i	s	f	g				
?													fi	0
!											,		¼ Ge-vier-te	Ge-vier-te
	l	m	n	h			o	h	p		w			
z														
x											;	:		
	v	u	t	⅛ Geviert			a		r				Quadraten	
q											.			

Amharisches Alfabet, s. Aethiopisch=Amharisches Alfabet.

Amianthpapier, ein durch Feuer nicht zerstörbares, also nicht brennendes Papier, ist von dem in unserer Kunst hervorragenden Universitäts=Buchdrucker Johann August Barth in Breslau (s. b.) hergestellt worden. Amianth (nach dem Griechischen amianthos, unbefleckt), sonst auch Bergflachs und Federweiß genannt, ist eine der Arten des Asbest=Minerals (vom Griechischen asbestos, unverbrennlich), besteht aus oft sehr langen, feinen und sehr biegsamen Fasern, hat einen perlmutterartigen Glanz, kommt in den Hornblendegesteinen vor und verleiht den Stoffen und Geweben, mit welchen es verbunden wird, die Eigenschaft der Unverbrennbarkeit. Amianthpapier hat auch die Eigenschaft, daß es mehrmals zu verwenden ist, da es von der Schrift mittelst Feuers zu reinigen ist.

Amman, Jost, zuweilen auch Ammon, geboren zu Zürich 1539, gestorben 1591, gehörte zu den damaligen Schönschreibern oder Mobisten, welche Namensformen eigentlich den Begriff von Maler, Zeichner, Holz= oder Metallschneider in sich faßten. Im Jahre 1560 begab er sich nach Nürnberg, wo er bis an sein Ende blieb. Amman machte sich berühmt durch seine Glasmalereien und seine Federzeichnungen auf Kupfer, Holz und Papier. Seine Leistungen sind schön und seine Zeichnungen fehlerfrei. Er hat alle seine Vorgänger durch die große Anzahl seiner Werke übertroffen; zu den besten gehören die Perspective corporum regularum, seine Kupferstiche, zumal die Gottesfurcht, die Könige von Frankreich (von Pharamond an bis Heinrich III.), seine Holzschnitte und unter diesen hauptsächlich die Bibelstücke (mit einer gereimten Erklärung derselben von H. P. Rebenstock), seine Figuren zu Titus Livius Geschichte, seine Figuren für die Evangelien des ganzen Jahres, sowie jene der zwölf Apostel und für die Leidensgeschichte des Erlösers, seine Jagd=, Reiterei= und Reitkunst=Szenen. Hauptsächlich illustrirte er den ausgebreiteten Verlag von Sigmund Feyerabend in Frankfurt a. M. Auch verfaßte Amman ein Werk über die freien und mechanischen Künste, wovon die erste Ausgabe ungemein selten ist; es ward 1584 in zweiter und 1588 in dritter Auflage in Octav gedruckt. Ein Verzeichniß seiner Leistungen ist 1854 in Leipzig von C. Becker unter dem Titel: „Jost Amman, Zeichner und Formenschneider, Kupferätzer und Stecher" herausgegeben.

Anastatischer Druck heißt die Kunst, von alten Drucken, ja selbst den ältesten Incunabeln, sowie von Kupferstichen, Holzschnitten und von anderen auf mechanischem Wege mit Schwärze hergestellten Drucken vermittelst chemisch-künstlicher Behandlung neue Platten zu gewinnen, von denen dann wieder Abdrücke gemacht werden können, welche dem Original nicht allein ähnlich, vielmehr ganz treu sind. Die Erfindung ist neu und gehört den vierziger Jahren an; jedenfalls war der lohnende Gewinn ein Hauptsporn dazu, dann aber auch das Bedürfniß, einen Ersatz für die theuren Holzschnitte zu erhalten. Der Erfinder, A. Appel, entlehnte den Namen für sein Verfahren dem Griechischen Anastasis, die Auferstehung, die Wieder- oder Neubelebung. Das Verfahren Appels bestand anfangs einfach darin, die Schwärze der alten Drucke mittelst Terpentingeistes aufzulösen, den Druck auf einen lithographischen Stein zu legen, ihn auf den Stein abzudrucken und dann die weitere Handhabung des Ueberdruckes mit demselben vorzunehmen. Die so gewonnenen Abdrücke waren gut — aber sollte das Verfahren in der Praxis Werth erhalten, so mußte man auch Platten für die Buchdruckpresse herstellen, und hierzu bediente man sich der Kupfer- und vorzugsweise der Zinkplatte. Den wiederbelebten Druck auf eine solche Platte gelegt, wurde die aufgelöste Farbe des Originals mittelst einer Stein- oder Kupferdruckpresse auf die Platte übertragen und nun, nachdem der negativ auf derselben sichtbare Druck noch weiter mit recht fettiger Farbe eingeschwärzt war, mit der Hochätzung der Platte begonnen. Diese Verfahrungsweise ließ aber auch daran denken, ein Ersatzmittel für den kostspieligen Holzschnitt zu finden, und so tauchten viele Aetzungsmethoden auf, welche ebenso verschieden benannt wurden. Camphausen und b'Este in Köln wählten für ihre Erfindung den Ausdruck Palingraphie, Aloys und Schilling nannten sie Lithotypie und Helffmann in Valparaiso Homöographie. — Diese Verfahrungsweisen gehören aber eigentlich nicht mehr zum Anastatischen Druck, schlagen vielmehr in das Gebiet der Aetzung und Hochätzung ein. — Bei dem eigentlichen Anastatischen Druck zeigte sich nun aber bald nach Erfindung ein Uebelstand, der schwer ins Gewicht fiel, nämlich der, daß nicht selten höchst werthvollen Originale bei Auflösung der Farbe und Uebertragung derselben auf eine Platte verloren gingen. Es war daher auf ein Verfahren zu sinnen, durch welches jene Unzuträglichkeit beseitigt wurde, und es währte auch gar nicht lange, bis man ein solches entdeckte. Das Mittel, die Originale zu retten, besteht in Folgendem: das Papier des Originals, von welchem eine Platte gewonnen werden soll, wird geätzt, aber nicht mit Säure, die es zerstören würde, vielmehr mit Kali und Weinsteinsäure. Das Original läßt man eine Zeitlang in einem mit Kali gesättigten Wasserbade liegen und bringt es dann in ein zweites Wasserbad, worin Weinsteinsäure enthalten ist. In Folge der Vereinigung dieser beiden Chemikalien bilden sich in dem Papier unzählige kleine Weinsteinkrystalle, welche das Papier zur Annahme von Fett widerstehen machen. Dahingegen sind aber die bedruckten Stellen des Papiers von der Aetzung frei geblieben und saugen begierig jedes Fett auf. Das auf diese Weise geätzte Papier kann mit einer Steindruckwalze oder mittelst eines Ballens mit Farbe versehen und auf gewöhnliche Art auf einen Stein oder eine Platte ein Abdruck davon gemacht werden. Papier und Original bleiben bei dieser Methode unversehrt, weil demselben die ursprüngliche Farbe nicht entzogen wird, was bei der erstern Methode, wo die Farbe aufgelöst, und vom Papiere abzenommen werden muß, der Fall ist. Dm.

Anderthalbpunkt oder Sechstel=Bourgeois, kommt als Ausschließung oder Spatium vor.

Anderthalbpunkt=Ausschluß, s. Anderthalbpunkt=Spatium.

Anderthalbpunkt=Spatium, in den systematischen Ausschließungen der zweitschwächste Grad, von welchem sechs auf Bourgeoiskegel gehen, ist das geeignetste Spatium beim Ausschließen behufs Erweiterung der Wörter=Zwischenräume, sowie in zweiter Linie das richtige Raummaß beim Spatiiniren.

Anfänge der Buchdruckerkunst — ist der Titel eines von Dr. Zestermann und T. O. Weigel herausgegebenen Prachtwerkes, welches zur Orientirung auf dem Gebiete der ältesten Geschichte der Holzschneidekunst eine reiche Belehrung und Unterhaltung bietet.

Anfangsbuchstabe, großer, s. Unciale.

Anfangscolumne. Die erste Seite eines Buches, eines Bandes oder Theiles desselben, der Vorrede, des Vorworts, der Einleitung, des Inhalts oder Registers in einem solchen, die erste Seite eines Abschnittes, eines Kapitels oder einer Abhandlung, wenn bei letzteren bestimmt ist, daß sie jedesmal mit einer neuen Seite beginnen sollen, heißt Anfangscolumne. Sie beginnt nicht, wie die übrigen Columnen, ganz oben, vielmehr weiter nach der Mitte zu und ist meistens ohne einen Columnentitel. Im sechzehnten, siebenzehnten und achtzehnten Jahrhundert wurden die Anfangscolumnen an ihrer Spitze mit Arabesken und anderen Verschnörkelungen illustrirt, während zu Ende des vorigen und im Anfang des gegenwärtigen Jahrhunderts meistens noch an einer Kopfverzierung mittelst einer Arabeskenlinie festgehalten wurde. Der weiße Raum am Kopfe der Columne wird mit Füllungsmaterial ergänzt, welches Vorschlag (s. d.) heißt.

Anfangsgründe der Buchdruckerkunst nennt sich ein kleines Büchlein, welches im Jahre 1743 in Leipzig erschienen ist und das den Charakter eines Leitfadens, eines elementaren Lehrbuches der Buchdruckerkunst trägt. Seine Erstehung verdankt es wahrscheinlich der Anregung, welche die drei Jahre vorher in den größern Städten Deutschlands begangene dritte Säkularfeier der Erfindung der Buchdruckerkunst im Gefolge hatte. G....

Anfangszeile ist nicht zu verwechseln mit Absatz, bezieht sich vielmehr auf die erste Zeile des Textes in einem Buch oder jedem Bande desselben, wenn es mehrbändig, ferner auf die erste Zeile einer Anfangscolumne, mit Ausnahme von Inhalt und Register, dann auf die erste Zeile jeder andern kleinern Druckschrift, mag dieselbe Brochüre, Statut oder noch anders genannt werden, weiter auf die erste Zeile größerer Artikel in belletristischen Zeitschriften und endlich auf die erste Zeile einer Accidenz, wenn dieselbe Text enthält, wie dieses z. B. bei behördlichen Formularen und Erlassen der Fall ist. Bei einer solchen Anfangszeile wendet man in erster Reihe Uncialen (s. d.), in schönwissenschaftlichen Werken aber auch Initialen (s. d.) an, oder man läßt es bei dem gewöhnlichen Einzug sein Bewenden. Falsch ist, die erste Textzeile in Avisen, Circularen und andern Briefarten mit einer Unciale zu beginnen, weil diese keine Anfangszeile ist.

Anfeuchten beim Setzen, geschieht mittelst des Schwammes und ist erforderlich erstens beim Ablegen zu dem Zwecke, um dem Satz mehr Haltbarkeit zu geben und das Abtrennen der Buchstaben zu erleichtern; zweitens beim Umbrechen, ebenfalls zu dem Zwecke, um den Satz zum Ab- und Aufheben haltbarer zu machen. Das trockene Umbrechen einiger Setzer in unserer Zeit der Zink- und eisernen Schiffe ist verwerflich, weil es bloß Zeitverschwendung im Gefolge hat; bei den früheren Holzschiffen, welche unter der Feuchtigkeit litten, mag jene Methode einige Berechtigung gehabt haben.

Anführen bedeutet in der Typographie einen Lehrling anlernen, anweisen, unterrichten, s. Anführgespahn.

Anführgespahn wird derjenige Buchdruckergehülfe (Setzer oder Drucker) genannt, welchem die Anlernung und Aufsicht eines Lehrlings übertragen ist. In das Bereich seiner Obliegenheiten gehört, daß er den ihm anvertrauten Lehrling nach besten Kräften unterweist, ihn auf Unzuträglichkeiten in aller Ordnung aufmerksam macht und demselben nach allen Seiten hin belehrend und anregend zur Seite steht, sowie bei ihm den Sinn für Ordnungsliebe weckt. Zu solchem Posten eignen sich nur Personen, welche charakterfest, ernst, solide und ordnungsliebend sind, eine allgemeine Bildung und gründliches Berufswissen besitzen. In dieser Stellung ist meistens Milde mehr am Platze als Härte, und Energie in keiner Weise erforderlich.

Anführungszeichen, in der deutschen Technik Gänsefüßchen genannt, dient bei Citaten zur Einschließung, resp. An= und Ausführung derselben, zum An= und Auszeichnen von Gesprächen u. s. w. Die Gestalt des Anführungszeichens ist einmal die der beiden Kommata sowohl in der Fraktur als auch in der Antiqua, welche als e i n e Type zusammengegossen sind; in der Anwendung wird das erste oder anführende signaturrichtig, das andere oder ausführende signaturverkehrt („—" ‚—') gesetzt und kann man somit das letztere auch Ausführungszeichen nennen. Die eben vorgeführte Form ist die allgemeinste in der gesamten typographischen Welt und auch die Anwendung dieses Zeichens: „Anführungs= und Ausführungszeichen", „Gänsefüsschen". Hat man von der als Anführungszeichen gegossenen Type nicht genügenden Vorrath, so pflegt man sich auch der zusammengesetzten Kommata als Aushülfsmittel zu bedienen. In Frankreich und Italien bedient man sich mitunter des eckigen Anführungszeichens, welches die Gestalt von zwei in einander geschobenen unregelmäßigen Winkeln zeigt; auch in Deutschland trifft man dieses Zeichen, jedoch nur sehr vereinzelt, an. In der Anwendung sieht man die scharfe Kante des Winkels bald an das Wort gelehnt, bald nach außen gekehrt. Amerikaner und Engländer wenden manchmal zweifache Apostrophe als Anführungszeichen an. Um in einem Citat ein zweites Citat anzuführen, kann man füglich das Apostroph nehmen und zwar so: „Meine Herren, möge unser Kaiser das Lügenwort: 'das Kaiserreich das ist der Friede', zur Wahrheit machen!" In anderer Weise kann man für letztern Fall auch das einfache Antiqua= oder Fraktur=Komma (‚—' ‚—') verwenden. In spationirtem Satze wird dieses Zeichen n i c h t abgetrennt. — Seit lange ist es Brauch gewesen, eine Periode oder ein Wort, welche von Anführungszeichen eingeschlossen waren, als hervorgehobene Stelle zu betrachten; dieser Brauch ist in neuester Zeit zum Mißbrauch geworden, indem zumal unsere Zeitungen sich dieser Auszeichnungsweise in solch übertrieben unvermeidlichem Maße bedienen, daß dem Leser das Verständniß des Gelesenen der Unmasse von Anführungszeichen halber nicht selten schwer werden muß. — Die Geschichte des Anführungszeichens ist nahezu zwei Jahrhunderte alt; in den Drucken aus dem Ende des siebenzehnten Jahrhunderts kommt es vereinzelt vor, hatte aber bis zu Anfang des gegenwärtigen Jahrhunderts die Form zweier aneinanderstehender Antiqua-Kommata. Auch das frühere Verfahren, bei angeführten Stellen jede Zeile derselben zu Anfang mit einem solchen Zeichen zu versehen, ist fast ganz außer Brauch gekommen. — Ferner ist dieses Zeichen ein Vermittler des Unterführens (s. d.).

Angelsächsisch, eine Accidenzschrift, deren Grundcharakter die Gothik ist, wahrscheinlich so genannt, weil einige Versalien sich der Form der Buchstaben der Angelsächsischen Schrift nähern; ihr Schnitt ist steif und eckig, die Versalien sind verziert, während einzelne Gemeine am Fuße einen Schnörkel aufweisen. Sie ist in mager und fett vorhanden.

Angelsächsisches Alfabet. Das Angelsächsische Alfabet hat als Lautzeichen die der lateinischen Schrift mit nur wenigen Abweichungen, welche in den Versalien G, M und U, in den Gemeinen das z betreffen. Q und W fehlen, wohingegen es das nordische Th besitzt.

Anglaise ist neben Americaine in der französischen Typographie der technische Gattungsname für Schreibschriften.

Anguß, s. Gießzapfen.

Anhalten, die Maschine, s. Halten.

Anhalten mit der Walze, geschieht mit der Handwalze sowohl bei der Buchdruck- als auch bei der Steindruckpresse an denjenigen Stellen der Form oder des Steines, welche am meisten Farbe brauchen, als da sind Tabellenköpfe, einzelne Zeilen aus großer Schrift in Affichen, kompresse Columnen neben splendiden u. s. w. Im richtigen Sinne ist dieses kein Anhalten mit der Walze, sondern ein mehrmaliges Berühren (Herübergehen) der Walze an den Stellen, welche mehr Farbe bedingen.

Anhang ist der Schlußtheil eines Buches, dasselbe wie Nachtrag, wird im Uebrigen wie das ganze Werk behandelt, nur zuweilen mit dem Unterschiede, daß der Anhang aus kleinerer Schrift, als die des Werkes, gesetzt wird. Er beginnt mit einer Anfangscolumne, auf der die Zeile Anhang aus einer Schrift zu nehmen ist, welche sich gegenüber der zu den Rubriken verwendeten etwas auszeichnet; die Columnenziffern sind mit denen des Textes fortlaufend. G...

Anhängen, beim Zeitungssatz, mehrere kleine Artikel, welche in der Vorschrift mittelst Absätze von einander getrennt sind, hinter einander fortsetzen und etwa im fortlaufenden Satze selbst durch Striche von einander scheiden, sonst auch überhaupt bei geschriebenen Absätzen, welche im Satze der Deutlichkeit halber oder der Raumersparniß wegen nicht gemacht werden sollen, trifft der Ausdruck Anhängen zu, in der Bedeutung, daß keine Ausgänge gemacht werden sollen.

Anilin ist der Ausgangspunkt für die Darstellung der prachtvoll gefärbten Anilinfarben, welche besonders für die technische Chemie und nicht weniger für den Farbendruck der Buch- und Steindruckerei in kurzer Zeit eine hervorragende Bedeutung gewonnen haben. Die Entdeckung des Anilin stammt von Fritzsche aus dem Jahre 1841 her, welcher durch Destillation von Indigo mit kochender Natronlauge eine Substanz mit organischer Basis erhielt, welche er Anilin, der portugiesische Name für Indigo, nannte. Vor Fritzsche hatte noch Unverborben bereits 1826 durch trockene Destillation des Indigo einen Stoff von feurig tiefblauer Färbung gewonnen, den er Krystallin nannte, Runge 1834 im Steinkohlentheeröl einen Stoff von derselben dunkelblauen Farbe gefunden, den er Kyanol nannte, Zinin zu gleicher Zeit durch Reduction des Nitrobenzol mit Schwefelammonium eine Substanz hergestellt, welcher er den Namen Benzidam beilegte. Hofmann stellte nun aber 1843 unbestritten fest, daß Anilin, Kyanol, Krystallin und Benzidam eine und dieselbe Substanz seien, und so wurde von nun an der Name Anilin dafür beibehalten. Es wird aus dem Benzol eine farblose, flüchtige, stark riechende und lichtbrechende Flüssigkeit gewonnen. Das Benzol ist ein Erzeugniß der trockenen Destillation der Steinkohlen, welches aus dem bei der Gasfabrikation als Nebenprodukt auftretenden Theeröl in großer Menge gewonnen wird. Benzol mit concentrirter Schwefelsäure mäßig erwärmt, giebt das Nitrobenzol, eine wohlriechende Flüssigkeit, welcher durch reducirende Mittel aller Sauerstoff genommen und noch Wasserstoff zugesetzt werden kann, und daraus entsteht Anilin. Die Anilinfarben werden aus dem aus Anilin, Talmibin und Pseudotalmibin erzeugten Anilinöl gewonnen, und läßt sich eine lange Reihe prachtvoll gefärbter Verbindungen daraus herstellen, so namentlich 1) Anilinroth (Fuchsin, Azaleïn, Solferino, Magenta, Roseïn); 2) Anilinponceau, Geranosin, ein ponceaurother Farbestoff, entsteht aus Anilinroth nach Zusatz von Wasserstoffhyperoxyd und Sieben der Mischung; 3) Anilinblau in drei verschiedenen Nuancen mit purpurnem oder violetten Reflex; 4) Anilinviolett, das als Neuviolett, Jodviolett, Hofmannsviolett, Dahlia und Primula in den Handel kommt. Außer diesen giebt es noch Anilingelb, Anilingrün, Anilinbraun und Anilinschwarz, welche aber bislang als Druckfarben nicht zu verwenden waren. Die Anilinfarben sind an und für sich nicht giftig, werden es aber durch Beimischung von arseniger Säure, Quecksilbersalze, Pikrinsäure u. dgl. Die Industrie der Anilinfarben hat eine enorme Ausdehnung angenommen. Eine der bedeutendsten Fabriken ist die in Mannheim, welche täglich an 500 Kilo Anilinroth producirt.

Anisson, der Jüngere, war in der zweiten Hälfte des vorigen Jahrhunderts Buchdrucker in Paris und ein Mann, der sich in That und Schrift neben Didot, Gaveaur, Thonnellier und Villebois um die Verbesserung der damaligen Buchdruckhandpresse in Frankreich viele Verdienste erwarb. In den Jahren 1783 und 1785 veröffentlichte er zwei Werke über eine neue Buchdruckhandpresse. Der Titel des erstern lautet: Description d'une nouvelle presse exécutée ponr le service du roi, Paris 1783, 4. (Beschreibung einer neuen Presse, welche für den Dienst des Königs hergestellt ist); — der des zweiten: Première mémoire sur l'impression en lettres suivi de la description d'une nouvelle presse exécutée pour le service du roi et publié pour ordre du gouvernement, Paris 1785, avec figures, 4. (Erste Nachricht über den Typendruck auf der neuen Presse, welche in Folge einer Beschreibung für den Dienst des Königs [d. h. der Staatsdruckerei] gebaut wurde, veröffentlicht auf Befehl der Regierung, Paris 1785, mit Abbildungen, 4.).

Ankündigung, s. Annonce.

Anlagen sind bei der Buchdruckhandpresse die Merkzeichen für die Lage des zu bedruckenden Papiers, welche an der obern Breitfläche des Deckels und links vom Satze auf dem Margebogen angebracht werden. Zu der Seitenanlage, welche noch die Bestimmung hat, den Bogen zu halten, bedient man sich der Stecknadel, des Frosches oder Kapuziners (s. dies.), zu den oberen eines kleinen Cartonstreifens von etwa 3 Cm. Länge und 1½ Cm. Breite, die, in der Mitte zusammengebrochen, mit der einen Hälfte an der betreffenden Stelle auf den Margebogen geklebt werden, so daß die eingebrochene Hälfte in die Höhe steht. — Diese Anlagen sind nur bei den eisernen Pressen Brauch; bei den Holzpressen bediente man sich als Merkzeichen des Anlegens des Einsteckbogens, auf welchem der Bogen in Folge der nur etwas vom Horizontalen nach schräg abweichenden Lage des Deckels das Papier ohne Vermittelung der Nadel, des Frosches oder Kapuziners fest lag.

Anlagen machen. Nachdem ein blinder Abzug der Form auf den Margebogen bewerkstelligt ist, bemißt man mit einem Zirkel den Raum, der am Kopfe des Satzes am Papier bleiben muß und steckt denselben ab, worauf die obere Anlage festgeklebt wird; sodann wird in gleicher Weise der erforderliche Raum an der linken Seite der Form bemessen und auch hier der Frosch oder Kapuziner angebracht oder die Nadel hineingesteckt.

Anlaufen. Das gefeuchtete Papier bekommt, wenn es in den heißen Tagen des Sommers längere Zeit in diesem Zustande steht, sehr leicht gelbliche, bräunliche oder röthliche Flecke, die sehr schnell überhand nehmen und das Papier unbrauchbar machen. Man nennt dies Anlaufen. Im ersten Stadium, wo sich nur hin und wieder, zumal an den Kanten, ein Merkmal des Anlaufens zeigt, ist das Papier dadurch zu retten, daß man es sofort zum Trocknen aufhängt. L—n.

Anlegeapparat, s. Selbstanleger.

Anlegebrett, s. Anlegetisch.

Anlegen, bei der Handpresse das zu druckende Papier auf den Deckel gegen die Anlagen und in die haltende Nadel, in den Frosch oder Kapuziner bringen; bei der Schnellpresse das Papier auf dem Anlegebrett in den Winkel legen, der von den Marken und dem Lineal gebildet wird. Das Anlegen bei der Schnellpresse erfordert nicht allein eine besondere Fertigkeit, vielmehr Sicherheit; der Cylinder wartet nicht in seinem Umschwunge, bis der Anleger fertig ist. Sobald das Papier in die richtige Lage gebracht ist und die rechte Hand mit dem Falzbein die obere Ecke des Bogens auf den Cylinder niedergedrückt hat, wird mit der linken Hand sofort ein anderes Exemplar vom Haufen genommen, dem Anlegebrett zugeführt und, nachdem der Cylinder in seinen Ruhepunkt eingetreten, in die richtige Lage gebracht. — Der technische Ausdruck Anlegen verdankt seine Erstehung den eisernen Handpressen und den Schnellpressen; zu den Zeiten der Holzpresse wurde die Ueberführung des Bogens von der Auslegebank zum Deckel Einstecken (s. d.) genannt.

Anleger, der Mann oder Bursche, welcher das zu druckende Papier dem Druckcylinder der Schnellpresse zuführt, eine Verrichtung, welche in kleineren Geschäften vom Maschinenmeister zu übernehmen ist, zumal wenn derselbe nur eine Maschine zu versehen hat, welche nicht fortwährend beschäftigt ist.

Anlegerin, die weibliche Person, welche bei der Schnellpresse das Anlegen des Papiers besorgt.

Anlegespahn ist das kleinste Füllungsmaterial beim Formenschließen und gehört zu den Formatstegen; derselbe ist meistens aus Holz, aber auch aus Eisen, Messing oder Schriftmetall gefertigt, darf nur eine geringe Stärke, höchstens eine solche von Doppelcicero, haben, aber von unbestimmter Länge sein und muß in der Höhe den übrigen Formatstegen gleichen.

Anlegesteg ist beim Formenschließen derjenige Steg, welcher an jeder Seite und am Fuße der Form zur Ausfüllung des überflüssigen Raumes benutzt wird, und da dieser Raum an drei Stellen ist, es also Räume sind, so wird man von unserm Gegenstand eigentlich auch nur in der Mehrzahl, also von Anlegestegen sprechen können. Die aus Holz bestehenden haben unbestimmte Größen, müssen aber mit den auch zu diesem Zwecke verwendeten metallenen Hohl- und Formatstegen eine gleiche Höhe aufweisen.

Anlegetisch, bei der einfachen Schnellpresse der Ueberbau aus polirtem Holze, an dessen hinterm Ende der Anlegetisch sich befindet, auf welchem der Haufen (s. d.) ruht. Der Anlegetisch ist durch Charniere mit dem ebenfalls aus polirtem Holze bestehenden Anlegebrett verbunden, welches von erstem ab schräg liegend am Druckcylinder endet. Auf diesem Brette ruht der angelegte Bogen, bis die Greifer ihn fassen und fortnehmen, ist ein Einschnitt oder Schlitz für die bewegliche Punktur und das verstellbare Lineal angebracht. Die Charniere ermöglichen das Aufklappen dieses Brettes, wenn auf dem Cylinder oder an den Bändern etwas gemacht werden soll.

Anlegetritt. Der Anlegetritt an den Schnellpressen ist eine Fußbank zum Daraufstehen für die anlegende Person. Er muß unterhalb des Anlegebrettes und zwar so angebracht sein, daß er höher oder niedriger gelassen werden kann, je der Körperbeschaffenheit des Anlegenden anpassend. Die Zahl der Anlegestellen an einer Schnellpresse bemißt auch die der Anlegetritte.

Anmerkungen sind nicht zu verwechseln mit Noten oder Fußnoten, kommen inmitten des Textes von Lehrbüchern vor und werden aus kleinerer als der Textschrift gesetzt. Folgen mehrere Anmerkungen nach einander mit der Ueberschrift Anmerkung darüber, so werden diefelben mit 1, 2, 3 u. s. w. von einander abgetrennt, und jede einzelne derselben wird dann wie gewöhnlich gesetzt, jede Absatzzeile eingezogen; falls aber jede die Bezeichnung Anmerkung 1. — Anm. 2. — Anm. 3. bei sich hat, läßt man manchmal die erste Zeile stumpf anfangen und zieht dann die folgenden um ein Geviert ein. Uebrigens ist es auch nicht falsch, wenn auch diese Art der Anmerkungen in ihrer ersten Zeile als gewöhnlicher Absatz behandelt und um ein Geviert eingezogen werden. Die Bezeichnung Anmerkungen braucht nur durch Spatiiniren hervorgehoben zu werden.

Annalen der Typographie und der verwandten Künste und Gewerbe. Unter diesem Titel besitzen wir ein Fachblatt, welches anfangs Juli 1869 von Karl B. Lord, dänischem Generalkonsul und Buchhändler in Leipzig, begründet wurde. Zu Anfang in altstyliger Antiqua in der Drugulinschen Druckerei gedruckt, änderte sich später mit dem Drucker (Fischer & Wittig) auch die Schrift von der altstyligen in die neuen Styls um. Bei Gründung des Deutschen Buchdruckervereins wurden die Annalen desselben und erhielten die Mitglieder des Vereins das Blatt unentgeltlich und portofrei zugesandt. Zu Ende des Jahres 1875 zugleich mit dem Rücktritte seines Herausgebers von der bisher bekleideten Setretärstelle des gedachten Vereins hörte das Blatt auf, Organ desselben zu sein. Die Annalen erscheinen einmal wöchentlich in groß 4. zu 4 bis 6 Seiten und zum Abonnementspreise von 12 Mk. jährlich bei portofreier Zustellung; Druck ist sauber, Satz ordnungsmäßig und Papier schön.

Annales Typographici, ein typographisches Sammelwerk, welches als solches füglich als die erste Erscheinung auf dem Felde der periodischen Fachliteratur angesehen werden kann. Herausgeber war Michel Maittaire (s. d.), ein geborner Franzose, und erschienen sind von denselben in den Jahren 1719—25 im Haag 3 Theile in 5 Bänden, im Jahre 1741 in London der 4. Theil in 2 Bänden; ein Supplement dazu von Denis ist im Jahre 1789 in 2 Bänden in Wien erschienen.

Annonce, auch Inserat, Anzeige, Ankündigung. Dieser Namensform unterlegt die Typographie den Begriff der Veröffentlichung, Kundmachung, Ankündigung u. s. w. von irgend einem Gegenstande durch ein periodisch erscheinendes Preßorgan: daher die specielle Benennung Zeitungs-Annonce. Dieselbe ist verschiedener Natur: einmal als behördliche Annonce ist dieselbe eine Kundgebung für die Allgemeinheit (obrigkeitliche Verfügungen, Erlasse und Verordnungen), dann dient dieselbe als private dem Interesse eines Einzelnen (Verkäufe und Kaufgesuche, Vermiethungen und Miethgesuche, Verpachtungen und Pachtgesuche, Waarenanpreisungen, Geschäftsempfehlungen, Geheimmittelofferten), ferner hat dieselbe den Zweck, eine Höflichkeitsangelegenheit dem Publikum gegenüber zu vermitteln (Verlobungs=, Heiraths=, Geburts=, Todes=, Abschieds= und andere Familienanzeigen) und endlich stellt sich dieselbe die Aufgabe, das Publikum von veranstalteten Vergnügungen, von Tanzbelustigungen, Kränzchen, Bällen, Schauspielen und andern Schaustellungen, Concerten, Deklamatorien, Abendunterhaltungen zu unterrichten. Sind die oben genannten Zweige nun sämmtlich von praktischer Beschaffenheit, so hat die Zeitungsannonce aber auch hie und da eine Richtung eingeschlagen, welche man als Ausschreitungen bezeichnen kann: hierher gehören die Federkriege in den Annoncenspalten der öffentlichen Blätter, die gehässigen Anfeindungen anderer Personen meistens unter dem Mantel der Anonymität und auf diese Weise selbst Verläumdungen. Glücklicherweise ist heute die Zeit der Schmähannoncen ziemlich vorüber und nur noch vereinzelt tritt sie als einzelne Abzweigung noch einmal wieder auf. Die Geschichte der Zeitungsannonce ist ziemlich so alt, als die Schreibekunst und die Kunde des Lesens. Die Acta der Römer enthielten behördliche Erlasse, Bekanntmachungen und Verfügungen, und die geschriebenen Zeitungen der Alten hatten dann und wann auch private Ankündigungen, z. B. von Belustigungen, Spielen, Bädern u. s. w. Das Annonciren an und für sich, außerhalb der Hülfe eines periodisch erscheinenden Blattes, darf aber nicht mit dem Zeitungsannoncenwesen verwechselt werden, denn jenes — eigentlich das Gebiet der Firmenschilder und Firmentafeln — war bei den Griechen und Römern in einer Weise kultivirt, welche der heutigen wenig nachzustehen scheint. Die Mauern Pompejis mit ihren zahllosen rothen und schwarzen Inschriften sind uns lebendige Beweise, wie weit das hochkultivirte Volk der Römer das Firmenwesen entwickelt hatte. Die gedruckte Zeitungsannonce entwickelte sich ganz allmälich mit dem Inslebentreten der auf der Buchdruckpresse hergestellten Zeitblätter, denn 75 Jahre nach Erfindung der Buchdruckerkunst gingen noch die geschriebenen Acta herum. Erst 1524 wurde ein Blatt in Wien auf typographischem Wege hergestellt, das den Titel „Neueste Nachrichten" führte, und bald darauf tauchten an anderen Orten Deutschlands gedruckte Blätter unter gleichem Namen auf, welche indeß unregelmäßig erschienen, und nur dann und wann eine private Annonce, meist Empfehlung eines frommen Buches, aufzuweisen hatten. Im Jahre 1591 wurde in Salzwedel ein Neuigkeitenbuch herausgegeben, welches — da es zeitweilig, wenn auch unregelmäßig erscheinen sollte — man füglich zu der periodischen Presse zählen kann, und das hinsichtlich der Geschichte der Zeitungsannonce uns deshalb von Wichtigkeit ist, weil es eine Annonce enthält, welche von einer noch nie gesehenen Pflanze, die in einem Vorstadtgarten der Stadt Salzwedel wachse, erzählt und den Leser auffordert, das Buch, welches diese Pflanze beschreibt, zu kaufen. Vom Beginne des siebenzehnten Jahrhundert ab scheint sich ein regelrechter und geschäftsmäßiger Betrieb der Zeitungsannonce durch Gründung des Blattes „Journal général d'affiches", das am 14. Oktober 1612 in Paris erschien, zuerst Bahn gebrochen zu haben. Dann folgten Holland, England, Deutschland und zu Anfang des achtzehnten Jahrhunderts Rußland in Folge Gründung der deutschen und russischen „St. Petersburger Zeitung" durch den Zar Peter den Großen. In Deutschland erlitt der Aufschwung des Zeitungsannoncenwesens bedeutenden Eintrag durch den verheerenden dreißigjährigen Krieg des siebenzehnten Jahrhunderts, durch die Wirren des siebenjährigen Krieges im achtzehnten Jahrhundert und durch den Völkerkrieg zu Anfang des neunzehnten Jahrhunderts. Die Zeitungsannonce blieb zwei lange Jahrhunderte hindurch im Embryo, so daß sie kaum bemerkbare Anzeichen eines beginnenden Lebens von sich gab. Erst die neueste Zeit, wo ein allgemeines Ringen um des Lebens Nahrung und Nothdurft sich geltend machte, ließ auf den Gedanken verfallen, sich den Vortheil der Annonce nutze zu machen. So sehen wir denn von Anfang unsers Jahrhunderts an ein Emporblühen des Zeitungs-Annoncenwesens zuerst in England, dann in Amerika und Frankreich, mehr oder weniger in Rußland, Schweden und Norwegen, Dänemark u. s. w., das sich mit jedem Jahre zusehends entwickelte und heute Dimensionen angenommen hat, die man, ohne zu übertreiben, riesig nennen kann. Diesen

Ländern gegenüber — leider ist es eine unleugbare Thatsache — ist Deutschland im Wesen und in der Entfaltung der Zeitungsannonce weit zurückgeblieben, und ebenso gleichzeitig in der Entwickelung seiner periodischen Presse. Schuld daran war die Censur und die spätere halbe Preßfreiheit, sowie denn die Cautionen, Stempel und Polizeiaufsicht eine Entwickelung nur langsam zuließen. Dank den von Haasenstein & Vogler in Altona und Hamburg gegründeten Zeitungs-Annoncenexpeditionen hat die Zeitungsannonce seitdem mindestens solche Fortschritte gemacht, daß man von ihr, dem Auslande gegenüber, zu sagen berechtigt ist, daß sie die Geburtswehen überstanden und die Hoffnung hegen darf, daß sie sich in nicht allzulanger Zeit dem Auslande ebenbürtig zur Seite stellen kann. Literatur. Dem Aufschwunge gegenüber, welchen die Zeitungsannonce in England genommen, mußte es einem Engländer überlassen bleiben, ein Lehrbuch des Annoncirens zu verfassen, und dieser hat sich zu Anfang der 60er Jahre in einem Horace Smith gefunden, der in seinem vortrefflichen Buche „Advertise: how? when? where?" (Wie, wann und wo man annonciren soll?) eine lehrreiche, systematische Anweisung der besten Art des Annoncirens giebt. Ein anderer Engländer, Henry Sampson, hat im Jahre 1874 eine sehr lesenswerthe „Geschichte des Annoncirens": A History of Advertising (Chatto und Windus, London) veröffentlicht, von welcher die „Frankf. Ztg." eine Uebersetzung und nach dieser der „Correspondent für Deutschlands Buchdrucker" (1876, 30 und 31) einen Auszug gebracht haben. In Waldows Archiv 1875 befindet sich ein längerer Artikel von Aug. Marahrens: „Zur Tycorie der Annonce und Reklame", welch letzterer im Correspondent dieses Feld mehrfach kultivirt hat. Theodor Goebel, der gegenwärtige Redakteur des Braunschweiger „Journal für Buchdruckerkunst" hat manchen Artikel über das Annoncenwesen des Auslandes geliefert. Außerdem ist vor einigen Jahren über diesen Gegenstand in Leipzig von ungenanntem Autor ein umfangreiches und sehr interessantes Werk unter dem Titel: „Zeitungs- und Annoncen-Sekretär, Theorie und Praxis des Inseratenwesens, verbunden mit Biographien hervorleuchtender Inserenten", 672 Seiten, ohne Jahreszahl, Leipzig und Stolpen, Oskar Schneiders Verlag, erschienen. — Aus demselben Verlage ist noch zu erwähnen: Hoffers, Alexander, Annoncen-Katechismus.

Annoncenbuch. Für die Verleger von Zeitungen und Blättern ist es von wesentlichem Vortheil, wenn sie zur Registrirung ihrer Inserate sich eines Buches bedienen, dessen Einrichtung auf den ersten Einblick dasjenige vor die Augen führt, worüber man Auskunft haben will. Ein sehr zweckdienliches Buch dieser Art veranschaulicht das Schema auf nebenstehender Seite. Dasselbe hat beide Seiten eines Schreibpapierbogens einzunehmen und enthält folgende Rubriken: 1) Tag des Einganges. 2) Laufende Nummer. 3) Name und Beruf und 4) Wohnort des Inserenden. 5) Wie viel mal? 6) und 7) Anzahl der Zeilen. 8) Rabatt. 9) Betrag der Nota. 10) Anfangsworte der Annonce. 11) Die Annonce ist aufgenommen in den Nummern: 12) Eingetragen im Hauptbuch Fol. 13) Datum der Nota. 14) Quittung. 15) Bemerkungen. — In dieses Buch ist die Annonce sofort nach Eingang und soweit thunlich einzutragen und namentlich sind die Rubriken 1, 2, 3, 4, 5, 8, 10 sofort, die übrigen aber je nach Erledigung auszufüllen. Es ist von besonderm Vortheil, die Inserate mit laufenden Nummern zu versehen und dieselben mit abzudrucken, sowie den Annoncen, worauf die Expedition Offerten entgegennimmt, dieselbe Nummer als Chifferzeichen zuzutheilen, weil dadurch die Absendung der eingehenden Offerten erleichtert wird, indem ein Blick auf die betreffende Nummer im Buche den Auftraggeber erkennen läßt. — In Rubrik 6 wird die Zeilenzahl der einmaligen, in 7 die Gesammtzeilenzahl

Annoncenbuch

1. Tag des Einganges	2. Lauf. Nr.	3. Name u. Beruf	4. Wohnort	5. wie viel mal	6. 7. Zeilenzahl	8. Rabatt	9. Betrag	10. Anfangsworte	11. aufgenommen in den Nrn.	12. Hauptbuch-Fol.	13. Datum der Rota	14. Quittung	15. Bemerkungen
Juli 1.	112	G. Hoff, Fabrikant	Hannover	2	4 8		4	Es wird den	280, 282.	80	Juli 2.	zur Zuschrift	
5 Tic. 3 T.		11 Cicero	8 Cicero	2T. 2T. 2T. 2T.			3 T. 2T.	8 Cicero	8 Cicero	3 Tic.	6 Cicero	3 Cicero	8,4 Cicero

4

der mehrmaligen Aufnahme gebucht; die Rubrik 10 enthält die Anfangsworte der Annônce und ist diese Angabe sehr wichtig, weil hiernach der Transportzettel (s. b.) ausgefertigt wird und der Metteur die Inserate auf diese Weise leichter finden kann, als nach Angabe der Nummern, welche nicht selten sehr versteckt sind. Rubrik 11 hat die Bestimmung, bei Wiederholungen die Nummern des Blattes aufzunehmen, in welchen sie enthalten gewesen, sammt dem Vermerk „erloschen", wenn sie abgelaufen sind. In der Rubrik 14 wird quittirt mit den Vermerken: baar, zur Gutschrift, durch Nachnahme, auf Anweisung. Die letzte Rubrik ist zu Bemerkungen aller Art geeignet, als da sind: Nachnahme verweigert, Anweisung nicht honorirt u. dgl. m.

Annoncen-Büreau, s. Annoncen-Expedition.

Annoncen-Einfassung. Es giebt deren ganz verschiedene, aber alle, welche speziell den Zweck verfolgen, Annoncen einzufassen, basiren auf der fetten Linie, welche entweder einfach (dann zugleich Trauerlinie), oder verziert, in der Form eines stehenden oder liegenden Kreuzes, eines Vier- oder Sechsecks, einer Kugel, eines Sterns oder Ovals, einer Kette oder Schlangenwindungen und in noch ganz verschiedenen Varietäten auftritt. Es giebt wohl keine Schriftgießerei, welche ohne Annoncen-Einfassung dasteht. Diese Einfassung in verschnörkeltem Zustande mißt meistens Kegel 6, hat aber auch Kegel 8 und sogar Kegel 12; als einfache fette Linie genügt eine solche von Kegel 4 vollständig, weil sie sich genügend auszeichnet. Bei Anschaffung der letztern muß man sich zu systematisch geschnittenen Stücken entschließen, welche einmal die Spaltenbreite, dann die von zwei und drei Spalten repräsentiren, während als Längslinien Stücke von Nonpareille, 1, 2, 3, 4, 5, 6, 8, 12, 16, 20, 24 Cicero zu wählen sind. Zu dieser Linie hat man auch gerundete Ecken. Der Gährungen bedarf diese Linie nicht, indem die Ecken stumpf an einander gesetzt werden.

Annoncen-Expedition, auch Annoncen-Büreau oder Zeitungs-Annoncen-Expedition genannt, ist eine Einrichtung, welche der neuern Zeit angehört und den Zweck verfolgt, die Veröffentlichung von Inseraten in alle irgendwie beliebten Zeitungen zu vermitteln, um dadurch den Inserenten, weil ihnen nur der Original-Insertions-Preis der betreffenden Zeitungen berechnet werden soll, Mühe und Arbeit und folgeweise Zeit und Geld zu ersparen, ja denselben auch manchmal noch einen Theil von dem Rabatt, welchen sie selbst von den Zeitungen erhalten, zugute kommen zu lassen. Der Rabatt nämlich, welchen die Annoncen-Expedition von den Blättern bezieht, bildet deren Einnahme. Die Einrichtung hat ihren Ursprung in Frankreich und ist das älteste Geschäft dieser Art das von **Havas, Lafitte, Bullier & Co.** in Paris; hier macht aber die Annoncen-Agentur nicht für den Zeitungsverleger Geschäfte in Annoncen, sondern für sich selbst, indem sie den Annoncentheil der Zeitungen in Pacht hat, was in Deutschland nur vereinzelt der Fall ist. Im Jahre 1856 brachte ein Hamburger, namens Abel, die Kenntniß dieser Einrichtung aus Frankreich nach Deutschland, und zwar nach Hamburg herüber, wo — zuerst in Altona — **Haasenstein & Vogler** ein solches Institut ins Leben riefen, diese demnach auch als die eigentlichen Urheber der Annoncen-Expedition in Deutschland angesehen werden können. Sie hatten anfangs nicht allein gegen allerlei Schwierigkeiten anzukämpfen, vielmehr suchte man das neue Unternehmen und ihre Träger selbst zu verdächtigen, welch letztere jedoch bald alle Hindernisse aus dem Wege zu räumen verstanden, so daß diese Firma aus den kleinsten Anfängen sich rasch zu einem weitverbreiteten Geschäft ausbildete, welches in allen größeren Städten Deutschlands und darüber hinaus Niederlassungen und Agenturen besitzt und alljährlich einen umfangreichen Zeitungs-Katalog veröffentlicht. Als die Hindernisse beseitigt und die Bahn freigelegt war, erstanden in schneller Aufeinanderfolge eine Menge Annoncen-Expeditionen, von denen manche ebenfalls in den größeren Städten Filialen errichteten, und die Zahl derselben ist gegenwärtig noch immer im Zunehmen begriffen. Die namhaftesten von heute sind Rudolf Mosse in Berlin, G. L. Daube & Co. in Frankfurt a. M., Carl Schüßler in Hannover u. a. Im Jahre 1875 zeigte sich ein Theil der deutschen periodischen Presse mit dem Vorgehen der Annoncen-Expeditionen unzufrieden, was die Bildung einer Aktiengesellschaft als Central-Annoncen-Expedition deutscher Zeitungen zur Folge gehabt hat. Dem mag nun sein wie ihm wolle, so kann doch nimmer bestritten werden, daß die Annoncen-Expeditionen einen großen Einfluß auf die Entwickelung und den weitern Fortschritt des Annoncenwesens in Deutschland ausgeübt haben. — Außer der oben genannten Agentur Havas rc. in Paris beschäftigt sich dort noch die Firma Legrange, Cerf & Co. mit der Annoncen-Vermittelung, in England ist ihr Hauptvertreter für Großbritannien und die Kolonien Friedrich Alger in London; in Italien E. Ohliegt in Florenz, sowie Repetti in Mailand und Bellini ebendaselbst. In Rußland sind zumal in den 60er Jahren von Deutschen Anstrengungen gemacht worden, in Petersburg, wo das Annoncenwesen in einer Weise ausgebildet ist, die dem des englischen wenig nachsteht, selbstständige Annoncen-Expeditionen zu errichten, von welchen aber nur die Firma Alexander Wildens Erfolg gehabt zu haben scheint.

Annoncen-Katechismus, Antworten auf die Fragen: wo, wie, und wann soll man annonciren? Oder: Praktische Anleitung zur zweckmäßigen Abfassung von Bekanntmachungen aller Art. In Fragen und Antworten dargestellt und durch Beispiele erläutert — ist der Titel eines von Alexander Hoffers verfaßten und in Oskar Schneiders Verlag (Leipzig und Stolpen) erschienenen Buches.

Annoncensatz, Lehre vom. Hauptregel ist, daß die Annonce genau nach Vorschrift des Inserenten gesetzt wird — d. h., man macht die von dem Auftraggeber beliebten Abkürzungen oder erlaubt sich selbst solche, falls eine gewisse Zeilenzahl vorgeschrieben, und zwar in soweit, bis das Inserat in die bestimmte Zahl hineingebracht ist; man zeichnet die vorgeschriebenen Stellen aus, indem man eine Zeile aus einer Schrift von solchem Kegel nimmt, wie der Besteller die Größe wünscht, so daß z. B. der Vermerk bei einer Zeile: zwei Zeilen! den Setzer instruirt, bei Petitforderung zu dieser Tertia, wo „dreizeilig" vermerkt, Doppel-Cicero, bei vierzeiliger Forderung Doppel-Tertia anzuwenden; wenn nichts weiter bestimmt ist, wird das betreffende Inserat selbstverständlich einspaltig gesetzt, wo es aber heißt: zweispaltig! dreispaltig! vierspaltig! oder: über die ganze Breite! ist auch diesen Anforderungen nachzukommen; die Bemerkung: aus größerer Schrift! weist uns an, anstatt Petit Corpus oder Cicero, und wenn „große Schrift" gefordert wird, Mittel oder Tertia zu wählen. Es ist diese Weisung nicht genug zu betonen, denn eine Nichtbeachtung der Vorschrift giebt meistens zu Mißhelligkeiten und allerlei Weiterungen, den Annoncen-Expeditionen gegenüber, die ganz bestimmt die Nachachtung ihrer Vorschrift fordern, nicht selten zu Zahlungsverweigerung Veranlassung. — In behördlichen Inseraten ist der Termin hervorzuheben durch fette oder halbfette Schrift, wenn derselbe in einer besondern Zeile geschrieben ist, so beachtet man dies ebenso und schließt ihn auf die Mitte aus. Die Ueberschriften: Bekanntmachung, Verordnung, Edictalladung, Gerichtlicher Verkauf, Proklam, Verkauf u. s. w. sind thunlichst aus einer und derselben Schrift, aus fetter Corpus, halbfetter Cicero, gewöhnliche Mittel oder Tertia zu nehmen. Ort und Datum unter der Annonce ohne Auszeichnung mit gewöhnlichem Einzug; steht letzteres über dem Inserat (als Briefform), so ist der Ortsname zu spatiiniren und die Zeile ein Geviert nach rechts auszuschließen. Die Nennung einer Behörde als Unterschrift einer Verfügung oder eines Erlasses, z. B. Kaiserliches Postamt— Königliches Kreisgericht — Der Magistrat — Die Direction ist in halbfett oder fett selben Kegels der Textschrift zu markiren, der Name der das Amt, die Behörde oder das Institut vertretenden Person dagegen ist bloß zu spatiiniren und beide Theile sind auf die Mitte zu bringen. In diesem Falle wird aus Unkenntniß oft gegen das Ordnungsmäßige gesündigt, indem man das umgekehrte Verhältniß eintreten läßt, und es ist daher am Platze, besonders darauf hinzudeuten, daß das Amt die Hauptsache, die dasselbe vertretende Persönlichkeit die Legalisirung des erstern ist. Gleicherweise wie bei den behördlichen, verhält es sich hinsichtlich der Unterschriften mit den Inseraten, welche von Gesellschaften, Korporationen und Vereinen ausgehen; auch hier ist das unterschriebene Direktorium, der Verwaltungsrath oder Vorstand die Haupt-, die diese Aemter vertretende Person Nebensache. — Die Unterschriften von Privaten bei den Inseraten sind auszuzeichnen und nach rechts, ein Geviert vom Ende der Zeile, auszuschließen; etwa zu dem Namen gehörende Angaben über Stand oder Gewerbe, Ort und Wohnung, erhalten ihren Stand inmitten des Namens, oder der letztere hat die Mitte der ersteren einzunehmen. Tritt demnach der nicht seltene Fall ein, daß jene Angaben über Beruf und Wohnung mehr Raum einnehmen, als die Namensunterschrift, und auch wohl zwei Zeilen werden, so ist jenes zuerst zu setzen, bei zwei Zeilen die erste links mit einem entsprechenden Raum nach rechts und die zweite in die Mitte darunter auszuschließen; darnach bringt man den Namen auf die Mitte der Schrift der eben gesetzten Zeilen, und nachdem sie ausgeschlossen, wird sie an ihren richtigen Platz gehoben. — Verlobungs- und Heiraths-Anzeigen ohne Text werden in ihrem Satz gleichwie derartige Karten behandelt, und gleicherweise hat man bei Programmen zu geselligen oder anderen Schaustellungen und zu Concerten zu verfahren, sowie bei denjenigen Annoncen, bei welchen titelartiger Satz zur Geltung kommt, die Lehre vom Titelsatz ins Auge zu fassen. — Literarische Ankündigungen, wenn eine Reihe von Werken fortlaufend hinter einander aufgeführt wird, werden derart behandelt, daß jedes Werk oder Buch eine Abtheilung für sich bildet, bei welcher die erste Zeile (meistens mit dem Namen des Verfassers voran, der dann ein wenig auszuzeichnen ist) stumpf anfängt, die anderen aber gleichmäßig ein oder anderthalb Geviert eingezogen werden. Gleichartig wird bei Theateranzeigen verfahren, wenn dabei kein Personal aufgeführt ist, sondern die einzelnen Stücke nur nach den Tagen, an welchen sie dargestellt werden sollen, angegeben sind; hierbei macht jeder Tag eine stumpf anfangende Zeile nothwendig, während die übrigen eingezogen werden. — Wo es sich um andere, als die hier aufgeführten Vorkommnisse handelt, sehe man den einschlagenden Gegenstand nach. — Nun sei noch kurz der Behandlung der Annoncen-Einfassungen gedacht. Man wende Einfassungen überhaupt nur an, wo sie gefordert und tiefschwarze nur in den Fällen, wo sie ausdrücklich verlangt werden, lieber nehme man die leichteren Arten, Ketten, Kreuze, Rosetten u. s. w., und gebe acht, daß die Schrift oben, unten und an den Seiten gleichmäßig weit von der Einfassung entfernt ist. Todesanzeigen sind aber nur mit einer einfachen schwarzen Linie zu umgeben. Die einzelnen systematisch geschnittenen Stücke der schwarzen Einfassung sind zum Hervorheben einzelner Stellen zu verwenden, indem dieselben zu Anfang und am Ende von einem solchen eingeschlossen werden. — Die sog. Zeitungs-

Vignetten, meistens auf 3 oder 4 Zeilen, werden zu Anfang des Textes genommen, die betreffenden Zeilen daneben gesetzt und das etwa am Kegel der Vignette im Verhältnisse zu den sie begleitenden Zeilen Mangelnde auf den Fuß des Bildes, nicht darüber gelegt. Es ist aber bei Benutzung dieser Zeitungsvignetten vor allen Dingen der Aesthetik ein wenig Rechnung zu tragen und nicht ein Inserat über einen entlaufenen Newfoundländer mit einem Windspiel, ein zu verkaufendes Hotel nicht etwa mit einer Hütte, einen feilgebotenen Kabliau nicht mit einem dürren Häring zu illustriren, womit man in der That durch den Augenschein oft sehr unangenehm berührt wird. — Es ist gegenwärtig die Art einer Annonce sehr beliebt, in welcher die Hauptsache zwischen zwei mehr oder minder fetten Linien sich in schräger Richtung von einer der oberen Ecken nach der entgegengesetzten untern zieht. Der Bau derselben, denn Satz ist es füglich nicht zu nennen, ist ein sehr umständlicher und das Ganze bei unserm Quadrat-Material, wo überall Lücken bleiben, schwer zum Halten zu bringen. Meistens sind dieses Inserate, welche eine Zeitlang fortlaufen und ist es rathsam, dieselben vom erstmaligen Satz auf Kosten des Inserenden stereotypiren zu lassen. Falls dies indeß nicht thunlich sein sollte, so gieße man die Lücken mit Gyps aus. — Auszeichnungen innerhalb des Textes mit Schriften stärkern Kegels sind in der Herstellung, weil der schwächere Kegel der Nebenzeile über- und unterlegt werden muß, sehr zeitraubend. Früher sehr im Schwunge, will es scheinen, daß man jetzt, geboten von der Hast beim Zeitungs- und Annoncensatz, von dieser Methode immer mehr und mehr absieht. — Schriften, welche zur Auszeichnung von Annoncen gewählt werden, muß **Kraft** und **Halt** und **Dauerhaftigkeit** aneignen; deshalb verwende man zu diesem Zwecke fette und halbfette Schriften, Egyptienne, Groteske, Steinschrift und dergleichen, niemals aber irgend welche Schwanzschrift, Kirchengothisch, Bastard, Angelsächsisch ꝛc., während Titel- und Zierschriften hier gänzlich ausgeschlossen sein müssen. Beim Inseratensatz braucht man wegen Verwendung von Antiqua zwischen Fraktur nicht ängstlich zu sein, kann es vielmehr als erlaubt betrachten. — Zur allgemeinen Charakteristik der Zeitungs-Annonce bei den verschiedenen Nationen sei erwähnt, daß die amerikanische und englische obenan steht sowohl in der Entfaltung, als auch in typographischer Hinsicht, in der schmucklosen Einfachheit und der geordneten Zusammenstellung derselben, woraus eine Uebersichtlichkeit sich ergiebt, welche trotz der enormen Anzahl nichts zu wünschen übrig läßt; in Frankreich, Italien, Rußland und dem skandinavischen Norden ist die Annonce mehr oder weniger kultivirt; auch diese Länder befleißigen sich im allgemeinen der Einfachheit, können sich dieselbe aber noch immer nicht ganz zu eigen machen; Deutschland schreitet auf dem Wege der Entwickelung des Annoncenwesens rüstig vorwärts und was die typographische Behandlung anlangt, so beginnen die großen Organe bereits, in Entfaltung einer schönen Einfachheit den kleineren und kleinen Blättern mit einem guten Beispiele voranzugehen; in den Niederlanden, wo in den vergangenen Jahrhunderten die Buchdruckerkunst auf einer so hohen Stufe stand, ist die Annonce typographisch schlecht bedacht und auch sonst unfruchtbarer Natur; in Oesterreich ist es mit dem Annoncenwesen, wenn man von den großen Städten absieht, höchst armselig bestellt, und man kann wohl annehmen, daß es noch lange dauern wird, bis sie hier zu nennenswerther Entwickelung gelangt.

Annoncensetzer nennt sich derjenige Setzer, dessen Spezialität der Satz von Zeitungs-Inseraten ist, welcher also in dieser Branche der Typographie Gewandtheit und Sicherheit besitzen und einen accuraten und fehlerfreien (correcten) Satz liefern muß.

Annoncensteuer. Von jeher hat man bei Erfindung von Mitteln behufs Unterdrückung der periodischen Presse die Besteuerung derselben ins Auge gefaßt und auch thatsächlich durchgeführt. So besteht denn auch heute noch in einigen Ländern neben dem Zeitungsstempel eine Abgabe von den Inseraten, die Annoncensteuer. In Deutschland existirte dieselbe in einigen Kleinstaaten und namentlich in den Freien Städten Hamburg und Bremen, wurde aber mit dem Inkrafttreten des Deutschen Reichs-Preßgesetzes am 1. Juli 1874 zugleich mit dem Zeitungs- und Kalenderstempel beseitigt. Es ist in Fachjournalen mehrfach darüber diskutirt worden, welche Abgabe vorzuziehen sei, der Zeitungsstempel oder die Annoncensteuer; die Ansichten gingen weit auseinander, indem auf der einen Seite betont wurde, der Zeitungsstempel sei deshalb verwerflich, weil er die Intelligenz des Volkes belaste und dadurch den Fortschritt beeinträchtige, eine Annoncensteuer dagegen verlange nur von dem Geschäftsleben eine geringe Abgabe und würde dazu beitragen, dem Wesen der Schwindel-Annoncen Einhalt zu thun, und die Blattverleger zwingen, nur bezahlten Veröffentlichungen ihre Spalten zu öffnen, auf der andern Seite aber die Abschaffung beider Belastungen befürwortet wurde, was denn ja auch geschehen ist.

Annoncentheil wird derjenige Theil einer Zeitung oder eines Blattes genannt, welcher zur Aufnahme von Annoncen und anderen Veröffentlichungen bestimmt ist. Meistens nimmt er den Schlußtheil des Blattes, manchmal aber auch (und dies vorzugsweise im Auslande) den Anfang ein, so daß dann die Inserate an der Spitze des Blattes beginnen und nach demselben der redaktionelle Theil folgt. Man nennt die Annoncen-Abtheilung einer Zeitung auch wohl den Unverantwortlichen Theil in dem Sinne, daß die Redaktion für denselben nicht verantwortlich ist. Diesen Sinn darf man jedoch nur engbegrenzt nehmen, denn die Nichtverantwortlichkeit der Redaktion für den Inseratentheil bezieht sich nur auf den I n h a l t d e r A n n o n c e n d e m L e s e r k r e i s e g e g e n ü b e r; dem Reichspreßgesetze zufolge hat der verantwortliche Redakteur eines Blattes für den Gesammtinhalt desselben die Verantwortung zu tragen, verfällt also ungeachtet der Phrase: „für den folgenden Theil ist die Redaktion nicht verantwortlich", dem Strafgericht, wenn durch ein Inserat eine strafbare Handlung begangen ist, beispielsweise eine Schmäh-Annonce oder eine Aufforderung zum Spielen in einer ausländischen Lotterie Aufnahme gefunden hat.

Anopisto-Typographie nennt man die Verfahrungsweise in der Druckkunst, das Papier auf einer Seite zu bedrucken, wie es zu den Zeiten der Tafeldrucke das Abreiben nicht anders gestattete. Auch in China und Japan ist es Brauch, das Papier auf einer Seite zu bedrucken.

Anreden, s. Anredetag.

Anredetag. In früherer Zeit bis in unser Jahrhundert hinein bestand zwischen den Prinzipalen oder Buchdruckerherren, wie sie damals genannt wurden, und den Gehülfen ein festes Engagements-Verhältniß auf die Dauer eines halben Jahres oder von der einen Leipziger Messe bis zur andern. Vierzehn Tage vor Beginn der Messe engagirte der Prinzipal diejenigen Gehülfen, welche er ferner behalten wollte, von neuem. Dieses wurde a n r e d e n und der Tag, an welchem es geschah, Anredetag genannt. Der solcher Art nicht angeredete Gehülfe wußte, daß er zu Beginn der Messe die Offizin zu verlassen hatte.

Anschlag, s. Affiche.

Anschlag, beim Setzen, s. Anschlagen.

Anschlag, bei der Holzpresse, s. Imham.

Anschlagen. Bei Affichen, Programmen, Titeln, Umschlägen und anderen

Accidenzen kann es vorkommen, daß eine Schrift, welche man gern zu der Hauptzeile verwenden möchte, breiter läuft, als das Format ist, welch letzteres man übrigens nicht ändern will. Um nun die zu breite Schrift dennoch anwenden zu können, steht uns als Aushülfsmittel das Anschlagen zu Gebote. Das Ueberschießende der zu breiten Zeile wird nämlich, wenn der Satz vollständig fertig gestellt ist, zur Hälfte auf der einen und zur Hälfte auf der andern Seite des Satzes in Quadraten und Ausschließungen untergebracht, was a n s c h l a g e n genannt wird. Beträgt z. B. jener Ueberschuß 20 Punkte, 20 durch 2 : 10 Punkte oder Corpus, so werden auf beiden Seiten des Satzes, sowohl über als unter der zu breiten Zeile Corpus-Quadraten gelegt und dieselben bis zu ihrer Regulirung mit Gevierten, Halbgevierten und Spatien ausgeschlossen. Ist es ein Titel, der mit Textcolumnen zusammengedruckt werden soll, so muß der Betrag des Bund- und Anlegestegs je um die Hälfte des Anschlages verkleinert werden.

Anschleifen des Bimssteins. Zum Zwecke des Schleifens und Polirens des Lithographiesteines mittelst Bimssteins müssen die einzelnen Stücke des letztern, um eine gerade, ebene Fläche zu erhalten, angeschliffen werden, denn erst in diesem Zustande sind sie zum Gebrauche tauglich. Es wird dazu der Rand des lithographischen Steines benutzt und auf diesem mit dem Bimstein so lange hin und her gefahren, bis er eine gerade Fläche zeigt.

Anselmus, Thomas, der erste Buchdrucker Pforzheims, introducirte dort im Jahre 1500 die neue Erfindung.

Ansetzblatt heißt beim Werksatz, wenn mehrere Setzer an ein- und demselben Manuscript arbeiten, dasjenige Blatt desselben, welches der Setzer von seinem Nachfolger im Manuscript erhält, um die noch fehlenden Zeilen bis dahin, wo letzterer angefangen, abzusetzen. Somit ist immer das e r s t e Blatt des Manuscripttheiles, welcher dem Setzer zum Absetzen übergeben wird, das Ansetzblatt. Regel ist, daß man auf diesem Blatte mit dem ersten Absatz beginnt, daß dies geschehen, am Rande mit einem Strich und Namen darunter vermerkt und, sobald dasselbe abgesetzt ist, es seinem Vormann überliefert.

Ansetzen, beim Werksatz, den zum Absetzen erhaltenen Theil eines Manuscripts beenden, bis zu der Stelle gelangen, wo der Nachfolger begonnen hat. Ist dies geschehen oder ist man an jene Stelle gelangt, so heißt es, man hat im Manuscript angesetzt.

Ansetzen, beim Zeitungssatz, ist gleichbedeutend mit Z e i l e m a c h e n, aber wohl zu unterscheiden von Z e i l e h a l t e n, welche beiden Ausdrücke freilich sehr oft verwechselt werden, jedoch von ganz verschiedener Bedeutung sind. Bei dem in Stücken geschnittenen Zeitungs-Manuscript hat der Setzer des Stückes Nr. 1 anzusetzen oder Zeile zu machen, d. h., er hat die letzte Zeile seines Satzes zu füllen; der Metteur übergiebt ihm dieses Stück mit der Weisung: „ansetzen!" während er die übrigen Stücke, Nr. 2, 3, 4, 5, mit der Bemerkung abgiebt: „stumpf anfangen und ansetzen!" Bei dem letzten Stücke, Nr. 6, bedarf es nur des stumpf Anfangens, nicht des Zeilemachens, weil ein Ausgang den Schluß bildet. — Manchem Setzer bereitet das Ansetzen Schwierigkeit; es ist aber gar nicht so schlimm, wenn man sich bei der drittletzten Zeile durch Zählen der Sylben über den Stand Gewißheit verschafft und sich darnach einrichtet. Der Regel nach soll die Ansetzstelle im Druck nicht augenfällig sein — aber man wird gewahr, daß diese Regel in Vergessenheit gerathen ist, wenn man die letzten drei bis vier Zeilen einer Ansetzung erblickt; sie sind fast immer mit Geviert-, mitunter aber sogar mit Zweigeviert-Zwischenräumen gesetzt, so daß man die Wörter förmlich zusammensuchen muß. Aber das Haupt-Aergerniß dabei ist der Umstand, daß diese auseinander gesprengten Wortbilder bei ordnungsmäßigem Satz eine Zeile weniger gegeben hätten, daß also gar keine Veranlassung zu derartigem Sperren vorlag. In den Zeitungen des Auslandes sucht man vergebens nach Ansetzstellen.

Anspritzen, das Papier, ist eine Methode des Papierfeuchtens, welche aber dem Durchziehen nachsteht und nur da angewendet werden sollte, wo das Durchziehen zeitweilig behindert ist.

Anstellen, die Walzen der Schnellpresse. Das Anstellen der Walzen findet zu zweifachem Zwecke statt und zwar erstens, um sie für den nachherigen Druck einzureiben, wobei dieselben an den nackten Cylinder angedrückt und festgeschraubt werden; und zweitens, um sie nach der Schrift zu stellen oder nach dieser zu reguliren, wozu man sich eines schrifthohen, ziemlich breiten Holzsteges bedient, welchen man an jedem Ende unter die Walze schiebt und danach die Lager entweder höher oder tiefer bringt, bis die Walze den Steg überall gleichmäßig, aber nicht zu stramm berührt. Ist die Stellung richtig, so drückt man sie ebenfalls an den nackten Cylinder und zieht die Schraube an.

Anstreichbogen heißt das Exemplar einer Zeitung, welches den Setzern derselben zum Anstreichen der von ihnen gesetzten Stücke übergeben wird. Er hat zu diesem Zwecke bei allen Setzern der Zeitung die Runde zu machen und wird, nachdem jeder Setzer seinen Satz angestrichen und die Anzahl der gesetzten Zeilen neben dem Namen am Kopfe oder Fuße der Titelseite verzeichnet hat, an den Metteur gegeben.

Anstreichen, den Satz auf dem Anstreichbogen. Beim deutschen und meistens auch beim ausländischen Zeitungssatz ist es Brauch, daß jeder Setzer der betreffenden Zeitung nach dem Druck auf einem Exemplar derselben jedes von ihm gesetzte Stück anstreicht, seinen Namen daneben oder über die Schrift und darunter die Anzahl der Zeilen dieses Stückes schreibt. Diese Einrichtung ist schon zu dem Zwecke nothwendig, um bei der Lohnberechnung eine Controle führen zu können. Das Anstreichen selbst ist am Rande oder auf der Spaltenlinie vorzunehmen; ein Durchstreichen des Gesetzten ist deshalb nicht thunlich, weil es leicht Irrthümer im Gefolge haben kann. Zum Anstreichen dient am besten der Blaustift, weil dessen Farbe am deutlichsten und klarsten hervortritt.

Anstreichen, das Papier, geschieht beim Correctur-Abziehen mittelst des Schwammes, oft auch beim Papierfeuchten.

Anstreichen, die Walze. Die vormaligen Leim-Syrup-Walzen, welche gegenwärtig noch nicht gänzlich ausgestorben sind, vielmehr sowohl an Schnell-, als auch an Handpressen gebraucht werden, müssen täglich, bei der Schnellpresse auch wohl zweimal täglich gereinigt, und dann, nachdem sie trocken geworden, etwa eine halbe Stunde vor Beginn des Gebrauchs abermals befeuchtet werden. Die Befeuchtung wird mit einem nassen Schwamm in der Weise vorgenommen, daß man mit demselben an der Masse der Walze einigemal auf- und niederfährt unter beständigem Herumdrehen der Walze, damit ihre ganze Fläche gleichmäßig die Feuchtigkeit erhält. Das dazu benutzte Wasser darf nicht eisig, muß vielmehr von mittlerer Temperatur sein.

Antimon, Regulus antimonii, ein Bestandtheil des Typenmetalls, kommt im Mineralreich sowohl gediegen, als auch in mannichfachen Verbindungen mit anderen Metallen, sowie in Verbindung mit Schwefel und Arsen vor. Das gediegene Antimon ist selten und findet sich bei Andreasberg a. H., bei Sala und in der französischen Dauphiné. Antimon in nicht gediegenem Zustande, also mit anderen Mineralen verbunden, wird in fast allen Erzlagern gefunden. In den

Hüttenwerken wird das Antimon entweder durch Niederschlags- oder Röstarbeit dargestellt. Mit Blei verbunden, wird dasselbe härter und spröder, als es im reinen Zustande ist. Das Antimonium schmilzt bei 400° Celsius und verwandelt sich bei starker Rothglühhitze in Dämpfe, s. Schriftmasse.

Antiqua, der typographische Terminus für die Schrift, welche wir im gewöhnlichen Leben die lateinische nennen; sie wird zur französischen, spanischen, portugiesischen, italienischen, ungarischen, polnischen, tschechisch-böhmischen und noch anderen slawischen Sprachen, sodann zur englischen und niederländischen Sprache als Druckschrift verwendet; als solche zur schwedischen Sprache halb und halb, denn Bücher, welche in Schweden unter dem Volke Verbreitung finden sollen, müssen aus Fraktur gedruckt sein; in Deutschland kommt sie in Werken und Zeitschriften wenig zur Anwendung, mehr und vorzugsweise aber zu Accidenzen. Der eigentliche Schöpfer der Antiqua ist nicht S w e y n h e i m, wie vielsach aber irrig angenommen wird, sondern J e n s o n, ein französischer Münzenstempelschneider, welcher von dem Könige Karl VII. von Frankreich nach Mainz gesandt worden war, um dort die Buchdruckerkunst zu erlernen und sie nach Frankreich zu überführen. Er kehrte aber nicht zurück, sondern ging nach Venedig; hier erkannte er die große Verwendbarkeit der römischen Schrift, welche hier seit dem achten Jahrhundert, aber nur in kleinen oder gemeinen Buchstaben, üblich gewesen war. Er verbesserte sie, rundete sie zumal noch mehr ab und brachte um 1465 die römische oder lateinische Schrift zu Stande. Jensons Schrift wurde anfangs die Venetianische genannt; sie bewahrte diesen Namen jedoch nicht lange, trat vielmehr bald als Antiqua (die Alte) auf. In der italienischen Typographie heißt sie heute noch Lettera antiqua tonda oder Lettera antico, in der französischen Caractères romains oder Caractères droits, in der englischen Roman letters, in der russischen Franzusskij oder die Französische, in der Skandinaviens Antiqua. Auch diese von Jenson geschaffene Schrift bestand nur aus kleinen oder gemeinen Buchstuben und verblieb über ein halbes Jahrhundert in dieser Einfachheit, bis um 1538 die großen Buchstaben, welche wir Versalien, andere Nationen Capitalbuchstaben nennen, hinzukamen. Seitdem ist sie von Italienern, Franzosen, Engländern, Niederländern und Deutschen verbessert und verschönert und von Italien aus mit der Cursiv oder Italienischen versehen worden. — Der Streit, ob Antiqua oder Fraktur als Druckschrift zur deutschen Sprache zu verwenden sei, ist viel älter, als man gemeiniglich glaubt. Die Versuche, die Fraktur durch die Antiqua zu ersetzen, nahmen ihren Anfang in den vierziger Jahren des vorigen Jahrhunderts gelegentlich eines Streites des Schweizer mit dem deutschen Schriftsteller G o t s c h e d. Die Schweizer ließen ihre deutschen Bücher aus lateinischer Schrift drucken, was den Eindruck äußerlicher Gesuchtheit machte und Nasenrümpfen verursachte. Ein Jahrzehend später befand sich die Frage, ob Antiqua oder Fraktur? im vollen Fluß. Man ging der Fraktur härter und ernster zuleibe, als gegenwärtig. Männer wie J. B. B r e i t k o p f in Leipzig und Professor U n g e r in Berlin traten mit ihrem gelehrten Wissen, mit ihrem kunstgebildeten und künstlerischen Ansehen, sowie mit ihrem technischen Erfindungsgeiste und mit Geldopfern für die Fraktur ein. Künstlerische Gründe waren es nicht, welche sie für die herkömmliche Schrift ins Feld führten, sie kannten sogar die Ueberlegenheit der Antiqua in Form und Technik, sowie ihre universelle Bedeutung an und machten für die Fraktur nur die Macht der Gewohnheit im deutschen Volke geltend. Die Folge hat ihnen recht gegeben. Die Versuche, deutsche Dichter und andere Volksliteratur mit Antiqua zu drucken, dauerten eine Weile fort, allein die Allgemeinheit verhielt sich kalt und ablehnend dagegen.

das wirksamste Argument, den Verlagshandel zu überzeugen, daß er sich auf falscher Fährte befunden. Damals wie heute verstanden alle Deutschen von nur einiger Bildung Antiqua ebenso gut wie Fraktur zu lesen. Dennoch haben nach Freigebung der deutschen Klassiker, also beinahe ein volles Jahrhundert später, die spärlichen Versuche einzelner Verleger, Antiqua = Ausgaben unserer größten Dichter zu veranstalten, wie man sich im Buchhandel erzählt, ähnliche unliebsame Erfahrungen wie von altersher eingeerntet. Den Verlegern fällt es im allgemeinen schon längst nicht mehr ein, der großen Allgemeinheit die Antiqua aufnöthigen zu wollen, aber ebenso wenig ist mit ihr principiell gebrochen worden. Sie wird im Gegentheil in den höheren wissenschaftlichen und technisch anspruchsvollen Literaturzweigen vorwiegend begünstigt. — Seit zehn Jahren ist nun diese alte Streitfrage ab und zu wieder aufgenommen und nicht selten mit Heftigkeit geführt worden, aber nicht bloß in typographischen Zeitschriften, sondern auch in anderen wissenschaftlichen Journalen und von der Tribüne herab auf der Berliner Orthographischen Conferenz. Die Hauptpunkte, welche die Gegner der Fraktur für den Uebergang zu der lateinischen Schrift anführen, sind einmal die schöneren Formen der Antiqua gegenüber denen der Fraktur, dann die universelle Bedeutung der Antiqua und endlich der Umstand, daß unsere deutschen Bücher mehr Aufnahme im Auslande finden würden, wenn dieselben mit lateinischer Schrift gedruckt wären. Mit Schärfe sind diese Annahmen von den Freunden der Fraktur, deren Zahl nicht unbedeutender sein dürfte als die ihrer Gegner, bestritten und namentlich darauf hingewiesen worden, daß hinsichtlich der Verbesserug unserer deutschen Druckschrift in neuester Zeit unendlich viel geschehen; der Aufstellung der Antiqua als Universalschrift gegenüber weisen sie nach, daß das Druckgebiet der deutschen Fraktur nicht so klein ist, als meistens angenommen wird und dasselbe sich thatsächlich dem der Antiqua ebenbürtig an die Seite stellen kann; der dritte Einwand wird von ihnen deshalb in Abrede genommen, weil gewichtige Stimmen vom Auslande aussprechen, daß die Ausländer in lateinischer Schrift gedruckte deutsche Bücher unliebsam aufnehmen, unter Hinweisung darauf, daß die Erlernung einer Sprache auch die Aneignung der Schrift derselben bedinge. Vor gar nicht langer Zeit legte die „Kölnische Zeitung" eine Lanze für die Antiqua ein, indem sie einen geharnischten Leitartikel gegen die Fraktur brachte, welcher zu dem Glauben veranlassen mußte, sie würde in kürzester Frist ihr Gewand wechseln; bisher ist jedoch noch keine Umwandlung mit ihr vorgegangen, und man muß sich füglich wundern, daß sie noch immer an der so arg geschmähten und heruntergewürdigten Fraktur festhält. Jedenfalls wird sie in Würdigung des Hangens des deutschen Volkes am Althergebrachten sich eines andern besonnen haben. — Alle Verfechter der Antiqua, selbst die vom typographischen Beruf nicht ausgenommen, haben den **praktischen Gesichtspunkt** zu wenig ins Auge gefaßt, nicht genügend hervorgehoben und nicht der Erwägung verstellt; auf diesem stehend, muß man der Antiqua alle Gerechtigkeit widerfahren lassen. Der Typographie, von der Lithographie gänzlich zu schweigen, die ja nichts mit der Fraktur zu schaffen, bietet die Antiqua als Druckschrift der deutschen Sprache nicht hoch genug anzuschlagende Vortheile: die Antiqua ist in sich selbst mittelst der Versalien und der Capitälchen zweier Auszeichnungen fähig; ihr Satz hat just den zehnten Theil Buchstaben weniger, als der der Fraktur, und zur allgemeinen deutschen Druckschrift erhoben, würde die Begünstigung der Antiqua im Tarif als bedeutungslos von selbst fallen; die Ersparnisse in den Anschaffungen nach Aufhören der Doppelwährung, in der wir uns heute befinden, sind großartig, aber so klar vorliegend, daß es keiner weitern Auseinandersetzung darüber bedarf. Und wahrscheinlich hat sich auch die „Kölnerin" bei Abfassung des beregten Leitartikels von diesem praktischen Gesichtspunkte leiten lassen. Wie dem allen aber auch sein mag — es ist ein eigenthümlich Ding um solchen Uebergang, und würde auch von einigen Seiten die Initiative zu einem Vorgehen in dieser Hinsicht ergriffen werden, so ließe sich doch bei dem Widerstreben unsers Volkes gegen Neuerungen wenig Erfolg davon versprechen. Die neuen Einrichtungen im Wesen der Münzen, des Maßes und der Gewichte, so vortheilhaft diese Neuerungen sind und wie sehr sie auch mit dem Geiste unserer Zeit und deren Aufklärung im Einklange stehen, kränkeln an dem Widerstreben des Volkes, das trotz der gesetzlichen und geläufigen Decimalrechnung sich noch immer an die ungefügen duodezimalen Einheiten anklammert und deshalb jede Entwickelung des neuen Systems beeinträchtigt. Eine Neuerung der Schrift greift aber noch viel tiefer in das Bestehende ein. Ich gestehe offen, daß ich ungern ein deutsches in lateinischer Schrift gedrucktes Buch lese, weil ich, da die Wortbilder nicht die gewöhnlichen sind, leicht dabei ermüde. Und daß beim Correcturlesen von Deutsch in Antiquadruck mehr Aufmerksamkeit verwendet werden muß, als bei Fraktur, werden die Berufsgenossen, wenn sie die Hand aufs Herz legen, nicht bestreiten. Doch die Gewohnheit macht ja alles, und eine kurze Zeit im alleinigen Verkehr mit der Antiqua würde genügen, uns an deren Wortbilder zu gewöhnen. Dasselbe wäre der Fall mit der Allgemeinheit, wenn ihr im Druck keine Fraktur, sondern nur Antiqua geboten würde.

Antiqua, altstylige, s. Altstylige Antiqua.
Antiqua, breite, s. Breite Antiqua.
Antiqua, englische, s. Englische Antiqua.
Antiqua-Gießzettel. Der umstehende Antiqua-Gießzettel für deutschen Satz auf 100,000 Buchstaben ist nach verschiedenem Druck mehrmals in seinen Buchstaben ausgezählt, die Resultate sind addirt und abgerundet worden. Die Verfahrungsweise, eine Schrift nach Maßgabe einer gewissen Anzahl von Typen zu gießen, wie es in Frankreich Brauch, ist der nach dem Gewicht bemessenen vorzuziehen (s. Gießzettel). Wir haben in unserm Gießzettel sämmtliche accentuirte Buchstaben aufgenommen, wie dieselben heute von den Schriftgießereien geliefert werden, wiewohl die meisten davon niemals vorkommen und daher überflüssiger Ballast sind. Die Ziffern sollte man stets nur von einem Schnitt zu einem Kegel haben und daher alle Güsse ohne Ziffern aufgeben, die letzteren aber besonders bestellen.

Antiqua-Kasten. Das nachstehend auf Seite 61 abgedruckte Schema zu einem Antiqua-Kasten hat 142 Fächer, und bedarf der Anzahl dieser Fächer vollständig, wie aus dem Plane ersichtlich, um sämmtliche accentuirte Buchstaben und Capitälchen darin unterbringen zu können. Zum deutschen Satz aus der Antiqua können wir uns übrigens auch des Fraktur-Kastens bedienen, was selbst vortheilhafter ist. Um in letzterm einige accentuirte Buchstaben der Antiqua unterzubringen, stehen uns Fächer genügend zu Gebote, denn es fallen bei der Antiqua bekanntlich die Ligaturen der Fraktur ch, ck, ll, ß, tz, st, fi, ff fort, statt deren man J, &, à, é, è und noch einige andere einlegen kann. — Der nachstehende Antiqua-Kasten besteht nach systematischer Ordnung aus 10 : 5 länglichen Vierecken, von denen 12 in ihrer vollständigen Größe sich zeigen, 6 einmal, 6 zweimal und 25 viermal getheilt sind, so daß sich für 4+25 : 100, für 2+6 : 12, für 3+6 : 18 und für 12 : 12 Fächer ergeben, also insgesammt 142 Fächer. — In der obersten viertheiligen Fächerreihe liegen von links nach rechts die Capitälchen in alfabetischer Ordnung; auf unserm Schema haben wir diese Fächer

Antiqua-Gießzettel

Buchstaben	Zahl	Buchstaben	Zahl	Buchstaben	Zahl	Buchstaben	Zahl
m	2150	ä	700	Z	150	à	150
a	4900	ö	400	J	100	è	100
b	1100	ü	500	Ä	30	ì	50
c	3000	j	400	Ö	25	ò	40
d	4100	H	300	Ü	25	ù	50
e	13000	A	400	-	800	á	80
f	700	B	350	.	1000	č	80
g	2350	C	300	,	2400	í	50
h	4200	D	400	:	260	ó	50
i	6000	E	400	;	400	ú	50
k	1300	F	250	!	200	ē	80
l	2700	G	330	?	200	ī	80
n	10250	I	500	'	300	æ	30
o	1700	K	200	( )	500	œ	20
p	350	L	200	[ ]	50	.&.	70
q	100	M	400	§	100		
r	5800	N	230	†	25	1	300
s	5100	O	200	*	100	2	250
t	4000	P	150	—	400	3	250
u	4500	Q	40			4	200
v	800	R	300	É	25	5	250
w	1200	S	400	È	20	6	200
x	60	T	200	Ê	20	7	200
y	50	U	200	á	20	8	200
z	800	V	300	ó	150	9	200
ff	300	W	150	í	20	0	400
fi	150	X	200	ó	20		
fl	100	Y	50	ú	20		

100000 Buchstaben

blank gelassen, weil sie mit der darunter laufenden Fächerreihe für Versalien genau übereinstimmt; in der dritten viertheiligen Fächerreihe sind Ziffern, einige Zeichen und die von der obern Reihe übergebliebenen Capitälchen untergebracht, während hierunter in der letzten viertheiligen Reihe, welche die obere Abtheilung des Kastens schließt, die verschiedenen accentuirten Buchstaben und die aus der zweiten obern Fächerreihe übergebliebenen Versalien liegen. Der untere Theil des Kastens ist mittelst zweier stärkerer Leisten in drei Abtheilungen, eine linke, eine mittlere und eine rechte, gesondert. In der linken Abtheilung sind 24 viertheilige Fächer für große und kleine accentuirte Buchstaben und für Zeichen, sowie ein ganzes Fach und 4 einmal getheilte Fächer für einige Gemeine bestimmt; in der mittlern Abtheilung werden in 10 ganzen und 4 zweitheiligen Fächern diejenigen Gemeinen, welche am meisten gebraucht werden, sowie Vierpunkte und Spatien

A	B	C	D	E	F	G	H	I	K	L	M	N	O	P	Q	R	S	T	U
1	2	3	4	5	6	7	8	9	0	—	O	0	§						
Ä	è	î	ô	û	ä	é	î	ö	ü	ñ	å	ö	ü						
a	è	î	ô	ô	s	t	u								P	Q	R	S	T	U

Halbgevierte · Zweiptl. Einptl. · Geviert · Quadraten

Anderthalbptl. Spatien · Vierpunkt

a	&	Æ	Œ						
Æ	&	æ	œ			h	i	m	r
Æ			k	c					
Œ	†	.	b	c	e	a	n	o	d
*	†	·	b	c	e	a	ff	fi	f g

untergebracht, während in der linken Abtheilung in 1 ganzen Fache Quadraten, in 11 zweitheiligen und 10 viertheiligen Fächern die übrigen Gemeinen, Ligaturen, sämmtliche Interpunktoinszeichen, Halbgevierte, Einpunkt- und Zweipunkt-Spatien liegen.

Antiquarius, Felix (Felix Alt oder Alter), errichtete 1476 zu Polliano die erste Buchdruckerei.

Antiqua-Satz. Wo es sich um Antiqua als Druckschrift zur deutschen Sprache handelt, treten hinsichtlich des Satzes derselben allgemeinhin dieselben Regeln ein wie bei der Fraktur; allein im besondern sind dennoch einige Abweichungen hervorzuheben. In der Antiqua fehlen uns bekanntlich die Ligaturen ch, ck, fi, ff, ll, ft, tz und ß; die ersteren werden aus den betreffenden Typen zusammengesetzt, aber für ß nehmen wir ss; da wir uns zwecks der Auszeichnung in der Antiqua aber gleichwie in der Fraktur des Spatiinirens (s. d.) bedienen, so müssen wir ch, ck, tz, ss ebenso mit einem Spatium von einander stellen, wie die übrigen Buchstaben. Schmale Antiqua sollte unbedingt nur mit Vierpunkt-Wörter-Zwischenraum, breite allenfalls mit einem solchen von Fünfpunkt gesetzt werden. Die Ligaturen der Fraktur ß und tz theilt man in der Antiqua so: set-zen, trot-zen, stüt-zen, Unterstüt-zung; stos-sen, gros-sen, mas-sen; ck ist lieber als kk zu nehmen: strek-ken, Dek-kung; ch bleibt zusammen: ma-chen, Sa-chen. — Auch beim Ausschließen muß man im Vertheilen in der Antiqua viel behutsamer zuwerke gehen, als in der Fraktur: beim Sperren übergeht man die Räume, welche ein A, T, V, W und w vor sich haben, und macht es beim Einbringen umgekehrt, indem man hier den Raum vor den genannten Buchstaben zu allererst verkleinert. Verwendet man im Satze selbst behufs der Hervorhebung die Versalien und die Antiqua ist eine breite, so hat man den weiten Abstand von A, F, L, P, T, V und W zu berücksichtigen und mit Spatien auszugleichen.

Antiqua-Versalien werden in der deutschen Typographie die großen lateinischen Buchstaben genannt; sie waren ursprünglich, als die Antiqua (s. d.) in Venedig Druckschrift wurde, noch nicht vorhanden, sondern derselben erst später zugefügt. Die Versalien, dieselben allein verwendet, dienen als Auszeichnung, indem man Worte oder ganze Zeilen daraus setzt: ANTIQUA-VERSALIEN, eine Verfahrungsweise, welche in der deutschen Typographie wenig beachtet wird, während das Ausland, wo die Antiqua dessen Druckschrift, dieselbe im weitesten Umfange kultivirt. In den Zier- und Titelschriften der Antiqua kommen Versalien ohne Gemeine vor, und sind dieselben in den verschiedensten Charakteren und Schnitten vorhanden, von schmal zu breit, von mager zu halbfett und fett, von schlank zu gedrückt und sogar gestreckt u. s. w. Diese Versalien lassen sich zu Accidenzen ungemein gut verwenden und sind in der Anschaffung auch billiger, als mit den Gemeinen. Bei Anwendung der Versalien muß der weite Abstand der fleischigen Buchstaben A, F, L. P. T. V und W verhältnißmäßig zu den übrigen mit Hülfe von Spatien ausgeglichen werden, wie dies oben in der Anwendung bereits geschehen, indem vor und nach den Buchstaben Q, R und E ein Einpunkt-Spatium gestellt ist. Ohne weitere Umstände zusammengestellt und nicht ausgeglichen zeigt sich obige Anwendung so: ANTIQUA-VERSALIEN. Bei schmaler Antiqua bedarf es einer Ausgleichung der Versalien nicht, um so mehr aber fordern dies die breiten, und ganz vorwiegend die gedrückten oder die gestreckten Versalien, ja selbst die Schwanzschriften:

LIBERTY   LIBERTY

hier ist bei dem zweiten Worte zum Zwecke der Ausgleichung zwischen I, B, E, R

Antiqua-Versalien-Kasten

				A	B	C	D	E	F	G	H	I	K	L	M	N	O	P Q	R	S	T	U				
				1	2	3	4	5	6	7	9	0	··	·;	··	?	J	V	W	X Y	Z	É	È			
																&										

je ein Zweipunkt-Spatium gebracht. Weil dieses Auskunftsmittel nicht genug veranschaulicht werden kann, so sei hier noch ein Beispiel vorgeführt:

WAAREN-LAGER   WAAREN-LAGER

Es ist ersichtlich, daß das erste gewöhnlich, mit dem zweiten dagegen eine Ausgleichung vorgenommen ist.

Antiqua-Versalien-Kasten. Unter den Zier- und Titelschriften giebt es eine große Anzahl Antiqua-Versalien von dem kleinsten Kegel bis zu größeren. Es ist Brauch, die Zier- und Titelschriften nicht einzulegen, sondern zwischen Leisten der alfabetischen Folge nach aufzustellen. Indeß ist diese Art der Unterbringung weniger angebracht bei den Schriften kleinern und kleinsten Kegels und da bei den Antiqua-Versalien nur etwa 46 Typen unterzubringen sind, so empfiehlt sich das vorstehend auf Seite 63 abgedruckte Schema eines Kastens zur Aufnahme von Antiqua-Versalien, in welchem fünf verschiedene Versalien unterzubringen sind, während die Größe des gewöhnlichen Kastens genügt.

Antreiben, beim Schließen einer Form. Nachdem eine zum Schließen bestimmte Form mit der Rahme versehen und aufgelöst ist, die Anlegestege an den Seiten und unten angelegt und die Rahmeisen, Schräg-, Schief- oder Schließstege hinzugefügt sind, wird die Form mittelst des Schließnagels oder des dünnen Theiles des Hammers nach innen zu angedrückt, und zwar so, daß man den Hammer oder Schließnagel zwischen Rahme und Form bringt und mit einem dieser Geräthe einen nach innen wirkenden Druck gegen die Form ausübt. Dieses Verfahren, antreiben genannt, wird um die ganze Form herum in geringen Zwischenräumen wiederholt und hat den Zweck, vor dem wirklichen Schließen sämmtliche Theile der Form möglichst fest an einander zu bringen.

Anweisung zum Corrigiren, oder der kleine Corrector, für Diejenigen besonders brauchbar, welche ihre Schriften selbst corrigiren wollen — lautet der Titel eines kleinen in Duodez gedruckten Heftes, welches 1819 in Leipzig erschien und sich sehr belehrend über diesen Gegenstand verbreitet.

Anzeigeblatt für Typographie und Lithographie, Schriftgießerei, Stein- und Kupferdruck, Beiblatt zu dem von Alex. Waldow in Leipzig herausgegebenen „Archiv für Buchdruckerkunst", erscheint 4mal monatlich (48mal jährlich) je in einem Viertelbogen, ist Inseratenblatt und wird außer als Beiblatt zum Archiv auch auf Wunsch an die Geschäftsfreunde des Verlegers unentgeltlich und portofrei versandt.

Apokalypse (Historia Sancti Johannis Evangelistae eiusque visiones apocalypticae, oder: Das Buch der geheimen Offenbarungen Sanct Johannes) nennt man eines der Blockbücher (s. d.) aus der Kategorie mit Bildern und Schrift, ist in drei Ausgaben mit je 50 Tafeln und einer mit 48 Tafeln bekannt. Der Text der Offenbarung ist auf Spruchbändern und zuweilen auf Tafeln über, unter oder neben den Figuren angebracht. Alle Exemplare sind auf einer Seite des Papiers mit dem Reiber (s. d.) gedruckt, so daß je zwei Druckseiten sich gegenüberstehen.— Von den anderen Ausgaben unterscheidet diese letztere Apokalypse sich vortheilhaft dadurch, daß sie aus drei Lagen von je acht Bogen zu je zwei Blättern zusammengelegt ist, während bei den ersteren drei Ausgaben jeder Bogen seine eigene Lage ausmacht. Es setzt diese Anordnung schon eine gewisse Fertigkeit in der Herstellung voraus, indem auf dem ersten Bogen die erste und sechszehnte Tafel, auf dem nächstfolgenden das zweite und fünfzehnte Bild und in gleicher Folge alle übrigen Platten (3 : 14, 4 : 13, 5 : 12, 6 : 11, 7 : 10, 8 : 9) mit Aufmerksamkeit behandelt werden mußten. In einer Ausgabe finden wir zuerst die Signirung der einzelnen Bogen mit den Buchstaben A, B, C, D u. s. w. angewendet, jedoch ist damit nur bis zur Mitte fortgefahren; möglicherweise hat man auch die Fortsetzung vergessen, s. Heinecken, von Künstlern und Kunstsachen.

Apostroph oder Hinterstrich, ein Lesezeichen, deutet die Auslassung von Buchstaben, zumal von Grundlauten oder Vokalen an, und sollte im Deutschen in seiner Anwendung eigentlich auf die Poesie beschränkt bleiben, weil es bei reinem richtigen Deutsch in der Prosa gänzlich überflüssig ist. Es wird zuweilen als zweites Anführungszeichen verwendet und kann in diesem Falle einfach '—' oder verdoppelt "—" genommen werden, s. Anführungszeichen.

Apotheker-Abkürzungen, s. Medizinische Abkürzungen.

Apothekerzeichen, wie dieselben auf Recepten und in den Werken der Chemie und Medizin vorkommen, gab es in früherer Zeit eine große Anzahl, welche sich nach und nach immer mehr verringert hat. So sind auch gegenwärtig wieder bei Einführung des bürgerlichen Gewichts in den Apotheken die Zeichen für Pfund, Unze, Drachme, Skrupel, Gran bedeutungslos geworden, und treffen wir heute nur noch die folgenden an: ß (auch griechisches β) halb oder die Hälfte; i oder j die Zahl 1; ij, 2; iij, 3; jß anderthalb; + (mageres einfaches Kreuz) acidum, die Säure; ✚ (fetteres einfaches Kreuz) acetum, der Essig; ☿ antimonium, der Spießglanz; △ aqua, das Wasser; ☾ argentum, Silber; ☉ aurum, das Gold; ♋ cancer, der Krebs; ♄ calx, der Kalk; ≈ camphora, der Kampfer; ℞ recipe, nimm (zu Anfang auf Recepten); ff sacharum, der Zucker; ∴ spiritus, der Weingeist, Spiritus; ⊖ sal, das Salz; ♃ pulvis, das Pulver; b plumbum, das Blei; ∞ oxymel, der Sauerhonig; ⊕ nitrum, der Salpeter; ☿ mercurium, das Quecksilber.

Appentegger, Wolf (Lupus), ein Deutscher, errichtete im Jahre 1500 die erste Buchdruckerei in Saragossa.

Arabesken sind von den Arabern stammende Verzierungen aus Laubwerk, Blumen, Gesträuch ꝛc., treten in den graphischen Künsten in den mannichfachsten Anwendungen auf und sind auch in der Litho- und Typographie sehr beliebt, indem sie bei den letzteren als Einfassung, zur Verzierung von Initialen, bei Zier-, Titel-, Anfangs- und Schlußlinien häufig vorkommen. In den verflossenen Jahrhunderten spielten die Arabesken-Verzierungen in der Typographie eine hervorragende Rolle. In England werden seit mehreren Jahren altstylige Arabesken mit Vorliebe an der Spitze von Anfangscolumnen verwendet, und zwar in derselben Weise, wie es bei unseren Altvordern Brauch war. Die Schriftgießerei von Fratelli Alessandri in Florenz hat in Arabesken-Verzierungen Ausgezeichnetes geliefert.

Arabisch. Die Arabische Sprache gehört dem semitischen Sprachstamm an und bildet gemeinschaftlich mit der äthiopischen den südlichen Zweig desselben. Sie wird heute nicht allein in Arabien, sondern auch im ganzen nördlichen Afrika, in Irak, Syrien und Palästina, selbst auf Malta und in Spanien, sowie ein Dialekt derselben auf Sicilien gesprochen, und ist weiter die Kirchen- und Gelehrtensprache sämmtlicher muhamedanischer Völker. Die Arabische Sprache ist reich an Wörtern und an grammatischen Formen; im Nennwort, Fürwort und Zeitwort ist Doppelzahl gebräuchlich, die Mehrzahl wird entweder durch eine besondere Endung oder durch Umwandlung des Stammes gebildet. — Die Arabische Schrift wird, wie dies bei den meisten orientalischen Sprachen der Fall ist, von der rechten zur linken gelesen, und muß demzufolge auch das Setzen anderartig gehandhabt werden. Den Winkelhaken wie gewöhnlich genommen, beginnt man mit dem Aneinanderfügen der einzelnen Typen ebenfalls von links, setzt die Buchstaben aber signaturverkehrt, die Signatur nach unten, so daß der die Zeile haltende Daumen am Kopfe, anstatt wie sonst am Fuße der Schrift ruht. Ist die Zeile gefüllt und ausgeschlossen, so setzt man die Vokale und Lesezeichen als einzelne Zeile darunter und nachdem auch diese ausgeschlossen ist, werden beide Zeilen umgehoben, so daß die Signatur sich nun oben befindet. Durch diese Handhabung hat man erzielt, daß die Zeile von rechts beginnt. Die Zeile in ihrer Schrift ist aber noch nicht vollständig fertig, denn nun erst sind die Vokale und Lesezeichen, welche am Fuße der Schrift stehen sollen, als einzelne Zeile darunter zu setzen. Und derart wird mit jeder Zeile verfahren. — Es giebt übrigens auch Arabische Typen, welche unterschnitten (s. Unterschnittene Typen) sind, bei welchen Vokale und Lesezeichen gleich mitgesetzt werden, und wieder Typen dieser Schrift, die einen Einschnitt zur Aufnahme von Vokalen und Lesezeichen haben. — Ein Theilen der Wörter in ihren Sylben kennt die Arabische Sprache nicht, weil schon der Charakter der Schrift dies nicht erlaubt. Jeder Absatz wird wie gewöhnlich eingezogen, eine Ausgangszeile endigt links. Bei gespaltenem Satz fängt die erste Spalte rechts an und gehen die anderen nach links fort. Ein arabisches Buch beginnt dort, wo unseres endigt, und daher ist auch ein anderes Ausschießen erforderlich, was gleich ist mit dem Ausschießen des Hebräischen, und sei deshalb auf den Artikel über Hebräisches Ausschießen verwiesen.

Arabisches Alfabet. Das Arabische Alfabet, welches wir auf S. 67 abdrucken, ist das der Neschi als der gewöhnlichen, heute noch gebräuchlichen arabischen Currentschrift, welche nicht nur von allen Völkern, die sich der arabischen Sprache bedienen, sondern auch von den Persern, Türken und noch anderen Völkern des Orients, wenn auch mit einigen Abänderungen, gebraucht wird. Es enthält 28 Buchstaben, deren jeder eine vierfach verschiedene Form hat, je nachdem er zu Anfang, in der Mitte, am Ende oder frei, d. h. allein steht. Das Neschi hat sich allmälich aus der großen kufischen Schrift herausgebildet, welche in Bagdad schon früh eingeführt war; im zehnten Jahrhundert wurde sie von dem berühmten Vezir Ibn Mokla noch mehr verschönert und von dessen Sekretär Bawwab, welcher 1022 starb, vervollkommnet. Versalien besitzt die arabische Schrift nicht, sondern nur gemeine Buchstaben. Daß in unserm Alfabet anstatt der 28 des Arabischen Alfabets 29 Buchstaben aufgeführt sind, erklärt sich dadurch, daß der Buchstabe Ngah zur türkischen Sprache gehört, denn bekanntlich ist die Arabische Schrift auch Druckschrift für türkischen Sprache. Seiner technischen Beschaffenheit nach ist das Alfabet auf Tertia=Kegel.

Arabischer Kasten. Der Schriftkasten für die Arabische Sprache weist eine große Anzahl von Fächern auf, weil in demselben das Alfabet in vierfach verschiedenen Typen unterzubringen ist, wozu dann noch die Vokale und Lesezeichen zählen. Wir bezweckten, ein Schema zu liefern, welches sich in der Praxis bewährt hat, und deshalb geben wir auf S. 69 den Arabischen Kasten aus der K. K. Hof= und Staatsdruckerei zu Wien, welche uns das Schema zu demselben bereitwilligst zur Verfügung gestellt hat. Dieser Kasten ist vermittelst einer starken Leiste in eine obere und untere Hälfte getheilt, während beide wieder ebenfalls durch zwei starke Leisten je in drei Abtheilungen geschieden sind. Die obere Hälfte des Kastens hat in jeder ihrer drei Abtheilungen 63, also insgesammt 189 Fächer von gleicher Größe. Die untere Hälfte besitzt in ihrer linken Abtheilung 24 gleichmäßige Fächer, die rechte 19 von zweierlei Größe und die mittlere deren 35 in drei verschiedenen Größen, so daß die Gesammtzahl der Fächer des Ka=

Arabisches Alfabet

Name	Zeichen				Werth
	Freistehend	Ende	Mitte	Anfang	
Elif	ا	ا	—	—	a, e, i, o, u
Be	ب	ب	ب	ب	b
Te	ت	ت	ت	ت	t
Tse	ث	ث	ث	ث	s, th
Dschim	ج	ج	ج	ج	dsch
Ha	ح	ح	ح	ح	h'
Cha	خ	خ	خ	خ	ch
Dal	د	د	—	—	d
Dsal	ذ	ذ	—	—	ds
Rhe	ر	ر	—	—	r
Zain, Ze	ز	ز	—	—	s
Sin	س	س	س	س	s
Schin	ش	ش	ش	ش	sch
Tsad	ص	ص	ص	ص	ß
Dschad	ض	ض	ض	ض	s, dh
Ta	ط	ط	ط	ط	t
Tsa	ظ	ظ	ظ	ظ	z
Ain	ع	ع	ع	ع	'a, 'o, 'u
Ghain	غ	غ	غ	غ	gh
Fe	ف	ف	ف	ف	f
Khaff	ق	ق	ق	ق	k
Kef	ك	ك	ك	ك	kj, k
Ngaf	ك	ك	ك	ك	ng
Lam	ل	ل	ل	ل	l
Mim	م	م	م	م	m
Nun	ن	ن	ن	ن	n
He	ه	ه	—	—	w, g
Vau	و	و	و	و	h, t
Je	ى	ى	ى	ى	j, i

5*

stens 267 beträgt. In der mittlern Abtheilung der untern Hälfte sind in größeren Fächern die am meisten vorkommenden Typen untergebracht.

Arabische Ligaturen. Die Arabische Schrift ist reich an Ligaturen, (s. b.), wie fast alle älteren orientalischen Sprachen. In nachstehender Tabelle sind die heute noch gebräuchlichsten aufgeführt.

Zeichen	Werth	Zeichen	Werth	Zeichen	Werth
	bbsch		h'h'		mch
	bh'		h'dsch		mm
	bch		sosch		nbsch
	br		sh'		nh'
	br		sch		nch
	bm		schbsch		nr
	bm		schh'		nm
	bh		schch		nmbsch
	bj		ssbsch		nmh'
	tbsch		ssh'		nmch
	th'		ssch		nh
	tch		th'		nj
	tr		tch		hbsch
	tm		tjbsch		hh'
	th		tjh'		hch
	tj		tjch		jbsch
	sbsch		Lam-Elif		jh'
	sh'		lbsch		jch
	sch		lh'		jr
	sr		lch		jm
	sm		lm		jh
	sh		mbsch		jj
	sj		mh'		

Arabische Vokale und Lesezeichen stehen bald am Kopfe, bald am Fuße oder über und unter der Zeile und haben folgende Gestalt:

Die beiden ersten Zeichen sind gleich; über der Zeile stehend heißt es Fatha und

vertritt a, ä, e, unter der Zeile nennt man es Kesre und lautet wie i und e oder theilt den Mitlauten diese Selbstlaute zu; das dritte heißt Dhamma, steht nur über der Zeile, hat den Werth von u und o; das vierte und fünfte ist von gleicher Form und hat über der Zeile den Laut von an, unter der Zeile den von in; das sechste heißt Scheöma, steht über der Zeile und ist das Lesezeichen der Ruhe; das siebente heißt Teschdid, hat seine Stellung über der Zeile und ist scharfes Lautzeichen; das achte, Hamza genannt, kommt über dem Elif vor; das neunte, über dem Elif vorkommeud, wird Weßla genannt; das zehnte heißt Medda und dehnt den Elif, indem es darüber steht und das elfte ist der Laut an und un. Außerdem kommen diese Zeichen auch verbunden und zwar wie folgt vor:

Von den Arabern selbst werden die Vokale entweder gar nicht, oder nur an zweideutigen Stellen geschrieben. Bei uns werden Ausgaben in Arabischer Sprache meistens mit Vokalen versehen.

Arabische Ziffern nennen wir bekanntlich unsere Zahlzeichen 1, 2, 3, 4, 5, 6, 7, 8, 9, 0, welche übrigens nicht arabischen, sondern indischen Ursprungs sind; nur waren es die Araber, welche dieselben zuerst adoptirten, ihnen eine gefälligere Form gaben und wahrscheinlich auch das System aufstellten, nach dem sie heute so vortreffliche Dienste leisten. Man sollte sie lieber Universalziffern nennen, denn sie sind es, welche Anregung geben zur Erfindung einer Universalschrift, deren Zeichen, in einer beliebigen Sprache geschrieben, von jeder Nation gelesen und verstanden werden können. Vervielfachen wir die erste Ziffer z. B. so viel wir wollen, gleich uns kennt jede andere Nation den Begriff, welcher 1, 11, 111, 1111, 11111, 12, 123, 1234, 12345, 123456, 1234567, 12345678, 123456789, 10, 100, 1000, 100000 und 1000000 zu Grunde liegt. Das System dieser Ziffern, ein decimales, ist eine der geistreichsten, bedeutungsvollsten und wichtigsten Erfindungen gewesen, was nicht abgeleugnet werden kann, wenn man in Erwägung zieht, welche allmächtige Begriffe diesen so unscheinbaren, so augenblicklich zu fixirenden Zeichen unterliegen. Das System brauchen wir nicht klar zu stellen, weil es Jeder kennt, es ist im Schreiben von der Typographie in nichts unterschieden, hier wie dort werden die Einer unter Einer, die Zehner unter Zehner, die Hunderte unter Hunderte u. s. w. gestellt und ebenso die Tausende und Millionen der Uebersichtlichkeit halber hier wie da durch Kommata oder Punkte von einander abgetrennt. Papst Sylvester II. lernte die Arabischen Ziffern im zehnten Jahrhundert bei den Arabern in Spanien kennen, doch fanden sie in Europa erst nur langsam Eingang. Verdient um die Einbürgerung der Arabischen Ziffern haben sich die Lehrer der Mathematik und Astronomie in Wien Peurbach und dessen Freund Johannes Regiomontanus (1436—1476), sowie damit in Beziehung stehend um die Erkenntniß der Vortheile der decimalen Rechnung gemacht. Damals waren die Ziffern 4, 5 und 6 von unseren heutigen ganz verschieden. Die 4 hatte die Form der 3, mit dem Unterschiede, daß die obere Rundung nicht offen, sondern geschlossen war; die 5 zeigte die Form unserer heutigen 4, die 7 hatte die Gestalt eines unten offenen Dreiecks ∧. Ihre ursprüngliche Form und Gestalt, wie dieselben heute noch im Arabischen gebraucht werden und aus welchen die der unseren sich herausgebildet hat, ist folgende:

1 2 3 4 5 6 7 8 9 0

Archiv für Buchdruckerkunst heißt ein Fachblatt, das im Verlage und unter Redaktion von Alexander Waldow in Leipzig in monatlichen Lieferungen von 2—3 Quartbogen zum Preise von je 1 Mark erscheint. Am 1. Mai 1864 erschien die erste Lieferung, aus deren Programm und Haltung man ersah, daß der Herausgeber sich den Verfolg des rein technischen Weges vorgezeichnet hatte, von dem er seither nicht abgewichen ist. Das Blatt hat durch seine längeren Abhandlungen über Fachgegenstände von den anerkannt tüchtigsten Fachgenossen und in der reichen Zugabe von Satz- und Druckmustern ein nicht geringes Verdienst um den Fortschritt der Buchdruckerkunst sich erworben. Als Beiblatt erscheint zu dem Archiv ein wöchentliches Anzeigeblatt, s. d.

Armenbibel, Biblia Pauperum, ein Holztafeldruck aus der Zeit der Anfänge der Druckkunst, ist heute noch in 6 Ausgaben vorhanden, von denen die eine 50 Blätter enthält, die übrigen fünf aber nur 40 Blätter aufweisen. Sie besteht aus einer Reihe von Darstellungen aus dem Neuen Testament, namentlich von der Geburt Marias an durch das Leben und Leiden Christi bis zum jüngsten Gericht mit beständiger Hinweisung auf das Alte Testament, welches nach uraltem Dafürhalten dem Neuen stets Ausdruck und Vorbereitung war, mit besonderer Berücksichtigung der Stellen, welche das Erscheinen des Weltheilands verkünden. — Eine ihrer Ausgaben scheint niederländischen Ursprungs zu sein. Zwei dieser ganz xylographischen Ausgaben in deutscher Sprache sind schon auf beiden Seiten, also auf der Presse, gedruckt, von denen die eine vom Jahre 1470 stammt, welche die Briefdrucker Friedrich Walther und Hans Hurning zu Nördlingen als Verfertiger nennt, die andere mit dem Monogramm von Franz Sporer das Jahr 1477 als das ihrer Entstehung angiebt; bald nach 1460 hat auch Albrecht Pfister, damals zu Bamberg, eine Ausgabe geliefert. Der Name Armenbibel wird dahin zu deuten sein, daß die geringeren Ordensgeistlichen, als die Franziskaner, Karthäuser und Kapuziner, sich selbst oft „arme Christen" nannten und sich bei ihren Predigten dieses Buches als erklärenden Hülfsmittels bedienten, um die Geschichten des Alten Testaments auf die des Neuen anzuwenden und letztere durch sinnbildliche Deutung der ersteren zu bekräftigen. — Die Anwendung der Bilder ist nach Handzeichnungen geschehen; sie sind durch den stabilen Charakter ausgezeichnet, daß die Hauptdarstellung mit ihren erläuternden Nebenbildern in der Mitte wie auf einem geöffneten Altar erscheint, über und unter welchem die Propheten, mit Spruchbändern versehen, stehen. Ein frommer Vers und ein oben und unten angebrachter Text deutet die Beziehung der Nebenbilder auf das Hauptbild an. Die mittlere Darstellung auf jedem Blatte ist stets dem Leben Jesu, von der Verkündigung der heiligen Jungfrau bis auf das Pfingstfest entnommen. Diese Bilder finden sich auf den ersten fünfundzwanzig Blättern. Auf den nun folgenden fünf Blättern erblickt man die Krönung Marias, das jüngste Gericht, die Hölle, das Paradies und die Krönung der Seligen. Die Nebenvorstellungen rechts und links sind Vorbilder Christi auf seine Zeit, sämmtlich dem Alten Testament entnommen. — Die älteste unter den niederländischen Ausgaben ist bereits von Seite 1 anfangend bis Seite 40 auf jeder Seite mit einer Buchstaben-Signirung versehen; Seite 1 bis A; von Seite 2 bis 20 B—V und von 21 bis 40 A. . B. Das Original der Armenbibel wurde in der Wolfenbütteler Bibliothek aufbewahrt, ist aber im französischen Kriege zu Anfang unsers Jahrhunderts nach Paris entführt worden.

Armenisches Alfabet. Das umstehend abgedruckte Alfabet der Armenischen Sprache zählt 38 Buchstaben in zweifacher Figur, Versalien und Gemeine. Außerdem besitzt die Druckschrift auch eine Cursiv, diese aber nur in Gemeinen. Die Schreibschrift der Armenischen Sprache ist ganz verschieden von der Druckschrift, ihre Züge sind sehr abgerundet und von gutem Aussehen, dagegen aber auch von sehr komplicirter Beschaffenheit.

Name	Zeichen		Werth	Name	Zeichen		Werth
	Versalien	Gemeine			Versalien	Gemeine	
Aib	Ը	ա	a	Hi	Ց	յ	h, hj
Bien	Բ	բ	b	Nue	Ն	ն	n
Gim	Գ	գ	g	Scha	Շ	շ	sch
Da	Դ	դ	t	Ue	Ո	"	uo
Jetsch	Ե	ե	je	Tscha	Չ	չ	tsh
Sa	Զ	զ	s weich	Pe	Պ	պ	p
Eh	Է	է	e breit	Dsche	Ջ	ջ	dsh
Jeth	Ը	ը	e	Rarh	Ռ	ռ	rh
Thue	Թ	թ	th	Seh	Ս	ս	s
Je	Ժ	ժ	sh	Wew	Վ	վ	w
J Vokal	Ի	ի	i	Tiun	Տ	տ	d
Liun	Լ	լ	l	Reh	Ր	ր	r
Cheh	Խ	խ	ch	Tsu	Ց	ց	ß
Dsa	Ծ	ծ	ds	Hiun	Ւ	ւ	u, v
Kien	Կ	կ	g	Piurh	Փ	փ	p hart
Hue	Հ	հ	h	Keh	Ք	ք	t hart
Za	Ձ	ձ	z	O	Օ	օ	o
Gaht	Ղ	ղ	gh	Feh	Ֆ	ֆ	f
Zeh	Ճ	ճ	dsch				
Mien	Մ	մ	m				

Die Buchstaben des Armenischen Alfabets, mit Ausnahme der beiden letzten, repräsentiren gleichzeitig Zahlenwerthe, und zwar folgende: Aib 1, Bien 2, Gim 3, Da 4, Jetsch 5, Sa 6, Eh 7, Jeth 8, Thue 9, Je 10, J 20, Liun 30, Cheh 40, Dsa 50, Kien 60, Hue 70, Za 80, Gaht 90, Zeh 100, Mien 200, Hi 300, Nue 400, Scha 500, Ue 600, Tscha 700, Pe 800, Dsche 900, Rarh 1000, Seh 2000, Wew 3000, Tiun 4000, Re 5000, Tsu 6000, Hiun 7000, Piurh 8000, Keh 9000. Die Armenische Sprache gehört dem Indo-Germanischen Sprachstamme an und enthält viele Türkische und Persische Bestandtheile; sie ist rauh, wie die Sprachen der Bergvölker Kaukasiens. Das obige Alfabet in seinen

Typen ist auf Mittel=Kegel und von der K. K. Hof= und Staatsbruckerei in Wien zum Abdruck uns gütigst zur Verfügung gestellt.

Armenische Lesezeichen sind unser Doppelpunkt (:) als Punkt und unser Apostroph, sowie die nachstehenden, welche sämmtlich innerhalb der Zeile, nicht darüber oder darunter, angewendet werden:

Akutus   Gravis   Custos   Verfal

Armenische Ligaturen. Auch die Armenische Sprache hat ihre Ligaturen und zwar sind gegenwärtig die folgenden noch gebräuchlich:

mj   mn   mg   mi   wn   mch   me   jew

Arndes, Stefan (auch Arens, Arns und Arndt), ein aus Hamburg gebürtiger Buchdrucker, welcher zu den sogenannten fahrenden Buchdruckern gehört, denn wahrscheinlich ist er derjenige deutsche Buchdrucker, von welchem Vermiglioni in seinem „Della tipografia Perugina del secolo XV, Perugia" (1820, 2. Aufl.) erzählt, daß er sich lange in Italien aufgehalten habe und die erste Druckerei in Perugia errichtete, denn 1475 ist dort bereits ein Werk unter dem Titel „Johannis Sulpiti Verulami de arte grammatica opusculum" in Quart erschienen, von welchem man aber nicht bestimmt weiß, wer der Urheber ist, ob Heinrich Klein (Clayn) aus Ulm, Johann Vydemost oder Arndes, während es festgestellt ist, daß Letzterer 1481 hier eine Druckerei besaß. Im Jahre 1486 finden wir ihn in Schleswig, wo er von dem Klostergeistlichen hinberufen worden, um das „Missale secundum ordinem et ritum ecclesiae Slesvicensis" zu drucken. Von 1487 bis 1500 treffen wir ihn dann wieder als Buchdrucker in Lübeck an.

Ars memorandi notabilis per figuras Evangelistarum etc. (oder die Kunst, die Erzählungen der vier Evangelisten dem Gedächtnisse zu behalten), ein Blockbuch aus der Anfangszeit der Druckkunst, eine Art Mnemonik durch Zusammensetzung derjenigen Hauptgegenstände, welche in den Evangelien vorkommen, um den Inhalt der letzteren nach Folge der Kapitel dem Gedächtniß einzuprägen. Die Grundlage der höchst sonderbaren bildlichen Darstellung ist jedesmal das Symbol des entsprechenden Evangelisten, z. B. Johannes der Adler, Marcus der Löwe, bei Lucas der Ochs und bei Mathäus der Engel. Die Figuren dieser Attribute sind stehend abgebildet und bedeuten die dabei angebrachten Ziffern die Capitelzahl der Evangelien. Zur Verdeutlichung hier eine Beschreibung des ersten Bildes: der Adler mit ausgespreizten Beinen und Flügeln hat auf dem Kopfe einen Vogel und zu beiden Seiten hervorragende Köpfe nebst der Ziffer 1, weil das erste Kapitel von der Dreifaltigkeit handelt. Auf der Brust der Figur eine Laute mit der Ziffer 2, in Bezug auf die Hochzeit zu Canaan im Galliläischen Lande; an der Laute hängen drei Geldbeutel, womit die Wucherer im Tempel gemeint sind. Zwischen den Beinen des Adlers ein Wassereimer mit der Ziffer 4, weil im vierten Kapitel Jesus am Brunnen zu trinken verlangt. Auf der rechten Seite der Schwinge ein Fisch in Beziehung zu dem Teiche Bethesda im fünften Kapitel. Auf der Seite zwei Fische, fünf Brode und eine Hostie, das Wunder der Speisung im sechsten Kapitel bezeichnend. — Dieses nur Deutschland allein angehörige Werk besteht aus 15 Bildertafeln in äußerst rohen mit blasser Farbe durch den Reiber hergestellten und meist illuminirten Holzschnitten und aus 15 Blättern mit Text, alles auf einer Seite des Papiers gedruckt. Der Evangelist Johannes macht den Anfang und sind ihm 3 Blätter, dem Marcus ebenfalls 3, dem Lucas 4 und dem Mathäus 5 Blätter Bilder und ebenso viel Blätter Text gewidmet. Die technische Herstellung läßt auf eine nahe Verwandtschaft mit der Ars moriendi schließen.

Ars moriendi, zu deutsch: Die Kunst zu sterben, ein Holztafeldruck aus den Anfängen der Druckkunst, besteht aus 24 Blättern, von denen 11 mit Bildern, 11 mit Text und 2 mit der Vorrede bedruckt sind. Sonst ist dieser Druck auch unter dem Titel „De temptationibus morientium" oder „Tentationes Daemonis" bekannt, ist vielfach übersetzt, überarbeitet und später in einer Menge bereits auf der Presse gedruckter Ausgaben erschienen, so daß er gewissermaßen den Uebergang von den Sammlungen einzelner Heiligenbilder mit Text zu den wirklichen gedruckten Büchern bildet. — Die Figuren sammt Text stellen die fünf Versuchungen zur Ungeduld, zum Unglauben, zur Verzweiflung, zur Eitelkeit und zum Geiz dar, durch welche sich der Teufel um die Seele des Sterbenden streitet. Der Schutzengel hält dem Bösen seine guten Eingebungen entgegen. Diese, sowie die Zuflüsterungen des Satans sind auf Spruchbändern an der Figur selbst angebracht. — Die späteren Ausgaben der Ars moriendi sind mit beweglichen Lettern und auf der Presse gedruckt; man kennt deren achtzehn lateinische, fünf deutsche, vier niederländische und drei englische, die alle gegen das Ende des fünfzehnten oder zu Anfang des sechszehnten Jahrhunderts hergestellt sind. Selbst bis ins siebenzehnte Jahrhundert sind Ausgaben unter ähnlichem Titel erschienen, welche mit diesen dem Tafeldruck entstammenden nicht verwechselt werden dürfen. So u. a. Speculum artis bene moriendi (Spiegel der Kunst, wohl zu sterben); Loblich vnd nutzbarlich buchelein von dez sterben (Leipzig 1664, 16 Bl. in 4.), Tractatus de arte bene moriendi (Wohlthat der Kunst, selig zu sterben) von dem Karthäuser Mönch Dr. Jacobi. Von den wirklichen xylographischen Drucken der Ars moriendi sind gegen dreißig verschiedene Ausgaben bekannt, von denen die niederländische als Original betrachtet werden muß, welche den übrigen als Muster gedient hat. Unter diesen Ausgaben sind mehrere in deutscher, holländischer und englischer, eine selbst in französischer Sprache, welch letztere sich von den übrigen durch selbstständige Bearbeitung auszeichnet. Von den deutschen Ausgaben ist eine von dem Briefmaler Hans Sporer hergestellt, eine andere durch Meister Ludwig Hohenwang zu Ulm, eine dritte zu Köln in einer nicht bekannt gewordenen Druckerei; ein in der Bibliothek zu Gotha aufbewahrtes Exemplar weicht von den anderen bekannten Drucken ab. Die Tafeldrucke haben ihren Ursprung in Deutschland und den Niederlanden und daher ist bei dieser Ars moriendi zu beachten, daß es der einzige Tafeldruck ist, welcher lateinischer, deutscher und holländischer, auch in französischer und englischer Sprache vorhanden ist.

Ashley, J. T., Mechaniker in Brooklyn im Staate New-York, trat zu Anfang des Jahres 1875 mit einem Automatischen Anleger hervor, also einem Selbstanleger, welcher anscheinend von allen der brauchbarste ist, s. Selbstanleger.

Asola, Andreas Tarnesanus de, Schwiegervater von Aldus Manutius, begann 1488 in Venedig eine eigene Buchdruckerei, nachdem er vorher mit anderen gemeinschaftlich eine solche besessen hatte; er bediente sich der Schriften des Nikolaus Jenson, der Antiqua ohne Versalien, und stellte einige schöne Drucke her. Nach dem am 6. Februar 1516 erfolgten Tode des Aldus Manutius übernahm er für die minderjährigen Kinder des Verstorbenen, unterstützt von seinen beiden Söhnen Franzesco und Friederico, die Weiterführung jenes berühmten Geschäfts.

Assuré- oder Sicherheitslinien werden als Fond zum Ueberschreiben von Wechseln, Anweisungen, Quittungen, Empfangsscheinen, Obligationen, Schuld- und

Pfandverschreibungen, Aktien und Antheilsscheinen verwendet. Sie treten meist als Horizontallinien auf, welche in der Typographie vom Schriftgießer entweder zusammengegossen geliefert oder auch zusammengesetzt, in der Lithographie aber gezogen werden. Um dieselben zusammenzusetzen, bedarf man der systematisch geschnittenen feinen Messinglinien auf Einpunkt, und genügt es, 16 bis 20 solcher über einander zu stellen. In der Lithographie bildet man oft gewellte, und hat dieselbe Form auch in der Typographie, welche dann aber stets aus einem vom Schriftgießer geformten Stücke bestehen muß. Verschiedentlich verwendet man hierzu Punktlinien, die aber kein gutes Aussehen darbieten, und endlich Untergrund- oder Fondeinfassung, welche oftmals als Assurés allen anderen Arten vorzuziehen sind.

Astrologisch-medicinischer Calender — ist der Name eines Druckes aus der Officin Gutenbergs, welcher besonders deshalb bemerkenswerth, weil es das erste Preßerzeugniß ist, welches mit der Jahreszahl seiner Herstellung (1457) versehen war.

Atmosphärische Gaskraftmaschine, eignet sich vorwiegend für den Betrieb von Schnellpressen und hat in dieser Hinsicht vielen Beifall gefunden, ja es sind Fälle vorgekommen, daß der Dampfbetrieb zu Gunsten des Gasmotors eingestellt worden ist. Es giebt mehrere Systeme derselben, von welchen die von Otto & Langen in Köln die verbreitetste ist, und wollen wir bei unserer Beschreibung auf diese Bezug nehmen. Die Atmosphärische Gaskraftmaschine macht das gewöhnliche Leuchtgas aus Steinkohlen in Verbindung mit der atmosphärischen Luft zu motorischen Zwecken verwendbar, sie wird jedoch auf Wunsch auch für den Betrieb von Gasen aus anderen Produkten, sowie für die direkte Benutzung von flüchtigem Petroleum eingerichtet. In einem aufrechtstehenden oben offenen Cylinder wird ein in demselben luftdicht schließender Kolben durch die Entzündung und Explosion eines unter den Kolben geleiteten Gemenges von Gas und Luft frei in die Höhe geschleudert. Die Spannung unterm Kolben nimmt dann im Verhältniß der Volumen-Vergrößerung des explodirten Gemenges ab, und wenn der Kolben oben angekommen ist, haben die Verbrennungsprodukte ihre Wärme verloren und ziehen sich wieder zusammen. Dadurch bildet sich unter dem Kolben eine an Luftleere grenzende niedrige Spannung, infolge deren die Atmosphäre den Kolben wieder herunterdrückt. Die Arbeit der Atmosphäre macht die Maschine nutzbar, indem die gezahnte Kolbenstange in einen auf der Schwungradwelle aufsitzenden Zahnkranz eingreift, welcher beim Kolbenaufgange lose auf derselben gleitet, beim Kolbenniedergang aber sich auf derselben festklemmt und sie in drehende Bewegung versetzt. Wenn der Kolben in seiner tiefen Stellung ist, wird er durch einen einfachen von der Schwungradwelle aus getriebenen Mechanismus auf eine bestimmte Höhe gehoben und gleichzeitig durch letztern ein unten am Cylinder befindlicher Schieber bewegt. Derselbe gestattet, daß während des Kolbenhubs Gas und Luft in explosivem Gemenge in den Cylinder gelangen, vermittelt alsdann die Entzündung desselben und hierauf den Austritt der Verbrennungsprodukte. Die Steuerung ist unabhängig von der Tourenzahl der Schwungradwelle; sobald ein Kolbenflug eingeleitet ist, schaltet sie sich aus und verharrt nebst Schieber so lange in Ruhe, bis der Kolben seinen Niedergang vollendet hat. Es erfolgt alsdann ein neues Spiel, wenn nicht ein gleichzeitig mit dem Steuer-Mechanismus in Verbindung stehender Schwungkugel-Regulator dasselbe verzögert. Die Funktionen des Regulators sind äußerst präcise, und um eine möglichst gleichmäßige Umdrehung des Schwungrades zu erreichen, bewirkt er, daß je nach Kraftbedarf mehr oder weniger Kolbenflüge erfolgen. Der Gasverbrauch für die Stunde und Pferdekraft ist etwa ³/₄ Kubikmeter oder der Verbrauch an Petroleum etwa ²/₅ Kilo. Wird die volle Leistung der Maschine nicht beansprucht, so ist der Verbrauch verhältnißmäßig geringer, und ist es nahezu gleich, ob man mit einer Maschine von 1 oder 3 Pferdekraft arbeitet, wenn beispielsweise nur die Leistung von einer halben Pferdekraft stattfindet, und diese Eigenschaft gewährt dem Besitzer dieses Atmosphärischen Gasmotors große Vortheile. Die Maschine von ¹/₄ Pferdekraft wiegt 370 Kilo und kostet 960 Mk., die von ¹/₂, 1, 2 und 3 Pferdekraft haben ein Gewicht von resp. 600, 1070, 1570, und 2010 Kilo und kosten 1390, 1890, 2460 und 3000 Mk. Nachstehende wesentliche Vortheile sind bei dieser Atmosphärischen Gaskraftmaschine vereinigt: Sie ist augenblicklich in Gang zu bringen und entwickelt je nach Bedarf sofort ihre volle Kraft, wobei sie keiner besondern Wartung bedarf; der Gasverbrauch richtet sich ganz nach der Arbeitsleistung; ebenso ist sie augenblicklich außer Betrieb zu setzen, sie bedarf keines Heizens und ist keine Explosionsgefahr bei ihr vorhanden, sie nimmt sehr wenig Raum ein und bedarf deren Aufstellung keiner polizeilichen Erlaubniß. Im Vergleich zu Rabdreher sind Zinsen und Amortisation des Anlagekapitals und die Betriebskosten geringer als die an Rabdreher zu zahlenden Löhne; sie kostet nichts zu unterhalten, wenn sie nicht arbeitet und dann auch immer nur wenig im Verhältniß zur Arbeitsleistung; ihre Kraft ist stetiger und andauernder, sie macht den Besitzer unabhängig von dem guten Willen der Leute und von allen Chikanen, welche denen, die auf Rabdreher angewiesen, genügend bekannt sind. Es ist noch darauf aufmerksam zu machen, daß seit gar nicht lange bei dieser Atmosphärischen Gaskraftmaschine eine neue vereinfachte Construction eingeführt ist. M. D.

Auer, Dr. Aloys, Ritter von Welsbach, K. K. Wirkl. Hofrath und pensionirter Direktor der k. k. Hof= und Staatsdruckerei zu Wien, geboren am 11. Mai 1813, zum Director der Staatsdruckerei am 24. Januar 1841 ernannt, wirkte an dieser Anstalt 23 Jahre und starb am 10. Juli 1869, nachdem er am 2. März pensionirt worden war. Auers typographische Ausbildung in Wels, einem oberösterreichischen Städtchen, anfangs der dreißiger Jahre konnte keine besonders gründliche sein, war doch damals die Typographie kaum weiter vorgeschritten, als hundert Jahre früher, und es gingen ihm faktisch auch später die Kenntnisse für die Details sowohl des Setzens als auch des Druckens ab. Dafür hatten ein geweckter Geist und ein außerordentlicher Ehrgeiz ihn um so mehr für die extensive Seite der Buchdruckerkunst empfänglich gemacht. Ein Zufall begünstigte seinen Ehrgeiz. Auer hatte den Winkelhaken ruhen lassen und sich zum Sprachlehrer in der Landeshauptstadt Linz gemacht, wo er durch Bekanntschaft mit hohen Beamten von den Vorgängen in der Wiener Staatsdruckerei unterrichtet worden war und schließlich die Protektion des allgewaltigen Staatskanzlers Metternich erlangte. Natürlich fanden die Aussprüche des gewesenen Buchdruckers und jetzigen „Professors" geneigte Ohren, und er wurde zur Verfassung eines Entwurfes, betreffend die Gründung einer größern typographischen Anstalt in Wien, veranlaßt, erhielt sogar in Folge dieses Entwurfes die Ernennung zum Direktor der zu reorganisirenden Staatsdruckerei. Damals, im Jahre 1841, besaß diese Anstalt zwei Schnellpressen, die Auer bis zum Jahre 1856 auf 48 Stück vermehrte, dazu statt der vorhandenen hölzernen Handpressen 50 eiserne, ferner 27 Kupferdruck= und Satinirmaschinen, 30 Steindruckpressen u. s. w. anschaffte. Hand in Hand mit dieser Erweiterung der Einrichtung ging das Bestreben Auers, auch das Erzeugniß zu verbessern, doch beschränkte sich dies Bestreben bald auf einige Schaustücke, und die qualitative Durchschnittsleistung war selbst in den letzten Jahren

Auers eine sehr beschränkte, woran mangelhafte Aufsicht in den Abtheilungen der schließlich nur noch bureaukratisch geleiteten Staatsdruckerei die hauptsächlichste Schuld trug. Einige — viel bestrittene — Erfindungen Auers oder seiner leitenden Gehülfen müssen in seinem Nekrolog erwähnt werden. Daß Auer bei diesen Erfindungen nicht technisch, sondern nur geistig bethätigt war, versteht sich von selbst. Leider haben auch die aufgewendeten Geldmittel weder zu den augenblicklichen Resultaten, noch zu den Folgen dieser Erfindung im Verhältniß gestanden. Die erste dieser Erfindungen war der Naturselbstdruck (1849). Der Schreiber dieser Zeilen hat in seiner Jugend, in den zwanziger Jahren, unzählige mal Abdrücke von interessant geformten Pflanzenblättern mittelst eines durch Lampenruß geschwärzten Blattes Papier gemacht, ohne dieses Verfahren selbst erfunden zu haben, womit nur bewiesen werden soll, daß die vielfachen Versuche, den Abdruck von Blättern an und für sich als Auersche oder nicht Auersche Erfindung zu erweisen, ein Streit um des Kaisers Bart sind. Die Anwendung, die Auer von diesem Verfahren machte, war entschieden neu, jedoch täuschte sich Auer über die Tragweite dieser Anwendung, und vielleicht hätte selbst diese Tragweite weniger enge Grenzen gefunden, wenn das Verfahren nicht so große Summen Geldes verschlungen hätte, wozu übrigens auch die Tendenz mithalf, andere wunde Flecke in der Oekonomie der Staatsdruckerei mit solchen glänzenden Flittern und den dafür in Anspruch genommenen Geldmitteln zuzudecken. Die zweite Erfindung (1857), die wohl mit mehr Recht bestritten werden kann, weil sie auch unvollständig geblieben ist, war die Verwendung des endlosen Papiers auf der Buchdruckschnellpresse. Auer ist damit, weil ihm die Kenntniß der Mechanik abging und er auf die Hülfe der untergeordneten Geister angewiesen war, nicht über den Druck einer Schönbruckform hinausgekommen, und das war der haarsträubenden Opfer nicht werth, die Auer dem Staate hiefür zumuthete. Wenn man annimmt, daß Auers Bestreben, das Problem zu lösen, mechanisch begabtere Köpfe zu glücklicheren Versuchen angeeifert habe, so ist damit das Verdienst Auers richtig gewürdigt. Für die dritte Erfindung, des Maisstrohpapiers, hat Auer weder die Priorität, noch den Erfolg in Anspruch nehmen können, dagegen allerdings die nur mit Staatsmitteln möglich gewesene ungeheure Ausdehnung der Versuche, welche Ausdehnung schon auf eine vorgeschrittene Störung in seinem Gehirn hinzudeuten schien und ihn mit den Staatsbehörden in einen Conflict brachte, der offenbar zu seinem (Auers) Schaden enden mußte. Auer strebte die vollständige Verwendung des Maisstrohes theils zu Papier, theils zu Geweben, sogar zu Brod an, und erreichte in gewisser Weise seinen Zweck, indem sich z. B. unter gehöriger Beimengung von Mehl allerdings aus Maisstroh Brod backen ließ, worin eben das Mehl die einzige nährende Substanz bildete. Die Versuche führten ungefähr zu den Resultaten, wie diejenigen, den Sauerstoff des Wassers als Heizmaterial zu verwenden. Das Papier kam höher zu stehen, als wenn man neue Leinwand zur Papierfabrikation verwendet hätte. Statt dieser problematischen Erfindungen hat sich Auer unzweifelhafte Verdienste erworben durch Verwerthung und praktische Erprobung zahlreicher anderer Erfindungen und Verbesserungen, die stets in der Staatsdruckerei bereitwillige Aufnahme fanden, und er hätte sich noch größere Verdienste erwerben können, wenn er eine gewissenhaftere Umgebung gehabt hätte, die ihn zu rechter Zeit auf irrige Wege aufmerksam gemacht haben würde, statt durch Bücklinge ihren Gehorsam anzudeuten, der schließlich, wenigstens im Guten, nur ein passiver war. Mancherlei Vorkommnisse, die das Licht der Oeffentlichkeit scheuten, banden ihn an diese Umgebung, an welcher jeder Versuch eines Aufschwunges scheiterte. Und so ereilte ihn das Schicksal aller derer, die durch große Erfolge im Beginn ihrer Laufbahn geblendet, später keinen Widerspruch mehr ertragen und dadurch früher erworbene Verdienste wieder wettmachen. Das Verdienst, eine großartige Anstalt geschaffen und der Typographie durch Einführung und Erprobung neuer Erfindungen, sowie durch Verwendung reicherer technischer Mittel und Verfahrungsweisen genützt zu haben, bleibt ihm unbestritten. Manches, was er angestrebt, z. B. die höhere Ausbildung der Lehrlinge, ist Projekt geblieben, oder so schlecht ausgeführt worden, daß es eine Verletzung der Wahrheit wäre, wollte man Gutes davon sagen. *Veridicus.*

Aufbinden, den Satz zu dem Einschlagen. Ausgedruckter Satz, welcher voraussichtlich erst später wieder in den Gebrauch kommt, oder auch solcher, der stehen bleiben soll, um später zu gleicher Verwendung abgeändert zu werden (zu dem letztern gehören Kalendarien, Abrechnungen, Waaren-Verzeichnisse, Preislisten, Fahrpläne u. dgl. m.) ist aufzubinden, was gleichbedeutend ist mit ausbinden (s. b.) und einzuschlagen (s. b.), weil derselbe dann besser erhalten bleibt als bei dem Stehenbleiben auf einem Brett und namentlich vor Sand und Staub geschützt wird. Bei ersterm Satz, der zum Ablegen bestimmt ist, wird auf folgende Art verfahren: von dem zum Aufbinden bestimmten Satz werden Ueberschriften und Rubriken, Columnentitel, Unter- und Zwischenschläge, sämmtliche Ausgangszeilen, Linien fortgenommen und aufgeräumt und falls er durchschossen ist, der Durchschuß herausgestoßen; sind spatiinirte Zeilen vorhanden oder Bruchziffern oder dergleichen darin versetzt, an welchen Mangel eintreten könnte, so ist es gut, auch Zeilen solcher Art herauszunehmen und abzulegen; der nun so hergerichtete glatte Satz wird auf ein Schiff gehoben und in Stücken von einer Länge zu 40—50 Cicero ausgebunden, dieselben zum Trocknen fortgestellt und wenn letzteres sich vollzogen hat, eingeschlagen.

Aufbringen. Trifft es sich, daß uns eine Ausgangszeile für die neu zu beginnende Columne übrig bleibt, so müssen wir, weil diese Zeile nicht zu Anfang einer Seite (s. Hurenkind) stehen darf, auf derselben oder auf einer der vorhergehenden Seiten den Raum dafür zu gewinnen suchen. Das Verfahren zur Erreichung dieses Zweckes, welches Aufbringen heißt, besteht in erster Reihe darin, zu untersuchen, ob irgend welche Ausgangszeile einzubringen, in zweiter darin, nachzusehen, ob aus einer Abtheilungslinie oder Rubrik der erforderliche Raum zu erübrigen ist. Fehlen diese Auskunftsmittel, so muß man zum Ausbringen (s. b.) seine Zuflucht nehmen. Beim Aufbringen muß rückwärts umbrochen, die Zeile also von oben nach unten der vorhergehenden Columne gehoben werden. Andernfalls kann Veranlassung zum Aufbringen vorliegen, wenn für eine Ausgangscolumne zu wenig Zeilen übrig bleiben, so daß beispielsweise an den erforderlichen sechs Zeilen fünf fehlen. Zuerst wird dann nachgesehen, ob die Möglichkeit vorliegt, Ausgänge einzubringen, oder ob Abtheilungslinien, Ueberschriften, Rubriken ꝛc. vorhanden sind, welche möglicherweise den nothwendigen Raum gewinnen lassen. Ist all dieses aber nicht am Platze, so muß auch hier zum Ausbringen geschritten werden. Uebrigens kann in diesem Falle der Zeilengleichheit der zuletzt vorgesehene leichteste Weg eingeschlagen werden, während eine oder zwei übrig bleibende Zeilen unbedingt aufzubringen sind.

Auffangrolle, die Rolle unter dem Druckcylinder der einfachen Schnellpresse, welche mit diesem in mittelbarer Beziehung steht, vom Excentric geführt wird und von dem Cylinder den bedruckten Bogen auffängt, welchen sie mittelst einer Umdrehung weiter vorwärts bringt.

Aufgabebuch, s. Bestellbuch.

Aufgestellte Schriften, s. Aufstellen der Schriften.

Aufhängekreuz wird zum Aufhängen des Papiers in dem Falle benutzt, wenn die Latten oder Leinen, welche das Papier behufs des Trocknens aufnehmen sollen, so hoch sind, daß sie ohne Beihülfe nicht erreicht werden können. Es ist ein sehr einfaches Geräth: der obere Theil eine Holzleiste von etwa 1 Meter Länge oder darüber, von 10 Cm. Breite und unten von 3 Cm. Stärke, welche sich nach oben hin verjüngt und in einer Abrundung endigt; in der Mitte dieser Leiste ist ein Stiel von erforderlicher Länge angebracht, von welchem ab in etwa 30 Cm. Entfernung von der Leiste je rechts und links zwei Spreitzen in schräger Richtung nach letzterer abgehen, um beiden Theilen eine feste Verbindung zu gewähren. Beim Gebrauch ruht die obere Leiste waagerecht auf dem senkrechten Stiel, der zum Halten dieses Werkzeuges dient.

Aufhängen, des Druckes. Das bedruckte und noch feuchte Papier muß zum Trocknen auf Latten oder Leinen gehängt werden, welche auf einem sogenannten Trockenboden oder unter der Decke des Druckereilokals angebracht sind; wo nur irgend möglich, sollte übrigens letztere Einrichtung vermieden werden. Je nachdem das Papier mehr oder weniger feucht oder stark ist, bemißt man die Anzahl der Bogen, welche als Lage auf einander folgend, die eine immer ein wenig über die andere, in ihrer Mitte über die Latten oder Leinen gebracht werden. Das Uebereinanderhängen der Lagen an ihren Enden bietet den Vortheil, daß nachher im trockenen Zustande die sämmtlichen Lagen einer Latte an einander geschoben werden können, wodurch das Abnehmen erleichtert wird. Die Verrichtung geschieht aus freier Hand, falls die Latten oder Leinen für dieselbe erreichbar sind, wenn dies nicht möglich, mit Hülfe des Aufhängekreuzes (s. b.). Ueber die Leiste desselben drei bis vier Lagen an den Enden ein wenig auf einander gebracht, hebt man das Kreuz empor und führt das Papier mit Hülfe desselben nach der Latte oder Leine über und bringt so nach und nach das gesammte Papier auf die Trockenvorrichtung.

Aufheben, 1) den eben ausgebundenen Satz, um sich zu vergewissern, ob derselbe auch hält, d. h. nichts herausfällt, erreicht man dadurch, daß man den Satz am Kopf- und Fußende mit beiden Händen umspannt und denselben behutsam ein wenig in die Höhe hebt und wieder senkt; vernimmt man inzwischen ein klapperndes Geräusch, so gilt dies als Zeichen, daß irgend etwas nicht in Ordnung ist und beim Aufheben herausfallen wird; es ist nun die Stelle aufzusuchen, wo die. Ungehörigkeit steckt: möglicherweise rührt es daher, daß eine Zeile zu schwach ausgeschlossen, ein Durchschuß übergesprungen ist u. s. w.; erst nach Berichtigung des Ungehörigen ist es möglich, daß der Satz hält. 2) Bei der geschlossenen Form wird dieselbe Manipulation zu gleichem Zwecke vorgenommen: ein wenig von der Platte, dem Fundament oder dem Brett in die Höhe gehoben, hebt man dieselbe erst vollständig hoch, wenn man gewiß ist, daß nichts herausfällt, daß sie hält. 3) Aufheben begreift in sich das Abnehmen des Deckels der Handpresse von der Form nach geschehenem Abdruck. 4) Aufheben beim Setzen bedeutet, irgend welchen Theil eines Satzes auf ein Schiff oder zu andern stellen, einerlei, ob der Satz neu gesetzt, zum Umbrechen bestimmt ist oder ob er zum Formiren von Stücken zusammen getragen wird.

Auflage, die jedesmalige Drucklegung eines Werkes, so daß von einer ersten, zweiten, dritten u. s. w. Auflage die Rede ist. — Der Drucker oder Maschinenmeister versteht unter Auflage die Anzahl von Exemplaren, welche von einem Gegenstande abgezogen werden soll, und deshalb erkundigt er sich nach der Größe jener Anzahl mit der Frage: wie viel oder wie groß ist die Auflage?

Auflegen, eine geschlossene Form auf ein Brett zum Zwecke des Corrigirens oder Ablegens, ist in der Weise vorzunehmen, daß dieselbe auf das auf einem Regal, einer Platte oder einem Corrigirstuhl stehende Brett gehoben, dann je rechts und links die Rahme erfaßt, die Form mit ihrem Kopfende nach der obern Hälfte des Brettes geführt und nun vorsichtig und langsam nach sich zu niedergelassen wird, so daß die Rückseite der Form auf dem Brette ruht und die Bildfläche nach oben gekehrt ist. Bemerkt man, daß während des Niederlassens etwas herausfallen will, so nimmt man dies entweder fort oder, wenn viel fällt, richtet man die Form wieder in die Höhe und geht nun zu einem andern Verfahren über. Die Form wird nämlich vom Brett wieder heruntergehoben, auf den Fußboden gestellt und in solcher Haltung gegen die Rückseite der Form ein Brett gestellt; das letztere oben mit der Rahme zugleich gefaßt, wird sie nun sicher und ohne daß etwas herausfallen kann in liegender Lage auf das Brett gebracht. Dies letztere Verfahren ist überhaupt immer da anzuwenden, wo man ungewiß ist, ob die Form ordentlich hält.

Auflösen begreift in sich, die Schnur des ausgebundenen Satzes lösen, welches dadurch geschieht, daß man die Schnur an ihrem äußersten Ende, wo dieselbe den Ausgang der Schleife bildet, erfaßt und nach sich zieht, wodurch die Schleife zerstört und der Faden gelöst ist. Bei dem Fortnehmen der Schnur ist behutsam zu verfahren, um zu verhüten, daß etwas eingerissen oder Buchstaben herausgezogen werden, und während man deshalb mit der rechten Hand die Schnur nach und nach fortnimmt, sichert man mit der linken Hand den Satz, indem man denselben niederhält. Sobald der Satz von der Schnur frei ist, drückt man denselben gegen die Einfassung des Schiffes, oder wenn das Auflösen eine Form betrifft, die geschlossen werden soll, die freigewordenen Columnen gegen die Stege. Ist die aufzulösende Form eine aus Columnen bestehende, so beginnt man zuerst bei den oberen inneren Seiten.

Aufnadeln, s. In Punkturen legen.

Aufnehmen heißt, solche Bücher, welche ungebunden, namentlich an Buchbinder verkauft werden und in Schulbüchern, Gesangbüchern, Kalendern, Volksbüchern u. dgl. bestehen, in ihren einzelnen Bogen als vollständiges Exemplar zusammenlegen. Nachdem die Lagen zum Aufnehmen gemacht sind (s. Lagen machen), beginnt man an der letzten Lage, streicht aus, um den Bogen erfassen zu können, hält denselben mit der linken Hand fest und nimmt auf diesen den folgenden, den nächstfolgenden und so fort, bis man an den ersten Bogen gelangt ist, um nun wieder von dem letzten aus zu beginnen. Erst wenn man einen ziemlichen Stoß zusammengetragen hat, stößt man denselben auf und legt ihn fort, später alle Stöße auf einander. Ein Stoß kann nur beendigt werden, wenn der erste Bogen aufgenommen ist, dieser sich also zu oberst befindet. Zu dieser Verrichtung gehört ferner das Collationiren und das Zusammenschlagen.

Aufräumen gehört in das Bereich des Setzens und steht in Beziehung zum Ablegen, ist aber von letzterm dadurch unterschieden, daß es neben der Zurückführung der einzelnen Buchstaben einer Schrift in die für sie bestimmten Fächer des Schriftkastens des weitern die Beschaffung des gesammten Materials einer Form an Ort und Stelle verlangt. Das Aufräumen erfordert Sorgfalt und Aufmerksamkeit und mindestens etwas Lokal- und Materialkenntniß des betreffenden Geschäfts. Man kann sich beim Aufräumen viele Vortheile machen, und diese bestehen darin, an dem aufzuräumenden Brette unabgewandt in der auseinandernehmenden Beschäftigung zu verharren und sich für jedes einzelne Material einen Platz zu wählen, um schließlich die so erhaltenen Haufen, deren jeder eine bestimmte Gattung Material in sich birgt, nach dem für dasselbe bestimmten Platz zu tragen. Zusammengehörige Schrift, sämmtliche aufzustellende Schriften werden zusammengestellt, um gemeinschaftlich abgelegt oder eingesteckt zu werden. Jede einzelne Zeile ablegen, jedes Wort einer aufzustellenden Schrift für sich besonders einstecken, eine Handvoll Quadraten oder Durchschuß sofort an ihren Platz bringen: ein solches Aufräumen ist Zeitverschwendung, indem dabei die Zeit mit Herumlaufen verbracht wird.

Aufrufen, beim Zeitungssatz. Je nach der Einrichtung in einer Zeitungsdruckerei kommt es vor, daß der Setzer, sobald er sein Stück Manuscript abgesetzt hat, die Nummer desselben laut ruft, damit sein Vor- oder Nachmann behufs der richtigen Reihenfolge und zum Zwecke des Aushebens sich melden kann.

Aufschlagen bezieht sich auf das jetzt in Lagen zu zwölf, für die Folge in Heften zu zehn Bogen in seiner Mitte zusammengelegte Schreibpapier und bezweckt die Geradelegung desselben. Es geschieht in der Weise, daß man die Lage des Papiers mit ihrem Rücken auf ein Brett oder auf eine Tischplatte leicht auffallen läßt, beide Hände je rechts und links daneben hält und wenn sich die Mitte auseinandergiebt, mit beiden Händen zugreift und gerade legt. Mit dem Aufschlagen hängt das Rückenbrechen (s. d.) zusammen.

Aufsetzen ist dasselbe wie Setzen, nur daß es sich auf Zwiebelfische (s. b.) bezieht, welche man zum Zwecke des leichteren Ablegens aufsetzt. Hierbei bedarf es nur der signaturrichtigen Aneinanderreihung der einzelnen Typen, während man jeden Ausschluß und alles nicht zu der Schrift Gehörige beiseite legt, um es später fortzuschaffen. — In der Schriftgießerei werden die einzelnen Buchstaben zum Zwecke des Abhobelns und Fertigmachens nach der Reihenfolge des Gießzettels aufgesetzt, und zwar in hölzernen Winkelhaken, welche die Form eines Lineals zeigen, eine Länge zwischen 60—70 Cm. haben und je nur eine Zeile fassen.

Aufstellen der Pressen, s. die einzelnen Pressen.

Aufstellen der Schnellpressen, s. jede einzelne derselben nach ihrem Namen.

Aufstellen von Schrift. Güsse, welche nur in einem Minimum oder auch noch darunter vorhanden sind, sowie vorherrschend Schriften großen Kegels und Plakatschriften werden in besonders dazu hergerichteten Kasten zwischen Leisten aufgestellt. Das Aufstellen von Schrift ist also das Gegentheil von Einlegen. Die Leisten müssen niedriger als die Schrift und so breit sein als die innere Fläche des Kastens, zu dem sie bestimmt sind, und eine Breite von etwa 7 Mm. haben. Eine solche Leiste bringen wir zuerst oben in dem Kasten an, nehmen darauf die aufzustellende Schrift auf ein Schiff und beginnen dann auf jener obern Leiste mit dem Aufstellen der Schrift von links nach rechts und zwar zuerst die Versalien von A bis Z, dann die accentuirten Buchstaben, die diversen Interpunktions- und anderen Zeichen und diese in folgender Ordnung: = . , : ; ! ? ( ) [ ] * † „ — & Æ Œ Ü, darauf Ziffern und dann das kleine Alfabet von a bis z. Ist eine Zeile voll, d. h. die Breite des Kastens gefüllt, so kommt eine Leiste, worauf man auf dem linken Ende weiter fortfährt. Die Ligatur ch folgt nach h, ck nach k, ll nach l; ff, fi, fl kommen nach f zu stehen; ff, fi, ß nach f; ft, ß, tz und ä, ö und ü am Ende nach z. Die letzte Zeile muß ausgefüllt werden, wenn sie nicht voll wird und ebenso die vollständige Schrift, wenn dieselbe den ganzen Kasten nicht einnimmt, und zwar von der letzten Zeile und der darüber stehenden Leiste ab bis gegen den obern Kastenrand.

Aufstellung einer Buchdruckerei-Einrichtung, s. Neue Einrichtung.

Aufstoßen, das Papier, eine Verrichtung, welche den Zweck hat, das gedruckte Papier, welches in seinen einzelnen Bogen infolge der vielen mit ihm unternommenen Handthierungen nicht mehr egal aufeinanderliegt, wieder derart zu egalisiren, daß jeder Bogen genau aufeinandertrifft. Man verfährt dabei so: eine Lage von etwa 25 Bogen mit beiden Händen in der Mitte an ihren Seiten gefaßt, hebt man sie empor und läßt dieselbe in senkrechter Stellung mit der untern Kante auf eine Tischplatte oder auf ein Brett mehrmals gelinde aufstoßen, wodurch infolge der Erschütterung jeder einzelne Bogen des Stoßes sich nach unten senkt und hier die ganze Fläche gerade wird; dann ergreift man den Stoß an der eben begradigten Seite und geht hier ebenso vor, bis man seinen Zweck erreicht hat, und fährt damit fort, einen Stoß nach dem andern ordnungsmäßig zusammentragend. Bei starkem, festen Papier geht dies schnell und leicht von statten, nicht so bequem macht es sich bei dünnem Papier, wo die einzelnen Bogen ihrer Leichtigkeit halber oft an einander hängen bleiben. Um hier besser seinen Zweck zu erreichen, hilft man sich mit Ausstreichen (s. d.)

Auftrageballen, s. Ballen.

Auftragemaschine für die Handpresse erstand bald nach Erfindung der elastischen aus Leim und Syrup zusammengesetzten Auftragewalzen. Ein einfacher Mechanismus setzte die auf dem oberhalb des Fundaments sich befindenden Farbetisch ruhende Walze bei dem Einfahren des Fundaments in reibende Bewegung, während dieselbe nach geschehenem Ausfahren und während der Drucker aus- und anlegte, zweimal über die Form und dann zum Farbetisch zurückging. Die Erfindung, von Rich. Hoe in New-York zuerst introducirt, wurde derzeit mit Freude begrüßt und fand vielen Beifall, so daß eine Menge Fabrikanten sich mit der Anfertigung derselben befaßten, so namentlich der Amerikaner Richard Watts, der Schotte Napier und der Franzose Fairlamp Gilpin, die Deutschen Georgi in Bonn, Buchdrucker, der Buchdruckpressenfabrikant Schumacher in Hamburg und der Mechanikus Wilhelm Kallmeyer in Osterrode a. H. Aber dem Aufschwunge der Schnellpresse gegenüber, mußte diese Neuerung, so praktisch sie auch sein mochte, dem unerbittlichen Naturgesetze ihren Tribut zollen und wieder vom Schauplatze der Thätigkeit verschwinden.

Auftragen hieß zu den Zeiten der Holzpresse und der Auftrageballen die Form mit Farbe versehen, mit anderen Worten also, die Druckform einschwärzen. Nach Erfindung der elastischen Auftragewalze aus Leim und Syrup ist dieser Terminus beibehalten worden, wiewohl der heute oft gebrauchte Ausdruck Aufwalzen viel bezeichnender ist. Der obige Ausdruck hat demnach auch heute noch den Sinn, die Druckform mit Farbe zu versehen oder einzuschwärzen, nur mit dem Unterschiede, daß das Verfahren ein anderes wie vormals ist. Das Verfahren ist einfach: wenn der am Deckel befindliche Drucker den Deckel von der Form abhebt, setzt der Aufträger, welcher die Auftragewalze (s. d.) mit beiden Händen an den Griffen festhält, den linken Fuß hinter den rechten, tritt mit letzterem auf das Fundament und bringt die Walze auf das Fußende der Form, indem er zu gleicher Zeit den linken Fuß nachholt. Nun rollt er während der Andere aus- und anlegt, zweimal mit der Walze hin und zurück über die Form und geht dann mit der Walze zum Farbetisch zurück, wo er nun während der Drucker einfährt und zieht, die Walze auf dem Farbetisch auf und abreibt unter beständigem Absetzen zum Zwecke der Verreibung der Farbe. Zu den Funktionen des Aufträgers gehört nun noch neben dem eigentlichen Einschwärzen der Form die Controlirung des Druckes nach Ansicht des jedesmal ausgelegten Abdrucks. Er hat darauf acht zu geben, daß beide Seiten des Bogens gleichmäßig in Farbe erhalten werden, er hat nachzusehen, daß nichts paſſirt, was dem guten Druck Eintrag thut, und wenn er ſieht, daß ſich etwas rupft, ſchmiert oder ſchmitzt, oder daß Spieße kommen oder andere Ungehörigkeiten erblickt, ſo hat er den Drucker am Deckel ſofort auf den Uebelſtand aufmerkſam zu machen. Der Auftrager darf ſonſt, wenn alles in guter Ordnung iſt, den Drucker im raſchen Fortdrucken nicht ſtören; trotz der Beobachtung des Druckes, des Ausſtreichens der Farbe, des Farbenehmens und der Verreibung der Schwärze muß er immer zur rechten Zeit fertig und ſeine ganze Manipulation tempomäßig ſein. Sind zwei Drucker an einer Preſſe, ſo wechſelt das Auftragen und Ziehen zwiſchen beiden ab.

Auftragewalze. Die Auftragewalze der Handpreſſe beſteht aus drei Theilen, dem Walzenholz, dem Walzengeſtell und der Walzenmaſſe. Das Walzenholz iſt eine runde Holzwelle zu etwa 6—7 Cm. Stärke und von beliebiger Länge; ſie iſt auf ihrer runden Oberfläche mit Einſchnitten verſehen und beſitzt an den Stellen ihrer Achſe Eiſenzapfen, an welchen das Geſtell befeſtigt wird. Das Geſtell iſt von Eiſen, oben mit zwei Handgriffen aus Holz, bei kleinen mit einem Handgriff verſehen; ſeine Größe muß ſich nach dem Walzenholz richten, welchem es dienen ſoll; daſſelbe iſt übrigens meiſt verſtellbar eingerichtet, ſo daß es zu jeder Größe der Walze paßt. Dieſes Geſtell beſteht aus einer etwa 2 Cm. breiten und 3 Mm. ſtarken Eiſenſtange, welche an beiden Ausgangsenden zu einem ſcharfen Winkel, deren Schenkel durchſchnittlich 10 Cm. Länge haben, umgebogen iſt. Am Ende der Schenkel befinden ſich Bohrlöcher, welche dazu dienen, die Zapfen der Welle des Walzenholzes aufzunehmen; die verſtellbaren werden oberhalb zuſammengeſchraubt. Das Walzenholz hat den Zweck, die Walzenmaſſe (ſ. b.) aufzunehmen, welche mittelſt einer Form, der Walzenform oder des Walzencylinders, um das Walzenholz herum gegoſſen wird. Die Einſchnitte oder Rillen in letzterm geben der Maſſe Haltbarkeit und verhindern deren Ablöſung vom Holze. Die Maſſe iſt in einer Stärke von etwa 2 Cm. um das Walzenholz herum vorhanden. — Dieſe der Beſchaffenheit der Maſſe wegen Elaſtiſche Auftragewalze genannt, hat erſt eine kurze Geſchichte; ſie wurde zuerſt in den 20er Jahren unſers Jahrhunderts bekannt, kam von England zu uns herüber, wo dieſelbe wie man ſich in Buchdruckerkreiſen erzählt, von einem Deutſchen erfunden ſein ſoll, ſ. Beſchreibung der Elaſtiſchen Auftragewalzen, von J. Flick, Leipzig 1823.

Auftragewalzen ſind an der Schnellpreſſe diejenigen Walzen, welche die Form mit Farbe verſehen; ſie beſtehen aus dem etwa 15 Cm. im Durchmeſſer haltenden Walzenholz, das dazu dient, der elaſtiſchen Maſſe der Walzen einen Halt zu geben. Die Auftragewalzen bilden einen Beſtandtheil des Farbewerks der Schnellpreſſe und werden wir bei Behandlung deſſelben des Nähern auf dieſen Gegenſtand zurückkommen.

Aufwalzen, ſ. Auftragen.

Aufzug des Cylinders. Die Bekleidung des Cylinders der Schnellpreſſe hat ſich gleich der Einlage des Deckels der Handpreſſe nach der Art der Arbeit zu geſtalten, welche geliefert werden ſoll und ferner danach, ob die Schrift der Form eine abgenutzte oder eine ſcharfe iſt, ob die Form aus kompreſſer Schrift beſteht oder Linien enthält, ob Platten- oder Illuſtrationsdruck. Wir kommen bei den einzelnen Gegenſtänden darauf zurück, und können uns hier nur allgemein dahin faſſen, daß heute zum Druck auf der Schnellpreſſe, als auch auf der Handpreſſe der ſog. harter Satz zur Anwendung kommt, infolge deſſen der weiche Filz von vormals beſeitigt iſt. Unter hartem Satz verſtehen wir die Bekleidung des Druckcylinders mit Papier. Am beſten eignet ſich hierzu Rollen- oder endloſes Papier, auch Zeichenpapier, welches — wo es möglich iſt — vor dem Ge=

brauch die Satinirwalzen zu paſſiren hat, um demſelben jede fernere Dehnbar=
keit zu benehmen. Von dieſem Papier nun, das in Stücke von der erforderlichen
den Cylinder faſt ganz bedeckenden Größe, und zwar ſo, daß dieſelben von der
Stange bis zur Grube reichen, geſchnitten ſein muß, wird ein Blatt ſeiner
ganzen Fläche nach mit gutem Stärkekleiſter beſtrichen, zuerſt unter der Stange
und dann über den ganzen Cylinder feſtgeklebt; auf dieſen erſten Bogen werden
weitere gebracht, bis die erforderliche Dicke erreicht iſt, jedoch nicht mit Kleiſter,
ſondern mit einer ganz dünnen Löſung von arabiſchem Gummi. In anderer
Weiſe bleibt das Papier loſe auf dem Cylinder, indem dasſelbe an der Stange
befeſtigt und der letzte oder oberſte Bogen in der Grube angeklebt wird, welcher
dann um dieſen Betrag über die übrigen hinwegzuſtehen hat. Die erſte Methode
kann als die Grundlage des Cylinderaufzuges betrachtet werden und iſt der letz=
tern bei weitem vorzuziehen. Bei gewöhnlichen Auflagen hält dieſer Aufzug den
Druck hindurch Stand; bei großen Auflagen iſt über den Papieraufzug noch ein
Tuch von feinem Shirting oder Gummifilz zu ziehen. Dieſes Zeug wird an der
obern Stange angeſteckt, dann an der Stange in der Grube befeſtigt und mit=
telſt der letztern angeſtrammt. Der Zurichtebogen muß ſtets unter dieſen Stoff
gebracht werden.

Auge iſt bei der Linie, was bei der Schrift oder deren einzelnen Buch=
ſtaben das Bild, d. h. der auf dem Papier ſichtbare Abdruck einer Linie. So iſt
auch die Bildfläche der Schrift bei den Linien die Augenfläche. — In der Schrift=
gießerei verſteht man unter dem Ausdruck **Auge** das in der Matrize vertiefte
Bild eines Buchſtabens, welches mittelſt der Patrize in jene hineingeſchlagen iſt.

Auguſtin, Saint=, Name für einen Schriftkegel in der franzöſiſchen Typo=
graphie, welcher dem unſerer Mittel entſpricht, alſo Kegel 14 ausmacht.

Ausbinden heißt, einen fertigen Satz, eine Columne, ein Stück Satz oder
irgend welchen Satztheil mit einer Schnur behuf des Schutzes gegen Einfallen
umgeben. Man bedient ſich dazu der Columnenſchnur und iſt deſſen Handhabung
folgende: der Anfang der Columnenſchnur wird etwa 1 Cm. lang auf dem Unter=
ſchlag der auf einem Schiffe ſtehenden Columne um die linke Seite derſelben
herumgebogen und hier mit dem Zeigefinger der linken Hand feſtgehalten, wäh=
rend die rechte Hand die Schnur um alle vier Seiten des Satzes herumführt und
dieſelbe weiter um deren Anfang legt, ſo daß dieſer dadurch feſtgehalten wird;
die rechte Hand zieht nun die Schnur ſtramm an, währendeß die freigewordene
linke Hand von der Seite und am Fuße des Satzes auf denſelben einen Druck
nach innen ausübt; nochmals wird die Schnur um alle vier Seiten des Satzes
unter Verharren der linken Hand bei dem Andrücken herumgelegt, dann wieder
ſtramm angezogen und mit dem Zeigefinger der linken Hand die Schnur auf der
untern linken Ecke des Satzes feſtgehalten, indeß die rechte Hand zur Setzlinie
oder Ahle greift, um mit Hülfe eines dieſer Geräthe das Ende der Schnur in=
mitten desſelben zwiſchen Unterſchlag und den beiden Schnur=Umwindungen
durchzudrücken; jetzt wird die ſolcher Art durchgedrückte Schnur erfaßt und nach
der linken Ecke des Satzes feſt angezogen, was die Schleife machen heißt. Hier=
mit iſt das Ausbinden vollzogen, und es erübrigt nur noch, darauf aufmerkſam
zu machen, daß das äußerſte Ende der Schnur durch die Umwindung nicht mit
hindurchgezogen werden darf, vielmehr oberhalb der Schnur auf dem Unterſchlag
verbleiben muß, ſowie ferner, daß die Funktion der linken Hand, das Zuſammen=
drücken des Satzes während der Umwindung und des Anziehens der Schnur, eine
ſehr wichtige iſt, weil hiervon das feſte Ausbinden, die Güte desſelben, ab=
hängt. Eine zweimalige Umwindung genügt bei kleinen Formaten bis Quart und

dieses eingeschlossen; von Folio ab aufwärts ist ein dreimaliges Umlegen der Schnur rathsam. Wenn der Satz auf der linken Seite des Schiffes sich befindet, so ändert sich das Verfahren des Ausbindens in soweit, als der Anfang der Columnenschnur auf den Unterschlag hier rechts anstatt links kommt und schließlich die Schnur an der rechten Seite des Satzes anstatt auf den Unterschlag durchgedrückt und befestigt wird. Lose auf einem Brette oder einer Platte stehender Satz ist auf der Stelle auszubinden und braucht derselbe nicht erst auf ein Schiff gehoben zu werden; es greift das Verfahren wie oben angegeben dabei Platz, man muß aber vorsichtig dabei zuwerke gehen, weil dem Satze hier der sichernde Halt des Schiffsrahmens fehlt. Nach beendetem Ausbinden wird die Schnur auf die Mitte der Satzhöhe gedrückt. — In der Schriftgießerei hat man eine wesentlich andere Methode des Ausbindens. Das Stück Schrift auf dem Schiffe ein wenig eingezwängt, umbindet man dasselbe einmal mit einer Schnur und versieht diese mit einem Knoten.

Ausbreiten, Drucke zum Trocknen. Druckgegenstände, deren Format das Aufhängen nicht gestattet, müssen, wenn das Papier auch nicht gefeuchtet gewesen ist, zum Antrocknen der Farbe ausgebreitet werden. Ganz besonders ist dies bei hoch satinirtem Postpapier, bei Glanzpapier, bei Glanzcarton, sowie bei sämmtlichen Cartonarten erforderlich. Es bedarf für diesen Zweck keines hohen Wärmegrades und ist der geeignete Raum das Papierlokal oder die Druckerei selbst; in den Steindruckereien verwendet man zum Trocknen derartiger Drucke ein sogenanntes Trockengestell (s. b.). Kleine Druckereien bedienen sich in Ermangelung einer anderweiten Trockenvorrichtung dieser Verfahrungsweise, um ihre sämmtlichen gefeuchteten Drucke zu trocknen.

Ausbringen ist der Gegensatz von Aufbringen (s. d.), steht aber dennoch zu jenem in Beziehung. Es kommt einmal bei einer Ausgangszeile in Betracht, um aus derselben — falls sie ganz gefüllt und eng gehalten ist — durch Herausnahme mindestens eines zweisylbigen Wortes zwei Zeilen zu machen, so daß wir bei einer Ausgangszeile für die neue Columne, womit dieselbe nicht beginnen darf, dadurch eine Zeile gewinnen. Andernfalls bezieht sich das Ausbringen auf eine Ausgangscolumne, wo wir, wenn uns eine oder zwei an den erforderlichen sechs Zeilen fehlen, ebenfalls unsere Zuflucht zu diesem Hülfsmittel nehmen und zuerst versuchen müssen, ob so viel Ausgangszeilen auszubringen sind oder ob Abtheilungslinien, Ueberschriften oder Rubriken 2c. vorauzugehen, wo die zu gewinnenden Zeilen zu sperren sind. Es mag hier der Einwand gemacht werden: warum diese Zeilen nicht durch Sperren, d. h. durch Vertheilung des Raumes der Zeilen bei den Ausgängen, gewinnen? Uns ist nicht unbekannt, daß man sich auf diesem Wege oft aus der Verlegenheit hilft — wir kennen aber auch die Regel, welche ein derartiges Zwischenschlagen verpönt, und zwar aus dem Grunde, weil dann die Zeilen der Vorder- und Rückseite kein Register halten, d. h. nicht auf einander stehen. Bei durchschossenem Satz soll ein solches Verfahren durchaus nicht stattfinden, lieber im Nothfalle die Columne eine Zeile kürzer gemacht werden. — Um nun auf das Ausbringen zurückzukommen, so werden wir beim Mangel einer Zeile unter allen Umständen leicht, aber auch bei zweien einen Ausweg finden; fehlen drei Zeilen, so muß vom Auf- oder Ausbringen derjenige Theil gewählt werden, welcher am leichtesten die Absicht erreichen läßt. Beim Ausbringen muß vorwärts umbrochen werden, so daß die vom Fuße einer Columne fortgenommenen Zeilen an die Spitze der nächsten ihren Platz finden. — Außer diesen hier ausgeführten Vorkommnissen kommt das Ausbringen noch bei der Correctur in Betracht, nämlich in den Fällen, wo doppelt gesetzt oder eine Hochzeit (s. b.) gemacht ist, welche ausgebracht werden muß, b. h., wenn das Doppeltgesetzte nur eine Kleinigkeit beträgt, so ist die Möglichkeit nicht ausgeschlossen, den Fehler mittelst geringer Erweiterung der Zwischenräume in derselben oder in den nächsten Zeilen wieder gut zu machen; ist die Hochzeit aber eine große, so muß möglicherweise bis zum nächsten Absatz umbrochen werden, denn — wohl vermerkt! — durch eine vorgenommene Correctur darf die Ordnungsmäßigkeit des Satzes nicht beeinträchtigt werden.

Auseinanderstellungs-Zeichen, auch Trennungs-Zeichen genannt, ist ein Correctur-Zeichen von der Form eines an jedem Ende entgegengesetzt gebogenen Hakens oder eines Vertikalstrichs mit einem Schenkel oben nach links und einem solchen unten nach rechts, macht am Rande den Vermerk, daß eine von diesem Zeichen im Satze betroffene Stelle auseinander zu rücken ist, seien es in spatiinirten Wörtern Buchstaben ohne Spatien, sei es in Bezug auf den fehlenden Wörter-Zwischenraum oder eines zu geringen; zwischen Zeilen gemacht, deutet es den fehlenden Durchschuß an; bei den Zwischenschlägen angebracht, verlangt es eine Erweiterung derselben.

Ausfahren, bei der Buch- und Steindruckhandpresse, das Herausbrehen des Fundaments oder Karrens nach geschehenem Zuge mittelst einmaliger Umdrehung der Kurbel.

Ausführen, eine Zeile mit Punkten, geschieht deshalb, um dem Leser den Verfolg der Zeile bis zu ihrem Ende zu erleichtern, sollte eigentlich nur mittelst der Register- oder Ausführpunkte auf Halbgevierten, und deshalb auch Halbgeviertpunkte genannt, bewerkstelligt werden, welche dann ohne Zwischenraum aneinandergereiht werden. In Ermangelung solcher Punkte muß man sich freilich mit den gewöhnlichen Punkten behelfen; diese dürfen aber nie um mehr als den Betrag eines Halbgeviertes von einander abgestellt werden. Unsere heutige Manier, Gevierte und zwei Gevierte dazwischen zu stellen, ist verwerflich, indem der Zweck, weshalb man eine Zeile ausführt, dabei ganz aus dem Auge verloren wird.

Ausführungszeichen, s. Anführungszeichen.

Ausfüllen heißt beim Setzen die Verwendung von Füllungsmaterial. So werden beispielsweise ausgefüllt mit Füllungsmaterial (s. b.). der Vorschlag einer Anfangscolumne, der weiße Theil einer Ausgangscolumne, die Füße der Tabellen, die Vacats u. s. w.

Ausfüttern, s. Ausfütterung.

Ausfütterung der Schriftkasten. Ein neuer Schriftkasten muß vor dem Einlegen der Schrift ausgefüttert werden, b. h. die einzelnen Fächer desselben müssen auf ihren Boden mit einer Unterlage versehen werden, als welche man vormals zusammengelegtes Papier, neuerdings aber Preßspahn oder sonst eine kräftige Pappe verwendet. Mit einem Zirkel nimmt man sich den Umfang des Bodens der verschiedenen Fächer aus, steckt diese Größe auf der Pappe ab, schneidet die so abgesteckten Größen mit Messer und Lineal aus der Pappe heraus und fügt diese Pappstücke in die Fächer ein. Es ist gut, daß sie klamm hineingehen. Die Ausfütterung schützt die Fingerspitzen beim Berühren des Holzbodens und verhindert ferner das Durchfallen von Buchstaben, falls der Boden einen Riß bekommt. Die frühere Ausfütterung mit Papier war eine zeitraubende, langweilige Arbeit, weil für jedes einzelne Fach ein besonderes Stück nach seiner Größe zusammengelegt werden mußte und daneben hielt es nicht lange Stand. Die Ausfütterung mit Pappe erfordert nur einen geringen Aufwand an Zeit und ist von außerordentlicher Dauerhaftigkeit. Das neueste Verfahren unserer Utensilienhandlungen, den Boden des Kastens bei der Anfertigung mit starkem Papier zu versehen, wird in der Praxis, wiewohl es anscheinend vortheilhaft ist, gar nicht günstig aufgenommen, weil man bei Erneuerung eines Faches das Papier schwer herausbekommen kann.

Ausgang oder Ausgangszeile macht den Schluß eines Absatzes, eines Kapitels, Abschnittes, Abtheilung, Abhandlung oder Artikels, wie er denn auch die letzte Zeile eines Buches oder eines Bandes und Theiles desselben ist. Der Ausgang geht innerhalb des Satzes stets einem Absatz voran. Ein Ausgang darf bei gewöhnlichem Format nicht unter zwei Sylben enthalten; nur ausnahmsweise bei außerordentlich kleinem Format ist es gestattet, aus einer Sylbe, wenn dieselbe mehr als drei Buchstaben enthält, eine Ausgangszeile zu machen. Der Ausgang selbst wird mit Quadraten und Ausschließungen gefüllt; je kleiner der Ausschluß, desto näher hat er an die Schrift zu stehen.

Ausgangscolumne. Wenn in einem Werke die einzelnen Theile desselben, mögen sie genannt werden wie sie wollen, mit einer Anfangscolumne beginnen sollen, so ist die jedesmal vorhergehende eine Ausgangscolumne. Der Raum der Schrift auf einer Ausgangscolumne muß mindestens 6 Cicero betragen; ist der Raum darunter, so muß man entweder im Aufbringen oder Ausbringen ein Auskunftsmittel suchen. Unter den Text einer Ausgangscolumne wird eine Schlußlinie (s. d.) gesetzt und der überflüssige Raum mit Füllungsmaterial ausgefüllt, weil sie von gleicher Länge wie die übrigen Columnen sein muß.

Ausgangszeile, s. Ausgang.

Ausgießen mit Gyps ist bei mancherlei Vorkommnissen des Satzes ein vortreffliches Hülfsmittel, so bei dem Bogen- und Rundsatz, bei dem Schrägsatz (in Annoncen und Adreßkarten), beim Winkelsatz, beim Satz zu Karten und zu Plänen, bei welchem letztere auf lithographischem Wege hergestellt sind und die Schrift auf der Buchdruckpresse hineingedruckt wird. Durch das Hülfsmittel des Ausgießens mit Gyps wird bei derartigem Satz, welcher mit dem Quadratmaterial der Typographie nicht verträglich ist, viel Mühe und Arbeit gespart und mancher Unannehmlichkeit aus dem Wege gegangen. Das Verfahren an und für sich ist einfach und es bedarf zu deren Ausführung nur einer geringen Uebung, sowie einiger Fingerzeige als Vorkenntniß, die wir hier niederlegen wollen. Bei dem Verfahren hängt alles von der Güte des Produktes ab, denn der Gyps ist eine Substanz, welche leicht dem Verderben ausgesetzt ist. Er muß namentlich die Eigenschaft besitzen, daß er, in Wasser zu einem flüssigen Brei umgewandelt und in diesem Zustande gegossen, nach Verlauf von funfzehn Minuten eine harte Masse bildet. Der frisch gebrannte Gyps ist der geeignetste für unsern Zweck. Um den Brei zu bereiten, nimmt man am besten ein Porzellangefäß, welches eine Tülle zum Ausgießen besitzen muß; je kleiner letztere, desto besser ist es. Man füllt dieses Gefäß bis zu dem vermutheten Verbrauche mit Wasser, schüttet dann nach und nach Gyps hinzu unter beständigem Umrühren mit einem Quirlhölzchen, damit sich keine Klümpchen bilden; wenn die Masse den wässerigen Zustand verloren hat, aber doch noch leicht flüssig ist, so ist sie genügend mit Gyps gesättigt und zum Gebrauch tauglich. Nun kann man zum Guß übergehen, braucht sich aber nicht dabei zu übereilen, denn in dem Gefäß, in welchem er zum Gebrauch vorbereitet ist, verdichtet er sich nicht so leicht, als nach dem Hinzutritt der äußern Luft. Zuerst berücksichtigt man beim Eingießen die großen Lücken, und wenn er von diesen aus keine Oeffnungen findet, um in die kleineren zu bringen, so sind auch diese zu füllen. Um sich vor dem Gebrauch zu vergewissern, ob der Gyps ein brauchbarer, unverdorbener ist, sättigt man eine Kleinigkeit Wasser mit Gyps, gießt es aus und überzeugt sich nach Verlauf einer Viertelstunde von der Beschaffenheit des Gusses: ist derselbe während dieses Zeitraumes noch nicht zu einer harten Masse gediehen, vielmehr dickbreiig geblieben, so war der Gyps verdorben und ist nicht verwendbar. Die beste Aufbewahrung des Gypses ist in fest verkorkten Flaschen an einem trockenen Orte.

Aushängebogen oder Aushänge=Exemplare hießen in der ersten Zeit der Buchdruckerkunst diejenigen Abzüge, welche als die ersten fehlerfreien Exemplare förmlich als Aushängeschilder dienten. In späterer Zeit war es dem Setzer und Drucker erlaubt, von dem Werke, welches sie herstellten, nach dem jedesmaligen Druck eines Bogens sich je ein Exemplar zum Zwecke des Sammelns zu reserviren, welches Exemplar der Aushängebogen genannt wurde. In neuerer Zeit ist dieser Brauch abgestellt worden, weil er infolge des gänzlich veränderten Geschäftsganges füglich nicht mehr eingehalten werden konnte. Heute heißen übrigens die Bogen, welche dem Corrector bei jeder Correctur mitgegeben werden — nämlich jedesmal der vorhergehende Bogen, eigentlich zu dem Zwecke, um die richtige Folge von einem Bogen zum andern kontroliren zu können — Aushänge=bogen.

Aushänge=Exemplare heißen diejenigen Exemplare eines Werkes, welche dem Verfasser desselben vom Verleger als Frei=Exemplare zugestanden werden. — Die Buchdruckergehülfenschaft kennzeichnet in neuerer Zeit unter dieser Namensform einen Collegen, der sich schlechter Handlungen schuldig gemacht hat, in der Bedeutung, denselben als warnendes Beispiel hinzustellen.

Aushängen, sich je ein Exemplar des Gedruckten reserviren oder aneignen, welches Verfahren, wenn es auch nicht statuirt ist, von den Druckern und Maschinenmeistern noch beobachtet wird, da ihnen die Gelegenheit dazu geboten ist.

Ausheben ist die Entleerung des gefüllten Winkelhakens, für den Anfänger eine kitzliche Arbeit, welche längere Uebung erfordert, um Gewandtheit darin zu erlangen, und deshalb muß der Lehrling die ersten Versuche desselben mit einer Zeile oder deren zwei machen und nach und nach mehrere nehmen. Die Handhabung des Aushebens ist folgende: Die Setzlinie auf der obern Zeile bildet gegen das Einfallen den schützenden Halt; der Winkelhaken wird nun auf den Kastenrand gestellt, die Zeigefinger werden auf die Setzlinie, die Daumen gegen die erste Zeile und die Mittelfinger an die Seite des Satzes gelegt, welch letztere von den beiden übrigen Fingern Unterstützung erhalten; in dieser Haltung üben jetzt sämmtliche Finger gemeinschaftlich und gleichzeitig einen Druck nach innen auf den Satz aus, worauf die Daumen denselben herausdrängen und die Zeilen nun, noch immer in der Gewalt der Finger, auf der Setzlinie ruhen. Das Ausheben ist damit beendet und werden die Zeilen jetzt auf ein Schiff übergeführt, was **aufheben** heißt, und, sobald der Schiffsboden erreicht ist, durch eine schnelle Geraberichtung der Zeilen bewerkstelligt wird. Es erübrigt nun noch, das Aufgehobene überall anzudrücken und gerade zu richten, sowie durch Daraufschlagen mit dem untern Ballen der rechten Hand etwa Hochstehendes niederzubringen. — Einige Setzer beobachten bei dem Ausheben in soweit ein anderes Verfahren, als sie die Setzlinie nicht über, sondern unter die Zeilen stellen. Solcher Art ist aber nicht die Sicherheit vorhanden, wie bei der eben beschriebenen und allgemein üblichen, und daher verwerflich. Beim Aufheben wird freilich die Setzlinie unter den Satz gebracht, weil es hier das Natürliche und auch das handlichste ist. Das Ausgehobene ist auf die rechte Seite des Schiffes zu heben, falls der Satz einspaltig ist; dieser alte Brauch rechtfertigt sich schon des Ausbindens halber.

Ausheben, beim Drucken eine Form, hat die Bedeutung, den begonnenen Druck einer Form unterbrechen. Veranlassung dazu ist bei mangelnden anderen

Druckwerkzeugen eine eilige Arbeit, welche den Zeitaufwand des Ausdruckens einer vielleicht großen Auflage nicht leiden kann. Im allgemeinen wird das Ausheben wenn irgend möglich gemieden, weil es schon infolge der zweimaligen Zurichtung einen Zeitverlust mit sich bringt.

Auskeilen, die ausgedruckte Form der Handpresse auf dem Fundament von der sie vor dem Vorrücken schützenden Einteilung (f. b.) befreien, indem man die Keile derselben mit einem Hammer zurücktreibt.

Auslassen, d. h. das Fehlenlassen von Buchstaben, Sylben und einsylbigen Wörtern, in unserer Technik „Schusterjungen machen" genannt, sowie das Ueberspringen von Wörtern und Zeilen im Manuscript oder „Leichen machen", gehört zu den setzerischen Untugenden und hat deren Einbringung meistens nicht unbedeutende Schwierigkeiten bei sich. Einzelne Buchstaben und Sylben sind möglicherweise in dieselbe Zeile einzubringen, zumal wenn etwas gesperrt ist, indem man letzteres herausnimmt und falls dieses noch nicht genügt, eine Verkleinerung der Wörter-Zwischenräume in soweit vornimmt, bis der erforderliche Raum gewonnen ist. Ein fehlendes Wort macht die Ausdehnung dieses Hülfsmittels auf mehrere Zeilen nothwendig, während mehrere Worte oder eine ausgelassene halbe Zeile nicht selten das Umbrechen der Zeilen bis zum Ausgang bedingt. Giebt das Ausgelassene eine volle Zeile, so beschränkt sich das Zeilen-Umbrechen auf eine einzige Zeile, dann kommt aber die Gewinnung des Raumes für die mehr gewordene Zeile in Frage, wobei das Einbringen (f. b.) angewendet wird.

Auslassung ist beim Setzen das Ueberschlagen von Wörtern oder Zeilen, sowie das Auslassen von Buchstaben und Sylben; der technische Ausdruck kennzeichnet eine Auslassung von Wörtern und Zeilen als Leiche (f. b.), eine solche von Sylben und einsylbigen Wörtern als Schusterjunge (f. b.).

Auslegebank hieß bei den vormaligen Holzpressen das Werkzeug, welches zur Aufnahme des zu druckenden Papiers und zum Auslegen des Gedruckten auf den Haufen diente. In Wirklichkeit sah es einer Bank am ähnlichsten und wird dieser Umstand auch die Veranlassung zu der Benennung gewesen sein. Sie hatte ihren Platz dem Drucker gegenüber auf der andern Seite der Presse und war an dieselbe befestigt. In der Höhe reichte sie bis zur Mitte des aufgeschlagenen Deckels, ihre Länge betrug über einen Meter und die Breite etwa 40 Cm.

Auslegen bedeutet bei der Handpresse, den fertig gedruckten Bogen vom Deckel nach der Auslegebank oder dem Auslegetisch und hier dem Haufen (f. b.) zuführen. Die Schnellpresse mit Selbstausleger besorgt das Auslegen selbst, ohne diese selbstthätige mechanische Vorrichtung bei letzterer ist der technische Ausdruck nicht Auslegen, sondern Bogen fangen.

Auslegetisch, auch Auslegebank genannt und zwar deshalb, weil er dieselbe Bestimmung hat, wie die Auslegebank der Holzpresse. Die erstere Benennung für denselben ist aber angemessener, weil er in der That ein Tisch ist, und zwar ein fünfeckiger, der nach innen die Form eines gestreckten Winkels hat einen Meter hoch, 120 Cm. lang und 60—70 Cm. breit ist, vorn meistens zwei ziemlich tiefe Schubladen und darunter zwei offene sehr geräumige Gefache besitzt, welch letztere zur Aufbewahrung von Stegen und Schließzeug verwendet werden, während in den ersteren allerlei Papier, Revisionen, Beläge, die feineren Werkzeuge, Zirkel, Scheere, Ausschneidemesser, Punkturenzange und Punkturen aufgehoben werden können. Seine äußere Seite ist mit schwachem Holz bekleidet und hat die obere Platte den Zweck, das zu druckende Papier dem Drucker am nächsten und das auszulegende Gedruckte neben dem erstern aufzunehmen. Die winkelige Form hat der Auslegetisch deshalb, um einmal weniger Raum einzunehmen, weiter, damit der Drucker weniger weit vom Auslegehaufen entfernt ist, und endlich, um dem Auftrager, bedingt durch die Nähe, Gelegenheit zu geben, den Druck zu überwachen. Sein Platz ist in schräger Richtung zwischen Farbetisch und dem aufgeschlagenen Deckel der Presse; da er übrigens auf dem Fußboden nicht befestigt ist, so kann er beliebig verrückt werden. — Auch an der Schnellpresse wird die polirte Holzplatte, welche von dem Selbstausleger die gedruckten Bogen entgegennimmt, Auslegetisch genannt und befindet sich bei der gewöhnlichen einfachen Maschine meistens am hintern Ende derselben, ist sonst bei andersartigen Constructionen auch an verschiedenen Stellen angebracht und besitzen die Maschinen von großen Formaten mehre derselben.

Ausmachen, s. Quadräteln.

Auspunkten oder Auspunktiren ist gleichbedeutend mit Ausführen, s. d.

Ausputzen, beim Drucken, ist das Reinigen eines Buchstabens, welcher sich während des Druckes in seinem Bilde mit Schmutz aus der Farbe oder aus den Fasern des Papiers gefüllt hat, geschieht mittelst einer feinen Ahlspitze oder einer Stecknadel, indem man aus den Vertiefungen der Type den Schmutz herausnimmt, ohne dieselbe zu beschädigen.

Ausraffefächer sind in den deutschen Frakturkasten die zweiten Fächer für n und e, welche sich an der linken äußersten Seite des Kastens befinden und von gleicher Größe für die sonst für diese Buchstaben bestimmten Fächer sind.

Ausraffen. Beim Ablegen füllen sich die Fächer des Schriftkastens ebenso ungleichmäßig, wie sich dieselben beim Setzen unegal leeren. Es rührt dies daher, weil der eine Buchstabe öfter vorkommt, als der andere, und so trifft es sich, daß beim Ablegen einzelne Fächer vollständig gefüllt sind, während in den übrigen noch eine Menge Raum vorhanden ist. Die gefüllten Fächer müssen dann geleert werden, was Ausraffen heißt, und die herausgenommenen Buchstaben in die Ausraffefächer (s. d.) gelegt oder wenn solche für die fraglichen Typen fehlen, in Papier gewickelt und für den spätern Gebrauch aufgehoben werden. — Ausraffen heißt in anderer Bedeutung, einen Schriftkasten in allen seinen Fächern leeren, also die sämmtlichen Typen herausnehmen, um den Kasten möglicherweise für eine andere Schrift zu benutzen.

Aussatz, der Hand- oder Schnellpresse, ist der technische Ausdruck für die Hergabe des Druckes dieser Maschinen. Man spricht von einem guten Aussatz, indem man die Güte eines Druckwerkzeuges bezeichnet, so daß nach dem Einheben wenig oder gar nichts mehr nachzuhelfen ist, während beim schlechten Aussatz einer Presse oder Maschine es viele Mühe kostet, durch Ausschneiden, Unterlegen und andere Vorkehrungen einen irgendwie ordnungsmäßigen Druck zu erreichen.

Ausschießen hat beim Setzen im allgemeinen die Bedeutung, einen Satz von dem Schiffe nach einem andern Platz überführen, z. B. nach dem Setzbrette, zur Schließplatte, nach dem Pressenfundamente; ist dieser Satz von geringem Umfange, daß man denselben mit beiden Händen in seiner Breite umfassen kann, so wird er aus freier Hand vom Schiffe heruntergenommen und der betreffenden Stelle zugetragen; ist sein Umfang größer, so wird er auf dem Schiffe stehend nach dem für ihn bestimmten Platz hingebracht, das Schiff auf den Platz gestellt, wo später der Satz stehen soll, der Satz mit der linken Hand am Kopfe festgehalten und mit der rechten das Schiff unter demselben fortgezogen. Diese Handthierung ist das Ausschießen in seiner richtigen Bedeutung, die andere Anwendung dieses Ausdruckes bezieht sich auf die richtige Placirung der Columnen nach Maßgabe der verschiedenen Formate in der Weise, daß nach dem Falzen des Bogens die Seiten richtig aufeinander folgen. So spricht man vom Ausschießen des Folio, des Quart, des Octav: die Art und Weise desselben ist bei den verschiedenen Formaten angegeben.

Ausschließen. Jede Zeile eines und desselben Formates muß genau von gleicher Breite sein, wozu uns der auf das Format gestellte Winkelhaken behülflich ist. Ist die Zeile derart voll gesetzt, daß kein Wort oder keine Sylbe mehr hineingeht, so beginnt das A u s s c h l i e ß e n, d. h. die Befestigung und Begrabigung der Zeile im Winkelhaken. Zweierlei Wege giebt es hierbei: das A u s s p e r r e n und das E i n b r i n g e n. Angenommen, es fehlt an der Füllung der Zeile nur eine Kleinigkeit und das nächstfolgende Wort ist einsylbig und groß, z. B. Stamm, so sperren wir die Zeile mit Anderthalbpunkt=Spatien aus. Wir untersuchen, ob ein Interpunktionszeichen in der Zeile vorhanden ist: wirklich, und stecken nun das erste in den Zwischenraum, welcher nach dem Punkt folgt, und zwar auf die rechte Seite des Halbgeviertes, an das nächstfolgende Wort, und da noch etwas fehlt, so bringen wir ein Einpunktspatium nach dem Komma auf dieselbe Weise an. Hier ist die Regel ins Auge zu fassen, daß jedes Spatium, was man hineinsteckt, rechts vom Halbgeviert, also stets an dem ersten Buchstaben eines Wortes stehen muß. Nun läuft eine Zeile aber so aus, daß noch für etwa vier oder fünf Anderthalbpunktspatien Raum ist, während sich kein Interpunktionszeichen darin vorfindet: wir fangen nun von dem Ende der Zeile an bei jedem Raum ein Spatium hineinzustecken, ohne einen Raum zu überschlagen bis die Zeile fest ist. Bei dem Aussperren ist noch die weitere Regel in Betracht zu ziehen, daß man zu diesem Auskunftsmittel nur schreiten darf, wenn der zu sperrende Satz kein volles Geviert beträgt, weil andernfalls die Zeile zu weit, d. h. die Zwischenräume der Worte zu groß werden. Ist nun bei gefüllten Zeilen noch ein Geviert Raum am Ende, so tritt das zweite Auskunftsmittel ein, das E i n b r i n g e n. Das nächste Wort heißt Verwaltung: hiervon muß die erste Sylbe mit in die Zeile eingebracht werden, und zwar dadurch, daß wir die Zwischenräume der Worte verkleinern. Der Zwischenraum ist ein Corpus=Halbgeviert, also ein Fünfpunktstück; nun nehmen wir die Halbgevierte heraus und stecken dafür einen Vierpunkt-Ausschluß hinein, fangen vom Ende der Zeile (also rechts) an und fahren damit so lange fort, bis die Sylbe „Ver=" mit dem Divis ihren Platz gefunden hat. Diejenigen Räume, welche nach einem Interpunktionszeichen stehen, werden vorläufig beim Verkleinern unberücksichtigt gelassen, und — wenn der einzubringende Raum nur ein geringer ist — kann man zuerst d i e Räume verkleinern, welche vor einem Worte, das mit einem großen Buchstaben beginnt, sich befinden. Das Ausschließen erfordert Accuratesse: unter allen Umständen sollen bei einem guten Satze die Zwischenräume der Worte möglichst gleichmäßig sein und ihre Abweichung von der Ebenmäßigkeit nicht grell in die Augen springen. Nach geschehenem Ausschließen drückt man mit dem Daumen rechter Hand von der Bildfläche der Buchstaben aus die Zeile hin und her, damit die gesammten Buchstaben gerade zu stehen kommen; zeigt es sich oft erst, daß die Zeile noch loser ist, als die übrigen und wir nehmen ein Einpunktspatium heraus und stecken ein solches von Anderthalbpunkten dafür hinein, oder wir wechseln mit einem Anderthalb= und Zweipunktspatium, falls aber nur Halbgevierte vorhanden sind, wird ein solches mit einem Vierpunktausschluß und einem Anderthalbpunktspatium gewechselt. Das Spatium ist eine leicht zerbrechliche Waare; geht ein solches nicht willig hinein, so darf man damit nicht bohren, vielmehr den letzten Buchstaben der Zeile herausnehmen, dann das Spatium niederdrücken und den herausgenommenen Buchstaben wieder an seinen Platz fügen. Bei dem Bohren mit dem Spatium geht jedesmal ein solches verloren, und halbe sollen beim Ausschließen nicht verwendet werden. — Soweit wir hier das Ausschließen behandelt, haben wir nur auf Fraktur Bezug genommen, beim Antiquasatz kommen aber ein paar andere Rücksichten in Betracht. Beim Verkleinern der Räume sind hier unter allen Umständen die Buchstaben A, T, V, W, v, und w zu berücksichtigen, indem sie bei dem vielen Fleisch, das denselben anhaftet, einen weitern Raum erblicken lassen, als die übrigen, und deshalb ist der Raum vor denselben zuerst zu verkleinern, beim Vertheilen sind die Räume, wenn sie in der Reihenfolge liegen, zu überspringen. Richtiger aber auch ist, von vornherein vor den genannten Buchstaben den Raum um mindestens einen Punkt, vor W um zwei Punkt zu verkleinern.

Ausschließungen ist der Gesammtname für das Material, welches beim Ausschließen (s. b.) zur Verwendung kommt, so Gevierte, Halbgevierte und von Spatien Drittel, Viertel, Sechstel und Achtel — oder, um von systematischen Ausschließungen zu reden, außer Gevierten und Halbgevierten solche von Vierpunkt, Drei- und Zweipunkt, Anderthalb- und Einpunkt. Die Ausschließungen als Type sind niedriger als die Buchstaben, haben aber mit dem übrigen Füllungsmaterial, namentlich Durchschuß und Quadraten, gleiche Höhe.

Ausschneidemesser braucht der Drucker und Maschinenmeister beim Zurichten und ist dieses Messer von ganz gleicher Beschaffenheit, wie der Schaber der Lithographen, nämlich eine Klinge aus feinem Stahl in Blattform, in der Mitte oben mit stumpfer Spitze und rings umher mit Schneide versehen und daher ohne Rücken, denn die Schneide reicht bis an das Heft desselben. Der Durchschnitt der Klinge beträgt überall hin nur 2 Cm. Beim Zurichten leistet dies so leicht zu handhabende Instrument treffliche Dienste beim Ausschneiden zu stark kommender Stellen, aber ganz besonders brauchbar ist es beim Illustrationsdruck, wo das Schaben einzelner Stellen in Betracht kommt.

Ausschneiden, bezieht sich einmal auf das Zurichten der Formen in der Hand- und Schnellpresse, wo die zu stark kommenden Stellen so oft auf den Zurichtebogen ausgeschnitten werden müssen, bis eine Gleichmäßigkeit mit dem übrigen Druck eingetreten ist. Man bedient sich hierzu des Ausschneidemessers (s. b.). Weiter kommt das Ausschneiden in Betracht bei dem Rähmchen der Handpresse, auf welchem, nachdem die Form auf demselben abgerieben ist, die Schrift- und andere Stellen ausgeschnitten werden müssen, so daß durch diesen Ausschnitt hindurch die Form sich auf das Papier abdruckt, während die vollen Stellen des Rähmchens dem Papier Schutz gewähren vor der Schwärze, welche rings um die Form herum auf den Stegen sich befindet. Zu diesem Ausschneiden verwendet man die Scheere.

Ausschnitt heißt dasjenige Redactions-Material für den Zeitungssatz, das als einzelner Artikel aus anderen Zeitungen herausgeschnitten, auf Papier geklebt und mittelst der erforderlichen Correctur oder Aenderungen druckfertig gemacht ist.

Aussetzen, bei der Presse oder Maschine, den Druck hergeben, s. Aussatz.

Aussperren, s. Ausschließen.

Ausstoßen, den Durchschuß aus durchschossenen Satz beim Aufräumen, geschieht mittelst einer Setzlinie, oder einer Linie, welche jedoch nicht stärker sein dürfen, als der Durchschuß, indem bei dem auf der rechten Seite des Schiffes stehenden Satz mit jener Linie oder Setzlinie der Durchschuß am Ende der Zeile erfaßt und nach der linken Seite des Satzes herausgeschoben wird, während die linke Hand den Satz vor Einfallen schützt. Das Schiff muß auf der linken Seite soviel Raum darbieten, um dem Durchschuß das Heraustreten aus den Zeilen zu ermöglichen. Besteht der Durchschuß aus einstückigen Regletten, so brauchen diese nicht herausgestoßen zu werden, sondern sind in die Höhe zu heben und mit der Hand herauszunehmen.

Ausstreichen, das Papier, zu dem Zwecke, um den einzelnen Bogen desselben leicht erfassen zu können, geschieht mit dem Nagel des nach innen gebogenen Daumens der rechten Hand, mit welchem man unter gelindem Druck von der Mitte des Papiers ab ein paarmal nach einwärts streicht, worauf sich an der einen Ecke des Papiers ein Busch bildet, der es möglich macht, den einzelnen Bogen unbehindert erfassen zu können. Es kommt das Ausstreichen vor beim Anlegen und Punktiren der Presse, beim Aufstoßen und beim Anlegen und Punktiren der Schnellpresse; bei letzterer bedient man sich jedoch zum Ausstreichen eines Falzbeines, weil der Nagel des Daumens durch den raschen Gang der Maschine beschädigt werden könnte.

Ausstreichen, die Farbe auf dem Farbetisch der Handpresse, geschieht mit dem Farbespatel, indem mit demselben aus dem Farbekasten ein wenig Farbe genommen wird und damit ein Strich aus Farbe von der Breite des Farbeeisens oder Spatels auf das Farbebrett oder wenn dieses fehlt, auf der obern Hälfte des Farbetisches ausgeführt wird. Die ausgestrichene Farbe muß dünn, überall gleichmäßig und in der Länge der Ausdehnung nicht größer sein, als der Satz in der Presse, dem sie dienen soll.

Auszeichnen des Bogens im Manuscript, hat die Bedeutung, daß, sobald die letzte Zeile eines Bogens beendet ist, die Stelle im Manuscript vermerkt werden muß, wo der neue Bogen beginnt. Zu diesem Zwecke macht man vor dem Worte oder der Sylbe, mit welcher auf der nächsten Columne zu beginnen ist, einen Strich oben mit einem Schenkel nach rechts und wiederholt dieses Zeichen am Rande neben der Zeile, in welcher dieses Zeichen enthalten ist; neben diesem Zeichen wird dann die Angabe der Zahl des nun folgenden Bogens sammt der nächsten Columnenziffer angegeben, z. B. ⌐ Bog. 5, Col. 65.

Auszeichnen, Stellen im Satz, ist gleichbedeutend mit Hervorheben und Hervortretenlassen, geschieht im glatten Satz mittelst Spatiinirens, durch Anwendung von fetter und halbfetter Schrift, von Bastard, von moderner halbfetter Canzlei, Gothisch u. s. w., in der Antiqua außer dem Spatiiniren durch Verwendung von Versalien und Capitälchen, sowie durch Benutzung von fett und halbfett, von Egyptienne, Groteske, Clarendon u. s. w. Beim Auszeichnen in Annoncen ist uns der weiteste Spielraum gelassen, bei Werken und anderen Gegenständen müssen wir aber immer den Zweck, die Tendenz der Sache ins Auge fassen und danach das Auszeichnen einrichten, z. B. dürfen bei Todesanzeigen in Briefform nur einfach auszeichnende Schriften, fette oder halbfette, Egyptienne, in Verlobungsbriefen dagegen auch buntgehaltene Auszeichnungsschriften angewandt werden. Zum Auszeichnen dienen auch die verschiedenen fetten Linien als Einfassung und in einzelnen Stücken vor und nach den Wörtern angewendet; ferner eine halbfette Linie unter ein Wort gesetzt (dem Unterstrich beim Schreiben gleich) und die schwarzen Hände zu Anfang und am Ende des Auszuzeichnenden.

Auszeichnungsschriften. Wie schon der Name andeutet, sind diese Schriften zu allererst und vorwiegend dazu bestimmt, einzelne Wörter, ganze Perioden, Zeilen oder Sätze hervortreten zu lassen, auffallend oder augenfällig zu machen. Damit sie diesen Zweck erfüllen, müssen diese Schriften eine andere Form und Gestalt zur Schau tragen, wie die gewöhnlichen, sie müssen entweder fett oder halbfett, breit, gedrückt oder gestreckt sein. Wir zählen also zu den Auszeichnungsschriften die fetten und halbfetten der Fraktur sowohl, als auch der Antiqua und

Cursiv; die Gothik und die fette Bastard; die Egyptienue in halbfett, fett und black; ebenso die Grotesk in den verschiedenen Varietäten.

Autographie, eigentlich die Selbstschrift, die Kunst, das vermittelst Chemischer oder Autographischer Tinte Selbstgeschriebene oder Gezeichnete (Schriften, Zeichnungen, Musikalien u. dergl.) auf der Autographischen Presse in beliebiger Anzahl zu vervielfältigen. Das Verfahren (s. Autographiren) ist einfach und kann von Jedermann, ohne Genosse einer graphischen Kunst zu sein, ausgeführt werden.

Autographiren, d. h. selbstschreiben, selbstzeichnen, oder aber Selbstge schriebenes oder Selbstgezeichnetes auf mechanischem Wege mittelst der Autographischen Presse (s. dieselbe) in beliebiger Anzahl von Exemplaren rein und deutlich genau dem Original entsprechend zu vervielfältigen. Das Verfahren ist ein sehr einfaches, und kann von Jedermann sofort ausgeführt werden. Das Original wird mit Chemischer oder Autographischer Tinte (Tusche) in ganz gewöhnlicher Weise geschrieben oder gezeichnet, alsdann auf eine Metallplatte (Zinkplatte) gelegt, auf der die Schrift haften bleibt, wenn sie durch eine Autographische Presse gezogen wird; sie wird mit einem Präparate (Aetzung) überwischt, welches den Zweck hat, daß nur die Schrift und nicht die Platte Farbe annimmt und der Druck auf der Presse kann beginnen, nachdem die Form mittelst einer Leder- oder Steindruckwalze durch Ueberrollen mit derselben oder mit Ballen die Schrift oder Zeichnung mit Farbe versehen ist. Der Druck selbst geschieht einfach dadurch, daß man das zu bedruckende Papier auf die Platte legt und dieselbe zwischen den beiden Walzen der Presse mittelst der Kurbel durchtreibt. Will man die alte Schrift oder Zeichnung von der Platte entfernen, um eine neue darauf zu bringen, so wird sie mit etwas ganz feinem Schmirgel und einem großen Kork abgeschliffen.

Autographische Feder heißen die eigens zum Autographischen Schreiben und Zeichnen hergerichteten Federn. Sehr gut werden dieselben geliefert von C. A. P. Bornbrück in Leipzig, Kreuzstraße 8 und 9, das Dutzend zu 60 Pf.

Autographische Presse ist die Maschine, mittelst welcher man von den mit Chemischer Tinte oder Tusche und Autographischer Feder auf Papier geschriebenen oder gezeichneten Gegenständen, nachdem dieselben auf eine Metallplatte übertragen sind (s. Autographiren), originalgetreue und saubere Abdrücke in beliebiger Anzahl herstellen kann. Die Presse dieser Art von C. A. P. Bornbrück in Leipzig, Kreuzstraße 8 und 9, ist nach neuer auf langjähriger praktischer Erfahrung begründete Construction gebaut und auf das solideste gearbeitet. Diese Presse, welche durch ihr elegantes Aussehen jedem Büreau zur Zierde gereicht, ist auf einen Tisch zu stellen und geschieht der Druck durch die Wirkung zweier Walzen von oben und unten auf eine Metallplatte, welche mittelst derselben hindurchgeführt wird. Die genannte Fabrik liefert die Presse in drei Größen: Druckbreite 27 Cm. (Länge beliebig) 108 Mk., Druckbreite 37 Cm. 150 Mk., Druckbreite 46 Cm. 195 Mk. Zu der Presse gehören Schwärzeballen zum Auftragen, Farbebrett, ff. Schmirgel, Kork zum Schleifen der Platten u. s. w.

Autographische Tinte, auch Chemische Tinte genannt, die Substanz, welche zum Schreiben oder Zeichnen solcher Gegenstände benutzt wird, welche autographirt werden sollen. Sie kommt im Handel vielfach vor, von der man aber nicht allemal weiß, wie sie beschaffen ist. Es kommt indeß bei der Autographie alles auf die gute Beschaffenheit der Tinte an und man geht daher am sichersten, wenn man sich dieselbe selbst bereitet. Nachstehend geben wir daher ein empfehlenswerthes Recept zu einer solchen Tinte:

Unschlitt (Talg)	33	Theile
Schellack	14	„
Mastix	23	„
Weiße Seife	20	„
Wachs	5	„
Lampenruß	5	„
	100	Theile

Die Bereitung ist folgende: Schellack, Wachs und Seife werden zuerst zusammen geschmolzen und wenn sich diese Theile derart vereinigt haben, daß sie keine Blasen mehr ziehen, wird der Mastix, und nachdem sich auch dieser aufgelöst hat, der Unschlitt hinzugefügt und schließlich der Lampenruß beigemengt. Nachdem alle Theile sich gehörig verbunden haben und die Masse ein wenig abgekühlt ist, wird sie auf eine Platte gegossen, wo sie sich verhärtet. Zum Gebrauche wird sie mit etwas Wasser angerieben und soweit verdünnt, daß sie zum Schreiben tauglich ist. Das Schreiben mit dieser Tinte macht keine Schwierigkeiten, weil sie leicht fließt; der einzige Uebelstand bei ihr ist, daß sie Neigung zum Auseinanderlaufen hat, und um dieses zu verhindern, ist zum Schreiben stark geleimtes Papier zu verwenden.

Automatischer Anleger, s. Selbstanleger.

Auto=Typographie ist getreue Vervielfältigung der Handschrift auf mechanischem Wege mittelst der Buchdruckpresse, ein Verfahren, welches durchaus nicht mehr neu, aber — so interessant es auch ist — wenig kultivirt zu sein scheint. Sie ist verwandt mit der Autographie des Steindruckes, tritt aber schärfer hervor, ist getreuer und bleibt immer gleichmäßig, wie viel Abzüge auch davon genommen werden mögen. Alle diese Eigenschaften fehlen der Autographie mittelst der Steindruckpresse. Uebrigens ist die Auto=Typographie in Betreff ihrer Herstellungsweise wesentlich verschieden von der Autographie, denn jene hat mit der Chemiegraphie zu thun, oder mit anderen Worten, die Platten zur Herstellung des Handschriftendruckes werden mittelst Hochätzung hergestellt. Die mit Autographischer Tinte geschriebene Handschrift wird auf eine polirte und zu diesem Zwecke präparirte Zinkplatte (s. d.) gelegt, in die Steindruckpresse gebracht und mittelst dieser auf die Platte übertragen und darnach diese negativ auf der Platte sichtbare Schrift mit einer fetten Farbe ordentlich eingeschwärzt. Dann wird die Platte mit einem Wachsrand umgeben und innerhalb desselben Aetzwasser (s. b.) hineingethan. Nachdem das Aetzwasser seine Schuldigkeit gethan, entfernt man die Säure, wäscht die Platte mit gewöhnlichem Wasser ab und hat nun eine Form vor sich, welche die Schriftzüge in erhabener Form zeigt und daher geeignet ist, auf der Buchdruckpresse zu Abzügen benutzt zu werden. Das Papier zu der mit Autographischer Tinte geschriebenen Handschrift braucht keine besonderen Eigenschaften zu besitzen; nur muß es stark geleimt, knotenfrei und satinirt sein.

Avisbriefe gehören zu denjenigen Accidenzen, welche in der Typographie und Lithographie häufig vorkommen. Sie sind wohl zu unterscheiden von Circularen, denn diese Avise bezwecken eine kurze Anzeige, meistens über den bevorstehenden Besuch eines Geschäftsreisenden seitens seines Hauses, werden fast durchgängig auf Octav=Postpapier mit Respectblatt gedruckt, und muß der Setzer sowohl, als auch der Lithograph diesen Umstand berücksichtigen und denselben die Briefform geben: oben rechts Ort und Datum, den Ort ein wenig hervorgehoben; P. P. ist näher dem Satze als dem Kopfe zu und nicht auf die Mitte der Zeile, sondern weiter nach vorn zu stellen; der Text einfach, ohne Unciale, eingezogen, durchschossen, etwa 23 Cicero breit; die Unterschrift ein wenig ausgezeichnet, je nach der Größe des Namens entweder aus einer gewöhnlichen, breiten oder schmalen; die Höflichkeitsformel darüber inmitten der Unterschrift näher dieser als dem Texte und aus kleinerer Schrift als die des Textes. Der Stand muß etwa 2 Cicero oben vom Rande des Papiers anfangen, die Unterschrift auf der untern Hälfte des Bogens stehen und zu beiden Seiten gleichmäßiger Raum vorhanden sein.

Aviskarten oder Reiseavise sind Zweck und Inhalt nach dasselbe wie Avisbriefe und werden diesen auch vorgezogen, weil das Stück Carton billiger und handlicher ist, als das Papier, welches erst zusammengelegt, mit offenem Couvert oder mit Streifen versehen werden muß, während das Porto für beide gleich ist. Der Satz ändert sich von dem des Avisbriefes nur insoweit, daß alles enger zusammenstehen muß, weil hier kaum die Hälfte des Raumes gegeben ist. Die Aviskarten müssen vorschriftsmäßig das Format der Postkarte haben und auf der Rückseite die Mittheilung enthalten.

Ayrer, Marx, einer der ersten Buchdrucker Nürnbergs, zählt zu den sogenannten fahrenden Buchdruckern, druckte hier während seines zweijährigen Aufenthaltes (1487—88) u. a. das höchst seltene Werkchen: „Bruder Claus, oder die Geschichte des berühmten Einsiedlers Nikolaus von der Flue", welches er im Jahre nach dessen Tode herausgab. Bald nach dieser Zeit finden wir ihn in Erfurt und 1497 in Ingolstadt, jener einst so berühmten Universitätsstadt Bayerns, wo er gemeinschaftlich mit Georg Würffel u. a. das Werk: „Flores Legum aut congeries auctoritatum Juris Civilis" in 8. herausgab.

Azzoguidi, Balthasar (oder de Azzoguibis), führte im Jahre 1471 in seiner Vaterstadt Bologna die Buchdruckerkunst ein und betrieb diese bis 1780. Er druckte den „Ovid", welcher von Puteolano commentirt und dem Cardinal Franzesco Gonzaga gewidmet war. Es ist die vollständigste Ausgabe von Ovids Werken, welche man bis dahin besaß, und heute noch die Zierde vieler Bibliotheken. Die zu diesem Drucke verwendete Schrift ist eine schöne Antiqua.

B

B b, der zweite Buchstabe im deutschen Alfabet, sowie in den meisten übrigen Alfabeten, soweit dieselben allgemein gängig und bekannt sind. Im Griechischen heißt er Beta, im Hebräischen Beth, im Slawonischen Buki, im Armenischen Bien. Seinem sprachlichem Werthe nach ist dieser Buchstabe ein weicher Mitlaut und hat als Zahlenwerth 2.

Babbage, Charles, Professor an der Universität zu Cambridge in England, erfand zwischen 1828 und 1833 eine Zifferdruckmaschine, von ihm selbst Rechenmaschine genannt, welche die schwersten mathematischen Aufgaben und die seemännischen Berechnungen der Abweichung des Chronometers, die sogenannten Logarithmen-Tabellen, selbst ausrechnet, die dazu erforderlichen Ziffern selbstthätig aus einem Zifferkasten herausholt, die gemachten Fehler augenblicklich verbessert und die Ziffern zu gleicher Zeit druckt. — „Hat diese Maschine gleichwohl theilweise nur für die Typographie Bedeutung," sagt Falkenstein in seiner

„Geschichte der Buchdruckerkunst" darüber, „so muß sie doch als einen der merkwürdigsten Triumphe des menschlichen Geistes angesehen werden." — In seinen „Manufactures and Machinery of Great-Britain" (deutsch von Friedenberg, Berlin, 1833, in 8.) hat Babbage über den Stand des Buchdruckpressenbaues in England eine ausführliche Beschreibung gegeben.

Bachmann, J. H., Verfasser mehrerer typographischer Schriften, geboren am 8. Juli 1821 zu Stralsund, gestorben am 25. Juli 1876 zu Berlin, begann seine Laufbahn als Schriftsetzer im Jahre 1838 in der Struck'schen Buchdruckerei zu Stralsund. Nach beendeter Lehrzeit im Jahre 1843 verblieb er noch anderthalb Jahre in demselben Geschäfte, welches er dann aber wegen Mangels an Arbeit im Oktober 1845 verließ und nach Leipzig übersiedelte. Vom Jahre 1850 bis 1851 bekleidete er in Kjew (Rußland) in der dortigen Universitätsbuchdruckerei die Faktorstelle und in den Jahren 1852 bis 1855 eine gleiche Stelle in der Gouvernements-Druckerei dieser Stadt. Im April 1855 kehrte Bachmann nach Deutschland zurück und wurde von Dr. Johann Heinrich Meyer in Braunschweig, Buchdruckereibesitzer und Herausgeber des „Journal für Buchdruckerkunst", als Geschäftsführer angenommen, welche Stelle er über vier Jahre innehatte. Im Jahre 1860 kam er nach Berlin, trat in das Geschäft von Otto Janke ein, verblieb in demselben ein Jahr und übernahm 1862 die Faktorstelle in der Buchdruckerei von W. Gronau (vormals Ed. Hänel) in Berlin, welcher er bis wenige Wochen vor seinem Tode vorstand. — Die hervorragendsten Arbeiten, welche Bachmann auf dem Gebiete der Typographie geleistet hat, sind folgende: Die Schule des Schriftsetzers (Separatabdruck aus dem „Journal für Buchdruckerkunst), — Der Buchdrucker an der Handpresse — Leitfaden für Maschinenmeister (1871) — Die Schule des Musiknotensatzes (1864) — Neues Handbuch der Buchdruckerkunst (Verlag von B. F. Voigt in Weimar, 1876). — An dem „Journal für Buchdruckerkunst" war Bachmann seit 1863 Mitarbeiter; außerdem lieferte er auch für Waldow's „Archiv der Buchdruckerkunst" mehrere Aufsätze.

Bachulke, auch Ballenmeister oder Waschbär, nannte man vormals den Arbeiter an der Handpresse, welcher das Auftragen der Farbe, die Instandhaltung der Ballen, das Papierfeuchten, das Bestellen der Lauge, die Bereitung von Lauge und Kleister, das Formenwaschen und andere Nebenarbeiten zu besorgen hatte, selbstverständlich aber nur in dem Falle, wenn dieser Arbeiter nur Hülfsarbeiter, also kein gelernter Buchdrucker war.

Badius, Conrad, Buchdrucker in Paris von 1535 bis 1549. Man zählt ihn, wie auch seinen Vater Jobocus Badius zu den gelehrten Buchdruckern. Er bekannte sich zu dem Glaubensbekenntnisse der Reformirten, und mußte infolge der harten Verfolgungen, welchen die Protestanten damals in Frankreich ausgesetzt waren, im Jahre 1549 nach Genf übersiedeln, wo auch Calvin zu jener Zeit eine Zufluchtsstätte gefunden hatte. Hier veranstaltete er eine Uebersetzung der berüchtigten Schrift des Erasmus Alberus: „Der Barfüßer Mönche Eulenspiegel und Alkoran" in das Französische und gab noch mehrere Werke von Bedeutung heraus, welche gleich den Drucken seines Vaters unter dem Namen „Ascensionen" bekannt und sehr gesucht sind.

Badius, Jobocus, oder Josse Bode, geboren 1462 zu Asch bei Brüssel, lateinisirte seinen Namen in Ascensionus, unter welcher Bezeichnung die meisten seiner Werke erschienen sind. Er wurde Lehrer an der Universität zu Paris und besaß seit 1498 dort eine Buchdruckerei, deren Officin er Prelum Ascensionum nannte. Badius gehört zu den gelehrten Buchdruckern und lieferte als solcher ebenso correcte als geschmackvoll ausgestattete Ausgaben der römischen Klassiker, welche er mit gelehrten Anmerkungen versah. Um die Buchdruckerkunst auf das innigste mit seiner Familie zu verbinden, verheirathete er seine drei Töchter Petronella, Johanna und Katharina an drei der hervorragendsten Buchdrucker seiner Zeit, an Michel Vascafon, Jean Raigny und Robert Etienne. Seine eigene Officin aber hinterließ er seinem Sohne Conrad Badius (s. b.).

Bämler, Johann, war Buchdrucker in Augsburg von 1472—1492 und gebührt ihm das Verdienst, in der Zeit des ersten Aufkeimens der Buchdruckerkunst in seiner Vaterstadt Augsburg die meisten Werke in deutscher Sprache gedruckt und somit nicht wenig zur Aufklärung seiner des Latein nicht mächtigen Mitbürger beigetragen zu haben. Er stand bei den Bibliographen von jeher in hohem Ansehen. Die wichtigsten seiner typographischen Schöpfungen sind: Das puch der natur — Ordnung der gesuntheit — Das buch Belial genannt — Hie vahet an die Cronica wie got geboren ward von ewigkeit, nach seiner grossen miltigkeit, der wolt in selber nit behalten allein den schacz der ewigen wunne etc. — Vom Anfang des berg und burg Andechs — Eine schöne historia, wie Troja die köstlich Statt erstöret ward — Der Heiligen leben — Die histori des königes Apollonii — Hystorie von der kreuzfahrt Gottfrieds von Bouillon und noch eine lange Reihe ähnlicher Werke, die zu verzeichnen uns der Raum fehlt, aber aus den angeführten Erzeugnissen wird man sich ein Bild von der Leistungsfähigkeit der damaligen Zeit machen können.

Bänder, s. Bänderführung.

Bänderführung. Die Vorrichtung der Bänder an der Maschine bezweckt die Herausführung des gedruckten Bogens zum Auslegetisch. Man nennt sie die Bänderführung und wird im allgemeinen vermittelt durch zwei Bänder, das Ober- und das Unterband, oft aber je nach der Größe der Maschine noch durch mehrere Bänder, während bei den Maschinen neuester Construction die Bänderführung gänzlich beseitigt ist. Das Unterband wird um eine unten ganz nahe am Druckcylinder liegende Stange inmitten derselben gebracht und über eine in einiger Entfernung davon befindliche Rolle gelegt, und, um hier Halt zu bekommen, zusammengenäht, und die Rolle, welche beweglich ist, so weit vorwärts gebracht, bis das Band angestrammt ist. Diese Befestigung darf indeß nicht zu stramm sein, weil das Band dann leicht reißt, und seine Anbringung unter der Maschine beschwerlich ist; schließlich wird die Rolle festgeschraubt. Wenn die Greifer des Cylinders den Bogen loslassen, wird er vom Unterband aufgenommen und infolge der Umdrehung der Rolle dem Oberbande zugeführt. Das Oberband wird um den Cylinder herum gemacht und in entgegengesetzter Richtung auf gleiche Weise, wie das Unterband, um eine Rolle gelegt. Dieses Band führt den Bogen dem Selbstausleger oder in Ermangelung dessen dem Bogenfänger zu; es braucht in seiner Umwindung des Druckcylinders nicht dessen Mitte einzunehmen, muß vielmehr so placirt werden, daß es keine Schriftstelle der Form berührt, denn wenn letzterer Fall aus Fahrlässigkeit eintritt, ist meistens die davon betroffene Schrift verloren. Bei umfangreichem Papier ist das Unterband nicht unbedingt erforderlich, indem große Bogen auch ohne Beihülfe desselben herauskommen, dagegen darf es in dem Falle, wo die Form nur aus ein paar Zeilen besteht, die noch dazu an dem Kopfe des Papiers stehen sollen, durchaus nicht fehlen.

Bahnen. Linien, gleichviel ob dieselben aus Schriftmetall oder aus Messing bestehen, werden in bedeutenden Längen angefertigt, was der technische Ausdruck in Bahnen nennt, um aus diesen heraus in die beliebten systematischen Stücke geschnitten zu werden. Das Schneiden geschieht mittelst einer Metall- oder Laubsäge auf einem dazu hergerichteten Instrument. Zeuglinien, d. h. solche aus dem Metall der Typen gefertigte, kommen vielfach in Bahnen in den Setzereien zur Verwendung.

Baiersche Schule. Die sogenannte Baiersche Schule des Colorirten Holzschnitts, in Freising, Kaisersheim, Mondsee und Tegernsee gepflegt, hatte blasses Colorit, s. Colorirte Holzschnitte.

Baldini, Baccio, Kupferstecher und Goldschmied zu Florenz zwischen 1470 und 1500, einer der ersten italienischen Kupferstecher, führte Stiche nach Zeichnungen von Botticelli aus, welche in technischer Hinsicht aber sehr unvollkommen waren und hinter den Erzeugnissen Deutschlands und der Niederlande aus damaliger Zeit weit zurückblieben.

Balken heißen im Musiknotensatz die geraden Schwänze, welche mehrere Noten verbinden und je nach der Zahl der letzteren von größerer oder geringerer Ausdehnung sind.

Balken giebt es an der Holzpresse zwei, den Ober= und den Unterbalken. Der erstere ist in seinen Lagern beweglich; bei dem Herüberziehen des Bengels giebt er sich in die Höhe und senkt sich wieder, sobald der Druck nachgelassen hat. Er ist in den beiden Seitenwänden eingelassen und ruht in lockeren Lagern, die oben und unten mit Pappenstücken ausgefüllt sind, um dem Druck eine geringe Elasticität zu geben. Der Unterbalken hält die beiden Seitenwände zusammen, ist in seinen Lagern durch Splieten befestigt, trägt die Schienen, das Laufbrett und den Karren.

Balken=Einfassung ist verschiedentlich die fette Linie genannt worden, welche als auszeichnende Einfassung zu Inseraten, oder zur Hervorhebung einzelner Stellen in denselben, von zwei derartigen Linienstücken eingeschlossen, oder auch als Trauerlinie Verwendung findet. Die allgemeinere Benennung ist Trauer= oder Annoncenlinie.

Balkenlinie ist ganz gleich mit Trauerlinie oder Balleneinfassung, s. d.

Ballanche, ein Buchdrucker in Lyon, welcher in den 40er Jahren mit der Erfindung einer Setzmaschine auftrat, eröffnete die später so zahlreich gewordene Reihe der Erfinder auf diesem Gebiete.

Ballen oder Auftrageballen, auch Druckerballen. Seit Erfindung der Druckkunst bis in unser Jahrhundert hinein bediente man sich zum Einschwärzen der Formen zweier Ballen, welche je aus mit gesottenen Roßhaaren gepolsterten Lederkissen bestanden. Von runder Form, betrug ihr Durchmesser etwa 15 Cm. und waren dieselben oben mit einem Handgriff versehen. Die Handhabung beim Auftragen bestand darin, daß beide Ballen gegen einander gerieben, um die Schwärze zu vertheilen und dann mit denselben wiegend über die Form auf und nieder gegangen wurde. Diese Ballen, um sie in brauchbarem Zustande zu erhalten, mußten oft umgepolstert, noch öfter aber von dem Rückstande der Schwärze gesäubert werden. Waren dieselben dann, wenn sie wieder in Gebrauch genommen werden sollten, noch nicht ganz trocken, und wollten sie deshalb keine Farbe annehmen, so bestreute man sie mit Alaunpulver, infolge dessen man seinen Zweck erreichte. Ballen von gleicher Beschaffenheit aber kleinern Formats braucht man in unserer Zeit noch vereinzelt beim Farbendruck.

Ballen abschlagen hatte zu den Zeiten der Anwendung der Auftrageballen die Bedeutung, die abgenützten und unbrauchbar gewordenen Ballenleder von den Ballenhölzern abnehmen oder abschlagen. Aber noch zu einem andern Zwecke wurde dieses Abschlagen vorgenommen, nämlich dazu, um die Ballenhaare herauszunehmen und durch Zausen wieder lockern zu können, weil die Krull=

7*

Haare durch längern Gebrauch sich verdichteten und ganz fest wurden. Zu dem letztern Zwecke brauchte das Ballenleder nur halb abgenommen zu werden.

Ballen aufschlagen nannten unsere Vorfahren die Bereitung der Auftrageballen. Diese bestanden aus dem Ballenholz, welches mit einem zirkelrund geschnittenen Stücke Schafleder übernagelt und mit gesottenen Pferdehaaren zu einem Polster ausgestopft wurde. Es war übrigens gar manches dabei zu beobachten: die dazu benutzten Lederstücke mußten vor dem Aufnageln eine Weile im Wasser gelegen haben und danach gegen einander gerieben werden, um sie recht zähe und biegsam werden zu lassen; die Vernagelung mußte so dicht sein, daß beim Auftragen sich keine Luft herausdrängen konnte und hinwiederum durften sie auch nicht zu fest aufgenagelt sein, weil ihnen dann die Elasticität abging und sie unbrauchbar waren. Anstatt des Schafleders hat man auch Hundeleder verwendet, was dem erstern vorzuziehen gewesen sein soll, aber nicht in Aufnahme gekommen ist, weil es eine zu aufmerksame Behandlung erforderte und einen unangenehmen Geruch hatte.

Ballen einölen, mit Baumöl nach Feierabend, hatte den Zweck, das Leder weich zu erhalten; zumal zeigte dieses Einölen sich vortheilhaft, wenn das Leder derselben von harter Beschaffenheit war.

Ballen einschlagen hieß zu den Zeiten dieses Werkzeuges, die Ballen, wenn sie voraussichtlich ein paar Tage nicht in Gebrauch kamen, in ein angefeuchtetes Stück Leinwand einwickeln, damit die Luft die Leder nicht austrocknete oder verhärtete.

Ballenhaare zum Auspolstern der vormaligen Auftrageballen waren Roßhaare und wurden von den Haarsiedern ausgesucht, gesotten und zu diesem Zwecke vorbereitet. Weil Roßhaare elastisch und dauerhaft sind, so leisteten sie zu diesem Zwecke vortreffliche Dienste und gab man den langen und starken den Vorzug.

Ballenholz. Dieses wurde meistens aus Linden- oder einem andern weichen Holz gefertigt, bestand aus einer zirkelrunden, inwendig schüsselartig ausgehöhlten Scheibe, und richtete die Größe sich nach dem Formate, zu welchem es benutzt werden sollte. Es diente zur Aufnahme des Leders und der Haare des Ballens und war bei der Presse meistens in mehreren neuen Exemplaren vorräthig, damit der Drucker durch das Zerbrechen eines solchen nicht in Verlegenheit kommen konnte.

Ballenknecht, bei der vormaligen Holzpresse zwei in deren Wand, dem Seitenbalken, eingelassene herausstehende Bretter, welche zum Aufbewahren der Ballen dienten.

Ballenleder, die Bekleidung des Ballenholzes, wurde entweder aus Schaf- oder ungegärbten Hundefellen geschnitten; meistens kamen jedoch erstere zur Verwendung, weil sie billiger als erstere und überall zu erhalten waren. Es wurden indeß nur Felle genommen, wie sie aus der Wallmühle kamen, welche bloß von den Haaren gereinigt und mit Fischthran gesättigt waren.

Ballen machen, s. Ballen aufschlagen.

Ballenmeister hieß zu den Zeiten der Auftrageballen der zweite Drucker an der Presse, welchem das Instandhalten der Ballen, das Verkleistern der Rähmchen, das Papierfeuchten, das Waschen der Formen u. s. w. oblag.

Ballenmesser hatte die Form eines gewöhnlichen Messers, mit welchem die Auftrageballen von dem darauf haftenden Schmutz gereinigt wurden. Es durfte nicht zu scharf sein, weil sonst das Leder damit zu beschädigen gewesen wäre.

Ballennägel waren früher kleine Nägel mit runden Köpfen, welche zum Aufnageln des Leders auf das Ballenholz verwendet wurden. — Figürlich nennt man gegenwärtig die Typen einer sehr alten, gänzlich abgenutzten Schrift Ballennägel, weil dieselben am Kopfe fast ebenso rund sind, wie jene, nach welchen sie spottweise benannt werden.

Ballen packen geschieht mittelst der Pack- oder Glättpresse, denn letztere eignet sich ebenfalls dazu. Es sind zu dieser Verrichtung in erster Reihe zwei Bretter erforderlich von mindestens der Größe, welche das zu verpackende Papier aufweist; diese Bretter müssen gleichmäßig mit zwei oder drei tiefen halbrunden Rillen über die ganze Fläche je 10 Cmtr. vom Rande und in der Mitte versehen sein. Eines dieser Bretter wird auf den Boden der Presse oder den Holzblock, der sich hier meistens zur Erhöhung des Bodens befindet, gelegt und zwar so, daß die Rillen oben sind. In diese Rillen werden nun die Stricke gelegt, welche zur Verschnürung des Ballens dienen sollen, die Schlinge derselben über das Brett hinaus; hiernach leuchtet es ein, daß die Rillen eine solche Tiefe haben müssen, um den Stricken einen freien Spielraum zu gewähren. Ueber diese Stricke wird der hölzerne Leistenrahmen oder das Brett, welches das Papier vor dem Einschneiden der Stricke zu schützen hat, gelegt, dann kommen ein paar Pappen und hiernach das Papier in seiner Gesammtheit darauf, welches oben wieder mit ein paar Pappen bedeckt und mit dem Holzrahmen oder dünnem Brett belegt wird. Die hinter dem Ballen mit ihren Schlingen liegenden Stricke werden jetzt aufgehoben und über die obere Holzversicherung gezogen, so daß die Schlingen oben herabhängen und die Enden der Stricke unter dem Ballen hervorstehen. Das andere gerillte Brett oben aufgelegt, bringt man den obern Theil der Stricke durch Hin- und Herziehen in die Rillen dieses Brettes hinein. Nachdem man sich vergewissert hat, daß die Stricke überall so locker sind, daß sie in den Rillen bewegt werden können, füllt man den etwaigen Raum der Presse zwischen Ballen und Balken aus und schraubt sie dann fest zu, wenn die Kraft der Hand nichts mehr vermag, mit Hülfe eines Hebels. Jetzt werden die Enden der Stricke durch die Schlinge gezogen, einige Knoten geschlagen und die Presse wieder losgeschraubt. Nach dem Aufhören der Pressung dehnt sich das Papier so sehr aus, daß die Stricke ganz angestrammt werden.

Ballen Papier. Der Ballen Papier wurde bisher in 10 Ries zu 20 Buch von je 25 Bogen eingetheilt, so daß der Ballen 5000 Bogen zählte. Nach der neuen Eintheilung hat er 10 Ries zu 10 Buch von je 100 Bogen, also 10,000 Bogen.

Ballhorn, Johannes, Rathsbuchdrucker zu Lübeck, geboren 1531, gestorben 1599, machte sich berühmt durch nichtssagende Vermehrungen und Verbesserungen in seinen Drucken, wodurch er zum Sprüchwort geworden ist. Hauptsächlich geschah dies aber durch seine Verbesserung der Fibel, in deren Alfabet er die Ligaturen ff, ll, ss, sowie tt einfügte und auf der letzten Seite das bis dahin übliche Bild eines an den Füßen mit Sporen versehenen Hahnes in das eines ungespornten, welchem ein Korb mit Eiern zur Seite stand, verwandelte. Auf diese Aenderung that er sich sehr viel zugute, so daß er auf den Titel druckte: „Vermehrt und verbessert von Johannes Ballhorn." Seitdem heißt Ballhornisiren durch Verbesserungen verschlechtern. M.

Ballhorn, Friedrich, Herausgeber der „Alfabete orientalischer und occidentalischer Sprachen", war vormals Accidenz-Faktor in der Officin von F. A. Brockhaus in Leipzig, wurde 1803 geboren. Schon im sechsten Jahre hatte er das Unglück, seinen Vater, einen Dorfpfarrer in der Mark Brandenburg, durch den Tod zu verlieren. Von seiner Mutter Bruder (ebenfalls Dorfpfarrer) ward er soweit erzogen, daß er in die höhere Bürgerschule (die Salaria) in Brandenburg aufgenommen wurde; hier erwarb er sich in drei Jahren die Kenntnisse, daß er, mit dem Testimonium der Tertia eines Gymnasiums gleich, die Lehre antrat. Sein Lehrherr, J. J. Wiesike, Buchhändler und Buchdrucker in Brandenburg, hatte das richtige Prinzip, daß der Lehrling alles angreifen müsse, was zur Sache gehört, und so wurde denn gearbeitet am Kasten, an der Presse, in der Buchhandlung u. s. w. (daher denn auch mehrere seiner Zöglinge nach der Lehre Buchhändler wurden), außerdem als Glied der Familie betrachtet, war die Lehrzeit schnell vergangen. Nachdem er nun noch seiner Militärpflicht als einjähriger Freiwilliger Genüge geleistet, ging es voll frohen Muthes und voll großer Hoffnungen nach Leipzig. Ein älterer Lehrkamerad (Commis in der Dyk'schen Buchhandlung) hatte ihm eine Stelle verschafft in der Officin von C. P. Melzer. Diese bekleidete er einige Jahre, durchreiste dann Süddeutschland und die Schweiz und conditionirte in Karlsruhe und Aarau. Nach Leipzig zurückgekehrt, war er mehrere Jahre Faktor bei Carl Tauchnitz, wo er Gelegenheit hatte, sich mehr mit den orientalischen Sprachen bekannt zu machen. Seit 1837 war Friedrich Ballhorn Accidenz-Faktor bei F. A. Brockhaus, welche Stelle vorzugsweise mit Correcturlesen verbunden ist und hat hier am 1. April 1868 sein 50jähriges Buchdruckerjubiläum gefeiert. Seit den dreißiger Jahren an Schwerhörigkeit leidend, mußte er auf ihm gemachte Offerten verzichten. Die Anregung zur Herausgabe von Alfabeten war F. Ballhorn in seiner Jugend gegeben, weil damals die intelligenten Setzer die nothwendigsten Alfabete nur in Abschrift besaßen und oft nicht correct. Handbücher (Formatbücher), die solche enthielten, fehlten oder waren veraltet. Ja, als später Hasper sein Handbuch herausgab (1. Aufl.), waren die darin enthaltenen Alfabete fehlerhaft. Erst 1842 konnte er sein lange gehegtes Vorhaben ausführen; jetzt erst wurde ihm Zeit und Mittel dazu. Seine bescheidenen Erwartungen wurden aber durch den Erfolg sehr übertroffen — binnen Jahresfrist mußte die zweite Auflage gedruckt werden u. s. w. — Bei den in die neuere Auflage aufgenommenen schwierigeren Alfabeten hat der Herausgeber nicht unterlassen, Revisionen betreffenden Autoritäten, z. B. den Prof. Brockhaus, Benfey, Dillmann, v. d. Gabelenz, Schafarik u. a. vorzulegen, welche ihn auch sehr bereitwillig unterstützt haben. — Daß diese Alfabetsammlung noch nicht zum Abschluß gekommen, ist selbstverständlich, und wird hoffentlich weiter fortgesetzt werden. Ballhorn ist am 1. April 1876 bei seinem Sohn, Hermann Ballhorn, dem Inhaber der Ebner'schen Buchhandlung in Nürnberg, 72 Jahre alt, gestorben.

Band-Einfassung, eine Type, welche als Einfassung zu verwenden, aber auch sonst als Verzierung zu Briefköpfen, auf Visit- und zumal Adreßkarten vortreffliche Dienste leistet, indem man mittelst derselben alle möglichen Windungen eines Bandes sehr getreu darstellen kann. Sie wurde zuerst von den Engländern Stephanson und Blake vor etwa zwanzig Jahren unter der Benennung Ribbon Type introducirt und ist seitdem in der ganzen typographischen Welt ein Liebeskind und mit recht geworden, so daß dieselbe von fast allen Gießereien und in den mannichfachsten Variationen geliefert wird.

Barclay in London, ein Engländer, erfand zur Zeit der Einführung der Eisen-Handpressen eine solche, welche er Rotary Standard Press, d. h. Drehpresse, nannte und im Jahre 1822 ein Patent auf dieselbe nahm. Die Druckkraft dieser Presse wurde durch Keile, schiefe Flächen und Walzen erzeugt. Sie hat wenig Beifall gefunden und ist deshalb auch nur während einer kurzen Zeit gebaut worden.

Barth, Johann August, ein um seine Kunst sehr verdienter Buchdrucker in Breslau und dort Universitäts- und Stadtbuchdrucker, geboren 1765 in Königswerth in der Oberlausitz, gestorben am 9. September 1818, 53 Jahre alt. Er erfand ein unverbrennbares Papier, das er **Amianthpapier** nannte, und druckte einen Poetischen Willkommen auf die Verlegung der Universität von Frankfurt a. b. O. nach Breslau in 20 Sprachen und Schriften, ein Produkt, das zu den typographischen Seltenheiten gehört. Aber noch bemerkenswerther ist ein Druck von ihm unter dem Titel: Monumentum Pacis (Friedensdenkmal) auf die Friedensschlüsse von 1814 und 1815, welcher 1818 in Breslau in Folio, 80 Seiten stark mit 64 colorirten Steindruckblättern erschien und 12 Dukaten kostete (s. Monumentum Pacis). Mit dem Buchdruckerei-Geschäft Barths war zugleich eine ansehnliche Verlagsbuchhandlung, Schriftgießerei und Steindruckerei verbunden.

Bartschrift ist eine verzierte Antiqua getauft worden, welche am Fuße mit einer Schraffirung versehen ist, bei welcher die Benennung „Schraffirte Schrift" viel bezeichnender wäre, als Bartschrift, weil die Verzierung aus regelmäßigen Strichen besteht und nicht die mindeste Aehnlichkeit mit der Unregelmäßigkeit eines Bartes hat.

Baskerville, Johann, berühmter englischer Buchdrucker und Kupferstecher, geboren 1706 zu Wolverley, Grafschaft Worcester, widmete sich anfangs dem Lehrerstande und erhielt auch eine Schulstelle, entsagte derselben aber bald, wahrscheinlich in Folge seiner atheistischen Anschauungen. Dann gründete er, 44 Jahre alt, zu Birmingham, Grafschaft Warwich, eine Buchdruckerei, Schriftgießerei und Kupferstecherei. Er schnitt seit 1750 die Stempel zu seinen Buchstaben, deren Augen tief und die im Bilde schön waren. Seine Drucke zeichnen sich durch hohe Kunstvollkommenheit aus und war er der Begründer der **edlen Einfachheit** der englischen Drucke. So findet man in seinen Werken — mit Ausnahme eines einzigen, des „Orlando furioso" (Der rasende Roland) — weder Initialen noch Uncialen, weder die damals so beliebten Arabesken noch andere Verschnörkelungen und auch keinen Kupferstich. Seine vorzüglichsten Ausgaben sind die des Horatius, Terrentius, Catullus, Virgil, Juvenals, Lucretius, Salustrius, Persius u. a. Die Ausgabe der englischen Bibel in Folio, welche auf Kosten der Universität Cambridge bei Baskerville gedruckt wurde, ist leider auf so dünnem Papier gedruckt, daß der Druck durchschlägt und dadurch unleserlich wird. Er starb am 17. Januar 1775. In seiner letztwilligen Verfügung stellte er die Bedingung, seine sterblichen Ueberreste weder auf einem geweihten Kirchhof, noch unter kirchlichen Zeremonien zu bestatten, sondern dieselben in einer auf seinem Gute erbauten Pyramide beizusetzen. Zeugt auch dieser Umstand von seiner bereits erwähnten atheistischen Anschauung, so wird uns dieselbe vollständig klar, wenn wir erfahren, daß er in jeder Art von Gottesverehrung nur thörichten Aberglauben erblickte.

Bastard, eine aus der Halbgothisch und der französischen Ronde gebildete Schrift, wurde zuerst von einem Deutschen namens **Heilmann** 1490 in die Druckerei eingeführt und von den Franzosen Bâtarde, nachher Bâtarde ancienne genannt. Sie erhielt sich bis ins achtzehnte Jahrhundert hinein, wurde dann vergessen, aber in unserer neuesten Zeit in den veredelten Formen und in den verschiedensten Charakteren und Schnitten, halbfett, fett, mager und ganz fein, wieder neu belebt. Ihrer abgerundeten Formen halber, die selbst noch mit den mannichfachsten Verzierungen geschmückt sind, ist sie zu großer Beliebtheit gediehen und fast kein Schriftgießer kann die Anschaffung einer derselben umgehen. Vom kleinsten bis zum größten Kegel vorhanden, leistet sie von der Visitkarte und dem Briefkopf ab die ganze Titel- und Accidenzbranche hindurch bis zum Plakat ausgezeichnete Dienste. Nur dem I und ch wollen manche kunstgeübte Augen der Form halber das Prädikat „schön" nicht beilegen, und mögen unsere Stempelschneider Vermerk davon nehmen.

Bauen ist ein figürlicher Ausdruck für Setzen und bezieht sich eigentlich auf diejenigen Arten von Satz, bei welchen der Winkelhaken nicht immer zu benutzen ist, die Typen vielmehr von der Hand auf das Schiff gestellt werden. Es kommt dies vor bei tabellarischem Ziffernsatz, mitunter beim mathematischen Satz, beim Bogen-, Rund-, Schräg- und Winkelsatz.

Bauer, F. A., geboren 1783 zu Stuttgart, kann gewissermaßen als Miterfinder der Schnellpresse bezeichnet werden, denn seine Kenntnisse und praktischen Erfahrungen in der Mechanik haben nicht wenig zu der sichern und raschen Ausführung der Königschen Erfindung beigetragen. In den Anfang des Jahres 1807 fällt die erste Bekanntschaft und Verbindung dieser beiden Männer, nachdem König eben vorher mit Th. Bensley, einem der reichsten Buchdrucker Londons, einen Vertrag zum Zwecke sofortiger Ausführung seiner Erfindung, der Erbauung einer Schnellpresse, abgeschlossen hatte. Von dieser Zeit an hielten diese beiden Männer fest an einander und zumal als König, anstatt für sein rastloses Streben und für die Durchführung seiner Erfindung, welche in aller Welt Staunen erregte, Früchte zu ernten, durch schnöde Habgier der englischen Geldmänner ausgebeutet wurde, stand ihm Bauer als treuester Freund zur Seite. Beide beschlossen, England zu verlassen und in ihrem Vaterlande gemeinschaftlich eine Anstalt zum Bau von Buchdruckschnellpressen zu errichten. König siedelte 1817 nach Deutschland über, nachdem ihm von der baierschen Regierung das ehemalige Kloster Oberzell zur Verfügung gestellt worden war, während Bauer anfangs 1818 ihm folgte. Unter den kleinlichsten Umständen wurde hier begonnen; es fehlten passende Baulichkeiten, es fehlten geeignete Werkzeuge und geschickte im Fach erfahrene Arbeiter. Im Jahre 1820 war die erste Schnellpresse fertig, welche die Officin von F. A. Brockhaus in Leipzig erhielt, aber im Ganzen war der Fortschritt nur ein geringer, denn der Umstand trat dem Emporblühen der Schnellpressenfabrikation besonders hinderlich in den Weg, daß die Drucker Deutschlands, welche ihre Existenz bedroht glaubten, der Einführung der Schnellpressen feindlich gegenübertraten. König starb am 17. Januar 1833 und von nun an ruhte die ganze Last des Geschäfts allein auf Bauer. Es bedurfte der ganzen Kraft eines mit so seltener Schärfe des Geistes begabten Mannes, das begonnene Werk allein weiter zu führen. Inzwischen hatte sich auch die äußere Lage gebessert; Ruhe und Besinnung war in die irregeleiteten Gemüther eingekehrt, die steigende Thätigkeit des Buchhandels vergrößerte das Bedürfniß nach Schnellpressen. Einer der thätigsten und erfolgreichsten Lebensabschnitte Bauers fällt in die Jahre 1840—47. Fortwährend auf Vervollkommnung der Maschinen bedacht, ersann er im Jahre 1840 die erste sogenannte Kreisbewegungs-Maschine. Die Anwendung der hyperzykloidalen Kreisbewegung war für den Schnellpressenbau von großer Tragweite und schuf in der weitern Entwickelung und Ausbreitung der Erfindung einen neuen Zeitabschnitt. Sie ist ausschließlich Bauers geistiges Eigenthum und ebenso die 1841 von ihm zuerst für die Druckerei von F. A. Brockhaus in Leipzig ausgeführte Greifer-Doppelmaschine, welche so meisterhaft construirt war, daß sie bis heute das Vorbild für fast alle Doppelmaschinen geblieben ist. Das letztere größere Werk Bauers war 1847 die Erfindung der sogenannten Vierfach-Maschine, welche 6000 Abdrücke in der Stunde liefert. Die Ausarbeitung derselben beschäftigte ihn über ein Jahr. Es war Bauer vergönnt, am späten Lebensabend ruhig und ohne Sorgen für die Zukunft das Werk, zu dessen Begründung und Durchführung er so verdienstvoll beigetragen hatte, in voller Blüthe sich entwickeln zu sehen; noch kurz vor seinem Tode wurde die sechshundertste Maschine vollendet. Er starb am 27. Februar 1860 und ruht nun an der Seite seines langjährigen und viel geprüften Freundes König auf dem Kirchhofe zu Oberzell.

Bausche verfolgt beim Handpressendruck denselben Zweck, wie der Träger; beide unterscheiden sich nur in ihrer Herstellung und Gestalt. Der druckerzeugende Tiegel der Handpresse äußert an splendiden Stellen der Form einen schärfern Druck als an compressen aus, was mit Kippen des Tiegels bezeichnet wird. Um dieses abzuhelfen, muß der Tiegel an jenen Stellen getragen werden, was eben durch eine Bausche vermittelt wird. Sie besteht aus mehrfach zusammengeschlagenem Papier, meistens von 2 Cm. Breite und erforderlicher Länge und wird an denjenigen Stellen des Rähmchens angebracht, wo der zu starke Aufsatz sich zeigt.

Baxter, G., ein englischer Kupferstecher und Drucker zu London in dem zweiten Viertel unsers Jahrhunderts, welcher durch seine unermüdlichen Versuche auf dem Gebiete des Farbendrucks bald zu einer hervorragenden Bedeutung gelangte, so daß seine Leistungen nach kurzer Zeit nicht mehr als Farbendrucke oder Hell-Dunkel zu bezeichnen waren, vielmehr Gemäldedruck genannt werden mußten. Sein Verfahren ist folgendes: die Grundzeichnungen seiner Copien werden von einer Stahlplatte abgezogen, auf die verlorenen Umrisse alsdann so viel wirkliche Farben von Holzplatten abgedruckt, als bestimmte Tinten und Töne in dem Gemälde vorkommen. Der eigentliche Untergrund, auf welchem die Gemälde aufgelegt zu sein scheinen, ist durch den Abdruck einer glatten Kupferplatte, die wie ein Holzschnitt behandelt wird, gewonnen. Von der Schwierigkeit dieses Druckverfahrens kann man sich einen Begriff machen, wenn man erwägt, daß einige Blätter nicht weniger als zwanzigmal unter die Presse kommen, und die einfachsten hinsichtlich des Colorits 10—12 Platten erfordern. Von Baxters Kunst, Gemälde zu vervielfältigen, giebt sein Werk: Pictorial Album, or Cabinet of Paintings, London 1837, 4. und die in demselben enthaltenen Blätter das sprechendste Zeugniß.

Beiläufer heißt bei der Schnellpresse der Gehülfe des Excentrieurs, welcher mit dem Druckcylinder, der Auffang-Rolle und dem Farberädchen in mittelbarer Beziehung steht.

Bekleidung des Cylinders, s. Aufzug des Cylinders.

Beleuchtung. Die Lichtfrage ist für die Werkstätten sämmtlicher graphischen Künste von höchster Bedeutung, sei es das Tageslicht, sei es die künstliche Beleuchtung während der abendlichen oder nächtigen dunkelen Stunden. Für den Setzer, den Lithographen, den Holzschneider ist das seitwärts von links einfallende Tageslicht das vorzüglichste; für den Lithographen und Xylographen ist auch das von vorn kommende Licht ein günstiges, weniger für den Setzer; das von rechts einfallende Licht ist weniger vorzüglich, weil die rechte arbeitende Hand einen Schatten abgiebt. Bei neuen Einrichtungen sollte man den Anforderungen eines guten richtigen Lichtes so viel nur möglich Rechnung tragen und bei bestehenden Geschäften, wo in dieser Hinsicht Mangel ist, auf dessen Abhülfe bedacht sein. Das schrecklichste Licht für die genannten Berufe ist ein solches, das von oben kommt oder das sich durch sogenanntes Milchglas hindurchdrängen muß. Nichts ist angreifender und ermüdender für die Augen, als das Licht durch die Scheiben aus dem genannten matten Milchglas. Die Schnellpresse und die Handpresse steht am vorzüglichsten, wenn bei letzterer der Drucker, bei ersterer der Anleger das Licht vor sich haben. Was die künstliche Beleuchtung anbelangt, so wird eine gute Einrichtung von Petroleum der Gasbeleuchtung unter allen Umständen vorzuziehen sein, und dasselbe gilt auch für Litho- und Xylographen.

In der Setzerei sind die Setzerlampen, selbstverständlich mit Porzellankuppel und Cylinder versehen, auf einem am Regal befestigten, beweglichen Arm anzubringen, so daß die Lampe auf der Mitte des Setzkastens ihren Platz hat und nach rechts und links hinbewegt werden kann. Für den Lithographen und Holzschneider ist eine Petroleumlampe am passendsten, welche in die Höhe gebracht und niedergelassen werden kann. Für die beiden letzteren Berufsarten ist es zum Schutze der Augen sehr dienlich, beim Lichtarbeiten einen Schirm von Pappe oder steifem Papier davor zu tragen, weil ein solcher gegen die direkte Einwirkung der Lichtstrahlen Schutz bietet und die ausströmende Wärme abhält. Holzschneider bedienen sich auch vielfach der mit Wasser gefüllten Glaskugel in derselben Weise, wie dies beim Schuhmacherhandwerk von altersher Brauch gewesen. Die Glaskugel soll ihren Brennpunkt auf die Stelle werfen, wo der Künstler arbeitet, und diese dadurch im hellsten Lichte erscheinen lassen; dies ist der Zweck, den man dabei im Auge hat. Die Lampenbeleuchtung bei der Schnellpresse läßt sich am besten mit der Hängelampe vermitteln, welche über dem Farbewerk angebracht ist. Bei der Handpresse ist eine solche Lampe nicht gut zu benutzen, weil dieselbe den Zug, den die Schwingung des Rähmchens verursacht, nicht vertragen kann; am vortheilhaftesten macht es sich, wenn man die Lampe in der Nähe des Deckels an eine Wand befestigt, so daß das volle Licht auf den Deckel fallen muß.

Bellaert, Jacop, gebürtig aus Zirikzee (Holland), war der erste Buchdrucker in Haarlem, jedoch nur etwa zwei Jahre hier (1485—86) und druckte hier ein Schriftchen unter dem Titel: „Dat leiden Jesu" mit 32 Holzschnitten. — Diese Nachricht giebt Dr. van der Linde in seiner „Haarlemsche Kosterlegende" als Ergebniß seines Quellenstudiums in den Haarlemer und anderen Archiven, und ist diese glaubwürdige Nachricht schon deshalb um so interessanter, weil dadurch der Anspruch auf die Erfindung der Buchdruckerkunst seitens Lorenz Kosters gänzlich zusammenbricht, denn wenn hier erst 1485 die erste Druckerei introducirt wurde, so kann Koster nicht dreißig Jahre vorher in Haarlem gedruckt haben.

Bengel ist ein Bestandtheil an den Handpressen, eine Hebestange aus Eisen, entweder in gerader Beschaffenheit oder mehr oder weniger gebogen. Bei der Holzpresse ist der Bengel direkt in die Spindel eingelassen, bei den eisernen Pressen steht er mit dem druckerzeugenden Mechanismus indirekt, durch Vermittelung einer andern Stange, dem Gleicher, in Verbindung. Die Handhabung des Bengels vermittelt den Druck: durch sein Herüberholen bewegt sich die Spindel herunter (Holzpresse, Stanhopepresse), geben sich schrägstehende Kegel gerade oder steigen Keile gegen eine schiefe Fläche an, infolge dieser Vorkehrungen eine drückende Kraft von oben auf den Tiegel bewirkt wird, welcher dieselbe von seiner untern Fläche aus zurückgiebt und dadurch einen Druck auf die unter demselben befindliche Form ausübt. Der Bengel hat bei all diesen Pressen eine horizontale Lage, während er bei den schottischen und Kniehebelpressen eine senkrechte Stellung einnimmt, welche bei der Ausübung des Druckes in eine horizontale sich verwandelt, so daß hier also derselbe nicht herüber gezogen, sondern niedergedrückt wird. Bei der Holzpresse ließ man nach geschehenem Ziehen den Bengel fahren, so daß er infolge der Elasticität des Druckes auf der Bengelschnalle auffuhr und dort sitzen blieb; bei der eisernen Presse muß er in seinem Rückgange aufgehalten werden, weil hier die Elasticität eine bedeutend stärkere ist und durch ein plötzliches Zurückschnellen die Spiralfedern, welche die Elasticität bewirken, springen können. An seinem äußersten Ende ist der Bengel mit einer Holzbekleidung als Handhabe versehen.

Bengelknopf. Die Eisenstange des Bengels der Holzpresse ist an ihrem äußersten Ende, wo die Bengelscheibe aufhört, mit einem wuchtigen Bleiknopf umgeben, welcher den Zweck hat, den Schwung des Bengels zu erhöhen und daher Bengelknopf genannt wird.

Bengelscheibe ist bei der Holzpresse die Holzbekleidung der eisernen Bengelstange, welche als Handhabe dient.

Bengelschnalle, eine vorn an der hintern Wand der Holzpresse angebrachte Vorrichtung aus Holz, auf welcher der Bengel im Stillstande ruht.

Bensley, Th., einer der reichsten Londoner Buchdrucker zu Anfang unsers Jahrhunderts; sein Name steht in Beziehung zu der Erfindung der Schnellpresse, indem er zu deren Ausführung die Mittel beschaffte, später aber eine unehrenhafte Rolle dabei spielte, s. König.

Berechnen ist in der Typographie der technische Ausdruck für Stückarbeit als Redeweise des gemeinen Lebens, in dem Sinne, wo der Lohn nach dem Quantum des geleisteten Satzes oder Druckes bemessen wird.

Berechnen der Arbeit. Der im Berechnen arbeitende Setzer berechnet seine Leistungen entweder nach Tausenden von Buchstaben, oder stunden- oder tageweise, oder bei Arbeiten, welche nicht gut nach einer Buchstabenzahl zu berechnen und ebenso auch nicht nach einem Zeitmaß zu veranschlagen sind, nach einer vorher getroffenen Vereinbarung. Die Tausende der Buchstaben lösen sich entweder in Bogen oder Columnen oder in Hunderten von Zeilen auf, während der Preis sich entweder nach dem Tarif oder nach einer Vereinbarung mit dem jeweiligen Prinzipal richtet. — Bei der Schnellpresse ist das Berechnen nur in gewissen Verhältnissen thunlich und kommt äußerst selten vor, und unsere Pressendrucker von heute bekommen auch fast ausnahmslos gewisses Geld, weil die Handpresse meist nur noch zum Druck von kleinen Auflagen benutzt wird. — Die früheren Druckerlöhne wurden nach der Größe der Auflage berechnet und ein Satz von 1000 Bogen angenommen. — Maschinenmeister an Steindruckpressen, Steindrucker und Lithographen erhalten ebenso meistens festes Gehalt.

Berechnen des Manuscripts, auch Auszählen des Manuscripts genannt, hat den Zweck, im voraus zu ermitteln, wie viel Satz ein zum Druck bestimmtes Manuscript annähernd giebt. Es müssen zu dem Behuf die Sylben des Manuscripts ausgezählt und deren Gesammtzahl zu den Sylben dieses Druckes in Beziehung gebracht werden. Die Auszählung wird auf folgende Weise vorgenommen: angenommen, das Manuscript enthält 255 Schreibpapier-Folioseiten von je 38 Zeilen, so zählen wir von fünf Zeilen die Sylben und theilen die so erhaltene Zahl in fünf; das sich hieraus ergebende Resultat ist die durchschnittliche Sylbenzahl einer Zeile. Beispielsweise ist diese Zahl 23, so vervielfältigen wir zuerst 255 mit 40, macht 10,200, letztere Zahl wieder mit 23, ergiebt 234,600 als die Gesammt-Sylbenzahl des Manuscripts. Das Format des Druckes soll eine Breite von 21 Cicero bei 40 Corpus Länge haben. Auf dieselbe Art wie beim Manuscript ermitteln wir nun die Durchschnitts-Sylbenzahl einer Zeile des Druckes, indem wir fünf Zeilen eines gleichen Druckes zählen oder diese Zeilen von dem betreffenden Manuscript absetzen und auszählen, was das sicherste ist. Die durchschnittliche Zahl der Sylben für die Druckzeile beträgt 15, also für die Columne 15+40 : 600 für die Columne. Das fragliche Manuscript in seinen 234,600 Sylben ergiebt also 391 Seiten oder 24 und einen halben Bogen. — Um aber bei dieser Berechnung der Wahrheit möglichst nahe zu kommen, darf nicht unterlassen werden, das Manuscript von Blatt zu Blatt genau zu prüfen, ob Durchstreichungen, Einschaltungen oder Ueberschreibungen vorhanden sind, welche nach Maßgabe ihres Umfanges in Anrechnung oder in Abzug gebracht werden müssen.

Berechnen des Notenplanes, s. Notenplan.

Berechnen der Parangonaden, s. Parangonaden.

Bereitung bunter Farben, s. Bunte Farben.

Bertram, Oswald, Administrator der Buchhandlung und Buchdruckerei des Waisenhauses in Halle, einer der befähigtsten Buchdrucker unserer Tage, war 1827 geboren und kam, 9 Jahre alt, 1836 selbst als armer Waisenknabe in diese Anstalt. Bertram hat seine geistigen Fähigkeiten dieser fast 200 Jahre alten Anstalt gewidmet und es verstanden, dem gegen die Anforderung der Neuzeit zurückgebliebenen Institute das Gepräge der jugendlichen Frische wiederzugeben, so daß die Buchdruckerei des Halleschen Waisenhauses jetzt zu den besteingerichteten Deutschlands zu zählen ist. Bertram war ein Mann von ganz ungewöhnlicher Begabung, und große Verdienste hat er sich um den Deutsch=Oesterreichischen Buchdruckerverein erworben, indem er die leitende Persönlichkeit fast all seiner Commissionen war; es sei nur an die Tarif= und Orthographie=Angelegenheit errinnert, in welch letzterer er vom Cultusminister Falk als Delegirter des Deutschen Buchhandels und der Buchdruckerkunst zu der 1875 in Berlin abgehaltenen Orthographie=Conferenz berufen wurde. Bertram starb, noch nicht voll 49 Jahre alt, am 10. April 1876, nachdem er schon jahrelang brustkrank gewesen war.

Beschweren. Das gefeuchtete Papier ist ein paar Stunden nach geschehenem Feuchten zu beschweren, d. h. auf das Feuchtbrett, welches den Papierhaufen bedeckt, muß ein schweres Gewicht oder ein wuchtiger Stein gelegt werden. Es geschieht dies zu dem Zwecke, um die gleichmäßige Durchfeuchtung des Papiers zu befördern und dasselbe im bessern Zustande zu erhalten, denn ohne dieses Beschweren wird das Papier rauh, kraus und unansehnlich. Gleich nach vorgenommenem Feuchten darf es nicht beschwert werden, weil die Wucht des Druckes so viel Wasser herausdrängen würde, daß das Papier nicht den gewünschten Grad von Feuchtigkeit erhält.

Besehblech, ein Instrument, mit Hülfe dessen in der Schriftgießerei die Kegelrichtigkeit der einzelnen Typen untersucht wird. Es ist ein dünnes, gleichmäßiges Stück Metall von der Form eines Triangels, dessen untere Fläche, etwa 8—10 Cm. messend, untadelhaft gerade sein muß.

Besehklotz. Behufs der Prüfung der Kegelrichtigkeit der einzelnen Typen bei der Zurichtung des Gießinstruments werden in der Schriftgießerei zwei Geräthe, das Besehblech und der Besehklotz, angewendet. Das letztere ist ein viereckiges Stück hartes Metall von etwa 4 Cm. Stärke und 8—10 Cm. Fläche. Auf die Oberfläche des Besehklotzes, welche, wenn sie ihren Zweck erfüllen soll, untadelhaft gerade abgerichtet sein muß, werden zwei der auf die Richtigkeit des Kegels zu untersuchenden Typen gelegt und inmitten derselben die Normaltype, mit welcher die zu prüfenden und neu anzufertigenden Typen übereinstimmen sollen. Den Besehklotz mit den drei Typen in der linken Hand, das Besehblech an seiner Spitze mit der rechten haltend, bringt der Schriftgießer den erstern vor sein Auge und stellt die Unterfläche des Blechs auf die Typen: jetzt untersucht er prüfenden Blickes, ob zwischen den Typen und dem darauf ruhenden Metall eine Oeffnung zu entdecken ist, wo das Licht hindurchscheint. Ist letzteres in keiner Weise der Fall, so ist der Kegel annähernd richtig, und es erübrigt nur noch, um vollkommen vergewissert zu sein, die untrügliche Messung mit dem Typometer vorzunehmen. Tritt der andere Fall ein, daß zwischen einer der Ty=

pen und dem Metall ein Lichtschimmer hindurchbricht, so ist der Kegel entweder zu stark oder zu schwach, welcher Umstand eine Aenderung der Kerne des Instruments bedingt.

Bethue & Plon, eine Pariser Firma, welche sich dadurch auszeichnet, daß sie eine Riesen- oder Mammuth-Handpresse baut, welche eine Tiegelgröße von 266 : 220 Cm. aufweist und zum Affichendruck tauglich ist.

Bewick, ein ausgezeichneter englischer Holzschneider, geboren am 12. August 1753, war der Reformator des fast vergessenen oder doch gänzlich vernachlässigten Holzschnittes in England. Von Hause aus Kupferstecher und als solcher Schüler Balbys, hatte er die Xylographie sich ohne Unterricht in dieser Kunst angeeignet, wobei er in Ermangelung anderer Instrumente die Grabstichel der Kupferstecher verwendete. Er starb am 8. November 1828 in Newcastle. — „Naturgeschichte der Vierfüßler, nach eigenen Zeichnungen", London 1811, und „Naturgeschichte der englischen Vögel", 3 Bde., London 1809, sind seine Hauptwerke; nach seinem Tode erschienen noch andere von ihm verfaßte Ausgaben.

Bibel oder die Heilige Schrift, war das erste wirkliche Produkt der Typographie als eines Buches, das aus beweglichen Lettern geformt und auf mechanischem Wege mittelst der Presse vervielfältigt worden ist. Gutenberg war der Urheber des Bibeldrucks und der erste Bibeldrucker; die Reihe seiner Nachfolger auf diesem Gebiete ist eine immense, und die Zahl der Exemplare, welche seitdem die Presse verlassen hat, ist eine unnennbare. In Deutschland allein zählt man von der Erfindung der Druckkunst bis zur Reformation 17 verschiedene Ausgaben der Bibel theils in oberdeutscher Mundart (Mainz, Straßburg, Augsburg), theils in niederdeutscher (Köln 1480, Lübeck 1494, Halberstadt 1522). Alle jene Uebersetzungen mußten jedoch dem Meisterwerke Luthers den Platz räumen, von welchem seitdem 38 verschiedene Ausgaben erschienen sind, so namentlich in Lüneburg, Köln, Hamburg, Hannover, Braunschweig, Halle, Rinteln u. s. w. In der neuesten Zeit ist eine große Anzahl neuer Uebersetzungen der Bibel ins Deutsche veröffentlicht.

Biblia Latina Vulgata. Mögen die Monumente, welche man Gutenberg aus Erz und Stein gesetzt hat, auch noch so schön und edel sein — das edelste Denkmal hat er sich selbst gesetzt durch die Schöpfung der ersten gedruckten Bibel, welche den obigen Titel führt, sonst aber auch die Zweiundvierzigzeilige genannt wird und der ins Deutsche übersetzt lautet: Gemeine Lateinische Bibel (wie sie bei den Katholiken im Gebrauch war). Das Exemplar dieser Bibel, welches in der französischen Nationalbibliothek aufbewahrt wird, trägt folgende Inschrift auf dem ersten Band: Et sic est finis primae partis scilicet veteris Testamenti … (und somit ist der erste Band, enthaltend das Alte Testament, beendigt); der zweite Band zeigt folgende Inschrift: Iste liber illuminatus, ligatus et completus est per Henricum Cremer, Vicarium ecclesiae collegiae Sancti Stephani Moguntiae sub anno Dei millesimo quadringentesimo quinquegesimo sexto, festo assumptionis gloriae Virginis Mariae. Deo Gratias alleluja! (dieses herrliche Buch ist durchgesehen und vervollständigt von Heinrich Cremer, Vikar am geistlichen Colleg des heiligen Stephan zu Mainz, im Jahre des Herrn, Eintausendvierhundertsechsundfunfzig am Feste der Himmelfahrt der glorreichen Jungfrau Mariä. Mit Gottes Gnaden, Halleluja!) — Diese Bibel besteht aus 641 Blättern, von denen 324 auf den ersten und 317 auf den zweiten Band kommen. Die Columnen sind zweigespalten und hat jede derselben 42 Zeilen (daher die Bezeichnung Zweiundvierzigzeilige Bibel). Das Werk zeigt weder Signaturen noch Columnentitel, weder Initialen noch den vormals unvermeidlichen Custos, und seine Schwärze, wahrscheinlich aus Ruß und Gummi bereitet, ist mittelst Wasser auflösbar. Die erste Ausgabe, soweit bekannt, ist auf Papier gedruckt: alle gegentheiligen Behauptungen, soviel deren auch aufgeworfen, sind irrig. Wir geben diese Versicherung an dieser Stelle, weil die Paläotypographie nur mangelhaft davon unterrichtet ist und die kritischen Bemerkungen über diesen Gegenstand meistens an mangelnder Kenntniß oder falscher Beurtheilung leiden. Quaritch (London) Catologue, Bibliotheca xylographica, typographica et palaeographica, Oktober 1873. — Eben vor Enthüllung des Gutenbergdenkmals in Mainz (1837) wurde ein Exemplar dieser Bibel für 3000 Guineen verkauft. Aber jedes bedruckte Blatt Papier ist eine Erinnerung an Gutenberg und die winzigste Abhandlung über Wissenschaft, Religion, Kunst oder Literatur läßt uns die unberechenbaren Wohlthaten seiner Erfindung erkennen und hochachten.

Biblia Sacra Latina, die Heilige Schrift in lateinischer Sprache, eines der seltensten Werke aus der Presse von Gering, Kranz und Freiburger, welche die Buchdruckerkunst zuerst in Paris einführten.

Bibliographie der Graphischen Künste. In der nachstehenden Aufzählung der auf dem Gebiete der Literatur der Graphischen Künste erschienenen Bücher und Schriften konnten wir der innern und äußern Beschreibung derselben nur wenig Worte schenken und mußten uns des mangelnden Raumes halber ganz kurz fassen. Die Literatur der Graphischen Künste ist eine ausgebreitete, wie die nachfolgende Bibliographie beweist; sie stellt aber zugleich klar, wie armselig es mit unserer Fachliteratur gegenüber der des Auslandes bestellt ist, was die deutschen Fachzeitschriften in Betracht ziehen und neue Erscheinungen lieber freudig begrüßen sollten, als sie für überflüssig halten. In der Vorführung sind die Werke nach den Gegenständen geordnet und weiter hinsichtlich der Verfasser ist die alfabetische Reihenfolge beobachtet. Schriftproben haben wir nicht berücksichtigen mögen, weil dieselben unserm Ermessen nach in keiner Weise zur Literatur zählen, vielmehr Waaren-Anpreisungen sind. Gleichwohl ist dies von ausländischen Bibliographen geschehen.

I. Erfindung, Geschichte, Biographie und Lob.

Abbot, Jacob, The Harper Establishment; or: How the Story Books are made. New-York 1866.

Nach Marthens, Typogr. Bibl.

Abhandlung von der Buchdruckerkunst und einigen dahin gehörigen Stücken des Alterthums. Bremen 1740.

Der Verfasser dieser Abhandlung, welche in Veranlassung der dritten Säkularfeier der Erfindung der Buchdruckerkunst ebirt wurde, ist unbekannt.

Adams, Thomas F., Typographia: a brief sketch of the Origin, Rise and Progress of the Typographic Art. Philadelphia 1837. 8.

Titelbogen und 380 Seiten. Wahrscheinlich ist dieses die 2. Auflage, denn auf Seite 335 redet der Verfasser von einer frühern Ausgabe.

Ames, Joseph, Typographical Antiquities, or an Historical Account of the Origin and Progress of Printing in Great Britain and Ireland &c. London 1749. 1785, 1788, 1790. 1 Theil und 3 Theile.

Diese Denkwürdigkeiten dortiger Drucker sammt Register der von ihnen gedruckten Werke von 1471 bis 1600 sind von Joseph Ames begonnen und von William Herbert fortgeführt worden.

Annales Typographicae, f. Maittaire.

Arber, Edward, The first printed English New Testament by William Tyndall. London 1871. 4.

Dieses ist eine Nachahmung alter Drucke seitens des Buchdruckers Arbers, welche von einer 70 Seiten starken Vorrede begleitet ist.

Arber, Edward, English Reprints. London 1868. 8.

Enthält auf 80 Seiten die englischen Gesetze über die Presse.

—— English Reprints. London 1869. 8.

Enthält auf 162 Seiten ein genaues Verzeichniß der Werke, welche die Pressen von Lottou und Machlinia, der ersten Londoner Drucker, lieferten.

Aretin, G., Die universalhistorischen Folgen der Buchdruckerkunst. München 1808. 8.

Auer, Aloys, Die Geschichte der K. K. Hof= und Staatsbuchdruckerei in Wien. Wien 1851.

Der Verfasser war Direktor dieses großartigen Druckinstituts und daher zu allererst im Stande, eine Geschichte dieses Geschäfts zu verfassen, welche den Anspruch auf Authenticität hat.

Baker, C. Peter, Franklin; an address delivered before the New-York Typographical Society on Franklins birthday, Jan. 17. 1865.

28 Seiten. Die Schrift ist werthvoll: aus dem Thun und Lassen eines großen Mannes kann Jeder viel lernen!

Bangs, Charles, The Country Printer. St. Louis 1874.

Benjamin Franklin. Sein Leben, von ihm selbst beschrieben. Mit einem Vorworte von Berthold Auerbach und einer politisch=historischen Einleitung von Friedrich Kopp. Stuttgart 1876. 16.

Diese außerordentlich interessante Selbstbiographie unsers hervorragenden amerikanischen Fachgenossen ist im Verlage von Aug. Berth. Auerbach in Stuttgart erschienen, typographisch sehr schön ausgestattet, Columnen mit Linien=Einfassung und Seitenzahlen am Fuße der Columnen. Sie enthält 496 Seiten und Franklins Porträt als Titelkupfer.

Berjeau, J. Ph., Le Bibliomane, Paris 1864. 8.

—— Le Bibliophile, Paris 1865. 8.

Beide Werke sehr interessant, belehrend und aufklärend.

—— The hook-worm. London 1866—71. 8. 5 Bde.

Enthält werthvolle Bemerkungen über frühere Buchdrucker und ihre Erzeugnisse in allen fünf Bänden. Das Werk ist eine Fortsetzung von „Le Bibliomane" und „Le Bibliophile".

Bernard, A., De l'origine et des débuts de l'imprimerie en Europe. Paris 1853.

In diesem Buche vertritt sein Autor in dem Erfinderstreit der Typographie eine vermittelnde Anschauung und sucht die Möglichkeit klarzustellen, daß sie zu gleicher Zeit von Zweien erdacht und ausgeübt sein könne.

Bernstorf, J. J., Oratio de egregiis typographiae commodis. Helmstädt 1721. Quart.

Eine Dissertation zur Erlangung der Doktorwürde.

Berri, D. G., The Art of Printing, London 1861. 8.

VIII und 64 Seiten.

Bibliography, or the History of the Origin and Progress of Printing and Book Making, embracing the various Substitutes for Printed Literatur, the invention of Type, Paper and Printing, Newspapers and Book Publishing in all their Varieties, Rare old Books and Manuscripts, the Discovery and Progress of Engraving &c. New-York 1874. 8.

Biographical Anecdotes of Mr. William Bowyer. London 1778.

Ist ein nur in 20 Exemplaren abgezogener Privatdruck, dann mit einer Einleitung von John Nichols und 40 Seiten Text als besondere Ausgabe und als britte 1782 in 4. von 666 Seiten Text erschienen.

Biographical Memoir of William Ged; including a particular Account of his progress in the Art of Block-Printing. London 1781.

Biographical Memoir of Luke Hansard Esq., many years Printers of the House of Commons. London 1819.

Mit einem von F. C. Lewis gestochenen Porträt Hansards und auf 83 Seiten eine kurze von vielen charakteristischen Briefen begleitete Lebensbeschreibung desselben. Als Privatdruck wurde die Schrift nicht weiter veröffentlicht.

Blades, William, A List of Medals, Jetons, Tekens &c., in Connection with Printers and the Art of Printing, London 1869. 8.

XX und 128 Seiten mit 87 Tableaux.

—————— The Life and Typography of William Caxton, England's first Printer, with evidence of his typographical connection with Colard Mansion, the Printer at Bruges. London 1861—3. 3 Bde. 4.

Bd. I. mit 298 Seiten und 8 Tafeln enthält: Caxton als Kaufmann, Schriftsteller und Drucker. Die Presse in Brügge. Caxton in Westminster. Bd. II. mit 310 Seiten und 53 Tafeln enthält: Caxtons Officin, sein Papier, seine Typen, seine Farbe, seine Gehülfen, sowie ein Verzeichniß sämmtlicher bei Caxton gedruckter Werke. — Blades hat in diesem Werke authentisch nachgewiesen, daß die Einführung der Typographie in England durch Caxton in das Jahr 1477, nicht 1474, wie früher allgemein angenommen wurde, fällt.

—————— How to tell a Caxton; with some hints where and how the same may be found. London 1870.

VIII und 55 Seiten und 16 Facsimilplatten Caxtonser Drucke.

—————— Shakespeare and Typography. London 1872. 8.

32 Seiten und 2 Tafeln.

—————— Some early Type Specimen Books of England, Holland, France, Italy, and Germany. London 1875.

Catalogisirt und mit Anmerkungen versehen.

Bodinus, Joannes, Methodo Historiae. Amsterdam. 1650. 12mo.

Der Verfasser bemerkt in diesem Buche im siebenten Kapitel Seite 323 sehr richtig: „Una typographia cum omnibus omnium veterum inventis certare facile potest" (zu deutsch: die Buchdruckerkunst kann in einem und allem mit sämmtlichen Erfindungen der Alten in einen Wettstreit sich einlassen).

Bohn, Henry G., The Origin and Progress of Printing. A lecture delivered at Twickenham and at Richmond. London 1857.

Macht einen Theil des 4. Bandes der „Miscellanies" der Philobiblon-Gesellschaft aus und nimmt einen Raum von 108 Seiten ein.

Bowyer, William, The Origin of Printing; in two Essays: 1. The substance of Dr. Middleton's Dissertation on the Origin of Printing in in England. 2. Dr. Meermann's Account of the first invention of the Art of Printing. London 1776.

Titel, Vorrede und Inhalt XVI, Text 99, Anhang 45 Seiten. Das Werk ist auch in zweiter (1776) und in dritter als Supplement (1781) erschienen.

Bowyer, A complet and private List of all the Printing-houses with and the Names Printers of in and about the cities London and Westminster. London 1774.

Die Gesammtzahl der damaligen Druckereien in und um London ist in diesem Verzeichniß auf 101 angegeben.

Boxhornius, Marcus Zuerius, Dissertatio de typographicae artis inventione et inventoribus. Leyden 1640.

Ist deshalb bemerkenswerth, weil der Verfasser für Lorenz Koster in Haarlem als Erfinder der Druckkunst eintritt. Seine Begründung stützt sich aber auf weiter nichts, als auf die von Adrian de Junghe veröffentlichte Koster-Legende.

Breitkopf, J. G. J., Nachricht von der Stempelschneiderei und Schriftgießerei. Leipzig 1777. 4.

—— Versuch, den Ursprung der Spielkarten, die Einführung des Leinenpapiers und den Anfang der Holzschneidekunst in Europa zu erforschen. Leipzig 1784.

Dieses Buch hatte eigentlich die Bestimmung, den ersten Theil einer großartig angelegten Geschichte der Erfindung der Buchdruckerkunst zu bilden; Breitkopf erreichte seinen Zweck aber nicht, indem ihn der Tod zu früh ereilte. Der zweite Theil ist nach seinem Tode im Jahre 1801, veranstaltet von J. E. F. Roch, erschienen.

Brewster, Charles W., A Lectur on Printing, delivered before the Portsmouth Lyceum. Portsmouth 1835. 8.

16 Seiten stark. Historisch.

Brockhaus, Conversations-Lexikon. Leipzig 1875. 12. Auflage.

Enthält an betreffender Stelle werthvolle Artikel über Buchdruckerkunst, Holzschneidekunst, Kupferstecherkunst, Lithographie u. s. w.

—— Dr. Eduard, Friedrich Arnold Brockhaus. Sein Leben und Wirken nach Briefen und anderen Aufzeichnungen geschildert. Leipzig 1872. 1. Thl.

Außer diesem 1. Theile ist nun auch der 2. Theil erschienen, und zwar unter dem Titel:

—— Dr. Heinrich Brockhaus. Sein Leben und Wirken. Leipzig 1876.

—— Hermann, Ueber den Druck sanskritischer Werke mit lateinischen Buchstaben. Leipzig 1841.

Der Verfasser ist der dritte Sohn von Friedrich Arnold Brockhaus und Professor der altindischen Sprache an der Leipziger Universität. Sein Vorschlag ist mit Beifall aufgenommen.

Brown, Orben L., A description of Brown's Patent Type Setting and Distributing Machine. Boston 1870.

Bürden, Sigmund von, Der Ehrenspiegel des Erzhauses Oesterreich. Nürnberg 1668. Folio.

Auf Seite 529 dieses Werkes bespricht der Verfasser die Gunstbezeigungen, welche der Deutsche Kaiser Friedrich III. den „Verwandten der Edlen Kunst" zu Theil werden ließ und berichtet an gleicher Stelle über die Verleihung des Buchdruckerwappens.

Cardamus, Hieronymus, De Subtilitate.

Im achtzehnten Buche seines Werkes sagt der Verfasser: Die Buchdrucker=
kunst giebt einer andern Kunst nicht in geringsten etwas nach; um diese An=
nahme zu rechtfertigen, brauche man bloß die scharfsinnige Berechnung derselben
in Betracht zu nehmen.

Carey, Anne, The History of a book. London 1874. 4.

176 Seiten; das Sujet ist die Geschichte der Typographie, die Art derselben,
Stereotypie, Holzschneidekunst, Elektrotypie, Papierfabrikation, Binden u. s. w.

Chatto, William Andrew, A Treatise on Wood-Engraving. Historical and
Practical. London 1839. 8.

Titelbogen XVI und Text 751 Seiten mit über 300 Illustrationen in Holz=
schnitt, ausgeführt von Jackson. Die Vorrede ist unterzeichnet von W. A. Chatto,
5. Decbr. 1838, die Einleitung von Joh. Jackson, 15. Decbr. 1838. — Dieses
Werk und Othley's Buch sind als die hauptsächlichsten englischen Werke über
Holzschnitt zu betrachten. Das folgende ist eine Uebersicht des Inhalts: Anti=
quitäten des Holzschnitts; Fortschritte der Holzschneidekunst; die Erfindung der
Typographie; der Holzschnitt in Beziehung zur Presse; der Holzschnitt zur Zeit
Albrecht Dürers; fernerer Fortschritt im Holzschnitt und Abnahme desselben; die
Rivalen des Holzschnitts; Holzschneidekünstler unserer Tage. Im Anhang ist die
Praxis der Herstellung des Holzschnittes und eine Anleitung zum Druck des=
selben gegeben und sind dabei die Worte Bohns erwähnt: Ein guter Holzschnitt
ohne guten Druck ist gleich einem Edelstein ohne Politur.

—— The same work, Second edition. London 1861.

Die 2. Auflage hat als Titelbogen XVI und als Text 664 Seiten sammt
den Illustrationen der 1. Auflage, und außerdem ein neues Kapitel über die
Künstler der Gegenwart von Henry G. Bohn, mit 145 Holzschnitten.

—— The History and Art of Wood-Engraving, with Specimens of the
Art, Ancient and Modern. London 1848. Folio.

Enthält 28 Seiten Text und 55 Holzschnitte, ist im darauf folgenden Jahre
mit neuen Illustrationen ausgestattet unter dem folgenden Titel erschienen:

—— Gems of Wood-Engraving from the Illustrated London News,
with a History of the Art, Ancient and Modern. London 1849. Folio.
28 Seiten Text und 93 Illustrationen.

—— Facts and Speculation on the Origin and History of Playing
Cards. London 1848.

Chaudry de Troncenord, Mr. le baron, Notices sur les artistes gra-
veurs de la Champagne, lué dans le séance du 1. Juillet 1857. Cha=
lons 1858. 8.

Chelsum, James Dr., A History of the Art of Engraving in Mezzotinto,
from its origin to the present time, including an account of the works
of the earliest artists. Winchester 1786. 8.

Dr. James Chelsum, ein englischer Gelehrter, war um 1740 zu Westminster
geboren und 1801 gestorben. Er sagt, die Gravur in Mezzotinto habe seit we=
nigen Jahren einen solchen Grad von Vollkommenheit erreicht, daß deren Ge=
schichte den Anspruch auf besondere Beachtung verdiene. In England sei sie nur
besonders kultivirt und daher hochgeschätzt worden, woselbst sie denn auch die so
hervorragenden Verbesserungen erfahren habe; hieraus folgere denn auch die Be=
nennung Englische Manier. Das Werk behandelt auf 6 Seiten Titel und
106 Seiten Text das Wesen dieser Kunst, deren wahrscheinlichen Ursprung und
Fortschritt und macht die Männer namhaft, die sich um dieselbe verdient gemacht.

Chevallier, Michel, Reports on Printing and Publishing of the Parish Exhibition of 1867. Paris 1868.

Herausgegeben von P. Boileau.

Chevillier, Andrès. L'origine de l'imprimerie de Paris, dissertation historique et critique, divisée en quatre parties etc. Paris 1694. 4.

Enthält 4 vorpaginirte Blätter und 448 Seiten. Andreas Chevillier war ein berühmter französischer Schriftsteller, geboren zu Pontoise 1636 und gestorben 1700. Ihm ist die Conservirung des Exemplars vom „Speculum Humanae Salvationis", welches in der französischen Nationalbibliothek aufbewahrt wird, zu verdanken. Er kaufte es für eine geringe Summe unter einer Menge alter Bücher.

Choffard, Pierre Philippe, Notice historique sur l'art de la Gravure en France. Paris 1804. 8.

Der Verfasser war ein französischer Graveur in Paris zwischen 1730 und 1809. Er richtete seine Aufmerksamkeit hauptsächlich auf die Herstellung von Kunstwerken.

Chronological Series (A) of Engravers from the Invention of the Art to the beginning of the present century. Cambridge 1770. 12.

Chrysander, Wilhelm Christian Justus, Hypomnema historico philologicum de primo scripto Arabico quod in Germania typis excusum est. Halae 1749. 4.

Der Verfasser war Pastor-Collaborator an einem Religionshause in Amsterdam und giebt die Schrift ein Verzeichniß der ersten in Deutschland gegossenen arabischen Typen.

Cicero. Officia Ciceronis, Leerende wat yeghelick in allen staten behoort to doen, bescreuen int Latijn door den alber welsprekensten Orator Marcum Tullium Ciceronem, ende nv earst vertaelt in nederlantscher spraken door Dierick Coornbert. Haarlem 1561. kl. 8.

Diese niederländische Uebersetzung der Officia Ciceronis ist deshalb für die Geschichte der Typographie von Bedeutung, weil in der Dedication „an den Bürgermeister, den Richtern und Rathsherren" Coornbert die erste Attribution der Erfindung der Druckkunst für Haarlem macht. Er behauptet, die Erfindung gehöre dieser Stadt; freilich sei die ursprüngliche Manier roh gewesen, nach und nach wäre sie jedoch, zumal in Mainz, verbessert worden. Da diese Notiz erst hundert Jahre nach Kosters Tode zum Vorschein kam, so ist sie deshalb interessant, auffallend muß es aber erscheinen, daß weder van der Linde, Wetter, Ruelens, noch van Hulthem und de Vinne dieser Stelle so wenig Aufmerksamkeit schenken.

Claromontius, Gothofredus, In statuam laureatam quum collegium medicum sub auspiciis amplissimorum consulum civitatem Harlemensis Laurentio Costero viro consulari, typographiae inventori primo, in horto medico Harlemensi erexit mdcxxiii. Amstelaedami 1723. 4.

Ein lateinisches Lobgedicht auf Lorenz Koster; ein halber Bogen, Titel und auf der dritten Seite das Gedicht.

Cleffen, Wilhelm Jeremias Jacob, Drittes Jubelfest der Buchdruckerkunst, oder Christliches Denck- und Dankmahl dem allerhöchsten Gott zu Ehren, wegen der vor dreyhundert Jahren erfundenen und bisher erhaltenen edlen Buchdrucker-Kunst. Worinnen von Erfindung, Ausbreitung und Verbesserung, vom Nutzen, Lob und Fürtrefflichkeit, vom rechten Gebrauch und Mißbrauch derselben gehandelt wird. Gotha 1740. 8.

Vorrede 52, Text 197 und Inhalt 11 Seiten. Es enthält: 1) den Anfang und Fortschritt der Druckkunst; 2) ihre universelle und unmöglich zu beschreibende Nützlichkeit und 3) über ihren richtigen Gebrauch. Die Vorrede ist G. C. Rieger, Pastor an St. Leonhardt in Stuttgart, unterzeichnet.

Clowes & Sons, A Description of their Printing-office, with a memoir of the late William Clowes, the founder of the establishment. London 1840. 8. 87 Seiten.

Cochet, l'Abbé Jean Benoit Désiré, Histoire de l'imprimerie en Dieppe. Dieppe 1848. 8.

44 Seiten. Es sind nur 50 Exemplare davon abgezogen.

Colomb de Batines, Vicomte, Lettres à Mr. Jules Ollivier, contenant quelques documents sur l'origine de l'imprimerie en Dauphiné. Gab 1835. Royal 8.

——— Matériaux pour servir à l'histoire de l'imprimerie en Dauphiné. Gap 1837. Royal 8.

Colosi, Guis., Lettera a Signor Francesco Lao sul miglioramento della Stampa in Sicilia, con quei mezzi che presento. Palermo 1857. 8.

Ein Bericht über die Verbesserung der Schriftgießerei auf Sicilien.

Combe, Charles, A Catalogue of his Collection of Prints, formed with a view to elucidate and improve the History of Engraving from the earliest period of the art till the year 1700. London 1703. 8.

Comi, Siro, Memorie bibliographiche per la storia della tipografia Pavese del secolo XV. Pavia 1807. 8.

Der Verfasser ist 1747 in Pavia geboren und bekleidete in seiner Vaterstadt die Curatorstelle des Archivs der Stadt und der Universität. Er starb dort 1821. Sein Werk ist eine Geschichte der Typographie dieser Stadt.

Concise History (A) of the Origin and Progress of Printing: with practical instructions to the Trade in general. London 1770. 8.

Grobes Holzschnitt-Porträt als Vignette auf dem Titel, welcher mit der Vorrede 13 Seiten macht, Text 563 Seiten. Der anonyme Verfasser des Werkes ist Philip Luckombe. Der Absatz des Werkes war flau, so daß unter Vorbruck eines andern Titels dasselbe im darauf folgenden Jahre im neuen Gewande erschien. Bei der Titelvignette, welche Gutenberg darstellen soll und folgende Unterschrift hat: „Joanni Guttenbergensi Moguntino, qui primus omnium litteras aere imprimendas invenit", ist dem Herausgeber ein fataler Schnitzer unterlaufen, denn die Vignette ist nichts anderes, als das wahrheitsgetreue Conterfei Lorenz Kosters, des mythischen Rivalen Gutenbergs.

Cronica van der hilliger Stat Coellen. Köln 1499. Folio.

In Mönchsschrift, Titel, 11 Seiten Register und 350 numerirte Blätter. Auf Folio 311 und 312 befindet sich ein längerer Bericht über den Ursprung der Druckkunst, aus welchem wir folgende Stelle hier mittheilen: „In den iarien do men schryff mccccl, do was eyn gulden ioir, do began man zo drucken und was dat eyrste boich bat man druckde die Bybel zo latijn, und wart gedruckt mit eyner grouer schrifft as is die schrifft dae man Myssebeicher mit druckt. Item wiewoil die kunst is vonden zo Mentz, als musz up die wijse, als dan nu gemeynlich gebruicht wirt, so is boch die eyrste vorbylvung vonden in Hollant vijß ben Donaten, die baeselfst vur ber zeit gedruckt syn . . . Mer der eyrste vnnder der druckerye is gewest eyn Burger zo Mentz vnd was geboren yn Straißburch vnd hiesch joncker Gudenburch."

Diarium Eruditorum. Paris 1712.

Im zweiten Theile Seite 470 des genannten Jahrganges dieser Zeitschrift befindet sich ein Artikel, in welchem ein Italiener Antonius del Cerno für einen Philipp Castalbum, Ritter von Feltrine, als den Erfinder der Buchdruckerkunst auftritt.

Dibdin, Thomas Frognall, Typographical Antiquities. London 1810—19. 4 Bände.

Dibbin, geboren 1776 zu Kalkutta, gestorben 1847, war einer der hervorragendsten Bibliographen der neuern Zeit.

Dircks, Henry, Jordan Type, otherwise called „Electrotype"; its early history, being a Vindication of the claim of C. J. Jordan as the Inventor of Electro-Metallurgy. London 1852.

Dissertation upon the constitutional freedom of the Press in the United States of America. By an impartial Citizen.

Douffeau, P. J. B., De Bookdrukkunst en berzelven Uitvinder Laurens Janszoon Coster. Amsterdam 1840.

Die Schrift macht wahrscheinlich den Schluß in der Reihe der niederländischen Versuche, Lorenz Koster als Erfinder der Druckkunst gelten zu lassen.

Dupont, George, Histoire de l'Imprimerie. Paris 1869. 2 Bde.

Das Werk hat in kurzer Zeit drei Auflagen erlebt, was gewiß für seinen innern Werth den Beweis liefert.

Eb, C. M., Geschichte der Buchdruckerkunst von ihrer Erfindung bis auf unsere Tage. Hamburg 1840. Sedez.

Der Verfasser dieses kleinen Werkes ist einer der intelligentesten Buchdrucker unserer Tage; zur Zeit der Abfassung dieses Werkes lebte er in Hamburg, gründete während der 40er Jahre in Bergedorf eine Buchdruckerei und ein Blatt unter dem Namen „Eisenbahn-Zeitung", dessen Leserkreis sich schnell erweiterte und heute das gelesenste Organ in Mecklenburg, Lauenburg, Schleswig-Holstein und dem nördlichen Hannover ist. Er siedelte von Bergedorf nach Lübeck über, wo er noch lebt.

Eye, Das Leben und Wirken Dürers. Leipzig 1860. 8.

Ein in Ehren zu haltendes Werk über den großen deutschen Künstler.

Fabricius, Joh. Alb., Bibliographia Antiquarum. 4.

Dieses 1716 erschienene Werk handelt im Kapitel XXI, § 11 S. 630 von der Buchdruckerkunst.

Falkenstein, Dr. Konstantin Karl, Geschichte der Buchdruckerkunst in ihrer Erfindung und Foortbildung. Leipzig 1841 und 1856. Verlag und Druck von B. G. Teubner. Zweispaltig kl. Quart.

Das Werk ist als Denkmal an die vierte Säkularfeier der Erfindung der Typographie herausgegeben und in zwei Auflagen (die zweite 1856) erschienen. Es enthält 406 Seiten und als Anhang eine Sammlung abend- und morgenländischer Alfabete, ist reich ausgestattet mit in Holz und Metall geschnittenen Nachbildungen der seltensten Holztafeldrucke, Abbildungen von Typen alter berühmter Officinen und Proben von Kunstbrucken nach den Erfindungen unserer Zeit. Es ist das werthvollste Werk, was die deutsche Literatur auf diesem Gebiete besitzt; dem Verfasser standen aber auch als Königlich sächsischem Hofrath und Oberbibliothekar die vorzüglichsten Quellen zu Gebote.

Firma F. A. Brockhaus, Die. Leipzig 1873. 4.

Ist reich illustrirt und behandelt die geschäftlichen Einrichtungen. Der anonyme Verfasser ist Rudolf Brockhaus.

Gedenkbuch zur vierten Jubelfeier der Erfindung der Buchdruckerkunst in der Stadt Frankfurt a. M., den 24., 25. und 26. Juni 1840. Frankfurt a. M. 1840. 4.

Ein Prachtwerk, die Columnen mit Linien-Einfassung, 320 Seiten Text, enthaltend die Geschichte der Buchdruckerkunst in der Stadt Frankfurt in deren Anfängen und Fortentwickelung, nebst Angabe der ersten Drucke und Lebensbeschreibungen ihrer Urheber. Mit vielen Facsimil-Tafeln. Das uns vorliegende Exemplar der Frankfurter Stadtbibliothek ist auf Pergament gedruckt und luxuriös mit Goldschnitt gebunden. Leider läßt die Sauberkeit des Druckes dieses Exemplars viel zu wünschen übrig.

Gedenkbuch an die vierte Sekularfeier der Buchdruckerkunst in der Stadt Ulm. Ulm 1840. gr. 4.

Eine sehr schön ausgestattete Festschrift mit Titel in Farbendruck und vielen Facsimil-Tafeln, enthält den Ursprung und Fortschritt der Buchdruckerkunst in Ulm, die ersten dortigen Drucker, Lebensbeschreibung derselben und Verzeichniß der von ihnen gedruckten Werke.

Greswell, W. P., Annales of Parisian Typography, containing an account of the earliest typographical establishments of Paris. London 1818. 8.

Enthält Titelbogen und 356 Seiten, ein Porträt von Ulrich Gering und 11 Platten. Ein seltenes und sehr interessantes, wenn auch nicht sehr accurates Werk. Eine 2. Auflage ist 1819 erschienen.

Hansard, T. C., Typographia: An Historical Sketch of the Origin and Progress of the Art of Printing; with Practical Directions for conducting every department in any Office; with a description of Stereotypy and Lithography. London 1825. Royal 8.

Vorwort XVI Seiten, Inhalt 4 Blätter, Register 13 Blätter, Text 939 Seiten. Unzweifelhaft bietet dieses von allen englischen Werken der Typographie den besten technischen Stoff. Es enthält Porträts von T. C. Hansard, Gutenberg, Koster, Baskerville, Bowyer I und II, Caslon I und III, Carton, Wilson, Bulmer und Ritchie.

_____ Treatises on Printing and Type Founding. Edinburg 1841. 8.

Titel ꝛc. 8 und Text 235 Seiten.

Hausius, K. G., Kurze Lebensbeschreibung von Johann Gottlob Immanuel Breitkopf. Leipzig 1794.

Der Verfasser war Magister in Leipzig und ist mit dem eben verstorbenen Breitkopf befreundet gewesen.

Heinecken, Karl Heinrich von, Ueber Kunstwerke und Künstler. Dresden 1790.

Der Verfasser ist 1706 zu Lübeck geboren und 23. Januar 1791 zu Altdöhren in der Niederlausitz gestorben. In seinem Werke sind viele Abhandlungen über Typo- und Xylographie und Lebensbeschreibungen hervorragender Holzschneider enthalten.

Heller, Josef, Geschichte der Holzschneidekunst. Bamberg 1822.

Der Verfasser, geboren 22. September 1798 zu Bamberg, war Privatlehrer daselbst und ist am 4. Juni 1849 gestorben; er hat sich um die Geschichte der Kunst im allgemeinen und um die des Holzschnittes im besondern große Verdienste erworben.

――― Das Leben und die Werke Albrecht Dürers. Leipzig 1827—31.
Sollte 5 Theile enthalten, ist aber nicht vollständig erschienen.

――― Handbuch für Kupferstichsammler. Leipzig 1847. 2. Aufl. 3 Bde.

Hill, A. F., Secrets of the Sanctum. An inside view of an Editors Life. Philadelphia 1875.
312 Seiten, gewidmet der ganzen Brüderschaft: den Verlegern, den Berichterstattern, den Correctoren, den Faktoren, den Setzern und den Druckern.

History of Printing (The). Published under the direction of the committee of General Litterature and education, appointed by the Society for Promoting Christian Knowledge. London 1862. kl. 8.
Porträt Cartons, Titel sammt Zubehör 3 Blätter, Text 252 Seiten. Das Geschichtliche sowohl, als auch das Praktische des Buchdrucks ist allgemein verständlich beschrieben.

Holstein, Adolf von, Gutenberg, Fust und Schöffer. Die Erfindung des Drucks mit beweglichen Lettern und die ersten Erzeugnisse der Mainzer Presse. Darmstadt 1876. 4.
Dieses Werk ist im Erscheinen begriffen; es soll 10 Lieferungen von je 2—3 Bogen Text und im Ganzen 20 Kunstblätter enthalten, wird also ein Prachtwerk für Buchdrucker und Buchhändler werden.

Holtrop, Monuments typographiques. Haag 1868. 2 Bde.

Hortensius, An Essay on the Liberty of the Press. Richmond 1803. 4.

How, S., Some thought on the present state of Printing and Bookselling. London 1789. 4.

Hugonis, Hermann, De prima scribendi origine. Utrecht 1738. 8.
Ein ausgezeichnetes, umfangreiches Werk, zu welchem Trotzen im Jahre 1839 einen Band Anmerkungen geschrieben hat.

Hulthem, Bibliotheca Hulthemiana. Amsterdam.
Der Verfasser führt die Cicero-Ausgabe von Coornhert in Haarlem auf, erwähnt aber nichts von dessen Urheberschaft der Creirung Lorenz Kosters als Erfinders der Druckkunst.

Humphreys, H. Noel, A History of the Art of Printing, from its invention to its widespread development in the middle of the 16th century. Proceded by a short account of the origin of the alphabet, and the successive methods of recording events and multiplying MS. Books before the invention of printing, with Photo-Lithographies. London 1867. Imperial 4.
Titel 13 und Text 212 Seiten mit über 100 Illustrationen. Im folgenden Jahre ist eine zweite Auflage erschienen.

――― Masterpieces of the Early Printers and Engravers. A series of Facsimiles from rare and courious Books. London 1870. Fol.
Einleitung auf 6 Seiten; 70 Tafeln mit einem beschreibenden Blatte zu jeder derselben. Ein sehr interessantes Werk. Tafel 42 zeigt das Innere einer Druckerei, wo der Tod sich des Setzers und des Druckers bemächtigt.

Hußar, Carl, Gutenberg und die Erfindung der Buchdruckerkunst. Wien 1876.
Eine kleine Brochüre, im Selbstverlage des Verfassers herausgegeben.

Jackson, John, A Treatise on Wood Engraving, historical and practical. London 1839. Royal 8.

Titelbogen und 749 Seiten Text, illustrirt mit über 300 Holzschnitten. Das ganze Werk behandelt im allgemeinen die Typographie und speciell das dritte Kapitel die Erfindung derselben; das vierte Kapitel bespricht den Holzschnitt in Beziehung zur Presse.

John Gutenberg, First master printer, his acts, and most remarkable discurses and his death. From the German by C. W. London 1860. 4.

2 Blätter und 141 Seiten. Als Novelle, aber nur in 100 Abbrücken verbreitet.

Junius, Hadrian, Historia Bataviae. Leyden 1558. 4.

In diesem von jenem Verfasser (einem gelernten Buchdrucker in Haarlem), sonst Junge oder Jonghe genannt, herausgegebenen Werke erzählt er im siebenzehnten Kapitel die Fabel, welche Lorenz Koster zu Haarlem die Erfindung der Buchdruckerkunst zuschreibt.

Kant, Immanuel, Ueber die Buchmacherey. Königsberg 1798.

Es sind zwei Briefe, gerichtet an den Buchhändler Nicolai in Berlin.

Klindworth, F., Die Buchdruckerpresse und ihre Geschichte. Hannover 1824. 4.

Eine Dissertation zur Erlangung der Doctorwürde, 32 Seiten enthaltend und sehr interessant, beschreibt die ersten eisernen Pressen.

Koning, Jacob, Verhandeling over den Oorsprong, de Uitvinbung, Verbreitering en Volmaking der Boekdruckkunst. Haarlem 1816.

Der Verfasser ist ein besonderer Sachwalter für Lorenz Koster und Haarlem. Seine Arbeit ist deshalb verdienstlich, weil er den Zusammenhang der ältesten Druckversuche mittelst Holztafeln mit denjenigen aus beweglichen Typen die erste Aufmerksamkeit geschenkt und die Erstehung der Costerschen aus eigener Wurzel überzeugend darzuthun versucht hat.

La Caille, Histoire de l'imprimerie. Paris 1730.

Ein berühmtes, aber sehr seltenes Werk, das von einzelnen, zumal englischen typographischen Schriftstellern vielfach ausgebeutet worden ist.

Läsning för Folket. Stockholm 1840.

Dieser Jahrgang enthält eine Geschichte der Buchdruckerkunst.

Larking, George, An Essay on the Noble Art of Printing. London 1700. 8.

Lemoine, Henry, Typographical Antiquities; History, Origin and Progress of the Art of Printing from its first invention in Germany to the end of the seventeenth century. London 1797.

156 Seiten voll von Informationen.

Lewis, John, The Life of Mayster Wyllamy Caxton, the first Printer in England. London 1747. 8.

Life of Mr. Thomas Gent, Printer of York, written by himself. London 1872. 8.

Mit seinem Porträt. Auf 208 Seiten eine sehr sonderbare Autobiographie, denn sie enthält zumeist Mittheilungen über Buchdrucker aus dem Anfange des siebenzehnten Jahrhunderts.

Linde, Dr. van der, De Haarlemsche Kosterlegende. Haarlem 1870.

Dieses Werk ist die Frucht langjährigen Forschens und Quellenstudiums, zumal der Quellen des Haalemer Archivs; die in diesem für die Wissenschaft unschätzbaren Werke niedergelegten Ergebnisse der Untersuchung des Autors stellen als unzweifelhaft fest, daß Lorenz Koster nicht den mindesten Anspruch auf die Erfindung der Druckkunst hat, weil in Haarlem erst eine Druckerei erstand, nachdem andere Städte Hollands (Aalst und Utrecht) solche schon zehn Jahre besessen hatten. Das Werk ist von H. H. Hessels ins Englische übersetzt worden.

Linde, Dr. van der, The Haarlem Legend of the Invention of Printing by Lourens Janszoon Coster, critically examined. From the Dutch by J. H. Hessels. With an Introduction and a classified List of the Coster Incunabula. London 1871. 8.

List of the Founts and Woodcut Devices used by Printers in Holland in the fifteenth century. London 1871.

Text 21 Seiten mit 4 Tafeln. Ein werthvoller Beitrag zur Paläo=Typographie, denn die Deductionen derselben sind einzig auf Thatsachen begründet.

Luckombe, Philip, The History and Art of Printing &c. London 1771. 8.

Dieses Werk ist kein selbstständiges, sondern das im Jahre vorher von einem anonymen Verfasser unter dem Titel „A concise History of the Origin and Progress of Printing" erschienene Werk, welchem, weil es keinen Absatz fand, ein anderer Titelbogen vorgedruckt wurde.

Mackie, Alexander, Italy and France. An editors holiday. London 1874. 4.

Der Verfasser ist der Erfinder der nach ihm benannten Automatischen Setz=maschine. Das Buch enthält auf 416 Seiten Notizen über die hauptsächlichsten Officinen Italiens und Frankreichs.

Mackintosh, Charles A., Popular Outlines of the Press, Ancient and Modern: or a brief Sketch of the Origin and Progress of Printing and his introduction into this country; with a notice of the Newspaper Press. London 1859. 8.

Titelbogen XII und 224 Seiten. Historisch und zum Selbstunterricht.

Maier, Mich., Verum inventum, hoc est munera Germaniae, ab ipso primitus reperta, et reliqui orbi communicata, quae tanta sunt, ut pleraque eorum mutationem mundo singularem attulerint, universa longe utilissima extiterint. Frankfurt a. M. 1619. 8.

Ein seltener Tractat, worin der Verfasser des Lobes der Buchdruckerkunst nicht satt werden kann.

Maittaire, Michel, Annales Typographici. Haag 1719—35.
3 Theile in 5 Bänden.
——— Dasselbe Werk. London 1741.
Der 4. Theil in 2 Bänden.
——— Supplement zu diesem Werke. Wien 1789.
Sind 2 Bände und ist herausgegeben von Denis.

Michel Maittaire war geborner Franzose, geboren 1668, gestorben 7. August 1747; er hat sich als Bibliograph und Philologe bekannt und durch sein Werk um die Klärung der Geschichte der Typographie verdient gemacht.

Mallinckrodt, Bernhard von, De ortu et progessu artis typographicae. Köln 1639. 2. Aufl. 2 Bde.

Der Verfasser war Dechant am Dom zu Münster und hat sich durch dieses Werk einen Ruhm erworben. S. 87 bespricht er Anton Koberger von Nürnberg und nennt ihn Totius Germaniae Typographorum et Bibliopholarum praecipuum.

Manuscripts (The) of the Middle Ages, and the Printed Books of Modern Times. London 1842. 8.

Marthens, John F., Typographical Bibliography: a list of books in the English Language on Printing and its accessories. Pittsburg 1875. klein 4.

Titelbogen VII und Text 43 Seiten. Es war die erste typographische Bibliographie in englischer Sprache.

Memoir of Thomas Bewick, by himself. London 1862.

Mentelin, Jacob, De vero typographiae inventione. Straßburg 1650. 4.

In diesem Werke über die Erfindung der Druckkunst tritt sein Verfasser für Mentel und Straßburg als Erfinder und Ort der Erfindung ein und berichtet aus dem Libro pulluum mortuorum, welches bei dem Münster zu Straßburg geführt worden, daß Mentelin am Sonntage nach dem Empfängniß der Heil. Jungfrau Maria 1478 gestorben ist.

Meyers Conversations-Lexikon, Leipzig 1874. 3. Auflage.

Die Artikel „Buchdruckerkunst, Geschichte, Technik ꝛc." umfaßt im 3. Bande die Seiten von 884—970.

Middleton, Conyers, A dissertation, concerning the origin of printing in England. Cambridge 1735.

Minzloff, K., Mittheilung über die russischen Drucke aus der vorpetrinischen Periode (b. h. aus der Zeit vor Peter b. Gr.). Petersburg 1867.

Minzloff ist Oberbibliothekar an der Kaiserlichen öffentlichen Bibliothek zu St. Petersburg und in dieser Stellung im Stande, authentische Nachrichten über den behandelten Gegenstand zu geben, was er denn auch gethan hat. Die Schrift ist in Veranlassung der fünfzigjährigen Amtsjubiläumsfeier des vormaligen Direktors jener Bibliothek, Sr. Excell. des Geheimraths und Staatssekretärs Modest von Korff herausgegeben und demselben dedicirt worden.

M'Neile, Hugh, A Lecture of the Life of Dr. Franklin, delivered by him at the Liverpool Royal Amphitheatre. London 1842. 8.

Moore, J., History of the rise and progress of the Art of Printing; a Lecture delivered for the benefit of a working-men's reading room. London 1863. 8.

47 Seiten. Etwas ganz Gewöhnliches; nicht gut und nicht schlecht.

Morhof, Dan. Georg, Polyhistoria Litterariae.

Der Verfasser bespricht in dem vierten Bande Buch I Cap. 2 S. 730 u. ff. das Wesen der Buchdruckerkunst.

Müller, L., Die Fabrikation des Papiers, insonderheit des auf der Maschine gefertigten. Berlin 1876. 8.

Für den Werth dieses im Verlage der Springerschen Buchhandlung in Berlin erschienenen Werkes spricht gewiß schon der Umstand, daß die vorliegende die 4. Auflage ist.

Munsell, J., The Typographical Miscellany. Albany 1850. 8.

Obenetter, J. N., Heinrich Albegrevers Ornamente und Facsimiles (1502 bis 1555). München 1876.

Sie sind in gleicher Größe der im Königlichen Kupferstichkabinet zu München vorhandenen Originalstiche, 25 an der Zahl, in photographischer Nachbildung bei H. Manz in München erschienen.

Observations on the Mentz Bible, printed in 1450—55 London 1811. 8.

Erwähnt in Marthens Typogr. Bibl.

Oosten, H. W., Geschiedenes der stad Haarlem. 1817.
   Behandelt den Erfinderstreit der Druckkunst zu Gunsten Haarlems.
Othley, W. Young, An inquiry concerning the invention of Printing; in which the system of Meermann, Heinecken, Santander, and Koning are reviewed; in eluding also notices of the early use of Wood Engraving in Europa, the Block-books &c. London 1863. 4.
   Das Werk ist mit einer Einleitung von J. Ph. Berjeau versehen und mit 37 numerirten Holzschnitten illustrirt. Titelbogen 42 und Text 377 Seiten. Dieses Werk war von dem Verfasser vollendet und 1836 bei Nikol gedruckt. Der Autor starb, während der letzte Bogen zur Correctur war, die sämmtlichen gedruckten Bogen blieben in den Händen des Druckers bis 1863, in welchem Jahre das gesammte Werk an Lilly übertragen wurde. Ueber den Werth des Werkes sind die Meinungen getheilt.
Othley, Thomas Young, An inquiry into origin and cearly history of engraving upon copper and wood. London 1816.
   Der Autor unterstützt in diesem Werke die Ansprüche Haarlems und Kosters auf Erfindung der Buchdruckerkunst.
Palmer, S., The General History of Printing, from its first invention in the city of Mentz, to its first progress and propagation thro' the most celebrated cities in Europa. Particularly its introduction, rise and progress here in England. The character of the most celebrated Printers, from the first Inventors to the year 1550. London 1732. 4.
   Das Werk enthält XIII Titel- und 400 Textseiten, ist rein historisch, aber von geringem Werth, weil es eben in einer Zeit geschrieben, wo diese Geschichte noch nicht aufgeklärt war.
— — Dasselbe Werk. London 1733.
   Ist von dem obigen nur dadurch unterschieden, daß bei diesem der Titel roth und schwarz gedruckt ist.
Panziroll, Guido, Rerum memorabilium jam olim disperditarum et recens ingeniose inventure. Amberg 1599 und 1602. 8. 2 Bde.
   Diese Schrift, von Heinrich Salmuth herausgegeben, hat zwei Auflagen erlebt, die erste ist 1599, die zweite 1602 erschienen. Der Verfasser war ein berühmter Italiener und spricht im zweiten Bande Titel XXII S. 578 ff. der edlen Buchdruckerkunst ein erhabenes Lob aus.
Parker, T., A short Account of the first Rise and Progress of Printing, with a complet List of the first Books that were published. London 1763. 8.
Pasch, Georg, Inventis Novis et Antiquis. Leipzig 1710. 4.
   Dieses Werk beschäftigt sich viel mit der Erfindung der Buchdruckerkunst. Im Kap. VII S. 787 theilt es die Worte mit, welche Mariangelus Accursius auf die erste Seite des auf Pergament gedruckten, in der Bibliothek des Vatikans aufbewahrten Just-Schöfferschen Donats geschrieben hat, und Cap. VIII S. 793 ff. bringt es wörtlich die von Adrian de Jonghe erdachte Koster-Legende. — S. 781 druckt es die Beschreibung des Chinesischen Druckverfahrens nach Antonius Pantogia ab, welch letzterer es selbst bei den Chinesen gesehen haben will.
— — 2. Aufl. Leipzig 1720. 4.
   Der Verfasser, öffentlicher Docent in Kiel, gab dieses Werk zu Anfang des vorigen Jahrhunderts zu Leipzig in 4. heraus, von welchem 1720 die 2. Auflage gedruckt wurde. An mehreren Stellen bespricht er die Erfindung der Buchdruc-

ferfunft, fo namentlich im achten Kapitel, § 66, S. 780, wo er derfelben alles Lob und ungetheilte Ehre wiederfahren läßt.

Pearson, Emily C., Gutenberg and the Art of Printing. Boston 1871. 8.
Das Buch, 292 Seiten enthaltend, behandelt fein Thema novelliftifch.

Pierers Univerfal-Lexikon. Sechste Auflage. Oberhaufen und Leipzig 1875. Lexifon 8.
Ift im Erscheinen begriffen. Im vierten Bande ein umfangreicher Artikel über Buchdruckerkunft.

Porträt Gutenbergs. Wien 1868.
Meifterhaft in Stigmatypie ausgeführt von Karl Fafol.

Porträt Gutenbergs. Leipzig. Größe des Schnittes 36:45 Cm.
Ift in Holzfchnitt mit Ton-Untergrund ausgeführt und im Verlage von Alex. Walbow erfchienen.

Prechtl, Technologische Encyklopädie. Stuttgart 1832. 8.
Im dritten Bande befindet fich ein beachtenswerther, längerer Artikel über die Buchdruckerkunft.

Record of the Proceedings and Ceremonies of portaining to the erection of the Franklin Statue in Printing House Square, presented by Albert de Groot to the press and Printers of the city of New-York New-York 1872. 8.

Reeve, Bewick Woodblocks. London 1870.
Eine Sammlung von über 2000 von Thomas Bewid herrührenden Holzschnitte.

Reichlingen, Zach. A., Fons bibliothecarum in aestimabilis, oder: Wahrer Unterricht vom Urfprunge, Fortgange, Lobe, Nothwendigkeit, Nutzen, Freiheit, Rechten und Gerechtigkeiten der Buchdruckerei oder deren Officinen. Eisleben 1669. 4.
Der Verfaffer war ein berühmter Domherr in Merfeburg. In dem Werke fchreibt er an einer Stelle: „Diefe Kunft lehrt die Narren kennen, macht die Hoffärtigen offenbar, die Gelehrten bekannt, nimmt die Unwiffenheit hinweg und erhebt die Tugend und Wiffenschaft zum Leben."

Renouard, Annalos de l'imprimerie de Aldus. Paris 1834.
Der Verfaffer, Buchhändler und Bibliograph in Paris, befitzt eine bedeutende Sammlung von Albinen. Die uns vorliegende Ausgabe ift die 3. Auflage, es find alfo deren zwei fchon früher erfchienen.

Rivinus, Andr., De artis typographiae etc. Leipzig 1640. 4.
Der Verfaffer war Profeffor an der Leipziger Univerfität und gab diefe Schrift, welche 40 Seiten umfaßt, als Denkfchrift zur zweiten Säkularfeier der Erfindung der Buchdruckerkunft heraus.

Santander, Mr. de la Serna, Un essai historic sur l'origine de l'imprimerie. Paris 1816.
——————— An historical essay on the origin of printing, translated from the French by Thomas Hodgen. Newcastle 1819. 8.

Schelhorn, Johann Georg, Amoenitates Litterarias.
Im neunten Theil Seite 969 feines Werkes giebt diefer berühmte Autor den Bericht einer Unterfuchung über ein Druckwerk, Spiegel des Heils, deffen Herftellung Lorenz Kofter zugefchrieben wird, woraus hervorgeht, daß jene Annahme nicht im geringften gerechtfertigt ift.

S ch m i d t, Johann, Drei christliche Dankpredigten wegen der 1440 zu Straß=
burg erfundenen Buchdruckerkunst. Straßburg 1641. 4.

In der ersten Predigt heißt es Seite 5 wörtlich: Wenn man aber die alten ganz unparteiischen Monumente, Angaben und Schriften, so bei hiesiger Stadt wohlbestellter Canzlei befindlich, die lange zuvor, ehe Jemand von dieser Frage disputiret, durch redliche Leute zusammengetragen worden, und welche daher vielleicht kein Scribent vermeintlich widersprechen oder sie Falsches bezüchtigen wird. . . . . Allein um der Wahrheit willen alles erwogen, kommt so viel heraus, daß in dieser Stadt Straßburg und von einem Straßburgischen Bürger die edle Druckerkunst erstmals durch göttliche Erleuchtung erfunden worden.

S ch r i v e r, Peter, Laurekrans voor Laurence Coster van Haarlem, van de Boek=
druckerye. Haarlem 1628.

Eine Haarlem=Schrift, deren Zweck aus der Uebersetzung des Titels: „Lor= beerkranz für Lorenz Koster von Haarlem von wegen der Buchdruckerei", klar zutage tritt, nämlich der, dem bekannten Koster die Erfindung der Buchdrucker= kunst zuzueignen.

S i n g e r, Samuel Willer, Researches into the History of Playing Cards; with
illustrations of the Origin of Printing and Engraving on Wood. London
1816. 4.

1. Der Ursprung der Spielkarten. 2. Ueber Xylo= und Typographie. 3. Die verschiedenen Arten der Karten. 376 Seiten Text, 18 Seiten Titel, Vorwort und Inhalt, mit Titelvignette.

S m i l e s, Samuel, Frederick Koenig, Inventar of the Printing Machine.

In Macmillans Magazin, Bd. XXI, December 1869, S. 135—145. Eine interessante und belehrende Schilderung dieses geistreichen Erfinders; bringt außer= dem manche biographische Einzelheiten.

S o t h e b y, Samuel Leigh, Principia Typographica, The Block Books, or
Xylographic Delineation of Scriptum History issued in Holland, Flan-
ders and Germany during the fifteenth Century. London 1858. Im=
perial=Quart. 3 Bde.

Band 1. Titelbogen XVI und 200 Seiten Text. — Band II. Text 216 Seiten, Band III. 100 Seiten Text und Inhalt 28 Seiten. — In Bd. I und II 96 numerirte Tafeln, und 27 literirte Tafeln im Bd. III. Ein vortrefflich gedrucktes Werk in gutem Styl, dessen Hauptwerth überhaupt noch in seinen Tafeln ruht.

S t o h r i u s, Joannes, Dissertatio de arte Typographiae.

Diese Dissertation behandelt sehr ausführlich das Wesen der Typographie.

S ü ß, Fr. Wilhelm, Das Handelshaus Ferdinand Flinsch, Gedenkbuch zu dessen
fünfzigjähriger Jubelfeier am 20. April 1869. Frankfurt a. M. 1869. 4.

Ein Prachtwerk im vollsten Sinne des Wortes, nicht die eine Seite wie die andere, nein, nicht eine Buchstabe wie der andere. Es ist den „Freunden und Gönnern des Hauses und der Familie Flinsch hochachtungsvoll gewidmet." — Der Umfang beträgt 96 Seiten und enthält: 1. Biographisches: Ferdinand Trau= gott Flinsch, Kramermeister und Papierfabrikant zu Leipzig; Christian Johann Flinsch; Karl August Flinsch. — 2. Die Gewerblichen Anstalten des Hauses: Maschinen=Papierfabrik zu Blankenberg a. d. Saale; die Maschinen = Papier= fabrik zu Cospuden; die beiden Maschinen=Papierfabriken zu Freiburg im Breis= gau; die Maschinen=Papierfabriken zu Penig; die Schriftgießerei Flinsch zu Frank= furt a. M. — Das Werk ist bei Mahlau und Waldschmidt gedruckt, mit vielen

Illustrationen geschmückt (Ansichten der gewerblichen Anlagen), die Columnen sind mit doppelten Linieneinfassungen versehen und haben die Ziffern am Fuße. Am Ende des Buches befindet sich eine schön ausgestattete Stammtafel des Hauses Flinsch.

Tenzel, Wilhelm Ernst, Monatliche Unterredungen auf das Jahr 1692 und 1693. Leipzig.

Das Journal hat manche Artikel zur Geschichte der Typographie geliefert.

Thausius, Moritz, Dürer, Geschichte seines Lebens und seiner Kunst. Leipzig 1876. Royal 8.

Titelbogen XVI und Text 537 Seiten. Mit Titelkupfer und Illustrationen, letztere von Schönbrunner gezeichnet, Holzschnitt von F. W. Baber. Verlag von F. A. Seemann. Die Dürer-Literatur ist freilich in der Neuzeit nach allen Richtungen hin kultivirt worden, aber noch immer fehlte es an einem Werke, welches nach Inhalt und Form ein würdiges Denkmal des ersten deutschen Künstlers zu bilden geeignet ist — und ein derartiges Denkmal ist in dem obigen Werke geschaffen.

Thayer, William M., How Benjamin Franklin, the Printers Boy, made his mark. An exampele for youth. London und Edinburg 1875. 8.

Enthält 4 Blätter unpaginirt und 264 Seiten Text, behandelt als interessante Erzählung die früheste Jugend des großen Franklin, und kann mit Recht als Beispiel für die Jugend aufgestellt werden.

Thomas, Isaiah, The History of Printing in America. With a Biography of Printers and an Account of Newspapers. Worcester 1810. 8. 2 Bde.

Der erste Band hat 487 Seiten und drei Abbildungen, der zweite Band 576 Seiten und 2 Platten. Unter den typographischen Raritäten ist dieses Werk das seltenste, so daß im Jahre 1872 ein Exemplar desselben mit 12 Pfund Sterling (240 Mark) bezahlt wurde. Eine zweite Ausgabe dieses Werkes erscheint seit 1875 in dem von der Amerikanischen Gesellschaft für Alterthumskunde herausgegebenen „Transactions and Collections of the American Antiquarian Society", dessen fünfter Band diese Geschichte als erster Band bildet.

Tissandier, Gaston, Sur l'Histoire de la Xylographie. Paris 1875.

Eine beachtenswerthe, auch im französischen „Journal de l'Imprimerie et de la Librairie" (1875, Nr. 6) veröffentlichte Arbeit.

Tobitt, John H., Combination Type, their History, Advantages, and Application. New-York 1852. 8.

Transcript (A) of the Register of the Company of London 1554—1640.

Privatdruck, erster Band, welchem der zweite folgen wird. Dieser erste Band giebt Zahlenverhältnisse über die Londoner Buchdrucker während des obigen Zeitraums, welche von großem historischen Werthe sind.

Vinne, Theodor L. de, The Invention of Printing illustrated. New = York 1876. 8.

Vom diesem im Druck begriffenen Werke (Verlag von Francis Hart & Co. in New-York) sind einige Lieferungen erschienen.

Walch, Johann, Decade Fabularum humani generis sortem adumbrantium. Straßburg 1609. 4.

Der Verfasser erzählt in diesem Werke S. 180 eine andere, als die Junius-sche Legende über die mythische Erfindung Kosters.

Wallace, J. W., Address at the Celebration of the New-York Historical Society, May 20, 1863, on the two Hundredth Birthday of Dr. William Bredford, who introduced the Printing into the Middle Colonies of British America. Albany 1863. 8.

Wallmarks, P. A., Tal i anledning of boktryckerikonstens fjerde jubel aar i Stockholm. Stockholm 1848.

Watson, James, The History of the Art of Printing, containing an Account of its invention and progress in Europa: with the Names of the Famous Printers, and the Works, printed by them. Edinburg 1713.

Vorwort 24, Schriftproben 48, Geschichte der Buchdruckerkunst 64 Seiten; der Inhalt bietet nichts Neues; der instructive Theil ist, wie der Verfasser im Vorworte sagt, einem französischen typographischen Schriftsteller entnommen.

Wappen der Buchdrucker. Leipzig 1868.

Großes Tableau in Farben und Goldbruck. Verlag von Alex. Walbow.

Weigel, T. O., und Dr. Zestermann, Die Anfänge der Druckkunst in Schrift und Bild. Leipzig 1866.

Demjenigen, welcher sich in der frühesten Geschichte des Holzschnitts unterrichten will, kann kein besseres Werk, als dieses, empfohlen werden.

Wessely, J. E., Anleitung zur Kenntniß und zum Sammeln der Werke des Kunstdrucks. Leipzig 1875.

Das Werk, im Verlage von T. O. Weigel erschienen, enthält vortreffliche Abhandlungen über den Holzschnitt und Kupferstich.

Wetter, J., Kritische Geschichte der Buchdruckerkunst. Mainz 1836.

Eben in der Bedeutung als „Kritische Geschichte" ein sehr interessantes Werk, welches von unseren Bibliographen sehr günstig beurtheilt worden ist.

Willert, Ralph, Observations on the Origin of Printing, in a Letter to Own Salnisbury Brereton, Esq. New-Castle 1819. 8.

Titel 4, Text 15 Seiten werthlosen Inhalts.

———— A Memoir of the Origin of Printing. In a letter addressed to John Tophan. New-Castle 1720.

Titel 4 und Text 72 Seiten.

Wood, A. A., The History of Printing. London 1870.

Ein Artikel in der „Magic Lantern" von 12 Seiten, worin der Verfasser sagt: „Just erfand die Buchdruckerkunst dadurch, daß er Koster Buchstaben in Holz zur Belustigung seiner Großkinder schneiden sah." Ueber Caxton erzählt er: „Caxton war ein schwächliches Kind, studirte unter einem Mönch Latein anstatt pflügen zu lernen; dreißig Jahre alt, hatte er ein Kaufmannsgeschäft und handelte mit Manuscripten, deren Werth der Mönch ihn kennen gelernt hatte. Vor zwanzig Jahren druckte er in Westminster; eines guten Tages verließ er aber fein Regal, legte sich ins Bett und wurde am andern Morgen todt gefunden."

— In der That, eine komische Geschichte der Buchdruckerkunst!

II. Enzyklopädien und Wörterbücher.

Marahrens, Aug., Vollständiges Real-Lexikon der Buchdruckerkunst und der ihr verwandten Graphischen Künste und Gewerbe. Fulda 1876. Lexik. 8.

Ist im Erscheinen begriffen und die erste und zweite Lieferung bereits herausgekommen, veranschlagt auf 33—34 Lieferungen zu je 3 Bogen.

Morgan, H., A Dictionary of Terms used in Printing. Madras (Gouvernements-Druckerei) 1863. 8.

Titel 2 Blätter, Text 136 Seiten. Eine Tafel mit Erklärung der Correctur-zeichen. Vieles aus Savage entlehnt. Gedruckt in der Officin des Militär-Invalidenhauses bei William Thomas. Der Verfasser war damals in Bombay in Englisch-Ostindien.

Neuburger, Hermann, Enzyklopädie der Buchdruckerkunst. Leipzig 1842.

Der Verfasser ist Hofbuchdrucker in Dessau, geboren zu Wörlitz am 29. Juni 1806 und Verfasser mehrerer typographischer Werke.

Ringwalt, Luther, American Encyclopaedia of Printing. Philadelphia 1871. Royal 8.

Ein sehr schätzbares Wörterbuch der Typographie in englischer Sprache; es bietet auf 512 Seiten und 20 Tafeln einen reichen, aus den besten Quellen geschöpften Schatz des typographischen Wissens.

Savage, William, A Dictionary of the Art of Printing. London 1839. Royal 8.

Titel 8 und Text 815 Seiten. „Ein praktischer Buchdrucker kann kein nützlicheres Werk besitzen, als ein Wörterbuch der Typographie", sagt ein englischer Recensent bei Besprechung obigen Werkes, und er hat gewiß recht. In englischen Officinen fehlt selten ein solches Werk.

Southward, John, A Dictionary of Typography. London 1875. 8.

Hat als Titelvignette Gutenbergs Porträt in Holzschnitt, und nur 128 Seiten Text. Es ist dies die zweite Auflage und kann der ersten gegenüber als verbessert betrachtet werden.

Täubel, Christian Gottlob, Allgemeines theoretisch-praktisches Wörterbuch der Buchdruckerkunst und Schriftgießerei, in welchem alle bei der Ausübung derselben vorkommenden und in die damit verwandten Künste, Wissenschaften und Gewerbe einschlagenden Kunstausdrücke nach alphabetischer Ordnung deutlich erkläret worden. Wien 1805. kl. 4.

Der Verfasser war k. k. privilegirter Buch- und Musikaliendrucker und hatte bereits zu Ende des verflossenen Jahrhunderts mehrere Lehrbücher der Typographie herausgegeben. Das Werk ist in zwei Bände getheilt und mit mehreren Kupfern und Tabellen versehen. Der erste Band hat als Vorrede 6 und als Text 152 Seiten, sammt 14 Tabellen; der zweite Band als Titel und Vorrede 6 und als Text 88 Seiten, daneben an Beilagen und Tabellen eine große Anzahl. — Auffallend ist bei dem Werke, daß der Buchstabe A sehr ausführlich behandelt wurde, denn er nimmt 115 Seiten in Anspruch; von nun ab schrumpft aber die Ausführlichkeit beziehungsweise Vollständigkeit bei jedem Buchstaben immer mehr und mehr zusammen, so daß die Buchstaben des zweiten Bandes von D bis Z auf 88 Seiten abgehandelt sind. Möglicherweise sind die zur Zeit des Erscheinens begonnenen Kriegsunruhen schuld daran, daß der Schluß über das Knie gebrochen wurde.

Timperley, C. H., A Dictionary of Printers and Printing, with the progress of Literature, Ancient and Modern, Bibliographical Illustrations &c. London 1839. Royal 8.

Ein typographisches Wörterbuch von zweifelhaftem Werth trotz seines bedeutenden Umfanges, denn es enthält an Titel 6 und an Text 996 Seiten und außerdem 11 Tafeln mit Abbildungen.

—— —— Encyclopaedia of literary and typographical anecdote; being a chronological digest of the most interesting facts illustrative of the history of Literature and Printing from the earliest period to the present time. Compiled and condensed from Nichol's Literary Anecdotes and numerous other authorities. Second edition, to which are added a continuation to the present time, comprisent recent biographies, chiefly of Booksellers, and a practical manuel of printing. London 1842. 8.

Dieses Werk ist aus der Restauflage von Timperleys „Manual" (1838) und seinem „Dictionary" (1839) zusammengefügt und mit einigen neuen Beigaben vermehrt und mit verändertem Titel versehen als neue Ausgabe vertrieben worden.

III. Technik, Praxis und Beschreibung.

Aanwizing der Tekenen, die by het corrigiren von drukproeven gebruikt worden. Amsterdam 1896. 4.

Eine Anleitung zum Correcturlesen; der Verfasser ist unbekannt.

Adams, Thomas F., Typographia: a brief sketch of the origin, rise, and progress of the Typography Art; with practical directions for conducting every department in an office. Philadelphia 1837. 8.

Advice to Authors, in experimenced Writers, and possesors of manucripts, on the efficient Publication of books intendet for general Circulation or private Distribution. London 1839. 8.

Anbrä, Handbuch der Buchdruckerkunst. Frankfurt a. M. 1827. 8. (Verlag der Anbräschen Buchhandlung).

Dieses Werk war damals das beste Handbuch in deutscher Sprache, und hat auch noch später erschienene an innerm Werth und an Brauchbarkeit übertroffen.

Anfangsgründe der Buchdruckerkunst. Leipzig 1743. 8.

Eine Anleitung für Setzerlehrlinge.

Anisson, fils, Description d'une nouvelle presse exécuté pour le service du roi. Paris 1783. 4.

Anisson der Jüngere war ein berühmter französischer Buchdrucker, welcher sich besonders die Verbesserung der damaligen Holzpresse angelegen sein ließ. Seine Vorschläge wurden in der französischen Nationaldruckerei (pour le service du roi) zuerst ausgeführt.

—— Première mémoire sur l'empression en lettres suivi de la description d'une nouvelle presse exécutée pour le service du roi et publié par ordre du gouvernement. Paris 1785. 4.

Die Verbesserungen an der Holzpresse, welche Anisson in seiner ersten Schrift auseinandersetzte und die von der französischen Nationaldruckerei ausgeführt wurden, sind in dieser zweiten Schrift ihren Erfolgen nach beschrieben worden.

Anweisung zum Corrigiren, oder der kleine Corrector, besonders für diejenigen brauchbar, die ihre Schriften selbst corrigiren wollen. Leipzig 1819. gr. 12.

Auer, Aloys, Sprachenhalle, oder das Vater=Unser in 608 Sprachen und Mundarten. Wien 1844.

Der Verfasser war Direktor der k. k. Hof= und Staatsdruckerei in Wien; der Text ist mit Antiqua gedruckt.

—— Das Vater=Unser in 206 Sprachen und Mundarten, 9 Tafeln. Wien 1847.

Sind mit den Typen gedruckt, welche den verschiedenen Sprachen eigenthümlich und deren Zahl mehr denn hundert beträgt.

—— Typenschau des gesammten Erdkreises, in Tafeln geordnet. Wien 1845.

Auer, Aloys, Das Typometrische System in 3 Tafeln. Wien 1845.
Ist mit den einheimischen Schriftzügen in allen Buchstabengrößen und Gestalten dargestellt.

— — Die Entdeckung des Naturselbstdrucks. Wien 1853 und 1856.

— — — Der Polygraphische Apparat der k. k. Hof- und Staatsdruckerei zu Wien. Wien 1853.

Authors' Handbook (The); a complete Guide to the Art and System of Publishing on Commission. London 1845.
Diese dritte vermehrte Auflage enthält 48 Seiten Text, giebt die Preise der Druckbogen nach Maßgabe der verschiedenen Typen, der Größe der Auflage und der Beschaffenheit des Papiers an.

Authors, Printing and Publishing Assistant, including Details respecting the Mechanism of Books. New-York 1839. 12.

Bachmann, J. H., Neues Handbuch der Buchdruckerkunst. Weimar 1876. 8. Verlag von Bernhard Friedrich Voigt.
Dieses Handbuch ist das neueste dieser Art in unserer deutschen Fachliteratur. Sein Inhalt ist gediegen und voller Praxis, unbeschadet der Kürze und Bündigkeit, so daß das Werk für den Besitzer ein Rathgeber sein muß.

— — — Die Schule des Schriftsetzers. Braunschweig 1858. 8. Verlag von Dr. Johann Heinr. Meyer in Braunschweig.
Ein Separat-Abdruck aus dem „Journal für Buchdruckerkunst."

— — Die Schule des Musiknotensatzes. Leipzig 1864. 4.
Ist als Separatabdruck aus dem „Archiv für Buchdruckerkunst" im Verlage von A. Waldow in Leipzig erschienen, enthält 48 Seiten und ist geeignet, zum Selbstunterricht benutzt zu werden.

— — — Der Buchdrucker an der Handpresse. Leipzig 1871.
Im Verlage von A. Waldow in Leipzig als Separatabdruck aus dem „Archiv für Buchdruckerkunst" erschienen.

— — — Die Schriftgießerei. 4.
Verlag von A. Waldow in Leipzig, Separatabdruck aus dem „Archiv für Buchdruckerkunst."

Ballhorn, Friedrich, Alfabete Orientalischer und Occidentalischer Sprachen. Leipzig 1842.
Friedrich Ballhorn war Accidenzfactor bei F. A. Brockhaus und ist diese kleine Brochüre im Verlage der letztgenannten Firma erschienen. Sie wurde mit Beifall aufgenommen und ist im Jahre 1843 die zweite vermehrte und revidirte Auflage erschienen.

Barbier, C., Tableau de typographie confidentielle; explication d'expeditive française approuvé de l'académie des sciences pour sa grande simplicité et la facilite de sa mise en pratique. Paris 1831. in pl.

Barletti de Saint Paul, F., Nouveau système de deminuer le travail et les frais de composition, de correction et de distribution, decouvert en 1774 par Madame de ***. Paris 1776. 4.

— — — Nouveau système typographic, dont les experiences ont été faites en 1775 aux frais du gouvernement. Paris 1799. Folio.

Beadnell, Henry, A Guide to Typography; in two parts, Literary and practical; or, the Readers' Handbook and the Compositors' Vade mecum. London 1859. 8.
Der Verfasser ist praktischer Buchdrucker. Der erste Theil umfaßt 269, der

zweite 272 Seiten. Das Buch, wenn es auch eben nichts neues bringt, ist der Zusammenstellung halber doch sehr brauchbar.

Bertram, Oswald, Manuscript und Correctur. Bemerkungen und Erläuterungen zum deutschen Buchdrucker=Normal=Tarif für Schriftsteller und Verlagsbuchhändler. Halle 1875.

Der kürzlich verstorbene Verfasser war Administrator der Buchdruckerei des Waisenhauses zu Halle, in dessen Verlag diese 48 Seiten enthaltende nicht genug zu empfehlende Schrift erschienen ist.

Bertrand, Quinque, Traité de l'imprimerie. Paris 1799. 4.

Beschreibung der elastischen Auftragewalzen in den Buchdruckereien, deren Anfertigung 2c. Vom Verfasser des „Praktischen Handbuches für Buchdrucker." Leipzig 1823.

Der Verfasser jenes Handbuches ist J. F. Flick.

Bidwell, Geo. H., The Printers' New Handbook. A treatise on the imposition of formes, with tables of signatures &c. New=York 1865. 12.

Enthält 108 Seiten. Eine neue Auflage ist 1875 erschienen.

——— The Printers' New Hand-book. A Treatise of the Imposition of Formes, with Tables of Signatures &c. New=York 1875. 12.

Enthält 118 Seiten, ist die zweite Ausgabe mit Hinzufügung neuer Schemata zum Ausschießen.

Bodoni, Giambattista, Manuale tipografico. Parma, presse la Vedova, 1818, 4 vol. 4.

Ein vorzügliches Handbuch der Typographie in italienischer Sprache, welches zu den ausgezeichnetsten Lehrmitteln unsers Faches zählt. Der Verfasser war Direktor der Königlichen Druckerei zu Parma, geboren zu Saluzzo in Piemont 1746, gestorben zu Anfang des Jahres 1814. Sein Handbuch wurde erst vier Jahre nach seinem Tode herausgegeben.

Boulard, S., Manuel de l'imprimerie, ouvrage utile à ceux qui voulent connaître les détails des utensiles, des prix, de la manutention de cet art intéressant, et à qui conque veut lever une imprimerie. Paris 1791. 8.

Breitkopf, Johann Gottlob Immanuel, Ueber den Druck der Geographischen Landcharten. Leipzig 1777. 4.

Dieser Schrift ist eine aus beweglichen Typen zusammengesetzte Karte der Umgegend von Leipzig beigegeben.

——— Zweiter Versuch des Druckes Geographischer Landcharten durch die Buchdruckpresse. Leipzig 1778.

——— Exemplum Typographiae Sinicae, figuris characterum e typis mobilibus compositum. Leipzig 1789.

Diese Schrift erläutert die Versuche des Verfassers, die chinesische Schrift aus beweglichen Lettern herzustellen.

Brown, Orben L., A Description of Browns' Type Setting and Distributing Machine. Boston 1870.

Der Verfasser zählt zu der Reihe der Erfinder von Setz= und Ablegemaschinen.

Brun, C., Manuel pratique et abrégée de la typographie française. Paris 1826. 18.

——— Dasselbe Werk. Brüssel 1826. 2. Auflage.

Buchdruckerei, Die wo`leingerichtete, welche 121 teutsche, lateinische, grie=

chische und hebräische Schriften und andere nützliche Sachen enthält, nebst einem neu eingerichteten Format- und Depositions-Buche. Nürnberg (ohne Jahreszahl). 4.

Buchdruckerey, Die Wol-eingerichtete, mit einhundertachtzehn Teutsch-Lateinisch-Griechisch und Hebräischen, vieler fremden Sprachen Alphabeten, musikalischen Noten, Calenderzeichen und Medicinischen Charakteren, imgleichen allen üblichen Formaten bestellet und mit accurater Abbildung der Erfinder der Löblichen Kunst, nebst einer summarischen Nachricht über die Buchdrucker in Nürnberg. Nürnberg 1721. breit 4.

Titel roth und schwarz gedruckt; Vorbericht 6 unpaginirte Seiten, unterzeichnet von Johann Heinrich Gottlob Ernesti, den man also füglich wohl als Verfasser annehmen darf. 23 nicht numerirte Blätter enthalten Lebensbeschreibungen und in den Text eingedruckte Porträts in Kupferstich. Der praktische Theil ist auf 140 paginirten Seiten abgehandelt. Den Schluß bildet das unvermeidliche Depositionsbuch. Im Uebrigen ist das Werk auf kräftigem Papier sehr sauber gedruckt.

Capelle, P., Manuel de la typographie française. Paris 1826. 4.

Characters formed by the Divisible Type be longing to the Chinese Mission of the Board of Foreign Missions of the Pressbyterian Church in the United States of America. Macao 1844. breit 4.

110 Seiten mit allen chinesischen Wortbildern, von denen viele aus zwei Theilen bestehen.

Cierget, Charles Ernest, De l'Ornamentation typographique. Wien 1859.

Ist auch deutsch erschienen unter dem Titel:

―――― Ueber die Ornamentik in der Typographie. Wien 1859.

Claye, Jules, Manuel de l'Apprenti Compositeur. Paris 1872.

Der Verfasser ist ein wohlbekannter Pariser Buchdrucker, dem der meiste Antheil an der Gründung der Setzer-Lehrlingsschule gebührt. Sein obiges Werk ist von praktischer Beschaffenheit und enthält den Ausfluß der reichen technischen Kenntnisse dieses allseitig erfahrenen Fachmannes.

Cleef, P. M. van, Handboek ter Boeksetning der Boekdrukkunst in Nederlande, voorafgaan ene beknapte geschiedenit dezer kunst. Gravenhage 1824. 4.

Ein Handbuch der Buchdruckerkunst in niederländischer Sprache von 459 Seiten und einem Porträt Lorenz Kosters in Holzschnitt.

Clymer, George, The Patent Columbian Printing Press. 1818. 4.

Der Verfasser ist der Erfinder der bekannten und auch heute noch beliebten Columbia-Handpresse. Die obige Schrift, eine Beschreibung dieser Presse, enthält 16 Seiten und eine Abbildung derselben in Kupferstich.

―――― Lettres testimoniales, et autres pièces probantes, à l'appui de la superiorité, l'utilité, et la durée de la presse à imprimer, appelée Columbian Presse, ou Presse Américaine. London 1822. 8.

Ebenfalls eine Beschreibung dieser Presse in französischer Sprache, in welcher besonders ihre Vorzüglichkeit und Dauerhaftigkeit hervorgehoben wird.

―――― Ueber die von G. Clymer in Philadelphia erfundene Patent-Columbia-Presse. Braunschweig 1828. 4.

Diese letztere Schrift ist von der Firma G. Vieweg & Sohn, welche die Columbiapresse in Deutschland einführte und heute noch viele derselben im Gebrauch hat, veröffentlicht.

Connexional Punctuation oritorically extended. Its adoption advocated, and its utility shewn. By a Type-Corrector. Lancaſter 1864. 12.

Considerations sur l'état actuel de l'imprimerie et sur l'emploi immodéré des mécaniques dans les arts industriels. Paris 1826. 4.

Der anonyme Verfaſſer zeichnet ſich als Ch...... E.

Compositors' Hand-book (The); designed as a guide in the composing room. With the practise as to book, Job, News paper, Law and Parliamentary work. Appendix of terms &c. London 1854. 8.

Ein guter praktiſcher Führer; 8 Seiten Titel und 262 Seiten Text.

Compositors Guide to the London Printing Offices; containing a List for the use of those of search of imployment, and other useful information. London 1875. 8. 16 Seiten.

Comus, A. G., Memoire sur l'impression des cartes géographiques et quelques autres objets eu caractères mobiles. Paris, an VII.

Eine Vorleſung über den Druck Geographiſcher Karten mit beweglichen Lettern, gehalten vor der Claſſe der Literatur und ſchönen Künſte in Paris, abgedruckt in deren Journal Theil 5, Seite 416, im ſiebenten Jahre der Republik.

Correctur, die, und die Schriftlettern.

Unter obiger Ueberſchrift befindet ſich in Rettners „Lehrbuch der Comtoirwiſſenſchaft" ein Artikel, deſſen Inhalt durchaus unbrauchbar iſt.

Current= und Spiegelſchriften. Frankfurt a. M. 1875. Folio. Verlag von Klimſch & Co.

Heft 1 und 2 iſt erſchienen. Sie enthalten alle Variationen der ſo ſchwierigen engliſchen Schrift in reichhaltiger Vorlage und zugleich auch verkehrt, als Spiegelbild, um dadurch dem Schriftlithographen und Kupferſtecher und zumal den Lehrlingen die Benutzung des Spiegels zu erſparen.

Danſk Haandbog af Typografiet. Kopenhagen 1870. 16.

Dieſes Handbuch der Typographie in däniſcher Sprache iſt eine Ueberſetzung von Marahrens' Handbuch der Typographie.

Deckinson, Samuel N., A Help to Printers and Publishers; being a series of calculations showing the quantity of paper required for a given number of signatures in book work, the Number of tokens contained therain, carried out to an extent that will seldom, if ever, fail to embrace the largest jobs. Also an extensive table for job work, showing the quantity of paper required for a given number of bills, labels &c. Boſton 1835.

Vorwort 8 Seiten, Tafeln, 20 unpaginirte Seiten, Calculationen 216 und Zugaben 20 Seiten, letztere ohne Ziffern.

Degotardi, J., The Art of Printing in its various branches, with Specimen and Illustrations. Sidney 1861. 8.

Alle Branchen der Graphiſchen Künſte ſind hierin auf 2 Seiten Text und 10 Seiten Illuſtrationen abgehandelt.

Dittrich, Robert, Anleitung zum Satz der Muſiknoten=Typen. Leipzig 1872. 4. (Verlag von A. Walbow.)

Ein ſehr praktiſches Büchlein von 28 Seiten mit vielen Beiſpielen und als Tafel ein Schema zum Notenkaſten. Es zerfällt in drei Abtheilungen, welche 1. den Kaſten, 2. die Notenkenntniß und 3. das Setzen behandeln.

Derriey, J., Album des Specimes pour la typographie. Paris 1862.

Derriey hat sich durch Schaffung seiner erhabenen typographischen Ornamente einen Ruf erworben.

Dönges, G., Die doppelte Buch- und Geschäftsführung für Buchdruckereien und verwandte Geschäfte. Leipzig 1870. 4. Verlag von A. Waldow.

Der Verfasser ist Lehrer an der Handelsschule zu Leipzig. Dieser zweite Theil, dem bereits ein erster vorangegangen ist, bringt einen zweimonatlichen Geschäftsgang als Erläuterung des ersten Theiles, sowie eine Anleitung zur einfachen Buchführung.

Drew, Benjamin, Pens and Types; or Hints and Helps for those who write, print, or read. Boston 1874. 8.

Auf 132 Seiten nützliche Winke für Autoren und Correctoren von einem Corrector. In dem Vorworte sagt der Verfasser über sein Buch: Dieses Werk, wenn kritisch untersucht, wird seinen Werth in Anwendung der Regeln, die es enthält, finden.

Eisenmann, A., Die Schnellpresse, ihre Construction, Zusammenstellung und Behandlung. Leipzig 1870. 4.

Das Buch ist mit vielen Abbildungen versehen und ein Leiter für Drucker und Maschinenmeister, aber auch für Buchdruckereibesitzer und Factore ein empfehlenswerther Führer.

Engelmann, G., Traité théorique et pratique de la Lithographie. Paris 1840. 4.

Der Verfasser, ein hervorragender Förderer der Lithographie, stammt aus Mühlhausen im Elsaß. Das Werk ist preisgekrönt und in der That ein Manual auf dem Gebiete der lithographischen Praxis. Es enthält 457 Seiten mit 50 Tafeln Abbildungen. Es ist von Kretschmar und Pabst in das Deutsche übersetzt worden.

Fahlgrén, Carl J., Handbok i Boktryckerikonsten. Stockholm 1853. 8. Druck von Johann Beckmann.

Dieses schwedische Handbuch hat an Titel 6, an Text 144 Seiten. Wie der Verfasser zugesteht, hat er seinen Stoff einem deutschen Handbuche entlehnt. Als Titelvignette Buchdruckerwappen und als Motto Luthers schöne Worte: „Die Buchdruckerkunst ist summum et postremum, das höchste und letzte Geschenk."

Ferber, Louis, Der Rund- und Bogensatz. Praktische Anleitung zur Ausführung einer neuen Methode. Offenbach a. M. 1876. 8.

Der Verfasser, Faktor der Buchdruckerei von Kieselstein & Gerstung in Offenbach, hat sein Werk Herrn Alexander Waldow in Leipzig dedicirt, welch letzterer auch den Commissions-Verlag übernommen hat. Es enthält als Titel, Dedication und Vorwort 8, an Text 44 Seiten, mit in den Text gedruckten Abbildungen und 6 Tafeln Anwendungen. Das Ganze ist sauber ausgestattet und die Columnen sind mit Linien eingefaßt — aber hiervon ist ganz abzusehen, vielmehr sind nur die Leistungen in Augenschein zu nehmen, welche der Verfasser im einfachen Bogen, im doppelten und dreifachen Bogen, im Kreise und der Ellipse, im Sechs- und Achteck und der Schnecke u. s. w. uns in seinem Werke vorgeführt hat — Leistungen, die uns überzeugen, daß es in unserer Kunst noch wirkliche Künstler giebt. Man muß sich dieses schöne Buch, um durch Anschauung einen Begriff davon zu bekommen, anschaffen.

Flick, J. F., Handbuch der Buchdruckerkunst für praktische und angehende Buchdrucker. Berlin 1820. Verlag von Friedrich Christian Enslein.

Der Verfasser war Administrator zweier Druckereien in Berlin und später Eigner einer Druckerei daselbst. Man kann dem Werke den Werth, welchen es damals gehabt hat, nicht absprechen; sein Inhalt ist belehrend und anregend.

Fournier, Traité de la Typographie. Tours 1870.

Ist die dritte Auflage.

Francis, Jaber, Printing at Home, with full instructions to Amateurs, containing illustrations of the necessary materials, with explanatory, Specimens of Type &c. Rochefort 1873.

Sehr gut für Freunde von Druckereien oder solche, welche eine Privatdruckerei anlegen wollen. Es ist die 2. Auflage; die erste ist 1870 erschienen.

Franke, H., Handbuch der Buchdruckerkunst. Weimar 1868. Verlag von Bernhard Friedrich Voigt.

Das Werk ist zuletzt in 4. Auflage erschienen.

―――― Katechismus der Buchdruckerkunst. Leipzig 1856. Verlag von J. J. Weber.

Ein illustrirtes Lehrmittel in Fragen und Antworten, das bereits mehrmals neu aufgelegt ist.

Frese, H., Die doppelte Buch- und Geschäftsführung für Druckereien und verwandte Geschäfte. Leipzig 1873. 4.

Dieses ist der erste Theil; der zweite ist von G. Dönges herausgegeben (s. d.). Verlag von Alex. Waldow.

Friis, F. R., Veiledning ved Korrekturlaesning. En Haandbog for Forfattere, Korrektörer og Typografer. Kopenhagen 1876. 8.

Dieser Wegweiser zum Correcturlesen in dänischer Sprache ist 96 Seiten stark und mit einer Correcturprobe versehen.

Fritze, G., Taschenbuch für Buchdrucker. (Im Selbstverlage des Verfassers).

Ein kleines Buch von 64 Seiten, ist 1853 erschienen, und sollte, wie der Verfasser sagt, „Alles behandeln, was zur Buchdruckerkunst gehört". Dieses ist nun freilich nicht in Erfüllung gegangen. Der Titel zeigt in einem Jahre drei Auflagen; die Richtigkeit dieser Angabe dürfte indeß zu bezweifeln sein und hat sich wohl bloß der Titel einen Umdruck gefallen lassen müssen. Als 4. Auflage ist das Buch 1854 im Verlage von Hopfer in Burg bei Magdeburg erschienen.

Fry, Edmund, Pantographia; containing accourate copies of all the known alphabets in the world. London 1799.

2 Blätter, XXI und 320 Seiten. Die Alfabete, eine große Anzahl, sind in alphabetischer Reihenfolge aufgeführt.

Geibel, H., Anleitung zum Mathematischen Satz. Leipzig 1872. 16.

Titel 4 und Text. 31 Seiten. Verlag von A. Waldow und Separatabbruck aus dessen: „Die Buchdruckerkunst."

Geßner, Christian Friedrich, die so nützlich als nöthige Buchdruckerkunst und Schriftgießerey, mit ihren Schriften, Formaten und allen dazu gehörigen Instrumenten abgebildet, auch klärlich beschrieben und nebst einer kurzgefaßten Erzählung vom Ursprung und Fortgang der Buchdruckerkunst überhaupt, insonderheit von den vornehmsten Buchdruckern in Leipzig und anderen Orten Teutschlands. Leipzig 1740. 8.

Das Werk ist allen damals lebenden Buchdruckerherren dedicirt, die Vorrede von Joh. Erh. Kappens auf 16 unnumerirten Blättern, der kurze aber gründliche Entwurf von der Erfindung der Druckkunst ist auf 56 Seiten abgehandelt, worauf dann Lebensbeschreibungen hervorragender Buchdrucker (bis Seite 140) folgen. Der praktische Theil umfaßt 280 Seiten, und enthält eine Menge fremdsprachlicher Alfabete, Ausschießen, das Setzen und Drucken, Erklärungen allerlei Zeichen, diverse Kostenschemata, Tabellen ꝛc. Das Werk ist mit einer Menge schöner Kupferstiche illustrirt.

Geßner, Christian Friedrich, Das Leipziger Formatbuch. Leipzig 1840—45.
  Besteht aus vier Theilen.

Goebel, Theodor, Der Satz des Englischen, mit besonderer Berücksichtigung der Theilung der Worte. Leipzig 1865. 16. Verlag von A. Waldow.
  Für Correctoren und Setzer brauchbar, besonderer Abdruck aus dem „Archiv für Buchdruckerkunst" und 31 Seiten enthaltend. Der Verfasser ist Redacteur des „Journal für Buchdruckerkunst" und wohnt in Stuttgart.

Grisp, William Finch, The Printers' Universal book of reverence and Every hour office companion. London 1875. 8.
  Titel und 48 Seiten Text mit praktischer Anleitung.

——— The Printers', Lithographers', Bookbinders' and Stationers' Business and Ready Reckoned Price Lists, to which are added Legal and Commercial Information, Miscellaneous Recipes and Practical Advice for every member of the combined Trades. London 1875.
  Dieses ist die fünfte vermehrte und verbesserte Auflage; die erste ist 1864 erschienen. Sie enthält an Titel VIII und an Text 140 Seiten.

Grundformen der gebräuchlichsten Schriften. Frankfurt a. M. 1875. 4.
  Sie bestehen aus 5 Heften und sind im Verlage von Klimsch & Co. erschienen; dieselben enthalten complete Alfabete von allen Schriftarten mit Ausnahme von Zierschriften; sie bieten die hauptsächlichsten Typen der römischen und gothischen Schriften und sind zum Studium für Schriftlithographen ein unentbehrlicher Rathgeber.

Haas, W., Beschreibung und Abriß einer neuen Buchdruckerpresse in Basel. Basel 1772.

Hänel, Ed., Handbuch der Buchdruckerkunst. Berlin 1838.

Hansard, N. C., Treatise on Printing and Type Founding. Edinburg 1841. 8.
  Titel 8 und Text 235 Seiten. Beschreibung des Wesens der Schriftgießerei, Lithographie, Kupferstich u. s. w.

Hay, Die Gesetze der Farben-Harmonie. Weimar 1874. Verlag von Bernhard Friedrich Voigt.
  Für jeden Farbendrucker belehrend!

Harpel's Typograph; or Book of Specimens, containing usefull information, Suggestions, and a collection of Examples of Letter-press Job Printing, arranged for the assistance of Master Printers, Amateurs, Apprentices and others. Cincinnati 1870. 8.
  Der Verfasser, Oskar H. Harpel, ist praktischer Buchdrucker und sein Werk verdient sowohl des Inhaltes, als auch der Ausstattung wegen Lob. Es ist ein Buch, auf welches das ihrige zu nennen die amerikanische Buchdruckerwelt stolz sein darf. Es enthält 252 Seiten Text und viele Illustrationen; als Titelvignette das Buchdruckerwappen, dessen Copie jedoch falsch ist.

Hasper, W., Kurzes praktisches Handbuch der Buchdruckerkunst in Frankreich. Aus dem Französischen mit Zusätzen, Anmerkungen und Zeichnungen. Karlsruhe 1838. 8.

Das französische Original ist das von Brun.

Heliotypy process (The) descrived and illustrated. London 1872. 4.
Enthält 2 Blätter, 16 Seiten Text und 12 Tafeln Abbildungen.

Henze, C. W., Handbuch der Schriftgießerei. Verlag von Bernhard Friedrich Voigt in Weimar.

Hering, Arthur, Anleitung zur Holzschneidekunst. Leipzig 1873. 16.
143 Seiten Text und 6 Seiten Titel und Inhalt, mit in den Text gedruckten Illustrationen. Die ersten 67 Seiten enthalten die Geschichte des Holzschnitts, welche nur Bekanntes bringt; die übrigen Seiten behandeln die Praxis in sehr verständlicher Sprache, die auch dem Fachmanne manches bisher Ungekannte und wohl zu Erwägende bieten dürfte.

Hodgson, Thomas, An Essay on Stereotype Printing; including a description of the various processes. Newcastle 1820. 8.
Titelbogen 12 und Text 178 Seiten. Eine gute Rundschau über den Ursprung und Fortgang des Stereotypendrucks, historisch und praktisch.

Imposition simplified: the most usefull schemes, pictorially represented; with Diograms for the measurement of margin, table of Bookwork Furniture &c. London 1858. 32.
Der beste Freund des Setzers in der Westentasche!

Initialen und Zierschriften. Frankfurt a. M. 1874. Folio. Verlag von Klimsch & Co.
Das Werk soll zwei Bände umfassen; der erste Band (Heft 1—12) ist vollständig, von dem zweiten sind 5 Hefte erschienen. Dieses Werk ist eine wahre Fundgrube von Motiven, sowohl in der Art von Schriftformen, als auch in der Weise, solche mit Ornamenten oder durch Umgestaltung auszuschmücken. Sodann ist jeder einzelne Buchstabe in 40—50 verschiedenen Variationen gebracht, die gewählten Worte sind je ein Blatt deutsch, ein Blatt französisch und ein Blatt englisch, so daß mit 12 Heften oder 72 Blättern das ganze Alfabet erschöpft ist. Die gewählten Worte sind die am meisten vorkommenden.

Isermann, A., Anleitung zur Chemietypie. Leipzig. Verlag von A. Waldow.
—— Anleitung zur Gyps- und Papier-Stereotypie. Leipzig. Verlag von A. Waldow.
Der Verfasser ist Buchdruckereibesitzer in Hamburg und Herausgeber der „Lithographia."

Katechismus der Graphischen Künste. Leipzig 1876. 8. Verlag von J. J. Weber.
Reich illustrirt; in Fragen und Antworten.

Kretschmar und Pabst, Die Theorie und Praxis der Lithographie und des Steindrucks. Aus dem Französischen des G. Engelmann übersetzt. Leipzig 1829. 8.
Besonders bemerkenswerth ist in diesem Werke eine Geschichte der Lithographie, wie sie nirgends so ausführlich angetroffen wird.

Künzel, Hermann, Die Schnellpresse und ihre Behandlung vor und nach dem Drucke. Leipzig 1873. 4. Verlag von A. Waldow.
Enthält 96 Seiten mit 36 Illustrationen und soll eine Ergänzung zu dem Eisenmannschen Werke (s. Eisenmann) bilden, ist also gewissermaßen der zweite Theil desselben.

Künzel, Hermann, Die Zurichtung und der Druck von Illustrationen. Leipzig. gr. 4. Verlag von A. Waldow.

40 Seiten und viele Illustrationen, ein Leitfaden für Maschinenmeister und Buchdrucker. Das Buch behandelt einen Gegenstand, der für die Besitzer von Druckereien in erster Reihe, aber auch für Maschinenmeister und Drucker von höchster Bedeutung ist.

Lawton, J. W., The Printers' Pocket Companion: containing Imposition and other Valuables Tables; new and comprehensive Job Price-List &c. Rochdale 1870. 16.

8 Tafeln Holzschnitt-Illustrationen und 16 Seiten Schemata zum Ausschießen, welche auf lithographischem Wege hergestellt sind.

Lefèvre, Guide pratique du compositeur. Tours 1870. 8.

2 Bände. Erschien im Jahre 1872 in zweiter Auflage.

Lenormand, Handbuch der Papierfabrikation. Weimar 1867.

Das Werk besteht aus 2 Theilen, ist von einem Atlas mit Abbildungen begleitet und bei Bernhard Friedrich Voigt erschienen.

Lorck, Karl B., Ueber die Herstellung von Druckwerken. Ein Handbuch für Autoren und Verleger. Leipzig 1868. 8.

——— Bericht über die Graphischen Künste auf der Wiener Weltausstellung vom Jahre 1873. Leipzig 1873. 8.

Der Verfasser ist dänischer Generalkonsul in Leipzig, Buchhändler und Herausgeber der „Annalen der Typographie."

Lynch, Thomas, The Printers' Manual. A practical Guide for Compositors and Pressmen. Cincinnati 1872. 8.

Bringt auf 226 Seiten eine vortreffliche praktische Unterweisung über Material, Accidenz, Ausschießen, Drucken und Behandlung der Farben.

Mackellar, Thomas, The American Printer, a Manuel of Typography, containing complet instructions for beginners as well as practical directions for managing every department of a Printing Office. Philadelphia 1873. 8.

Mit Titelvignette und fünf einleitenden Blättern, sowie 336 Seiten Text. Ein kapitales Werk voll nutzbringender Information: Ursprung und Fortschritt der Druckkunst — Material — Setzen — Ausschießen — Correcturlesen — Factor — Presse — Orthographie — technische Ausdrücke.

Magazin aller neuen Erfindungen. Leipzig 1810. Verlag der Baumgärtner'schen Buchhandlung.

In Nr. 51 dieses Jahrganges befindet sich ein Artikel über die damals neue Erfindung der Lithographie; er ist historisch und praktisch.

Marahrens, Aug., Vollständiges theoretisch-praktisches Handbuch der Typographie nach ihrem heutigen Standpunkte. Leipzig 1870. 8. Verlag der Leipziger Vereinsbuckerei.

Der erste Band behandelt das Setzen; Titel, Vorrede, Inhalt XII und Text sammt Sachregister 548 Seiten. — Der zweite Band enthält das Drucken an der Hand- und Schnellpresse; Titelbogen XII, Text sammt Register 546 Seiten. Tafeln in Oelfarben-, Iris-, Präge- und Golddruck und Illustrationen innerhalb des Textes.

——— Die Zehn Artikel des typographischen Sylbentheilens. St. Petersburg 1869. 16. Selbstverlag.

Auf 32 Seiten eine Unterweisung im ordnungsmäßigen Theilen der Wörter

in ihren Sylben von einer Zeile zur andern, sammt Verzeichniß von Fremd=
wörtern, deren Theilung zweifelhaft ist, mit Angabe ihrer richtigen Theilung.

Marahrens, Aug., Alfabetische Deutsche Sprachlehre, zum Gebrauche für
Buchdrucker, Schriftsetzer und Setzerlehrlinge.
Ist im Druck begriffen.

Martin, A., Handbuch der Emailphotographie und der Phototypie, oder An=
leitung zur Erzeugung von Photographien auf Email und Porzellan von
Photholitographien, Photometallegraphien, Photozinkographien, Photogalvano=
graphien und Photozylographien. Weimar 1876. 8.
Diese Ausgabe ist die zweite Auflage, mit Titelkupfer

Mensch, G., Haus-Orthographie für Buchdruckereien. Colberg 1876. 16.
Der Verfasser ist Rektor a. D. Das Büchlein enthält 143 Seiten und ist
im Verlage der C. F. Post'schen Buchhandlung in Colberg erschienen. Am
allerwenigsten rechtfertigt der Inhalt den Namen Haus-Orthographie.

Meyer, J. Hermann, Die Organisation und der Geschäftsbetrieb des deutschen
Buchhandels. Leipzig. gr. 4.
Dieses Werk, im Verlage von Alex. Waldow in Leipzig erschienen, enthält
88 Seiten und diverse Beigaben in tabellarischer Form. Es ist besonders für
diejenigen Buchdrucker von Interesse, welche mit dem Buchhandel verkehren.

Moson, John, Handbook of the Art of Printing. London 1667.
Dieses Handbuch unserer Kunst ist jedenfalls das älteste. Als die Collegen
des Autors von dessen Absicht Kenntniß erhielten, wurde er von diesen um des
Himmels willen beschworen, von seinem Vorhaben abzulassen, weil er dadurch
das Geheimniß der Kunst verrathe und Jedermann wissen lasse, wie es mit der
Handhabung derselben beschaffen sei.

Neubürger, Hermann, Praktisches Handbuch der Buchdruckerkunst. Leipzig
1838. 8. Verlag von Robert Friese.
War seiner Zeit ein sehr schätzbares Werk, das auch in zweiter Auflage
erschienen ist, auf deren Titel indeß die Jahreszahl fehlt.

——— Der Corrector. Eine Anleitung für Alle, welche Corructuren richtig
lesen und die darin aufgefundenen Fehler verständlich anzeichnen lernen wollen.
Leipzig. Verlag von Heinrich Hunger.

——— Leitfaden für Schriftsetzer-Lehrlinge. Leipzig 1842. 8.

New Mode of Printing. Rasselas, Prince of Abissinia, by Dr. Johnson.
Printed with patent types in a manner never before attempted. Kushers
edition. Banbury 1804. 8.
Philipp Rusher ließ sich im Jahre 1802 eine neue Druckmethode paten=
tiren, welche darin bestand, die herabfallenden gemeinen Buchstaben des Antiqua=
Alfabets, als g, p, q, j, y zu entfernen und dieselben durch die betreffenden
Capitälchen zu ersetzen. In dem obigen Buche ist seine neue Methode durchgeführt.

Norberg, Sam., Svensk Handbok i Bokdrucker-Kunsten. Gothenburg
1823. 8.
Dieses Handbuch in schwedischer Sprache ist eine Uebersetzung des 1791 in
Halle erschienenen „Handbuch der Buchdruckerkunst" von C. G. Täubel.

Partington, C. F., The Printers Complete Guide; containing a sketch
of the history and progress of printing, to its present state of im-
provement; Details of its several departments, numerous schemes of
imposition, modern improvements in stereotype, presses and machi-

nery &c. With familiar instructions to authors, illustrative of the art of correcting proof-sheets. London 1831. 8.

Pescheck, H. E., Das Ganze des Steindruckes, oder vollständige Anweisung der Lithographie, nebst Zinkographie und Anastatischem Druck. Weimar 1856.
Die vorliegende Ausgabe ist die 3. Auflage und mit 85 Abbildungen illustrirt.

Planche, Die Papierfabrikation. Weimar 1873. 8. Verlag von Bernhard Friedrich Voigt.

Pressmens Guide, The. Containing valuable instructions, and Recipes for Pressmen and Apprentices in City and Country Printing Offices. Brooklyn 1873. 16.
51 Seiten mit guten praktischen Lehren für Drucker.

Printer, An old, A Treatise on Punctuation, and on other matters relating to correct writing and printing. London 1870. 8.
Ein vortreffliches kleines Hülfsbüchlein von 126 Seiten.

Printers' Practical Every-Day-Book. Preston 1841. 8.

Printers' Practical Every-Day-Book with emendations and additions. Preston 1875. 8.
Titel 8 und Text 152 Seiten.

Printers' Companion. Philadelphia 1845. 8.

Printers' Manual. Abany 1845. 8.

Printer, The. London 1833. 8.
Bringt auf 83 Seiten treffliche Illustrationen bezüglich der Praxis des Setzens und Druckens.

Power, John, A Handbook about Books, for book-lovers, book-buyers and book-sellers. London 1870.
Titel XVI und Text 218 Seiten.

Rapp, Das Geheimniß des Steindrucks in seinem ganzen Umfange. Tübingen 1810. 4. Verlag der Cotta'schen Buchhandlung.
Dieses Werk lüftete den bergenden Schleier des ganzen damaligen Geheimnisses der Lithographie.

Scherer, Rudolf, Lehrbuch der Chemiegraphie, zum Selbstunterricht bearbeitet. Wien 1876. 8.
Wird mit nächstem im Druck beendet sein. Der Verfasser ist Praktikant in der Chemiegraphie, indem er eine Chemiegraphische Anstalt in Wien besitzt.

Senefelder, Aloys, Vollständiges Lehrbuch der Steindruckerei, nebst vorausgehender Geschichte dieser Kunst und ihrer Erfindung. München 1818.
Der Verfasser war bekanntlich Erfinder der Lithographie.

Smalian, Hermann, Praktisches Handbuch für Buchdrucker im Verkehr mit Schriftgießereien. Danzig 1876. 8.
Der Verfasser ist Schriftsetzer und seit vielen Jahren Reisender für Schriftgießereien, mußte also mit der Gießerei auch speziell bekannt werden; er hat in diesem Werke von 8 Titel- und 138 Text-Seiten seine Erfahrungen niedergelegt, deren Nachachtung jedem Buchdruckereibesitzer nur nutzenbringend sein kann.

Smith, John, The Printers' Grammar; wherein are exhibited, examined, and explained, the Superficies, Gradation, and properties of the different Sorts and Sizes of metal Types, cast by Letter-Founders: Sundry Alphabets, of Oriental, and Some other Languages; together with the Chinese Characteres: The figures of mathematical, astronomical, and physical Signs; Jointly with Abbreviations, Contractions and Ligatures: The Construction of Metal Flowers — various Tables and Calculations — Models of different Letter-Cases: Schemes for casting off Copy and Impressing &c. London 1755. 8.

Titel und Vorwort 4 Blätter, Text 312 Seiten. Ein gutes praktisches Werk über Typen und Setzen, welches den spätern Grammären als Muster gedient hat. Die Lehre vom Drucken ist nicht darin enthalten, weil der Autor vor Beendigung des Druckes gestorben war.

Stower, C., Typographical Marks used in correcting proofs, explained and excemplified for the use of authors. London 1805. 8.

Dies war das erste Werk Stowers.

_____ The Printers' Grammar; or introduction to the art of printing; containing a concise history of the art, with the improvements in the practise of printing of the last fifty years. London 1808. 8.

Titel 18 und Text 530 Seiten, ausschließlich praktisch, mit Schriftproben von Fry und Steele, Caslon und Catherwood u. s. w.

_____ The Compositers and Pressmens Guide to the Art of Printing, containing Hints and Constructions to Learners, with various schemes of impositions, calculations &c. London 1808. Royal 8.

Täubel, Christian Gottlob, Praktisches Handbuch der Buchdruckerkunst für Anfänger. Halle 1791.

_____ Ortho=Typographisches Handbuch der Buchdruckerkunst für Schriftsteller, Buchhändler und Correctoren. Halle 1791.

Thon, Lehrbuch der Kupferstecherkunst. Weimar 1868. Verlag von Bernhard Friedrich Voigt.

Timperley, C. H., The Printers Manual; containing instructions to Learners, with scales of imposition, and numerous calculations, recipes, and scales of prices in the principal towns of Great Britain, to gether with practical directions for conducting every department of a printing office. London 1839. 8.

Toßka, J. A., Ueber den Satz des Polnischen, mit besonderer Berücksichtigung der Theilung der Worte. Leipzig (ohne Jahreszahl). 16. Verlag von A. Waldow.

Enthält 14 Seiten.

_____ Der Satz des Russischen, mit besonderer Berücksichtigung der Theilung der Worte. Leipzig (ohne Jahreszahl). 16. Verlag von A. Waldow. 16 Seiten, russisches Alfabet und russische Schriftkasten.

Ueber die Lithographie.

Ein Aufsatz im Morgenblatt Nr. 247, Jahrg. 1807, mit welchem die Literatur des Steindrucks eröffnet wurde.

Waldow, Alexander, Die Buchdruckerkunst in ihrem technischen und kaufmännischen Betriebe. Nach eigenen Erfahrungen und unter Mitwirkung berühmter Fachgenossen bearbeitet. 1873—76. 4.

Im Erscheinen begriffen. Der erste Band vollständig, behandelt das Setzen, der zweite erscheint in fünfwöchentlichen Lieferungen und behandelt das Gebiet des Druckes.

_____ Anleitung zum tabellarischen Satz. Leipzig 1872. 26.

Titel 4 und Text 41 Seiten. Separat=Abdruck aus: „Die Buchdruckerkunst."

_____ Taschen=Agenda auf jedes Jahr. Leipzig. 12.

Ist ein praktisch eingerichtetes Taschenbuch für Buchdrucker.

Walbow, A., Kurzer Rathgeber für die Behandlung der Farben bei Bunt-, Ton-, Bronce-, Blattgold- und Prägedrucken an der Buchdruckpresse und Maschine. Leipzig 1870.

—— —— Anleitung zur Herstellung von Buchdruckplatten mittelst Zinkätzung Leipzig 1871.

—— —— Anleitung zum Satz mathematischer Werke. Leipzig 1874.

—— —— Hülfsbüchlein für Buchdrucker, Schriftsetzer, Factoren, Correctoren und Verleger. Leipzig 1872. 12. 3. Auflage.

Enthält auf 59 Seiten Formatschemata zum Ausschießen, Berechnungstabellen, fremdsprachliche Alfabete und Schriftkasten, Primentafel, Manuscriptberechnungs-Tabelle. Am Schlusse eine Tafel mit Correctur-Zeichen und Beispiel.

—— —— Anleitung zum Druck von Actien. Leipzig 1873. 16.

Separatabdruck aus: „Die Buchdruckerkunst." Titel 8, Text 52 Seiten. Ganz und gar praktisch.

Weishaupt, Heinrich, Das Gesammtgebiet des Steindrucks, oder vollständige praktisch-theoretische Anweisung zur Ausübung der Lithographie in ihrem ganzen Umfange und auf ihrem jetzigen Standpunkte. Weimar 1875. (Verlag von Bernhard Friedrich Voigt). 8. 5. Auflage.

Der Verfasser ist Professor und technischer Vorstand der gewerblichen Fortbildungsschulen und Leiter des Zeichenunterrichts an sämmtlichen Schulen in München. Das Werk hat an Titel, Vorrede und Inhalt XVI, an Text 559 Seiten, sammt einem Atlas mit Abbildungen.

—— —— Theoretisch-praktische Anleitung zur Chromo-Lithographie oder zum lithographischen Farbendruck überhaupt, nach den neuesten, neuverbesserten Verfahrensweisen zur Herstellung des Vollendetsten, was diese Kunst zu leisten vermag. Quedlinburg und Leipzig 1848. 8.

Titel 8, Text 168 Seiten, sammt 3 Tafeln Abbildungen, durchaus praktisch, sowohl für den Lithographischen als auch für den Steindrucker.

Wilson, John, A Treatise on English Punctuation: designed for Letter-writers, Authors, Printers, and Correctors of the press. New-York 1871. 8.

Dieses Buch von 334 Seiten hat bereits die 23. Auflage erlebt; die erste Auflage, welche bloß zum Gebrauch für Buchdrucker bestimmt war, ist 1826 herausgekommen. Es ist ein sehr nützliches, zweckentsprechendes Werkchen.

Winkle, C. S. van, The Printers' Guide; or an introduction to the art of printing; including an essay on punctuation, and remarks on orthography. New-York 1836. 12.

Diese dritte vermehrte und verbesserte Auflage enthält zuerst eine geschichtliche Einleitung und füllen den technischen Theil, welcher recht praktische Unterweisung enthält, die Seiten von 31 bis 236.

Wittig und Fischer, Die Schnellpresse, ihre Mechanik und Vorrichtung zum Druck aller typographischen Arbeiten. Leipzig 1861. 4.

IV. Periodisch erscheinende Fachliteratur.

Allgemeiner Anzeiger für Druckereien, Verlag von Klimsch & Co. in Frankfurt a. M., begründet 1874 und redigirt von Karl Klimsch, erscheint am 1. und 15. jeden Monats in Quart zu 4—6 Seiten und wird allen Druckereien Deutschlands, Oesterreichs und der Schweiz gratis und portofrei zugesandt.

Annalen der Typographie. Leipzig, Gründer, Eigenthümer und Redacteur Karl B. Lorck, datirt von Juli 1869, erscheint 1mal wöchentlich in Quart zu 8 Seiten.

Annales de l'Imprimerie. Brüssel, gegründet Juni 1876 als Umwandlung des „Gutenberg". Satz aus Antiqua mit Mediaeval gemischt, die Seiten mit rother Einfassungslinie versehen.

Anzeigeblatt für Typographie und Lithographie, Schriftgießerei u. s. w., ist Beiblatt zum „Archiv für Buchdruckerkunst." Leipzig, herausgegeben von A. Waldow, erscheint jährlich 48mal je in einen Viertelbogen.

Archiv für Buchdruckerkunst. Leipzig, Verleger, Gründer (1864) und Redacteur A. Waldow. Erscheint in monatlichen Lieferungen.

Arte della Stampa, L'. Florenz, gegründet 1868 von einer dortigen Schriftgießerei.

Berliner Mittheilungen für Buchdrucker. Berlin, gegründet April 1874 von B. Pape als Verleger, Drucker und Redacteur. Er übertrug die Redaction bald an Jul. Elsner, während der Druck von Hermann Blanke übernommen wurde. Das Blatt erschien wöchentlich in 4 Quartseiten und hörte im Sommer 1876 zu Gunsten der „Deutschen Buchdrucker-Zeitung" zu erscheinen auf.

Boekdrucders Nieuws-Blad. Amsterdam, gegründet 1868, erscheint monatlich.

Boletin tipográfico. Madrid.

Buchdrucker-Zeitung. New-York, erscheint bereits länger, hat aber erst in 1876 diesen Namen angenommen; sie ist Gehülfen-Parteiblatt.

Bücher und Blätter. Darmstadt, gegründet 1870 von C. Lange, eine Monatsschrift von historisch-typographischer Tendenz, hat leider das Erstlingsjahr nicht überschritten.

Bulletin de l'Imprimerie. Paris, gegründet 1876 und redigirt von Courcelle.

Chicago Typograph. Vereinsstaaten Nordamerikas.

Correspondent für Deutschlands Buchdrucker und Schriftgießer. Leipzig, Verlag und Organ des Deutschen Buchdrucker-Verbandes, gegründet 1. Januar 1863, erscheint gegenwärtig 3mal wöchentlich, Redacteur A. Härtel.

Correspondenzblatt für die Druckereien Oesterreichs. Prag, begründet 1876, herausgegeben und redigirt von C. Tesar. Wird gratis und portofrei versandt.

Deutsch-Amerikanisches Journal für Buchdruckerkunst, Schriftgießerei und verwandte Fächer, ist Organ der Deutsch-Amerikanischen Typographia, wurde Juli 1873 gegründet. Philadelphia, Redacteur Ch. G. Bachmann, erscheint alle 14 Tage und hat neuerdings seinen Namen verändert.

Deutsche Buchdruckerzeitung. Berlin, Verleger, Gründer und Redacteur Hermann Blanke, erscheint wöchentlich in Quart zu 8—12 Seiten.

Faust, illustrirte polygraphische Zeitschrift. Wien, gegründet 1848 unter der Redaction von Michael Auer und im Verlage desselben. Im Jahre 1854 ging dieses Blatt an den Buchhändler G. H. Friedlein in Leipzig über, infolge dessen es bald seinen polygraphischen Charakter einbüßte.

Gutenberg, Organ für das Gesammt-Interesse der Buchdrucker und Schriftgießer Deutschlands. Berlin, begründet April 1848 von Moritz Spiegel, einem Setzer aus Breslau, welcher auch Redacteur desselben war. Das Blatt wurde Organ des Gutenbergbundes, ging aber im Jahre 1852 ein.

Gutenberg. Brüssel, ein typographisches Journal in französischer Sprache, erscheint seit langem und ist im Juni 1876 zu Gunsten der „Annales de l'Imprimerie" eingegangen.

Gutenberg, ein Organ für Buchdrucker. Erlau (in Ungarn), gedruckt in der erzbischöflichen Druckerei. Wir haben über dasselbe nichts weiter in Erfahrung bringen können, als daß es das erste typographische Organ war, welches in Ungarn erstand.

Helvetische Typographia. St. Gallen, gegründet 1858, gegenwärtig Organ des schweizerischen Gehülfenverbandes, erscheint seit kurzem wöchentlich unter der Redaction von E. A. Tauner. Mit dem Ende des Jahres 1875 ist die Fraktur, mit der sie bisher gedruckt worden war, abgeschafft, und erscheint sie seitdem in Antiqua.

Imprimerie, L'. Paris, gegründet 1863, Verleger und Redacteur Gabriel Charavay, erscheint monatlich 1mal in Quart, und hat eine bedeutende Verbreitung.

Imprimerie Belge, L'. Brüssel.

Journal für Buchdruckerkunst, Schriftgießerei und die verwandten Fächer. Braunschweig, gegründet Juli 1834 von Dr. Joh. Heinr. Meyer, erscheint jährlich 48mal in Quart zu 8—12 Seiten. Redacteur ist Theod. Goebel in Stuttgart.

Journal für Buchdruckerkunst. Aschersleben, gegründet Ende 1848 von einem Buchdrucker Witt, hat nur kurze Zeit bestanden.

Journal Typographique de Chicago. Vereinsstaaten von Nordamerika.

Lithographia. Hamburg, gegründet 1861 von Gustav W. Seitz, später übernommen von A. Ifermann, von dem sie gegenwärtig noch verlegt und redigirt wird. Sie dient vorzugsweise dem Interessen der Lithographie und des Steindrucks, erscheint wöchentlich in Quart zu 4 Seiten.

Lithographia, schweizerisches Organ für Lithographen und Steindrucker.

Mittheilungen für Deutschlands Buchdrucker und Schriftgießer. Berlin, begründet 1852 und redigirt von H. Kannegießer, nach dessen 1853 erfolgten Tode von Karl Fröhlich, wurden nach dem Entschlafen des Spiegelschen „Gutenberg" Organ des Gutenberg-Bundes, erschien jährlich in 11 Heften zu 16—32 Seiten gr. 8.; mit dem 36. Hefte im Jahre 1856 hörten sie sammt dem Gutenbergbunde auf zu sein.

Mittheilungen des Deutsch-Oesterreichischen Buchdrucker-Vereins. Leipzig, ist seit 1876 officielles Organ dieses Vereins, erscheint unregelmäßig in 8.

Mittheilungen für den Verein schweizerischer Buchdruckereibesitzer. Bern, gegründet 1874 als officielles Organ dieses Vereins unter der Redaction von Hailer.

Mittheilungen an schweizerische Buchdruckereibesitzer. St. Gallen und Bern, gegründet 1872 haben sie nur bis zur Gründung des officiellen Organs für den Verein schweizerischer Buchdruckereibesitzer bestanden.

Mittheilungen für Deutschlands Buchdrucker. Leipzig, gegründet 1870 von dem Leipziger Buchdrucker-Verein (Anti-Verband) und redigirt von Heinrich Fischer, erschien monatlich 2mal und ging 1875 ein.

Nordisk Boktrycker-Tidning. Stockholm, gegründet 1869, erscheint 2mal monatlich, Tendenz Praxis.

Oesterreichische Buchdrucker-Zeitung. Wien, gegründet 1873 als Organ des Deutsch-Oesterreichischen Buchdruckervereins für die österreichischen

Mitglieder, Redacteur Friedrich Jasper, erscheint wöchentlich in Quart zu je 4—8 Seiten.

Oesterreichische Typographia, Journal für Arbeiter. Wien, gegründet Juli 1848, hatte nur eine Lebensdauer von 4 Wochen.

Oesterreichisches Buchdrucker-Organ. Wien, gegründet August 1848 unter Redaction von C. Ph. Hueber, erschien wöchentlich 1mal in Quart zu 4 Seiten, die letzte elfte Nummer am 24. October desselben Jahres.

Pacific Specimen. San Louis.

Polygraphisches Centralblatt, Organ für Lithographie und Steindruck. Leipzig, gegründet im Jahre 1866 von C. Hackel, erscheint gegenwärtig im Verlage von Rud. Hartmann in Leipzig 2mal monatlich in klein Quart zu je 8 Seiten.

Printers' Circular. Philadelphia, Eigenthümer und Redacteur R. S. Menamin, erscheint monatlich.

Printers' Register. London, Herausgeber und Eigenthümer Joseph M. Powell, erscheint in klein Quart, monatlich eine Lieferung mit etwa 12—16 Seiten Text und 40—50 Seiten Inserate, sammt 4 Seiten Umschlag mit Annoncen.

Printing Times and Lithographer, The. London, Eigenthümer und Herausgeber Wynans & Sons, erscheint am 15. jeden Monats in gr. Quart als Lieferung von 20—24 Seiten Text und 30—40 Seiten Annoncen.

Senefelder Bund, Organ für die Lithographen und Steindrucker Deutschlands und Oesterreichs. Nürnberg, erscheint am 1. und 15. jeden Monats.

Skandinavist Bogtrykker-Tidende. Kopenhagen, gegründet 1870, erschien 2mal monatlich in klein Quart und hat mit dem Jahre 1875 zu erscheinen aufgehört.

Telegraphische Depeschen für die Buchdruckerwelt Deutschlands und Oesterreich-Ungarns. Berlin, Verlag, Druck und Redaction von Franz Jahnke, erschien am 15. jeden Monats, hat aber nur eine kurze Zeit bestanden.

Tipografia Milanese, La. Mailand.

Tipografia Romanul. Bukarest, gegründet 1869.

Tipografitscheskij Jurnal (Typographisches Journal). St. Petersburg, gegründet 1867 von R. Schneider, erschien 2mal monatlich mit nebeneinander stehendem russischen und deutschen Text, ging aber nach zweijährigem Bestehen wieder ein, weil die Schwierigkeit, die deutschen Original-Artikel in das Russische übersetzt zu bekommen, nicht zu beseitigen war.

Tipografo, Il. Florenz.

Typograf Tidende. Kopenhagen, gegründet 1873 als Organ des dänischen Typographen-Verbandes unter der Redaction von P. R. Jensen, erscheint wöchentlich in kl. Quart zu je 4 Seiten.

Typographia. Budapest, gegründet 1863, erscheint wöchentlich in ungarischer und deutscher Sprache neben einander gestellt.

Typographia. Mittweida (Sachsen), gegründet 1848 von Oskar Strobel, hat nur eine kurze Zeit bestanden.

Typologie Tucker. Paris, gegründet vor vier Jahren von Tucker, dessen Eigenthum sie ist, wird vortrefflich redigirt.

Velleslavin. Prag, gegründet 1864, wurde eine Zeit lang im Erscheinen unterbrochen, später aber von der Typographischen Beseda, deren Organ es ist, wieder neu belebt. Es erscheint in tschechischer Sprache unter der Redaction von A. Schiller.

Vorwärts. Wien, gegründet 1867, ist Organ des österreichischen Gehülfen-Verbandes, erscheint wöchentlich in Folio.

Wöchentlicher Anzeiger für Buchdrucker, Schriftgießer, Lithographen, Xylographen und die Betreiber aller verwandten Kunstfächer. Leipzig, gegründet 1846 von E. H. Hoßfeld, hat nicht lange bestanden.

Zeitschrift für Litho- und Typographie und die verwandten Fächer. Frankfurt a. M., begründet anfangs 1876 von E. Kruthoffer und eingegangen inmitten desselben Jahres.

Zeitung für Buchdrucker. Thonberg-Leipzig, gegründet Januar 1870 von Aug. Marahrens und eingegangen im December desselben Jahres infolge der durch den Ausbruch des Krieges herbeigeführten schlechten Zeitverhältnisse.

V. Schriften verschiedenen Inhalts.

Hoffmann, F. R., Typographisches Jahrbuch. Breslau 1875 und 1876. 8. Ist in zwei Jahrgängen erschienen.

Horn, Alban, Gutenberg. Kalender für die Jünger der Schwarzen Kunst. Zittau 1875, 1876.
Ist in seinem ersten Jahrgange für 1876 mit vielem Beifall aufgenommen und der zweite Jahrgang — Kalender auf 1876 — so eben erschienen.

— — Gott grüß' die Kunst! Zweites Reise-Taschenbuch für die Buchdrucker in Deutschland, Oesterreich und der Schweiz. Zittau 1875. 16.
Enthält auf 68 Seiten ein alfabetisches Verzeichniß solcher Orte, in welchen sich Druckereien befinden, mit den Nachweisen über Einwohnerzahl, Firmen der Druckereien, Höhe des Viaticums, Auszahlungsstelle desselben, Verkehr ꝛc. Im Anhange Deklamationen, Couplets, Lieder ꝛc.

— — Neuestes Taschen-Liederbuch für Buchdrucker. Zittau.
Es ist dies die zweite Ausgabe.

Klimsch, Karl, Adreßbuch der Buch- und Steindruckereien Deutschlands, Oesterreichs und der Schweiz. Frankfurt a. M. 1876.
Titelbogen VI, Text 398, Anhang 90 Seiten, ist im Verlage von Klimsch & Co. erschienen.

Meyer, Dr Johann Heinrich, Adreßbuch der Buchdruckereien von Mittel-Europa, der Stein-, Kupfer- und Stahlstichdruckereien, der Schrift- und Stereotypengießer, xylographischen Institute, Pressen- und Druckmaschinenbauer, Farbefabrikanten, sowie der mechanischen Papierfabriken. Braunschweig 1854. 8.
Dieses im Verlage der Firma des Verfassers erschienene Adreßbuch dieser Art ist 210 Seiten stark.

Bienenkorb heißt in der nunmehr zu Ende gehenden Formatbezeichnung der Papiere ein Schreibpapier, welches eine Kleinigkeit größer ist, als das Format des gewöhnlichen Schreibpapiers. Die Benennung entstammt noch der Handfabrikation, wo dieses Papier als Wasserzeichen einen Bienenkorb zeigte. Am meisten kommt es in Norddeutschland vor.

Bild ist bei der einzelnen Type das am Kopfe sichtbare Zeichen, wodurch sie sich je nach Verschiedenheit dieses Zeichens von einander unterscheiden und mit Hülfe dessen sie kenntlich sind.

Bildfläche der Schrift ist die Oberfläche der zu einem Satz an einander gereihten Buchstaben, also die Oberfläche der Schriftform in ihrer ganzen Ausdehnung.

Billetpapier nennt man das Postpapier, wenn dasselbe in seinen einzelnen Bogen in vier Theile geschnitten ist, also ein Quartblatt des gewöhnlichen Postpapiers ausmacht, welches dann, zusammengelegt, zwei Octavblätter des ganzen Postpapierbogens enthält.

Bimsstein, eine poröse, glasartige, rauh anzufühlende, leicht zerbrechliche Substanz vulkanischen Ursprungs, wird in der Steindruckerei zum Schleifen der Steine angewendet; er ist so leicht, daß er auf Wasser schwimmt und hart genug, um Steine und Metalle zu ritzen. Deshalb wird er auch zum Poliren des Holzes, des Elfenbeins, des Marmors, der Metalle und des lithographischen Steins verwendet. Zu letzterm Behufe taugt indeß der Bimsstein nicht, welcher rauh, schwer und von dunkelgrauer Farbe ist, weil er harte Stellen enthält, welche Ritzen verursachen, dagegen ist der von heller Farbe, mit engem Fasergewebe, seidenartig glänzendem Aussehen und leichtem Gewicht der geeignetste für unsern Zweck. Die Säuren haben keine Wirkung auf Bimsstein.

Bis=Zeichen ist der Strich oder Gedankenstrich, welcher aber nur Ziffern oder Zahlen verbindet und durchaus nicht von denselben abgetrennt sein darf, z. B. 1876—77, von 4—5 Mk., zwischen 7—8 Uhr.

Blanket heißt eine solche Drucksache, welche nur einen Vordruck zum nachherigen Ausfüllen bildet. Man könnte demnach jedes unausgefüllte Formular Blanket nennen, indeß bezieht sich diese Benennung des besondern eigentlich nur auf Wechsel, Anweisungen und Quittungen, Empfangscheine u. dgl. m.

Blätter, periodisch wiederkehrende, s. Blatt.

Bläuw oder Bläu, auch Janssonius Cäsius genannt, seit dem Anfange des siebenzehnten Jahrhunderts Buchdrucker in Amsterdam, als welcher er sich bald einen Ruf erwarb. Geboren im Jahre 1571 in den Niederlanden, wandte er sich den Wissenschaften zu und trieb namentlich Astronomie und Mathematik, in welch ersterer er ein Schüler und späterer Freund des berühmten Dänen Tycho de Brahe war. In dieser Zeit schrieb er zwei Werke, welche aber erst nach seinem Tode gedruckt wurden. Das erstere hieß: „Unterricht über den Gebrauch des Globus", war in niederländischer Sprache geschrieben, von Matth. Hortensius ins Lateinische übersetzt und erlebte zwei Auflagen, 1642 und 1669; sein zweites Werk war betitelt: Theatrum urbium et munimentorum. — Als Buchdrucker verwendete er eine besondere Sorgfalt auf den Druck und die Pressen und verbesserte letztere dadurch, daß er den Karren derselben mit einer Kurbelwelle, Riemen und Griff versah, wodurch das Einfahren erleichtert wurde. Eine zweite Verbesserung brachte er an dem Oberbalken an, welchen er durch Erweiterung der Lager und durch Unter= und Ueberlegung derselben mit Pappstücken Elasticität verlieh, so daß der Bengel nach geschehenem Zuge von selbst zurückschnellte. Diese Verbesserungen fanden zumal in Frankreich sofort Anklang, so daß dieselben bald überall zur Geltung kamen. Ganz vortrefflich sind die Karten des Atlasses, welchen er herausgab. Seine Firma lautete bis zum Jahre 1620 Guilelmus Jansonius, und erst von da ab nannte er unter seinen Drucken sich Wilhelm Bläuw. Er starb am 21. Oktober 1638 und hinterließ einen Sohn, Johann Bläuw, welcher Rechtswissenschaft studirt hatte und nach dem Tode des Vaters dessen Geschäft übernahm, sich durch vortreffliche Ausgaben der lateinischen und griechischen Klassiker auszeichnete und mehrere Werke schrieb, als: Novum ac magnum theatrum civitatum totius Belgii (1649, 2 Bde., Fol.), Theatrum Italiae (Amsterdam 1704, 4 Bde., Fol.), und Theater von

Piemont und Savoyen, welches von J. Bernard ins Französische übersetzt wurde (Haag 1735). Er setzte auch den von seinem Vater begonnenen Landkartendruck fort.

Blatt hat in der Beziehung zum Papier eine Bedeutung, welche von dem wirklichen Blatt (des Baumes oder der Pflanze) auf dasselbe übertragen worden ist. Vor den Zeiten des Papiers benutzte man zum Schreiben vorzugsweise Baumblätter, und als jenes erstand und ein besseres Aushülfsmittel zum Schreiben barbot, ging die Benennung Blatt auf das Papier in der Weise über, daß man den einzelnen Theil eines Bogens Papier Blatt nannte. So theilt sich nun der Bogen Papier, je nachdem er mehr oder weniger zusammengelegt oder gefalzt wird, in ebenso viele oder weniger Theile. Die Größe eines Blattes kennzeichnen wir in der Typographie als Format, der zweitheilige Bogen heißt beispielsweise Folio, der viertheilige Quart, der achttheilige Octav u. s. w. Jedes Blatt hat hinwiederum zwei Seiten, die äußere oder innere, die Vorder- oder Rückseite, die erste oder zweite Seite. — In der Typographie haben wir von diesem Papierblatt aber noch das Zeitblatt zu unterscheiden, das eine allgemeine Namensform für ein periodisch wiederkehrendes Preßerzeugniß ist, welche, wenn sie auch von anderen Benennungen abgelöst wird, wie z. B. von Zeitung, in allen Sprachen germanischen Stammes mit Ausnahme der englischen für diesen Gegenstand gebräuchlich ist, so im Dänischen, Schwedischen und Niederländischen Blad. Auch im Französischen ist der Name von Blatt (feuille) für ein Zeitblatt gebräuchlich, und so auch die Diminutivform Feuilleton (Blättchen), welche auch wir uns zu eigen gemacht haben.

Blattbezeichnung, s. Paginirung.

Blattgold wird mitunter beim Golddruck in der Buch- und Steindruckerei angewendet, mehr aber vom Buchbinder zu Goldschnitten und zur Verzierung der Büchereinbände benutzt. Es wird von den Goldschlägern durch Bearbeiten mit dem Hammer hergestellt und zwar bis zu einer Dünne, welche höchstens den zehntausendsten Theil eines Millimeters beträgt. Die Blättchen des Blattgoldes, wie es im Handel vorkommt, werden einzeln zwischen die Blätter kleiner Büchelchen gelegt; 250 Blätter heißen 1 Buch, welches aus 12 Büchelchen zu je 21, oder aus 5 solcher zu je 50 Blättchen besteht.

Blechdruck. Die Methode, mittelst der Buchdruck- oder Steindruckpresse Drucke auf Metallplatten zu machen, ist bei uns neu, in Wien erst kürzlich eingeführt, aber in Frankreich seit langen Jahren bekannt. Zum Druck auf Blech eignen sich Formen aus Schriftmetall oder galvanischen Platten durchaus nicht, da beide Gegenstände zu hart sind; die Formen nutzen sich schnell ab und geben einen unvollkommenen Druck, theils wegen der Härte des Blechs, theils wegen seiner ungleich gewalzten Stärke; bei jeder Platte bemerkt man stellenweise andere Mängel: entweder bleiben einzelne Buchstaben ganz unausgedruckt oder werden andere ganz platt gedruckt. Um einen guten Druck zu erzielen, muß die Form aus einer Masse hergestellt werden, die elastisch ist und doch wieder nachgiebt; dazu eignet sich Gelatine, die aus gereinigten Knochen auf chemischem Wege erzeugt wird, und zwar die französische Gelatine. Zu bemerken ist, daß je härter die Form gegossen wird, desto bessere Abdrücke zu erzielen sind. Ist die Form aus Lettern zusammengesetzt oder in Holz geschnitten, so ist es immer besser, eine galvanische Matrize davon machen zu lassen und selbe auf der Rückseite etwas zu verzinnen, damit sie gerade aufliegt; aus einem dünnen Eisenblech, das um 2½ Centimeter an allen Seiten größer als die Matrize sein muß, macht man ein förmliches Kästchen, indem man die Kanten in die Höhe biegt, so daß die Matrize fest darin liegt. Gelatine löst sich schwer auf, man giebt sie daher 3—4 Minuten in lauwarmes Wasser; nachdem sie herausgenommen und das Wasser abgetropft ist, kommt sie in den Kessel oder Dampf-Apparat. Sobald die vollständige Lösung vor sich gegangen, welche einige Stunden in Anspruch nimmt, gießt man feines Glycerin dazu, etwa ein Drittel des Gelatine-Gewichtes, läßt es wieder gut kochen, damit alle Wassertheile hinausgetrieben werden; dann gießt man die Masse in ein Gefäß und nachdem sie erkaltet, kommt selbe wieder in den Kessel und wird neuerdings geschmolzen; ist die Masse aufgelöst, was jetzt schnell vor sich geht, so giebt man noch eine oder zwei Tafeln Gelatine dazu, damit die Masse recht hart ausfällt. Diese Manipulation ist zeitraubend, aber nothwendig, weil die Masse durch den Zusatz von Gelatine härter wird. Nun wird die Matrize eingeölt, hauptsächlich auf den rauhen erhabenen Stellen, dann erwärmt und in das von Blech gemachte Kästchen mit dem Bilde nach oben gelegt; unter dem Kästchen zündet man eine Spiritusflamme an, um die Matrize in warmem Zustande zu erhalten, wodurch die in der Masse befindliche Luft entweicht und die Form an der Bildfläche keine Löcher erhält. Nun gießt man die aufgelöste Gelatinemasse langsam auf die Matrize und läßt die Spiritusflamme noch einige Minuten darunter brennen. Wenn die Masse kalt geworden, macht man vorsichtig die Form von der Matrize los. Mit gutem Erfolg erhält man auch Formen für Blechdruck aus amerikanischem Kautschuk; auflösen kann man Kautschuk mit Benzin, noch besser ist es, schon aufgelösten zu kaufen, den man bei jedem Kautschukwaaren-Fabrikanten bekommt. Das Verfahren ist folgendes: Gelatinemasse, die schon einmal aufgelöst, wie oben beschrieben wurde, giebt man in den Siedekessel hinein; nachdem die Masse geschmolzen ist, giebt man ebenso viel Kautschuk dazu und läßt es stark kochen, wodurch sich beides sehr gut verbindet. Um noch festere Formen zu gewinnen, kann man dem Kautschuk, je nachdem wie hart man seine Formen haben will, Schwefel beimengen, der sich sehr gut verbindet. Die Behandlung des Druckes ist dieselbe, wie bei dem gewöhnlichen Druck, nur muß eine gute starke Farbe, welche schnell trocknet, verwendet werden, da sonst die Farbe auf dem Blech sich verwischen würde. Effectvoll sehen auf diese Art bedruckte Platten aus, wenn sie nach dem Druck mit Glanzlack überstrichen werden. F. K—.

Blei, in der Chemie unter dem Zeichen b bekannt, ein Metall von bläulich weißer Farbe und starkem Metallglanz, an der Luft mit einem glanzlosen, grauen Häutchen sich überziehend, ist in reinem Zustande sehr weich und läßt sich mit dem Messer schneiden, ist der Hauptbestandtheil unsers Letternmetalls, welches, wenn auch noch so weich, mit wenig Antimon versetzt, eine ziemliche Härte erlangt. Es schmilzt bei 334° C. und verdampft in der Weißglühhitze. Das Blei befindet sich in der Natur selten in gediegenem Zustande und zwar als derartig vorkommt, nur in dünnen Blättchen, haar- und drahtförmig, z. B. beim Alstenmoor in Cumberland in Kalkstein, auf Madeira und mit Eisenglanz und Magneteisen bei Peisberg in Wermland; häufiger ist es in Verbindung mit Schwefel und anderen Schwefelmetallen vorhanden, und zwar als Bleiglanz, theils als Schwefelblei. Im Großen wird das Blei fast ausschließlich aus Bleiglanz dargestellt, das von der ihn begleitenden Gangart durch Pochen und Schlämmen getrennt wird, wobei sich das Erz wegen seines hohen specifischen Gewichtes rasch als feines Pulver absetzt. Da der Bleiglanz fast immer etwas Silber enthält, so ist die Silber- und Bleigewinnung gewöhnlich eng verbunden, wie im Harz, in Freiberg, im Siegenschen, in Tarnowitz in Schlesien, in Holzappel a. d. Lahn, in Ramsbeck in Westfalen, in Stollberg bei Aachen, in Kommern a. d. Eifel; am meisten kommt das Blei in Spanien, am wenigsten in Rußland vor. Producirt wird in England jährlich 76,000 Tonnen, in Spanien 61,000 Tonnen, in Deutschland 51,000, in Italien 32,000 Tonnen und in Frankreich 19,000 Tonnen; Oesterreich, Belgien, Rußland produciren wenig.

Bleiformatstege, s. Formatstege.

Bleistege, s. Hohlstege.

Bleiweiß ist basisch kohlensaures Bleioxyd, eines der wichtigsten Farbenkörper, wird bei dem Farbendruck als weiß, zum Mischen und zum Klären von Firniß benutzt. Es ist blendend weiß, geruch- und geschmacklos, im Wasser unlöslich und von giftiger Beschaffenheit. Seine Zusammensetzung ist schwankend, meistens ist es wohl Zweidrittel kohlensaures Blei, aber der Gehalt an Bleioxyd wechselt zwischen 84 und 87 Procent. Hergestellt wird es vorzugsweise in Oesterreich, in Schweinfurt, Heilbronn, an einigen Orten am Rhein, in Osterode am Harz, in Eisenach, in Amsterdam, Rotterdam und anderen holländischen Orten, in Belgien, England und Italien, weniger in Frankreich. Am vorzüglichsten in seiner Deckung ist das holländische, in zweiter Reihe das englische Bleiweiß.

Blindendruck oder Ektypographie, Relief- oder Hochdruck, ist dasjenige Druckverfahren, bei welchem die Schrift nicht in Farbe, sondern in dem Papier von unten eingeprägt wird und infolge dessen auf der Oberfläche erhaben zum Vorschein kommt, zu dem Zwecke, um hierdurch den Blinden mittelst des Gefühls oder Tastsinnes das Lesen zu ermöglichen. Man stellt diesen Druck auf verschiedene Weise her, einmal durch das gewöhnliche Verfahren des Reliefdruckes, zu welchem eigene Metallplatten gravirt oder Steine hoch- oder tiefgeätzt werden müssen, oder mittelst eigens zu diesem Zwecke hergerichteter Lettern. Diese müssen in ihrem Bilde möglichst einfach, aber unbedingt scharfeckig sein. Der Erfinder dieser Druckmethode ist der französische Weltgeistliche Valentin Hauy, welcher hierzu brauchbare Typen anfertigte und dieselben 1784 zum erstenmal in der Blindenanstalt zu Paris anwenden ließ. Er brachte es bald dahin, daß seine blinden Zöglinge diese Lettern selbst setzen und drucken konnten. Seine Nachfolger vervollkommneten sein System, aber es giebt kein einheitliches, vielmehr mindestens vier Methoden desselben, bei welchen wirkliche Typen zur Anwendung kommen, von denen das Alstonsche das am weitesten verbreitete und einfachste ist, denn mit demselben ist die Bibel und noch eine Anzahl anderer Bücher gedruckt worden. Die zum Blindendruck verwendete Schrift ist bei allen Systemen die lateinische in ihrer Grundform, welche aber besonders in soweit modificirt werden mußte, als die herunterhängenden Buchstaben zu geradlinigen umgewandelt wurden, um den Blinden den Verfolg von einer Zeile zur andern nicht zu erschweren. — Außer den wirklichen Schriftsystemen giebt es Zeichensysteme, welche aber den Druck dadurch sehr erschweren, weil sie bedeutend mehr Raum einnehmen. So z. B. umfaßt der Druck der Bibel in einem Zeichensystem 36 Bände, während er nach dem Alstonschen Alfabetsystem in 4 Bände hineingebracht ist.

Blockaden nennt man beim Setzen umgekehrte Typen, welche interimistisch für ausgegangene, d. h. mangelnde Buchstaben genommen werden, um dieselben nach Beschaffung der richtigen vor oder bei der Correctur zu ergänzen. Abgedruckt heißen die Blockaden Fliegenköpfe.

Blockbücher bilden die ersten Anfänge oder vielmehr die Vorgänger der Buchdruckkunst mit beweglichen Lettern. Sie sind die Abdrücke von Holztafelschnitten, jedoch nicht mittelst der Presse erzeugt, sondern durch einen Reiber, mit welchem, nachdem das angefeuchtete Papier auf die mit Farbe versehene Holzplatte gelegt war, durch letztern ein Abdruck erzielt wurde. Dieser Reiber wird in unseren Geschichtswerken der Druckkunst geschildert als von der Form und dem Zustande der vormaligen Auftrageballen; es wird dabei eine Verwechselung stattfinden, denn jene Ballen werden als Geräthe damals schon wie später nur zum Einschwärzen der Formen benutzt worden sein, während der Reiber aus einem runden Stahl mit Handgriff bestanden haben wird, wie unsere Holzschneider sich desselben Instruments heute noch zum Abziehen bedienen. In Folge der bedeutenden Schattirung, welche das Papier mittelst dieser Handhabung erhielt, konnten diese Drucke nur auf der einen Seite des Papiers hergestellt werden. Diese Drucke theilen sich in drei Klassen, nämlich 1) Bücher mit bloßem Text, sind meistens ABC-Bücher und Elementar-Lehrbücher zum Unterricht in der lateinischen Sprache. Unter diesen ist der Donat das vorzüglichste. 2) Bücher mit Bildern ohne Schrift, was dahin zu erörtern ist, daß diese Tafeldrucke keine besonderen Textseiten, sondern nur so viel über, unter und neben den Figuren und in Spruchbändern angebrachte Schrift haben, als zum Verständnisse der bildlichen Darstellung nothwendig. Zu diesen gehören: Die Armenbibel, Biblia pauperum; die Apokalypse oder die Offenbarung St. Johannis; das Hohelied, die Vertheidigung der heil. Jungfrau; das Vater-Unser, Exercitium super paternoster; der Kalender in französischer Sprache; der Todtentanz; das Apostolische Glaubensbekenntniß; die zehn Bott für die ungelernte Leut; die sieben Todsünden; die acht Schalkheiten; die Fabel vom kranken Löwen. 3) Bücher mit Bildern und Schrift. Die auf uns überkommenen sind: der Entchrist, Historia Antechristi; die fünfzehn Zeichen des jüngsten Gerichts; die Kunst zu erinnern, Ars memorandi; die Kunst zu sterben, Ars moriendi; der Heilspiegel, Speculum humanae salvationis; Dr. Hartliebs Chiromontia; das Buch der Könige, Liber Regum; der Kalender des Johann von Gmünden; die Folge der sieben Planeten; das geist- und weltliche Rom; die Legende vom hl. Nimrod; der Beichtspiegel, Confessionale; das Zeitglöcklein.

Blockiren heißt beim Setzen, eine Type an Stelle eines Buchstabens, der zeitweilig mangelt, auf den Kopf stellen. Es muß zu diesem Zwecke eine solche Type genommen werden, welche genau dieselbe Stärke hat als diejenige, statt deren sie verwandt wird. Das Blockiren ist ein Nothbehelf und verursacht Zeitverlust; es ist daher, wo nur irgend möglich, zu umgehen, und im allgemeinen auch nur auf solche Buchstaben anzuwenden, welche im gewöhnlichen Satz verhältnißmäßig weniger vorkommen.

Bloemaert, Cornelius, berühmter Kupferstecher und Formenschneider, geboren 1603 zu Utrecht in den Niederlanden, wo sein Vater, Abraham Bloemaert, ebenfalls Maler, Kupferstecher und Formenschneider war. Er lebte eine Zeitlang in Paris und ging dann nach Rom, wo er 1680 starb. Seine Nation nennt ihn den Begründer der Hellbunkelmanier des Holzschnittdrucks, wiewohl mit Unrecht. Seine Stiche gehören zu den besten seiner Zeit und nahm er sich vorzugsweise die italienischen Meister zum Vorbild.

Bodoni, Giambattista, Direktor der königlichen Buchdruckerei zu Parma, geboren zu Saluzzo in Piemont 1740, wo sein Vater eine Buchdruckerei besaß und er in derselben die Buchdruckerkunst erlernte, ging 1758 nach Rom und fand hier Stelle in der Druckerei der Propaganda, wo er mehrere Jahre blieb und sich mit den orientalischen Sprachen bekannt machte. Er setzte hier mehrere orientalische Werke, das tibetanische Alfabet von Georgi, das arabisch-koptische Alfabet, reinigte die Punzen vieler in Unordnung gerathenen Alfabete orientalischer Sprachen und ordnete sie wieder, wodurch er sich um diese Anstalt ein bleibendes Verdienst und durch ganz Italien einen berühmten Namen erwarb.

Der damalige Herzog von Parma, Infant Don Ferdinand, welcher neben anderen wissenschaftlichen Anstalten in seiner Vaterstadt auch eine Buchdruckerei errichten ließ, berief Boboni zum Vorsteher derselben, und in einem Zeitraume von wenigen Jahren war dieselbe durch das rastlose Streben ihres Direktors zu einer der ersten Offizinen in ganz Europa geworden. Seine griechischen Lettern erreichten unter allen neueren Versuchen der Art von damals am gelungensten die Züge der Handschrift. Sein Homer ist ein Prachtwerk, das in der That beachtenswerth ist. Bobani war Mitglied mehrerer Akademien Italiens, Mitglied beider Orden Siciliens und des Ordens der Reunion. Seine Prachtausgaben gereichen jeder Bibliothek zur Zierde und sind vollständig in der kaiserlichen Bibliothek zu Wien und in der französischen Staatsbibliothek zu Paris. Hinsichtlich seiner Vielseitigkeit dauerte es viele Jahre, bis er von einem Stempelschneider und Schriftgießer erreicht, geschweige denn übertroffen wurde. Er starb zu Anfang des Jahres 1814, während sein Handbuch der Typographie: „Manuale tipografico" erst vier Jahre nach seinem Tode in Parma in Quart (presse la Vedova) erschien, ein Buch, welches zu den ausgezeichnetsten Lehrmitteln der Typographie zählt.

Bogen ist einmal der weiße Bogen Papier, wie man denselben ebenso im gewöhnlichen Leben nennt, weiter versteht man im typographischen Sinne den gedruckten Bogen darunter und nennt auch die beiden Formen, welche — aus den beweglichen Lettern zusammengesetzt — auf den Papierbogen abgedruckt werden sollen, einen Bogen.

Bogenquadraten oder Bogenstege sind aus Schriftzeug gegossene, auf einer Seite scharfeckige, auf der andern verschiedene Rundungen zeigende Quadraten. So viel und so verschieden dieselben auch immer von den Schriftgießereien geliefert worden sind, niemals haben sie die praktische Anwendung befriedigen können und werden fast gar nicht mehr beachtet.

Bogenregletten zum Bogensatz (s. d.) sind aus abgenutzten und abgeschnittenen Linien oder aus Zink=, Messing= oder Eisenblech zugerichtete Regletten, denen man durch Biegen die beliebige Form geben kann. — Die vor einigen Jahren von der Gießerei C. Kloberg in Leipzig eingeführten messingenen Bogen=Regletten haben sich in der Praxis ebenso wenig bewährt, als sämmtliche Bogenquadraten und Bogenstege.

Bogensatz, s. Rund= und Bogensatz.

Bogenschneider, eine Vorrichtung bei der Schnellpresse, die fertig gedruckten Bogen wenn erforderlich in der Mitte durchzuschneiden, welche mit der beweglichen Punktur in Verbindung steht, von welcher eine Stange, in der vorn ein stählernes, sehr scharfes Radmesser angebracht ist, nach der Holzwelle hinter dem Druckcylinder führt. Inmitten der Holzwelle ist eine Rille, in die das Radmesser hineinfällt, sobald die Welle den Bogen vom Cylinder empfangen hat und denselben in zwei gleiche Theile schneidet. Der Bogenschneider ist leicht zu entfernen, wenn er nicht gebraucht wird.

Bogenstege, s. Bogenquadraten.

Bondinot, Elias, ist deshalb in der Geschichte der Buchdruckerkunst eine merkwürdige Persönlichkeit, weil er — selbst ein Tschiroki=Indianer — im Jahre 1828 zu New=Echota im Staate Arkansas der Vereinsstaaten Nordamerikas eine Zeitung in der Sprache der Tschirokesen, oder vielmehr in tschirokisch=englischer Sprache gründete. Das Blatt war betitelt „Tscheerokee-Phoenix" und die eine Spalte in indianischer und die daneben befindliche in englischer Sprache gedruckt. Das Verdienst, die Schwierigkeit überwunden zu haben, die Laute dieses Urvolkes in ein Alfabet gebracht zu haben, gebührt dem Tschirokisenhäuptling Siquajah, s. Timperley, Dictonary of Printing, S. 12. Auch in Falkensteins „Geschichte der Buchdruckerkunst" befindet sich auf S. 339 ein Tschirokisisches Alfabet.

Bomberg, Daniel, Buchdrucker in Venedig von 1517 bis 1550, gebürtig aus Antwerpen, war für die hebräische Literatur dasjenige, was die Manutius für die lateinische und griechische waren. Außer mehreren Bibelausgaben mit Commentaren für jüdische Gelehrte, jede in vier Foliobänden (1517, 1524 und 1547), bewerkstelligte er die äußerst kostbare Ausgabe des Babylonischen Talmud in 12 Foliobänden. Falkenstein sagt, „ihm gebührt das Verdienst, den hebräischen Typen, ohne Verletzung ihrer Eigenthümlichkeit und ihres ursprünglichen Charakters, den letzten Rest des Eckigen, welchen sie in den früheren Drucken noch hatten, mit solchem Geschick zu benehmen, daß sein Typenschnitt als die letzte Grenze betrachtet werden kann, wie weit man überhaupt in der Veredelung der Buchstaben gehen dürfe." Er lieferte aber noch mehrere rabbinische Werke, und für Christen vier Handausgaben der Bibel, namentlich die von 1517, 1521, 1525, und 1545, welche ebenso schön als correct waren. Sein Corrector war der berühmte Chaja Maier Ben David. — Die Lebensumstände dieses so außerordentlich thätigen Mannes sind gänzlich unbekannt; man weiß nur von ihm, daß er aus Antwerpen stammt, in Venedig während einer Reihe von 35 Jahren druckte und wahrscheinlich um 1550 gestorben ist.

Bourgeois (auch Borgis), Namensform für eine Schrift von Kegel 9, vielfach auf Kegel 10 gegossen, wird vorzugsweise zu dem Text von Zeitungen (dann aber nur auf Kegel 9) und zu Romanen verwendet. — In der englischen Typographie giebt es eine Schrift gleichen Namens, welche im Kegel eine Kleinigkeit schwächer ist, als unsere, genau Doppel-Diamond und halb Great-Primer; gleich unserer Bourgeois ist die französische Gaillard.

Borgis, s. Bourgeois.

Bradford, William, geboren am 20. Mai 1663, war der Begründer der Buchdruckerei in den mittleren Colonien des vormaligen britischen Amerika, wo er in Philadelphia, das eben erst zur Stadt herangewachsen war, im Jahre 1682 ein Druckgeschäft gründete. Er druckte hier bis 1693 ausschließlich Werke religiösen Inhalts, wahrscheinlich weil diese Literatur den Einwohnern der neuen Colonie Pennsylvanien am meisten zusagte, und siedelte in diesem Jahre nach New-York über, weil er mit den Rathsherren in Philadelphia nicht auf gutem Fuße stand. Der Nachfolger in seinem Geschäft war Samuel Keimer, bekannt als Dichter und späterer Brodherr Benjamin Franklins.

Brand'amour, Franz Robert Reichart, einer der hervorragendsten Xylographen der Gegenwart, geboren 1831 in Aachen, war eine kurze Zeit Schüler von C. Stephan, und betrieb von der Zeit ab, wo dieser nach Paris übersiedelte, das Studium des Holzschneidens autodidaktisch. Im Jahre 1856 begab er sich nach Düsseldorf, wo es ihm gelang, in der Rheinprovinz die Holzschneidekunst wieder neu zu beleben. Er fand in dieser Stadt eine freundliche Aufnahme und hat seitdem viele Kunstwerke geschaffen; seine Anstalt gehört zu den bedeutendsten in Deutschland, indem er 60 xylographische Künstler in seiner Werkstatt beschäftigt.

Breite des Satzes. Die Breite des Satzes oder des Formates wird in der Typographie nach dem Normalmaß derselben, dem Cicero-Kegel, bemessen. Die Formatbreiten sind zumal bei Werken in Deutschland schwankend und unbestimmt, denn die Bezeichnungen Octav in groß und klein, Duodez, Sedez u. s. w. bieten keine bestimmten Anhalte. Dieser Uebelstand wird in Wegfall kommen, sobald unsere einheitlichen Papierformate vollständig zur Durchführung gelangt sind.

Breiter Schnitt bezieht sich auf die Ausdehnung oder Stärke der Type nach beiden Seiten hin.

Breite Schrift ist im Gegensatz zur schmalen in ihrem Bilde mehr erbreitert als diese langgestreckt. Sie ist viel leserlicher als die schmale und ihr Typus vorwiegend den englischen und amerikanischen Schriften eigen. Auch die breit gehaltenen Frakturschriften sind sehr lesbar und werden aus diesem Grunde mit Vorliebe zum Zeitungssatz verwendet.

Breitformat oder Querformat ist beim Werkdruck das entgegengesetzte des gewöhnlichen Verhältnisses in der Weise, daß die Columnen im Breitformat in ihrer Zeilenbreite die Höhe des gewöhnlichen Formats und in ihrer Columnenlänge die Breite von jenem einnehmen. Es kommt gegenwärtig meist nur noch in den Werken der Musik und des Gesanges vor.

Breitkopf, Bernhard Christoph, Gründer der heute noch bestehenden Firma Breitkopf & Härtel in Leipzig, war zu Clausthal am Harz am 2. März 1695 geboren und hatte bei Georg Duncker in Goslar die Buchdruckerei erlernt. Im Jahre 1714 wanderte er als armer Buchdruckergehülfe in Leipzig ein, ging auf einige Zeit nach Jena und Halle und kehrte 1719 nach Leipzig zurück. In diesem Jahre begründete er seine Selbstständigkeit dadurch, daß er die Wittwe eines Buchdruckereibesitzers Müller, Marie Sophie geb. Hermann, heirathete. Die letztere hatte die von ihrem Manne hinterlassene Druckerei, mit der zugleich Schriftgießerei verbunden war, zwei Jahre hindurch von einem Doctor Nikolaus Spindler verwalten lassen. Diese Druckerei, das Breitkopf & Härtelsche Urgeschäft, war um 1664 von Johann Georgi gegründet und 1701 an Johann Kaspar Müller aus Braunschweig verkauft worden. Müller, der eigentlich Stempelschneider war, verband damit eine Schriftgießerei, starb aber schon am 13. Mai 1717. Bernhard Christoph Breitkopf wußte das übernommene Geschäft, dessen Schriftgießerei sich namentlich schon eines guten Rufes erfreute, durch rege Betriebsamkeit ansehnlich zu erweitern. Wie bedeutend diese Schriftgießerei sein mußte, das beweist eine uns aus dem Jahre 1739 vorliegende Schriftprobe: „Schriftenprobe, welche in Herrn Bernhard Christoph Breitkopfs Schriftgießerey allhier befindlich sind." In der Vorbemerkung lesen wir: Es ist wohl zu beachten, daß alle in dieser Probe enthaltenen Schriften in der Schriftgießerei von B. Ch. Breitkopf in Leipzig in Stahl geschnitten sind, womit wahrscheinlich gemeint sein soll, daß sie alle ihre Patrizen und Matrizen verfertige und keine derselben von anderen Schriftgießereien erwerbe. Diese Probe weist zwanzig diverse Frakturschriften, acht Titel-Versalien, zehn Antiquaschriften mit einer Cursiv zu jeder, zwei Hebräische und drei Griechische auf. Auch nennt die Probe die Namen der Stempelschneider und diese sind: Joh. Peter Artopäo, Andreas Koler von Nürnberg, Christian Zingk von Wittenberg und Johann Caspar Müller von Leipzig. Jedenfalls lag in der Nennung der Namen dieser Künstler eine Empfehlung für die Typen. Er wurde der Gründer der Verlagshandlung, in der vorläufigen Beschränkung auf literärische Unternehmungen. Hierbei kamen ihm seine freundschaftlichen Beziehungen zu Gottsched, dessen Verleger er ward, sehr zu statten. In einem Zeitraume von wenigen Jahren hatte sich Breitkopf eine angesehene Stellung unter seinen Berufsgenossen erworben und nahm an der dritten Säkularfeier der Erfindung der Buchdruckerkunst 1740 als Oberältester seiner Innung Theil. Gleich nach dieser Säkularfeier entbrannte in der typographischen Welt, gelegentlich eines Streites der Schweizer mit Gottsched, der Streit, ob Antiqua oder Fraktur als Druckschrift zur deutschen Sprache zu verwenden sei, wobei Breitkopf für die Fraktur eintrat. Im Jahre 1745 nahm Breitkopf seinen Sohn,

Johann Gottlob Immanuel, als Theilhaber in sein Geschäft auf und wurde nun die Firma in B. Chr. Breitkopf & Sohn umgewandelt. Breitkopf war von Hause aus Techniker, aber ein unternehmender Mann und mit derjenigen Bildung ausgerüstet, um sich einem Gottsched zum Freunde zu machen und neben seinen technischen Anstalten die regste Verlagsthätigkeit entwickeln zu können. Gottsched sagt, er habe Breitkopf Vater im Jahre 1726 zum ersten Verlagsunternehmen vermocht und dieser habe damit einen neuen Anfang geschmackvollen Bücherdruckes in Deutschland gemacht. Breitkopf starb 1777, und wurde sein Sohn, der bisherige Theilhaber des Geschäfts, jetzt alleiniger Inhaber unter Beibehaltung der bisherigen Firma B. Chr. Breitkopf & Sohn.

Breitkopf, Johann Gottlob Immanuel, eine der interessantesten und begabtesten Persönlichkeiten, welche die Geschichte des deutschen Buchdruckes zu den ihrigen zählt und der Wiederhersteller des guten Geschmacks in typographischen Dingen, geboren 23. November 1719 in Leipzig, wo sein Vater Bernhard Christoph Breitkopf (s. b.) neben einer bereits seit zwei Jahren innegehabten Buchdruckerei und Schriftgießerei in dem Jahre der Geburt seines Sohnes eine Verlagshandlung angelegt hatte. Die Neigungen Breitkopfs in seiner Jugend waren wissenschaftlicher Art; das Latein lernte er sehr gut, das Griechische nicht so, vielmehr hatte er eine Abneigung gegen diese Sprache. Auch mit den Uebungen im Deutschen unter Gottsched ging es gut und diesem Unterricht schrieb er seine Bildung im Styl zu. Philosophie, Dichtkunst, Philologie, Geschichte hatten für ihn wenig Interesse, aber um so mehr Befriedigung fand er in dem Studium der Mathematik. Als Jüngling gehörte er dem väterlichen Berufe nur mit gezwungener und halber Seele an, und um ihn dafür zu gewinnen, bedurfte es eben des weiten Umweges des Studiums der Mathematik. Kaum hatte er sich einige Kenntnisse in dieser Wissenschaft erworben, als ihm Albrecht Dürers Werke in die Hände fielen, welche die Buchstaben zur schönheitlichen Hebung ihrer Form mathematischer Berechnung unterzogen hatten. Diese Anregung wirkte und er begann, die von ihm vernachlässigte Typographie mit anderen Augen anzusehen und als ein Feld zu betrachten, auf dem neue Verdienste zu erwerben seien. Bei weiterer Verfolgung der durch Dürer geweckten Idee wurde er auf die Anschauungen noch anderer Vorgänger aufmerksam, und nachdem er Proben, Muster und Vorschriften von Deutschen, Engländern und Franzosen, Niederländern und Italienern in einer Sammlung zusammengebracht hatte, begann er seine Reform, welche vorerst der Fraktur galten, aber der kunstgebildete Leipziger Techniker hat ebenso wenig als der große Nürnberger Meister ein bleibendes Vorbild dafür zu schaffen vermocht. Im Jahre 1745 wurde Breitkopf, nun 26 Jahre alt, von seinem Vater als Theilhaber in dessen Geschäft, mit Ausnahme der Verlagshandlung, aufgenommen. Durch diesen Anlaß gewann er ein erweitertes Feld für seine Reformbestrebungen zu Gunsten der Fraktur und ein Stachel zum Antrieb der Durchführung seiner Idee war die damals eingetretene Bewegung für Beseitigung der Fraktur als deutsche Druckschrift, um an deren Stelle die Antiqua treten zu lassen. Wichtiger aber als seine Bemühungen zur Verbesserung der deutschen Druckschrift war sein Streben nach Erweiterung des Gebietes der typographischen Produktion. In erster Reihe gelang es ihm, ein System zu erfinden, Musiknoten mittelst beweglichen Lettern herzustellen, welches heute noch Gültigkeit hat; ein anderer Gedanke, dessen Ausführung ihm viel Mühe und Sorgen machte, verfolgte das Ziel, Landkarten mittelst beweglichen Typen zu formen, und bei seinem festen, unabweichlichen Streben nach einem vorgestreckten Ziel erreichte er auch dieses, während Haas und Preuscher in Basel, welche zu gleicher Zeit mit Breitkopf auf diesen Gedanken gekommen waren, ihn nicht zur That machten. Die Praxis hat seitdem leichtere Manieren zur Herstellung von Landkarten erhalten, wodurch diese Erfindung sich nicht erhalten konnte, wiewohl dieselbe noch in der neuesten Zeit (Mahlau) mehrmals praktisch und in der That künstlerisch durchgeführt ist, wenn auch mehr aus Liebhaberei zur Kunst, als einem Bedürfnisse Rechnung zu tragen. Weiter hat Breitkopf die Möglichkeit nachgewiesen, die chinesische Schrift, welche aus Wortbildern anstatt aus Buchstaben besteht, auf unsere Methode zusammenzusetzen, und wenn seine Versuche auch nicht von Erfolg begünstigt waren, so haben sie doch dazu gedient, Anderen den Weg zur Ausführung zu zeigen. Außerdem schuf er Verbesserungen an den damaligen Holzpressen, und führte bei der Schriftgießerei eine Metall-Legirung ein, deren Produkt viel härter als das bis dahin gebräuchliche Schriftmetall war und welche sich bis auf die neuere Zeit unverändert erhalten hat. — Der Ruhm der Breitkopfschen Schriften war international. Die Gießerei arbeitete mit 12 Oefen und 130 Mann und die Güsse fanden ihren Weg auch nach dem Auslande, so namentlich nach Rußland, Polen, Schweden und Norwegen, Dänemark und selbst nach Amerika. In der Druckerei waren 35 Pressen thätig, was nach damaligen Verhältnissen viel sagen will, während seine Schriftstempel die namhafte Zahl von 400 Alfabeten repräsentirten. So war denn die Breitkopfsche Druckerei damals wahrscheinlich die vollständigste der Welt, denn eine solche Anzahl von Stempeln zu Alfabeten hatte selbst die berühmte Officin der Heiligen Propaganda zu Rom nicht aufzuweisen. Im Jahre 1777, nach dem Ableben seines Vaters, wurde Breitkopf alleiniger Besitzer des Geschäfts, und hatte er lange vor dieser Zeit schon eine Spielkarten- und Tapetenfabrik damit vereinigt, so errichtete er auch noch eine Musikalienhandlung; über die Anfänge dieser letztern Abtheilung sind keine genaue Daten vorhanden, übrigens ist als sicher anzunehmen, daß es vor 1760 geschehen ist. — Wenn auch gegen die Geschichtschreiber mißtrauisch, so bewahrte er der Geschichtschreibung selbst doch seine Anhänglichkeit und die eigene literarische Thätigkeit, welche er im reifern Mannesalter trotz aller praktischen Geschäftsthätigkeit entfaltete, gehörte vorzugsweise der Geschichte des Buchdruckes und der verwandten Künste an. Dem zu bedachtsamen und äußerst vorsichtigen Wesen Breitkopfs wird es schuld gegeben, daß die Nachwelt um seine großartig angelegte „Geschichte der Buchdruckerkunst" gekommen ist, denn als Breitkopf 1794 starb, lag das Manuscript zu dem interessantesten Theile länger als zehn Jahre druckfertig da, während erst acht Bogen gedruckt und die werthvolle Handschrift nachher unvollständig wurde. Ein anderes seiner wichtigsten Werke: „Versuch, den Ursprung der Spielkarten, die Einführung des Leinenpapiers und den Anfang der Holzschneidekunst in Europa zu erforschen", war bereits als erster Band 1784 erschienen, während dessen zweiter Band erst 1801, veranstaltet von J. E. F. Roch, herauskam. 1777 war von ihm erschienen: „Nachricht von der Stempelschneiderei und Schriftgießerei", in demselben Jahre: „Ueber den Druck der Geographischen Landcharten; nebst beigefügter Probe einer durch die Buchdruckerkunst gesetzten und gedruckten Landcharte", und im folgenden Jahre: „Zweiter Versuch des Satzes geographischer Charten durch die Buchdruckerkunst." Der Magister K. G. Hausius hat in dem Sterbejahre Breitkopfs eine kurze Lebensbeschreibung über ihn veröffentlicht.

Brett kommt bei der Buchdruckerei in mannichfachen Namensformen vor und sehe man darüber die Artikel Ablegebrett, Einhebebrett, Feuchtbrett, Formenbrett, Papierschneidebrett, Setzbrett, Waschbrett.

Brevier, Name einer englischen Schrift, welche an Größe unserer Petit entspricht. Der Name ist wahrscheinlich daher entstanden, weil sie zu Anfang der Buchdruckerkunst in England die kleinste Schrift war und hauptsächlich zum Druck von katholischen Gebetbüchern benutzt wurde.

Brief kommt her von dem Lateinischen Breve, also kurz, oder breve scriptum, kurz Geschriebenes, kurz Abgefaßtes, ist neuern Ursprungs, aber augenscheinlich aus Breve gebildet, welches im mittelalterlichen Latein jede kürzere Schrift im Gegensatze von ganzen Büchern bezeichnete. Alles, was auf einem einzelnen Blatte geschrieben oder später gedruckt war, wurde mit dieser Namensform gekennzeichnet. Daher stammen denn auch die Benennungen Bürgerbrief, Frachtbrief, Kaufbrief, Lehrbrief, Nabelbrief, Schutzbrief, Geleitbrief, ein Brief Karten, Gültbrief u dgl. m.

Briefkopf nennt man auf Briefen den eingedruckten oder eingeprägten Namen des Briefschreibers, dessen volle Firma mit Charakter, Stand oder Beruf, oder aber auch denselben in Form einer wirklichen Geschäftsempfehlung. Er nimmt meistens die linke obere Ecke des Papiers ein, steht manchmal aber auch oben in der Mitte und zieht sich mitunter in schmaler Spalte als Geschäftsempfehlung auf der linken Seite vom Kopfe bis zum Fuße des Bogens. Beim Setzen nicht weniger als beim Drucken des Briefkopfes kommt es auf Zartheit an; der Setzer hat zu dieser Accidenz unbedingt nur leichte Schriften zu verwenden und der Druck soll wie gehaucht, aber rein und deutlich sein. Im Uebrigen fällt der Briefkopf in den Bereich des Titelsatzes und sei deshalb auf die Lehre vom Titelsatz verwiesen.

Briefmaler. Außer den wirklich kunstgeübten Kalligraphen oder Schönschreibern des Mittelalters, welche ausschließlich für gekrönte Häupter oder vornehme Personen arbeiteten, gab es noch eine andere Klasse von Abschreibern, welche dieses gewerbsmäßig betrieben und als solche selbst eine Zunft bildeten. Sie hießen Briefmaler, und beschäftigten sich mit der Vervielfältigung von Schul- und Erbauungsbüchern, Kalendern, Arznei- und Volksschriften, welch letztere meistens gereimt und mit abenteuerlichen Abbildungen in Wasserfarben ausgeschmückt waren. Eine ihrer Hauptbeschäftigungen bildete aber die Anfertigung der Spielkarten. Und all diese Gegenstände wurden auf Messen und Jahrmärkten feilgeboten und durch den Hausirhandel vertrieben.

Brilliant heißt die kleinste Schrift in der englischen Typographie, welche eine Kegelgröße von etwa 2½ Didotscher Punkten hat.

Brockhaus, Friedrich Arnold, der Begründer der Firma F. A. Brockhaus in Leipzig, geboren am 4. Mai 1772 zu Dortmund, verlebte die Jahre seiner Kindheit und frühesten Jugend unter der Aufsicht eines rechtlichen Vaters, welcher Kaufmann und Rathsherr in Dortmund war, und unter den Augen einer von ihm hochverehrten Mutter. Er erhielt seine Bildung auf dem Gymnasium seiner Vaterstadt und wurde für den Kaufmannsstand bestimmt, was ihn mit Unlust erfüllte, da ihn schon von früh an ein Drang nach wissenschaftlicher Bildung und Neigung für Literatur beseelte. Noch nicht voll fünfzehn Jahre alt, kam er als Lehrling nach Düsseldorf in eine Schnittwaarenhandlung, mit welcher ein Bankgeschäft verbunden war. Wiewohl sich hier in kurzer Zeit seine Begabung so geltend machte, daß ihn sein Prinzipal zu wichtigen Aufträgen verwendete, so blieb er doch nur zwei Jahre hier, und verließ dieses Haus in Folge eines Zerwürfnisses mit dem Prinzipal und kehrte nach Dortmund zu seinen Eltern zurück. Hier litt es ihn nicht lange; er empfand tief die Lücken in seiner Bildung und gleichwohl das Bedürfniß, dieselben auszufüllen. Er erhielt deshalb von seinem Vater die Erlaubniß, nach Leipzig gehen zu dürfen, wo er dann während eines anderthalbjährigen Aufenthalts sich namentlich mit den neuen Sprachen beschäftigte, zugleich aber auch an der Universität Philosophie, Physik und Chemie hörte. Schon damals gab sich ein Merkmal, wie groß sein Hang für das Wirken auf dem literarischen Gebiete bei ihm war, dadurch kund, daß er, kaum neunzehn Jahre alt, dem Buchhändler Voß in Leipzig ein Werk von zwanzig Bogen zum Verlag anbot, welche Angelegenheit sich aber nicht realisirte. Die Aussicht, ein Engagement nach Manchester zu erhalten, ging ihm ebenfalls fehl, und so kehrte er denn abermals nach Dortmund zurück, wo er 1795 mit einem Verwandten, W. Mallinckrodt, ein Geschäft in englischen Manufacturwaaren begründete, das wegen des vorwiegend nach Holland gehenden Absatzes 1801 nach Arnheim, 1802 nach Amsterdam verlegt wurde. Hier übernahm Brockhaus das Geschäft allein, gab dasselbe aber infolge der Continentalsperre 1804 auf. Von besonderer Neigung zum Buchhandel getrieben, errichtete er am 15. Oktober 1805 zu Amsterdam eine deutsche Verlags- und Sortimentsbuchhandlung, als deren Inhaber sich der mit ihm befreundete Buchdrucker J. G. Rohloff einzeichnen ließ, da Brockhaus als Ausländer nicht Mitglied der Buchhändlergilde werden konnte, und die deshalb zuerst die Firma Rohloff & Comp. führte, seit 1807 aber Kunst- und Industriecomptoir firmirte. Eine von Brockhaus 1806 unternommene, der Zeitgeschichte und Literatur gewidmete Zeitschrift in holländischer Sprache, De ster (Der Stern), wurde wegen freisinniger Tendenz schon nach dem ersten Vierteljahre unterdrückt und das an deren Stelle getretene „Amsterdamsch Avond-Journal" hatte dasselbe Schicksal. Daneben begründete Brockhaus eine deutsche zeitgeschichtliche Monatsschrift: Cramers „Individualitäten" (1806—7), sowie eine französische belletristische Vierteljahrschrift: „Le Conservateur" (1807—8), und verlegte mehrere Werke aus den Gebieten der strengen Wissenschaft, Politik und schönen Literatur, z. B. von Sprengel, Villers, Massenbach, Baggesen, Oehlenschläger. Obgleich Brockhaus viel Umsicht und Thätigkeit entwickelte, hatte doch sein buchhändlerisches Unternehmen von der Ungunst der Zeit schwer zu leiden, so daß er sich 1810, nach der Vereinigung Hollands mit Frankreich, und nach dem 1809 erfolgten Tode seiner trefflichen ersten Gattin entschloß, sein Geschäft nach Deutschland zu verlegen. Er verließ Amsterdam im Mai 1810 und ging zunächst nach Leipzig, in der Absicht, sich dort niederzulassen, im September aber nach Altenburg. Nach Verkauf des inzwischen von seinem Gehülfen F. Bornträger (später in Königsberg etablirt) fortgeführten Amsterdamer Sortimentsgeschäfts an Joh. Müller nahm er im Mai 1811 in Altenburg seine Verlagsthätigkeit unter der Firma „Kunst- und Industriecomptoir von Amsterdam" wieder auf, die er am 15. Januar 1814 in die (seitdem beibehaltene) Firma „F. A. Brockhaus" veränderte. Inzwischen hatte Brockhaus sich am 26. December 1812 zum zweitenmal mit Jeanette v. Zschock vermählt, welche Verbindung es ihm ermöglichte, seine drei Kinder wieder zu sich zu nehmen. Schon 1808 hatte Brockhaus während eines Aufenthalts in Leipzig das Verlagsrecht des 1796 begonnenen Conversations-Lexikons angekauft und 1809—11 die erste Auflage mit Ausgabe zweier Supplementbände beendigt. Er erkannte die ganze Bedeutsamkeit und Entwickelungsfähigkeit dieses Unternehmens und begann 1812 unter seiner eigenen Redaktion und in einem der Zeit entsprechendern Geiste die Umarbeitung desselben in einer zweiten Auflage. Brockhaus ist sonach als der eigentliche Begründer des Conversations-Lexikons anzusehen. Mit dem außergewöhnlichen Erfolge, den seine thätige und geschickte Leitung fortan dem Werke zu sichern wußte, trat auch eine günstigere Wendung seines eigenen Schicksals ein, und der Friede seit 1815 sicherte die glückliche Entwickelung seiner vielfachen buchhändlerischen Unternehmungen. Wenige Tage vor der Schlacht bei Leipzig und noch im Angesicht des

Feindes begann Brockhaus auf von ihm selbst nachgesuchten unmittelbaren Befehl des kommandirenden Feldmarschalls Fürsten von Schwarzenberg eine politische Zeitschrift unter dem Titel „Deutsche Blätter" (14. Oktober 1813 bis Mai 1816), die wegen ihrer patriotisch-deutschen Haltung nicht ohne Einfluß auf die öffentliche Meinung blieb. Die fortwährend steigende Bedeutung seines Geschäfts veranlaßte Brockhaus, Ostern 1817 nach Leipzig zu ziehen und bald darauf sein Geschäft ganz dahin zu verlegen, wo er 1818 eine Buchdruckerei damit verband, die wegen der bestehenden Innungsverhältnisse zunächst die Firma „Zweite Teubnersche Buchdruckerei" führte und mit drei hölzernen Handpressen eröffnet wurde. Neben noch mehreren Auflagen (der dritten bis sechsten) des Conversations-Lexikons, bei dessen Redaktion ihn tüchtige Kräfte unterstützten, während er selbst stets die Seele des Unternehmens blieb, erfolgte nun innerhalb weniger Jahre die Ausführung zahlreicher, zum Theil schon früher eingeleiteter größerer Verlagsunternehmungen, welche immer erweitert wurden und fortwährend bis zu seinem am 20. August 1823 erfolgten Tode zunahmen. Brockhaus war ein geistreicher, unermüdlich thätiger, auf politischem Gebiete freiheitlicher, patriotischer Mann, der zur Zeit der Wiener Verträge bereits die Abtretung Elsaß-Lothringens an Deutschland befürwortete. Doch konnte es nicht fehlen, daß er damals, wo die Censur in Blüthe stand, auch ohne Zeugnißzwang und Strafgesetznovellen, oft genug mit derselben und in weiterer Folge mit den Behörden in ernste Conflicte kam. So z. B. wegen einer Schrift, durch die sich der preußische Minister Fürst Hardenberg beleidigt fühlte, so wegen der „Deutschen Blätter", so wegen eines Artikels im „Conversations-Lexikon", welch letztere Angelegenheit ein sehr ungünstiges Licht auf die Art und Weise wirft, wie sächsische Behörden dabei verfuhren, während alle diese Processe uns in Brockhaus den Geist zeigen, der sich den Wahlspruch erkohren zu haben schien: „Nicht wanken und nicht weichen!" Zum Glück liefen alle diese Angelegenheiten im Ganzen ohne schlimme Folgen für ihn ab, der theils selbst mit großem Geschick und mit Entschiedenheit handelnd dabei auftrat, theils von den tüchtigsten Berathern und Freunden unterstützt wurde, die gleich ihm das Herz auf dem rechten Flecke hatten. Vgl. „Friedrich Arnold Brockhaus. Sein Leben und Wirken nach Briefen und anderen Aufzeichnungen geschildert von seinem Enkel Heinrich Eduard Brockhaus (1. und 2. Band. Leipzig 1872 und 1876).

Brockhaus, Dr. Heinrich, Buchhändler und Buchdrucker in Leipzig und Ehrenbürger dieser Stadt, geboren den 4. Februar 1804 zu Amsterdam und gestorben 15. November 1874 in Leipzig, war von 1823 (seit dem Tode seines Vaters) bis 1874 Chef der weltbekannten Verlagsfirma F. A. Brockhaus. Die geschäftliche Laufbahn von Heinrich Brockhaus war folgende. Im Jahre 1819 war er in das väterliche Geschäft als Mitarbeiter eingetreten. Er war damals nur etwas über 15 Jahre alt. Sechs Jahre hindurch ward nach dem schon 1823 erfolgten Tode des Begründers der Firma das Geschäft von ihm und dem ältern Sohne von F. A. Brockhaus, Friedrich, für Rechnung aller Erben fortgeführt. Von 1829 bis 1849 übernahmen es die Brüder für eigene Rechnung und führten es gemeinschaftlich, von 1850 bis 1854 leitete es als alleiniger Chef Heinrich Brockhaus, da der ältere Bruder, der sich vorzugsweise der typographisch-technischen Branche angenommen hatte, aus dem Geschäft ausgeschieden war, von 1854 bis 1863 waren Heinrich Brockhaus und dessen älterer Sohn, Heinrich Eduard, in der Leitung des Ganzen vereinigt, seit 1863 trat auch der jüngere Sohn, Heinrich Rudolf, als Theilhaber ein. Heinrich Brockhaus war allerdings und blieb bis zuletzt die Seele des Geschäfts, namentlich des rein literarischen Theiles desselben, ohne daß er jedoch — wie es in gefährdender Weise wohl andere starke Väter versuchen — die selbstständige Thätigkeit seiner Söhne zurückhielt oder verkümmerte, so daß bei seinem Tode das ganze große Etablissement in seinem Fortbestand und in seiner riesigen Bewegung nicht einen Augenblick gestört wurde. Heinrich Brockhaus' Verdienste als Verlagsbuchhändler, als Typograph, als College, als Förderer der gemeinsamen Interessen der Presse und des Buchhandels sind oft genug gewürdigt worden. Seine öffentliche Wirksamkeit als Leipziger Bürger und als sächsischer Staatsbürger darf ebenfalls nicht unerwähnt bleiben. Es ist im Stadtverordnetencollegium unter den älteren Mitgliedern desselben unvergessen, welchen Theil er längere Zeit als Mitglied des Collegiums an den Verhandlungen genommen hat. Dem sächsischen Landtage gehörte er in den sieben Jahren von 1842 bis 1848 an. Sein Name ward unter den sog. Renitenten genannt, d. h. denjenigen Mitgliedern der Zweiten Kammer, die sich 1850 weigerten, in die reactivirte Ständeversammlung der Zusammensetzung von 1848 einzutreten, und sich dadurch in der Zeit der Reaction großes Odium nach oben zuzogen. Endlich ist noch der persönlichen Journalisten- und Publicistenthätigkeit des Verstorbenen zu gedenken, sowie seiner bibliographischen Arbeiten. Heinrich Brockhaus redigirte seit September 1823 unter seines Namens Verantwortlichkeit die „Blätter für literarische Unterhaltung", ehe sie Dr. Hermann Marggraff als Redakteur zeichnete. Die Anfänge des Journals waren durch die Censur dies- und jenseits der sächsisch-preußischen Grenze gar sehr gefährdet und Jahre hindurch verkümmert. Ebenso trug er mit dem ältern Bruder lange Jahre die Verantwortlichkeit der Redaktion des politischen Blattes, das ihm die königlich sächsische Regierung erst nach vierjährigem Petitioniren zu begründen gestattet hatte, der „Leipziger Allgemeinen Zeitung", die seit 1843 „Deutsche Allgemeine Zeitung" heißt. Sein Name allein steht unter den Jahrgängen 1850—57. Als Bibliograph schließlich lernte man den Verstorbenen in der literarischen Festgabe zum Säkular-Geburtstage seines Vaters kennen, dem biographisch-statistisch-literarhistorischen Verzeichniß der von der Firma F. A. Brockhaus in Leipzig seit ihrer Gründung durch Friedrich Arnold Brockhaus im Jahre 1805 bis zu dessen hundertjährigem Geburtstage im Jahre 1872 verlegten Werke. Damals — 1872 — erschien die erste Hälfte des mit großer Liebe und Sorgfalt gearbeiteten Werkes, das chronologisch geordnet ist. Der Band reichte bis 1837 und zählte 18 Bogen. Der Verstorbene erlebte die Vollendung des Druckes nicht, dessen Inhalt bis zum Jahre 1871 reicht und im Ganzen nun 66 Bogen füllt. Ueber Heinrich Brockhaus als Mensch, über sein humanes, liebenswürdiges, verständiges Wesen, wie es sich im geselligen Verkehre mit Menschen der verschiedensten Lebensstellung und Parteirichtung wohlthuend offenbarte, seinen feinen Kunst- und Natursinn, seine vielseitige Bildung kann nur eine Stimme sein, die der freundlichsten, unumwundensten Anerkennung. Heinrich Brockhaus erlebte und veranstaltete nicht nur das 50jährige Jubelfest der Firma (1856) an der Spitze eines großartig aufgeblühten Geschäfts, in dessen Leitung ihm (seit 1854) der ältere Sohn zur Seite stand, nein, es war ihm auch vergönnt, sein eigenes 50jähriges Geschäftsjubiläum im Kreise seiner Familie, seines Personals, seiner Freunde und Bekannten gleichzeitig mit dem Säkulargeburtstage seines Vaters als des Begründers der auf 16 Geschäftszweige ausgedehnten, ein Personal von über sechs Hundert Mitarbeitern aller Art zählenden Firma begehen und das Doppelfest durch namhafte Stiftungen auch für das kommende Geschlecht zu einem wichtigen Gedenktage machen zu können (1872). Bei letzterm Feste sah er sich von seinen beiden Söhnen als Geschäftstheilhaber umgeben, da inzwischen (1863) auch der jüngere Sohn mit eingetreten war. Die nicht nur von Glück, sondern auch von Geschick und Umsicht bezeichnete und geförderte Arbeit seines langen Lebens liegt in den zahlreichen Etablissementsbranchen, liegt in dem reichen aus seinen Pressen und Ateliers hervorgegangenen, keiner bestimmten Richtung in Wissenschaft, Kunst, Leben einseitig angehörenden, daher bunt=universellen Literaturschatze seines Verlages, vor allem in den neueren Auflagen des Conversationslexikons (von der sechsten im September 1822 begonnenen an gerechnet bis zur neuesten im Fluß des Erscheinens begriffenen zwölften Auflage). „Das Conversationslexikon soll und muß stets den ersten Ehrenplatz unter den Unternehmungen der Firma F. A. Brockhaus behalten", so sprach er selbst bei jenem bereits erwähnten goldenen Geschäftsjubiläum, Sonntag den 13. Juli 1856. Und welchen Schatz, verschiedenartig, aber reich an kostbaren Gruppen und Abtheilungen, enthält sonst sein Verlag! Albert Rottner, der inzwischen seinem Chef im Tode vorausgegangen ist, rechnete 1856 den ganzen Verlag zusammen und fand, daß derselbe damals 1909 Artikel in 4121 Bänden aufwies, von welchen 1909 Werken ein einziges Exemplar zusammen 10,491 Thlr. 12 Ngr. kosten würde. Was ist nun in der Zwischenzeit von 20 Jahren zu diesem Literaturberg hinzugekommen! s. Illustrirte Zeitung vom 9. November 1857, Leipziger Tageblatt Nr. 322, 1874, Brockhaus Conversations=Lexikon, Bd. 2 S. 945.

Brodschriften ist ein Ausdruck, welcher aus der Zeit, wo die Buchdrucker ausschließlich ihren Erwerb aus dem Druck und Verkauf von Büchern erzielen mußten, stammt; weil die zu einem Buche verwendete Schrift eben zum Broderwerb diente, so nannte man eine solche Brodschrift. Heute kennzeichnen wir eine Schrift, welche zum Satz von Büchern verwendet werden soll, als Werk- oder Buchschrift.

Bronze oder Bronzefarbe ist ein feines Pulver aus Metall oder aus einer Metall=Legirung und dient im Buch= und Steindruck als einfachstes Mittel zur Vergoldung und Versilberung von Drucken. Sie wird aus Blattmetall hergestellt, welches wiederum auf Maschinen erzeugt wird. Das Metall der hellen Bronze besteht aus 83 Theilen Kupfer und 17 Theilen Zink und das der rothen aus 94 Theilen Kupfer und 6 Theilen Zink; die erstere wird im Handel als Reichgold, die letztere als Kupferbronze bezeichnet. Die weiße oder Silberbronze wird aus Zinn gefertigt. Die verschiedenen Farben werden den Bronzen durch Erhitzen des Pulvers beigebracht, wodurch die sogenannten Anlauffarben sich bilden. Die Bronze wurde zuerst von Andreas Huber im Jahre 1750 in Fürth dargestellt; Pickel und Courrier ebendaselbst verfertigten 1781 ein goldähnliches Bronzepulver. Es hielt damals schwer, diesem Artikel Eingang zu verschaffen, nachdem es aber den Fürther und Nürnberger Fabrikanten nach und nach gelungen war, dieses Pulver in allen Färbungen bis auf hellblau darzustellen, brach es sich als Handelsartikel schnell Bahn und nun verbreitete sich dessen Fabrikation rasch über Westfalen, Frankreich und England, während Baiern in der Massenproduktion den Vorrang behielt und noch immer eine große Ausfuhr besonders mit Frankreich unterhält.

Bronziren heißt in der Buch= und Steindruckerei Drucke mit Bronze überpudern. Das Verfahren ist ein einfaches: sofort nach geschehenem Abdruck, welcher mit einer blaßgelben Farbe, die als Goldfarbe eigens für diesen Zweck fabrizirt wird, hergestellt sein muß, wird das Bronzepulver mit einem Lappen aus Baumwolle oder mit einem feinen Haarpinsel auf den Druck aufgetragen und dieser darnach mit anderer Baumwolle sauber nachgewischt, damit die nicht haftende Bronze von dem Papier beseitigt wird. Da das Einathmen dieses Metallstaubes schädlich ist, so muß vorsichtig dabei zuwerke gegangen werden. Die Behandlung mit der Glättpresse verleiht den bronzirten Drucken einen hohen Glanz; es darf aber erst damit vorgegangen werden, wenn der Druck getrocknet ist.

Bronzirmaschine. Die in neuerer Zeit bei der Buch- und Steindruckerei immer mehr in Aufnahme gekommene Verwendung von Bronzen ließ daran denken, diese mühsame und gesundheitsschädliche Handarbeit durch eine Maschine verrichten zu lassen. Es sind denn auch einige Bronzirmaschinen construirt worden, doch will es den Anschein gewinnen, als ob die erste dieser Art, nämlich die von der Firma Tapley & Co. in Springfield, Massachusetts, den Vorrang sich zu bewahren gewußt hat. Die Maschine ist wie folgt construirt: Zuerst besteht sie aus dem Gestell oder Kasten, auf und in welchem die einzelnen Maschinentheile ruhen; durch ein Triebrad wird eine Platte bewegt, auf welcher der zu bronzirende Gegenstand durch die Maschine geführt wird. Mittelst Zahnwellen werden mehrere Bäuschchen geschüttelt, um das Pulver über die bedruckten Stellen zu bringen. Die Bronze ist in einer Schachtel enthalten, durch deren Bodensieb sie auf das durch die Maschine gehende Papier fällt. Eine Welle, an der zwei verschiebbare Rollen befestigt sind, kann so gestellt werden, daß sie auf den Rändern des Papiers von beliebiger Größe herlaufen und dazu dienen, letzteres unter die Bäuschchen zu führen; zwischen diesen sind ebenfalls Rollen, die auf der Platte ruhen, sich mit derselben fortbewegen und das Papier während des Durchganges unter die Bäuschchen glatt erhalten. An dem Hintertheile der Maschine befinden sich drei rotirende Pelzbürsten, zwischen die das Papier durchgeht und auf beiden Seiten vollständig gesäubert in den Kasten gelangt. Der zu bronzirende Druck wird einzeln auf die Platte gelegt.

Bruce, David, ein praktischer, genialer und erfindungsreicher Schriftgießer aus Schottland, siedelte nach New-York über und errichtete dort 1816 eine Schriftgießerei. Zu dieser Zeit befand sich die Schriftgießerei in den Vereinsstaaten Nordamerikas noch in der Kindheit und unter den Kegelverhältnissen der Typen herrschte hier eine Anarchie, welche infolge des Umstandes, daß aus den verschiedensten Gießereien Europas Lettern bezogen wurden, ganz unausbleiblich war. Bruce war es vorbehalten, dieser heillosen Wirthschaft dadurch ein Ende zu machen, daß er ein System für die Größenverhältnisse der Typen erdachte und eine Höhe feststellte, welche Feststellungen bereitwilligst aufgenommen wurden und jetzt noch die herrschenden dort sind. Im Jahre 1824 erfand Bruce den Typometer, welcher von seinem Bruder George nach und nach verbessert wurde, und in demselben Jahre war es auch, wo in dieser Gießerei die erste Gießmaschine thätig war. An dieser letztern bewundernswerthen Erfindung und an deren Erfolg hatte Bruce nicht geringen Antheil. Er kann als der Schöpfer der Schriftgießerei der Vereinsstaaten Nordamerikas bezeichnet werden. Er starb am 15. März 1857, und sein Sohn, David Wolf Bruce, übernahm das Geschäft, das nun kolossale Verhältnisse angenommen hat, von denen man sich nur mit Mühe eine Idee machen kann, die sich aber in einem Lande erfüllen, wo Jeder liest und viel liest und wo die Buchdrucker enorme Quantitäten von Lettern brauchen. Das Haus Bruce, welchem eine der geschicktesten Persönlichkeiten, Herr James Lindsay, beigegeben ist, behauptet den ersten Rang in den Vereinsstaaten Nordamerikas und schreitet an der Spitze des Fortschrittes in der Kunst des Stempelschnittes und des Schriftgusses.

Bruchziffer-Kasten. Der vortheilhafteste Buchziffer-Kasten ist ein solcher, der nur die Bruchziffern eines Kegels enthält, also von kleinem Umfange ist und leicht von einer Stelle zur andern geschafft werden kann. Er bildet in seinen Dimensionen ein rechtwinkeliges Viereck, hat oben zweimal 5 Fächer für

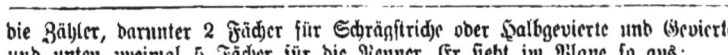

die Zähler, darunter 2 Fächer für Schrägstriche oder Halbgevierte und Gevierte und unten zweimal 5 Fächer für die Nenner. Er sieht im Plane so aus:

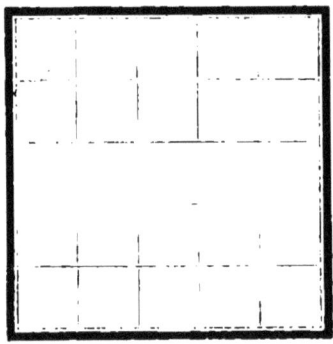

Bruchziffern sind diejenigen Typen, welche zur Kennzeichnung von Brüchen dienen. Sie kommen in dreifach verschiedener Form vor: 1) auf ganzem Kegel, 2) auf halben Kegel, 3) zusammengegossen. Die Bruchziffer=Typen auf ganzem Kegel sind gegenwärtig die allgemein gängigen; sie treten auf als obere Ziffer oder Zähler, als untere Ziffer oder Nenner, welch letztere mit der Schrift, zu der sie gehört, Linie halten muß. Verbunden werden sie mit einem Schrägstrich, so daß zwei solcher Ziffern mit dem Schrägstrich ein Geviert der betreffenden Schrift ausmachen. — Die Bruchziffern auf halbem Kegel werden über einander gesetzt, und nehmen den halben Kegel der Schrift ein, weshalb sie beim Tabellen= Ziffernsatz, dessen Felder auf Halbgevierte bemessen, vortheilhaft zu verwerthen sind. Bei Corpus z. B. bildet der Zähler die einfache Ziffer auf ein Perlgeviert, der Nenner ebenso, aber dieser hat über der Ziffer einen Strich, welcher den Bruch kennzeichnet, und zwar in horizontaler Richtung. Bei dieser Art Bruch= ziffern sind Halbgevierte und Gevierte des halben Kegels erforderlich, weil bei= spielsweise, wenn der Zähler eine Ziffer hat, der Nenner aber aus dreien besteht, der Zähler in der Mitte über dem Nenner stehen muß. Die zusammengegossenen Bruchziffern nehmen als Type entweder ein Geviert, dann mit Schrägstrich, oder ein Halbgeviert mit Horizontalstrich, ein. Die letzteren können nur in den allge= mein vorkommenden Brüchen gegossen werden, so z. B. als ¹/₂, ¹/₄, ¹/₃, ¹/₈, ³/₄, ³/₈, ²/₃ und sind nicht praktisch, weil neben denselben doch andere Bruch= ziffern vorhanden sein müssen.

Buch. Die Bedeutung, die Form und Gestalt (mehrere zu einem Ganzen verbundene Blätter) dieses Gegenstandes ist unseren Fachgenossen zu bekannt, als daß wir uns weiter dabei aufzuhalten brauchten, aber seine Geschichte etwas näher kennen zu lernen, dürfte von Interesse sein. Ehemals nahm man zu den Büchern die Rinde, die Blätter und auch dünnes, geschliffenes Holz des Baumes, der bei uns Buche heißt, und daher die deutsche Benennung Buch. Aber eben daher ist auch der Name **Blatt** oder **Blätter** (Folio, Folia) erstanden, weil man auf Baumblätter schrieb und diese nachher zu einer Sammlung vereinigte. — Die sybillinischen Orakel waren auf Blätter geschrieben; nach **Plinius** waren es Palmblätter, auf welche man zuerst geschrieben haben soll. Im Alterthum schrieb man auf Olivenblätter und hernach auf die innere weiche Haut, welche man zunächst unter der Rinde unmittelbar über dem Stamm der Bäume findet

11*

und die man Bast nennt. Von diesem Baste, der in der lateinischen Sprache liber heißt, bekam ein Buch bei den Römern den Namen Liber. Auch wurden im Alterthum nicht allein, sondern auch später, und heute ja selbst noch in weniger civilisirten Ländern Steinplatten, Blei- und Kupfertafeln, Pergamentrollen ꝛc. zum Einzeichnen einer Schrift benutzt. Die ältesten schriftlichen Urkunden suchen Einige bei den Egyptern, als den Erfindern der Bilder- und Hieroglyphenschrift, Andere bei den Babyloniern; die letzteren werden das meiste Recht für sich in Anspruch nehmen dürfen. Unter allen auf unsere Zeiten gekommenen Büchern sind die Urkunden des Moses und das Buch Hiob die ältesten. — Als noch ein Gutenberg der Welt nicht erstanden, war es freilich recht mühselig, die Bücher sich selbst schreiben zu müssen, aber die unendliche Mühe, die außerordentliche Sorgfalt, mit der man diese handschriftlichen Werke zu Papier gebracht, gaben ihnen auch einen hohen Werth, Werthe, die nach unseren heutigen Begriffen fast unglaublich erscheinen. Mit Argusaugen wurden deshalb die Bücherschätze bewacht und bewahrt. Die Vollendung eines Buches galt als ein großes Ereigniß, nicht minder auch die künstlerische Herstellung eines Einbanddeckels. Hic renovavit plenarium schreibt man zum Jahre 1182 vom Abt Ulrich von Kremsmünster, der den kostbaren Einband des Karolingischen Evangelienbuches ausbessern ließ. Im Chorherrnstift Ranshofen war ein prachtvolles Evangelienbuch mit Gold, Edelsteinen und Reliquien geziert, welches Propst Abelhard 1178 hatte herstellen lassen. Am Ende des Buches wird derjenige verflucht, der das Buch kauft, verkauft oder beschädigt. Kulturgeschichtliches Interesse bieten die Handschriftspreise aus alter Zeit. Originell sind die Tauschobjekte, mit denen man die herrlichen Codices bezahlte. Der Mönch Ulrich von Benedictbeuern erhielt 1204 vom Grafen Ulrich von Bozen für ein Meßbuch einen prachtvollen Weingarten. Irgend ein Historiograph sagt, daß damals das Pergament dem Silber gleichgeschätzt wurde. Um dieselbe Zeit hat die kunstgefertigte Schönschreiberin Diemud von Weßobrunn für eine Bibel in zwei Bänden ihrem Kloster ein Landgut in Pisinberch erworben. Um 1220 kauften zwei Brüder, Edle von Perge, dem Chorherrnkloster Baumberg ein Missale mit Holz und Wiesengründen ab. Eine Arbeit, mit der die Klostergeistlichen des Mittelalters sich beschäftigten, war das Einbinden der Bücher. Die Statuten verschiedener Chorherrnstifte widmen dem Büchereinband einen eigenen Abschnitt. Die Reformgesetze von 1451 und wiederholt die aus dem Ende des 15. Jahrhunderts schärfen die Mahnung ein: aliquis sit, qui scribat et aliquis, qui eos inligei (es kommt nicht darauf an, wie es geschrieben, sondern wie es gebunden ist). Daß man diese Mahnung sehr ernst genommen und die Bücher mit eigenen Händen eingebunden, beweisen viele Fragmente von Florianer Missalen, Nekrologien, Briefen und Urkunden der Stiftspröpste. Die ältesten Einbände der Manuscripte sind meist von weißem Schaf- und Schweinsleder, welches über Holzdeckel geschlagen wurde. Es kommen schon im 11. Jahrhundert rothgefärbte Schafslederbände vor. Später, im 14. und 15. Jahrhundert, erscheinen die braun-, roth- oder blaugefärbten Bände von Schafsleder häufig. Zu dieser Zeit finden sich auch die Einbände, auf deren Deckeln Thierfratzen, kleine Felder mit Greifen, Adlern, Kronen, Sternen, Lilien, Eicheln und Blattornamenten eingepreßt sind. Die meisten haben Buckeln und Schleißen von Metall, aber keine einzige zeigt die Spur einer Kette, um sie an die Bücherstelle zu befestigen. Sodann besitzt Florian 4 schöne Emailbeschläge aus dem 11. Jahrhundert, die zum Schmucke eines alten Bandes gedient haben. Pergament oder Kalbleder kommen bei den alten Florianer Handschriften höchst selten vor. Wie begreiflich, verwendete man Pergament viel lieber zum Schreiben, Kälberhäute zur Verfertigung von Pergament. Zur Rückenbekleidung oder zum Ueberkleben der inneren Deckel nahm man in Florian in der Regel werthloses Pergament. — Die alten Handschriften sind fast ausschließlich auf Pergament geschrieben, da dieses aber zu theuer war und seit der Eroberung Egyptens durch die Araber die Europäer den egyptischen Papyrus nicht mehr beziehen konnten, so kam es vor, daß Städte und selbst reiche Klöster höchstens mit einem Meßbuche versehen waren. Noch 1471, als das Leinenpapier bereits erfunden war, mußte Ludwig XI. der medicinischen Fakultät zu Paris für die geliehenen Werke des arabischen Arztes Rhasis eine beträchtliche Anzahl Goldplatten als Pfand und einen Edelmann mit dessen sämmtlichem Vermögen als Bürgen stellen. Daher kam es auch, daß die Mönche manche alte Handschrift auf Pergamentblättern übertünchten, um sie auf das neue beschreiben zu können. Nach Erfindung des Leinenpapiers und mehr noch nach Erfindung der Buchdruckerkunst gingen zweckmäßige Veränderungen mit den Büchern vor, zumal in den Einbänden, und fielen so im Preise, daß sie bald nicht bloß den Reichen und Gelehrten, sondern allen Klassen der Bevölkerung zugänglich wurden.

Buch, eine Papier-Einheit, hat 10 Hefte zu je 10:100 Bogen, 10 Buch zu je 100:1000 Bogen machen ein Ries. — Nach unserer alten Berechnung hat ein Buch Druckpapier 25 Bogen, ein Buch Schreib- oder Postpapier 24 Bogen.

Buchdruckerkunst oder Typographie ist die Kunst, aus beweglichen Lettern durch Aneinanderreihung derselben Platten oder Formen zu bilden, von welchen auf mechanischem Wege mittelst der Presse Abdrücke in vervielfältigender Anzahl gemacht werden können. Die Idee zu dieser Kunst lag so nahe, daß es wunderbar erscheinen muß, wie das hochkultivirte Volk der Griechen und Römer in Unkenntniß derselben bleiben konnte.

Ursprung, Fortschritt und Geschichte. Wohl etwa seit dem zehnten Jahrhundert nach unserer Zeitrechnung kannte man in China eine Methode, Schriftstücke zu vervielfältigen, welche der ähnlich ist, woraus die Anfänge unserer Buchdruckerkunst nahezu fünfhundert Jahre später sich entwickelten. Dieses Volk nämlich legt das mit chinesischer Tusche beschriebene Papier mit der Schriftseite auf eine glattpolirte Holzplatte aus Birnbaumholz, reibt die fettige Schrift auf das Holz ab und schneidet die Stellen rings um die Schriftzeichen aus, so daß letztere erhaben bleiben; dann diese Stellen mit einer fettigen Schwärze überzogen, legen sie einen befeuchteten Bogen Papier darauf und bringen einen Abzug dadurch zu Stande, daß sie mit der Haarfläche einer Bürste klopfend über die Platte fortgehen und alle Stellen der Schrift treffen. Ueber das Wesen der Vervielfältigung der Schrift in China berichten: Jo. Stohrii De ortu typographiae, Cap. VI § 7; Jo. Pet. Maffejus, Historia Indic. Lib. IV, S. 113; Garcias Ab horto, Aromat. ap. Indos nascent. Buch II S. 38; Jo. Gonzal. Mendoza, De la historia del gran regno de la China, Liber III; Paulus Jovius, Historia, Buch XIV; Nicol. Trigaultus, De regno Chinae, Buch I, Cap. 4; Jo. Hugo Linscotanus, Ind. Orient., Thl. II, Cap. 26 u. s. w. Die meisten nehmen an, daß die Europäer das Buchdruckverfahren in China gesehen und Kunde davon nach Europa gebracht haben. Sei dem nun auch wie es immer wolle, so mag dies auch in Beziehung zu den Anfängen der Druckkunst, den Holztafeldrucken, nicht so ganz unwahrscheinlich sein, da diese Druckversuche mit der Verfahrungsweise in China ziemlich übereinstimmen, wiewohl nichts erwiesen ist. — Die Anfänge der europäischen Buchdruckerkunst beginnen mit dem Anfange des funfzehnten Jahrhunderts und bestanden wahrscheinlich zu allererst in dem Druck von Spielkarten, weil der bedeutende Verbrauch derselben eine schnellere und weniger kostspielige Herstellung, als die Handzeichnung, nothwendig machte. Diese Spielkarten wurden von den Formenschneidern in Holztafeln geschnitten und mußten so oft gedruckt werden, als sie Farben hatten, welche in einander gepaßt wurden, also Paßformen waren. Diese Kenntniß brachte jedenfalls auf den Gedanken, auch andere bildliche Darstellungen und ganze Schriftseiten auf Holzplatten auszuschneiden und davon Copien zu machen. Und in der That tauchten von 1417 an nicht allein in Deutschland, sondern auch in den Niederlanden derartige Drucke, welche man mit dem Namen Blockbücher (s. Blockbuch) gekennzeichnet hat, auf. Dem Inhalte nach waren diese Schulbücher, namentlich kurzgefaßte lateinische Sprachlehren, Abc=Bücher, Schriften religiösen Inhalts und ein französischer Kalender; sie sind auf einer Seite des Papiers gedruckt, enthalten entweder bloß Text, oder Bilder und Text zusammen, oder aber auch nur Bilder. Das Verfahren der Copirung geschah nicht durch den Druck einer Presse, sondern mittelst eines sogenannten Reibers, eines runden Stahls mit Handgriff, mit welchem man, nachdem die Platte unter Benutzung eines Ballens mit Farbe versehen und gelinde gefeuchtetes Papier darauf gelegt war, wiegend und drückend die erhabenen Stellen der Platte traf. In Folge dieses Verfahrens nun war es nicht gut möglich, das Papier auf beiden Seiten zu benutzen, weil es zu viel Gepräge aufwies. Diesen Holztafeldruck nennt man die xylographische, den Druck auf einer Seite des Papiers die anopistographische Buchdruckerkunst. Der älteste dieser Tafeldrucke scheint eine bildliche Darstellung des Heilandes mit gesenktem Haupte zwischen zwei brennenden Kerzen auf dem Altar stehend zu sein, welcher aller Wahrscheinlichkeit nach den Niederlanden und zwar Haarlem seinen Ursprung verdankt und wohl noch vor 1416 entstanden sein dürfte, wenn derselbe auch weder Jahreszahl noch Datum aufweist. Ein anderer Holztafeldruck, der Heilige Christoph mit dem Christuskinde, stammt aus dem Jahre 1417, während man von diesem Druck auch Exemplare mit späteren Jahreszahlen, so mit 1423, hat. Diese Holztafeldrucke dauerten übrigens noch neben der sich schon bedeutend entwickelten wirklichen Typographie, der Kunst, mit beweglichen Lettern zu drucken, mit Vorliebe und zwar bis zum Ende des fünfzehnten Jahrhunderts fort, denn um 1450, 1460 und weiter treten dieselben noch immer als Bilder= und Schriftdrucke (s. d.), letztere namentlich in der Form von Ablaßbriefen und Kalendern auf. Die Schrift dieser Erstlingsdrucke war die damals beim Schreiben gebräuchliche sogenannte Mönchsschrift, zwischen Fraktur und Gothisch die Mitte haltend; einen ersichtlichen Raum zwischen den Wörtern zu lassen, war nicht Brauch und ebenso treffen wir hin und wieder einmal ein Interpunktions= oder Lesezeichen an, aber Abbreviaturen, den Janlenzerstrich und das Semikolon (;) als Abkürzungszeichen spielten eine Hauptrolle darin. In einem dieser Drucke gewahrt man auch schon den ersten Versuch einer Buchstaben=Signirung (s. Ars memorandi). Es dürfte nun wohl als ausgemacht zu betrachten sein, daß auch Gutenberg anfänglich sich mit dieser Art Herstellung von Drucken schon vor 1440 beschäftigte, denn aus den Akten eines Prozesses, der um dieses Jahr gegen ihn geführt wurde, geht hervor, daß er damals „Platten und Formen, sowie Druckerzeug" besessen. Diese Platten und Formen waren aber weiter nichts, als ausgeschnittene Holztafeln, das Druckerzeug Reiber und dergleichen. Auf den Gedanken, einzelne Buchstaben zu benutzen, kam zuerst Gutenberg, und er schnitt solche aus Buchenholz. Er soll diese Idee in einigen Versuchen geprüft haben, welche wahrscheinlich darin bestanden haben, daß er in Ermangelung einer Presse jeden einzelnen Buchstaben mit der Hand an einander druckte. Diese Versuche scheinen nicht zu seiner Zufriedenheit ausgefallen zu sein, wahrscheinlich weil dieselben zu zeitraubend waren, und er kehrte infolge dessen wieder zu der frühern Verfahrungsweise zurück. Aber von jener Idee, aus den einzelnen Buchstaben zuerst Zeilen zu bilden, um durch Vereinigung dieser später ganze Formen zu erhalten, scheint er doch immer wieder von neuem beseelt gewesen zu sein. Gerechtfertigt wird diese Annahme durch den Umstand, daß Gutenberg später seine Buchstaben inmitten mit einem durchgehenden Loch versah, um dieselben nach einander auf einen Draht ziehen und der Zeile somit Festigkeit geben zu können. In der Mitte des siebenzehnten Jahrhunderts waren diese Erstlingstypen in Mainz noch aufbewahrt, und Sigmund von Bürcken, welcher sie in Augenschein genommen, schreibt in seinem „Ehrenspiegel des Erzhauses Oesterreichs" S. 527 darüber: „Er begann erstlich, hölzerne, bleierne und zinnerne Buchstaben, welche in der Mitte gelöchert waren, zu schneiden und zu gießen, welche man mit einem Draht an einander steckt, und also aus vielen Buchstaben eine Zeile und aus vielen Zeilen eine Form zusammensetzte." Von dieser Idee befangen, wird er auch bald darauf bedacht gewesen sein, anstatt des Reibers den mechanischen Druck einer Schraube zur Erzielung von Abdrücken anzuwenden, denn Chronisten erzählen, daß er eine Presse besessen, welche einer Weinkelter ähnlich gesehen. Im Jahre 1450 war er mit seiner Erfindung vollständig fertig und siedelte nach Mainz über, um sich hier mit dem reichen Goldarbeiter und Graveur Just zum Zwecke der Errichtung einer Druckerei zu vereinigen. Fust, ein umsichtiger Mann, dem der Vortheil der Erfindung Gutenbergs sofort einleuchtete, gab bereitwilligst Geld her, wofür Gutenberg in Mainz eine Druckerei mit beweglichen Lettern und einer Presse einrichtete. Diese Thatsache nun macht es uns klar, daß seine Idee vollkommen zu Fleisch und Bein geworden, und der weitere Umstand, daß bald nachher die Drucklegung eines großen Werkes, der Biblia Latina Vulgata, begann, zur Gewißheit. Außer dem Druck dieses umfangreichen Werkes wurden auch noch kleinere gedruckt, u. a. der Donat, ein Psalterium und ein Vokabularium, diese aber wieder von Holztafeln, und da der Druck der Bibel nur sehr langsam vorwärts schritt, so gewinnt es die Wahrscheinlichkeit, als ob Materialmangel die Schuld daran trug. Diesem Mangel scheint nun der hinzugetretene Peter Schöffer, ein Großsohn des Fust von mütterlicher Seite, abgeholfen zu haben, denn er war es, welcher die Kunst erdachte, aus Stahl Patrizen zu schneiden und diese in Kupfer als Matrizen abzuschlagen, um mit Hülfe derselben Typen zu gießen. Auch hatte er bereits im Jahre 1453 eine bessere Schriftmetall-Composition zusammengesetzt. Um 1454—55 entspann sich zwischen Fust und Gutenberg ein Prozeß, der zu Ungunsten des letztern endete und ersterm die ganze Druckerei zubrachte. Die Akten dieses vor dem Gerichte zu Mainz verhandelten Prozesses sind in Senkenbergs Selectis juris et hist. Bd. I. S. 269 ff. abgedruckt. Fust und Schöffer vereinigten sich zur Fortsetzung der Druckerei, und druckten rüstig an der Bibel fort. Schöffer wurde darauf der Schwiegersohn von Fust, und als die Bibel fertig war, ging Fust damit nach Frankreich und Paris, wo er sie zu hohem Preise verkaufte. Auf einer fernern Reise nach Paris 1466 starb Fust und wurde die Druckerei von Schöffer allein fortgesetzt. — Gutenberg war durch Beihülfe eines Doctors inzwischen wieder in den Besitz einer Druckerei gekommen, und druckte den „Astrologisch-medicinischen Kalender" und das berühmte Wörterbuch Catholicon (s. d.). Gutenberg starb um 1468.

Der Ruhm der neuen Erfindung Gutenbergs verbreitete sich schnell über ganz Europa, und zuerst war es Albrecht Pfister, ein Schüler Gutenbergs, der in Mainz eine zweite Buchdruckerei errichtete und dieser nachher der erste, der außerhalb Mainz eine solche innehatte. Es scheint, als ob Ludwig Hohenwang, der erste Drucker Ulms, ein Schüler Pfisters gewesen.

Die Schrift, welche von Gutenberg, Fust und Schöffer benutzt wurde, unterschied sich von der damals gebräuchlichen Schreibschrift fast gar nicht; später wichen beide Theile in ihren Formen immer mehr und mehr von einander ab. Die Sorgfalt und Sauberkeit, mit welcher die ersten Drucke hergestellt sind, das starke und feste Papier, die glänzend illuminirten Initialen und die schönen Arabesken — alles beweist uns, welche hohe Bedeutung dieser Kunst beigelegt wurde. Von großem Einflusse für ihre Fortentwicklung war die Reformation Luthers, und daher kommt es, daß die Bibel Luthers so schnelle Verbreitung fand und die protestantischen Städte zuerst mit der Errichtung von Druckereien bedacht wurden; dann begannen die Gründungen von Druckereien seitens der Jesuiten und aus den kleinen Anfängen Gutenbergs erwuchs bald eine Macht, die allgebietend herrschte. Aber auch die Angehörigen der Druckkunst standen als Kunstverwandte in hohem Ansehen, so daß hochstehende Persönlichkeiten und gekrönte Häupter dieser Kunst ein besonderes Wohlwollen erzeigt und zu deren Aufnahme und Verbreitung viel beigetragen haben. Man muß es diesen Fürsten und Herrschern Dank wissen, daß sie für das Aufkommen der Buchdruckerkunst so sorgsam bemüht gewesen sind. Zu diesen hochgestellten Förderern der Buchdruckerkunst gehören in erster Reihe der deutsche Kaiser Friedrich III., Kaiser Maximilian I., Karl V., und Ferdinand I., König Franz II. von Frankreich, der Kurfürst von Sachsen Friedrich der Weise und dessen Nachfolger der Kurfürst Johann, der Herzog Wilhelm von Baiern, die Päpste Nikolaus V. und Leo X., der Cardinal Bessarion, der Herzog Albrecht IV. von Nassau und viele andere. Von den Mainzer Buchdruckern wurde die Kunst anfangs sehr geheim gehalten, und die damaligen Gehülfen mußten eidlich geloben, von der Kunst und den Geheimnissen derselben nichts auszuplaudern zu wollen, dennoch aber verbreitete sich die neue Erfindung außerordentlich schnell nicht nur über ganz Deutschland, sondern über alle Länder Europas, und vorwiegend waren es Deutsche, welche sie nach den fremden Ländern brachten. Es herrschte unter vielen der Kunst Angehörigen eine solche Beweglichkeit, daß sie nach und nach an mehreren Orten Druckereien begründeten, wodurch ihnen später die Bezeichnung als "fahrende Buchdrucker" geworden ist. So hatte sich denn mit dem Beginne des sechszehnten Jahrhunderts die Buchdruckerkunst über alle Theile Europas verbreitet und die Zahl der Drucker war außerordentlich schnell gewachsen.

Fast ein ganzes Jahrhundert verstrich nach dem Tode Gutenbergs, ohne daß man mit Ausnahme der Versuche der Söhne Schöffers es von einer Seite gewagt hätte, den Ruhm Gutenbergs als Erfinder der Druckkunst anzutasten. Aber etwa vom Jahre 1560 an begann ein förmlicher Federkrieg der verschiedenen Länder und Städte unter einander, welcher allerseits bezweckte, die Ehre der Erfindung dieser Kunst sich selbst zu eigen zu machen. So trat in erster Reihe Holland mit seinem Haarlem, weiter sogar Bamberg und Nürnberg, selbst Straßburg, Italien u. s. w. in hartnäckiger Weise mit der Bewerbung um den Erfinderruhm der Druckkunst auf, und da dieser Kampf ein historisch merkwürdiger ist, so müssen wir ein wenig näher darauf eingehen.

Zuerst waren es die Söhne Peter Schöffers, welche nach dem Tode ihres Vaters, der — wie wir weiter unten sehen werden — in einem wichtigen Dokument Gutenberg als den Urheber der Druckkunst anerkannt hatte, die schamlosesten Behauptungen in die Welt schickten und die Ehre der Erfindung für ihre Familie in Anspruch nahmen.

Weiter nahm Holland und vorzugsweise die Stadt Haarlem die Ehre der Erfindung für sich in Anspruch und wir lassen die Fabel, welche Adrian Junius in seiner 1568 erschienenen Historia Bataviae darüber erzählt, in der Uebersetzung folgen: „Vor hundertundachtundzwanzig Jahren hat Lorenz Johann Coster (oder Küster) zu Haarlem in einem ansehnlichen Hause am Markt gewohnt, in welchem bis zur Stunde noch eine Druckerei betrieben wird. Er wurde deshalb Küster genannt, weil seine Familie dieses kirchliche Amt gleichsam erblich besessen und verwaltet hatte. Dieser Mann hat billig einen Lorbeerkranz verdient, weil er der Erfinder der Buchdruckerkunst gewesen, wiewohl sich andere diese Ehre unbillig angeeignet haben. Als er einstmals in dem bei der Stadt gelegenen Lustwalde sich aufhielt, schnitt er ein paar Buchstaben in Buchenrinde verkehrt aus, druckte dieselben auf die Haut seiner Hand ab und sah beutlich deren Form. Dies veranlaßte ihn, ein ganzes Alfabet auszuschneiden und Buchstaben nach Buchstaben auf ein Blatt abzudrucken, welche Abctafel er dann seinen Enkeln zum Geschenk machte. Weil ihm dieses nun glücklich von statten gegangen war, so dachte er weiter über die Sache nach. Vor allen Dingen sah er sich genöthigt, eine dickere und zähere Farbe ansfindig zu machen, weil die gewöhnliche Schreibtinte zu flüssig war und viele Unzuträglichkeiten herbeiführte. Er hat denn auch mit seinem Schwiegersohn Thomas Peter eine bessere Schwärze erfunden. Darnach schnitt er ganze Seiten auf Holztafeln aus und druckte sie auf Papier ab, jedoch nur auf einer Seite desselben, deren einzelne Blätter er zusammenklebte. Ich habe ein auf diese Weise von ihm gedrucktes Buch gesehen, welches von einem ungenannten Verfasser in niederländischer Sprache verfaßt war und folgenden Titel besaß: Speculum nostrae salutis. Diese Holztafeln mit Bild und Schrift verwandelte er hernach in bleierne und zinnerne, wie dieses seine Statue beweist, welche noch an dem Küsterschen Hause zu sehen ist. Diese neue Kunst fand viel Liebhaber und seine Drucke ebenso viele Käufer. Deshalb mußte er sich einige Gehülfen annehmen, welche ihm an die Hand gingen. Unter diesen war auch einer mit Namen Johannes, und zwar muthmaßlich Johannes Fust. Es liegt mir aber nicht viel daran, ob es dieser oder ein anderer gewesen. Ein jeder, der an dieser Kunst mitarbeitete, mußte schwören, daß er dieselbe nicht ausplaudern wollte. Nachdem nun aber dieser Johannes ebenfalls den Eid der Treue und Verschwiegenheit geleistet und alles, was zur Druckerei nöthig war, gelernt hatte, ersah er sich eine gelegene Zeit, packte alle Lettern und die zur Druckerei gehörigen Instrumente ein und ging in der Weihnachtsnacht mit noch einem andern, alles mitnehmend, auf und davon. Erstlich ging er nach Amsterdam, dann nach Köln und zuletzt nach Mainz, wo er die Früchte seines Diebstahls sich zunutze machte, wie es denn eine ausgemachte Sache ist, daß dort im Jahre darauf, also 1442, des Alexander Galli Doctrinale oder die Grammatica mit einem Tractat des Petri Hispanis mit denselben Lettern, deren sich Küster vorher bedient, zum Vorschein gekommen ist. Und dieses ist es etwa, was ich von einigen glaubwürdigen Männern gehört habe, welche diese Erzählung bis heute, sie immer weiter überliefernd, erhalten haben. Ich erinnere auch, wie mir mein Lehrmeister Nikolaus Gallus (Hahn), ein mit gutem Gedächtniß begabter Mann, erzählt hat, daß er diese Angelegenheit in seiner Jugend ebenso von einem alten Buchbinder, mit Namen Cornelius, vernommen, welcher die Geschichte niemals ohne Thränen hat erzählen können, weil er sich über den begangenen Diebstahl so sehr geärgert und die Nächte nachher allemal verflucht habe, die er ehedem einige monatelang mit dem angegebenen Dieb in einem und demselben Bette verbracht. Und diese Nachricht kommt mit derjenigen beinahe überein, welche mir der Bürgermeister Quirinus Talesius erzählt, welcher sie ebenfalls von diesem alten Buchbinder gehöret hat." Dieses ist der Inhalt der sogenannten Koster=Legende, welche Adrian Junius oder Hadrian de Junge, ein Mediziner in Haarlem, erfunden und in seiner „Geschichte der Niederlande" (Historia Bataviae) aufgetischt hat und die von vielen späteren Schriftstellern ihm nacherzählt worden, und von vielen seiner Landsleute als reine Wahrheit aufgenommen ist.

Auch in Italien sind mehrere Schriftsteller für den Anspruch ihrer Nation auf Erfindung der Buchdruckerkunst eingetreten, so Markus Antonio Coceio Saballico, Baptist Fulgoso, Octavio Ferrario und neuerdings noch Antonio del Corno, welch letzterer als den Erfinder einen Ritter Panfilo Castaldi von Feltre angiebt, während die erstgenannten einen gewissen Saturnius dafür halten.

Die Ansprüche der Franzosen gründen sich darauf, daß die ersten Buchdrucker Venedigs Ulrich Hahn (Gallus) und Nikolaus Jenson Franzosen gewesen seien.

Die Stadt Straßburg erhebt ihren diesbezüglichen Anspruch nicht zu Gunsten Gutenbergs, sondern eines Johann Mentel oder Mentelin; derselbe ist auch erst sehr spät erhoben und besonders von einem Johann Schmidt, welcher um 1641 Prediger in Straßburg war und in diesem Jahre „Drey christliche Danckpredigten wegen der 1440 zu Straßburg erfundenen Buchdruckerkunst" herausgegeben hat, vertheidigt worden. In diesen Predigten schreibt er an einer Stelle: „Wann man aber die alte gantz unpartheyische Monumenta, Annales und Schrifften, so bey hiesiger Stadt wollbestellter Cantzley befindlich, die lange zuvor, ehe Jemand von dieser Frage disputirt, durch redliche Leute zusammengetragen worden, und welche daher vielleicht kein Privat=Stribent vermessentlich widersprechen, oder sie einiges falsches oder Unwahrheit bezüchtigen wird, untersteht sich Jemand, so ist er verbunden, nicht aus ungegründeten Narrationibus, oder zweiffelhaften Muthmassungen, sondern mit anderen unwiderleiblichen Fundamenten seine Meinung zu behaupten, mit Fleiß durchsiehet und in allen Umständen aufrichtig, allein um der Wahrheit willen, erwieget, so kommt so viel heraus, daß in dieser Stadt Straßburg und von einem Straßburgischen Bürger die edle Druckerkunst erstmals durch göttliche Erleuchtung erfunden worden." Aber die Vertheidiger dieses Anspruches berufen sich noch auf zwei Stellen der Straßburger geschriebenen und in dortiger Kanzlei aufbewahrten Chronik, deren erste Stelle so lautet: „Anno 1440. alß zum drittenmal von der Küffer=Zunfft zum Ammeister erwehlet worden, Herr Claus Schanlitt, und Stattmeister gewesen sind Walther Spiegel, Burckhardt von Müllenheim, Cuno zum Treubel, Hanß Balthasar von Endingen ist die herrliche und sehr nützliche Kunst der Buchdruckerey erstlich offenbar, und zwar allhier zu Straßburg an Tag gebracht, vnd erfunden worden, durch Joan Mentelin, welcher am Frohnhof zum Thiergarten wohnte, der hatte einen Diener, mit Namen Hanß Genßfleisch, von Mentz bürtig, diesem vertraute er seine neue Invention, weil er ihn sehr anschlägig und scharffsinnig befand, verhoffend durch ihn noch weiteres zu kommen: Er wurde aber von ihm schändlich betrogen, denn dieser letztgemeldete Genßfleisch mit Johann Guttenberg Kundschafft machte, so ein ansehnlicher reicher Mann war und auch etwas Wissenschafft um des Mentelins Kunst hatte, dem offenbahrte er alle Heimlichkeit, und weil sie in Hoffnung stunden, mit dieser Kunst groß Geld und Guth zu erwerben, und aber allhie in Straßburg vor dem Mentelin die Sach nicht wohl würden können ins Werck richten, schlugen sie an, sich von bannen gen Mentz zu begeben, alß dann auch geschehen....... Aber GOtt, der keine Untreu ungestraft läßt hingehen, strief entlich den Genßfleisch also, daß er seines Gesichtes beraubt und blind wurde." Von dieser Stelle ist der Schreiber unbekannt, die zweite nun hier folgende hat ein Straßburger Baumeister, Daniel Specklin, geschrieben: „Anno 1440. Damahlen ward die herrliche Kunst, die Buchdruckerey, zu Straßburg erfunden durch Johann Mentele am Frohnhof zum Thier-Garten, sein Schwager Peter Scheffer und Martin Flach verlegten solches, aber sein Diener Johann Gentzfleisch, alß er ihme die Kunst genugsam hatte abgestohlen, flohe er in sein Heimath gen Maynz, da hat er solches durch den Guttenberger, welcher reich war, alles besser in Ordnung bracht, über dessen Untreu bekümmert sich der Mentele so hart, daß er starb vor Leyd, ward zu Ehren der Kunst ins Münster begraben, und eine Druckerpreß auf seinen Grabstein gehauen, hernach strieffe GOtt seinen Diener den Gentzfleisch auch, daß er biß an sein End ist blind worden, ich habe die erste Preß, auch die Buchstaben gesehen, waren von Holtz geschnitten, auch gantze Wörter, Syllaben, hatten Löchle, und faßt man sie an ein Schnur nach einander mit einer Nadel, zoge sie da nach den Zeilen in die Länge, es ist schad, daß man solches Werk, welches das allererste in der Welt gewesen ist, hat lassen verlohren werden."

Auf den ersten Anblick mag es den Anschein gewinnen, als ob diese Documente sehr zu Gunsten des Anspruches Straßburgs sprechen, aber man muß bedenken, daß über zweihundert Jahre seit der Erfindung der Druckkunst verstrichen waren, ehe Straßburg mit seinem Ansprüche hervortrat. Es ist Thatsache, daß diese beiden Aufzeichnungen in der Straßburger Chronik enthalten, aber erwiesen ist nicht, ob sie 1440 oder später eingetragen worden sind. Für die letztere Annahme, der gefälschten Eintragung, spricht allein schon der Umstand, daß 1440 am allerwenigsten eine Presse, und ebenso auch einzelne Buchstaben, wie sie Daniel Specklin gesehen haben will, nicht existirt haben. Auffallend ist bei unseren Chronisten und älteren Geschichtsschreibern der Buchdruckerkunst die Verwechselung der Bezeichnung Gensfleisch, denn bald wird sie Gutenberg, bald Johannes Fust beigelegt. Daß Johannes Gutenberg mit Mentelin Beziehungen gehabt, ist geschichtlich nachgewiesen, diese beiden Stellen in der Straßburger Chronik verstehen aber eine andere Person unter Hanß Gentzfleisch, da sie dieselbe mit Gutenberg in Mainz wieder in Beziehung treten lassen. Der Anspruch Straßburgs fällt aber vollends, wenn man die Erklärung in Betracht zieht, welche Fust und Schöffer unter die zuerst gedruckte Ausgabe des Psalters gegeben haben. Sie giebt deutlich und ausdrücklich den kunstreichen Johannes Gutenberg als den ersten Erfinder an, und nennt Fust und Schöffer nur als solche, welche die Druckkunst verbessert und dauernd gemacht hätten. Von allen ist aber dieses das gewichtigste Zeugniß für Gutenberg und die Stadt Mainz gegenüber dem Anspruche der Stadt Straßburg.

Der Anspruch der Franzosen auf die Erfinderehre der Buchdruckerkunst für ihre Nation hat durchaus keine Begründung. Die ersten Drucker Venedigs, Ulrich Hahn, war ein Deutscher, und Nikolaus Jenson ein Däne, und letzterer war von dem Könige Franz II. von Frankreich zu dem Zwecke nach Mainz gesandt worden, um dort die Buchdruckerkunst zu erlernen und dieselbe nach Frankreich einzuführen. Nachdem man diese Thatsache als historisch festgestellt betrachten kann, muß bei Jenson doch am allerersten von einer Erfinderschaft geschwiegen werden.

Haarlem und die von Junius aufgebrachte Fabel haben erst in der neuesten Zeit einen harten Stoß erhalten durch den niederländischen Gelehrten Dr. van der Linde, welcher das Ergebniß seiner in den Archiven Haarlems und anderer holländischer Städte gemachten neuesten Nachforschungen im Jahre 1870 in einem vortrefflichen Werke: „De Coster Legende", veröffentlicht hat. In diesem Buche stellt er im Eingange die Straßburger und Mainzer Erfindungsgeschichte durch Gutenberg nach den Urkunden zusammen, weist dann nach, daß das erste Buch, welches Haarlem als Druckort hat und zugleich die Jahreszahl seiner Vollendung trägt, ein kleines Werk von 32 Holzschnitten, das unter dem Namen „Det leiden Jesu" bekannt ist. Dieses Buch ist zu Haarlem 1485 durch Jacop Bellaert gedruckt, während die Holztafeln schon zu einer frühern von Gerhard Leu zu Gouda veranstalteten Ausgabe benutzt worden waren. Gleichzeitig mit Bellaert war noch ein anderer Buchdrucker, Jan Andrieszoon, in Haarlem thätig, 1486 verschwindet aber jede Spur eines Buchdruckers daselbst bis 1502, wo de Hasbeck in den Registern der Kathedrale als solcher erwähnt wird. Es hatten aber früher als in Haarlem Druckereien bestanden in Aalst in Flandern (Dierik Martens, 1473) und zu Utrecht (Nikolaus Kettelaer und Gerhard de Leempt, ebenfalls 1473). Dr. van der Linde hat damit in seinem Werke nachgewiesen, daß in Haarlem erst zehn Jahre nach dem frühesten Auftreten der Buchdruckerkunst in Holland eine Druckerei errichtet worden ist.

Die italienischen Ansprüche auf den Ruhm der Erfindung sind belanglos geworden, nachdem es festgestellt ist, daß Saturnus nichts mit Drucken zu thun gehabt hat, vielmehr Münzstempelschneider gewesen; auf Panfilo Castaldi kommen wir weiter unten noch zurück.

Ueber die Erfindung der Buchdruckerkunst lassen sich nun folgende Anhalte als festgestellt annehmen: Schon vor 1440 hat man in den Niederlanden einzelne Buchstaben, Sylben und Wörter, sowie Zeichen aus Holz geschnitten und Druckversuche damit gemacht, welche aber erfolglos geblieben sind. Im Jahre 1440 sind der Donat und der Heilsspiegel als Holztafeldrucke zu Stande gekommen, während Gutenbergs Versuche, mit beweglichen Lettern zu drucken, wohl in das Jahr 1448 fallen dürften. Weitere Versuche zwischen Gutenberg, Fust und Schöffer in der Aneinanderreihung beweglicher Holzbuchstaben fallen in das Jahr 1450. Metallbuchstaben von Peter Schöffer 1451 verbessert 1452, und darnach erfolgte der Anfang des Druckes der Lateinischen Bibel. Die Versuche Peter Schöffers, Metallbuchstaben zu gießen, gehören dem Jahre 1453 an. Im Jahre 1455 entspann sich der Streit zwischen Gutenberg und Fust, der zu Gunsten des letztern entschieden wurde, und 1457 trat das erste mit beweglichen Lettern und auf der Presse gedruckte Werk, der Psalter, an die Oeffentlichkeit.

Der erste Ort in Deutschland, welcher nach Mainz eine Presse erhielt, war Bamberg, wo Albrecht Pfister, der Lehrling und Gehülfe Gutenbergs, sich niederließ. Dann folgten Augsburg, Ulm mit seinem Ludwig Hohenwang, Nürnberg mit Anton Koberger, welches später in der Buchdruckerwelt eine Berühmtheit erlangte. Dann folgte Köln, Eßlingen, Straßburg, Merseburg mit Lukas Brandis, welcher ein paar Jahre später in Lübeck eine Presse gründete und dort ein ausgezeichnetes Werk druckte. In der nun folgenden chronologischen Aufzählung ist das Fortschreiten der Druckkunst des weitren zu verfolgen.

Die ersten Druckereien erstanden nach Mainz in Bamberg 1462, in Subiaco 1465, in Köln 1466, in Elwill und Rom 1467, in Augsburg 1468, in Mailand und Venedig 1469, in Beromünster (Schweiz), Foligno, Nürnberg, Paris, Trevi, Verona 1470, Bologna, Ferrara, Florenz, Neapel, Pavia, Speyer, Straßburg, Treviso 1471, Lion, Ofen, Löwen, Merseburg, Ulm, Utrecht 1473, Basel, Turin, Valencia, Vicenza 1474, Barcellona, Blaubeuern, Breslau, Lübeck 1475, Antwerpen, Brügge, Brüssel, Rostock 1476, London (Westminster), Palermo, Sevilla 1477, Barzelona, Oxford, Prag 1478, Würzburg, Zwolle 1479,

Leipzig 1481, Erfurt, Meiningen, München, Passau, Reutlingen, Wien 1482, Gent, Magdeburg, Stockholm 1483, Heidelberg, Haarlem, Regensburg 1485, Münster, Schleswig 1486, Ingolstadt, Murcia, Besancon 1487, Stendal, Saragossa, Viterbo 1488, Lissabon, Pampelona 1489, Konstantinopel, Ingolstadt, Grenoble, Portici 1490, Hamburg, Krakau 1491, Kopenhagen 1493, Tübingen 1498, Madrid 1499, Pforzheim, Olmütz 1500, Metz 1501, Breslau, Wittenberg 1503, Frankfurt a. M. 1504, Braunschweig 1509, Upsala, Beverley, Nancy 1510, Landshut, Southwark, Worms 1514, Elberfeld 1515, Arras, Wilna 1517, Aarhuus, Steckelburg 1519, Halberstadt, Halle, Meißen 1520, Zürich 1521, Altenburg, Amsterdam, Colmar, Grimma, Zwickau 1523, Dresden, Eisenach, Luzern, Ragusa 1524, Nördlingen 1525, Marburg 1527, Malmö, Wiborg 1528, Bern, Oels 1530, Ettlingen 1531, Emden, Kronstadt, Roeskilde 1534, Wolfenbüttel 1541, Minden 1542, Bonn, Wesel 1543, Dortmund, Jena, Neuburg, Winchester 1545, Hannover 1547, Bautzen, Klausenburg 1550, Dublin, Königsberg i. P. 1551, Belgard 1552, Moskau 1553, Düsseldorf, Mühlhausen 1561, Lemgo 1563, Görlitz 1565, Eisleben, Klausenburg, Lüttich 1566, Thorn 1568, Schmalkalden 1574, Uelzen 1575, Schaffhausen 1577, Berlin, Laibach, Luxemburg, St. Gallen, Warschau 1578, Neustadt a. d. Haardt, Posen, Stettin 1579, Helmstädt, Warschau 1580, Bilbao, Trier, Verdun, Zerbst 1583, Bremen, Cordova 1585, Lemberg, Lima, Zittau 1586, Bard, Manchester, Segovia, Wandsbeck, Warrington 1588, Altenberg, Rotterdam, Sedan 1589, Gratz 1590, Hof 1591, Dannhausen, Nangasaki, Innsbruck 1592, Amberg, Hanau, Lemberg 1593, Clermont, Marseille 1594, Danzig 1595, Altorf, Siegen, Uranienburg 1596, Annaburg, Leuwarden, Torgau, Zweibrücken 1597, Paderborn, St. Omer, Malaga, Calais 1600, Braunsberg, Lindau, Lübben 1601, Ladenburg, Helsingör 1603, Damaskus, Vevey 1605, Gießen 1606, Anspach, Gera, Goslar 1607, Offenbach, Schleusingen 1609, Groningen, Kempten 1610, Darmstadt, Harburg, Zütphen 1611, Greifswalde, Arnheim, Altbunzlau, Neisse, Preßburg, Oporto 1612, Sitten, Trani 1617, Kjew, Molsheim 1618, Aschaffenburg, Beuthen, Calmar, Kaschau, Salzburg 1620, Cöthen, Glogau, Westerås 1621, Rinteln, Opretto, Freistadt 1622, Weimar 1624, Cleve 1625, Leitmeritz, Ravensberg, Tyrnau 1626, Oedenburg, Rothenburg 1627, Güstrow, Sagan, Triest 1629, Osnabrück, Ortenburg, Straubing 1631, Queddlinburg, Bombay 1632, Heilbronn 1633, Aachen, Lecce 1634, Znaim, Lissa, Linköping 1635, Linz, Catania 1636, Riga, Glasgow 1638, Cambridge, Newcastle, Namür 1639, Elbing 1641, Gotha, Aobo, Dorpat 1642, Glückstadt, Nyköping, Stralsund 1645, Malta, Dotmarsum, Oliva 1647, Auerstädt, Friedberg, Rochester, Zaardam 1648, Cork, Gothenburg, Montpellier 1650, Fürth 1653, Arnstadt, Feldkirch, Tobi 1655, Christiania, Colberg, Chester 1656, Sulzbach 1657, Smirna, Solothurn 1658, Stade 1661, Emmerich, Steinau 1662, Harlingen 1663, Rudolstadt 1664, Oldenburg 1665, Nizza 1666, Kiel 1667, Pottendorf, Lund, Exeter 1668, Beyreuth 1669, Nordhausen, Gorkum, Plauen, Hermannstadt, Ratzeburg, Zug 1670, Stendal 1671, Boston, Duderstadt, Flensburg, Stolpen 1675, Guben 1676, Zeitz, Dünkirchen 1677, Castellano, Corbach, Vanes 1678, Dyrenfurt, Harrisau 1679, Einsiedeln, Schlichtingsheim 1680, Reval, Reham, Williamsburg 1682, Jassy, Sevenbergen 1683, Philadelphia 1686, Karlskrona, Eger, Lauban 1687, Schwabach, Brieg 1689, Plön 1692, New-York, Bayonne, Dehringen 1693, Dessau, Tachau 1696, Sondershausen 1697, Wismar, Pernau, Odense, Glatz 1698, Narwa (Rußland), Witten 1701, Jeßnitz 1702, Batavia 1703, Küstrin 1709, Targowitsch 1710, Homburg, St. Petersburg, Tiflis, Wetzlar 1711, Belfast, Coesfeld, Nottingham,

Rochefort, Trankemar 1712, Strigau 1716, Löbau 1717, Soest, Weißenfels 1721, Schneeberg 1725, Clausthal, Büdingen 1717, Weißenburg, Disentis 1727, Charleston, Bridgetown, Zug 1730, Tegernsee, Assisi, Sais 1731, Karalanska, Verets 1735, Mannheim 1735, Neu-Brandenburg, Züllichau 1741, Agram, Este 1742, Erlangen, Marienburg 1744, Karlsruhe 1745, Prenzlau 1747, Lützen 1748, Schwabach 1752, Bernburg, New-Bern, New-Haven 1754, Palmyra, Vincennes 1755, Debreczin, Portsmouth, St. Jago 1756, Göttingen 1757, Versailles 1758, Celle 1759, Potsdam 1760, Bützow 1762, Hirschberg 1765, Lugano 1766, Albany, Baltimore, Biel, Burlington, Christianstad 1770, Madras 1772, Görtz, Norwich 1773, Hildburghausen 1774, Klagenfurt, Stargard 1777, Kalkutta 1778, Koblenz 1784, Charleston, Jeddo, Kehl, Pjoerten, Stuhlweißenburg 1785, Bingen, Lexington, Pappenheim 1786, Detmold, Frederiksburg, Havanna 1787, Meldorf 1788, Schwerin, Spaa, Winterthur, Buenos-Ayres 1789, Neuwied, Neuhäusel, Guernsey (französische Insel im Kanal) 1790, Zabern, Bombay 1792, Kottbus, Schemnitz (Ungarn) 1796, Glarus, Alexandrien, Kairo 1798, Aarau, Frauenfeld, Hadamar 1800, Kasan 1803, Raab 1805, Sarepta 1808, Astrachan 1815, Athen, Corinth, Tauris 1822, Helsingfors, Libou, Odessa 1825.

Aus dieser chronologischen Aufstellung, bei welcher zu allererst die Städte Deutschlands, Oesterreichs und der Schweiz, dann aber auch die hauptsächlichsten Städte der übrigen Länder berücksichtigt sind, kann man sich einen Begriff von den Fortschritten und der Ausbreitung der Buchdruckerkunst über alle Theile der Erde machen.

Italien gebührt der Ruhm, in der Reihe der Länder, in denen sich die Buchdruckerkunst verbreitete, als erstes dazustehen betreffs der Schnelligkeit und großen Ausdehnung, mit welcher diese Verbreitung geschah, aber dieser Ruhm hat ihm in der neuesten Zeit nicht mehr genügt, es wollte auch die Erfindung als bei seiner Nation erstanden wissen und hat sich deshalb in der Person des bereits erwähnten Panfilo Castaldi, welcher um 1388 in dem lombardischen Städtchen Feltre geboren war, einen Erfinder geschaffen, ihm daselbst ein Denkmal gesetzt, und dasselbe am 14. September 1868 enthüllt. Dieser Panfilo Castaldi soll zu Padua studirt und später, nachdem er längere Zeit der Dichtkunst obgelegen, die erste italienische Schule in seiner Vaterstadt gegründet haben, wo ihm 1442 einer der von Gutenberg zu Mainz hergestellten Holztafeldrucke zufällig zu Händen gekommen sein und ihn zum Nachdenken über die Erstehung veranlaßt haben soll. Dadurch soll er bald zum Druck mit beweglichen Lettern gelangt sein, während Gutenberg, Fust und Schöffer noch mit den Holztafeln arbeiteten. Wiewohl auch nicht die geringste Rechtfertigung für diese Erzählung, die selbst soweit geht, zu behaupten, daß Fust und Schöffer nach Feltre gekommen, um hier zu lernen, vorliegt, so ist doch einigen Typographen Ober-Italiens gelungen, in Ausbeutung thörichter nationaler Eitelkeit diesem Erfinder ein Denkmal zu setzen.

Nach Frankreich wurde die Druckkunst von drei Deutschen auf Berufung seitens der Universität zu Paris mit dem Beginne des zweiten Jahrzehnts ihres Bestehens eingeführt. Die ersten Drucker in Paris waren Ulrich Gering, Martin Crantz und Michael Freiburger. Als Gering 1510 gestorben war, befanden sich bereits über zwanzig Druckereien in Paris, deren bedeutendste unter Gilles Gourmond griechische und hebräische Werke druckte. Die namhaftesten Buchdrucker von Paris gingen während der letzten drei Jahrhunderte aus den Familien Badius (s. b.), Morel, Stephanus, Vechal und Didot (s. b.) hervor. Letztere Familie blüht noch heute als einer der ersten Druckanstalten Frankreichs. Zur Entwickelung der Buchdruckerei in Frankreich hat nicht wenig die National=

Buchdruckerei in Paris beigetragen, die unter Ludwig XIII. 1640 gegründet wurde.

England erhielt seine erste Druckerei durch William Caxton im Jahre 1477; er war mit derselben in Köln und Brügge bekannt geworden und errichtete in dem genannten Jahre in Westminster (London) eine Buchdruckerei. Gleichzeitig erschienen in London John Lettou (1480) und William Machlinia oder Wilhelm von Mecheln (1481), die dann beide von einem Lothringer, Wynckyn de Worde, überflügelt wurden. Dieser ist als der erste Verbesserer des Typenschnitts in England zu betrachten. Er war mit Caxton nach London gekommen und blieb bis zu dessen Tode sein Gehülfe und vollendete später auch noch einige von ihm begonnene Werke und verblieb überhaupt noch sechs Jahre in Caxtons Wohnung, bis er seine Druckerei nach Fleetstreet, noch gegenwärtig der Mittelpunkt der Londoner Druckindustrie, verlegte. Außer London, Oxford und der Abtei St. Alban kamen alle übrigen Städte Englands erst im sechszehnten Jahrhundert und später in den Besitz von Druckereien. Irlands erster Drucker war Humphrey Powell in Dublin (1561).

Die ersten Druckereien Spaniens datiren von 1474 in Valencia und 1475 in Saragossa; ihre Gründer waren Deutsche, Lambert Palmart und Matthias Flander. In Portugal erstand die erste Druckerei 1489 in Lissabon, in Ungarn auf Veranlassung des Königs Matthias in Ofen 1472, in Holland 1473 zu Aalst in Ostflandern.

Die erste Spur einer Buchdruckerei in den skandinavischen Ländern tritt 1483 zu Stockholm durch Johann Schnell auf; er war Deutscher von Geburt, man weiß aber nicht, auf welche Veranlassung er nach Schweden gekommen ist, während 1510 in der Universitätsstadt Upsala ein Druckgeschäft etablirt wurde. Von dieser Zeit erstanden im Norden mehrere Druckereien, die meisten verdanken ihre Gründung aber deutschen fahrenden Buchdruckern.

In Rußland sind Wilna und Tschernigow diejenige Stadt, welche noch vor Ende des fünfzehnten Jahrhunderts eine Presse in ihren Mauern barg. In Moskau wurde die erste Druckerei 1553 errichtet; die Officin wurde von den Polen bei der Eroberung Moskaus zerstört und erst 1664 erstand eine neue. Peter dem Großen ist eigentlich die Einführung der Typen und Pressen in Rußland zu danken; auf seine Veranlassung wurde 1704 in Petersburg die Druckerei der heiligen Synode gegründet.

Die Einführung der Druckerei in Asien außerhalb des russischen Gebiets ist den Jesuiten zuzuschreiben, welche nach und nach in China, Japan und anderen Ländern Asiens Druckereien gründeten.

Die Druckerei in Amerika wurde in der Hauptstadt Mexiko durch einen Deutschen Johann Cromberger, introducirt. Auch hier wurde ihr Eingang vielfach durch Missionen der Jesuiten gefördert. In den Vereinsstaaten Nordamerikas ging die Entwickelung der Druckkunst anfangs langsam von statten.

Während der ersten zwei Jahrhunderte des Bestehens der Buchdruckerkunst läßt sich wenig von Vervollkommnung in der Technik sagen; die Schriften, die Pressen, sowie alles übrige Geräth blieb auf demselben Standpunkt und von gleicher Beschaffenheit des einmal Ueberkommenen. Die Verbesserungen waren einzelne Ausnahmen. Erst als die Schriftgießerei zu einem eigenen Geschäft sich ausbildete, wurden zuerst in der Beschaffenheit der Typen Fortschritte bemerkbar, welche mit der Zeit sich immer mehr erweiterten. Die Loslösung des Buchhandels von der Druckerei hatte auch für dieselbe ihre guten Folgen und ließ nach allen Seiten hin auf Verbesserungen bedacht sein. Schon in der Mitte des vorigen

Jahrhunderts fing man an, die alte Holzpresse etwas zu renoviren und Verbesserungen wurden an derselben bis zu Anfang unseres Jahrhunderts fortgesetzt, bis Lord Stanhope die erste eiserne Presse einführte, dem bald George Clymer mit seiner Columbiapresse, Smith mit seiner Washington-Presse und eine ganze Reihe von neuen Erfindungen im Pressenfach folgten. Den höchsten Triumf feierte unsere Kunst in der Herrichtung der Schnellpresse durch Friedrich König im Jahre 1815. Welchen ungeheuern Aufschwung hat die Buchdruckerkunst in den letzten fünfzig Jahren genommen — einen Aufschwung, den man wohl als einen wunderbaren zu bezeichnen berechtigt ist.

Buchdruckerwappen. Dasselbe wurde „den Genossen der edlen Buchdruckerkunst" vom Kaiser Friedrich III., nachdem er die ersten Drucke von Joh. Fust erhalten, im Jahre 1450 verliehen und zeigt in dem goldenen Felde eines deutschen Schildes den einfachen Adler mit zum Flug gerichteten Flügeln in schwarzer Tinctur. Ueber dem Schilde befindet sich ein offener Helm, welcher eine goldene Krone trägt. Die Helmdecken sind Silber und roth. Auf der Krone des Helmes steht ein wachsender geflügelter Greif, nach der Linken gelehrt, welcher in seinen Klauen zwei auf einander gesetzte Buchdruckerballen hält. — Später und namentlich im 16. Jahrhundert begann man den einfachen Adler durch einen doppelten zu ersetzen, brachte auch öfter den Greif von links nach rechts und veranlaßte dadurch eine Verwirrung, die bis auf den heutigen Tag angehalten hat. Das oben beschriebene richtige Wappen ist zu finden in Harpels Typograph and tens. A. Waldow hat dasselbe in großem Format anfertigen lassen, um es als Zimmerschmuck verwenden zu können. W.

Buchstabe, ein einzelnes Schriftzeichen, dessen Geschichte viel älter ist, als unsere Zeitrechnung. Einige sind der Meinung, daß, weil Gutenberg seine Schriftzeichen aus Buchenholz geschnitten, die Benennung Buchstabe daher entstanden sei; daß Gutenberg seine ersten beweglichen Typen aus Holz geschnitten, kann nicht geleugnet werden, aber die Namensform Buchstabe war schon lange vor Gutenberg bekannt und stammt aus dem grauen germanischen Alterthum. Die alten Germanen schnitten sich aus der Buche Stäbe, ebneten die Oberfläche zu einer Platte und schnitten hier Buchstaben ein. Diese Stäbe mit den Inschriften wurden als Erinnerung aufbewahrt, auch an heiligen Festabenden damit geworfen, um dann je nach der Lage derselben einen Blick in die Zukunft werfen zu können. In schwedischen Museen und Alterthumssammlungen sind viele solcher buchenen Stäbe aufbewahrt, und es liegt ja auf der Hand, daß das Wort Buchstabe aus Buche und Stab zusammengesetzt ist. So heißt in den skandinavischen Sprachen Bog (Bög) Buche; Stav, Stab; Bogstav, Buchstabe.

Buchstaben-Signirung. Die Signirung der Druckbogen mit Arabischen Ziffern gehört zu den neuesten an: vormals bediente man sich dazu der Buchstaben des Alfabets und zwar sowohl der Versalien, als auch der Gemeinen. In erster Reihe wurden Versalien angewendet, so daß A den ersten und Z den vierundzwanzigsten Bogen bezeichnete, denn U und V waren gewissermaßen ein und derselbe Buchstabe. In zweiter Reihe kam Aa als fünfundzwanzigster und Zz als achtundvierzigster Bogen und in dritter Reihe war Aaa der neunundvierzigste und Zzz der zweiundsiebzigste Bogen. Uebrigens ist dieses nur als normal anzunehmen, denn eine Konsequenz beobachtete man nicht. Zumal bei Folio duern, Folio tritern und Folio quartern (s. d.) herrschte eine große Folgewidrigkeit, so daß hier manchmal neben den Buchstaben auch noch Zahlen in Anwendung kamen. Die Signirung der zweiten Form oder der Secunde geschah mit i und j, und zwar so: A ij, B ij. Die Alfabet-Signirung ist so alt, wie die Druckkunst selbst, benn schon in den Anfängen derselben bei den Holztafeldrucken finden wir Spuren davon als erste Versuche.

Bucknick, Arnold, Erfinder der Herstellung von Landkarten mittelst des Kupferstichs. Sweynheim brachte ihn zuerst auf die Idee, die in den Handschriften des Ptolomäus enthaltenen kostbaren Karten in Kupfer zu stechen und verband sich deshalb mit ihm. Sweynheim starb aber während der Ausführung; Bucknick vollendete die Arbeit und gab 1478 zu Rom den Ptolemäus mit Karten in Folio heraus.

Büchse ist bei der Holzpresse ein viereckiges, inmitten mit einer Vertiefung versehenes Stück hartes Metall von etwa 2 Cm. Stärke und 6—8 Cm. Flächenraum. Sie ist auf der Mitte des Tiegels angebracht und ihre Vertiefung hat den Zweck, den Zapfen am Anfange der Spindel aufzunehmen. Bei der George Clymerschen Columbia-Presse dient die Büchse zur Aufnahme des großen Hebels, nachdem das Schloß, in welchem jene enthalten, auseinander genommen und die Büchse geöffnet ist. Nachdem dann der Hebel mit seinem halben Cylinder in die Büchse hineingebracht ist, wird diese wieder geschlossen und das Schloß mit vier zu demselben gehörigen Schrauben zusammengeschraubt.

Bütten= oder **Handpapier,** vor der Zeit der Maschinenpapierfabrikation das alleinige, jetzt aber nur noch vereinzelt vorkommende Papier, wird wie vordem auch heute auf den Papiermühlen mittelst Handbetrieb gemacht. Die flüssige, in einer Holzbütte befindliche Papiermasse wird auf die Papierform geschöpft, weshalb man es auch **geschöpftes Papier** nennt. Am meisten kommt es noch als Schreibpapier vor.

C

(Was unter Cc nicht zu finden ist, suche man unter K oder Z.)

C c, der dritte Buchstaben im deutschen Alfabet, sowie in den der romanischen Sprachen, der englischen, holländischen und schwedischen Sprache, fehlt in der dänischen, russischen und noch anderen slavischen Sprachen, in denen dieses Lautzeichen unser z vertritt. In unserer Sprache kommt dieser Buchstabe als Ligatur mit h als ch und mit k als ck vereinigt vor. Seiner sprachlichen Beschaffenheit nach ist er Mitlaut und wird vor a, o, u wie k, vor e, i und y wie z ausgesprochen. Er ist somit in unserm Alfabet ein überflüssiges Lautzeichen, da er durch k und z ersetzt werden kann. Im Französischen ist er am Fuße mit einer Cedille (Ç ç) versehen, wenn er wie unser ß lauten soll, im Tschechischen zeigt er zuweilen am Kopfe einen Circonflex, und hat dann den Laut von tsch. Im Deutschen mit dem runden z verbunden (&c.) vertritt dieses Zeichen die Abkürzung u. s. w. oder das pp. im Schreiben und heißt dann nach dem Lateinischen Etcetera=Zeichen. Als römische Zahl repräsentirt er den Werth von 100 (centum).

Cäsius, s. Bläuw.

Calander heißen Satinirmaschinen, welche ohne Zink- oder Stahlbleche arbeiten und meistens von den Papierfabriken und größeren Papierhandlungen benutzt werden. Dieselben sind für einfache, zwei-, vier- und sechsfache Satinage eingerichtet; das Papier wird in Bogen oder in Rollen durch ein Mädchen in den Calander eingeführt und verläßt denselben auf der andern Seite fertig satinirt, um durch ein zweites Mädchen entgegen genommen und ausgelegt zu werden. Die Durchführung durch die einzelnen Walzen geschieht ganz selbstthätig. Je nach Construction und Walzenzahl wird der Bogen bei stets nur einmaligem Durchgange entweder auf nur einer oder auf beiden Seiten, entweder einmal oder mehrmals geglättet. Diese Calander werden (von C. G. Haubold jr., Chemnitz) in folgenden Constructionen geliefert: 1) Einfacher Calander mit zwei Walzen, eine Papier- und eine Hartgußwalze, welche das durchgehende Papier nur auf einer Seite glättet. 2) Doppel-Calander, mit vier Walzen, davon zwei hochpolirte Hartgußwalzen und zwei Papierwalzen, welche das Papier auf beiden Seiten glätten. 3) Vierfacher Calander, mit 6 Walzen, davon vier Papier- und zwei Hartgußwalzen oder drei Papier- und drei Hartwalzen, welche das Papier bei nur einmaligem Durchgange auf jeder Seite einmal glätten. 4) Sechsfacher Calander mit vier Papier- und vier Hartgußwalzen, welche das Papier bei nur einmaligem Durchgang auf jeder Seite dreimal glätten. Bei jeder dieser Maschinen sind nie mehr als zwei Mädchen zur Bedienung nöthig und das Papier kann ebensowohl in Rollen als in einzelnen Bogen, auch — wenn die Breite des Papiers es erlaubt — zwei Bogen oder Rollen neben einander durchgelassen werden. Daß diese Methode der Satinage billiger zu stehen kommt, als die mit Zinkplatten, ist einleuchtend. — Diese Maschinen bestehen aus zwei eisernen, starken, soliden und gut gearbeiteten Ständern, welche vermittelst vier starken eisernen Verbindungsstücken (Traversen) verbunden sind. Diese Ständer sind seitlich zerlegbar und zwar in der Art und Weise, um die einzelnen Walzen aus dem Gestell nehmen zu können, ohne die Ständer von ihrem Fundament zu lockern, eventuell ohne die Walzen von oben herausnehmen zu müssen. Das untere Lager der Walzen ist in der Höhe stellbar, um die Walzen, unabhängig vom Gestell, stets in genauer horizontaler Lage zu erhalten. Die oberen Lager sind ebenfalls hoch und tief stellbar und zwar mit der Einrichtung, auch die Walzen heben zu können. Der erreichbare außerordentlich hohe Druck auf die Walzen ist sowohl mittelst Schrauben, als auch mit doppelt übersetzten Hebeln hervorzubringen. Jeder Calander ist versehen mit Schutzvorrichtung für die Hände der bedienenden Person, damit die Finger nicht zwischen die Walzen kommen können.

Camphausen, ein Lithograph in Köln, welcher in Gemeinschaft mit einem andern Künstler, namens d'Este ein neues Verfahren im Interesse des Anastatischen Druckes erfand, welches dieselben **Palingraphie** nannten.

Canon, Name eines deutschen Schriftkegels, kommt als kleine und grobe Canon vor und mißt als erstere 36, als letztere 48 Punkte oder 3 resp. 4 Cicero. Vormals hatte sie 16 und 20 Viertelpetit, und war somit Doppel-Tertia und Doppel-Text. Wir bedürfen also bei unserer heutigen Canon, als zu einer kleinen und einer ganzen Concordanz passend, keines besonderen Ausschlusses, weil als Spatien Stückdurchschuß und als Wörter-Zwischenräume Quadraten zu benutzen sind. — Auch die französische Typographie hat diesen Schriftnamen und in gleicher Kegelbeschaffenheit: Petit Canon zu 36 und Gros Canon zu 48 Punkten; weiter aber noch Double Canon zu 96 Punkten, und dann Triple Canon zu 144 Punkten.

Canzlei ist die älteste Zierschrift in der deutschen Typographie und demnach auch die erste dieser Gattung; anfangs trat sie nur als Versal auf und hatte als solche die Bestimmung, als Initial verwendet zu werden. Die Verzierung derselben besteht aus Linienzügen in vielen Verschlingungen, während der Grundcharakter Gothisch ist; die später hinzugekommenen Gemeinen haben keine Verzierungen. Die Schrift in diesem Gewande kennzeichnen wir als alte Canzlei, die in neuerer Zeit entstandene ohne Verzierung, aber gerundeter, als die Gothisch, wird moderne Canzlei genannt, und tritt als gewöhnliche und als halbfette auf. Hinwiederum besitzen wir heute noch eine verzierte moderne Canzlei (s. d.).

Capitälchen sind in der Antiqua die Versalien in kleinerer Gestalt zu demselben Kegel, welche von den Typographen der Länder, in welchen die Antiqua Druckschrift ist, als Auszeichnung innerhalb des glatten Satzes verwendet werden. Im Auslande sind die Capitälchen ein Bestandtheil der Schrift, in Deutschland müssen sie besonders verlangt werden.

Capital, in der Bedeutung des Obern, heißen die Stege, welche in der Handpresse den Raum oberhalb der Rahme auf dem Fundament ausfüllen; sie müssen bedeutend niedriger, als die Rahme sein, weil das Eisen des Rähmchens und des Deckels, sowie die Punkturenschraube ihren Ruhepunkt darauf finden.

Capitalstege sind beim Formenschließen diejenigen Stege, welche zu oberst der Form liegen oder an dieser Stelle den Raum zwischen Form und Rahme einnehmen.

Capitel, s. Kapitel.

Caput mortuum, d. h. Todtenkopf, ein dunkelrother Farbenkörper, welcher in der Buch- und Steindruckerei zur Erzeugung von braun, indem man 9 Theile Caput mortuum mit 1 Theil Kasseler Braun in Leinölfirniß anreibt, angewendet wird. Dieser Körper ist der Rückstand aus der Bereitung des Vitriols und besteht aus rothem Eisenoxyd.

Capuziner ist bei dem Handpressendruck die süddeutsche Benennung für Frosch, s. d.

Carmin, ein Farbenkörper, wird aus der Cochenille bereitet, ist beim Buch- und Steindruck die kostspieligste, aber auch brillanteste rothe Farbe, welche auf der andern Seite sehr leicht dem Verderben ausgesetzt ist, so daß man beispielsweise nicht mehr anreiben darf, als den Tag über verbraucht wird, weil ein Theil, welcher die Nacht über gestanden hat, am nächsten Morgen unverwerthbar sein wird. Der Münchener Carmin- oder Cochenille-Lack wird in Spiritus aufgelöst und mit Balsam und venetianischer Seife angerieben, sowie mit Terpentin verdickt. Mit Firniß verbunden, verliert er bedeutend an Feuer.

Carré, spr. karreh, eigentlich Viereck, ein bestimmtes französisches Papierformat von genau 45:60 Centimeter.

Casseler Braun, s. Kasseler Braun.

Catholicon, eine von Balbis sorgfältig bearbeitete Lateinische Sprachlehre sammt etymologischem Wörterbuch in fünf Theilen, ist das zweite bedeutendere Werk, welches Gutenberg nach seiner lateinischen Bibel vollendete. Es ist in Folio auf Pergament und Papier gedruckt, 373 Blätter stark und in der frommen Sprache der damaligen Zeit geschrieben, in welcher er als ein auserwähltes Werkzeug von Gott zur Ausführung dieses Werkes sagt: „Durch die Beihülfe des Allerhöchsten, durch dessen Willen die Zungen der Kinder beredt werden und diesen oft enthüllt, was er den Weisen verhehlt, ist dieses vortreffliche Buch Catholicon hergestellt und vollendet worden in dem Jahre der Menschwerdung

Christi 1460 in der Stadt Mainz (welche der glorreichen deutschen Nation angehört und von Gott berufen ist, solch ein erhabenes Licht voll Geist und treuer Anmuth unter den anderen Nationen der Erde zu entzünden und leuchten zu lassen), nicht mittelst des Gänsekiels, des Bleistifts oder der Feder, vielmehr durch die bewundernswerthe Harmonie, Verbindung und Regelmäßigkeit der Punzen (Patrizen) und Formen (Matrizen). Deshalb sei Dir, Heiligem Vater, Sohn und Heiligem Geist, dreifaltigem und Einigen Gott, Preis und Ehre gegeben! Laß Jene, welche nie aufhören, Maria zu preisen, durch dieses Buch auch in dem universellen Chorgesang der Kirche einstimmen." — Es sei noch erwähnt, daß das Catholicon fast die letzte typographische Arbeit Gutenbergs war.

Cavalier, spr. kawaljeh, eigentlich Ritter, Benennung eines französischen Papierformats in der Größe von 46:60 Centimeter.

Caxton, William. Wie viele es auch immer gegeben haben mag, welche den Anspruch auf die Erfindung der Buchdruckerkunst sich aneignen, und was auch die Pretensionen jener für verschiedenen Charakter zur Schau getragen haben mögen: es ist noch nimmer bestritten worden, daß William Caxton die Ehre gebührt, die Druckkunst in England eingeführt zu haben. Und sein Vaterland ist geneigt, dem wirklichen Erfinder der edlen Kunst weniger Ehre zu zollen, als ihm, was wohl hauptsächlich seinen Grund in dem Streit über die Erfindung und auch darin finden dürfte, daß er die Handhabe zu den Vortheilen war, welche jene Kunst seinem Volke darbot und daß der nationale Stolz des letztern, ihn, als in England geboren und erzogen, Landsmann zu nennen berechtigt war. Caxton war — wie er uns in seinem „Recueil zu der Geschichte Troyas" selbst erzählt — in Kent geboren, während das Jahr seiner Geburt zweifelhaft ist; seine meisten Biographen (Oldys, Lewis, Ames, Dibbin) nehmen als solches 1412 an, man wird aber nach Blades berechtigt sein, entweder 1422 oder 23 dafür hinzustellen. Ueber seinen Vater, seine Mutter und seine sonstigen Verwandte ist nichts bekannt; aus seinem frühesten Leben wissen wir auch nur, was er selbst darüber kundgegeben, und daß er eine Landschule besuchte, welche in jenen Tagen nicht viel zu bieten vermochte, so daß wohl anzunehmen steht, daß, als Caxton die Schule verließ und als Jüngling in die Welt hinaustrat, seine Erziehung und Kenntnisse dürftig und mangelhaft waren. Im Jahre 1438 treffen wir ihn als Lehrling bei einem Robert Large, einem begüterten und einflußreichen Kaufmann von London, welcher ein Jahr später zum Bürgermeister dieser Stadt erwählt wurde. Weil in jenen Tagen ein Kaufmannsgeschäft alle möglichen Arten von Waaren feilbot, so war ein Theil des Ladens für den Verkauf von Büchern, inländischen sowohl wie ausländischen, bestimmt, welcher Umstand die Folge sein mußte, daß Caxtons natürlicher Sinn für Literatur noch gesteigert wurde durch den täglichen Umgang mit derselben, während seine in der Lehrzeit sich erworbenen Sprachkenntnisse und infolge dessen die ihm aneignende Geschicklichkeit, fremde Sprachen zu übersetzen, ihn schließlich nur bestimmen konnten, sich derjenigen Praxis zuzuwenden, durch welche er seinen Namen unsterblich gemacht hat. Large starb 1441, und weil er mit der Aufführung seines Lehrlings so außerordentlich zufrieden gewesen, hatte er ihm in seinem Legat zwanzig Mark fein (etwa 3000 Mark) vermacht. Mit dieser Summe begab er sich nach Brügge in den Niederlanden, damals eine Stadt von großer Bedeutung, mit welcher auch sein verstorbener Prinzipal Geschäftsverbindungen unterhalten hatte. Es befand sich hier eine bedeutende englische Colonie, deren Angehörige sich mit der Fabrikation von Tuchen und Wollengarn befaßten. Bei einem dieser Fabrikanten beendigte Caxton wahrscheinlich seine Lehrzeit, denn es ist festgestellt, daß er im

Jahre 1446 von der dortigen Handelsinnung einen Freibrief erhalten hat. Er blieb in Brügge und reuffirte hier so gut, daß er 1450 eine Hülfskaffirerstelle mit 1000 Pf. St. Gehalt bekleidete. 1454 war er wieder einmal betreffs Uebergabe der Handelsgesellschaft mit noch zwei anderen englischen Kaufleuten aus Brügge in England, und während neun Jahre finden wir ihn ununterbrochen als Gouverneur der englischen Colonie in Brügge, eine Stellung, welche ihm großes Ansehen und hohe Autorität verlieh, und 1465 erhielt er vom König Eduard IV. den Auftrag, gemeinschaftlich mit Sir Richard Whitehall die Erneuerung des Vertrages zwischen den englischen und flandrischen Kaufleuten zu vollziehen. Diesen Auftrag konnte er nicht erledigen, indem Streitigkeiten vorlagen, die zu beseitigen erst später zweien Abgesandten gelang. Caxton begann nun aber auch (1466), sich einer andern Beschäftigung zu widmen, und übersetzte das vorzüglichste Werk seines Zeitalters: „Récueil des histoires de Troye" ins Englische, zu welcher er sechs Buch Papier verbraucht hatte. Er befand sich noch immer in der Eigenschaft eines Gouverneurs, verließ diesen Posten aber infolge von Zwistigkeiten in der Colonie, und trat 1469 in den Dienst der Herzogin Margarethe von Burgund, Schwester Eduard IV.; welches Amt er hier bekleidete, ist nicht bekannt geworden, aber diese Stellung wird die Veranlassung zu seinem Werke: „Lady Margaret" gewesen sein, welches er am 19. September desselben Jahres beendete. Dieses Werk, das erste anständig geschriebene englische Buch war verhängnißvoll für ihn; es machte großes Aufsehen und entstand eine solche Nachfrage nach demselben, daß es ihm unmöglich war, zur Befriedigung derselben eine genügende Anzahl Copien zu beschaffen. — Inzwischen hatte die eben erfundene Druckkunst schon einige Fortschritte gemacht und Caxton wurde aufmerksam auf die Vortheile, welche das neue Verfahren zur Vervielfältigung eines Schriftwerkes bot. Seine meisten Biographen nehmen an, er sei mit dem Verfahren des Bücherdruckes während seines Aufenthaltes in Köln mit der Herzogin von Burgund bei Zell, dem ersten dortigen Drucker, bekannt geworden; Blades stellt dies indeß in Abrede, und nimmt nach Beschaffenheit der von ihm eingeführten Lettern an, daß dieselben von Colard Mansion in Brügge abstammen. Dasselbe geht auch aus den eigenen Worten Caxtons im Prolog zum dritten Buche der „Récueils" hervor, worin er die Schwäche der Feder schildert im Vergleiche zu der neuen Erfindung, von der er in Brügge Kenntniß erhalten. Es ist erwiesen, daß Caxtons erste Bücher — „The Récueils" und „The Gave and Playe of the Chesse" — in Brügge gedruckt sind und muß auch zugestanden werden, daß Mansion den größten Theil des Anspruches ihrer Herstellung zukommt. Aber zweifelsohne gewann Caxton durch die Assistenz Mansions immer mehr Information von der neuen Druckmethode, so daß er schließlich den letztern veranlaßte, ihm ein Quantum Typen von etwas kleinerm Kegel, als die bei ihm in Gebrauche befindlichen, zu gießen. — Nach einer Abwesenheit von etwa fünfunddreißig Jahren, in welcher Zeit er sich in den Niederlanden aufgehalten hatte, kehrte er im Jahre 1476 nach England zurück. Er siedelte sich in Westminster an, und dies wohl weniger deshalb — wie einige seiner Biographen meinen — um die Gunst des neuen Abtes für sein neues Unternehmen zu gewinnen, als darum, weil die Handelsgesellschaft in Brügge in diesem Stadttheile Londons ein Eigenthum besaß. Hier stellte er seine Presse auf — doch nicht in der Abtei, wie manche erzählen, aber dicht daneben, zweifelsohne unter deren Obhut. Es ist auch erwähnt worden, Caxton habe Erlaubniß erhalten, die Schreibstube der Abtei zu seiner Druckereiofizin benutzen zu dürfen, welche Annahme nur eingebildet sein mag und anderntheils aus dem Umstande gefolgert sein dürfte, daß manche der Cartonschen Werke den Vermerk tragen: "Imprynted in the Abbey Westmoenster" (gedruckt in der Abtei Westminster). Carton hat wenig Unterstützung von dem Abte genossen, und seine Beziehungen zu diesem geistlichen Herrn werden sich wohl darauf beschränken, daß beide dann und wann mit einander verkehrten. Ueberdies ist es auch nicht leicht denkbar, daß der Geistliche es erlaubt haben würde, das Heilige Gebäude von der Ausübung einer Kunst besudeln zu lassen, die in jenen Tagen bei dem Klerus noch weniger beliebt war, als sie es heute ist. Eine interessante Nachricht über diesen Gegenstand giebt Carton selbst in einem seiner Drucke, woraus wir erfahren, "daß er nach seinem Geschäft in dem Almosenamt in Westminster **Zu dem rothen Pfahl** fuhr und dort verweilte", was so viel heißt, ein Gebäude, das in dem Gebiete des Almosenamts lag und "Zum rothen Pfahl" genannt wurde, das aber zum Kirchspiel St. Margarethen gehörte. Aus diesem Hause ging 1477 sein erstes in England gedrucktes Buch: "Dictes and Sayings" (Gedichte und Erzählungen) hervor, dem schnell einige andere folgten, unter denen Choucers "Canterbury Tales" drei Auflagen erlebte. Es ist berechnet worden, daß Carton nicht weniger als 18,000 Folioseiten, das sind 4500 Bogen, an Drucken producirte, aber hierin liegt noch nicht der größte Beweis für sein rastloses Wirken, den erhält man erst, wenn man erfährt, daß Carton die meisten seiner Drucke aus fremden Sprachen übersetzt oder selbst geschrieben hat. Man hat Carton einen Vorwurf aus dem Grunde zu machen versucht, daß er weder die Heilige Schrift, noch die Classiker des Alterthums gedruckt; er hat das wahrscheinlich deshalb unterlassen, weil er damals in seinem Vaterlande keinen Markt für derartige Erzeugnisse fand und auch von seinen eigenen Schöpfungen zu sehr in Anspruch genommen war. Carton genoß die Protection der damaligen Fürsten seines Vaterlandes und bekleidete in der Gemeinde viele Ehrenämter. Sein letztes Wert, das er schrieb, und am Tage vor seinem Tode beendete (fineshed of the lasto day of his lif), hieß "Vitas Patrum" und wurde später von seinem Schüler, Gehülfen und Nachfolger, Wynckyn de Worde, gedruckt. Carton starb im Jahre 1491; seinen Sterbetag hat man nicht genau ermitteln können.

Cellulose. Unter diesem Namen ist das auf chemische Wege in seine Fasern aufgelöste Holz zu verstehen, ein Stoff, welcher als vollständiger Ersatz für Hadern eine große Rolle zu spielen berufen scheint. Der Gedanke, es müsse die Holzfaser sich eben so gut wie Lumpen zur Herstellung von Papier eignen, ist schon über hundert Jahre alt, denn aus jener Zeit stammende Bücher über Papierfabrikation sagen einfach: die ursprünglichen Bestandtheile der Lumpen sind Hanf und Flachs, also Pflanzenstoffe, und demnach muß noch manches andere aus demselben Reiche stammende zu gleichen Zwecken nutzbar sein, wenn man nur das Mittel findet, die Fasern zu einer zarten, biegsamen, leicht von einander abzulösenden Masse umzuwandeln. Diese Aufgabe an der Holzfaser zu lösen, ist zuerst zweien Engländern in Amerika gelungen, und seit 1865 blüht dort in der Nähe von Philadelphia die bedeutendste der bis jetzt mit Erzeugung des Holzzellenstoffes beschäftigten Fabriken. Seitdem sind deren auch mehrere in Deutschland erstanden; nur dürfen diese nicht verwechselt werden mit den Holzstoff-Fabriken, welche lediglich geschliffenes Holz herstellen. — Die Erfindung, Holz vermittelst Schleifsteine zu Zwecken der Papierbereitung zu zerkleinern, wurde vor etwa dreißig Jahren von einem Deutschen gemacht und es bestehen jetzt in Deutschland allein wohl an hundert derartige Anlagen. Das geschliffene Holz aber ist und bleibt immer Holz; wenn auch noch so sehr zerkleinert, bleibt die Faser immer noch von krustenartigen Bestandtheilen umhüllt, welche unter dem Einflusse von Luft, Licht und Feuchtigkeit bewirken, daß die mit vielem Zusatze von solchem geschliffenen Holze gefertigten Papiere sich an den Rändern gern bräunen. Es besteht deshalb zwischen dem Holzzellstoff oder Cellulose und dem schlechtweg Holzstoff genannten geschliffenen Holz ein Unterschied, so groß, wie zwischen einem lebendig kräftigen, saftigen und einem todten nur ins Gewicht fallenden Körper. Sei es nun, daß dieser Unterschied von den Papierfabriken bisher zu wenig beachtet wurde oder daß die anfänglich mangelhafte Herstellung der Cellulose und ihr anscheinend höherer Preis einer allgemeinen Verwendung derselben hinderlich waren, Thatsache ist es, daß erst 1874 dieser Artikel sich Bahn zu brechen begann. In seinem Jahresberichte der chemietechnischen Technologie 1871 sagt Prof. Rud. v. Wagner: „So viel scheint doch festzustehen, daß der Holzzellstoff noch einer ungeahnten Verwendung fähig ist." So verhält es sich wirklich; nicht nur als vollständiger Ersatz für Lumpen, sondern auch zur Pulverbereitung und in manchen anderen Industriezweigen wird sich die Cellulose mit Erfolg verwenden lassen, sobald sie nur in genügender Menge und Güte zu haben ist. Die Umwandlung des Holzes in Cellulose geschieht folgendermaßen: Zuerst wird das Holz — meist Nadelholz — von der Rinde befreit oder „abgebastet", dann durch Maschinen in kleine Stücke zertheilt und dieses in große eiserne Trommeln gebracht, welche wie ein Sieb durchlöchert sind. Zehn derselben füllen einen großen eisernen Kessel, werden hier bei hohem Dampfdruck von Sodalauge durchströmt und so ihr Inhalt binnen sechs Stunden in Holzfaser oder Cellulose aufgelöst. Dieser Stoff muß nun im Waschholländer sich von allen Resten der Lauge befreien und dann in den Bleichholländer hineinlaufen, um sich da durch Chlorkalk und etwas Schwefelsäure zu reinlich weiß aussehendem Holzzellstoff auszubleichen zu lassen. Dieser Prozeß dauert etwa zwei Stunden. Aber noch ist der Stoff nicht sauber genug, er enthält noch Knoten und Splitterchen des Holzes, und diese werden ihm vollends dadurch abgenommen, daß er auf dem sogenannten Raffineur über einen Knotenfänger läuft. Wieder einige Stunden später begegnen wir ihm auf dem Wege vom Ganzzeug zum Mischholländer und verfolgen seine Laufbahn zur Papiermaschine; das ist die Station der Vollendung; wenige Minuten genügen, um den bisher formlosen Stoff zu fester, völlig ungeahnter Gestalt umzubilden. Der ursprüngliche Waldbaum geht als Druck-, Schreib- oder Packpapier aus der Maschine in alle Welt hinaus. Durch die Thatsache, daß man gutes brauchbares Papier ohne Lumpen machen kann, wird in der Papierfabrikation selbst sich ein großer Umschwung vollziehen. Der Schwerpunkt derselben lag nämlich bisher in dem Einkaufe, der Sortirung und der Zubereitung der Lumpen. Die Widerwärtigkeiten des Einkaufes aber, wobei Uebervortheilungen durchaus unvermeidlich sind, die Schwierigkeiten, das Sortirungspersonal zu überwachen, die Kräfte und Maschinen, welche arbeiten müssen, um die Lumpen so weit fertig zu stellen, als die fertig zu habende Cellulose es bereits ist, dies alles läßt sich in Ziffern nicht ausdrücken. Das Vorurtheil freilich, welches jeder Neuerung im Wege steht, dazu die Unlust des Personals, sich in eine andere, wenn auch einfachere Fabrikationsweise hineinzuarbeiten, sind Faktoren, welche zu bewältigen nur der Zeit und der Einsicht vorbehalten bleibt. Dadurch ferner, daß der kraftlose Brei des geschliffenen Holzes für manche Papiere in allzu großer Menge verwendete und so dessen Qualität bedauerlich verschlechtert worden ist, hat sich ein allgemeines Mißtrauen erhoben gegen alles, was Holz und Papier in Verbindung bringt, und man kann wohl sagen, es gehöre Muth dazu, sein Fabrikat offen als ein Erzeugniß von ursprünglich bloßem Holze zu bezeichnen. Indeß auch dies wird sich auszugleichen, je mehr man den Unterschied einsehen lernt zwischen dem geschliffenen Holze und der Cellulose, welche zwar Zellstoff, aber kein Holz mehr ist. F. J...

Censor heißt der Beamte, welcher staatsseitig angestellt ist, um die Bücher- und Zeitungs-Censur auszuüben, ein Amt, welches heute nur noch in Rußland und in der Türkei besetzt ist. Früher gab es sogar für die einzelnen Branchen des Druckes besondere Censoren, s. Censur.

Censur oder Bücher-Censur. So hoch die Buchdruckerkunst anfangs auch geachtet und geehrt wurde, so erkannten die Herrscher und Machthaber, zumal die geistlichen, doch bald, daß sie neben ihrer Nützlichkeit auch den Herrschbegierben gegenüber sehr gefährlich werden konnte, und es bildete sich nach und nach ein Ueberwachungssystem der Presse aus, welches mit dem Namen Censur oder Bücher-Censur belegt und das vorzugsweise von der Geistlichkeit in Anregung gebracht und auch von dieser ausgeübt wurde. War diese Ueberwachung bei dem Bücherdrucke nicht besonders fühlbar, so wurde sie aber später bei dem Inslebentreten und der Entfaltung der Zeitungspresse drückend und in vielen Ländern sogar unerträglich. Im allgemeinen bestand die Censur darin, daß dem censirenden Beamten eine Schrift oder ein Manuscript, welches durch den Druck vervielfältigt werden sollte, vor dem beginnenden Druck zur Durchsicht oder Prüfung unterbreitet werden mußte, und nachdem dieser dasselbe erst mit der Bezeichnung: „Imprimatur" (d. h. es werde gedruckt oder es kann gedruckt werden) zurückgegeben hatte, konnte mit dem Druck vorgegangen werden. Diese Prüfung nahm nicht selten eine längere Zeit in Anspruch, welche noch verlängert wurde, wenn der erste Censor sein Imprimatur nicht ertheilte und an einen obern Censor die Berufung erhoben werden mußte. Auf diese Weise konnte ein beabsichtigter Druck durch alle Staatsbehörden hindurch jahrelang verschleppt und schließlich dennoch inhibirt werden. Es wurden dem Censor nämlich die jeweilig gesetzten Bogen im Abzuge zur Prüfung überreicht und konnte er hier einzelne Stellen streichen, d. h. bedingungsweise den Druck gestatten und sein Imprimatur unter der Bedingung des Wegfalls des Gestrichenen geben. Aber auch dieses hatte unter allen Umständen eine Verschleppung des Druckes, sodann noch andere Unkosten als die durch den Zeitverlust herbeigeführten und endlich die Einbuße des Satzes der etwa gestrichenen Stellen und hiermit im Gefolge das nochmalige Umbrechen des fertiggestellten Satzes bei sich. Das gleiche Verfahren kam bei den Erzeugnissen der periodischen Presse in Anwendung — aber hier sah es manchmal traurig aus, wenn das Censur-Exemplar die Druckerei wieder erblickte, denn es sind Fälle dagewesen, daß die Hälfte des Satzes eines Blattes gestrichen war, und nun mußte von neuem angefangen werden zu setzen, um die Lücken zu ergänzen, und in dem neuen Satze konnten möglicherweise abermals Streichungen vorfallen. — Besonders hart wurde die Censur in England gehanhabt und hier hat der Kampf um die Preßfreiheit fast ein Jahrhundert in Anspruch genommen. In den übrigen Kulturländern ist die Censur nie so strenge ausgeübt worden, als in jenem Lande; übrigens war immer die Gesinnung des jeweiligen Regenten von Einfluß auf die strenge oder milde Behandlung der Presse. In Deutschland begann der Kampf gegen die Censur zu Gunsten der Preßfreiheit bald nach Beendigung des französischen Krieges oder der sogenannten Freiheitskriege. Lange hat dieser Kampf gedauert und erbittert ist er in Rede und Schrift geführt worden, aber erst das Jahr 1848 mußte mit seiner Revolution die Censur beseitigen. Am Vormittage des 18. März 1848, einem Sonnabend, war es, als in Berlin die königliche Proklamation an den Straßenecken prangte, in welcher es hieß: „Die Censur ist aufgehoben; die Presse und ihre Erzeugnisse sind frei."

Die Censurbogen, welche an diesem verhängnißvollen Vormittag in den Berliner Druckereien noch abgezogen worden und bestimmt waren, zum Censor geschickt zu werden, wurden darauf mit einer dem Zwecke angemessenen Feierlichkeit verbrannt. Als nun mit einem Schlage die Censur in Preußen ihr Ende erreicht hatte, konnte es nicht ausbleiben, daß die kleinen deutschen Staaten auf der Stelle folgen mußten, und so war denn die so lange begehrte, und so oft verheißene, nie aber in Erfüllung gegangene Preßfreiheit mit einemmal errungen. Freilich dauerte die wirkliche Preßfreiheit nur einige Jahre; in Preußen erstand am 12. Mai 1851 ein neues Preßgesetz, welches die Zeitungen mit Caution belegte und sie einer Stempelabgabe unterzog; 1854 folgte das Bundespreßgesetz, welches von den meisten deutschen Kleinstaaten adoptirt wurde und welches ebenfalls die Freiheit der Presse durch Cautionsstellung und Beschlagnahme = Bestimmungen wieder illusorisch machte. Unter den Kleinstaaten Deutschlands ist die Freie Stadt Hamburg der einzige gewesen, welcher das 1848 errungene Preßgesetz bis zum Erscheinen des am 1. Juli 1874 in Kraft getretenen Reichspreßgesetzes sich treu bewahrt hat. Das Reichspreßgesetz hat nun abermals die Cautionslast wieder abgeschafft und auch den drückenden Zeitungsstempel aufgehoben, was eine bedeutende Errungenschaft genannt werden muß; wenn aber auch dieses Gesetz in Hinsicht auf völlige Preßfreiheit noch viel zu wünschen übrig läßt, so ist es doch sehr unterschieden von der den Geist tödtenden Censur. — England steht heute als im Besitze vollständiger Preßfreiheit oben an; das gleiche gilt von den Vereinsstaaten Nordamerikas; die skandinavischen Länder haben sämmtlich sehr freisinnige Preßgesetzgebungen, ebenso auch die Niederlande; Frankreich hat neuerdings ein drückendes Preßreglement erhalten; in Spanien, Italien und Oesterreich liegen die Zustände der Presse sehr im Argen; — aber in Rußland und in der Türkei steht die Censur noch in voller Blüthe. In Rußland ist man freilich soweit gekommen, die Zeitungen der Hauptstädte von der Censur zu befreien, wenn dieselben sich herbeilassen, eine bedeutende Caution zu stellen.

Censurbogen hieß zu den Zeiten der Bücher=Censur der Abzug des im Satze beendeten Bogens. Er wurde mit dem Correctur=Abzug zugleich und zwar in zwei Exemplaren abgezogen. Das eine Exemplar gab der Censor mit dem Vermerk „Imprimatur" auf der untern rechten Ecke der ersten Seite zurück, das zweite behielt er für sich, um danach eine Controle führen zu können, ob das Gestrichene in der That auch beseitigt worden war. Vor Eingang des Censurbogens durfte nicht mit dem Druck vorgegangen werden, weil dies unter allen Umständen bedenklich sein mußte.

Censurlücke. Während der besten Blüthezeit der Censur suchten einzelne Zeitungen ein Aushülfsmittel bei Streichungen des Censors darin, diese Stellen weiß zu lassen und das Blatt mit diesen Lücken, die man Censurlücken nannte, hinaus zu senden. Durch diese Verfahrungsweise wurde das regelmäßige Erscheinen nicht in dem Maße behindert, als wenn der Satz neu hergestellt werden mußte, und auf der andern Seite trat das Wirthschaften der Censoren aus dem Dunkel heraus an das Licht der Oeffentlichkeit, denn nun konnte alle Welt sehen, was diese Einrichtung für eine Bedeutung hatte. Dieses nahm die Censur aber sehr unliebsam auf und die Untersagung jenes Vorgehens im Verwaltungswege ließ auch gar nicht lange auf sich warten.

Censurstrich. Von vornherein war es Brauch, daß, nachdem der Censur die abgezogenen Exemplare einer Zeitung oder die einzelnen Bogen einer Druckschrift zum Durchlesen und Prüfen übergeben worden waren, der Censor die mißliebigen Stellen mit einem kühnen Federstrich fortzauberte. Diese Methode der

Ausmerzung wollte aber vielen Censurstellen nicht genügend erscheinen, denn sie mochten vielleicht der Ansicht sein, daß derart doch dem Druckereipersonal noch das Lesen der gestrichenen Stellen geboten war. Es mußte also auch hier noch Vorsorge getroffen werden, und die Censoren wurden angewiesen, zur Scheere zu greifen und die sonst gestrichenen Stellen auszuschneiden und zu beseitigen. Nun mußten dem Censor dann auf einer Seite des Papiers abgezogene Exemplare übergeben werden. Pfiffiger machen es übrigens die russischen Censoren in ihrer Art heute noch: sie überschwärzen nämlich die incriminirten Stellen. Freilich benutzen sie dazu eine Schwärze, wie sie Gutenberg zu seinen ersten Drucken brauchte; dieselbe besteht aus aufgelöstem arabischen Gummi und Kienruß und ist durch eine Waschung mit gewöhnlichem Wasser vollständig zu beseitigen.

Centennial-Schreibschrift. Diese ausgezeichnete Cursiv-Accidenzschrift wurde im Jahre 1875 zur hundertjährigen Jubelfeier der Unabhängigkeitserklärung der Vereinsstaaten Nordamerikas von M'Kellar, Smiths & Jordan in Philadelphia geschnitten, welche ihr den Namen New Centennial Script Letters gaben und in einer Serie von vier Graden im Typographic Advertiser veröffentlichten. Der Firma J. H. Rust & Co. in Offenbach und Wien haben wir die Ueberführung derselben nach Deutschland und den Namen zu verdanken, indem sie im Jahre 1876 das Recht der Vervielfältigung erworben hat. Den Accidenzdruckereien ist durch Einführung dieser Schrift jedenfalls ein unschätzbarer Dienst erwiesen, da gerade diese Schrift, wie selten eine andere, sich zu mannichfaltigster Anwendung eignet; wir wären in der That in einiger Verlegenheit, nachweisen zu müssen, auf welcher Accidenz die Centennial-Schreibschrift unpassend erscheinen würde. Der Schnitt aller Grade ist ein so correcter und gleichmäßiger, daß wir leider uns zu der Vermuthung hinneigen, als sei nur ein Grad gezeichnet und die Herstellung auf mechanischem Wege mittelst des Pantograph geschehen, so daß jede Vervielfältigung nur auf galvanischem Wege möglich ist. Hier eine Probe davon:

Centennial-Schreibschrift

Der Grundton ist halbfett im Charakter der Ronde und besitzt sie zweierlei Versalien, gewöhnliche und verzierte; letztere ruhen auf einer von oben nach unten gerichteten nach links schräg abhängenden Schraffirung, welche rings herum mit zarten Rosetten eingefaßt ist.

Central-Anzeiger für die gesammte Druck- und Papier-Industrie Oesterreich-Ungarns ist der Name eines im August 1876 von J. C. Tesar in Prag (Utensilienhandlung) begründeten abonnementslosen Blattes, das allen Druckereien und Papierhandlungen Oesterreichs-Ungarns gratis und portofrei zugesandt wird und seinen Gewinn aus Inseraten bezieht.

Centralbuchdruckerei in Stockholm. Im Jahre 1873 vereinigte sich in Stockholm eine Anzahl angesehener Männer zur Bildung einer Aktiengesellschaft behufs Errichtung einer Buchdruckerei und Verlagsgeschäfts. Das Geschäft sollte in Gemäßheit der Statuten durch Spareinlagen Eigenthum der Arbeiter werden. Im Mai 1873 wurde der Grundstein zu dem Gebäude des Etablissements gelegt und am 1. April 1874 war der riesige Bau so weit vollendet, daß die Buchdruckerei ihre Thätigkeit in demselben aufnehmen konnte. Das fertige Gebäude ist in der That imponirend und das Geschäft selbst in Schweden das größte dieser Art und jedenfalls eines der größten von ganz Europa. Das Gebäude, in welchem außer der Buchdruckerei auch andere graphische Künste betrieben werden, besteht aus einem Erdgeschoß, drei Stockwerken und einem Boden, sowie mehreren Nebengebäuden und Keller. Im Erdgeschoß befindet sich die Dampfmaschine von 25 Pferdekraft, welche sämmtliche Maschinen und alle Fahrstühle des Etablissements in Bewegung setzt und außerdem allen Lokalitäten Wärme zuführt. Außerdem ist in diesem Erdgeschoß noch die Schriftgießerei, ein Raum zum Papierfeuchten, das Magazin für Papier, die Expedition der Zeitung „Förr och Nu" (Sonst und Jetzt) und die Expedition der Buchhandlung von Seelig & Co. Im ersten Stock befindet sich ein geräumiges Komtoirlokal und der großartige Maschinensaal, in welchem 1 Doppelmaschine für den Zeitungsdruck, 2 Mehrfarbenmaschinen und 14 andere größere und kleinere Maschinen aufgestellt sind; diese Maschinen sind in ununterbrochener Thätigkeit. An diesem Saal schließt sich ein Gemach zum Waschen der Formen und ein anderes, in welchem sich zwei Satinirwerke und zwei hydraulische Pressen befinden. — Im zweiten Stockwerk ist die Setzerei, welche einen ebenso umfangreichen Raum einnimmt, als der Druckersaal; er enthält über hundert Setzerplätze, deren jeder geräumig und sonst insgemein sehr hell, gesund und freundlich ist; in einem kleinern Saal ist die Abtheilung für Accidenzsatz und in einem noch kleinern die Buchbinderei. — Das dritte Stockwerk umfaßt die lithographische Abtheilung und die Steindruckerei, welche 5 lithographische Schnellpressen beschäftigt; ferner einen großen Saal für die Artisten, welche für Rechnung der Gesellschaft arbeiten, und endlich ein großes saalähnliches Gemach für die bedeutende Anzahl von Steindruck-Handpressen. — Der Bodenraum wird zum Papiertrocknen und Aufbewahren des Druckes benutzt, nach welchem letzteres mittelst zweier Dampffahrstühle hinaufbefördert wird. — Im Garten steht ein neues Gebäude, das als Papiermagazin benutzt wird. — Am 21. November 1874 gab die Aktiengesellschaft der Centralbuchdruckerei ihren Arbeitern ein solennes Einweihungsfest, bei welchem es nach nordischer Sitte und Gewohnheit munter und fröhlich herging. Das Gebäude war festlich geschmückt und am Abend brillant erleuchtet. In den Maschinensaal des ersten Stockes war in dem leeren Raum zwischen den Pressen ein langer Tisch gedeckt und reichlich mit einer Abendmahlzeit besetzt; um denselben herum nahmen die eingeladenen 130 Personen Platz. Der Saal ist so geräumig, daß die Anzahl von Menschen nur einen ganz geringen Theil seiner Ausdehnung einnahm. Das Gesammtpersonal des Geschäfts umfaßt die Ziffer 163. Dieses großartige Geschäft, dessen Beschreibung in unserm Buche sicher einen Platz verdient, wurde im Herbst des Jahres 1875 ein Raub der Flammen.

Chalkographie, griechische Namensform für Kupferstechkunst, aus Chalkos, Kupfer, und graphein, schreiben, zusammengesetzt.

Chalkotypie, vom Griechischen Chalkos, das Kupfer, und Typis, der Druck, die Verwendung hochgeätzter Kupferplatten als Ersatz für den Holzschnitt, ein von H. Heims im Jahre 1851 in Berlin erfundenes neues Verfahren dieser Art.

Chemigraphie ist ein Gattungsname für alle Verfahrungsweisen zur Herstellung von Druckplatten, bei welchen die Chemie in irgend einer Hinsicht Vermittlerin ist oder deren Hülfe in Anspruch genommen wird, d. h. in der Begrenzung, als die Hochätzung in Betracht kommt. Es gehört also zu allererst in ihr Bereich die verschiedenen Arten der Zinkhochätzung, die sogenannte Zinkographie, dann die Hochätzung in Kupfer oder die Chalkotypie, die von Camphausen und b'Este dargestellte Palingraphie, die Homöographie Helfmanns u. s. w. — oder sämmtliche Methoden, welche bezwecken, erhabene Platten für die Buchdruckpresse als Ersatzmittel für den Holzschnitt herzustellen. Alle chemiegraphischen Verfahrungsweisen basiren auf dem Prinzip der Widerstandsleistung einer fettigen Zeichnung gegen Säure, indem eine Platte, auf welcher eine solche Zeichnung enthalten, der Wirkung von Säuren ausgesetzt wird.

Chemietypie, ein Sondername für Zinkhochätzung, s. d.

Chemische Tinte oder Tusche, s. Autographische Tinte.

Chemische Abkürzungen. Die am häufigsten in den Werken der Chemie vorkommenden Abkürzungen sind die nachstehenden: A, argentum, das Silber; An, antimonium, das Antimon; Au, aurum, das Gold. — B, bor, der nichtmetallische Grundstoff; Ba, barium, der metallische Grundstoff; Bi, bismuthum, das Wismuth; BM, balneum Mariae, das Marien- oder Wasserbad. — C, carbonium, der Kohlenstoff; Ca, calx, der Kalk; Cd, cadmium, das Kadmium; Cl, clor, der Chlor; Co, cobaltum, der Kobalt; Cu, cuprum, das Kupfer. — Fe, ferrum, das Eisen. — H, das Hydrogen, der Wasserstoff; Hg, das Hydrargyrum oder Quecksilber. — Ir, iridium, das Iridium; J, das Jod. — K, kalium, das Kali. — L, Lithium, der Stein. — M, das Molybdän; Mg, das Magnesium; Mn, das Mangan. — N, das Nitrogen oder der Stickstoff; Ni, das Nickel, Metall. — O, das Oxymel oder der Sauerhonig; Os, osnium. — P, der Phosphor; Pa, das Palladium; Pb, plumbum, das Blei. — R, das Rhobium. — S, sulphur, der Schwefel; Sb, stibium, der Spießglanz; Se, Selenium; Sn, stannum, das Zinn. — Ta, tantalium, das Feuer; Ti, titanium. — U, das Uranium. — W, der Welfram. — Z, das Zirkonium, Zn, zincum, das Zink.

Chine, spr. schien, Benennung eines der feststehenden französischen Papierformate, des größten unter diesen, welches 70:130 Centimeter mißt.

Chinesischer Kalender. Wie die Chinesen mancherlei Einrichtungen schon lange vorher gehabt und viele Erfindungen früher gemacht haben, ehe wir Europäer darauf kamen, so verliert sich denn auch die Einführung des Kalenders in China bis in das graueste Alterthum; geschichtliche Jahrbücher des alten Reiches bezeichnen als diesen Zeitpunkt das 2650ste Jahr vor unserer Zeitrechnung. Von jeher haben nun in China Kalender oder Almanache großen Absatz gefunden, Dank der abergläubischen Leichtgläubigkeit der Einwohner, welche darin täglich das Prognostikon ihres guten oder schlimmen Looses suchen. Die dortigen Verfasser dieser astrologischen Ephemeriden verfehlen nämlich nicht, die Tage deutlich anzugeben, an denen man sich verheirathen muß, um glücklich zu sein, an denen man eine Seefahrt anzutreten hat, um wohlbehalten im Hafen anzukommen, an denen eine Schlacht zu liefern ist, um siegreich daraus hervorzugehen, an denen man eine Bittschrift einzureichen hat, um eine Stelle zu erhalten, an denen man sein Hab und Gut aufs Spiel setzen darf, um ein großes Vermögen zu gewinnen, und was dergleichen Narreteien mehr sind. Der kaiserliche Almanach, der von dieser Art Zauberkünstlerei ebenfalls nicht frei ist, bezeichnet überdies die amtlichen Trauertage, an denen die Staatsbeamten die Ceremonienkleidung nicht tragen dürfen. Dies sind gewöhnlich die Jahrestage des Todes des Kaisers und der Kaiserin der regierenden Dynastie; und da in China die Frauen viel schneller dahingehen als die Männer, so sind sie es, welche diese List amtlicher Trauer zumeist betrifft. Gewisse Feste, z. B. das Laternenfest und das der Drachenboote oder das des Gottes der Erde, des Geistes, welcher verzeiht, und andere werden in sämmtlichen Almanachen erwähnt, weil man sie im ganzen Reiche beachtet; allein es giebt noch besondere Feste, die einen für die Budhisten, die anderen für die Taoaste, die sich nur in dem von jeher dieser Sekten zum Gebrauch ihrer Anhänger herausgegebenen Kalender befinden. Im allgemeinen sind die Feste mit rein religiösem Charakter alle Jahre auf den gleichen Tag des Mondes festgesetzt, so zwar, daß sie in Bezug auf das Sonnenjahr beweglich sind, die Jahrestage der Geburt oder des Todes werden dem nämlichen Gebrauch gemäß berechnet. Uebrigens sind die Kenntnisse der Chinesen über die Theorie des Kalenders lange Zeit sehr unvollständig geblieben, und erst zur Glanzzeit Ludwigs XIV. von Frankreich haben sie von dem am Pekinger Hofe zugelassenen Jesuiten mit befriedigender Genauigkeit die die Jahresläufe bestimmenden Himmelsbewegungen berechnen gelernt. Und bennoch soll, wenn man gewissen Berichten Glauben schenken darf, den gegenwärtigen Hofastronomen die Kenntniß der Logarithmentafeln so vollständig abgehen, daß sie, um einen vollkommen zuverlässigen Kalender herzustellen, alljährlich ihre Zuflucht zur Dienstgefälligkeit der Russen nehmen müssen.

Chinesisches Papier für Druckabzüge. Chinesisches, auf einer Seite sehr glattes Papier, welches bekanntlich in der Lithographie zum Ueberdruck sehr beliebt ist, nimmt die feinsten Linien eines Stahl- oder Kupferstiches deutlich auf, und wird deshalb schon lange zu Probeabzügen solcher Stiche, in den letzten Jahren auch zu Abzügen von Holzschnitten verwendet. Da eine Kiste oft mehrere Qualitäten solchen Papiers enthält, so ist eine sorgfältige Prüfung des Inhalts sehr zu empfehlen. Einige schmutzige, sandige Arten, welche sortirt und vor dem Befeuchten nochmals geprüft werden müssen, sind keine 50 Pfennige per Pfund werth; die beste Qualität ist zu Mark 1.60 bis Mark 2 billiger, weil sie frei von Schmutz, glatter und für feine Stiche besser geeignet ist. Es wird aus der innern Rinde des in China, Ost- und Westindien und anderen Ländern sehr verbreiteten Bambus fabrizirt, der ohne Zweifel jetzt, wo man leichter bleichen kann, noch allgemeinere Verwendung finden wird. Manchmal ist die Bambusfaser in dem Abzugspapier mit der als Nankin bekannten Baumwollfaser gemischt, aus welcher die lederfarbenen Gewebe gleichen Namens bestehen. Wenn die Faser wie beschrieben zu Zeug geschlagen und das Papier geschöpft ist, wird dieses mit einem Pinsel oder einer Bürste auf einem polirten Stein oder hartem Holz zum Trocknen ausgebreitet. Die auf dem Stein oder Holz liegende Seite wird glatt und dient zur Aufnahme der Abdrücke, und die rauhe Rückseite ist eines der wesentlichen Kennzeichen dieser Papiersorte. Es ist sehr biegsam, der leiseste Druck hinterläßt ein Zeichen darin, und befeuchtet, giebt es die feinsten Linien wieder. Es ist deshalb für Abzüge kunstreicher Stiche sehr werthvoll und kann durch unser bestes Kupferdruckpapier nicht ersetzt werden.

Choralnoten-Typen. Von diesen Typen sind drei Systeme am verbreitetsten, wohin zuerst das den offenen Köpfe unserer gewöhnlichen Musiknoten gehört; sie weichen aber als Choralnote von den gewöhnlichen in soweit ab, als sie keine schräge, sondern eine gerade Lage auf dem Notenplan einnehmen; ein anderes System ist das der einfachen schwarzen Quadrate, mit und ohne Stiel auf, über und unter den Linien des Planes, welches in der Schweiz, Frankreich und Italien gängig und sehr deutlich ist; ein drittes System endlich, vielfach im Norden von Deutschland angewendet, besteht aus den ersten sieben arabischen Ziffern mit einer Linie als Plan, bei dem die Ziffern bald ob derselben, bald darüber und bald darunter, je nach der Geltung, die sie haben sollen, stehen, und Bogen und Taktstriche bei sich haben.

Chouët, Petrus und Jacobus, gehörte zu den bei der Protestantenverfolgung in Frankreich vertriebenen und in Genf ein Asyl gefundenen Reformirten. Er druckte hier um 1635, denn man hat ein Werk von ihm mit dieser Jahreszahl aufgefunden, dessen Titelblatt als Embleme den Arion mit der Leier in roth und schwarz gedruckt aufweist; über dem Bilde ist zu lesen: Quid in hac omnium postrema editione praestitum, proxima post Capitulorum Indicem pagina docebit.... und darunter steht: Geneves, apud Petrus et Jacobus Chouët, 1635. — Der Arion als Embleme ist von mehreren der frühesten Drucker benutzt worden, so von Hieronymus Genusäus in Basel 1596, von Georg Rhau in Wittenberg 1533, von Johann Oporinus in Basel 1583 u. a. Genf wurde früher Gabenna, Aurelia Allobrogum und Colonia Allobrogium geschrieben.

Christoph der Heilige, wenn nicht das älteste, so doch das zweitälteste Druckdenkmal des Holzplattendrucks, wo die Abzüge mittelst Reibers und eines Polsterballens hergestellt wurden. Von diesem Druck hat man Exemplare, welche die Jahreszahl 1417 tragen; ein Exemplar wurde in der Mitte des vorigen Jahrhunderts in der Bibliothek des ehemaligen Klosters der Karthause zu Burach bei Memmingen aufgefunden. Der Holzschnitt stellt den heiligen Christoph dar, wie er das Christuskind durch einen Fluß trägt, und enthält folgende Zeilen als Unterschrift in gothischen Buchstaben:

Christofori faciem die quamcumq; tueris
Illa nempe die mala morte non moriens.
Millesimo CCCC XX° tercia.
(An welchem Tag du Christi Antlitz schaust,
Wirst eines bösen Todes du sterben nicht.)
Eintausend vierhundert zwanzig und drei.)

Chromo-Lithographie, deutsch Farben-Lithographie, auch lithographischer Farbendruck, Oelfarbendruck, die Kunst, mittelst des lithographischen Steines und der Steindruckpresse mehrfarbige Bilder, ja selbst getreue Nachbildungen künstlicher Gemälde herzustellen Das heutige Verfahren dabei ist folgendes: Durch die drei Farben **roth, gelb** und **blau** kann man in der Malerei alle Nüancen mischen; dieser Umstand brachte auf die Idee, durch die Benutzung dieser drei Farben die gemischten Abstufungen und die erforderlichen Effekte hervorzubringen, und zwar so, daß jede derselben nach den erforderlichen Abstufungen gezeichnet und nach einander gedruckt werde, so daß immer jede Platte eine Farbe giebt, diese aber vom dunkelsten bis zum hellsten Tone. Nachdem nun diese drei Farbenplatten gedruckt sind, kommt die vierte Platte an die Reihe. Es ist dies die Hauptplatte, weil die erforderlichen Umrisse der Farbenplatten mittelst dieser erzielt werden müssen, und sie wird nach Erforderniß des Gegenstandes mit hellerer oder dunklerer brauner Farbe gedruckt. Sie muß in solcher Haltung gezeichnet sein, daß alle auf den Farbenplatten vorkommenden Nüancen vollkommen wirken können, nämlich daß die durch die drei Platten hervorgebrachten Farben dadurch nicht an Glanz und Reinheit verlieren und von ihrem Feuer nichts einbüßen, was der Fall sein würde, wenn die Halbschatten der Hauptplatte zu dunkel gehalten wären. Wer eigentlich der Erfinder des lithographischen Farbendruckes ist, kann nicht sicher festgestellt werden. Schon Senefelder hatte die Idee, colorirte Bilder auf lithographischem Wege herzustellen, und sein Schüler, Franz Weishaupt, Lithographie-Werkmeister in der königlichen Steuerkataster-Commission zu München, machte im Jahre 1822 im Großen die erste Anwendung hiervon, indem er etwa 60 Platten farbiger Abbildungen von Vögeln, Schildkröten, Schlangen u. s. w. druckte, welche einem Werke über Brasilien beigegeben wurden. Er dehnte damals schon die Farben-Lithographie auf historische Bilder aus und wenn auch angenommen wird, daß Senefelder der Begründer dieser Kunst war, so steht doch ebensowohl fest, daß Franz Weishaupt zur weitern Vervollkommnung derselben die erste Anregung gegeben. Erst nach dem Jahre 1830 machte man sich daran, das Gebiet der Lithographie zu erweitern, und 1833 gelang es Hillebrand in Berlin, auf dem Wege der Farbenlithographie schöne Werke darzustellen, so namentlich eine Wappensammlung und mehrere Abbildungen von Verzierungen. Die damaligen Verfahrungsweisen waren aber sehr schwierig und erforderten große Geschicklichkeit und bei der Ausführung eine peinliche Accuratesse, während die Produkte durch den Aufwand an Zeit, den die Bearbeitung so vieler Paßplatten beanspruchte, sehr vertheuert werden mußten. Diese Unzuträglichkeiten zu beseitigen, kam zuerst Heinrich Weishaupt in München (f. b.) auf die Idee unserer heutigen, oben beschriebenen, einfachen und sichern Methode, deren erstes Produkt ein Christuskopf nach Hemling im Jahre 1835 war. Im December des folgenden Jahres trat Engelmann in Mühlhausen im Elsaß mit derselben Verfahrungsweise hervor, deren Proben er dem Comitee der schönen Künste zu Mühlhausen vorlegte, und im Jahre 1837 ein Patent auf die Dauer von zehn Jahren darauf nahm. Dieser führte den Namen Chromo=Lithographie ein und erhielt von der Société d'Encouragement im Jahre 1838 für diese Erfindung den Preis von 2000 Franken, welcher schon seit zehn Jahren für die Produktion im Farben=Steindruck ausgesetzt gewesen war. Erst durch Engelmanns Auftreten ward Heinrich Weishaupt auf die Wichtigkeit seiner bereits frühern Erfindung aufmerksam und ließ sich im Jahre 1837 ein Patent darauf geben. Seit jener Zeit sind die einzelnen Methoden verbessert und vervollkommnet worden, die eigentliche Grundidee zu dem Ganzen jedoch dieselbe geblieben ist. Hinsichtlich des Druckes der Chromo=Lithographie ist die Verfahrungsweise analog mit der des Schwarzdruckes. Ueber die Lehre von der Chromo=Lithographie ist zuerst von Heinrich Weishaupt in München ein sehr eingehendes, klar und verständlich geschriebenes Werk unter dem Titel: Theoretisch=praktische Anleitung zur Chromolithographie, 1848, Verlag von Gottfr. Basse in Quedlinburg, erschienen. Ferner sei verwiesen auf Senefelders Lehrbuch der Lithographie, München 1818, — G. Engelmann, Traité théorique et practique de lithographie, 1840.

Cicero, Name für einen Schriftkegel in der deutschen und französischen Typographie, hat eine Stärke von 12 typographischen Punkten oder 6 Viertelpetit. Als Schrift kommt sie vor als gewöhnliche und grobe Cicero, wird zu Formularen, Gebet= und Andachtsbüchern und zu Gesangbüchern aus grober Schrift verwendet, sonst aber auch zu Festschriften, Gedenk= und Erinnerungsbüchern, wenn dieselben in Quart oder Folio gedruckt werden.

Cicero=System ist die Bemessung der Größenverhältnisse der verschiedenen Schriften in auf= und absteigender Linie nach dem Cicerokegel als Grundmaß. Es kam mit dem Anfange dieses Jahrhunderts, aber anfangs nur sehr vereinzelt in Anwendung. Man theilte die Cicero in 6 Viertelpetit, rechnete sonst aber, was auch noch heute der Fall, alle Formatbreiten und Längen nach Cicero, und so hat auch alles Füllungsmaterial, Quadraten, Durchschuß, Regletten, Linien, Hohlstege nach Cicero bemessene Größen. In Deutschland mußte der Cicerokegel als typographisches Grundmaß schon deshalb angenommen werden, weil derselbe bei Einführung des System Didot auf den duodecimalen Maßstab paßt, nach welchem 12 typographische Punkte oder 2 Linien eine Cicero, 6 Cicero oder 72 typographische Punkte einen Pariser Zoll, 72 Cicero oder 864 Punkte einen französischen Königsfuß ausmachen.

Circular ist zu deutsch ein Rundschreiben, und wird im kaufmännischen Sinne dasselbe darunter verstanden. In der Buch= und Steindruckerei gehört es zu den sogenannten merkantilen Accidenzen. Das Circular muß die Briefform haben, Ort und Datum kommt in die obere rechte Ecke des Papiers, dann nach einem Raume die Anredeformel und hierauf folgt der Text, welcher ohne Anwendung einer Unciale nur in seiner Anfangszeile einzuziehen und aus Antiqua ober Schreibschrift zu setzen ist. In der Lithographie wird fast durchgängig englische Schreibschrift zum Circular verwendet. Die Unterschrift muß etwas hervortreten und die zueignenden Respektworte darüber haben die Mitte des Namens einzunehmen und sind aus kleiner Schrift zu setzen. Ein Hervorheben von einzelnen Zeilen, auf welchen die Pointe ruht, ist nicht ausgeschlossen, vielmehr Bedingung. Nur hüte man sich, hierbei in Zierschriften auszuschreiten; eine schöne, gewählte Einfachheit hebt ein Circular sehr vortheilhaft in der äußern Erscheinung. In den meisten Fällen sind die Circulare mit Respektblatt versehen; bei zwei Seiten Text ist ein solches unbedingt erforderlich.

Cleyn, Johann, eigentlich Schwab, war ein Deutscher, aus dem bayerschen Schwaben und einer der ersten Buchdrucker Lyons. Das erste bei ihm erschienene Buch trägt die Jahreszahl 1478 und druckte er dort von diesem Jahre ab bis 1529. Auf dem letzten Blatte eines seiner Drucke mit der Jahreszahl 1514 befindet sich sein Embleme in der Gestalt eines Globus, welcher von oben nach unten durch eine Wand in eine linke Hälfte mit dem Buchstaben I (Johann) und in eine rechte Hälfte mit dem Buchstaben C (Cleyn) geschieden ist; auf dem Globus erhebt sich ein doppeltes Kreuz. Sein letztgedrucktes Buch hat die Jahreszahl 1529. Das erste in Lyon gedruckte Buch war „Cardinalis Lotharii Tractatus quinque", welches die Druckbezeichnung Lugduni (Lyon heißt im Lateinischen Lugdunum), Bartholomaeus Buyerius, 1473, hat. Panzer verzeichnet 250 Titel von Büchern, welche während des sechzehnten Jahrhunderts in Lyon gedruckt sein sollen.

Cliché oder Abklatsch ist die getreue Wiedergabe einer Originalplatte im Wege der Vervielfältigung, sei diese Originalplatte in Holz oder in Metall geschnitten. Die Vervielfältigung kann mittelst der Papier- oder Gypsstereotypie, durch ein Handverfahren oder vermöge des galvanischen Kupferniederschlages hergestellt werden. Von Originalholzschnitten werden schon zu dem Zwecke Clichés genommen, um für Unfälle gesichert zu sein, welche während des Druckes mit denselben vorgehen können, z. B. ein Platzen derselben, sonst aber auch fast immer nach beendetem Schnitt, weil sie dann noch scharf sind.

Clichiren. Das Clichiren oder Abklatschen gehört eigentlich in das Bereich der Stereotypie, und müssen wir uns deshalb auf die betreffenden Artikel darüber beziehen. Kleine Gegenstände, z. B. mangelnde Affichebuchstaben, Etiketten und dergl., welche man gern in größerer Anzahl besitzen möchte, kann man sich übrigens selbst, wenn auch nothdürftig, aus freier Hand ohne weitere Instrumente herstellen. Es handelt sich hier zuerst darum, die Matrize zu beschaffen, und diese kann man einmal wie bei der Papierstereotypie (s. d.) mittelst Seidenpapier und Bürste, in anderer Weise aus Schriftmetall bereiten, indem man von diesem etwa so viel schmilzt, als zu dem Gegenstande nothwendig ist, dieses auf ein Stück Papier gießt und dem zu matrisirenden Gegenstand in das geschmolzene Metall hineinschlägt; nachdem letzteres erkaltet, ist die Matrize fertig. Noch anderartig ist eine Matrize und am allerleichtesten mittelst Weichmetalles (s. b.) zu beschaffen, welches ebenfalls geschmolzen und dabei wie eben angegeben verfahren wird. Nachdem nun die Matrize ordentlich erkaltet ist, legt man dieselbe auf eine gerade, ebene Platte — eine Schließplatte oder Fundament — umgiebt sie mit Metallstegen in der Weise, daß dieselben überall anschließen und gleichsam eine Rahme oder Mauer um die Matrize herum bilden, und gießt darnach das geschmolzene Schriftmetall darauf, welches aber nicht glühend heiß, sondern soweit abgekühlt sein muß, daß sich eine Haut darauf zu bilden beginnt. Nach dem Erkalten des Metalls wird das Cliché von der Matrize heruntergenommen, welch letztere noch zu weiteren Abgüssen zu verwenden ist. Das Cliché wird dann auf seiner Unterfläche abgeebnet (s. Abebnen) und auf einen Holzfuß mit Schrauben befestigt oder auf einen Metallfuß gelöthet.

Clymer, George, war der Erfinder der heute noch in Ehren gehaltenen Columbia-Presse. Seine Familie stammt aus der Schweiz, und zwar aus Genf, von wo sie nach Pennsylvanien auswanderte und dort eben vor dem Ausbruche des Unabhängigkeitskrieges 1775 eintraf. Der Name Clymer steht mit dem Kampf um die Unabhängigkeit in Beziehung. Schon in früher Jugend gab George Clymer seine mechanische Fähigkeit durch Construirung eines Pfluges nach neuem und verbesserten Prinzip kund, welcher Umstand die Aufmerksamkeit der wissenschaftlich gebildeten Landwirthe auf ihn lenkte. Er ward dann Zimmermann, richtete sein Augenmerk aber bald auf die Wasserkraft und führte Verbesserungen an den Pumpen ein. Für diese Verbesserungen erhielt er ein Patent in Philadelphia und bald darauf ein solches für England. Zunächst ward er nun inne, daß die Construction der Buchdruckpresse eine höchst mangelhafte und ungenügende sei und lenkte seine ganze Aufmerksamkeit dieser Angelegenheit zu, und schließlich trat er mit der Columbia-Presse (1817) hervor, als der Erfindung eines Werkes, von dem man vorher keine Ahnung gehabt hatte. Für diese Erfindung erhielt er von dem Könige der Niederlande eine goldene Ehrenmedaille im Werthe von hundert Gulden, und von dem russischen Zaren ein werthvolles Geschenk. Am 4. Juli 1818 richtete Clymer folgendes Circular an die Buchdrucker Londons: „Mögen alle Verbesserungen und Neuerungen meiner Vorgänger an den Buchdruckpressen auch noch so gut, so vorzüglich und vortheilhaft sein, so kann doch wohl nimmer geleugnet werden, daß ich in dieser Hinsicht durch Erfindung meiner Presse es zur größtmöglichsten Vollkommenheit gebracht habe." Der Erfinder bemerkt dann noch, daß das mechanische Prinzip dieser Presse, bei welcher durch ihre eigenthümliche Construction alle Theile bei Erzeugung des Druckes mitwirkten, bei keiner frühern auch nur annähernd erreicht oder angewendet worden sei." George Clymer machte in den zwanziger Jahren eine Reise durch Europa und starb zu London am 27. August 1834 im beinahe vollendeten 80. Lebensjahre.

Codices hießen im Alterthum und noch bis ins Mittelalter hinein die geschriebenen Bücher, gleichviel, ob sie aus beschriebenen Holztafeln, Baumblättern, Bast oder Rinde, oder aus Pergamentrollen bestanden. Die Römer nannten auch ihre Gesetzbücher insgesammt Codices als Mehrzahl von Codex.

Cogger-Presse, erfunden und zuerst construirt von dem Engländer Cogger und nach ihm benannt, weicht sowohl im Grundsatze des Mechanismus, als auch in der Form von den damals bekannten Pressen, der Stanhopes und George Clymers Columbia, bedeutend ab. Die Preßwände bestehen aus gußeisernen Röhren und ebenso ist der Körper (früher Oberbalken) an den Stellen, wo er mit den Wänden in Berührung tritt, durchbrochen, um hier mit jenen mittelst zweier schmiedeeisernen Stangen, welche unten mit einem Schraubengewinde versehen sind, verbunden zu werden. Durch eine mit dem Bengel in Verbindung stehende Eisenstange, Gleicher genannt, werden beim Herüberziehen des erstern zwei Stahlteile auf zwei schiefe Flächen hinaufgetrieben, infolge davon der Tiegel niedergedrückt wird und derselbe den Druck auf die Form ausübt. Letzterer wird anstatt durch Gegengewichte durch die Dehnung starker Spiralfedern gehoben und der Bengel zum Zurückschnellen veranlaßt. Später wurde diese Presse von Hofmann in Leipzig und von Schumacher in Hamburg gebaut, welche die Spiralfedern wieder abschafften und statt derselben zur Hebung des Tiegels zu den Gewichten in Gestalt von Kugeln zurückgriffen, welche an durch den Körper hindurchgeführte Stangen mit dem Tiegel in Verbindung standen. Diese Presse war eigentlich nur zum Accidenzdruck geeignet, indem sie für kompresse Formen zu wenig Kraft entwickelte und allen möglichen Reparaturen unterworfen war. Dennoch aber ist sie im ganzen Norden Deutschlands, in Dänemark, Schweden und Norwegen, ja selbst in Rußland sehr verbreitet gewesen und heute sieht man noch dann und wann hie und da ein Exemplar in Thätigkeit.

Collationiren bedeutet in der Typographie und namentlich beim Aufnehmen des Druckes (s. d.) die Vergleichung der einzelnen Bogen behufs Vergewisserung darüber, ob dieselben auch in richtiger Reihenfolge auf einander liegen. Diese Verrichtung wird wie folgt ausgeführt: man nimmt vor dem anf einem Tische liegenden Haufen des aufgenommenen Druckes Platz, an der rechten untern Ecke befindet sich die Signatur, hier 1. In der rechten Hand die Ahle, sticht man mit der Spitze derselben die Ecke des Bogens ein wenig an, hebt sie in die Höhe und nimmt sie zwischen Zeigefinger und Daumen der linken Hand und sticht nun den folgenden Bogen ebenso an, während man schnellen Blickes prüft, ob die Signatur, hier 2, richtig ist und nimmt darauf auch die Ecke dieses Bogens zu der andern, vom Zeigefinger und Daumen gehaltenen, hinzu. In rascher Aufeinanderfolge, mit der nur innegehalten wird, wenn die richtige Reihenfolge der Signaturen durch irgend welchen Umstand, einer fehlenden Signatur, oder einen nicht signaturrichtig liegenden Bogen, unterbrochen wird, geht es fort, und ebenso wieder nach Berichtigung des Umstandes, der die Unterbrechung von eben veranlaßte. Eine richtig befundene Lage wird neben den Haufen umgekehrt, die Primesignatur nach unten, und jede fernere kreuzweise über einander gelegt.

Colombier, spr. kolomjeh, eigentlich Täuber, ein französisches Papierformat von 63:86 Centimeter.

Colonel, Benennung einer Schrift in der deutschen Typographie, liegt zwischen Nonpareille und Petit, mißt 7 typographische Punkte oder 3½ Viertelpetit; Doppelcolonel ist gleich Mittel. Diese Schrift kommt auch vor auf Nonpareille gegossen und wird dann Colonel auf Nonpareille genannt; weiter auf Petit gegossen unter der Bezeichnung Colonel auf Petit. Wenn in einem Geschäfte die Colonel sowohl auf Nonpareille als auch auf Petit und auf richtigem Kegel — also in dreierlei Art — vorhanden ist, so wird die letztere behufs der Unterscheidung Kegel-Colonel genannt.

Colorirte Holzschnitte aus der ältesten Zeit kommen vielfach vor. Das Volk hat die Farbe stets geliebt und liebt sie auch heute noch, das sehen wir den Oeldruckbildern unserer Zeit ab. Sollten die Heiligenbilder einen besondern Werth in den Augen ihrer Besitzer haben, so durfte das Bunte nicht fehlen. Letzteres ist aber ein wichtiges Hülfsmittel für den Forscher, um das Heimathsland eines Blattes zu ermitteln. Man unterscheidet in dieser Beziehung vier deutsche Schulen: die schwäbische, die fränkische, die baierische und die niederrheinische.

Columbia-Presse heißt die von George Clymer im Jahre 1817 in Philadelphia erfundene eiserne Handpresse, welche damals mit großem Beifall aufgenommen wurde und auch heute noch hochgeschätzt wird. Ihre hauptsächlichsten Vortheile und Eigenschaften bestehen in der außerordentlichen und immer gleichmäßigen Kraftentwickelung, dem nach allen Seiten hin egalen Aussatz und dem leichten Ziehen bei den größten Formen. Die Columbia-Presse besteht aus: 1) dem Kreuz als Untergestell; 2) dem Körper; 3) den Schienen; 4) dem großen Hebel; 5) der Drucksäule; 6) dem Bengel; 7) der Büchse zur Aufnahme des großen

Hebels; 8) dem Schloß; 9) dem kleinen oder Gegenhebel; 10) den Parallelen; 11) dem Fundament; 12) dem Tiegel; 13) der Kurbel mit den Riemen oder Gurten; 14) dem Deckel; 15) den Verbindungsstangen; 16) der Stellschraube; 17) dem Bolzen zur Verbindungsstange; 18) dem Regulator; 19) dem Bolzen zur Befestigung des Druckwerks; 20) dem Bolzen zur Befestigung des Bengelöhrs; 21) den Gabeln zur Aufnahme des Gegengewichts und des Gegenhebels; 22) dem Hebeldruckwerk; 23) dem großen Gegengewicht; 24) dem kleinen Gegengewicht. — **Aufstellung.** Zuerst wird der Körper entweder auf das Kreuz oder auf seine Füße befestigt und darnach der Bengel, der große Hebel und die Drucksäule an ihren Platz gebracht; zur Befestigung der letzteren dient das Schloß, welches man auseinandernimmt und die Büchse zur Aufnahme des großen Hebels öffnet; der letztere mit seinem in der Mitte sich befindenden halben Cylinder wird hineingebracht und das Schloß mittelst vier Schrauben wieder geschlossen. Hiernach wird der kleine Hebel, das Druckwerk, das große Gegengewicht, das kleine Gegengewicht und die Parallelen zusammengebracht; alle diese Theile sind numerirt und gekernt und hat man wohl acht zu geben, daß sie nach den Nummern aufeinander folgen und nach den Kernen zusammengefügt werden. Jetzt werden die Schienen befestigt, der Karren oder das Fundament darauf gehoben und der Tiegel an seinen Platz gebracht; die Vorderseite des letztern ist mit einem Kern versehen; um denselben zu placiren, stellt man ihn auf das Fundament, fährt damit unter die Drucksäule und befestigt diese mit vier Schrauben an den Tiegel. Zur Regulirung des Tiegels nach der Schrifthöhe dienen Blechscheiben, welche zwischen Drucksäule und Tiegel gefügt werden. Schließlich wird nun die Verbindungsstange am Regulator rechts und links mit den Bolzen befestigt und dann die Kurbel angeschraubt, die Riemen oder Gurten darüber angesetzt, der Deckel festgemacht und alles noch einmal nachgesehen, namentlich zu dem Zwecke, um sich zu überzeugen, daß alle Schrauben fest angezogen sind. Bei jeder Presse und Maschine ist es Erforderniß, daß sie genau waagerecht steht; ihres eigenthümlichen mechanischen Prinzips halber tritt dieses Erforderniß bei der Columbia-Presse noch viel gebietender heran, und deshalb ist sie nach beendeter Aufstellung mit der Wasserwaage genau zu justiren. — Das **Abschlagen** dieser Presse wird sehr leicht, wenn wir nach obiger Aufstellungsvorschrift dasjenige Stück zuerst herausnehmen, was zuletzt eingefügt wurde. — Betreffs der **Behandlung** sei noch erwähnt, daß die Regulirung des Zuges durch Lösung oder Anziehung der Verbindungsstange bewerkstelligt wird, während auch die Stellschraube zur Verstärkung oder Verminderung des Zuges dient. Infolge des Herüberziehens des Bengels geschieht der Druck; in dem Augenblicke, wo dieser seine höchste Kraft ausübt, stehen die Hebel beinahe rechtwinkelig.

Columne. Unter dieser Namensform verstehen wir beim Setzen die aus den beweglichen Lettern zusammengesetzte und beendete Schriftseite. Das Wort stammt aus dem Lateinischen und bedeutet Säule; somit ist es nicht recht erklärlich, weshalb man diesen Ausdruck mit Schriftseite in Verbindung gebracht hat.

Columnenmaß. Jede Columne eines und desselben Werkes muß genau von gleicher Länge sein, denn in der Breite derselben kann keine Abweichung stattfinden, weil das Setzinstrument, der Winkelhaken, dies nicht gestattet. Bei Beginn eines Werkes wird der Setzer unterrichtet, wie viel Zeilen die Länge einer Columne betragen soll. Unter diesen versteht man die Textzeilen des Werkes. Beispielsweise soll die Columne 40 Zeilen Länge haben, so ist zu allererst unsere Aufgabe, daß wir uns auf diese Länge ein Maß machen, da wir dasselbe gleich zur ersten Columne gebrauchen, weil dieselbe nicht die volle Anzahl Zeilen, vielmehr einen Vorschlag hat. Wir setzen also zuvörderst die 40 Textzeilen ab, den Columnentitel (f. b.) darüber und auf die letzte Zeile den Unterschlag (f. b.). So präsentirt sich uns die Columne in ihrer wirklichen Größe, die sie an Lettern= material einnimmt. Diese Columne hat nach altem wohlberechtigten Brauch die **rechte** Seite des Schiffes einzunehmen, und um nun zu dem Columnenmaß zu gelangen, nehmen wir Hohlstege und schlagen dieselben auf der linken Seite der Columne an und zwar in soweit, daß diese Hohlstege genau die Länge haben, wie die Columne: falls es mit den Hohlstegen nicht zum Passen zu bringen ist, wird das Mehr oder Minder mit Quadraten oder Stickdurchschuß bis zu Ein= punkt oder Achtelpetit herab ausgeglichen. Zu dem Columnenmaß nimmt man am besten Hohlstege von einer Concordanz Breite. Nach Berichtigung des Co= lumnenmaßes zählt man dessen Betrag nach Maßgabe der typographischen Be= rechnung aus, und merkt sich den Betrag, damit dasselbe, wenn es zusammen= fallen oder sonst abhanden kommen sollte, darnach wieder zusammenzustellen ist. Unsere Columne von 40 Corpus=Zeilen Text und 21 Punkten für Columnentitel, sowie 12 derselben für den Unterschlag repräsentirt beispielsweise eine Länge von 433 typographischen Punkten; dies ergiebt in Punkten 433 in 12 : 36,1 Cicero, 36,1 in 4 macht eine Columnenmaßlänge von 9 Concordanzen und einer Achtel= petit. Wir nennen ein solches Columnenmaß „mit Unterschlag." — Ein derartiges Columnenmaß ist das von heute und nahm seinen Anfang mit der Einführung der Hohlstege; ehemals bestand dasselbe aus einem Holzsteg, an dem eine ein= geschnittene Kerbe die Länge der Columne kennzeichnete. Es war dies ein un= sicherer Behelf.

Columnen mit Linien=Einfassung. Elegante Ausgaben, Luxuswerke, Gedichtsammlungen, Alben, Festschriften, Gedenkbücher und dergleichen Werke und Zeitschriften werden meistens mit Linien=Einfassung, je nach dem Umfange des Formats auch mit mehreren, versehen. Sind die Linien farbig, so gehen dieselben dem Setzer nichts an, indem sie in diesem Falle besonders gedruckt werden müssen; wir haben es hier nur mit einer Linien=Einfassung zu thun, welche mit der Co= lumne im Satze vereinigt ist und folgeweise auch Schrift und Linien zugleich gedruckt werden. Das Herumbauen der Linien wird vorgenommen, wenn die Co= lumne in ihrem gewöhnlichen Satz beendet ist; alsdann wird rings um dieselbe herum das Füllungsmaterial herumgeschlagen, welches den Abstand ausmacht, den die Linie von der Schrift haben soll, und hierbei ist wohl zu beachten, daß dieser Raum oben und unten, sowie an beiden Seiten ein gleichmäßiger sein muß, wobei die etwaige Columnenziffer am Kopfe mit in den Raum hinein= gerechnet wird, hier also dieser auch von der ersten Zeile bis zur Linie, nicht aber vom Columnentitel bis zur Linie, zu bemessen ist. Nachdem das Füllungs= material ringsum berichtigt ist, wird die Linie herumgebracht und an den Ecken zusammengelöthete runde oder scharfe Eckstücke genommen. Diese Manipulation ist sehr einfach; etwas schwieriger wird sie, wenn die Ecken verziert sind und in Linien auslaufen, in welchem Falle die Einfassungslinie an den Ausläufer der Ecke anschließen und infolge dessen die Linie dann unter= und überlegt werden muß, weil ein solches Eckstück meistens von stärkerm Kegel ist. Auch muß dann die Linie in ihrem Auge beiderseitig gleicher Beschaffenheit sein, so daß, ist der Ausläufer der Ecke fein, auch die Einfassungslinie eine feine sein muß, während man im allgemeinen gern halbfette anwendet. Falls die Linie auch in ihrer Mitte durch eine Verzierung unterbrochen ist, so trifft hier dasselbe wie bei der verzierten Ecke zu. Auch bei doppelt und mehrfacher Einfassung gelten die hier gemachten Vorschriften. Die Größe des Abstandes mehrerer Linien von einander, sowie der ersten Linie von der Schrift ab hat sich nach der Splendidität des Werkes zu richten, so daß keine speciellen Anhaltspunkte dafür zu geben sind.

Columnenschnur dient zum Ausbinden einer Columne oder irgend welchen Satztheiles; sie besteht aus Bindfaden, von welchem der aus reinem Hanf gefertigte und gedrillte der beste ist. Sie kommt auch in dem Utensilienhandel unter diesem Namen vor, ist aber meistens viel kostspieliger, als die vom Seiler bezogene.

Columnentitel nennen wir die Seitenbezifferung oder die fortlaufende Numerirung dieser Seiten in ihrer einzelnen Nummer. Wir haben der Columnentitel zweierlei Art, lebende und todte; sie befinden sich meistens am Kopfe der Columnen, und hier in einigem Abstande vom Text entweder in der Mitte oder je links und rechts an der Ecke der Columnen. Todte Columnentitel kommen am häufigsten und zwar am Kopfe und am Fuße der Columnen vor. Sie bestehen am Fuße aus der einfachen Ziffer und nehmen hier fast ohne Ausnahme die Mitte der Columne ein. Am Kopfe treten sie ebenfalls als einfache Zahl auf, wenn sie an der Ecke der Columne stehen, und zwar bei den ungeraden rechts, bei den geraden links. In der Mitte der Zeile stehend, faßte man sie vormals mit allerlei Verzierungen ein und auch heute muß man noch immer die unvermeidlichen, nichtssagenden Gedankenstriche zu beiden Seiten der Zahl erblicken, wiewohl die Striche dabei vernichtet werden und sie dem Drucker Arbeit in der Zurichtung machen. In anderer Weise stehen sie auf einer feinen Linie, was recht angenehm aussieht. Die lebenden Columnentitel haben außer der fortzählenden Ziffer noch einen Inhaltsnachweis der Seite, welcher sie dienen, bei sich, und da dieser immer die Mitte der Zeile einnimmt, so kann hier die Zahl bei den geraden Columnen nur links, bei den ungeraden rechts am Ausgange der Breite stehen. Die Schrift, welche zu diesem Inhaltsnachweise verwendet wird, hat sich von der des Textes zu unterscheiden, muß entweder einen Grad größer oder kleiner, andern Charakters oder etwa spatiirt, nur niemals fett sein; bei Antiqua leisten Clarendon, gewöhnliche Egyptienne, Cursiv oder selbst Versalien für diesen Zweck vortreffliche Dienste. Der Columnentitel ist um Corpus, wenn der Satz compreß, um Cicero, wenn er durchschossen ist, vom Satz abzustellen, bei lebenden Columnentiteln wird er auch mitunter durch eine feine die ganze Breite des Formats einnehmende Linie vom Text geschieden, welche dann die Mitte des Raumes einzunehmen hat, welche zwischen Columne und Text erübrigt. — Die Columnenziffern gehören zur Zurichtung eines Werkes und bleiben stehen, um fortwährend geändert zu werden, und somit fallen sie auch gleichzeitig mit in das Gebiet des setzerischen Specks, indem für todte Columnentitel eine Zeile, für lebende zwei Zeilen berechnet werden.

Columnenzahl ist die einzelne Zahl aus der Reihe der fortlaufenden Nummern der Seitenzahlen eines Buches, s. Columnentitel.

Columnenziffer, s. Columnentitel.

Complementärfarbe wird beim Farbendruck eine solche Farbe genannt, welche, wenn sie einer andern Farbe beigemischt wird, dieser einen tiefern, dunklern Ton verleiht. So hat beispielsweise Roth das Grün, Gelb das Violet, Blau das Orange, Grün das Roth, Violet das Gelb, Orange das Blau als Complementärfarbe.

Completmaschine ist eine solche, welche beide Seiten des Bogens mittelst zweier Cylinder auf einmal druckt, so daß der Schöndruck von seinem Cylinder selbstthätig zum Widerdruck-Cylinder geführt wird. Sie wird sonst auch Schön- und Widerdruckmaschine genannt, und wurde zuerst von König & Bauer in Kloster Oberzell (Würzburg) gebaut, bald nachdem von dieser Anstalt das Prinzip des Tiegeldrucks verworfen worden war. Diese Art Schnellpresse eignet sich nur zum Werkdruck und für vorzügliche Farbe, weil die schnelle Aufeinanderfolge von Schön= und Widerdruck den Gebrauch einer geringen Farbe nicht zuläßt, indem das Abschmutzen unerträglich sein würde. In England, Amerika und Frankreich baut man Completmaschinen etwas anderer Art, welche vorzugsweise zum Illustrations= und Luxusdruck bestimmt sind. Sie unterscheiden sich in ihrem Grund= prinzip von der Königschen wenig, nur ist bei denselben Vorsorge getroffen, daß das Abschmutzen weniger fühlbar und dem Abdruck, sowie der Cylinder= bekleidung nicht schadet. Hier wechselt nämlich selbstthätig der Widerdruckcylinder bei jedem Umgange den Abschmutzbogen von einer Seite zur andern, so daß ein solcher, wenn er einigermaßen gut präparirt ist, lange vorhält. — Die Complet= Maschine ist nicht zu verwechseln mit den Doppel= oder mehrfachen Maschinen.

Compositions=Walzenmasse. Der Umstand, daß die Leim=Syrup=Walze bei der Schnellpresse viele Unzuträglichkeiten an sich hatte, wohin das unaufhör= liche Waschen, das beschwerliche Gießen und die Ungewißheit des Gelingens, da dieses hauptsächlich von der Güte des Leims und Syrups bedingt war, gehören, ließ auf ein Ersatzmittel bedacht sein und so trat in der Mitte der Sechsziger Jahre zuerst eine sogenannte Compositions=Walzenmasse auf, welche aus Leim= und Glycerin=Syrup (s. d.) zusammengesetzt war. Sie bot der alten Masse gegenüber viele Vortheile dar, denn namentlich brauchten die Walzen aus dieser neuen Masse nicht so oft gewaschen zu werden, weil ihnen infolge der Glycerinbeiwohnnng für längere Zeit die erforderliche Frische blieb. Aber auch diese Masse genügte bald nicht mehr, und die Klagen über schlechte Walzenmasse wurden nach und nach immer lauter. Diese Stimmen haben recht gehabt; von den vielen Fabrikaten waren nur einige ächt; Analysen verschiedener Walzenmassen haben mir im Jahre 1871 den Beweis geliefert, daß dieselben einen kaum nen= nenswerthen Theil von Leim, Mehliszucker und Glycerin enthielten, desto mehr aber Mehl und alles nur denkbare Fruchtmus. Daher kam es denn, daß die Masse sich während des Druckes nicht allein vom Holz ablöste, sondern selbst stückweise auf der Form hängen blieb. — Die neuere Erfindung ist die sogenannte Gelatine=Walzenmasse (s. b.). Mag man die Vortheile, welche derselben der Gly= cerinmasse gegenüber aneignen sollen, auch noch so hoch preisen, es ist ebensowohl Thatsache, daß die Gelatinemasse unter Umständen auch ihren Dienst versagt, und die Glycerinmasse, richtig dargestellt, der neuen in nichts nachsteht.

Complicirte Einfassungen nennt man solche, die in ihrer Zusammen= stellung sehr verwickelter Beschaffenheit sind und deren richtige Anwendung lange Uebung oder die Vorschrift und Anweisung des Urhebers, d. h. desjenigen, der die eine oder andere solcher verwickelten Einfassungen gezeichnet, erforderlich macht. Es zählen zu den Complicirten Einfassungen in erster Reihe die Epheuranken= Einfassung, die Rosen=Einfassung, die Phantasie=Einfassung, die Arabesken=Ein= fassung und noch andere. — Die beiden erstgenannten waren weiter nichts, als Erzeugnisse unsers verflachten Geschmacks und dem Vorherrschen des letztern war es bloß zu danken, daß sie eine Verbreitung fanden, welche einer künstlichern Schöpfung werth gewesen wäre. Das Zusammensetzen dieser beiden Einfassungen war gewissermaßen eine Spielerei für die Ausfüllung einer müssigen Zeit, wäh= rend von hundert Geschäften nicht eines derart eingerichtet war, um diese zarten Linien drucken zu können. — Nachdem auch unsere Kunst zur Renaissance hin= neigt, nachdem Charles Derriey in Paris mit seinen künstlerischen Einfassungen, die Schriftgießerei Ferdinand Flinsch in Frankfurt a. M. mit ihrer pracht=

vollen, von Karl Klimsch gezeichneten Kosmos=Einfassung hervorgetreten sind und noch viele andere Zeichner und Gießer sich rühmlichst bestrebt haben, auf diesem Gebiete wieder Künstliches zu schaffen, sind uns die sogenannten Compli= cirten Einfassungen ganz überflüssig geworden.

Compreß bedeutet in Beziehung zum Satz dessen Gedrückt= oder Aufeinander= gepacktheit in der Weise, daß alle Zwischenräume darin vermieden und selbst Ausgänge ausgeschlossen sind. Zu den Werken, deren Satz compreß ist, sind zu rechnen Lexika und Enzyklopädien der verschiedensten Gattung, Werke der sämmt= lichen Wissenschaften mit geringen Ausnahmen und die Zeitungsliteratur. Ein Stück Satz ohne Ausgangszeile, Ueberschriften und Durchschuß, also compressen Satz, nennt man figürlich ein Klopfholz, weil er ebenso wenig Abwechselung in seiner Gestalt zur Schau trägt, wie jenes.

Compresser Satz, s. Compreß.

Concept, Benennung eines geleimten Papierstoffes in gewöhnlicher Größe des Schreibpapiers, aber als solches der geringste Stoff, hat meistens eine gelb= liche, aber auch blaugraue Färbung, kommt als Doppelformat sowohl als ein= faches vor und schwankt das Ries von 1000 Bogen einfaches Format im Ge= wichte von 7 zu 16 Kilo.

Concertprogramm oder Concertzettel, eine Accidenz, wird gewöhnlich in Octav=Postformat gedruckt und in schöner Ausstattung gefordert. Da der Text meist sehr splendid ist, so genügt — falls Einfassung gewünscht wird — als solche eine Linie. Der Kopf und Fuß ist titelartig zu setzen, die Hauptzeile muß die volle Breite des Formats einnehmen, im Programme selbst, der Aufzählung der Stücke, stehen die Ordnungszahlen der Piecen voran, während die zweite Zeile so viel eingezogen wird, als der Raum dieser Zahl ausmacht, damit sämmt= liche Zeilen gleichmäßig anfangen. — Erster Theil, Zweiter Theil, Dritter Theil ist aus Buchstaben, nicht mit Ziffern zu setzen.

Concordanz war ehedem in der Typographie ein unbestimmter Begriff, weil die Quadraten in früherer Zeit auf Gevierte jeder betreffenden Schrift be= messen waren, wie dies in England und Amerika, sowie in Frankreich heute noch der Fall ist. — In neuerer Zeit aber hat in Deutschland, in Oesterreich, in Rußland und in den skandinavischen Ländern in deren Typographie die Con= cordanz vier Cicero=Gevierte, welche dann als Ganze oder als ganze Concordanz bezeichnet wird, während die Kleine oder kleine Concordanz auch dreiviertel Con= cordanz genannt, drei Cicero=Gevierte, die Halbe oder halbe Concordanz zwei Cicero=Gevierte mißt. Im allgemeinen wird die Concordanz in ihrer Hochkante, d. h. stehend, angewendet, liegend aber nur ausnahmsweise und mißt sie dann im allgemeinen 4 1/2, aus einigen Gießereien auch 4 1/4 Cicero.

Concordanzlinie ist eine solche, welche die Größe einer Concordanz, also 4 Cicero mißt; es ist hiermit indeß nur das Größenverhältniß klargestellt, wäh= rend die Beschaffenheit noch besonders ausgedrückt werden muß, wenn diese Be= nennung Bedeutung haben soll, indem es feine, doppelfeine, fettfeine und fein= fettfeine, halbfette und verzierte Linien von der Größe einer Concordanz giebt. Die einfache Concordanzlinie, fein oder halbfett, findet die meiste Verwendung als Abtheilungslinie (s. b.).

Concordanzsteg bezieht sich auf einen Hohl= oder Formatsteg, dessen Breite eine Concordanz oder 4 Cicero ausmacht, ganz abgesehen von seiner Länge.

Congreve, William, ein Engländer, erfand zu Anfang der zwanziger Jahre ein Mehrfarbendruckverfahren aus zusammengesetzten Platten, die aber auf einmal, nicht als Paßformen, gedruckt werden. Später hat er auch eine Maschine für den Druck dieser Platten construirt. — Sein Verfahren hat man nach ihm Congrevedruck und seine Presse Congrevemaschine genannt.

Congrevedruck, benannt nach dessen Erfinder William Congreve, ist die Erzeugung mehrerer Farben auf einen Zug, und zwar dadurch, daß eine aus mehreren Theilen bestehende und in diesen auseinander nehmbare Platte in diesen einzelnen Theilen mit Farbe versehen und sie dann wieder zusammengefügt werden, wornach dann zum Abdruck geschritten wird. Bei dem Ersinnen seiner Erfindung hatte Congreve eigentlich das Ziel im Auge, einen Druck zu entdecken, der das so häufige Fälschen der Banknoten möglichst beschränken sollte. Es wurde sein Verfahren anfangs zum Guillochandruck, d. h. zum Unterdruck durchbrochener Zeichnungen, benutzt, und war dasselbe in soweit vortheilhaft, als man mehrere Farben auf einmal herstellen konnte. Er selbst nannte seine Platten Compound plates, d. h. zusammengesetzte Platten. Dieses neue Druckverfahren fand damals vielen Anklang, konnte sich aber bei den Fortschritten, welche die Lithographie damals zu machen begann, auf die Dauer nicht halten.

Congrevemaschine. Der geistreiche Erfinder des Congrevedruck-Verfahrens construirte, als er die günstige Aufnahme seiner Methode gewahrte, eine sinnreiche Maschine zum Druck seiner zerlegbaren Platten. Die Maschine hob die Plattentheile heraus, versah sie mit Farbe und fügte sie wieder zusammen, dies alles selbstthätig, und zwar mit solcher Geschwindigkeit, daß sie 2000 Abdrücke in der Stunde lieferte. Auch in Deutschland sind mehrere dieser Maschinen in Gebrauch gewesen.

Consequent bleiben, sich, ist eine Mahnung an den einzelnen Setzer sowohl, als auch an mehrere an einem und demselben Werke arbeitende, dahin zielend, daß sie sich in allen Stücken, sowohl hinsichtlich der Orthographie, als auch der typographischen Verfahrungsweisen der sorgsamsten Uebereinstimmung befleißigen. So wie der Satz im Beginne eines Werkes bezüglich der Columnentitel, der Ueberschriften und Rubriken, der Linien, des Auszeichnens, des Einziehens u. s. w. gehalten ist, muß derselbe bis zum Schlusse durchgeführt werden. Die Correctheit eines Werkes, die Ordnung, die Accuratesse des Arbeiters verlangt ein solches Consequentbleiben.

Consequenz, typographische, s. Typographische Consequenz.

Cooperative Blätter werden in den Vereinsstaaten Nordamerikas die von der dortigen Zeitungs-Association für die Buchdrucker der kleinen Städte gedruckten Zeitungen genannt, zu deutsch mitwirkende Zeitungen, oder Kopflose Blätter, wie sie bei uns genannt werden, s. letztere.

Copaivbalsam. Bei Benutzung von Erdfarben im Buch- und Steindruck verwendet man zum Anreiben vortheilhafter Copaivbalsam als Leinölfirniß. Der Balsam muß indeß mit Venetianischer Seife in der Art verbunden werden, daß man den Balsam mäßig erwärmt und die Seife fein geschabt nach und nach hinzusetzt und beide Theile durch einander rührt. Die Farben lösen sich leicht in diesem Brei auf, und wenn dies vollständig vor sich gegangen, muß der Masse so viel Venetianischer Terpentin zugesetzt werden, um derselben die erforderliche Stärke zu geben. — Man thut auch wohl daran, die Erdfarben vor der Vereinigung mit jenem Brei in Spiritus aufzulösen, wodurch die Verbindung beider Theile noch viel rascher und genauer erfolgt. Die Farbe in ein Porzellangefäß gethan, gießt man Spiritus darauf und verrührt beide Theile zusammen. Nach kurzer Dauer, in etwa zwanzig Minuten, ist der Lösungsprozeß vor sich gegangen, der Spiritus kann abgegossen und der Farbebrei mit dem Balsam in Verbindung gebracht und verrieben werden.

Cope-Presse, so genannt von ihrem Erfinder, dem Engländer Cope, sonst auch **Imperialpresse** genannt, kam um 1820 auf, hatte als mechanisches Motiv der Druckerzeugung die Gerabstellung zweier im Knie stehender Kegel, gleichwie es die eben erfundene Washingtonpresse hatte. Von letzterer unterschied sich die Cope-Presse nur dadurch, daß bei ihr die Säulenwände und der Körper, wie bei der Presse Stanhopes, aus einem massiven Stücke Gußeisen bestanden, während bei den übrigen Pressen gleichen Systems Säulen und Körper besondere Stücke ausmachten. In Deutschland ist die Cope-Presse später vom Mechaniker **Faulmann** in Leipzig gebaut worden.

Coquille, spr. kokill', ein französisches Papierformat, nach Lefèvre genau 41,3 : 54 Centimeter groß.

Corps, eigentlich Körper, vertritt in der französischen Typographie unsern deutschen technischen Terminus **Kegel,** und wird von den deutschen Schriftgießereien fast durchgängig für letztern Ausdruck gebraucht.

Corpus, in Süddeutschland **Garmond,** Name einer Schrift von 10 typographischen Punkten oder 5 Viertelpetit, Doppel-Perl oder Halb-Text. Sie ist neben Bourgeois die gängige Schrift zu Zeitungen, Romanen und anderen Werken und gehört somit in das Bereich der Brod-, Werk- und Buchschriften. Die Benennung soll daher erstanden sein, daß mit einer Schrift dieses Kegels zuerst das Corpus Juris Civilis gedruckt worden ist. Der süddeutsche Name stammt von dem Urheber dieses Schriftkegels, dem berühmten französischen Stempelschneider und Schriftgießer **Garamond.**

Corpussystem nannte man ehedem die Bemessung des Füllungsmaterials nach dem Corpuskegel. Es bestand aber im Grunde eigentlich nur der Name, denn zu der Zeit, wo von einem Corpussystem die Rede war, existirte ein wirkliches System in keiner Weise und unter den Kegelverhältnissen mit und zu einander herrschte eine wahre Anarchie.

Correct hat auch in der Typographie die allgemeine Bedeutung von richtig, genau, gut, fehlerfrei. Wenn wir von einem correcten Satz reden, so verstehen wir darunter einen solchen, welcher gut und fehlerfrei hergestellt ist und als einen correcten Setzer betrachten wir denjenigen, der gute Correcturen liefert, d. h. der möglichst fehlerfrei setzt.

Corrector ist die in einer Druckerei eigens mit dem Correcturlesen betraute Persönlichkeit. In größeren Geschäften ist fast durchgängig ein Corrector, nach Erforderniß sind aber auch deren mehrere angestellt, und so muß auch jede Zeitung, welche täglich erscheint, ihren eigenen Corrector, der hier Zeitungscorrector heißt, haben. In größeren Städten giebt es aber auch Privat-Correctoren, welche Correcturen gegen Entgelt in ihrer Wohnung lesen. Die Aufgabe des Correctors besteht in dem Correcturlesen (s. d.), und um dieses ausführen zu können, müssen demselben besondere Fähigkeiten aneignen. Er muß einen Bildungsgrad besitzen, welcher über den der sogenannten allgemeinen Bildung hinausgeht; er muß namentlich in der lateinischen und griechischen Sprache bewandert, Kenntnisse mindestens von dem Englischen und Französischen besitzen und in seiner Muttersprache vollständig zu Hause sein; sodann darf ihm auch eine Kenntniß von allen realen Wissenschaften nicht abgehen. Jedoch nicht allein diese geistigen Requisite sind es, welche zu der Befähigung eines Correctors gehören, ihm darf in körperlicher Beziehung ein ruhiges, gesammeltes Wesen, ein gutes Gedächtniß und ein **geübtes Auge** nicht fehlen. Das letztere ist besonders zu betonen; das Correcturlesen erfordert Uebung und zumal ist es das Auge, welches die Gewöhnung und demzufolge Uebung haben muß. Zerstreutheit ist der größte Feind des Correctors, wer sich dieser nicht erwehren kann, der fühle keinen Beruf für dieses Fach, oder trete schnell davon zurück, wenn er es bereits gewählt hat, denn er wird schlechte Erfahrungen darin machen. Es ist immer erwünscht, wenn der Corrector Fachmann, also von Hause aus Setzer ist, und als Hauscorrector wird einem solchen stets der Vorzug gegeben, weil er im Stande ist, sein Augenmerk auch dem Typographischen zuzuwenden und hier zu unterscheiden und anzumerken, was nicht in der Ordnung ist oder anders sein sollte. Der Setzer, welcher also den Beruf eines Correctors in sich fühlt, der prüfe sich zuerst, ob ihm die oben angegebenen Qualificationen nicht fehlen; mangeln sie ihm, so suche er sie erst durch Selbstunterricht zu erwerben, bevor er sich an dieses heikle Amt wagt. Die Stellung eines Correctors ist im allgemeinen eine mühselige, und meistens auch noch mit allerlei Unannehmlichkeiten und Nackenschlägen verbundene. Der Corrector ist die Seele des Geschäfts; mag der Satz noch so ordnungsmäßig, der Druck noch so sauber und brillant sein und dem Werke fehlt die Correctheit, so tritt alles andere in den Hintergrund. In den ersten Zeiten der Buchdruckerkunst wurden die Correctores den Autoren gleichgeachtet und eine Druckerei that sich auf ihren jeweiligen Corrector manchmal viel zugute.

Corrector-Zimmer. Von der Correctheit eines Buches oder irgend welchen Druckgegenstandes hängt dessen Werth dem Publikum gegenüber und der Ruf des Geschäftes ab, das ihn erzeugte. Es kann daher der Correctur gar nicht genug Sorgfalt geschenkt werden, und in erster Reihe ist darauf Bedacht zu nehmen, den Corrector die Gelegenheit zu geben, seinen Pflegebefohlenen eine solche Sorgfalt angedeihen zu lassen. Zum Lesen der Correcturen muß ein eigenes Zimmer, das sogenannte Correctorzimmer, reservirt sein, in welchem der Corrector, durch nichts gestört, seiner schwierigen Aufgabe obliegen kann. Zu den Requisiten des Zimmers gehören ein geräumiger Schreibtisch mit Schublade, die erforderlichen Schreibutensilien, ein gutes von vorn auf den Tisch fallendes Licht und während der Dunkelheit eine gute Petroleumlampe, ferner den nöthigen Stuhl und vor allen Dingen diejenigen Bücher, aus denen sich der Betreffende in zweifelhaften Vorkommnissen Raths erholen kann, wohin einige Lexika, möglicherweise ein Conversationslexikon, ein Fremdwörterbuch und dergleichen zu zählen sind. Derart sollte die Umgebung und der Aufenthalt des Correctors schon der Correctur halber sein und ist er auch in den ordentlichen Geschäften; auf der andern Seite aber wird dem Corrector auch zugemuthet, in dem lärmenden Geräusch des Setzersaales seine Arbeit zu verrichten, an einem hohen Pult mit der Gasflamme hoch über dem Kopf anstatt die Beleuchtung vor sich; es ist nichts unangenehmer und unerträglicher für einen Corrector, als die Zumuthung, im Stehen seiner Befähigung nachgehen zu sollen. Der Setzer kann das Stehen aushalten, weil ihm seine Arbeit eine Bewegung der Glieder verursacht, das Schreiben am Pult von Briefen und das Buchhalten ist mehr eine formelle Beschäftigung, aber ebensowenig wie man von dem Redacteur, der bei seiner Beschäftigung denken und viel denken muß, zumuthen kann, sein Schreiben stehend am Pult auszuführen, sollte man eine derartige Anforderung an den Corrector stellen. Meistens können solche Zumuthungen auch nur von Personen gestellt werden, welche dem innern Wesen der Druckerei fremd sind, die als Neulinge in ein solches Geschäft hineingekommen und nie selbst in die Verlegenheit gerathen sind, Correcturen zu lesen, und zu lesen, wie sie gelesen werden sollen.

Correctur ist einmal derjenige Abzug des fertiggestellten Satzes, welcher die Bestimmung hat, dem Corrector zum Lesen und Vermerken oder Zeichnen der darin enthaltenen Fehler und Unrichtigkeiten übergeben zu werden: im eigentlichen Sinne sollte ein Exemplar in dieser Art Correctur=Abzug ҉ denn zur Correctur ist dieser Abzug erst geworden, wenn er mit den C.҉ zeichen versehen aus den Händen des Correctors zurück an den betreffender geht. So sprechen wir von einer ersten oder Haus=Correctur, in ҉ die vom Setzer verschuldeten Fehler gezeichnet sind, von einer zweiten Autor= auch Verfasser=Correctur. — Das Erforderniß einer Correctur ist, daß sie in ihrem Abzuge scharf und deutlich und an den Seiten genügender Raum zum Vermerken der Fehler und Unrichtigkeiten vorhanden ist.

Correctur=Abzieh=Apparat, s. Abzieh=Apparat.

Correctur=Abzieher. In größeren und in großen Druckereien ist heutigen Tages fast durchgängig ein Drucker angestellt, welchem ausschließlich das Abziehen von Correcturen obliegt, weil der frühere Brauch, daß jeder Drucker von den Gegenständen, welche er später drucken sollte, auch die Correcturen abziehen mußte, bei unseren Schnellpressen nicht mehr maßgebend sein kann. Ein solcher Drucker heißt Correctur-Abzieher.

Correctur=Abziehen, s. Abziehen von Correcturen.

Correctur=Abziehpresse, s. Abziehpresse.

Correctur=Abzug, s. Correctur.

Correctur=Bogen ist ein Correctur=Abzug in vollständig umbrochenen und ausgeschossenen Seiten, was bei einer zweiten oder Verfasser-Correctur immer der Fall sein sollte.

Correctur=Fahne wird ein Correctur=Abzug genannt, welcher in Gestalt eines längern schmalen Streifens Papier auftritt. Sie kommt vor bei solchem Satz, der nach der ersten Correctur umbrochen wird, als da ist Zeilensatz (Packetsatz) und Zeitungssatz.

Correctur, gute, s. Gute Correctur.

Correcturlesen ist die Aufgabe oder die Beschäftigung des Correctors zum Zwecke der Herrichtung der Correctur. Die Technik des Correcturlesens selbst anlangend, so gehört es zu den Obliegenheiten des Correctors, das Manuscript mit dem Satze zu vergleichen und wo beide Theile nicht übereinstimmen, dies am Rande der Correctur zu verzeichnen; weiter hat er bei dem Lesen des Gedruckten jedes Wort in seinen einzelnen Buchstaben zu prüfen, ob keiner fehlt oder einer zu viel ist, oder ein unrichtiger sich darin befindet, sowie ob beschädigte Typen oder zu einer andern Schrift gehörige darin enthalten sind. Das Manuscript zur Linken, die Correctur zur Rechten, bezeichnet er mit dem Zeigefinger der linken Hand die Stelle im Manuscript, wo er stehen geblieben, liest eine Zeile, einen Satz oder eine Periode desselben, und stellt darauf eine Vergleichung mit dem Gedruckten an, ob der Wortlaut hier ebenso ist, wie in dem eben Gelesenen. Aber wohl zu merken ist, daß hier nicht das Umgekehrte Platz greifen darf, nämlich das Gedruckte mit dem Geschriebenen zu vergleichen, weil hierbei leicht der Mißstand eintreten kann, daß ein vom Setzer falsch gelesenes Wort vom Corrector ebenfalls falsch gelesen wird. — Des weitern hat der Corrector prüfenden Blickes sich zu überzeugen, daß sich nichts verschoben hat, kein Durchschuß übergesprungen ist, keine Buchstaben verrutscht sind, und wo er Ungehörigkeiten entdeckt, hat er diese im Satze selbst anzuzeichnen und am rechten Rande des Satzes diesen Vermerk durch das erforderliche Correctur-Zeichen (s. b.) zu wiederholen. Hat der Corrector den Correctur=Abzug als vollständigen Bogen vor sich, so hat er zu allererst zu untersuchen, ob Norm und Signatur als Prime und Secunde richtig ist und ob nach Maßgabe der Signatur der erste Columnentitel in seiner Zahl stimmt, ob sie sämmtlich richtig fortlaufen, am richtigen Platz rechts oder links sich befinden, etwaige lebende Columnentitel mit den Seiten selbst harmoniren und ob richtig ausgeschossen ist. Zuletzt tritt nun noch die Anforderung an den Corrector heran, daß er streng acht giebt auf die Regeln der Kunst und unerbittlich zeichnet, wo er Verstöße gegen dieselben antrifft, als da sind unegale Zwischenräume, schlechte Theilungen, ordnungswidrige Ausgänge u. dgl. m.

Correctur machen, unrichtig ausgedrückt corrigiren, bezweckt die Berichtigung der in der Correctur vermerkten Fehler und Unrichtigkeiten, namentlich die Wechselung falscher Buchstaben mit den richtigen, die Umwendung verkehrt stehender Buchstaben, das Niederdrücken der Spieße, das Ausbringen einzelner zu viel gesetzter Buchstaben, Sylben, Wörter oder Hochzeiten (s. Ausbringen) und das Einbringen fehlender Buchstaben, Sylben, Wörter oder Leichen (s. Einbringen), überhaupt die Zurechtstellung des in der Correctur Gezeichneten. Die zu berichtigende Form wird entweder als Columne oder Fahne auf ein Schiff genommen, oder die Form auf einen Corrigirstuhl oder auf die Schlußplatte u. s. w. gestellt. Das zum Correctur machen verwendete Instrument ist die Ahle (s. b.) oder nach Belieben die Corrigirzange (s. b.); beide Instrumente vermitteln das Herausnehmen der Buchstaben. Falls die Form auf der Platte liegt, und der erforderliche Schriftkasten nicht in der Nähe ist, so bedarf man auch noch des Corrigirwinkelhakens (s. b.). Die auf ein Schiff genommene Columne oder Fahne ist aufzulösen, die Ahle muß scharf sein, so daß nach leisem Anstechen unterhalb des Bildes die Type in die Höhe zu heben ist. Die Fehler der Correctur müssen sorgsam und sämmtlich verbessert und so gemacht werden, daß bei dem nachherigen Abdruck keine Stellen zu entdecken sind, wo durch unverhältnißmäßig große Zwischenräume etwas ausgebracht oder durch ordnungswidriges Enghalten etwas eingebracht ist. Die Egalität der Zwischenräume darf durch die Corrigenden nicht geschädigt werden.

Correctur-Papier. Ehedem behandelte man das Correcturwesen viel behutsamer als heute; so wurde auch zu den Correcturen ein eigens zu diesem Zwecke präparirtes Papier verwendet, das Planirtes Papier hieß. Heute nimmt man möglicherweise Abgangsbogen zu den Correctur-Abzügen.

Correctur, schlechte, s. Schlechte Correctur.

Correctur-Vorleser. Im Auslande heute noch durchweg, war es ehedem auch in Deutschland Brauch, bei der Correctur einen Vor- oder Nachleser zu haben, was im allgemeinen ein rascheres Fortkommen mit sich bringt, und bei Ziffernsatz, Coursen, Preislisten und dergleichen wohl unbedingt nöthig ist. Die Nachlässigkeit, mit welcher heute unser Correcturwesen gehandhabt wird, in anderer Weise aber auch wohl die mangelnde Fähigkeit jüngerer Leute hierzu, hat die Correctur-Vorleser meist in Wegfall kommen lassen. Uebrigens bringt ein unbefähigter, nicht zuverlässiger Vorleser dem Corrector mehr Aufenthalt und Nachtheil, als Förderung im Fortkommen.

Correctur-Zeichen. Zum Zeichnen der Fehler und Unrichtigkeiten in der Correctur bedient man sich gewisser Zeichen, welche im nachstehenden beschrieben sind: 1) Das hauptsächlichste und am meisten vorkommende Zeichen in der Correctur ist der Vertikalstrich (|), mit welchem ein unrichtiger Buchstabe im Satze durchstrichen, der Strich am Rande wiederholt und der zu verbessernde Buchstabe daneben geschrieben wird; bei einer ausgelassenen Type wird dieser Strich durch die benachbarte gezogen und diese sowohl als auch die fehlende hinter den Strich am Rande verzeichnet. 2) Der zweifache Vertikalstrich (||) betrifft die Berichtigung zweier fehlerhafter neben einander stehender Typen; hier ist nun ebenfalls der zweifache Strich am Rande unter Vermerkung der zu nehmenden Buchstaben dahinter anzubringen. 3) Der Horizontalstrich (—) wird gebraucht, wenn mehr als zwei an einander stehende Buchstaben, eine Sylbe oder ein Wort falsch sind: das Unrichtige durchstrichen und den Strich am Rande wiederholt, wird die Corrigenda daneben geschrieben. 4) Das Deleatur-Zeichen (aus dem Lateinischen stammend und die Kürzung del. von deleatur, es werde ausgemerzt, fortgenommen) hat die Gestalt von ⌀ oder ist auch die Kürzung del., verlangt, daß das im Satze Gestrichene fortgenommen wird, während am Rande dieselben Striche wie inmitten des Satzes zu wiederholen und dieses Zeichen dahinter zu machen ist. 5) Das Vertatur-Zeichen (entstanden aus der lateinischen Kürzung v oder vert. von vertatur, es werde umgewendet) hat in der Correctur das Wurzelzeichen der Mathematik √; wo es am Rande neben dem beziehentlichen Strich steht, giebt es die Anweisung, einen verkehrt stehenden Buchstaben umzuwenden. 6) Das Verbindungszeichen ist ein oben und unten von einem Bogen nach innen eingeschlossener Vertikalstrich (⌶), will, im Satze und am Rande ohne weitere Beigabe vermerkt, die Zusammenfügung von einander abstehender Typen oder die Verkleinerung zu großer Zwischenräume. 7) Das Auseinanderstellungs- oder Trennungszeichen, ein Vertikalstrich, welcher oben und unten mit einem nach außen gerichteten Bogen (⌶) versehen ist; im Satze und am Rande ohne weiteres gezeichnet, bedingt es die Auseinanderstellung zweier Wörter, zwischen denen der Raum fehlt, oder die Erbreiterung eines zu engen Zwischenraumes. 8) Das Spieß-Zeichen (s. Spieß) ein Gitterkreuz, wird einfach am Rande neben einer Zeile gemacht, in der eine Ausschließung in die Höhe gekommen und mit abgedruckt ist, welche infolge dieses Zeichens niedergedrückt werden muß. 9) Der Schenkelstrich, welcher in den mannichfachsten Variationen auftritt (ein Vertikelstrich mit einem, zwei oder drei Schenkeln oben oder unten nach rechts oder links auslaufend. Er wird zwischen Wörter angebracht und daneben am Rande, wenn eine Auslassung stattgefunden hat. 10) Das Zeichen „s. M." ist die Kürzung von siehe Manuscript, und hat die Bedeutung, daß an der Stelle, wo innerhalb des Satzes der Schenkelstrich sich auf diesen Vermerk bezieht, eine größere Stelle fehlt, die auf der Correctur zu schreiben der Raum mangelte. — Diese Zeichen in der Correctur selbst sind auf der rechten Seite des Satzes jedesmal neben der betreffenden Zeile zu machen, und nur wenn die Correctur so schlecht ist, daß dieser Rand nicht ausreicht, um die Fehler deutlich zu bezeichnen, kann auch der linke Raum benutzt werden. Bei zweigespaltenem Satz wird neben jeder Spalte gezeichnet, bei mehrspaltigem Satz entweder auf der spalteninnigen oder an beiden Seiten, indem man die Zeichen zu den verschiedenen Spalten durch einen Längsstrich von einander scheidet.

Correspondent für Deutschlands Buchdrucker und Schriftgießer. Besteht seit 1. Januar 1863. Im Anfange erschien derselbe wöchentlich einmal in Borgisschrift zweispaltig, von 1865 ab in Borgis- und Petitschrift dreispaltig, von 1868 ab ausschließlich in Petitschrift, 1869 wurde das Format vergrößert, 1870 wieder zum alten Format zurückgekehrt, jedoch bei zweimaligem Erscheinen per Woche; seit 1875 erscheint das Blatt wöchentlich dreimal. — Das Eigenthumsrecht gehörte bis zum Januar 1872 dem „Fortbildungsverein für Buchdrucker" in Leipzig und ging dann an den deutschen Buchdruckerverband über, dessen Organ der Correspondent seit 1866 war; als Verleger zeichnet seit 1874 die „Productivgenossenschaft deutscher Buchdrucker" in Reudnitz-Leipzig. — Als verantwortlicher Redacteur zeichneten im Anfange Julius Hecht und David Greßner; letzterer trat jedoch bereits am 1. April des genannten Jahres zurück. Am 1. Januar 1865 trat Carl Heinecke in die Redaction ein und übernahm dieselbe selbstständig, nachdem auch Julius Hecht am 1. April zurückgetreten war. Heinecke starb im August 1866 und es trat an dessen Stelle Richard Härtel.

Correspondenz-Zeichen, auch Original-Zeichen, ist bei den Zeitungen und Zeitschriften das einem Artikel vorgesetzte Zeichen, welches für jeden Correspondenten und Berichterstatter ein eigenes ist und das auf der andern Seite wieder auf den Verfasser schließen läßt, oder sonst anzeigt, daß der betreffende Artikel eine selbstständige Original-Arbeit ist. Das einfache Sternchen wird als Redactionszeichen betrachtet. Zu diesem Zeichen verwendet man die verschiedenartigsten Charaktere, mathematische, medizinische und Kalenderzeichen, lateinische und griechische Buchstaben, Sternchen, Kreuze und Paragraphe.

Corrigiren ist ein unrichtiger Ausdruck für Correctur machen.

Corrigirstuhl. Dieses, jetzt ziemlich aus der Mode gekommene, aber immerhin sehr nützlich gewesene Requisit eines Setzerlokals hat die Gestalt eines hohen Schemels. In eine etwa 4—5 Cm. starke runde oder viereckige Holzplatte, deren Flächen, wenn sie viereckig, etwa 30 Cm. einnehmen, oder die, falls sie rund, einen gleichen Durchmesser hat, sind drei oder vier Beine von 1 Meter Länge eingelassen, welche nach unten schräg auslaufen und etwa 25 Cm. vom Boden insgesammt durch Querleisten verbunden sind. Auf der obern Platte befindet sich meistens noch eine in Größe, Form und Gestalt mit jener Platte concurrirende bewegliche Scheibe. Dieses Requisit dient bei geschlossenen oder geschlossen gewesenen Formen behufs deren Correcturmachung zum Daraufstellen derselben, war ehedem unentbehrlich, ist aber heute, wo die Correctur bei fast jedem Satz auf dem Schiffe gemacht wird, so ziemlich in Vergessenheit gerathen.

Corrigir-Winkelhaken wird ein einfaches Holzinstrument von der Form unsers metallenen Winkelhakens genannt, das anstelle der gewöhnlichen innern geraden Oeffnung nur eine schräg abfallende von geringerm Umfange hat, dazu angethan, um die zum Correcturmachen erforderlichen Buchstaben aufzunehmen und zwar in dem Falle, wenn dieselbe auf einer Platte oder dem Fundament besorgt werden soll, in deren Nähe ein betreffender Schriftkasten fehlt. Das Holzinstrument ist dem metallenen Winkelhaken vorzuziehen, weil man dasselbe während des Gebrauches auf die Schrift stellen kann, ohne dieselbe zu beschädigen.

Corrigirzange oder Pincette, eine federnde unten spitz zulaufende Zange aus Stahl, welche beim Correcturmachen oder Aendern von Tabellen mit Messinglinien, bei denen die Ahle nicht faßt, zu verwerthen ist.

Coster, Lorenz Janszoon, d. h. Johannes Sohn, gilt bei dem holländischen Volke als der Erfinder der Buchdruckerkunst, war ein wohlhabender Bürger der Stadt Haarlem und Küster (daher der Name Coster) daselbst, welches Amt in seiner Familie erblich gewesen ist. Ueber Jahr und Tag seiner Geburt ist nichts Bestimmtes bekannt; auch von seinem Lebenslauf weiß man Authentisches so viel wie gar nichts, doch scheint festzustehen, daß er um 1447 gestorben ist. Wenn sein Verehrer, Adrian Roman, ein Buchdrucker in Haarlem, betont, daß er zum Bürgermeister von Haarlem gewählt sei, so ist dieses mit nichts erwiesen, neuerdings sogar urkundlich als falsch documentirt worden. Außer der Juniusschen Fabel sind noch diverse andere über Coster aufgetaucht, und der erste, welcher ihn als Erfinder der Buchdruckerkunst der Welt vorführte, war Dierick Coornhert, um 1561 Buchdrucker zu Haarlem, welcher in der Dedication zu seinem Werke „Officia Ciceronis" schreibt, Lorenz Johann Coster sei der Erfinder der Buchdruckerkunst gewesen. Ihm folgte dann bald der Arzt Adrian Junius mit der Vorführung der Coster-Legende (s. Buchdruckerkunst, Erfindung), weiter Schriver, Boxhorn und 1630 der obengenannte Verehrer Lorenz Johannes Costers, welcher demselben sogar vor dessen ehemaligen Wohnhause ein Denkmal errichten ließ, wie erzählt wird, aber auch mit diesem Denkmal soll es eine Fabel sein, denn verschiedene Zeitgenossen Romans haben dasselbe vergeblich gesucht, vielmehr nur an dem Hause Costers dessen Bildniß auf Holz gemalt gefunden und zwar mit der Inschrift:

MEMORIÆ. SACRVNI.
TYPOGRAPHIA. ARS. ARTIVM. CONSERVATRIX.
HIC. PRIMVM. INVENTA. CIRCA.
AN. cloccccxo.

Derselbe Adrian Roman hat zu Ehren Costers ein Buch: Ses Evangelische Historien, verfaßt von Daniel Dyke, herausgegeben, welchem er ein Bildniß Costers in Kupfer gestochen vorheften ließ, das folgende Inschrift führte:

M. S.
Viro Consulari
LAURENTIO COSTERIO
HARLEMENSI
Alteri Cadmo & Artis
Typographicae circa
Annum Domini
M. CCCC. XXX.
inuentori primo
Bene de liieris ac toto orbe
merenti.
Hanc Q. L. C. Q. Statuam quia aeream
non habuit pro monumento
posuit ciuis gratifs
ADRIANUS ROMANUS
A. MDCXXX.

Unter dieser Inschrift befindet sich dann noch folgendes Distichan:
Vana quid archetypos et praela *MOGONTIA* jactas?
HARLEM Archetypos praelaque nata scias.
Extulit hic monstrante Deo *LAVRENTIVS* artem,
Dissimulare virum hunc, dissimulare Deum est.

Seine Nation vindicirt Coster auch die Herausgabe des 1440 in den Nieder= landen erschienenen Donats, einer der ältesten Holztafeldrucke. Da aber keine der holländischen Ausgaben Costers Namen führt, so ist auch dieses nicht mit Sicherheit anzunehmen, wiewohl es der Fall sein mag.

Coupon einer Zeitung, oder Abschnitt derselben, bezeichnen wir meistens mit Feuilleton oder Unter dem Strich. Er bildet den unterhaltenden Theil des Blattes.

Couronne, spr. kuronn', eigentlich Krone, Benennung eines französischen feststehenden Papierformats, das nach Lefèvre genau 36:46 Centimeter mißt.

Crantz, Martin, gebürtig aus Colmar, war der Genosse von Ulrich Gering und Michael Freiburger, welche in Deutschland, wahrscheinlich zu Mainz, die Kunst erlernt hatten, und im Jahre 1469 nach Frankreich berufen wurden, um in der Sorbonne zu Paris eine Buchdruckerei einzurichten. Im Jahre 1470 er= schien ihr erstes in Quart mit Gothisch gedrucktes Werk unter dem Titel: „Ga= sparini Pergamensis Epistolarum opus." Sie verließen jedoch bald die Sorbonne und schlugen ihre Werkstatt in einem Hause „Zur Goldenen Sonne" auf, aus welcher 1475 die „Biblia latina vulgata" hervorging. Dieselbe war in Folio gedruckt und hatte andere Typen, als ihr erstes Druckerzeugniß. Der Druck dieser beiden Werke ist sehr leserlich, es sind wenige Abbreviaturen darin enthalten und zwischen den Wörtern sind bereits Zwischenräume gemacht. Martin Crantz und Michael Freiburger traten 1477 aus dem Geschäfte aus.

Creußner, Friedrich, war gleichzeitig mit Koburger oder auch schon vorher Buchdrucker in Nürnberg. Er druckte hier einen Psalter in lateinischer Sprache und den Donat. Die erste Druckschrift, welche seinen Namen und das Jahr 1472 enthält, war Albrecht von Eybs Buch: „Ob einem Mann sey zu nemen ein erlichs Weib oder nit?" Er hat seitdem bis 1496 verschiedene deutsche und lateinische Werke, meistens mit schönen Typen und großer Sorgfalt hergestellt, unter denen eines der interessantesten und seltensten „Das puch des edeln Ritters vnd landt farers Marcho Polo" ist. Dasselbe ist 1477 in Folio erschienen und sind nur wenige Exemplare davon bekannt.

Cromberger, ein deutscher Typograph, war gegen das Ende des fünfzehnten Jahrhunderts einer der ersten Drucker in Sevilla. Er wurde hier bald Eigner des bedeutendsten Geschäfts dieser Art und wetteiferte durch vortreffliche Leistungen mit sämmtlichen Berufsgenossen Spaniens.

Cursiv, d. h. die laufende, die vornüberliegende Schrift, dient in der Antiqua als Auszeichnung und wurde in Italien erfunden, weshalb sie in der englischen und französischen Typographie heute noch die Italienische (engl. Italic, französisch Italique) genannt wird.

Custos, der Hüter des Verfolgs beim Lesen, in der Mehrzahl Custoden, steht allemal nach der letzten Zeile einer jeden Seite, rechts an der Ecke, und enthält das erste Wort oder die beiden ersten Sylben des ersten Wortes der nächsten Seite, und bildet somit für den Leser gewissermaßen den Wegweiser beim Umschlagen des Blattes oder die Brücke zum Uebergange nach der nebenstehenden rechten Seite. Der Custos ist heutigen Tages nicht mehr gebräuchlich; angewendet wird er nur noch in den Fällen, wo ein älteres Buch getreu copirt wird, oder allenfalls bei Gesangbüchern und Bibeln.

Cylinderfärbung ist bei der Schnellpresse die Verreibung der Farbe mittelst Cylinder, oder mit anderen Worten, bei Maschinen mit Cylinderfärbung besteht das Farbewerk aus Cylindern, namentlich dem Ductor, der Leckwalze, dem gelben oder nackten Cylinder, den Reibewalzen rc.; es ist das entgegengesetzte Verhältniß der Tischfärbung.

Cylinder. Die Bezeichnung Cylinder kommt in der Buch- und Steindruckerei in den mannichfachsten Bedeutungen vor; wir reden von einem Druckcylinder, einem Farbecylinder, einem Halben Cylinder, einem Nackten oder Gelben Cylinder, einem Walzencylinder u. dgl. m. und müssen auf die betreffenden Stellen des Alfabets verweisen.

Cyrillika, s. Zyrillika.

D

D d, vierter Buchstabe im deutschen Alfabet und in fast allen übrigen Alfabeten, ein weicher Mitlaut, dem als harter von gleichem Laut das T t gegenübersteht, hat in den meisten neueren Alfabeten auch dem unsern gleichen Namen; sonst heißt er im Slawonisch-Zyrilischen Dobro, im Koptischen Daldo, im Iberischen Don, im Arabischem Dal, im Hebräischen Daleth, im Griechischen Delta, im Syrischen Dolath, im Glagolitischen Dobro. Als römisches Zahlzeichen repräsentirt D den Werth von 500.

Dänische Abkürzungen. In der dänischen Sprache wird es mit der Behandlung der Abkürzungen ebenso gehalten, wie im Deutschen; das Abkürzungszeichen ist dort wie bei uns der Punkt. Die allgemein vorkommenden dänischen Schriftkürzungen sind folgende:

A., Aften, Abend; Aar, Jahr. — a. D., anden Deel, zweiter Theil. — Afd., Afdeling, Abtheilung. — Afg., Afgang, Abgang. — Afsn., Afsnit, Abschnitt (eines Buches). — Ank., Ankomst, Ankunft.

B., Bind, Band (eines Buches). — behgl., behageligst, gefälligst. — Bl., Blab, Blatt (als Zeitschrift).

D., Deel, Theil (eines Buches). — d. A., dette Aar, dieses Jahres. — desang., desangaaende, betreffend. — desl., deslige, desgleichen. — d'Hrer, de Herrer, die Herren. — d. M., denne Maaned, dieses Monats. — ds., dennes, dieses (dieses Monats). — d. U., denne Uge, diese Woche.

Efterm., Eftermibbag, nachmittags.

f., for, für, zu, auf. — F., Frebag, Freitag. — f. E., for Eksempel, zum Beispiel. — fl., flere, mehrere. — Form., Formibbag, vormittags. — Fr., Frue, Frau. — fr., frit, frei (auf Briefen). — Frk., Froken, Fräulein (adeliges).

Hds. k. M., Hendes kongelige Majestæd, Ihre königliche Majestät. — H. k. M., Hans kongelige Majestæd, Seine königliche Majestät. — Hr., Herre, Herr. — Hrer., Herrer, Herren. — Hs. k. M., Hans kongelige Majestæd, Seine königliche Majestät. — Hoih., Hoihed, Hoheit.

i A., i Aaret, im Jahre. — i Afs., iaftes, gestern Abend. — i M., i Maaned, im Monat. — Indb., Indbygger, Einwohner. — Indv. Indvortes, Inneres, Innern; Indvaaner, Einwohner. — Jomfr., Jomfru, Fräulein.

K., Kapitel. — k., kongelig, königlich. — kgl., kongelig, königlich. — Kl., Klokken, Uhr (z. B. Kl. fire o. Efterm., vier Uhr nachmittags). — Kr., Krone, die Krone, dänische Geldmünze. — kv. und kvindel., kvindelig, weiblich (in Sprachlehren).

L., Linea, Zeile. — Lb., Loverbag, Sonnabend.

M., Mandag, Montag; Maaned, Monat; Middag, mittags. — Medl., Medlem, Mitglied. — Midd., Middagen, mittags. — m. m., men mere, aber mehrere, b. h. mehrere, und so weiter. — maaned., maanedelig, monatlich. — mænd., mændelig, männlich (in Sprachlehren).

N., Natten, nachts. — Norre, Nord. — No. und Nr., Nummer.

O., Onsdag, Mittwoch. — o, om, um; og, und. — o. A., om Aftenen, abends. — o. E., om Eftermiddagen, nachmittags. — o. F., om Formiddagen, vormittags. — o. M., om Middagen, mittags. — o. N., om Natten, nachts. — o. Mn., om Midnatten, mitternachts. — o. s. v., og saa videre, und so weiter.

P. und Pb., Pund, Pfund. — Pl., Plads, Plat. — Pr., Priis, Preis.
S., Sondag, Sonntag; Syd und Sonder, Süden; Side, Seite (eines Buches).
— s. t., saakaldt, sogenannt. — s. m., saa meget oder saa mange, so viel oder
so viele. — saak., saakaldt, sogenannt.
T., Tirsdag, Dienstag. — Tib., Tidende, Zeitung. — Tidsskr., Tidsskrift,
Zeitschrift. — To., Torsdag, Donnerstag.
Udv., Udvortes, Aeußeres, Aeußern. — ugl., ugelig, wöchentlich.
V., Vest und Vester (spr. west, wester), West. — v., ved, an, bei. — v. Bl.
Udg., ved Bladets Udgiveren, bei dem Herausgeber des Blattes (zu erfragen). —
Vedk., Vedkommende, Betreffende. — velb., velbaarn, wohlgeboren (auf Briefen).
— vid., videre, weiter. — v. Rh., ved Rhinen, am Rhein. — v. T. E., ved
Tidendens Ekspedition, bei der Expedition dieser Zeitung.
Aa., Aar, Jahr. — Aarg., Aargang, Jahrgang. — aarl., aarlig, jährlich.
— Aarst., Aarstal, Jahreszahl; Aarstid, Jahreszeit.
Ærb., ærbødigst, ergebenst.
Ø., Öre, Oere, dänische Scheidemünze; Öst und Öster, Ost und Osten.

Dänische Ligaturen. Die dänische Typographie hat neben ihren durch
die Beschaffenheit der Sprache bedingten Ligaturen ebenfalls unsere deutschen,
nämlich ß, ʦ, ch, ck, obwohl sie dieselben nur in deutschen Wörtern, das ck allenfalls zur schwedischen Sprache, verwerthen kann. Die wirklich dänischen Ligaturen sind st, sl, si, ss, ll, si, fl, ff und st. Das sk vertritt unser sch, für unser d
braucht die dänische Sprache ein doppeltes k. Am Ende der Zeilen in der
Sylbentheilung werden ss, ff, sl und ll von einander getrennt, gleichwie bei
uns, und wo vor ff, sl und ll der eine Buchstabe zur andern Sylbe gehört, werden sie dort wie hier nicht als Ligatur genommen, sondern aus Typen zusammengesetzt.

Dänische Schreibschrift. Wenn die Dänen sich auch unserer Currentschrift zum Schreiben bedienen, so weicht sie doch in einigen Buchstaben von
unserer ab, was zumal von dem langen ſ in seiner Verbindung mit k und l und
v gilt. Diese Abweichungen sind jedoch nicht bedeutsam, so daß wir uns nicht
länger dabei aufhalten wollen, nur muß der in unserer Sprache fehlenden Buchstaben Æ æ und Ø ø in ein paar Worten gedacht werden. Der erstere hat im
Schreiben eine Form, als wenn wir an den ersten Zug unsers A der Currentschrift ein kleines l derselben hinzufügen, und ungefähr ebenso ist es mit dem
kleinen Buchstaben der Fall, indem er wie unser geschriebenes a aussieht, das
rechts eine Oese hat. Ueber das Ø ø wird im Schreiben ein Accent gemacht,
nicht aber durchstrichen, weil dies zu Mißverständnissen Veranlassung geben könnte.

Dänische Sprache. Die dänische Sprache ist germanischen Stammes und
steht von allen übrigen desselben ihr heute noch am nächsten; ihre Druckschrift
ist die der deutschen Sprache, die Fraktur, noch mit den Anstrengungen, welche
von der dänischen Typographie dann und wann gemacht sind, dieselbe durch die
Antiqua zu ersetzen, ist es ebenso gegangen, wie bei uns: sie sind im Sande verlaufen. Weil eben die dänische Sprache mit der deutschen so nahe verwandt ist,
wird es dem Deutschen sehr leicht, sie zu erlernen, besonders bezüglich des Schriftlichen, denn dieses ist in der Beugung des Nennwortes, des Eigenschafts- und
Fürwortes und in der Abwandlung des Zeitwortes viel einfacher, als das der
deutschen Sprache. — Das mündliche Dänisch macht in der Aussprache etwas
mehr Schwierigkeit; sie ist weich, sehr hellklingend und hat keinen unserer Gaumenlaute. Zumal wird uns die Aussprache des dänischen Grundlautes A a außerordentlich schwer, denn dieser lautet ganz hell, wie der des Italienischen und

Französischen; das doppelte Aa aa ist ein eigener Buchstabe, ein gedehnter dumpfer Selbstlaut, den wir ganz genau in dem tiefen englischen, schwedischen und nordisch plattdeutschen a wiederfinden; er lautet wie ein in einander gezogenes ào, igaar (spr. igaor) gestern, Aar (aor) Jahr; niederplattdeutsch: laoten, lassen; faoten, fassen; gaoen, gehen; auch im Dänischen at gaae (gaoe) gehen. B b lautet im Dänischen wie bei uns; C c fehlt der Sprache; D d im Anfange der Sylbe wie bei uns, am Schlusse einer solchen wird es verhaucht und geht in einen fast unhörbaren Anlaut von s über, med (me') mit, Sandhed (san'he') Wahrheit, fælleds (fälle's) gemeinschaftlich; indeß nach einem Mitlaut am Schlusse einer Sylbe wird es etwas hörbarer, aber ganz weich gesprochen, sand (sand) wahr, sund (sund) gesund; D y lautet — gleich dem Griechischen und ebenso genannten Buchstaben — wie das deutsche Ue ü, at bryde (brüde) sich kümmern, at lyde (lüde) lauten, at fryde sig (früde) sich freuen; h ist halb Selbst- und halb Dehnlaut, halb Mitlaut, Hjerte (Jerte) Herz, hver (wehr) jeder, hvem (wemm) wer; das B v hat die dänische Sprache nur dem Zeichen nach, sonst hat es die Bedeutung unsers w, vi (wi) wir (das B v ist im Deutschen auch ja ein ganz überflüssiger Buchstabe); J j als gemeiner Buchstabe Halbmitlaut, als großer Buchstabe genau unser Jot, Jorden, die Erde; Fjord, die Föhrde, at gjøre, thun, machen, jeg (jei) ich. Die übrigen dänischen Buchstaben unterscheiden sich von unseren in der Aussprache nicht. — Die Nennwörter im Dänischen werden wie im Deutschen mit großen Anfangsbuchstaben geschrieben, ebenso die anredenden Fürwörter De, Dem, Deres (Sie, Ihnen, Ihrer), und sind auch im übrigen die Regeln über das Großschreiben dort wie hier die gleichen. Das Nennwort hat keine Beugung, bleibt sich vielmehr in der Endung gleich; der Genitiv wird durch Vorsetzung des Vorwortes af (von) oder durch Umstellung wie im Englischen und manchmal auch im Deutschen gebildet, z. B. Sønnen af Faderen, der Sohn des Vaters, Faderens Søn, des Vaters Sohn. Die Nennwörter haben zwei Geschlechter, ein gemeinschaftliches (Fælledskjøn, und ein ungeschlechtliches, Intetkjøn; der Geschlechtswörter giebt es drei, en für das gemeinschaftliche, et für das ungeschlechtliche und ene (ne) für die Mehrzahl; in der bestimmten Redeweise wird das Geschlechtswort dem Nennwort angehängt, Fader, Vater, Faderen, der Vater, af Faderen, des Vaters; Blad, Blatt, Bladet, das Blatt, af Bladet, des Blattes; in der unbestimmten Redeweise steht das Geschlechtswort voran, Moder, Mutter, en Moder, eine Mutter, af en Moder, einer Mutter; Brev, Brief, et Brev, ein Brief, af et Brev, eines Briefes; ene und ne ist der Artikel der Mehrzahl für beide Geschlechter und wird angehängt: Moderne, Fadrene, Sønnerne, Herrerne, die Herren, Bladene, die Blätter. Das Eigenschaftswort hat einen besondern Artikel, der stets vor demselben steht und zwar: den, det und de, letzterer für die Mehrzahl, z. B. den gode Broder, der gute Bruder, af den gode Broder, des guten Bruders, de gode Brodre, die guten Brüder; det kjære Syn, der liebe Anblick, den yndige Pige, das reizende Mädchen; auch die Vergleichung der Eigenschaftswörter ist im Dänischen unserer gleich: smuk, hübsch, smukker, hübscher, smukkest, hübschest; den smukkeste Menneske, der hübscheste Mensch; god, gut, bedre, besser, bedst, best; lille, klein, liden, kleiner, geringer, lidst, kleinst; mindre, minder, mindst, mindest. — Das Fürwort oder Stedord (spr. steh-or') ist von gleicher Beschaffenheit mit unserm, sogar das Anredewort De ist die Mehrzahl des persönlichen Zeitworts mie unser Sie; jeg (jei) ich, mig, mir, mich; du, bu, dig, dir, dich; han, er; hun, sie, hende, hendes, ihre, ihrer; vi, wir, os, uns; eder, ihr, be, sie; — min, mit, mein, mine, meine, Mehrzahl; bin, bit, bine, bein, deine; sin, sit, sine, sein, seine, z. B. min Dreng, mein Knabe, bin Datter, beine

Tochter, fit Huus, sein Haus, sine Huse, seine Häuser. Das Umstandswort weicht von unserm in etwas ab, indem es sich nach dem Geschlechte des Subjekts richtet, z. B. Panden af ham er brede, er hat eine breite Stirn; Huset er bredt, das Haus ist breit; Dronningen er gode, die Königin ist gut; Barnet er godt, das Kind ist gut; Manden blev fri, der Mann wurde fri; Brevet er frit, der Brief ist frankirt. — Das Dänische Zeitwort, Tibord (ti'or') genannt, ist in seinen Formen und Zeiten ebenso arm wie das der englischen Sprache und noch ärmer, als unsers; es besitzt eigentlich nur eine Gegenwart und eine Vergangenheit, während alle übrigen Zeiten mit Hülfszeitwörtern gebildet werden müssen, z. B. at elste, lieben; Mittelwort der Gegenwart elstende, liebend; Mittelwort der Vergangenheit elstet, geliebt; Gegenwart: jeg, du, han, hun, man elster, ich liebe, du liebst, er, sie, man liebt; vi, J, de elste, wir lieben, ihr liebt, sie lieben; Vergangenheit: jeg, du, han, hun, man, vi, J, de elstede, ich liebte, du liebtest, er, sie, man liebte, wir, ihr, sie liebten; zusammengesetzte Vergangenheit: jeg har elstet, ich habe geliebt; jeg havde elstet, ich hatte geliebt; Zukunft: jeg skal elste, ich werde lieben; jeg skal have elstet, ich werde geliebt haben. An Hülfszeitwörtern besitzt die dänische Sprache fünf: have, haben; vœre, sein; blive, werden; skulle, sollen; maatte, mögen, müssen. — Auch die Zahlwörter werden wie im Deutschen, abweichend von fast allen übrigen Sprachen, mit dem Bindewort (og) gebildet: en (et) 1, to 2, tre 3, fire 4, fem 5, seks 6, syve 7, otte 8, ni 9, ti 10, elleve 11, tolv 12, tretten 13, fjorten 14, femten 15, fifsten 16, sytten 17, otten 18, nytten 19, tyve 20, enogtve 21 u. s. w., trediv 30. — Die Ordnungszahlen haben den Artikel des Eigenschaftswortes, den für das Fællebskjøn, bet für das Intetkjøn und be für die Mehrzahl bei sich, z. B. den Første, der oder die erste, det Første, das erste, be Første, die ersten; ebenso den Anden, der zweite, be Andre; den Tredie, der. dritte u. s. w. Die hier nicht aufgeführten Wörterklassen bedürfen keiner weitern Erwähnung.

Dänischer Gießzettel. Der Gießzettel auf Seite 213 ist, wie die meisten in diesem Buche gegebenen, auf 100,000 Buchstaben berechnet (s. Gießzettel).

Dänischer Kasten. Der dänische Schriftkasten auf Seite 214 ist mit dem bei uns gebräuchlichen ziemlich übereinstimmend und kann auch deutsch daraus gesetzt werden, weil er zum Ueberfluß alle diejenigen Frakturbuchstaben enthält, welche der Satz der deutschen und schwedischen Sprache erfordert.

Dänischer Satz. Der Satz im Dänischen wird in seinen Regeln fast ebenso gehandhabt wie bei uns, nur das Abstellen des Komma vor dem Worte, wozu er gehört, kennt die Theorie der dänischen Typographie ebensowenig, wie die des übrigen Auslandes, und wo man dieses in einem dänischen Drucke sieht, rührt es von einem deutschen Setzer her. — Dem Setzer, der dieser Sprache nicht mächtig ist, macht das Theilen der Wörter in ihren Sylben von einer Zeile zur andern Schwierigkeit, weshalb wir die hauptsächlichsten Anhalte darüber hier geben wollen. Zu allererst muß man sich vergegenwärtigen, daß die Sylben en, et und ne einem Worte angehängte Geschlechtswörter sind, so daß z. B. Manden nicht Man=ben, Bladet nicht Bla=bet, Folket nicht Fol=ket getheilt werden kann; wollte man sie theilen, so müßte es so geschehen: Mand=en, Blad=et, Folk=et, da man nun aber zwei Buchstaben nicht abtheilen darf, so gilt hier die Regel, daß einsylbige Nennwörter, welche infolge Anhängung des Artikels zweisylbig werden, untheilbar sind. — Das st ist zusammengegossen und darf demnach niemals aus einander gerissen werden; es ist daher zu theilen Menne=stene, aber nicht Mennes=kene, el=ftebe, aber nicht els=kebe, Ven=stab, Freundschaft, aber nicht Vens=stab: in diesen Fehler verfallen unsere deutschen Setzer fast durch=

Dänischer Sießzettel

gängig. — Es ist auch eine Kenntniß der Vorwörter zum richtigen Theilen erforderlich, die hier also folgen soll: bag, hinter, bagefter, hinterher, zu theilen bag=efter, aber nicht bagef=ter; for, ver=, foruben, außerdem, zu theilen for=uben, nicht aber foru=ben, fore, vor, forevife, vorzeigen, zu theilen fore=vife, nicht fo=revife; heraf, hiervon, zu theilen her=af, nicht he=raf; forinben, innerhalb, zu theilen for=inben, nicht fo=rinben; foruben, außerhalb, zu theilen for=uben, nicht fo=ruben; henover, hinüber, zu theilen hen=over, nicht he=nover; berover, darüber, zu theilen ber=over, nicht be=rover; tilenbe, schließlich, zu theilen til=enbe, nicht ti=lenbe; mebems, während, zu theilen meb=ems, nicht me=bems; gjennemtrænge, durchbringen, zu theilen gjenem=trænge, nicht gjen=nemtrænge; at fulbenbe, vollenben, zu theilen fulb=enbe, nicht ful=benbe; at forestaae, verstehen, zu theilen fore=staae, nicht fo=restaae. — Die aus einem einzelnen Buchstaben bestehenden Vorwörter und Vorsylben dürfen nicht abgetrennt werden, als da sind: i, in, igjennem, burch; u=, un=, uventeb, unerwartet. — Zusammengesetzte Wörter sind in ihren Verbindungen zu theilen: at lyl=ønste, glückwünschen, nicht lytøn=ste; høi=tibelig, festlich, nicht høiti=belig; For=glem=mig=ei, Vergißmeinnicht; Damp=stibet, das Dampfschiff, nicht Dampfti=bet; Far=tøget, das Fahrzeug, nicht Fartø=get. — Eine gute Theilung ist stets die Endsilbe heb: Menneftelig=heb, Mensch=

Dänischer Sießzettel

Buchstaben	Zahl	Buchstaben	Zahl	Buchstaben	Zahl	Buchstaben	Zahl
m	2560	w	50	J	300	:	250
a	6000	x	50	K	300	?	210
b	1300	y	750	L	250	!	200
c	100	z	50	M	350	'	250
d	6000	æ	600	N	350	—	600
e	15000	ø	400	O	200	„ "	1000
f	900	ft	1800	P	100	§	300
g	3700	fl	300	Q	10	*	100
h	1800	fi	600	R	400	†	50
i	3300	ft	900	S	600	( )	600
j	1100	tt	500	T	300	[ ]	100
k	2200	fi	300	U	400	ä	120
l	3000	fl	200	V	350	ö	100
n	10000	ff	200	W	30	ü	100
o	4000	?	250	X	20	ch	150
p	700	H	200	Y	200		50
q	50	A	600	Z	20	st	50
r	5000	B	500	Æ	100	h	100
s	1600	C	50	Ø	80		50
s	1000	D	500	=	1100		
t	1100	E	700	.	2400		
u	3400	F	350	,	1000		
v	2300	G	400	;	400		

100,000 Buchstaben

lichkeit, nicht Menneske=ligheb; Stolt=hed, Stolz; From=hed, Frömmigkeit. — Schließlich sei dann noch die Universalregel des Theilens aller Sprachen hier betont, daß bei verbundenen Wörtern dieselben möglichst nur in ihren Wörtern zu theilen sind, was auch beim Dänischen zutrifft, z. B. underjordisk, unterirdisch, zu theilen under=jordisk, nicht un=derjor=disk. — Auch der Stamm muß zusam=

[Tabelle mit dänischen Kasten / Schriftzeichen — um 90° gedreht abgebildet]

menbleiben: Munterhed, Munterkeit, Munter=hed, nicht Mun=terhed. — Dagegen selbständige Wörter, zumal zweisylbige, sind in ihren Sylben gern und unter allen Umständen zu theilen, wenn die Gleichmäßigkeit der Wörter=Zwischenräume es erfordert, z. B. hun bliver, sie wird, bli=ver, Datter, Tochter, Dat=ter.

Dänisches Alfabet. Die dänische Sprache hat nicht alle Buchstaben des Alfabets der Fraktur, welche wir besitzen, und wenn sie die Typographie auch sämmtlich in ihrem Schriftkasten hat, so gehören sie doch durch diesen Umstand nicht der Sprache an. Das C c, Q q, W w und X x sind keine dänischen Buchstaben und werden auch in dänischen Wörtern nie gebraucht. So wird unser Quartier geschrieben Kwarteer, Viertel, Expedition Ekspedition, Comptoir Kontor. Für unser W v hat die dänische Sprache das F f, während das Zeichen W v dort Weh heißt und die Stelle unsers W w vertritt: Viin (wihn), Wein, vibere (wibere) weiter. Die dänische Sprache hat somit neun Grundlaute, nämlich a, e, i, o, u, y, aa, æ, ø, zwei Halb-Grundlaute, h und j, und sechszehn Mitlaute, als da sind b, d, f, g, h, j, k, l, m, n, p, r, s, t, v, z. — Das kleine f s in seiner zweifachen Form unterliegt im Dänischen denselben Verhältnissen wie bei uns, indem das lange f zu Anfang einer Sylbe, das runde oder Schluß-s zu Ende einer solchen benutzt wird.

Danner, ein Buchdrucker in Nürnberg um die Mitte des sechszehnten Jahrhunderts, war der erste Verbesserer der damaligen Holzpresse, indem er zuerst die messingene Spindel anwendete.

Daune, ein Engländer, Erfinder und erster Erbauer einer eisernen Handpresse, welche er Albion-Presse nannte.

Day (Daye oder Daie), John, ein berühmter englischer Buchhändler, Buchdrucker und Schriftgießer in London, war geboren in Dunwich in der Grafschaft Suffolk. Es ist wahrscheinlich, daß er aus einer angesehenen Familie stammte. Seine erste Druckerei-Offizin war (1546) nächst der Holborn Conduit, von wo er um 1549 nach der Aldersgate verzog, wo sein Geschäft dem Stadtwall benachbart war und er sich ausschließlich mit Drucken beschäftigte. Zu derselben Zeit besaß er bereits in verschiedenen Theilen dieser Metropole Verkaufsstellen für seine Bücher. Es ist wahrscheinlich, daß er während der Regierung der Königin Mary sein Drucken einstellte, und seine Aufmerksamkeit ausschließlich der Verbesserung der Kunst zuwendete, denn seine späteren Publikationen waren viel vorzüglicher, als die ersten. Die erste Saxonschrift wurde um 1567 bei ihm gegossen, und ebenso brachte er das Griechische und die Cursiv zu großer Vollkommenheit. Seine Typen besaßen große Vorzüglichkeit und er hatte ein großes Assortiment von Schriften. Day zählte zu den frühesten Mitgliedern der Londoner Buchhändler-Gesellschaft. Von wem er die Buchdruckerkunst erlernt hat, ist nicht bekannt geworden. Im Beginne seines Geschäfts arbeitete er hauptsächlich in Verbindung mit Seres; diese Theilhaberschaft dauerte aber nicht über 1550 hinaus. Day war die erste Persönlichkeit in der obigen Gesellschaft nach deren neuen Bestätigung durch Philipp und Mary und hatte in den Jahren 1564, 1566 und 1571 den Vorsteherposten und 1575 deren Directorat inne. Er starb am 13. Juli 1584, nachdem er die Buchdruckerei 40 Jahre betrieben hatte. Seine irdischen Ueberreste wurden im Kirchspiele Bradley in der Grafschaft Suffolk beerdigt, wo ihm später ein Denkmal gesetzt wurde. Sein Sohn Richard Day war der Nachfolger in seinem Geschäft. — Das Porträt dieses Mannes aus dem Jahre 1565 befindet sich in Ames Typographical Antiquities und nach diesem in Wynans „Printing Times and Lithographer", 1876, November.

Deckel ist bei der Handpresse ein sehr wichtiger Theil, da von seiner guten oder schlechten Beschaffenheit viel von dem Druck abhängt. Seiner Form nach bildet er einen länglich viereckigen Rahmen aus Eisen oder Messing, dessen Metall eine Breite von 2 Cm. und unten eine Stärke von 15 Mm. hat, welche sich nach oben bis zu 3—4 Mm. abschwächt. Er wird am Fundament befestigt und zwar mittelst Doppelschrauben, welche sich oben und unten an den Ecken der rechten Seite desselben befinden und in einer stumpfen Spitze auslaufen, in welche die Nute am Deckel eingreift. Er muß nun so regulirt werden, daß wenn das Fundament unter dem Tiegel ist, dieser genau die Mitte des Deckels einnimmt, und darauf so fest angeschraubt werden, daß er sich nicht hin= und herbewegen kann, aber nicht so fest, daß er sich spannt. Auf den Längsflächen ist der Metallrahmen des Deckels durch den Punkturenschlitz, eine Oeffnung von 5 Mm. Breite und 15 Cm. Länge unterbrochen; er ist mit Zeug überzogen oder ein solches in ihn eingespannt und steht in Verbindung mit dem Rähmchen und dem Tympan. Er dient zur Zurichtung und zur Aufnahme des zu druckenden Bogens. — Bei der Holzpresse besteht der Deckel in eben solcher Form aus Holz, meistens Buchenholz, ist mit Charnieren am Karren befestigt, mit Zeug überzogen und auf den Längsflächen des Rahmens mit eingebohrten Löchern zur Aufnahme der Punkturen versehen.

Deckelgewicht. Bei den meisten eisernen Pressen ist an dem Rahmen unterhalb des Deckels nach oben ein Gewicht von etwa fünf Kilo Schwere angebracht' welches den Zweck hat, das Aufheben des Deckels zu erleichtern, indem das Gewicht einen geringen Schwung ausübt.

Deckelschnalle. Bei der Holzpresse ist auf der innern untern Seite des Holzrahmens und zwar inmitten desselben ein beweglicher Eisenriegel von 1 Cm. Breite und 6 Cm. Länge angebracht, welcher Deckelschnalle heißt und über das Rähmchen gelegt wird, wenn dieses heruntergelassen wird, um demselben einen festen Halt zu gewähren.

Deckelstuhl oder Galgen nennt man bei der Holzpresse die Lehne hinter dem Deckel, worauf derselbe ruht, während der Drucker aus= und anlegt.

Deckel-Ueberzug oder Deckelbekleidung ist das Zeug, welches entweder in dem Deckelrahmen eingespannt oder über denselben herübergezogen und festgeklebt wird. Das dazu verwendete Zeug muß fest, vollständig knotenfrei und ohne Appretur sein. Am besten eignet sich für diesen Zweck eine feste Seide, sonst der im Handel vorkommende Gummistoff. Die Deckel zum Einspannen der Bekleidung sind im Innern des Rahmens rings herum mit kleinen Löchern versehen, um mittelst derselben und mit Hülfe einer Schnur, welche durch das Zeug und die Löcher wechselweise hindurch geführt wird, das Zeug befestigen und schließlich anstrammen zu können. Zu diesem Zwecke muß der Stoff gesäumt und vorher unter Berücksichtigung des Saumes ausgemessen werden. Bei den Deckeln, denen diese Durchlöcherung fehlt, muß der Stoff durch Leimkleister an den Rahmen befestigt werden. Man schneidet das Zeug zupaß, legt die obere (d. h. die offene) Seite des Rahmens auf dasselbe und bestreicht seine Umrisse mit Kleister, worauf der Stoff überall an den Rahmen angedrückt und schließlich angestrammt wird. Bei den Deckeln der Holzpresse ist nur ein solches Ankleben oder Ueberziehen möglich.

Dedikation, Widmung oder Zueignung, ist die Widmungszuschrift eines Buches an eine Persönlichkeit; sie muß unmittelbar auf den Titel eines Werkes folgen. Der Satz der Dedikation wird aus größerer Schrift als die des Textes genommen, splendid gehalten und am Kopfe bei allen Columnen mit einem geringen Vorschlage versehen, der mindestens den Betrag des Columnentitels ausmachen muß, während ein solcher in Dedikationen nicht angewendet wird. Die Anredeform muß brief= und titelartig, und ebenso die Schluß= und Ergebenheitsformel gesetzt werden. Geht ein Titel voran, so wird auch wohl mit dem Text der Widmung schon auf dieser Seite, aber nur in ein paar Zeilen am Fuße begonnen, meistens aber auf der dritten Seite, zumal wenn eine größere Anrede vorangeht. — Vormals war fast immer am Kopfe der ersten Seite des Textes der Dedikation eine Vignette in Kupferstich oder Holzschnitt angebracht.

Dedikationstitel ist der einer Dedikation vorgedruckte Titel, welcher dem Haupttitel unmittelbar zu folgen und seinen Stand auf der Seite mit einem Vorschlage von etwa einem Sechstel des Umfanges der Seite einzunehmen hat. Der Ausführung des Dedikationstitels in Satz und Druck ist die größte Sorgfalt zuzuwenden, denn er soll ansprechend, von schmuckloser, einfacher Anmuth, nie aber mit Zierrath überladen sein. Die Hauptzeile dieses Titels ist der Name der Persönlichkeit, welcher die Zueignung gilt; sie muß hervortreten und unbedingt die ganze Breite des Formats einnehmen, während im übrigen die Vorschriften vom Titelsatz dabei zu beobachten sind.

Dedikations-Vignette nannte man ehedem die bildliche Darstellung am Kopfe der ersten Seite des Textes einer Zueignung und bestand eine solche meistens in Kupferstich, weniger aus Holzschnitt. Insgemein stellte diese Vignette etwas vor, welches zu demjenigen, welchem das Buch gewidmet war, Beziehungen hatte, so z. B. dessen Bildniß oder Wappen, eine sinnbildliche Darstellung und dergleichen. Auch heute kommen noch Dedikations-Vignetten vor, aber nicht so beziehentlich und weit seltener als vormals.

Defecte sind für die Buchdruckereibesitzer und nicht minder für die Schriftgießereien eine sehr unliebsame Erscheinung und verstehen wir darunter die bei einer neugegossenen und erst in Gebrauch genommenen Schrift, nachdem dieselbe so weit möglich ausgesetzt ist, sich ergebenden mangelnden Buchstaben. Diese fehlenden Buchstaben kommen auffälligerweise in Deutschland fast immer bei denselben Buchstaben vor und daraus geht hervor, daß unsere deutschen Gießzettel mangelhaft sind; befremden muß es aber, daß man sich schriftgießerseits diese Erfahrungen nicht zunutze macht und die Gießzettel darnach berichtigt. Unter den Versalien fehlen immer A, B, M und S, während von C, N, O, Q, X und Y ein unverantwortlicher Ueberfluß vorhanden ist; von den gemeinen Buchstaben sind es ch, r, g und i, welche fast immer zuerst mangeln, und oft in solcher Weise, daß im Verhältniß zu den übrigen noch viel gesetzt werden könnte. Auch bei den Gemeinen wird nicht selten von solchen Buchstaben, welche fast nie gebraucht werden, ein unverantwortliches Quantum gegossen; es sei bloß an η, *, †, [ ] erinnert. Der Ueberfluß dieser und anderer Buchstaben ist bloß Ballast für den Kasten und beim Einlegen sollte man solche 1000 überflüssige η lieber gleich in den Zeugkasten wandern lassen, als dieselben weiter aufheben. Die Unsicherheit der deutschen Gießzettel, welche auf dem Gewichte, anstatt auf einer bestimmten Anzahl Typen basiren, ist schuld an den nicht enden wollenden Defecten, die oft als erste, zweite und selbst noch als dritte Defecte auftreten. Manche Buchdrucker sind der Meinung, daß die Schriftgießer absichtlich im eigenen Interesse eine Schrift defect herstellen. Dieses ist eine irrige Annahme, denn dem Schriftgießer sind die Nachgüsse ebenso unliebsam, wie dem Buchdrucker die Nachbestellungen.

Defectbogen. Es ist anzurathen, die überschießenden Exemplare der Auflage eines Werkes aufzuheben und diese Defectbogen jede Signatur für sich zusammenzuschlagen, nach ihrer Reihenfolge auf einander zu legen, in starkes Papier einzuschlagen und mit der Bemerkung „Defectbogen zu dem und dem Werke" zu versehen.

Defectbuch, s. Vorrathsbuch.

Defectkasten wird ein solcher Schriftkasten genannt, in welchem verschiedene in einer Schriftgattung zeitweilig überflüssig gewordene Typen untergebracht werden. Geht ein Buchstabe aus, so ist es möglich, daß er im Defectkasten enthalten ist, und man hat deshalb in diesem nachzusehen, falls kein besonderes Defect- oder Vorrathsbuch geführt wird. Wo die Umstände es erlauben, ist ein solcher Kasten dem Einwickeln überflüssiger Buchstaben in Papier oder dem Aufsetzen und Einschlagen vorzuziehen, weil es übersichtlicher und handlicher ist; zumal kleineren Druckereien dürfte ein solcher Kasten empfohlen werden.

Defectschrank, s. Vorrathsschrank.

Defectzettel nennt der Buchdrucker einen Zettel, auf welchem derselbe die in der neuen Schrift ausgegangenen und also mangelnden Buchstaben verzeichnet mit Angabe der Anzahl bei jedem, die angefertigt werden soll, als die ersten Defecte, welche zu dem Preise der Schrift zu liefern sind. Will man das Gewicht der Typen des Defectzettels erfahren, so braucht man nur zehn Typen desselben zu wiegen, um danach das Resultat der Hunderte und Tausende zu berechnen.

Degener, Johann Friedrich Otto, ein Deutscher (aus der Gegend von Bremen), ein künstlicher Genius für mechanische Erfindungen und Verbesserungen der Tiegeldruck-Tret-Accidenz-Maschinen; er war es, dem die Buchdruckerwelt durch sein geistreiches Erdenken die Pressen der Neuzeit, die Franklin- und die weltberühmte Liberty-Tiegel-Tret-Druckmaschine zu verdanken hat, denn als Gordon zu damaliger Zeit eine kleine bescheidene Druckerei besaß, machte ihm Degener den Vorschlag der Construction der Franklin-Presse, wie selbe von Degener erfunden, gebaut und für Gordon patentirt wurde. Ungefähr 26 verschiedene andere Verbesserungen und Patente, alle Erfindungen des J. F. O. Degener, wurden von Geo. P. Gordon ebenfalls vortheilhaft benutzt, und als Degener am Bauen der Liberty-Presse war und einsah, daß er sein ganzes Wissen, Streben und seine Talente zum Nutzen eines andern aufopferte, erfolgte die Trennung der beiden, und, obschon Rivalen in geschäftlicher Beziehung, stehen doch die beiden Firmen auf freundschaftlichem Fuße. Dem Friedrich König gebührt die Ehre der Erfindung der Cylinder-Presse und dem Johann Friedrich Otto Degener haben wir Buchdrucker die Erfindungen und Verbesserungen, welche derselbe an den so weltberühmten Amerikanischen Tiegeldruck-Accidenz-Maschinen gemacht, zu verdanken. Die vortrefflichsten Züge seiner den Buchdruckern gegebenen und bis jetzt noch unübertroffenen Erfindungen und Verbesserungen sind in den Liberty-Pressen enthalten, deren Leistungsfähigkeiten ausgezeichnet ist. Die Firma Degener und Weiler, die Fabrikanten der Liberty-Presse, bauen jetzt vier verschiedene Größen derselben, wovon das neueste Format No. 2 a, 26 : 38 Centimeter messend, sich durch Einfachheit, Stärke und System nach den praktischen Begriffen ganz besonders auszeichnet, dieserhalb unserer Ansicht nach die beste Maschine ist, die jemals für Accidenzarbeiten erdacht wurde.

Deleatur-Zeichen, ein Correcturzeichen von dieser Form: ⌀, oder aber die Kürzung del. von deleatur, es werde fortgenommen, man streiche, merze aus. Aus eben dieser Kürzung ist denn auch jenes Zeichen entstanden. Am Rande der Correctur neben dem Correcturstrich angebracht, fordert es die Entfernung des im Satze Durchstrichenen.

Delineavit, auf Kupferstichen, bedeutet: hat gezeichnet oder ist gezeichnet von ...., worauf der Name des Künstlers oder dessen Monogramm folgt. Es kommt in der Kürzung von del. oder delin. vor.

Deposition war ehedem auf den Universitäten ein Brauch, durch welchen die neu ankommenden Studenten von einer besonders dazu bestellten Person, die man Depositor nannte, in feierlicher Art und Weise an ihre nun beginnenden

Obliegenheiten erinnert, sowie zu deren Erfüllung ermahnt, und aufgefordert wurden, nach jeder Richtung hin ihres Amtes zu warten. Auch bei der Buch=
druckerei wurde dieser Brauch, wo er eigentlich Postulat genannt wurde und der Bestätigung eines neuen Gehülfen galt, eingeführt. Der Akt, mochte auch nach unserer heutigen Beurtheilung viel Unnützes dabei vorfallen, war immerhin ein feierlicher, und hatte viel für sich, denn jedenfalls war derselbe für den Postu=
lirten selbst erhebend und übte eine Einwirkung und einen Einfluß auf sein späteres Leben aus. Das Postulat besteht heute nicht mehr, ist aber noch 1850, wenigstens in Hamburg, ausgeübt worden, und somit leben unter uns noch Po=
stulirte; für die übrige Gehülfenschaft dürfte aber eine Beschreibung dieses Aktes interessant sein und in unserm Buche darf sie nicht fehlen, weil dieselbe ein Stück Geschichte unsers Berufs in sich birgt. Wir geben also nachfolgend eine Be=
schreibung der Deposition oder des Postulats. — Der Zweck des Postulats war, daß Jeder, welcher den Namen eines Gesellen — wie es damals hieß — mit Ehren führen wollte, die Laster der Jugend und alle groben Sitten ablegen, hingegen der Tugend und nützlichen Wissenschaften sich zeitlebens mit allem Ernst widmen sollte. Die Personen, welche bei der Deposition zugegen sein mußten, waren folgende: ein Vorredner oder Prologist, der Depositor und dessen Knecht, der Cornutus oder Hörnerträger (d. i. der Ausgelernte), zwei Zeugen, der Lehr=
herr und ein Nachredner. Diese Personen wirkten gemeinschaftlich mit Reden, die in den „Depositions=Büchern" enthalten sind, an der Darstellung einer Hand=
lung. Zuerst trat der Vorredner oder Prologsprecher auf, welcher mit einer Er=
öffnungsrede, deren Inhalt willkürlich sein durfte, meistens aber eine Lobrede auf die edle Buchdruckerkunst war, aufwartete. Wir lassen hier aus einem „De=
positionsbuche" einen solchen Prolog folgen:

„**Wohledle, achtbare, kunsterfahrene und hochgeehrteste Herren, Werthgeschätzte Zuschauer!**

Die Erfahrung lehrt uns allen, daß unser Gemüt durch sinnliche Empfin=
dung am meisten gerührt, ja, daß es dadurch öfters zur Ausübung oder Unter=
lassung weit eher angetrieben wird, als wenn wir erst durch vieles Nachdenken darauf gebracht werden müssen. Ist es nicht wahr, daß mancher weit eher in seinem warmen Bette würde liegen bleiben, wenn ihn nicht der helle Schall der Glocken an den Besuch des Tempels mahnte? Ist es nicht wahr, daß mancher weit eher wieder auf das Dorf laufen würde, wenn ihn nicht eine ehedem dort geholte tüchtige Tracht Schläge davon abhielte? Die sinnliche Empfindung er=
muntert also jenen, in die Kirche zu gehen, diesen aber, zuhause zu bleiben. Wundern Sie sich nicht, allerseits hochgeehrteste Zuhörer, daß ich Ihnen jetzt eine solche Wahrheit zu Gemüte geführt, woran niemand zweifelt. Es ist dieses zu meiner Absicht nöthig. Ich habe die Ehre, von einer Handlung den Anfang zu machen, welche auf die vorhergehende Wahrheit gegründet ist. Und Sie wissen wohl, daß einzelne nicht gar gut darauf zu sprechen sind. Ich werde mich daher, mit Ihrer Erlaubniß, in kürze bemühen, diesen Vorwurf abzuschwächen und zu beweisen, daß unsere Vorfahren eine löbliche Absicht dabei gehabt haben. — Es würde überflüssig sein, wenn ich Sie erst zu überreden gedächte; es ist unsere Schuldigkeit, daß wir die Tugend üben und das Laster verabscheuen. Ich habe das Vertrauen zu Ihnen, daß Sie diesen Satz ohne ein Erinnern für wahr halten. Und gleichwohl merkt man, daß es beinahe umgekehrt in der Welt her=
geht. Man übt die Laster und flieht die Tugend. Schon unsere Vorfahren haben dieses wahrgenommen. Deshalb haben sie nach dem Grunde dieser Unart ge=
forscht und derselben abzuhelfen gesucht. Bei genauer Untersuchung haben sie

gefunden, daß man, entweder aus Schwachheit unserer verderbten Natur, oder aus Nachlässigkeit, nicht fleißig genug daran denkt, wie nöthig es ist, daß wir die Tugend üben und das Laster fliehen. Daher bemühten sie sich, ein Mittel ausfindig zu machen, diesem Uebelstande abzuhelfen. Da es nun an dem ist, wie ich bereits im Beginne meiner Rede bewiesen habe, daß unser Gemüt durch die sinnliche Empfindung am meisten geübt wird, so erdachten sie allerlei äußere Zeichen und Handlungen, wodurch unser Gemüt gerührt und sofort zur Tugend aufgefrischt werden möchte. Und dieses war der Grund aller Gebräuche überhaupt. Wer wollte daher diese löbliche Absicht überhaupt nicht gebührend preisen? Diejenige Handlung, welche wir jetzt vornehmen werden, hat ja eben diese Absicht zum Grunde. Wir sind willens, die löbliche Gesellschaft der edlen Buchdruckerkunst um einen neuen Gesellen, oder Mitglied, zu vermehren, nachdem uns derselbe darum geziemend ersucht hat. Was ist wohl billiger und löblicher, als daß wir denselben zu einem unsträflichen Tugendwandel und zu einer ernstlichen Meidung der Laster ermahnen. Wir können aber diese Mahnung nicht nachdrücklicher und eindringlicher ins Werk richten, als wenn wir ihm solche nach dem eingeführten Brauch durch eine sinnliche Empfindung desto immerwährender und tiefer in das Herz einprägen. Ist demnach die Absicht dieser gegenwärtigen Handlung nichts anderes, als eine Vermahnung zur Tugend, so ist sie ja nicht tadelns=, sondern lobenswerth. Und hiermit habe ich dasjenige erfüllt, was ich zu erfüllen versprochen habe, daß nämlich unsere Vorfahren hierbei einen löblichen Endzweck verfolgt haben. Nichts ist mehr übrig, als daß ich Sie, allerseits hochgeehrteste Zuhörer, geziemend ersuche, uns gütigst anzuhören, alles zum besten auszulegen, und wenn wir damit zuende, Ihre Huld und Gewogenheit noch ferner vergönnen wollen."

Der Prolog war aber meistens in gebundener Rede verfaßt, und daher wollen wir denn auch noch aus Johann Rists Depositio Cornuti Typographici eine poetische Einleitung des Vorredners hier folgen lassen:

Ihr Herren, deren Gunst wir hoch zu schätzen haben,
Ihr Frauen, Jungfrau'n auch, voll edler Tugend Gaben,
Euch wünsch' ich allesammt Glück, Heil und Gottes Gnad'
Zu alle Euerm Thun, daß alles wohl gerath'.
Mit angeheff'ter Bitt', daß alle, die hier sehen,
Das Spiel an diesem Ort, es mögen recht verstehen:
Denn wir sind nicht geneigt, Komödie zu spielen,
Weil unser Kunstgebrauch dahin kann nimmer zielen.
Wir wollen d'rum jetzt nur an diesem Ort vorstellen,
Die unf're Kunst gelernt, sie machen zu Gesellen;
D'rum gebet still Gehör, und deutet's übel nicht,
Wir bleiben Euch zu Dienst hinwieder stets verpflicht't.
Was ich mehr reden soll', das alles bleibt verschwiegen
Von mir für diesesmal; ich lasse mir genügen,
Wenn ich nur reden kann mit Schicklichkeit von dir
Du Edle Druckerkunst. D'rum, Klio, meine Zier!
Geruhe doch, Entsatz und Worte zuzuschicken,
Wenn mir's der Mund erlaubt. Ach, laß mich doch erblicken
Dein göttlich Angesicht! Dich bitt' ich noch einmal:
Gieb, daß ich zieren mag, mit Worten diesen Saal!
Kommt nun und hört mich an, Ihr kunstbeliebten Sinnen,
Komm .... (Name) .... komm heran und höre mein Beginnen.

Laß Deine Schiffe steh'n am blanken ......-Strom
So lange bis ich das, was noch Athen, noch Rom,
Wie hoch sie stiegen, auch, ursprünglich dir entdeckt,
Die Edle Druckerkunst, die vormals war versteckt.
Jetzt ist sie offenbar. Gönnt Eurer Presse Ruh',
Ihr edlen Drucker hier — und hört ein wenig zu.
Merkt, merket auf mein Wort, weil ich vornämlich preise
Die göttergleiche Kunst, und ihren Ursprung weise;
Die Euch zu Ehren setzt, die Euch berühmt macht
Die alle Künstler trotzt, und führt hin, aus der Nacht
Zur grauen Ewigkeit. Dies Lob laßt Euch gefallen,
Das durch das deutsche Reich noch immer thut erschallen
Und das um besto mehr, weil eh'mals dies gethan
Vorhin in dieser Stadt. Merkt auf, nun fang' ich an:

Als vierzehnhundert Jahr' und vierzig war'n verflossen
Nach Christi Heils Geburt, war Gott der Herr entschlossen,
Sein Wort zu breiten aus. Er machte offenbar
Durch die Buchdruckerei, was sonst verborgen war.
Der Kaiser Albrecht starb, der andre, so genennet,
D'rauf Friederich der britt' als Kaiser ward erkennet;
Im ebenselben Jahr ward uns die Druckerei
Von Gott beschenkt, daß sie der Künste Mutter sei.
O, Fürstin aller Kunst, du aller Wissen Amme,
Durch dich hat Gott gezeigt im Dunkeln seine Flamme,
Die Fackel seines Worts! Wer hat dich denn erdacht?
Und wo ist es geschehen? Ist's Phibias gewesen,
Der Künstler von Athen, von dem man noch kann lesen,
Daß er Minervens Bild, neun Klafter hoch, gemacht
Aus Gold und Elfenbein, und in das Schild die Schlacht
Der Amazonen grub? Soll man es Dir zumessen,
Lysippus, weil nur Dir Dein König hat gesessen
Sein Bild zu nehmen ab? Praxiteles vielleicht,
In dessen Venus=Bild, dem sonsten keines gleich,
Ein Jüngling sich verliebt? Hat's Daedalus erfunden,
Der einst das Labyrinth, zu unglücksel'gen Stunden
Ihm selbst und seinem Sohn, in Kreta hat gemacht;
Daraus er wiederum mit Flügeln ward gebracht,
Die Kunst ihm angesetzt? Hast Du es denn ersonnen,
Perillus? Oder wie? Hat sich von Dir entsponnen,
Aegeus, diese Kunst? Ist's Alcmann, ein Poet,
Der erste, der ein Lied von Liebeslust anfäht,
Dem man so emsig folgt? Soll Palamedes lehren
Die schöne Druckerkunst, von dem wir seh'n und hören,
Daß er das ABC einst malte auf ein Schild?
Ist's denn Pyrgoteles, der Alexanders Bild
In Perlen graben mag? Nein, nein, hier ist es keiner,
Die Deutschen überstrahl'n die Griechen und Lateiner.
Schweig', Anagallis, still, die Du Dein Ebenbild,
Das Ballspiel, hast erdacht! Erdichte was Du willst,

Du frische Thymiole. Den Deutschen müßt ihr weichen,
Ihr Künstler von Athen, ihr Griechen müßt erbleichen.
Du großes China auch, du rühmest dich umsonst
Und Frankreich hat auch nicht entdecket diese Kunst;
Ihr Niederländer lasset doch nur Haarlem schweigen,
Auch Welschland kann uns nicht den Erfinder zeigen.
Kommt, nehmt uns dieses Lob, Johannes Gutenberg,
Ein Mann aus eblem Stamm bracht' auf das Druckerwerk
Zu Mainz im deutschen Reich. Er half mit scharfen Sinnen,
Was Peter Schöffer hier, und Fust zuerst beginnen;
Was sonst Hans Mentelin zu Straßburg hat erdacht,
Und (wie man will) von dort Hans Gensefleisch gebracht
Nach vorerwähntem Ort, den billig wir erkennen
Für unsere Schreiberstadt und Kyrjath Sepher nennen:
Weil dort der erste Feil aus Tinte ward gemacht,
Und sie die Druckerkunst zum ersten ausgebracht,
Daß sie bei uns nunmehr so schön, so herrlich blühet,
Da Gutenberg sich erst so trefflich hat bemühet
Er machte Typenschrift, und bracht' es bald so weit,
Daß, mit Verwunderung, man d'rauf in kurzer Zeit
Gedruckte Schriften las. Nun wurden tausend Bogen
In einer Tagesfrist, auch eher, abgezogen,
War bloß der Satz gemacht. Ging deine Schreiberei,
Athen und Rom, so fort, da du in Wachs und Blei
Dir noch die Zeit verdirbst! Ging's auch so wohl von statten,
Ihr Alten, wenn ihr schriebt, was euch gelehret hatten
Die Weisen von Athen? Was Cicero, Lucan,
Was Aristoteles, der Mantuaner Schwan,
Und der von Sulm euch lehrt? O nein, ihr stolzen Griechen,
Wie weis' ihr immer seid, nun mögt ihr euch verkriechen;
Seht, seht, der Deutsche schreibt so viel auf einen Tag,
Als einer unter euch im Jahre schreiben mag.
Wie elend war es nur: ihr schriebt auf Wachs und Rinden,
Bis endlich einer kam und wies euch armen Blinden
Papier und Pergament. Der Reiche konnt' allein
Was lernen dazumal und Bücher kaufen ein
Um einen hohen Werth. Wer sollt' jetzt wohl bezahlen
Dir, Typhan, Deinen Kram? Du darfst nun nicht mehr pralen
Du großer Gordian, Du, Tullius, und Du
Tyrannian, schließ nur die Bücherschränke zu.

Was war zu Heidelberg? Wie viel geschrieb'ne Sachen?
Welch' Bücher waren da? Die manchen traurig machen
Durch ihren Untergang. Der Wald der Weisheit weicht
In Konstantinus Stadt; Alfonsius auch verbleicht.
Der Deutsche zeigt jetzt mehr durch sein so schönes Drucken,
Das ihm gegeben ward durch Gottes hohes Schicken.
Die Bücher wurden mehr. Die edle Druckerei
Ging nun durch alle Welt und steht den Künsten bei.
Rom weiß nun auch davon, dahin sie mit sich führte

Zum ersten Ulrich Hahn, und ihren Nutzen spürte.
In Frankreich hat zuerst Sir Ruffinger gedruckt,
So daß die Kunst sehr schnell auch weithin fortgerückt.

Viel Fürsten haben sie so sehr und hoch geliebet
Und diese schöne Kunst mit eig'ner Hand geübet,
Es hat sie Friederich der dritte so erhöht,
Daß auch der Druckerstand fast gleich dem Adel steht.
Er stehet ihnen zu, vor andern, Gold zu tragen,
Begnadigt sie so sehr und setzt sie auf den Wagen
Des abligen Triumfs, wie irgend einen Held,
Der seinen starken Feind mit Ehr' und Ruhm gefällt,
Giebt ihnen freie Macht, den off'nen Helm zu führen,
Ein Adler muß zur Pracht das Setzer=Wappen zieren.
Weil er sich schwingt empor, nimmt Adlers Flügel an,
Und fliegt mit mancher Schrift zur grauen Lebensbahn.
Der Unvergänglichkeit. Den Druckern ist gegeben
Der nimmer schwache Greif und dann zwei Ball'n daneben
Die er, nach Drucker Brauch, in seinen Klauen führt,
Und so ganz abelig die Wappenfelder ziert,
So wird Ihr Stand vermehrt. Sie werden von den Alten
Wie von den Jungen auch, sehr lieb und werth gehalten.

Des Druckers Haus und Hof ist frei in mancher Stadt
Daß mit Gelehrten oft er gleiche Freiheit hat.
Dies hat das Haupt der Welt vor viermal hundert Jahren
Aus lauter Gnad' und Gunst Euch lassen widerfahren.
Fürst Friedrich Wilhelm auch, von Sachsen, hielt Euch werth,
Eine eigene Druckerei zu haben er begehrt;
Nahm Drucker auf sein Schloß, ließ schöne Schriften gießen,
Und seine Gnad' und Gunst den Druckern auch genießen.
Viel' Fürsten wollten seh'n, was Fust und Gutenberg
Zu Mainz hervorgebracht — das schöne Wunderwerk.

O, selig ist der Tag, d'ran diese Kunst erfunden —
Einer Wunderfeder gleich! O, selig sind die Stunden,
Da Fust und Gutenberg zum erstenmal gedacht
Auf diese Schreibekunst! O, selig ist die Nacht,
Die schlaflos ging vorbei. Es mußte so geschehen,
Weil Gott, der Wunder=Gott, es lange vorgesehen,
Es sollte bessen Wort in alle Welt ergehen
Durch diese schöne Kunst, und voll in Blüte stehen
Die Bücher brachen aus, die einst verborgen lagen
Durch uns're Druckerei. Sie ist der rechte Wagen,
Der aus der Sterblichkeit die edlen Geister führt
Dorthin, wo niemand stirbt, wo man die Stern' berührt.

O, Edle Druckerei! wie wollte man die Stunden
Nur immer bringen hin, wenn du nicht wärst erfunden?
Durch dich nun manches Buch ein Jeder lesen mag,

Das ehedem war geheim und schaute nicht den Tag.
Das kommt ja her von dir. Jetzt kann ein jeder lesen
Was Aristoteles und Tullius gewesen.
Wie weise Pluto war, und was er uns gelehrt
Wie sehr der Severus den Flaccum hat geehrt
Und sich vor ihm gefürcht't. Wie hoch Trojan erhoben
Den jungen Plinius. Was dieser pflegt, zu loben,
Das jener straft und schilt. Die edle Wissenschaft
Der Weisen von Athen, so längst schon hingerafft,
Wird neubelebt durch dich, und wird nun wohl auch bleiben,
So lange du bestehst. Was wir nun jetzt noch schreiben
Das wird den Untergang auch nimmer sehen nicht
So lang' die Druckerei, der Tugend Glanz und Licht,
Noch funkelt auf der Welt. Ein Pferd sieht bald von fernen
Den Feind und reißet aus: so hebt sich zu den Sternen
Durch alle Sterblichkeit mit uns die Druckerei,
Macht unsern Namen groß und steht den Künstlern bei.

Ein Adler, wenn er sich zu kühler Luft geschwungen,
Zur gold'nen Sonne hin, trägt nachmals seine Jungen
Auch ebenso hinauf, zu schärfen ihr Gesicht,
Daß sie unabgewendet das klare Wolkenlicht
Auch lernen anzuschau'n: so werden wir getragen
Auch durch die Druckerkunst — nach unserm Wohlbehagen —
Wo Phöbus uns bestrahlet, zur blauen Himmelsbahn;
Sie schwinget sich empor, nimmt Adlersflügel an —
Und führt uns aus der Nacht. Die sehr verborg'nen Sachen,
Die manchem Freud' und Lust bei schwerem Unmuth machen,
Die lieset man durch sie. Die Blöden werden klug,
Die Blinden sehen nun den schrecklichsten Betrug.
D'rum soll man ehren sie, die uns're Druckereien
Befördern heute noch, worauf sich manche freuen.
Die aus der Niedrigkeit gedenken da hinan,
Wo man betreten darf die sternenhelle Bahn
Der Unvergänglichkeit. Man sollte dir zu Ehren,
Du edler Gutenberg, Dein hohes Werk vermehren,
Man sollte heut' auch noch in Gold und Demantstein
Dein Lob und Deine Kunst, wie billig, schreiben ein.
Wo ist Dein Denkmal denn, wo ist die Ehrensäule? *)
Wo ist die Ehrenschrift? **) Ich sehe keine Zeile.
Kein Denkmal ist allhie — ein Zeichen seh' ich nicht,
Das Dir ein einz'ger Mensch zu Ehren aufgericht't.

Wenn jemand diese Kunst entdeckt vor vielen Jahren,
Als noch Athen und Rom in voller Blüte waren,
So hätte man sein Bild wohl gar zum Gott gemacht
Und zu dem Tempel es mit Frölichkeit gebracht!

---
*) Ist ihm lange nach dem Tode des Verfassers dieses Prologs in Mainz 1837 und in Frankfurt a. M. 1840 gesetzt worden.
**) Dr. van der Linde. Die Haarlemsche Legende. 1870.

Depofition

Wie hätten diesen wohl die Indier geehret,
Der ihnen diese Kunst, die Druckerkunst, gelehret?
Sie hätten ihm gewiß was Sonderlichs erdacht,
Und bei der alten Welt ein ew'ges Lob gemacht.
Was aber thut man Dir? Nun, ob Dir gleich zu Ehren
Dies alles nicht gescheh'n, so kann man doch noch hören,
Dein Lob in aller Welt — daß Du ein göttlich Werk
Uns habest aufgedeckt, Du edler Gutenberg.
Es wird auch wohl Dein Lob in aller Welt verbleiben,
Dein Name nicht vergeh'n, so lange man wird schreiben,
So lang' uns ein Magnet die Zeit und Stunde sagt
Und zeigt, wo Sturm und Flut das schwache Schiff hinjagt,
Auch wohl bei dunkler Nacht. Man wird an Dich gedenken
So oft man alle Müh' und Sorgen wird versenken
In manches schöne Buch. So lang' in vollem Scheine
Die gold'ne Sonne steht, wird Deine Kunst auch sein.

Nun, wo mein schwankes Schiff den sichern Hafen siehet,
Da werf' ich Anker aus und bin darauf bemühet
Zu enden mein Gedicht, auf dessen Namens Ehr',
Der uns geführet hat, und führt uns mehr und mehr.
Hier denk' ich auf sein Lob, und dieses zu beschreiben,
Soll jetzt und immerfort mein Geist bemühet bleiben.
Denn diese werthe Kunst ist alles Lobes werth
Und wird mit höchstem Recht von jedermann geehrt.
Was ist der Druckerei doch irgend vorzuziehen,
Der edlen Druckerei, durch die die Künste blühen?
O, Gott, du Quell der Kunst, du Gnaden-Vater du,
Dir danken wir nunmehr und loben immerzu
Dein großes Gnadenwerk, daß du uns hast gewiesen
Die Edle Druckerkunst, die noch nicht g'nug gepriesen
So, als sie würdig ist, und sie vierhundert Jahr'
Erhalten und noch mehr. Du hast uns hell und klar
Durch sie Dein Wort geschenkt. Ach, Vater, laß doch scheinen
Die Fackel deines Worts! Erhalte sie den Deinen
Auch ferner nach wie vor. Erzeig' uns deine Gunst,
Laß blühen für und für die Edle Druckerkunst.
Befeuchte sie, o Herr, durch deines Segens Quelle
Und gieb, daß künftighin noch immer rein und helle
Dein heilig göttlich Wort durch sie werd' ausgebreitet
Zu unsrer Seelenheil bis an die Ewigkeit.

Nach Beendigung des Prologs trat der Depositor auf den Platz und sprach in gebundener Rede etwa wie folgt:

Was mag's wohl für 'ne Ursach sein,
Daß alles hier so nett und fein
   Im Hause wird gefunden?
Wo komm'n doch diese Leute her,
Sie kommen nicht von ungefähr,
   Voraus bei diesen Stunden?

Jedoch, daß ich's erfahre recht,
So will ich rufen meinen Knecht,
 Der kann's vielleicht wohl sagen.
Wo bist Du, mein Herr Urian?
Komm eilends zu mir auf den Plan
 Ich muß nach etwas fragen.

Nun erschien der Knecht, welchen der Depositor eben spottweise als Herr Urian gerufen. Er vertrat die Stelle des Spaßmachers (Klown, Narr) und antwortete:

Ja wohl, mein Herr, nun komm' ich recht,
 Aus meinem Winkel hergelaufen,
Und will als ein getreuer Knecht
 Frisch tapfer mit herummer saufen.

Depositor.

Es ist mir gar zu wohl bewußt,
Daß Saufen nur ist Deine Lust,
 Ich will was anders wissen.
Sag' an, warum es hier so fein
Geschmücket und die Leut' herein
 Zu kommen sind beflissen?

Knecht.

Das weiß ich nicht, doch riech' ich wohl,
 Daß hier ein gräulich Thier muß sein,
Es dunstet als die stärkste Knoll'
 Und bracht' Unsauberkeit herein.

Depositor.

Mich dünkt es selber, daß ein Thier
 Sich halte nicht gar fern von hier,
 Doch riech' ich's nur von weitem.
Inzwischen geh' hinaus auf's Feld
Und sieh, ob alles sei bestellt
 Von unsern Arbeitsleuten.

Knecht.

Ja ja, mein Herr, das will ich thun,
Adieu, mein Herr, ich laufe nun.

Hierauf führte der Knecht den Cornuten herein, an welchen der Depositor sich mit verschiedenen Fragen wendete:

Was ist das für ein Wunderthier?
Es ist kein Bock, kein Hirsch, kein Stier?
 Sag' an, wer hat's gefangen?
Es siehet wunderseltsam aus,
Mit ihm zu halten einen Strauß
 Trag' ich schier ein Verlangen.
Gewiß, es soll mich wundern noch,
Wie man dies Thier wird nennen doch,
 Ich kann mich kaum b'rein finden.

Knecht.

O, kennet Ihr das Thier noch nicht?
 Es trifft an seiner Nase ein,
Dazu an seinem Angesicht,
 Daß es muß ein Cornute sein.

Depositor.
Nun, Hörnerträger, sag' allhier,
Was ist denn Dein Begehr von mir?
Cornut.
Mein sehnlich' Wünschen ist allein
Ein ehrlicher Gesell zu sein.
Knecht.
Dazu bist Du geschickt so fein,
Wie and're Thiere groß und klein.

Alsbann warf der Depositor dem Cornuten den Hut vom Kopfe, indem er weiter in gebundenen Worten bemerkte:

Und damit hast Du Dein Gebühr,
Das sollst Du schließlich noch von mir,
Hinfort von niemand leiden.
Nun sage Deine Missethat
Und merk' auf gute Lehr'n und Rath,
So kannst Du frölich scheiden.

Nun beschloß der Knecht diesen Auftritt also:

Nun, unser Spiel das hat ein End',
Jetzt will ich nun den Lehrherrn bringen,
Daß er sein Amt verricht' behend'
Ein'n guten Tag — ich will nun springen.

Hiermit ging der Knecht ab und die geladenen Zeugen forderten den Lehrherrn auf, vorzutreten, welch letzterer dieselben dann folgendermaßen anredete:

Ihr Herren, werthe Freund', ich wünsch' Euch Glück und Segen,
Was ist allhier zu thun? Ist etwas d'ran gelegen,
Daß Ihr auf diesen Tag begehret mich zu seh'n?
Sagt an, ob ich vielleicht Euch kann zu Diensten steh'n?
Die Zeugen.
Ja, Herr, weil dieser junge Knecht
Nach unsern Sitten hat sein Recht
Vollkommen ausgestanden,
So bitten wir ohn' Heuchelei,
Daß Ihr ihn wollet machen frei
Von den Corunten-Banden.
Vermahnt und unterricht't ihn wohl
Und lehrt ihn, wie er leben soll.

Wenn aber mehrere Cornuten zu befreien waren, so wurden die obigen Strofen also eingerichtet:

Ja, Herr, weil diese jungen Leut'
Nach unsern Sitten haben heut'
Das Recht nun ausgestanden u. s. w.
Lehrmeister.
Ja wohl, das soll geschehen, doch muß er mir erst sagen,
Sein übles Thun, und den Gesellennamen tragen.

Nun legte der zu deponirende Cornut das Glaubensbekenntniß gegen seinen Lehrherrn ab, welches gemeiniglich gereimt und etwa solchen Inhalts war:

Mein Herr woll' unbeschwert, was ich ihm sag', anhören
Und merken das, was ich verbrach von Jugend auf,

Durch böse Buben ließ ich leider mich bethören,
  Daß ich den Lastern oft gegönnet ihren Lauf.
Niemandem that ich gut's, wenn ich nur konnte machen
  Viel Unfug, schlief ich nicht; grob war ich, tölpisch, faul;
Wenn alles übel ging, so mußt' ich herzlich lachen,
  Sah ich des andern Glück, so hing mir schon das Maul.
Als ich nun meine Jahr' der Lehre ausgestanden,
  Da ward ich plötzlich stolz, gleich wollt' ich sein der Held,
Der andern machen konnt' aus Uebermuth zu schanden.
  Obwohl kein ärger Thier, als ich, war in der Welt.
Wenn and're mich nur Herr, auch wohl Mosjö, genannt,
  So meint' ich alsofort, ich wär' ein großer Mann,
Der sich vor Uebermuth kaum selber hat gekennet,
  D'rum fing ich hier und dort viel lose Händel an.
Ich achtet' weder Kunst, noch Zucht, noch Witz, noch Lehre,
  So daß mir Hörner auch zuletzt gewachsen sind,
Doch jener Meister, den ich lebenszeit d'rob ehre,
  Hat wunderbar befreit davon mich armes Kind.
D'rauf hat er mich gemacht zum ehrlichen Gesellen,
  Wie diese werthe Zunft dasselbe angeseh'n,
Nun werd' ich meine Zeit hinfürder so bestellen,
  Daß ich damit vor Gott und Menschen kann besteh'n.

Nach Ablegung eines solchen Bekenntnisses gab ihm der Lehrmeister für sein künftiges Leben einige Regeln, welche entweder in Prosa abgefaßt oder gereimt waren. Diese in den Depositionsbüchern in Reim und Prosa abgefaßten Regeln enthielten viele Härten, so daß man von diesen abstand und in einem selbständigen Vortrage etwa folgendes betonte: 1) die erste und vornehmste Regel ist: die wahre Gottesfurcht sei das Fundament Euers ganzen Thuns und Lebens. 2) Was Ihr wollt, daß andere Euch thun sollen, das thut ihnen auch. 3) Die Ehre und das Ansehen der edlen Buchdruckerkunst verliert niemals aus den Augen. 4) Um deßwillen befleißiget Euch, täglich in der Erkenntniß und Wissenschaft dieser Kunst zuzunehmen, und glaubt nicht, daß Ihr es in Euerm Wissen schon so hoch gebracht habt, daß Ihr nichts mehr bedürft. 5) Was Ihr Gutes gelernt und erkannt habt, das bringt hernach mit aller Treue und Aufrichtigkeit zuwerke. 6) Bedenkt, daß Ihr Eure Kunst nicht sowohl darum gelernt habt, daß Ihr nunmehr damit Euer Brod verdienen könnt, sondern daß Ihr zu dem Zwecke darin unterrichtet seid, um Gott und der Allgemeinheit damit zu dienen. 7) Wenn Ihr diesen Zweck bei Eurer Arbeit Euch vergegenwärtigt, so wird es nicht fehlen, daß Euch hernach ehrlich ernährt 8) Euer Umgang mit andern sei gegen Obere ehrerbietig, gegen Euresgleichen freundlich, zuvorkommend und erträglich, gegen Geringere leutselig. 9) Vergesset nie, dankbar zu sein, weil die Dankbarkeit neue Wohlthaten zuwege bringt. 10) Weil Ihr nunmehr Verwandter und Mitglied einer edlen Kunst geworden seid, so zeiget auch in Eurer Aufführung, daß Ihr von dem Plebs Euch unterscheidet. 11) Dieses löbliche Ziel zu erreichen, befleißigt Euch im Ernst der Tugend und meidet das Laster. 12) Grobheit und hämisches Wesen sucht niemand bei einem vernünftigen Menschen, geschweige denn bei einem Kunstgenossen. 13) Eigennutz ist ein Laster, das niemandem mehr schadet, als seinem Träger, und zwar eben in dem Falle, wo er es zu nutzen meint. 14) Eigensinn verräth die Einfalt dessen, der solchen zur Schau trägt. 15) Bescheidenheit und Freundlichkeit sind Tugenden, welche einem Kunstverwandten nicht nur gut anstehen, sondern ihn auch überall und bei allen beliebt machen. 16) Einbildung von sich selbst und von seiner eigenen Geschicklichkeit ist keine Tugend, sondern ein verwerfliches Laster, das seines Eigners Schwäche verräth. 17) So lange Ihr einem Herrn dient, also abhängig seid, werdet Ihr Euer eigenes Interesse nicht besser beförbern können, als wenn Ihr das Interesse Euers Herrn wahrnehmt. 18) Daher haltet es für eine Unart, wenn der Geselle durch seine Arbeit den Herrn nicht reich machen will und badurch sich selbst schadet. 19) Bringt Euch Gott in den Stand des Besitzes einer Buchdruckerei, so vergesset nicht, wer Ihr gewesen seid, und lasset Euch das Ansehen der Kunst mehr als Euer eigener Nutzen angelegen sein.

Eine Ermahnung des Lehrherrn in gebundener Rede lautete nach Rist so etwa:

Es ist mir lieb zu hören, daß Du nach Zucht und Ehren
    Zu trachten bist bebacht,
Nachdem Du hast erlitten, was Drucker Recht und Sitten
    Dir diesfalls mitgebracht.

Zwar hast Du mir geklaget und deutsch herausgesagt,
    Wie manche Büberei
Du vor der Zeit begangen; jetzt trägst Du nun Verlangen
    Davon zu werden frei.

Wohlan, ich will Dich lehren, wie Du Dich mußt bekehren
    Zur Tugend ganz allein
Und meiden die Gebrechen; b'rauf will ich frölich sprechen:
    Du sollst Geselle sein.

So höre nun von Herzen — ich will mit Dir nicht scherzen —
    Es trifft Dein eigen Heil:
Ich wünsch' auf dieser Erden, daß Dir bald möge werden
    Ein guter Herr zu Theil.

Und wenn Du den bekommen, so such' auch dessen Frommen,
    Beschwer' ihn nicht zu sehr,
Daß er Dich solle kleiden in kostbar Tuch und Seiden
    Allein zu Deiner Ehr'.

Die Lüge mußt Du hassen und das begierig fassen,
    Was rühmlich ist und wahr.
Auch hüte Dich vor Spielen, dern dieses hat gar vielen
    Gebracht Noth und Gefahr.

Lieb' Höflichkeit in Sitten und wo man Dich wird bitten
    Aus Freundschaft hin zu Gast
Magst Du Dich zwar ergötzen, doch obenan nicht setzen,
    Das thut nur ein Fantast.

Sei mäßig stets im Trinken, laß nicht das Gläslein blinken
    Bis in die späte Nacht,
Dein Scherzen laß, vor allem Dir nicht zu viel gefallen,
    Hab' auf Dein Reden acht.

Nicht heiße Jemand lügen, willst Du nicht Schmisse kriegen,
    Schilt, schmäh' und schlage nicht.

Nach Frauen und Jungfrauen mußt Du zu viel nicht schauen,
  Sei nicht auf sie verpicht.

Du sollst durch falsches Schwätzen nicht an einander hetzen
  Die Herrschaft und Gesind'.
Auch nicht, wenn die Gesellen, still eine Red' anstellen,
  Es plaudern nach geschwind.

Der Arbeit Dich befleisse, doch so, daß es nicht heiße:
  Der ist des Herren Mann,
Der schmeicheln, heucheln, lügen, ja jedermann betrügen
  Mit losen Worten kann.

Von tugendhaften Leuten laß immer Dich geleiten,
  Flieh' stets der Bösen Schaar;
Denn wer mit losen Kunden, sich schleppet alle Stunden,
  Der leidet stets Gefahr.

Pflicht' immer bei dem Rechten die Wahrheit zu verfechten,
  Was Du versprichst, das halt',
Und hüte Dich vor Borgen, denn Borgen schafft nur Sorgen
  Und macht nur selten alt.

Wirst Du nun fortan wandern von einer Stadt zur andern,
  So sei darauf bedacht,
Daß Du Dich fein bekleidest und keinen Mangel leidest
  An einer saubern Tracht.

Ein Mann, dem schier in Bissen die Kleider sind zerrissen,
  Steht in gar schlechtem Werth;
Er wird gesetzt da hinten und keiner ist zu finden
  Der ihn in Dienst begehrt.

Du hast auch nicht zu gaffen, wie die verliebten Affen,
  Nach Deines Herren Weib;
Auch nicht nach seinen Kindern, und soll Dich auch nicht hindern
  Der Magd ihr schöner Leib.

Wirk' emsig wie die Bienen, um immer zu verdienen,
  Nimm den Verdienst, doch ja nicht mehr.
Wer schwer was kann erwerben, der kann auch leicht verderben,
  Im Fall er schwimelt sehr.

Nun, was ich Dich gelehret und man hier angehöret
  Demselben folge fein,
So wird des Höchsten Segen auf allen Deinen Wegen
  Stets um und bei Dir sein.

War der Lehrherr mit seiner Vermahnung in Form von Lebensregeln fertig, so verlangte er von den Zeugen zu wissen, was für einen Denkspruch sie dem deponirten Mitgliede geben wollten. Dieser war fast immer lateinisch, z. B. Omnio conando docilis solertia vincit, ora et labora (d. h. Du hast gefehlet bisher, thue es nicht wieder, bete und arbeite). Hatte der Lehrherr den Denkspruch vernommen, so setzte er dem Corunten einen Kranz auf und bestä=

tigte ihn im Namen der ganzen löblichen Gesellschaft als einen ehrenwerthen Gesellen und überreichte ihm den abgeschriebenen Denkspruch der Zeugen. Sobald dieses geschehen, traten die Zeugen hinzu und überreichten dem Postulirten ihre Geschenke und wünschten ihm zu seinem neuen Stande alles Glück und Wohl= ergehen. Hiermit war die Handlung des Postulats insoweit beendet, als der Nachredner noch eine kurze Schlußrede zu machen hatte.

Nachredner.

Wir verpflichten uns aufs neu, diesen Herren und Jungfrauen,
Frauen, Gästen, die so frei sich bemühet zuzuschau'n,
Ja, wir ehren ihre Gunst für die edle Druckerkunst,
Diese bleibet allezeit als ein Kleinod zu benennen,
So man liebet weit und breit. Ja, wer diese Kunst wird kennen,
Der muß sagen ohne Scheu: Köstlich ist die Druckerei.

Gott ist's einzig und allein, der uns diese Kunst geschenket,
Die uns allen groß und klein, uns're Wünsch' und Hoffen lenket,
Daß man frank und frei, macht die edle Druckerei.
Nun ist Trost, nun find't man Ruh, nun hat unser Geist Vergnügen,
Setzet uns der Böse zu, muß er doch zu Boden liegen,
Gott steht uns im Leben bei durch die edle Druckerei.

Sie ist in der Christenheit eine Fackel aller Ehren,
Wenn entstehet Zank und Streit muß ein schönes Buch uns lehren,
Wie der Streit zu heben sei, und das macht die Druckerei.
Hat die Seele keinen Trost, will sie mit Verzweiflung ringen,
Ist die Welt auf sie erbost, will sie ihr zu bienen zwingen,
Nimmt man gleich ein Buch herbei aus der edlen Druckerei.

Hat die Jugend sich vergafft, weil sie in den Tag 'nein lebet,
Und in Reden Nutzen schafft, wenn sie nur nach Büchern strebet,
Ist die Hoffnung nicht vorbei, und das macht die Druckerei.
Wissenschaft und kluger Sinn und daß man Doctores wählet,
Daß man stellt Magisters hin, und so viel Gelehrte zählet:
Kommt, sage ich ohne Scheu, von der edlen Druckerei.

Alle Stände in der Welt müssen wirklich Bücher lesen,
Das, was einen Staat erhält und ein allgemeines Wesen,
Steht nicht in der Fantasei, doch thut viel die Druckerei.
Was für eine dunkle Nacht, war nicht in vergang'nen Zeiten,
Eh' ein Gutenberg erdacht, wie die Kunst sei auszubreiten:
Was jetzt höflich, was jetzt neu, schafft die edle Druckerei.

D'rum, o edle Druckerkunst, laß auch mich dein Lob vermehren,
Und aus deutscher Liebesbrunst gar bis in mein Grab dich ehren,
Wünschend, daß die Druckerei stets von Gott gesegnet sei.
Meinen Herren hochgeehret, deren Frauen und Jungfrauen,
Allen, die uns heut' beehret, dieses willig anzuschauen,
Sagen wir von Liebs=Begier unterthänigst Dank dafür.

Solcher Art war die feierliche Handlung des Postulats, welcher dann die ma= terielle Seite, Schmaus und Braus, Musik und Tanz, folgte. Man darf das

Postulat aber nicht als eine Lossprache von der Lehre betrachten, das war es nicht, denn der bereits Losgesprochene hatte sich nach einem gewissen Zeitraum, oder bald nach der Lossprache, je nachdem es die Gewohnheiten oder die Gesetze vorschrieben, bei einer Buchdruckergesellschaft zu melden, um gegen Erlegung einer gewissen, nicht überall gleichen Geldsumme die Aufnahme zu erlangen. Zu Anfang des gegenwärtigen Jahrhunderts wurde das Postulat in mehreren Ländern Deutschlands verboten und zwar deshalb, weil sich viele Mißbräuche dabei eingeschlichen haben sollten, wodurch die guten Sitten geschädigt und arge Geldschneidereien ausgeübt wurden. Wie schon eben erwähnt, hat es in Hamburg am längsten bestanden, und die Feier war hier noch wesentlich anders als anderorten, denn zumal spielte der Knecht als belustigender Narr eine Hauptrolle dabei, die in plattdeutscher Sprache abgefaßt war. Wir lassen hier deshalb noch die originelle Handlung zwischen Depositor und Knecht folgen, wie dieselbe in Hamburg und Lübeck üblich gewesen ist.

Depositor.
Was mag's wohl für 'ne Ursach' sein

Wo bist Du, mein Herr Urian?
Komm eilends zu mir auf den Plan
Ich muß nach etwas fragen.

Knecht.
Jo, Herr Mosjö, nu kaom ik recht,
Ut minen Winkel to Ju krupen
Un wil, as en getrüer Knecht
Frisch heel un half herümmer supen.

Depositor.
Jo, Supen, dat is bine Lust —
Dat is mi gaor to wol bewußt,
Ik will wat anners wäten.
Seg an, w'rüm is bat hir so fin
Geputzt, un düsse Lüb herin
To kaomen sünt besläten?

Knecht.
Dat wet ik nich, bog rük ik wol
Dat hir en eklig Beest mut wesen,
It stinket as de gröffte Knoll
Un maokt uns alltohop bald gresen.

Depositor.
Mich dünkt es selber, daß ein Thier u. s. w.

Und sieh, ob alles sei bestellt
Von unsern Arbeitsleuten.

Knecht.
Dat wil ik baon, min lewe Herr,
Ik laop al faort, abjö, Mosjö!

Depositor (zu der Gesellschaft).
Da geht der Grillenfänger hin
Gar wunderlich steht ihm sein Sinn
Ich glaub', er ist geschossen.

Balb hat er viel, balb wenig List,
Balb wälzet er sich gar im Mist
Und reißt mir manchen Possen.
Knecht
(bringt ben Cornuten, worauf die Musikanten zu spielen beginnen).
Depositor.
Was ist das für ein Wunderthier?
Mit ihm zu halten einen Strauß
Trag' ich ein groß Verlangen.
Knecht.
Jo, hoirt bog ins, as ik wul gaon,
Int Felt, ba koim be Kwajer snuwen,
Ik bacht, hir is it Tid to flaon,
Künn ik em bringen in be Kluwen.
Ik kreg em fast: sü, bumme Dwaos,
Wi heff ik bi bat Fel terreten!
Fui, busent kränkt! wi stinkt bat Aos,
As häb it op ben Anger säten.
Depositor.
Gewiß, es soll mich wundern noch,
Wie man dies Thier wird nennen doch,
Ich kann mich kaum b'rin finden.
Der Kopf ist hart, ber Bauch ist weich,
Die Hörner sind dem Teufel gleich!
Du mußt es fester binden.
Knecht.
Wat, kent ji ben büt Berst noch nich?
Ik spör' bat straks bi siner Nesen
Daoto bet sine Angesigt
Ik müst en Braober Cornut wesen.
Depositor.
Cornut? O, Knecht, was soll das sein?
Ist's Esel, Rehbock oder Schwein?
Was soll man damit machen?
Gieb Du doch Rath, Herr Urian,
Ob man vielleicht auf diesem Plan
Des Thierleins könne lachen?
Knecht.
Wat, lachen? Seet bat Beest ins an,
It het sao lange grote Schaoken
Wat gelt't; ob he nich bansen kan
Un enen frischen Apsprunk maoken.
Is he en Geist, or Spöteri,
Sao kan he jo bog säter lesen,
Jo singen, baorto spelen fri,
De Geister plegt sünst klok to wesen.
Depositor.
Ja, das ist recht: nun spring' herum
Du Wunderthier, bie Quer und Krum!
(Die Musikanten spielen lustig auf.)

Knecht.

Dat is en Schelm, sü, wi he gelt,
  Als wul he in de Büksen kiken,
Wo stier hat em dat dansen steit!
  It mut em beter kil'n de Hakken.
Frisch, Du min Swep, hau lustig to,
  It wil bi dat Fallirum singen:
Heihei, heihei — saosao, saosao,
  Nu kan de Deef al frischer springen.

Depositor.

Mein Knecht, Du hast es wohl gemacht,
  Daß mir das Herz im Leibe lacht —
  Du bist ein guter Meister,
Der durch das Peitschen Lob gewann
Und als ein Held bezwingen kann
  Die hüpfenden Waldgeister.

Knecht.

Dat is wol waor, min Herr Mosjö,
  Dog bao mut noch wat mer in wesen.

(zu dem Cornuten):

Kum noiger her un gif Gehoir:
  Kanst Du nich singen esser lesen?
Wo steist Du doch, Du Galgendeef,
  Un lest be grote Snut gaor hängen.
Straks her un liß mi düssen Breef,
  Sunst wil ik Di dat Gat versengen.

Cornut.

Wie soll ich doch lesen nach Euerm Verlangen,
Bin ich doch nimmer zur Schule gegangen.

Knecht.

Ei, hoirt dog, wat de Bengel beit —
  He kan nich lesen, un kan spräken
Op hochdütsch. Seet dog, wo he steit
  Als wen em wul de Rüggen bräken.

(zu dem Cornuten):

Du plumpe Flegel, liß mi dat,
  Du brukst Di nich sao bum to stellen
Un lißt Du mi nich recht büt Blat
  Sao gef ik Di en paor Mulschellen.

Cornut (liest).

Ein loser Schelm, ein schlimmer Knecht,
Ein leichter Bub' heiß' ich mit Recht.

Depositor.

Ich weiß wohl, daß Du solcher bist,
Kein Wort daran erlogen ist.

Knecht.

Jo, min Herr Meister, denkt dog man,
  Wat for en Beest wi postuliren,
Wat gelt, ob he nich schriwen kan,
  Laot us wat noiger to em keren,

Dat Hoirnerfolk, dat süt sao nich,
Toförn kun he kum jo ins lesen;
Nu glöw ik, dat de Bösewicht
Wol hel mag en Forräber wesen.

Depositor.
Wohlan, Du mein getreuster Knecht,
Du redest mehr, denn allzu recht,
Wir wollen's bald erfahren.
Nimm Du die rechte Tasch in acht
Bis ich die link' hab' aufgemacht,
Dann wird sich's offenbaren.

Knecht
(langt aus der Tasche des Cornuten einen Brief hervor und spricht mit Verwunderung):
Ei, dat Di nu de Putz bog flao,
Du kanst nich lesen, ok nich schriwen?
Sü, Matz von Kappadocia!
Sao mut ik Di de Snut noch riwen.

Depositor
liest die Adresse des Briefes, welche also lautet: Dem Ehrenfesten, Vielachtbaren und Kunstreichen Junggesellen Herrn N. N.

Knecht
giebt dem Cornuten eine Maulschelle und spricht:
Hoirt, Meister, düsse Flegelskop,
De let sik nennen al Gesellen?
Daoför mut ik den Dudendop
En halv Stig Figen mer tostellen.

Depositor.
Ja wohl, Gesell — ein Hörnermann —
Der kaum die Stiefel putzen kann,
Wer mag Dich doch so lieben?
Doch dieser Brief, sehr wohl gestalt,
Der soll es mir entdecken bald,
Er ist sehr fein geschrieben.

Der Depositor liest den in· Händen habenden, an den Cornuten gerichteten Liebesbrief, welcher die zärtlichsten Liebesbetheuerungen und schmachtendsten Wünsche enthält, laut vor:

Knecht (spricht in höchster Verwunderung):
Ao, busend fränk, nu wet ik nich,
Wat ik schall seggen esser denken,
Du Flegelskop, Du Bösewicht,
Schast Du al an de Fru'nslüb denken?
Büst Du de fine Jungfernknecht
Mit din sao plumpe, swarte Nesen
Ne, wen ik besinn' mi recht,
Plegt jo de Doiwel sao to wesen.

Depositor.
Ja, schöner Buhler von Gestalt!
Du Huren-Jäger, sag' jetzt bald,
Woher Du bist gekommen?

Bekenn' auch ferner rund und frei:
Was denn doch Dein' Handtierung sei,
  Was Du Dir vorgenommen?
    Cornut.
Ich habe die Buchdruckerei, die werthe Kunst, erlernet,
Und mich durch diese Wissenschaft vom Unverstand entfernet.
    Knecht.
Du Swinepelz, Du Lögensat,
  Het dat, ei wat, ik kan nich lesen?
Ok — ik forstao jo nich en Blat —
  Un wult en Druckergesel wesen?
    Depositor.
Die Drucker hält man hoch und werth,
Viel unter ihnen sind gelehrt,
  Als die der Kunst nachstreben.
Denn, Kunst und Tugend machen klug,
D'rum, hoff' ich, werdest Du genug
  Mir Antwort können geben.

Nun werden dem Cornuten sowohl von dem Depositor, als nicht minder von dessen Knecht allerlei kurzweilige Fragen zur Beantwortung aufgegeben, welche aber in Prosa abgefaßt sind oder auch selbständig formulirt wurden.

    Depositor.
Wohlan, ich hoffe, mit der Zeit
Wird er noch geben wohl Bescheid,
  Man muß ihn mehr probiren.
Sag' an, Du Thier von wilder Art
In dieser Freunde Gegenwart:
  Kannst Du wohl musiciren?
    Knecht.
Jo sao, min Herr, laot dat angaon,
  Ik mag dat Tüg sao gern mit hoirn,
Wenn bao de Stubioren staon
  Un mit be Snuten klapereren.
Ut enen langen, groaten Bok,
  Dat hel bemaolet is mit Staoken.
Ei, laot mi büssen Lümmel ok
  En wolgesätte Wise maoken.

Nun wird gemeinschaftlich irgend welches Lied gesungen, dessen Text jedoch bei den Gästen kein Aergerniß erregen darf.

    Knecht.
Dat klingt wol ut be maoten schoin,
  't mag en'n fröen in be Panzen,
Mücht ik hir man min Wisken seen,
  Se schul maol lustig baorna dansen
Nu fraog ik, ef min Hörnerman
  Ok het et lert to Degen spelen,
In Kaorten, Tallen bi de Kan,
  Un sin to winnen on' to stelen.
    Depositor.
Mein Knecht, schlag' jetzt nur lustig aus.

Knecht

versteht es unrecht und giebt dem Cornuten eine Maulschelle, wonach er spricht:

Nim hen, den büssen stikt din Duß.

Der Cornut will den Stich zu sich nehmen, aber der Knecht schlägt ihn auf die Finger und spricht:

Set, Meister, wo dat Strik gewinnt
He mut jo falsch un unrecht spelen.

Depositor.

Wer zweifelt d'ran, man ist nicht blind,
   Es kann ja gar nicht fehlen,
Doch bring' die Würfel auch herfür
Zu spielen um ein Krüglein Bier;
   Was gilt's, da kann er zählen.
Nun, Knecht, wirf aus, doch in der Hast.

Knecht.

mißversteht dies und wirft dem Cornuten mit der Bank um, indem er spricht:

Kanst Du nich sitten, Du Knabast!

Depositor (zu den Corunten).

Wirf weiter, spiel' nicht so behend'.

Cornut (werfend).

Ach, hätte doch das Spielen bald ein End'.

Knecht (schlägt ihn abermals auf die Finger).

Ne, Du kanst spelen as en Helt,
   Mi bücht, Du must de Tallen knipen
Dat schal mi kosten al min Geld,
   Daoför must Du mi beter pipen.

Depositor.

Dieweil ich spüre gar zu wohl,
Daß Du bist aller Schalkheit voll,
   So muß ich's anders machen,
Hör', Knecht, dieweil man ihn nun kennt,
So lang, hervor mein Instrument
   Und viel gebrauchte Sachen.
Wir müssen's schärfer fangen an,
Du wirst Dich halten als ein Mann,
   Den Flegel zu behauen.
Du bist ja mein getreuster Knecht;
D'rauf setze nun die Bank zurecht
   Und laß was Lustig's schauen.

Knecht.

Jo jo, min allerbeste Herr,
   Hir hef ik juwe dulle Saoken,
Nao büsset Werk forlangt mi ser,
   Wi wült bit höltjen bünner maoken.

Depositor und Knecht legen den Cornuten auf die Bank und werfen ihn damit um.

Depositor.

Hau mit der Bindart lustig d'rauf,
Die Knollen, Aest' und Bork' zu Hauf'
   Ich will das and're schlichten.

Laß ja nichts Höck'rigs an ihm sein,
So konn ich mit der Meßschnur sein
Den Klotz in Ordnung richten.

Knecht.

Hir is noch sel to sni'n af
Fi, wat sünt dat för Lumpensaoken,
Nu wil ik Di, Du rechte Laf
Ok ins bin Kop to'n Büffel maoken.

Depositor.

Gieb mir geschwind den Zirkel her,
Faß an, er liegt ganz in der Quer!

Knecht

wirft den Cornuten nochmals auf der Bank um und spricht dann:

Set ins, wo falt be growe Knull,
Dat wol dat hele Hus mut broinen,
Wo nu, Cornute, büst Du bull
Du must hir wol noch beter stoinen.

Depositor.

Nun ist es Zeit, mein lieber Knecht,
Daß wir in dieser Stund' ihm recht,
Sein Haar etwas frisiren.
Wohlan, gebrauche Du die Scheer',
Mir aber reich' das Messer her,
Daß wir den Bengel ziren.

Knecht.

Dat Haor is em jo likes bull
Sao hart as Stro, wol kan dat riwen,
Un schal em likers krus un kul,
Natürlig as en Koswans bliwen.
Ik wil em flechten god sin Top,
Daoto de swarten Tän'nom staoken,
Dog fürder wasch ik em den Kop.

Depositor.

Bist Du des Putzens noch nicht satt,
Du machst das Bürschchen gar zu glatt,
Wir können ihm nicht gleichen.
Ja, Nickel, bei den Damen hier
Vermögen wir mit unsrer Zier
Das Wasser ihm nicht reichen.

Knecht

setzt bem Cornuten den Hut auf und steckt ihm einen Ring an den Finger, wornach er bemerkt:

Nu maokt' ik em dat Haor torecht,
Sao kan be Nar den Spegel fraogen
Ef he nich is be smukste Knecht
De wördig is en Ring to braogen,
Den em sin Lewste het forärt,
Drop mut man em be Pritsch to singen,
Sao wart sin möret Gat formärt
Dat he kan as en Rebuk springen.

Depositor.

Ganz recht, es kann nicht anders sein,
D'rauf singen wir ein Liebelein,
   Und pritschen ihn mit Freuden.
Wenn dieses alles nun gescheh'n,
So wird man bald das Ende seh'n,
   Und darauf frölich scheiden.

Knecht.

Nu heft Du kregen Dinen Laon,
Seg an, wult Du sao mer ol davon?

Cornut.

Ich will mich bemühen, hinfüro zu leben
So tugendlich, daß es mir Ehre wird geben.

Depositor.

Nun Hörnerträger, sag' allhier, was Du zuletzt begehrst von mir?

Cornut.

Mein sehnlich' Wünschen ist allein, ein ehrlicher Gesell zu sein.

Depositor

schlägt dem Cornuten mit dem Beile den Hut vom Kopfe und spricht dann:

Da liegt nun Deines Hauptes Kron',
Und hiermit hast Du Deinen Lohn;
Doch mußt Du mir erst schwören:
Du wollest, was zu dieser Frist
Von uns Dir widerfahren ist
   Zu rächen nie begehren.

Der Depositor spricht dem Cornuten die Worte des Eides vor wie folgt, welche von letzterm nachgesprochen werden.

Depositor.
An dieser Stelle schwör' ich —

Cornut.
An dieser Stelle schwör' ich —

Depositor.
Mein baares Geld verzehr' ich —

Cornut.
Mein baares Geld verzehr' ich —

Depositor.
Nur dies, nichts mehr begehr' ich.

Cornut.
Nur dies, nichts mehr begehr' ich.

Der Depositor applicirt dem Cornuten eine rechtschaffene Maulschelle mit der Bemerkung:

Und damit hast Du Dein Gebühr,
Dies sollst Du schließlich noch von mir,
   Hinfort von niemand leiden.
Entsag' nun Deiner Missethat,
Und merk' auf gute Lehr' und Rath
   So kannst Du frölich scheiden.

Knecht.

Nu, unse Brüeri is ut —
   It mut man den Präzeptor raopen,

De mag ol bruken noch sin Snut,
  Hoirt, go'n Tag, it mut nu laopen.
Darauf geht der Knecht ab, während der Depositor folgende Worte an die Gäste und Zuschauer richtet:
  Da ferne sich an dieser Stell', noch finden sollt' ein gut' Gesell,
    Der uns von nöthen hätte,
    Der spreche nur; wir sind bereit, mit gleicher Müh' und Höflichkeit
      Zu bringen ihn zu Bette.

Das vollständigste Depositionsbuch, aus welchem man sich ausführlich über das ganze Wesen des Postulats belehren kann, ist Johannes Rist, Depositio Cornuti Typographici, das ist: Lust= und Freuden=Spiel, vermittelst welchem junge Personen, so die Edle Buchdrucker-Kunst redlich erlernet, nach Verfließung ihrer Lehr=Jahre, zu Buchdrucker=Gesellen bestätiget und aufgenommen werden können. Auf freundliches Ansuchen, und sonderbares Begehren, wie auch der hoch= und weitgerühmten Buchdrucker-Kunst zu unvergleichlichen Ehren, Anno 1654 wohlmeinend verfaßt. — Im Jahre 1724 ist von diesem Buche in Lübeck eine Octav=Ausgabe erschienen. — Im Jahre 1746 ist in Lübeck von Johann Carl Daehnert noch ein anderes Depositionsbuch in Quart unter dem Titel: Fürschrift zum Akademischen Buchdrucker=Postulat erschienen.

Depositionsbuch, s. Deposition.

Depositor war bei der ehemaligen Vornahme des Postulats oder der Depositionshandlung die leitende Persönlichkeit.

Derriey, Charles, ein Schriftgießer von Paris, welcher seit Jahren zu großer Berühmtheit gelangte sowohl wegen seiner geistreichen und künstlerischen Ausführung von Einfassungen, Vignetten, Zügen, Initialen und anderen typographischen Ornamenten in Zeichnung, Schnitt und Guß, als auch durch deren außerordentliche Sauberkeit des Druckes. Er ist auch der Urheber der sogenannten Bogenquadraten. — Allen Fachgenossen ist sein Specimen=Album, welches 1862 in Paris in kl. Folio erschienen ist, warm zu empfehlen, denn es zeigt eine Anwendung und Verwerthung seiner künstlerischen Erzeugnisse, wie man sie anderswo vergeblich sucht.

Deutsche Abkürzungen. Nachstehend ein Verzeichniß der allgemein im Deutschen vorkommenden Schriftkürzungen:

a., an, am. — a. a. O., am angeführten Orte. — Ab., Abbs. und abbs., abends. — a. B., am Barenberge, am Brocken, am Bodensee, am Kanal. — Abg., Abgang, Abgeordneter. — Abgg., Abgeordnete (Mehrzahl). — Abs., Absatz, Absender (auf Briefen). — Abschn., Abschnitt (eines Buches). Abth., Abtheilung. — a. D., am Don, am Dnjeper, am Dnjester, außer Diensten. — a. b., an der. — a. b. A., an der Aar, an der Aisch, an der Aller, an der Anger, an der Ane. — a. b. B., an der Bode, an der Beresina. — a. b. D., an der Donau, an der Drawe, an der Dumme, an der Düna, an der Dwina. — a. b. E., an der Eider, an der Elbe, a. b. Ems, an der Este. — a. b. F., an der Fulda, a. b. Fuse. — a. b. H., an der Haardt, an der Havel, an der Haun, an der Hunte. — a. b. J., an der Jahde, an der Jeetze, an der Ilm, an der Innerste, an der Isaar. — a. b. L., an der Lahn, an der Lauter, an der Leine, an der Luhe, an der Lühe, an der Lutter. — a. b. M., an der Medem, an der Memel, an der Mosel. — a. b. N., an der Nahe, an der Neetze, an der Neiße. — a. b. O., an der Ober, an der Oertze, an der Oste. — a. b. P., an der Pleiße. — a. b. R., an der Ruhr. — a. b. Rh., an der Rhon. — a. b. S., an der Saale, an der Saar, an der Schwinge. — a. b. T., an der Tanger, an der Themse. —

Deutsche Abkürzungen

a. b. U., an der Unstrut. — a. b. W., an der Warne, an der Warthe, an der Weichsel, an der Werra, an der Weser, an der Westsee. — a. b. Y., an der Ylbs. — a. H., am Harz. — a. J., am Inn. — Al., Alinea, Absatz. — Allerdurchl., allerdurchlauchtigst. — Allerh., allerhöchst. — a. M., am Main, — a. N., am Neckar. — Anf., Anfang. — Ank., Ankunft. — Anm. und Anmerk., Anmerkung. — Antw., Antwort. — a. P., am Po., am Pruth. — a. R., am Rübenberge. — a. Rh., am Rhein. — Art., Artikel. — a. S., am Sund. — a. St., alten Styls. — A. T., Altes Testament. — a. T., am Taunus. — Aufg., Aufgang (der Sonne oder des Mondes in Kalendern). — Aufl., Auflage. — Ausg., Ausgabe (eines Buches).

B (ohne den Kürzungspunkt), in Kursberichten, Brief, d. i. Papier. — B., Buch (Abtheilung in einem Werke). — Bd., Band (eines Werkes). — Bde., Bände (Mehrzahl von Band eines Werkes). — beispw., beispielsweise. — bes., besonders. — betr., betreffend. — bez., bezahlt. — Bez., Bezirk. — bezw., beziehungsweise. — bischöfl., bischöflich. — Bog., Bogen (Druckbogen). — Br., Breite (Grad nördlicher oder südlicher). — br., breit (von Stoffen). — broch., brochirt von Büchern.

Cap., Capitel (als Abschnitt eines Buches). — Capt., Capitän (Befehlshaber eines Seeschiffes). — Cm., Centimeter. — Ctn., Centner.

D., Dienstag, Donnerstag (im Kalendern), Dollar. — d., den, der, die, das; dieser, diese; dieses (nach einer Ordnungsziffer in der Bedeutung von „dieses Monats"). — Dat., Datum. — derz., derzeitig. — desgl., desgleichen. — d. f. J., des folgenden Jahres. — d. f. M., des folgenden Monats. — d. G., durch Güte (auf Briefen). — d. Gr., der Große. — d. h., das heißt. — d. i., das ist. — d. J., dieses Jahres. — d. k. J., des künftigen oder kommenden Jahres. — d. k. M., des künftigen oder kommenden Monats. — d. l. J., des laufenden oder gegenwärtigen Jahres. — d. l. M., des laufenden oder gegenwärtigen Monats. — d. M. oder d. Mts., dieses oder desselbigen Monats. — Doll., Dollar. — Dr., Doktor. — Duod., Duodez oder Zwölfer. — Durchl., Durchlaucht und durchlauchtigst. — Dtz. oder Dtzd., Dutz oder Dutzend. — d. St., das Stück. — d. z., derzeitig.

Einw., Einwohner. — Einz., Einzahl (in Sprachlehren). — Em., Eminenz. — engl., englisch. — Ep., Epistel. — Erl., Erlaucht und erlauchtigst. — Ev., Evangelium. — event., eventuell. — Ew., Euer, Eure, Euers (in den Verbindungen mit Ew. Wohlgeboren, Ew. Excellenz, Ew. Majestät, Ew. Heiligkeit u. s. w.). — Exc. oder Excell., Excellenz. — excl., exclusive. — Expl., Exemplar.

f., fein, ferner, folgende. — F. oder Fr., Freitag (in Kalendern). — ff., feinfein, folgende (Mehrzahl). — fl. oder Fl., Gulden (Kürzung von Florin). — Forts., Fortsetzung. — Forts. f., Fortsetzung folgt. — Fr. oder Frk., Frank (Münze). — fr. oder frc., frei oder franco (auf Briefen). — Fräul. und Frl., Fräulein. — Frfr., Freifrau. — Frhr., Freiherr. — fürstl., fürstlich.

G (ohne Kürzungspunkt, in Kursberichten) Gold. — geb., geboren, geborne, gebunden. — gef., gefälligst. — geh., geheftet. — Geh.-Rath, Geheimrath. — gek., gekauft (in Kursberichten). — gem., gemerkt (auf Frachtbriefen und Konnässementen), gemacht (in Börsenberichten). — gest., gestorben (für diese Kürzung auch das †). — Gew., Gewicht. — gew., gewogen. — gez., gezeichnet. — gl., gleich. — Gr., Grab (auch dafür das Grabzeichen o), Gramm. — gr. 4., groß Quart, gr. 8., groß Octav. — gräfl., gräflich. — Grafsch, Grafschaft. — großherzogl., großherzoglich.

H., Heiligkeit, Herr, Hoheit, Höhe. — h., heilig, hoch. — Hauptw., Hauptwort (in Sprachlehren). — heil., heilig. — Heil. Schr., Heilige Schrift. — Hekt., Hektar (nicht Hect.) — Hektl., Hektoliter. — herzogl., herzoglich. — HH., Herren (Mehrzahl). — Hr., Herr. — Hrn., Herrn.

J., Ihr, Ihre, Ihres. — i., in, im. — i. A., im Anfang, im Auftrage. — i. Br., im Breisgau. — J. D., Ihre Durchlaucht. — i. d., in der. — i. d. A., in der Aue. — J. H., Ihre oder Ihrer Hoheit. — JJ., Ihre (Mehrzahl). — i. J., im Jahre. — i. J. Chr., im Jahre Christi. — i. J. d. H., im Jahre des Herrn. — JJ. kk. HH., Ihre kaiserlichen oder königlichen Hoheiten. — JJ. kk. MM., Ihre kaiserlichen oder königlichen Majestäten. — i. l. J., im laufenden oder gegenwärtigen Jahre. — i. l. M., im laufenden oder gegenwärtigen Monate. — J. M., Ihre Majestät. — Imp., Imperial (russische Goldmünze). — incl. oder inkl., inklusive (einschließlich). — jährl., jährlich.

K (ohne Kürzungspunkt, in Kursberichten), Käufer. — K. oder k., kaiserlich oder königlich. — kaif. oder kaiferl., kaiferlich. — kgl., königlich. — k. J., künftigen oder kommenden Jahres. — Kilom., Kilometer (Flächen- oder Wegemaß). — k. k., kaiserlich königlich. — kk. HH., kaiserliche oder königliche Hoheiten. — kk. MM., kaiserliche oder königliche Majestäten. — kl., klein. — Km., Kubikmeter. — k. M., kaiserliche oder königliche Majestät; künftigen oder kommenden Monats. — königl., königlich. — königl. Hoh., königliche Hoheit. — königl. Maj., königliche Majestät. — Kr., Kreis; Krone (10 Mark). — Kub.-Cm., Kubik-Centimeter. — Kub.-F., Kubik-Faden. — Kub.-M., Kubik-Meter. — Kub.-Mm., Kubik-Millimeter. — künft. J., künftiges Jahres. — künft. M., künftigen oder kommenden Monats. — kurf. oder kurfürstl., kurfürstlich.

L., Länge (Grad östl. oder westl. Länge), Liter, Last (2000 Kilo), Lire. — l., laut, lang, lies. — l. J., laufenden Jahres. — l. M., laufenden Monats. — Lauf. Nr., Laufende Nummer. — Lst., Last, Liver Sterling (englische Goldmünze von 20 Mk.). — L. St. oder L. Sterl., Liver Sterling oder Pfund Sterling. — Lstl., Liversterling.

M., Magister, Majestät, Mark, Meile, Meter, Minute, Mittwoch und Montag (in Kalendern), Monat, morgens. — Mag., Magister. — Maj., Majestät. — maj., majoren (mündig, volljährig). — männl., männlich (in Sprachlehren). — Mel., Melodie (die Singweise). — Mill., Million. — Min., Minute. — min., minoren (minderjährig), minor und minus (klein). — Mk., Mark. — MM., Majestäten. — Mm., Millimeter. — monatl., monatlich. — Mts., monats.

N., nachts, Nord. — Nachm., nachmittags. — n. Br., nördlicher Breite. — Nkr., Neukreuzer. — Nlth., Neuloth. — NNO., Nordnordost. — NNO. z. N., Nordnordost zu Nord. — NNW., Nordnordwest. — NNW. z. N., Nordnordwest zu Nord. — NO., Nordost. — No., Nummero. — nörl., nördlich. — Nr. oder Nro., Nummer und Nummero. — Nrn., Nummern (Mehrzahl). — N. S., Nachschrift, nach Sicht (auf Wechseln und Anweisungen). — N. St. oder n. St., neuen Styls. — N. T., Neues Testament. — NW., Nordwest.

O., Ost. — östl., östlich. — OGA., Obergerichtsanwalt. — O. L., östlicher Länge. — ONO., Ostnordost. — ONO. z. O., Ostnordost zu Ost. — ordentl., ordentlich. — Ordn.-Nr., Ordnungs-Nummer. — OSO., Ostsüdost. — OSO. zu O., Ostsüdost zu Ost. — OT., Obertribunal. — OTR., Obertribunalsrath.

Pag., Pagina (Seite eines Buches). — Past., Pastor. — pCt., pro Centum oder Procent. — Pf. und Pfg., Pfennig. — Pfd., Pfund. — Pfd. St. oder Pfd. Sterl., Pfund Sterling. — pp. im Geschriebenen für das Etcetera-Zeichen (rundes z mit c als ꝛc.) — pr., per (zu, auf), pro (für). — Prof., Professor.

Q., Quadrat, Quart, Quartier. — QCm., Quadrat-Centimeter. — QM.,

Quadratmeile. — □Mm., Quadrat-Millimeter. — qu., quästionabel (fraglich, in Rede stehend). — Qu., Quadrat. — Quart., Quartier (Viertel). — quartal., quartaliter (vierteljährig).

Reaum., Reaumür. — Ref., Referent. — RR., Regierungsrath. — Rescr. und Restr., Rescript (Bescheid). — resp., respective (rücksichtlich, bezüglich).

S., Seite (in einem Buche), Silber, Süd. — s., siehe. — S. Br. und s. Br., südlicher Breite (Grad). — Se., Seine. — Se. Exc., Seine Excellenz. — Sek., Sekunde. — Sh., Shilling (englische Münze). — sign., signirt (gezeichnet). — s. o., siehe oben. — SO., Südost. — spr., sprich. — Sr., Seiner. — Sr. Hoh., Seiner Hoheit. — Sr. Maj., Seiner Majestät. — SSO., Südsüdost. — SSO. z. S., Südsüdost zu Süd. — SSW., Südsüdwest. — SSW. z. S., Südsüdwest zu Süd. — s. u., siehe unten. — südl., südlich. — s. Z., seiner Zeit.

T. Tonne, Tons (Seegewicht). — Th., Theil, Thaler. — Therm., Thermometer. — Thl., Theil, Thaler. — Thle., Theile (eines Buches in der Mehrzahl). — Thlr., Thaler. — Tit., Titel (Abtheilung in einer Schrift), Titular.

U., Uhr. — u., und. — u. A. und u. a., unter anderen, und andere. — u. A. w. g., um Antwort wird gebeten. — u. dgl., und dergleichen. — u. dgl. m., und dergleichen mehr. — u. f., und ferner, und folgend. — u. f. f. und so ferner. — u. s. w., und so weiter.

V (in Kursberichten ohne Kürzungspunkt), Verkäufer. — V., Vers. v., von, vom, vorn. — v. d., von der, von dem. — v. d. Busche, von dem Busche. — v. d. Decken, von der Decken. — Verf., Verfasser. — vergl. und vgl., vergleiche. — v. o., von oben. — vorm., vormals. — Vorr., Vorrede. — Vorw., — V. R. w., von Rechts wegen. — v. u., von unten.

W., West, Währung. — weil., weiland. — westl., westlich. — wirkl., wirklich. — W. L. oder w. L., westlicher Länge (Grad). — WNW., Westnordwest. WNW. z. W., Westnordwest zu West. — WSW., Westsüdwest. — WSW. z. W., Westsüdwest zu West. — w. o., wie oben. — W. S. g. u., Wollen Sie gefälligst umwenden (Custos in Briefen). — Wwe., Witwe.

z., zu, zur, zum. — z. B., zum Beispiel. — z. D., zur Disposition. — z. E., zum Exempel. — z. Z., zur Zeit.

Deutsche Buchdrucker-Zeitung, herausgegeben und redigirt von Hermann Blanke in Berlin, erscheint wöchentlich (Sonntags) in Quart, meistens zu 12 Seiten. Mit dem 1. Januar 1877 hat sie ihren vierten Jahrgang begonnen, während am 1. Juli des vorhergegangenen Jahres eine Umwandlung der „Mittheilungen" in „Deutsche Buchdrucker-Zeitung" erfolgt war. Ihre Tendenz ist das Bestreben, die Interessen des Buchdruckerberufes nach allen Seiten hin zu vertreten, dessen Fachwissen durch technische Artikel zu fördern und zu mehren, und die Eintracht zwischen Prinzipal und Gehülfen von ehemals wieder herzustellen, sowie die frühere Collegialität neu zu beleben. Die „Mittheilungen" verfolgten denselben Zweck; der „Deutschen Buchdrucker-Zeitung" ist es mehr gegeben, das vorgesteckte Ziel zu erreichen, weil dem Herausgeber eine hinreichende Zahl von Mitarbeitern aus den bewährtesten Männern unsers Faches zur Seite steht und — dies mag nicht übersehen werden — weil das Blatt von der Metropole des deutschen Reiches ausgeht.

Deutsche einheitliche Papierformate. Das langjährige Streben der deutschen Buchdrucker und Buchhändler nach Einführung der einheitlichen Papierformate, wie dieselben in unseren Nachbarländern seit lange im Brauch sind, sollte am 1. Januar 1877 erfüllt werden, nachdem in der am 13. November 1875 abgehaltenen gemeinschaftlichen Versammlung des Oesterreichisch-Ungarischen Papierfabrikanten-Vereines, der Herren Delegirten der Budapester Handels- und Gewerbekammer und des Deutsch-Oesterreichischen Buchdrucker-Vereines, sowie einer großen Anzahl von Papierfabrikanten und Händlern aus allen Theilen Oesterreich-Ungarns, mit überwiegender Majorität der Beschluß gefaßt worden war, sich anläßlich der Einführung des metrischen Maßes und Gewichtes in der Papierbranche den am 21. Mai 1875 in Berlin getroffenen Vereinbarungen über die neue Rieseintheilung zu 1000 Bogen anzuschließen, und zur Durchführung der hieraus sich ergebenden neuen Einrichtungen ein gemischtes Comitee aus sämmtlichen Papier-Interessenten gewählt. Dieses Comitee hat sich nun auch für einheitliche Papierformate entschieden, welche von jenen Vertretern und den deutschen Papierfabrikanten adoptirt sind. Als Normalformate werden folgende dreizehn Formate aufgestellt, wobei das beigefügte neue Gewicht in allen jenen Fällen, in welchen kein anderes Gewicht aufgegeben wurde, als Normalgewicht zu gelten hat.

Nummer	Format in Centimeter	Gewicht in Kilo à 1000 Bogen
1	34—42	8
2	36—45	9.5
3	37—48	11
4	40—50	13
5	42—52	15.5
6	46—59	20
6½	47—60	22
7	48—62	25
8	50—70	33
9	54—76	41
10	57—78	46
11	60—87	55
12	63—90	69

Der Termin zur Einführung dieser Maßnahmen bleibt natürlich dem Ermessen tedes Einzelnen überlassen, darf jedoch den 1. Januar 1877, welcher als obligatorischer Einführungstermin festgesetzt wurde, nicht überschreiten. — Nach Durchführung dieser einheitlichen Papierformate werden uns dieselben Interessen zu statten kommen, wie sie unsere Nachbarländer schon lange genossen haben. Wir gelangen dadurch zu feststehenden Satzformaten, indem jede Nummer des Papiers ermöglicht, eine bestimmte Größe des Satzes hinsichtlich der Breite und Länge der Columnen festzustellen und hieraus ergeben sich zunächst wieder die Vortheile, daß wir auf diese feststehenden Breiten und Längen passendes Material an Durchschuß, Stegen u. s. w. beschaffen können. Dann fällt auch das sogenannte Formatmachen fort; bei gleich großen Verhältnissen der verschiedenen Papiere, bei Feststellung gleichartiger Formatgrößen zu den verschiedenen Papieren ist nichts leichter, als bem Mittelsteg, bem Kreuzsteg, bem Bundsteg für alle Formate bestimmte, verhältnißmäßige Größen zu geben. Zu dem Zwecke der Erleichterung des Formatmachens ist es uns dann gestattet, Format-Tabellen als Richtschnur aufzustellen, und das zeitraubende Ausmessen des Satzes zu den Verhältnissen des Papiers und darnach die Berechnung dieser Verhältnisse, welche Umständlichkeit sich bei jeder Kleinigkeit infolge der wechselvollen Papiergrößen wiederholen, wird bann miteins beseitigt sein.

Deutsche Höhe bezieht sich als technisch typographischer Ausdruck auf die Länge der Typen vom Bilde bis zum Fuße oder von der Oberfläche bis zur

Unterfläche, welche früher in Deutschland sehr verschieden war und daher keinen bestimmten Begriff in sich schließt. Da bei neuen Einrichtungen von Druckereien stets Didot'sche Höhe genommen wird, so wollen wir mit „Deutsche Höhe" nur ausdrücken, daß die betreffende Schrift keine Didot'sche Höhe hat. Die deutsche Höhe differirt zwischen 63 und 66 typographischen Punkten, sie ist also höher, als die Didot'sche.

Deutsche Ligaturen kommen in der Fraktur und deren zehn an der Zahl vor. Es sind ch, ck, ll, ff, fi, ß, tz, ff, si und fl.

Deutsche Signatur nennen wir den Einschnitt als Kennzeichen an der Type auf deren Oberfläche, auf der Seite, welche dem Auge sichtbar ist, wenn die Buchstaben im Winkelhaten aufgesetzt werden. Sie heißt Deutsche Signatur zum Unterschiede von Französischer Signatur, welche sich auf der Unterfläche, also auf der unserer Augen entgegengesetzten Seite, der Type befindet.

Deutscher Antiqua-Gießzettel, s. Antiqua-Gießzettel.

Deutscher Antiqua-Kasten, s. Antiqua-Kasten.

Deutscher Fraktur-Gießzettel, s. Fraktur-Gießzettel.

Deutscher Fraktur-Kasten, s. Fraktur-Kasten.

Deutscher Kalender nennt man den vom Magister Johann von Kunsperg in Nürnberg zuerst 1473 herausgegebenen Zeitweiser, ein Gegenstück zu den bereits früher erschienenen Französischen Kalender (s. b.). Er gehört zu den seltensten und interessantesten Erzeugnissen des Holztafeldruckes, ist ganz in Holz geschnitten, enthält 51 Tafeln von 35, 36 und 37 Zeilen Länge und ist auf beiden Seiten des Papiers gedruckt. Der Druck entstammt der Officin von Johannes Regiomontanus (s. b.) in Nürnberg. Ein Facsimile ist enthalten in Falkensteins Geschichte der Buchdruckerkunst (Leipzig, Druck und Verlag von B. G. Teubner, 1856), und nach derselben in K. B. Lords Annalen der Typographie, 1876, Nr. 367, S. 228.

Deutsches System, ein typographischer Ausdruck, der eigentlich nur gebraucht werden kann, um anzudeuten, daß das Material einer Druckerei nicht nach dem System Didot bemessen ist. Es kann schon deshalb von einem Deutschen System keine Rede sein, weil früher jede Gießerei ihr eigenes System hatte. Sonst versteht man auch wohl unter Deutsches System die Bemessung des Materials nach dem Corpus- oder Garmond-Kegel.

Dezimale Papier-Einheiten. In einer am 21. Mai 1875 in Berlin stattgefundenen Versammlung von deutschen und österreichischen Buchdruckern und Papierfabrikanten wurde beschlossen, die alte Eintheilung des Papiers zu verlassen und an deren Stelle eine zeitgemäßere, dem Dezimal-System sich anschließende Theilung einzuführen. Nachdem nun laut Erlaß des Reichskanzleramts vom 11. Dezember 1875 der vereinbarten Neutheilung von Seiten des Bundesrathes nichts entgegensteht und infolge dessen auch die verschiedenen Behörden des Deutschen Reiches dieselbe künftig ihren Submissionen und Bestellungen zu Grunde legen dürften, so ist gewiß vorauszusetzen, daß die meisten Fabriken mit Neujahr zur Neutheilung übergegangen sind und daß solche im Laufe des Jahres 1876 zur allgemeinen Einführung gelangt. Nach der dezimalen Theilung hat in Zukunft das Ries 1000 Bogen anstatt seitheriger 480 resp. 500, daß also das Neu-Ries genau doppelt so groß, als das alte Druck-Ries und außer der Verdoppelung noch 4 pCt. mehr Bogen enthält, als das alte Schreib-Ries. Dieses Neu-Ries hat 10 Buch von je 100 Bogen von je 10 Heften. Diese Einheiten beziehen sich auf sämmtliche Papiersorten, Postpapier nicht ausgenommen und selbstredend ist diese Neuerung der alten Eintheilung (wo Druckpapier das

Ries 20 Buch zu je 25 = 500 Bogen, Schreib- und Postpapier das Ries zu je 24 = 480 Bogen hatte), bei weitem vorzuziehen. Wer also früher 1 Schreib-Ries kaufte, hat künftig ½ Ries zu verlangen, was dem Händler keine Mühe verursachen wird, weil er für die Folge das Papier schon in dieser Packung vom Fabrikanten erhält, da das Neu-Ries einen zu großen unhandlichen Pack ergeben würde. Dabei darf also der Käufer nicht außer acht lassen, daß er, wie oben erwähnt, mit dem halben Neuries 20 Bogen oder 4 pCt. mehr Papier erhält, also auch entsprechend mehr zu bezahlen hat, als für das alte Schreib-Ries. — Aus obiger bezimalen Theilung ergiebt sich ferner, daß künftig 1 Buch 100 Bogen zählt, was allerdings eine bedeutende Abweichung vom Althergebrachten ist und deshalb einige Schwierigkeit finden wird, sich Eingang zu verschaffen, zumal der Begriff von 1 Schreibbuch zu 24 Bogen schon so lange und fest eingebürgert ist. Doch ist auch hier anzunehmen, daß die Annahme dieser Neuerung auf nicht allzu große Schwierigkeiten stoßen wird, da außer den praktischen Vorzügen des Dezimal-Systems ja das Heft zu 10 Bogen einen Ersatz für das alte halbe Buch bietet. Der kleinere Consument, welcher seither gewohnt war, im Laden ein halbes oder ganzes Buch Papier zu kaufen, wird also künftig 1 oder 2 Hefte, resp. 10 oder 20 Bogen, zu verlangen haben, ein Gebrauch, der uns schon durch die Anwendung der Dezimaltheilung in Münze, Maß und Gewicht, also auch beim Zählen, bald zweckmäßig erscheinen wird und namentlich dem Detailhandel sehr zu statten kommt. Da nämlich das Heft von 10 Bogen = $^1/_{100}$ Ries, so kostet dasselbe auch genau so viel Pfennige, als das Ries Mark kostet. Nehmen wir z. B. an, 1 Ries Canzleipapier koste 12 M., so kostet 1 Neu-Buch 1 M. 20 Pf., 1 Heft 12 Pf. und 1 Bogen 1$^2/_{10}$ Pf. Diese Rechnung ist so einfach, daß sie mit Leichtigkeit im Kopfe gemacht werden kann und sehr vortheilhaft von der seitherigen umständlichen Berechnung absticht. Diese Annehmlichkeit wird sich auch auf die Fabrikate erstrecken, sofern nämlich die Notizbücher, Schulhefte, Zeichen-Albums 2c. aus je 10 Bogen oder dem vielfachen dieser Zahl angefertigt werden. Ebenso wird die Gewichtsbestimmung für das Ries nach den einzelnen Musterbogen erleichtert, da ein Bogen genau so viel Gramm wiegt, als das Ries Kilo. Die neue Theilung bezieht sich, wie gesagt, auch auf die Postpapiere, und es enthält somit für die Folge 1 Ries Briefpapier gleichfalls 1000 Bogen, ohne Unterschied des Formates, während seither vom Fabrikanten ein Ries flach Post mit 480, quart Post mit 960 und octav Post mit 1920 Bogen geliefert wurde. In vorstehendem ist nun die Neutheilung in ihren Hauptzügen wohl hinreichend beleuchtet, um das Praktische derselben leicht zu erkennen, und es ist wohl anzunehmen, daß sich das Publikum mit derselben rasch befreunden wird, und deren schnelle und allgemeine Einführung dadurch erleichtert, daß es künftig im Laden das Papier nicht verlangt und kauft, als nach der neuen Dezimaltheilung. Geschieht dies allgemein, so wird auch in kurzer Zeit der alte Zopf der Papiertheilung fallen, und vielleicht schon in einem Jahre wird niemand mehr begreifen können, wie man sich jahrhundertelang mit der alten unpraktischen Theilung begnügen konnte.

Dextrin, ein dem Gummi arabicum ähnlicher, aber weit mehr bindender Stoff, ist in Düten-, Couvert- und Papierwaarenfabriken ein lange bekanntes Bindemittel und auch dessen Verwerthung in der Druckerei zu empfehlen, weil es Vortheile bietet, welche dem Kleister und arabischen Gummi abgehen, denn seine Bindung ist bedeutend stärker, als die der genannten Stoffe, während es sehr schnell trocknet. Dextrin wird aus dem Stärkemehl durch Erhitzen desselben für sich oder mit verdünnten Säuren hergestellt. Es ist löslich in Wasser, und bebarf es nur dieser Auflösung, um zum Gebrauche tauglich zu sein, so daß auch das umständliche Kochen des Mehlkleisters bei der Verwendung des Dextrin fortfällt.

Diamant ist ein deutscher Schriftkegel von 4 typographischen Punkten oder Halbpetit oder Drittel=Cicero. Allgemeinhin ist dieser in Deutschland der kleinste Kegel und steht auf der untersten Stufe der aufsteigenden Skala der Schrift=kegel=Größen.

Diamond, Benennung eines Schriftkegels in der englischen Typographie, unserer Diamant von 4 Punkten nahe zu gleich, aber noch etwas stärker.

Dibdin, Thomas Frognall, geboren 1775 in Kalkutta, Ostindien, und gestorben 18. November 1847, einer der hervorragendsten Bibliographen und typographischen Schriftsteller der neuesten Zeit. Sein Vater, der Kapitän Thomas Dibdin war ein Bruder des berühmten englischen Tondichters Charles Dibbin. In jungem Alter durch den Verlust seiner Eltern Waise geworden, wurde er nach England zurückgeschickt, wo er eine sehr gute Erziehung erhielt und für die Rechtswissenschaft bestimmt war, sich später aber der Theologie widmete. Er wurde in frühen Jahren Schriftsteller, schrieb Abhandlungen, Geschichten, Gedichte und dergleichen für die Buchhändler=Magazine, sowie einige Untersuchungen über Rechtsverhältnisse. Seine vorzüglichsten Werke sind die aus dem Gebiete der Bibliographie und Typographie. Dibbin war Bibliothekar bei dem Bibliophilen Grafen George John Spencer zu Althorp und später Kaplan bei dem König in Kensington. Von seinen auf die Druckkunst Bezug habenden Werken, welche sehr kostbar und selten sind, wollen wir folgende hier nennen: Aedes Althorpianae, or an Account of the Mansion, Books and Pictures at Althorp, the residence of George John Earl Spencer, London 1822, 2 Bde., — A bibliographical, antiquarian and picturesk tour in Frauce and Germany, London 1821, 3 Bde. und Supplement, — The bibliographical Decameron, — The Bibliomania, or Bookmadness, — Bibliotheca Spenceriana, ein beschreibender Katalog der großartigen Bibliothek des Grafen Spencer, — A descriptive Catalogue of the Books printed in the 15. Century, London 1823, — Holbeins Dance of Death, Holbeins Todtentanz, dargestellt in einem prachtvollen Holzschnitt, — Lettre trentieme concernant l'imprimerie et la librairie de Paris, — The Pastime of People, — An Introduction to the Knowledge of rare and valuable Editions of the Greek and Roman Classics, — Typographical Antiquities, London 1810—19, 4 Bände, — Reminiscenses of a Literary Life, London 1836.

Didot, Francois, war der erste aus dieser berühmten Buchdrucker= und Buchhändler=Familie Frankreichs, welcher sich der Literatur zuwendete. Geboren 1689, verbrachte er seine Lehrzeit bei dem Buchdrucker und Buchhändler Pralard. Sein Vater war Kaufmann in Paris und hatte elf Kinder, von welchen Francois Ambroise und Pierre Francois ausersehen waren, das väterliche Geschäft weiter zu führen. Francois Didot wurde mit dem Abbé Prévost befreundet und druckte und verlegte dessen sämmtliche Werke, unter denen die „Histoire Générale des Voyages", ein Werk in 80 Duodezbänden mit Abbildungen, welches 1786 in 20 Quartbänden mit Mappen, Karten und Kupfern begleitet in zweiter Auflage gedruckt worden, besonders hervorragte. Weiter druckte und verlegte er für den genannten Weltgeistlichen: „Doyen de Killerine", „Vie de Cicéron" (4 Bände), ein „Manuel lexique" und das „Recueil périodique dans un goût nouveau", genannt: Le pour et le contre (das Für und Wider) in 20 Duodezbänden. Alle diese Werke werden von den Bibliographen ihrer typographischen Schönheit halber gerühmt. Das Emblem oder die Insignie seines Geschäfts war die „Goldene Bibel." Die Officin der Druckerei befand sich anfangs in der Rue Pavée St. André des Arts und später am Quai des Grands Augustins. Er starb am 2. November 1757.

Didot, Francois Ambroise, der Sohn des vorigen Francois Didot, geboren zu Paris im Jahre 1730 und gestorben 10. Juli 1804. Er begann im Jahre 1753 eine Buchhandlung in Paris und verband nach dem Tode seines Vaters 1757 dessen Druckerei damit. Sein Geschäft befand sich in der Savoyerstraße. Haben wir bereits gesehen, daß sein Vater ein bedeutender Buchhändler und Buchdrucker war, so war dieser Didot derjenige, welcher den Grundstein zu der Berühmtheit dieses Hauses in typographischer Hinsicht legte. Der Fortschritt der Typographie dieser Periode war eng verbunden mit seinem Lebensabschnitt. Zu jener Zeit hatten die Stephans und die Elzeviere einzelne Verbesserungen im Gebiete der Typographie gemacht. Francois Ambroise Didot studirte seinen Beruf mit Begeisterung, und die Erfolge seiner Bestrebungen gaben sich bald kund in der Eleganz der von ihm gegossenen Typen, welche die vorzüglichsten aller bisher in Frankreich hergestellten waren. Er war nicht zufrieden damit, dem Bilde der Typen eine schöne, künstlerische Form zu geben, vielmehr ergriff er die Initiative zu einer vollständigen Reform des Typengusses, an welche vorher nie gedacht worden war. Er machte in Frankreich der Konfusion, welche die Typen aus den verschiedenen Gießereien in ihren Kegelverhältnissen einander gegenüber aufwiesen, durch Schaffung eines Systems ein Ende, welches auf die Verhältnisse des sogenannten typographischen Punkts beruhte. Es bestand in einer Eintheilung der Linie in sechs Theile. Dieses System ist nachher in Frankreich allgemein adoptirt und bis auf unsere Tage beibehalten worden und ist dasselbe, was wir heute unter der Benennung System Didot kennen. Er schaffte auch die damaligen nur auf Fantasie beruhenden Benennungen der Typen von Perle, Nonpareille, Mignonne, St. Augustin, Bourgeois, Cicero, Petit Texte, Canon u. s. w. ab, indem er sein neues System numerirte. Die Grundzüge seines Systems der Bemessung der typischen Körperverhältnisse sind folgende: die Linie eines Zolles wird in sechs gleiche Theile getheilt, welche dazu dienen, die Graduation der Typen zu kennzeichnen. Der kleinste Kegel, oder die Linie, welche sechs dieser Theile hat, wird Nr. 6 genannt, so daß die folgende Nr. 7 aus 1 Linie und 1 Theil derselben besteht, und die nun folgenden Nummern 8, 9, 10, 11 harmoniren mit dieser Eintheilung, so daß Nr. 12 eine Stärke von 2 Linien repräsentirt. Uebereinstimmend mit diesem Arrangement ist der sechste Theil einer Linie (letztere der zwölfte Theil eines Zolles) ein **typographischer Punkt** genannt worden und nach diesem Verhältniß steigern oder mindern sich die Grade der Schriften, je nachdem der Körper einen größern oder geringern Gehalt dieser Punkte in sich birgt. — Im Jahre 1780 besuchte Benjamin Franklin, damals Gesandter der Vereinsstaaten Nordamerikas am französischen Hofe, die Officin dieses Didot. Der amerikanische Gesandte ging an eine Presse heran, besichtigte dieselbe, griff zum Bengel und machte ein paar Abzüge mit einer Geläufigkeit, welche den Drucker in Erstaunen setzte. „O, Sie brauchen nicht zu staunen, mein Herr, dieses ist mein alter Beruf", bemerkte Franklin. Der Diplomat war von dem damals dreißig Jahre alten William Temple begleitet, derselbe, welchem Voltaire so lobend die Worte widmet: „Gott und die Freiheit." Temple hielt sich sechs Monate in Didots Hause auf und erhielt hier die ersten Begriffe von der Typographie. Sein Sohn, Firmin Didot, unterrichtete ihn später in dem Wesen der Schriftgießerei. — François Ambroise Didot construirte auch eine Handpresse, welche eine weite Verbreitung fand. Er besuchte sämtliche Papiermühlen Frankreichs zu dem Zwecke, ein besseres System der Papierfabrikation, als das damalige war, zu erreichen. Später begab er sich in derselben Absicht nach den Niederlanden, und dort fand er einen Fachmann namens Ecrevise, welcher ihm bei den Verbesserungen in dieser Kunst mit bedeutender Hülfeleistung an die Hand ging. Auf Veranlassung Didots und unter seiner praktischen Assistenz producirte die Factorei von Johannot zu Amonay im Jahre 1780 das erste Velinpapier in Nachahmung desjenigen, auf welchem Baskerville seine prachtvolle Ausgabe des Virgil gedruckt hatte. Die Art der Fabrikation dieses Papiers war bislang ausschließlich in England bekannt gewesen. — Es ist unmöglich, hier ein Verzeichniß sämtlicher Werke zu geben, welche bei diesem hervorragenden Mann erschienen sind. Manche Werke wurden nur in zwölf oder in fünfundzwanzig Exemplaren abgezogen, um nur an bedeutende Bibliotheken und hohe Bücherfreunde abgegeben zu werden. Aber nicht allein die Sauberkeit des Druckes, vielmehr auch die Correctheit seiner Ausgaben erwarb ihm die größte Aufmerksamkeit und einen bedeutenden Ruf. Im Jahre 1783 wurde er, als ein Zeichen königlicher Huld, von Ludwig XVI. beauftragt, sämtliche Bücher, welche zur Erziehung des Kronprinzen erforderlich waren, in neuen Ausgaben herzustellen. Das Ergebniß war eine Collection von 31 Quart- und 17 Octavbänden, sowie von 18 Bänden in Achtzehner. Unter diesen befinden sich als die berühmtesten die Ausgaben von Bossuet, Telemach und die lateinische Bibel, welche hinsichtlich ihrer Eleganz und Accuratesse hervorleuchten. Er druckte auch für den Grafen von Artois, nachherigen König Karl X., eine Collection Bücher in der Zahl von 64 Bänden in Achtzehner. Diese Serie, als die Artois-Ausgabe bekannt, wird gleich der Kronprinz-Ausgabe von dem Bibliophilem sehr hoch gepriesen. Zwei Exemplare dieser Ausgaben sind auf Velinpapier gedruckt worden. Didot hinterließ den Erfolg seiner Bestrebungen seinen beiden Söhnen Pierre und Firmin, indem er dem erstern die Druckerei, dem andern die Schriftgießerei übertrug. Er starb 1804 in dem reifen Alter von 75 Jahren. Die Söhne setzten ihm ein Monument, durch welches sie sein Andenken ehrten und ihre kindliche Pietät in folgenden Worten manifestirten: „Einfach in seinen Manieren, großmütig, ehrenhaft und strebsam, war er mehr bemüht, die öffentliche Achtung sich zu bewahren, als das private Interesse zu befördern."

Didot, Pierre François, der zweite Sohn des Gründers des Hauses Didot, François Didot, war Buchdrucker, Buchhändler und Papierfabrikant, geboren zu Paris im Jahre 1732 und gestorben 7. December 1793. Als Buchhändler machte er 1753 und als Buchdrucker 1755 ein Geschäft für eigene Rechnung offen. Von 1759 bis 1789 befand sich sein Etablissement in der Rue de Grand-Augustins, aus dem verschiedene bemerkenswerthe Drucke hervorgingen, unter denen die „Nachfolge Christi", in Folio, 1783, „Telemach", in Quart, das „Gemälde des Ottomanischen Kaiserreiches" u. s. w. hervorleuchten. Pierre François Didot war Hofbuchdrucker des Königs Ludwig XVIII. bis zu dessen Thronentsetzung. Er legte auch eine Schriftgießerei an und führte in der Typenfabrikation große Verbesserungen ein. Seine Papiermühle zu Essonne war eine der ältesten und bedeutendsten Frankreichs und machte zahlreiche Versuche, diese Branche der nationalen Industrie zu verbessern. Eine seiner Töchter wurde an Bernardin de St. Pierre vermählt, welcher seit kurzem in der Mühle zu Essonne als Theilhaber eingetreten war. In dem alten feinen Herrenhause dieses Etablissements war es, wo Bernardin de St. Pierre seinen vortrefflichen Roman

„Paul und Virginie" verfaßte und wo die beiden Geschwister, denen er die respectiven Namen **Paul** und **Virginie** gegeben, geboren waren. Seine Tochter heirathete den General Gazan. Der Abbé von **Bornis** war, nachdem er das Seminar verlassen hatte, Corrector bei Didot und schlug seine Wohnung in der Essonner Mühle auf.

Didot, Henri, der erstgeborene Sohn des vorigen, geboren 1765, gestorben 1852. Er bildete sich als Stempelschneider aus und besaß ein Talent für Mechanik. Sechsundsechszig Jahre alt, hatte er eine Schrift in Stempel vollendet, welche er die **Mikroskopische** nannte. Um sich die Meinung seiner Freunde zu sichern, sendete er ihnen auf den Wunsch Louis XVI. eine Probe davon zu in Gestalt einer einfachen Octavseite mit Einfassung und auf India-Papier gedruckt. Das Ergebniß war ein sehr günstiges; dieselbe Schrift wurde zu der Ausgabe der „Maximen von Rochefoucauld" benutzt, welche man die Mikroskop-Ausgabe nannte. Die Schaffung dieser Schrift war ein hohes Werk in der Schriftgießerkunst. Die Kleinheit derselben ist derart, daß ihre Typen nicht auf dem gewöhnlichen Wege gegossen werden konnten, weßhalb Didot zu deren Guß einen besondern Apparat construirte, welchem er den Namen Polyhamatype gab. Mit Hülfe dieses Instruments wurden hundert Lettern in der Stunde gegossen. Die prachtvolle oben erwähnte Ausgabe in dieser Schrift wurde bei seinem Bruder, Didot jun., gedruckt. Henri Didot war vermählt mit einer gebornen **Sougrain,** deren Familie seit 1596 zu der Typographie in Verbindung gestanden hatte.

Didot St. Léger, der zweite Sohn von Pierre Francois Didot, war Director der Papiermühle seines Vaters zu Essonne. Er ist das Mitglied dieser Familie, welchem wir die Papiermaschine und das endlose oder Rollenpapier zu verdanken haben. Die ersten Versuche nach dieser Richtung hin wurden zu Essonne, der Papiermühle seines Vaters, vorgenommen, wo ein gewisser Robert, einer der Leiter und Aufseher der Fabrik, zuerst mit der Idee eines solchen Apparates hervortrat. Mehrere fruchtlose Experimente waren von dem Director Didot und dem Leiter Robert zu Essonne und zu Mesnil, nahe bei Dreux, hier unter der Oberaufsicht von Guillot und Robert, gemacht. Diese Experimente verliefen indeß unproductiv, aber dem unablässigen Streben Didots, sowie seinem Aufenthalt in England mag es zu danken sein, daß es ihm endlich gelang, seine Idee zu verkörpern, nämlich die Erfindung der Papiermaschine, als einer der nützlichsten und segensreichsten unsers Zeitalters. Im Jahre 1811 kehrte Didot St. Leger nach Frankreich zurück und aus diesem Jahre schreibt sich die Aufstellung der ersten Papiermaschine her. Didot St. Leger hatte einen Sohn, namens Eduard; er war der Verfasser einer vortrefflichen Uebersetzung von Dr. Johnsons „Lives of the Poets" in das Französische, welche 1823 bei Jules Didot erschien. Er starb 1825.

Didot jun., war der dritte Sohn von Pierre Francois Didot und erhielt die Druckerei des Vaters. Er veröffentlichte unter vielen anderen werthvollen Werken eine saubere Quart-Ausgabe der „Voyage du jeune Anacharsis."

Didot, Pierre, der älteste Sohn von Francois Ambroise, des erstgebornen Sohnes des Gründers dieses Hauses, war 1761 geboren und 1853 gestorben. Als sein Vater 1789 zurückgetreten war, folgte ihm Pierre in dem Besitz des Geschäfts und er widmete sich so erfolgreich dieser Kunst, daß er sich bald hochgeehrt sah, indem eine seiner Pressen im Louvre aufgestellt und er selbst zum Ritter des Michaels-Ordens ernannt wurde. Der literarischen Welt schon durch seine „Epistel über den Fortschritt der Typographie" und durch ein „Epitome der Fabeln" bekannt, war er von dem edlen Wunsche beseelt, Frankreich in der Kunst des Friedens so hoch dastehen zu machen, wie es in der Kunst des Krieges unübertroffen war, und zumal dessen Presse zu der angesehensten in Europa zu erheben. In seiner eigenen Person suchte er die benlwürdigen Triumfe von Bodoni zu erreichen. Er war bereits der angesehenste Drucker Frankreichs und strebte darnach, der hervorragendste Europas zu werden. Von 1789 bis 1795 befand sich das Geschäft des Buchhandels als auch das der Buchdruckerei in einen beklagenswerthem Zustande. Sei dem nun auch wie ihm wolle, Pierre und sein Bruder hatten doch die Kraft bewahrt, während jener sechs blutigen Jahre ihre friedliche Beschäftigung fortzusetzen. Pierre bestimmte sich, seine Quart-Collection der lateinischen und französischen Klassiker, welche begonnen war, und dem Kronprinzen zu dienen, zu vollenden. Als die Siege Bonapartes in Italien das neue Regiment zu befestigen schienen, war eine Wiederbelebung der Popularität der typographischen Kunst vorauszusehen. Die befähigtsten Künstler jener Tage, wie Gérard, Girobet, Proudhon und Percier wurden berufen, um bei Didot die Ausführung der Schönheit der Bücher zu ermöglichen. Bei der Zeichnung und dem Guß neuer Typen von seinem Bruder unterstützt, unternahm Pierre die Herstellung seines Nationalwerkes, jener Ausgabe, welche unter der Bezeichnung der des Louvre bekannt ist. Diese Serie enthielt 1) Virgil, in Folio, erschienen 1798, mit 23 Gravuren nach schönen Zeichnungen von Gerard und Girobet; 2) Horace, in Folio, 1799, geschmückt mit von Percier gezeichneten und von Girobet geschnittenen Illustrationen; 3) Racine, 3 Bände in Folio, geschmückt mit 57 Gravuren, welche von den geschicktesten Künstlern nach Zeichnungen von Proudhon, Gerard, Chaudet 2c. ausgeführt waren; 4) die Fabeln von La Fontaine, mit Vignetten von Percier. Von der Industrie-Ausstellung des Jahres 1801 war die Racine-Ausgabe von der Jury als das vollkommenste typographische Erzeugniß irgend eines Zeitalters erklärt worden. Die übrige außerordentlich große Anzahl der bei Pierre Didot erschienenen Werke ist nicht weniger bemerkenswerth wegen der typographischen Vortrefflichkeit, als der literarischen Bedeutung derselben, so die „Ikonographie der Griechen und Römer" von Visconti, die „Reisen Denons" u. s. w. Mit dem Rufe des hervorragenden Buchdruckers vereinigte er zugleich den des berühmten Schriftgießers; während zehn auf einander folgender Jahre hatte er durch Wibert unter seiner eigenen Aufsicht nicht weniger als achtzehn Schriften schneiden und verbessern lassen. — Drei seiner Publikationen haben indeß ein specielles Interesse für unsere Leser, und wir möchten dieselben bitten, diesen eine besondere Aufmerksamkeit gönnen zu wollen. Die erste ist betitelt: „Proben von Schriften der Gießerei und Buchdruckerei von Pierre Didot dem ältern, Ritter des königlichen St. Michaelsordens, königlichem Buchdrucker und Drucker der Pairskammer. In der Vorrede zu diesen sehr interessanten Schriftproben sagt Didot: „Ich habe die Nummer-Ordnung meiner Typen anstelle der bedeutungslosen und oft absurden Benennungen, welche heutzutage fast in allen Druckereien eingeführt sind, adoptirt. Diese Benennungen, wie Perl, Parisienne, Nonpareille, Mignonne, Petit Texte, Gaillard, Petit Romain, Philosophie, Cicero, St. Augustin u. s. w., bieten keine Idee von den einzelnen Verhältnissen der Lettern dar und ebenso wenig in Beziehung zu anderen, so daß thatsächlich ihre Kegel in den verschiedenen Druckereien variiren. Die durch meinen Vater eingeführte Nummer-Ordnung ist der allein richtige Anhalt, und die von ihm angenommenen Namen beziehen sich nur auf die Hauptunterschiede der verschiedenen in den Proben enthaltenen Schriften." Dann folgt eine Beschreibung des von seinem Vater eingeführten Punktsystems und hierauf die Proben, welche in Gestalt eines unterhaltenden Textes, meist in poetischer Form, gegeben sind. — Die zweite für uns Fachgenossen bemerkenswerthe Publikation erschien im Jahre 1824 unter dem Titel: „Essai d'un nouveau caractère offrant un essai lyrique de Pierre Didot l'aîné, Chevalier de l'ordre royal de Saint Michel, imprimeur du roi et de la chambre des Pairs." Diese neue Schrift trug in ihrer Erscheinung eine Schönheit und Auserlesenheit zur Schau, aber sie wich von der gewöhnlichen in vielen Buchstaben ab und machte kein Glück, denn sie wurde nur wenig reproducirt. — Die dritte für uns bemerkenswerthe Veröffentlichung war ein Poem, betitelt: „Epître sur les progrès de l'imprimerie", ist seinem Vater gewidmet und zählt alle die Erfolge auf, welcher derselbe in der Typographie gehabt, und giebt schließlich eine authentische Nachricht über den Ursprung des Velin-Papiers. — Im Jahre 1823 war zu Ehren Didots in Paris eine Medaille angefertigt. Auf der Vorderseite steht: Pierre Didot l'aîné typograph français, und in kleiner Schrift darunter: Veyrat F., während die Rückseite die Abbildung einer eisernen Presse aufweist. — Er hatte einen Sohn, namens Jules Didot, welcher 1794 geboren und 1871 gestorben ist. Er trat in die Fußstapfen seines Vaters und leitete die Schriftgießerei mit gutem Erfolg. Nach 1838 nöthigte ihn eine qualvolle Krankheit, seine Kunst zu verleugnen. Er verlegte danach sein Geschäft nach Brüssel und begann hier eine sehr großartig eingerichtete Buchdruckerei und Schriftgießerei, aber sein Unternehmen hatte hier keinen Erfolg, weshalb er nach Paris zurückkehrte und an der Barriere de Mont-Parnasse ein großes Gebäude erwarb, das er in eine Buchdruckerei umwandelte. Er war mit dem Kreuz der Ehren-Legion bekorirt und hat der Welt schöne Ausgaben vermacht, so die Werke von Rabelais, eine Uebersetzung der italienischen Dichter, Bottas Geschichte Italiens, die griechischen Klassiker, die französischen Klassiker, die tragbare italienische Bibliothek, die französischen Klassiker in einem einzigen aber mächtigen Band, eine vollständige Ausgabe von Voltaire in drei Bänden und eine hübsche Ausgabe des Don Quixote.

Didot, Firmin, der zweite Sohn von Francois Ambroise Didot und Bruder von Pierre Didot, geboren 1764 und gestorben 24. April 1836. Er war ausgezeichnet in literarischem Geschmack und vortrefflich als Buchdrucker. Die Schriften zu den verschiedenen Ausgaben seines Vaters wurden bei ihm neu gezeichnet und geschnitten und seine Schriften gehörten zu den besten damaliger Zeit. Zumal war seine Antiqua von besonderer Schönheit. Benjamin Franklin vertraute ihm seinen kleinen Sohn an, um denselben in der Kunst des Zeichnens zu unterrichten. — Im Jahre 1795 nährte er den Plan, die einzelnen Typen, aus welchen seine Logarithmen-Tafeln zusammengesetzt waren, unbeweglich an einander zu befestigen und in weiterer Ausbildung dieser Idee erreichte er die Anfänge des Stereotypie-Processes. Die Benennung Stereotypie rührt in der That von ihm her. Dieses neue Hülfsmittel der Typographie, welches bald nach seiner Erfindung zur Wiederherstellung der Formen der französischen und lateinischen Klassiker angewendet wurde, hat im Interesse der Ersparung von Lettern große Dienste geleistet und infolge ihrer Resultate eine förmliche Revolution in dem Verlagsgeschäft zuwege gebracht. Eine Columne konnte mittelst dieser neuen Erfindung um ganz geringe Kosten und in kürzester Frist in eine feste Platte von unbedingter Treue des Originals verwandelt werden. Im Jahre 1797 wurde ein Patent auf die Erfindung der Stereotypie genommen. Ein anderes Patent erhielt Firmin Didot 1806 auf ein verbessertes Typen-Gießinstrument und ein ferneres 1827 für die Herstellung von Landkarten und Plänen auf typographischem Wege. Nachdem Firmin Didot von einer längern Reise durch Spanien, Italien und Griechenland im Jahre 1827 zurückgekehrt war, zog er sich von der aktiven Oberleitung seines großen Etablissements zurück, um frei von den Sorgen des Geschäfts in der Zurückgezogenheit leben zu können. Er hatte einen Sitz in der Kammer der Abgeordneten und in dieser Auszeichnung vertheidigte er unablässig die Interessen der Buchdruckerkunst und des Buchhandels mit der Autorität, welche ihm sein vielseitiges Wissen verlieh. Im Jahre 1830 bot ihm die Regierung die Direktorstelle der Königlichen Druckerei an, welches Anerbieten er, wie nicht anders zu erwarten war, ablehnte. Er wurde bald darauf mit der Medaille der Ehrenlegion dekorirt und zum Königlichen Buchdrucker ernannt. Die Regierung hat seine Büste in Marmor aushauen und in der Halle der Nationaldruckerei aufstellen lassen, während ihm zu Ehren nach seinem Tode eine Medaille angefertigt wurde. Sein Porträt, gemalt von seinem Freunde Girodet, ist in der Gallerie des Louvre aufgehängt. Die hauptsächlichsten Werke, welche die Pressen Firmin Didots geliefert haben, sind: Die Henriade, in Quart; — Camoens, in Portugiesisch, in Quart; — Sallust, in Folio. Er veröffentlichte auch in Gemeinschaft mit seinen Söhnen eine große Anzahl stehender Werke, so u. a.: die Ruinen von Pompeji, von Mazois, — die Alterthümer von Nubien, von Gau; — der egyptische Pantheon, von Champollion; — die Collectionen von griechischen und französischen Klassikern, und die Geschichte der Jongleurs, gedruckt aus einer Schrift, welche er Gothisch nannte und geschmückt mit Vignetten und Einfassungen nach der alten Ausgabe des Pigouchet, eines Druckers des fünfzehnten Jahrhunderts, kopiirt waren. Die ausgezeichnetsten Persönlichkeiten Frankreichs beehrten Didots Officin mit ihrem Besuch und empfanden ein großes Interesse an den vielen Branchen der Typographie, die ihnen bei der Herumführung gezeigt wurden. Der Kaiser Alexander von Rußland besuchte sein Etablissement 1814 und besah jede Abtheilung mit der minutiösesten Aufmerksamkeit; er ließ zwei junge Russen dort, um sie in allen Branchen der Typographie unterrichten zu lassen. — Vom Auslande her senden Buchdruckereibesitzer ihre Söhne nach Didots Etablissement, um in der Kunst unterrichtet zu werden, ebensowohl als auch die Inländer und Buchdrucker, deren Namen mit Auszeichnung genannt werden, wie namentlich Paul Renouard, Paul Dupont, Claye, Rignour, Pinard, Brun u. s. w., in gleicher Weise zu Didot in Beziehung gestanden haben. Die ersten Buchdrucker von Athen, Koromelas, Dobras, Apostolides hatten die Kunst in Paris bei Didot erlernt, und viele Missionare, welche die Buchdruckerei nach verschiedenen Gegenden Afrikas und Asiens bringen sollten, erwarben sich deren Kenntnisse in dieser Officin. In Rücksicht zu allen seinen Vorgängern aus der Familie besaß Firmin Didot die größte literarische Befähigung. Er war der Verfasser von zwei Tragödien, „Die Königin von Portugal", die in Paris zur Aufführung gelangte, und „Der Tod Hannibals", von welcher man behauptet, daß sie den Geist und die Schärfe des Styls, den Corneille charakterisirte, besessen. Er stellte auch Uebersetzungen in Versen her, nämlich die der Bukolike von Virgil, der Lieder von Tyrtäus und der Idyllen von Theokritos — Schöpfungen, welche bewunderungswürdig sind und Anerkennung verdienen. Man hat behauptet, diese Werke hätten ihm die Thore der Akademie der Wissenschaften in Paris geöffnet. Er ist 72 Jahre alt geworden. Im Jahre 1839, drei Jahre nach seinem Tode, wurde — wie oben angedeutet — zu seinem Andenken eine Medaille gestiftet, auf deren Vorderseite sein Brustbild mit dem Blicke nach rechts und auf beiden Seiten die Umschrift: „Firmin Didot" sich befindet, während die Rückseite einen Lorbeerkranz aufweist, dessen Band die Inschrift trägt: „Stephanorum Aemulus musarum cultor." — Sein ältester Sohn, Ambroise Firmin, welcher seit dem Rückzuge des Vaters Leiter des Etablissements gewesen, folgte ihm in dem Besitz des Geschäfts.

Didot, Ambroise Firmin, berühmter Buchdrucker in Paris, auch als Graveur, Schriftgießer, Buchhändler, Uebersetzer und Schriftsteller diesseits und jenseits des Oceans wohlbekannte und hochgeachtete Persönlichkeit. Geboren zu Paris am 20. Dezember 1790, erhielt er schon frühzeitig durch seinen Vater Unterricht in der Buchdruckerkunst und der griechischen Sprache, und war sein Name bereits 1810 in Griechenland bekannt. Im Jahre 1814 begab er sich nach England, um seine Kenntnisse in der Buchdruckerei und Papierfabrikation zu erweitern, und war er der erste, welcher die eiserne Presse (die Stanhopesche) in Frankreich einführte. Bald darauf schloß er sich der französischen Gesandtschaft in Konstantinopel an, verweilte einige Zeit auf dem Gymnasium in Sidonia, einer Stadt in Kleinasien, um sich noch weiter in der griechischen Sprache auszubilden, und bereiste alsdann Griechenland, die Türkei, Asien, Syrien, Palästina und Egypten. Diese Reisen in den klassischen Ländern des Ostens verschafften ihm das Material zu einem Werke: Betrachtungen auf einer Reise in den Orient in den Jahren 1816 und 1817. Während dieser Tour entdeckte der junge Reisende in den Ebenen von Troja und auf einer Anhöhe, welche dazu diente, die Gegend des alten Pergamos zu kennzeichnen, zyklopische und pelasgische Auswürfe, die bislang gänzlich unbekannt gewesen waren. Seine Rückkehr nach Griechenland im Jahre 1823 erregte die Aufmerksamkeit von ganz Europa, die Griechen hielten ihn für ihren Befreier von den türkischen Erpressern. Inzwischen eröffnete er eine Subscription für die Griechen und ließ ein interessantes Dokument über die griechische Angelegenheit erscheinen, welches unzweifelhaft die Veranlassung zu dem denkwürdigen Pariser Kongreß gab, der den Griechen so außerordentliche Dienste leistete und deren Zuneigung für Didot dadurch in eine Begeisterung überging. Damals besaß Griechenland noch keine Druckerei, aber Didot errichtete ihnen eine solche als freies Geschenk. Dieselbe wurde in Hydra etablirt, wohin er seinen Zögling **Dobras** berief, der hier ein Blatt, „L'ami de la loi" genannt, herausgab. Vor dem Ausbruche der Revolution in Griechenland hatte Didot der Stadt Chios eine Bibliothek geschenkt. — Im Jahre 1827 übernahm Didot das väterliche Geschäft in Verbindung mit seinem jüngern Bruder **Hyacinthe Didot** als Theilhaber unter der Firma **Firmin Didot Frères.** Ambroise Firmin Didot war nicht minder ausgezeichnet in der Kunst des Zeichnens und Stempelschneidens, als seine Vorfahren, aber auch in der Branche des Buchdrucks war er Künstler. So schuf er bald nach Uebernahme des Geschäfts zwei neue Schriften, eine englische Cursiv und eine modificirte Griechisch. Von den jüngeren Stempelschneidern, welche bei A. F. Didot ausgebildet waren oder von ihm beschäftigt wurden, sind zu nennen Jaquemin, Chavance, Bertrand-Loeillet und Gouchard, sowie die Griechen Dobras und Apostolides. — Seit dem Jahre 1840 hat dieses Etablissement für Verlag, Druck, Schriftgießerei, Stereotypie, Papierfabrikation und Farbebereitung, ja insgesammt in allen Hülfsfächern der Buchdruckerkunst, eine außerordentliche Erweiterung angenommen, und zumeist ist dieses den unausgesetzten Anstrengungen dieses Didot zuzuschreiben. Er mußte aber zu der Einsicht gelangen, daß es unmöglich war, alle Details eines Etablissements, das kolossale Dimensionen angenommen hatte, allein zu überwachen, zumal wenn es bei den steten Vergrößerungen bleiben sollte. So hatte er denn wiewohl ungern die mit seinem Etablissement vereinigt gewesene Schriftgießerei an die Société de la fonderie générale verkauft. Selbstredend war Didots Etablissement das vollkommenste in Frankreich und mag vielleicht das einzige gewesen sein, wo alle Branchen des Druckgeschäftes in der Leitung einer Hand lagen; aber es umfaßte ja nicht allein das Verlags- und Druckgeschäft, vielmehr auch die Papierfabrikation in dem weitesten Umfange. Die Papierfabriken befinden sich in Mesnil, nächst Dreux, und in Sorel, Eure-et-Loire, wo die Herstellung nach den neuesten Methoden bewerkstelligt wird und wo 600 Arbeiter beschäftigt sind; täglich gehen aus denselben 5000 Kilogramm Papier an Gewicht in Rollen, oder eine Länge von 50 Kilometer, das sind zwischen 6 und 7 deutsche Meilen, hinaus. In Sorel arbeitete im Jahre 1811 die erste Papiermaschine Frankreichs und in Mesnil wurde damals zuerst Dampf zum Heizen der Trockencylinder eingeführt. Als die Familien der Arbeiter auf diesen Werken sich so vergrößert hatten, daß für die jüngeren Mitglieder in den Fabriken keine Beschäftigung mehr war, wurde dort eine Buchdruckerei angelegt, wo sie als Buchdrucker angelernt wurden. Ein großer Theil des Satzes der nachher von dieser Firma herausgegebenen Werke ist in dieser Anstalt von Frauen und Mädchen hergestellt worden. Eine Freischule für den Unterricht der Kinder, unter der Leitung barmherziger Schwestern stehend, war dort ebenfalls errichtet. — Ambroise Firmin Didot gab in Verbindung mit seinem Bruder Hyacinthe eine große Anzahl hervorragender Werke heraus, von denen erwähnt werden mögen: Die Monumente Egyptens und Nubiens, von Champollion jun., — Reisen in Indien, von Jacquemont, — die französische wissenschaftliche Expedition nach Morokko, — die neue Ausgabe des Dictionär der Akademie der Wissenschaften, — das französisch-arabische Dictionär, von Bochter, — und die Literatur Frankreichs, von Quenard. Eine der bedeutendsten Unternehmungen der beiden Brüder war die neue Edition des Thesaurus der Griechischen Sprache, eines der bemerkenswerthesten im laufenden Jahrhundert erschienenen Bücher. Das Original dieses Werkes war unter der Aufsicht des berühmten Henri Estienne hergestellt, und Didot hatte große Schwierigkeiten, einen so befähigten Nachfolger zur Revision des Buches, wie es der genannte gewesen, zu finden. Didot führte eine große Correspondenz, u. a. auch mit Griechenland, und der letztere Umstand mag die Veranlassung zur Gründung einer Buchhandlung für Griechische Werke gewesen sein. Aber außer den wissenschaftlichen Erscheinungen veröffentlichte dieses Geschäft auch Werke, welche die allgemeine Bildung begünstigten und in das Volk zu bringen bestimmt waren. Dahin zählen seine „Moderne Enzyklopädie", und das „Conversations- und Lektüre-Dictionär", und endlich eines unter dem Titel: „Nouvelle Biographie générale, depuis les temps les plus reculés jusqu'à nos jours, avec les renseignements bibliographiques et l'indication des sources à consulter; publiée par Firmin Didot Frères, sous la direction de Dr. Höfer." Dieses Werk wurde 1853 begonnen und 1866 beendet und bildet in sich selbst eine kleine Bibliothek, indem es nicht weniger als 64 Bände repräsentirt. Viele der darin enthaltenen Lebensbeschreibungen sind von A. F. Didot geschrieben, so auch die von Gutenberg. — Bei der großen französischen Weltausstellung von 1844 und 1849 fungirte A. F. Didot als Mitglied der Jury und hatte den Auftrag, einen Bericht zu verfassen über die Industrie der graphischen Künste auf jenen Ausstellungen. Im Jahre 1851 wurde er ebenfalls von der Jury der großen Internationalen Ausstellung zu London zur Abstattung eines Berichts aufgefordert. Dieser Bericht, gedruckt in der kaiserlichen Buchdruckerei, wurde 1854 in Gestalt eines Octavbandes veröffentlicht, und enthält außer dem Rapport über die Ausstellung eine historische Uebersicht über die Typo- und Lithographie. Auch am politischen Leben, sowie an der städtischen Verwaltung nahm er regen Antheil. Vierzehn jahrelang war er Mitglieb des Gemeinderathes der Stadt Paris und ging in dieser Eigenschaft 1855 nach Boulogne, um den Lordmayor und eine Londoner Deputation zu empfangen. Ebenso war er Mitglied der Handelskammer und Präsident des Buchhändlervereins. Inmitten dieser Beschäftigungen war er bis an sein Ende leidenschaftlicher Bücherliebhaber und birgt seine große Bibliothek reiche Schätze von Inkunabeln in sich. Das Manuscript „Missel de Jacques Juvénal des Ursins" kostete ihm 35,000 Frs. Im Jahre 1867 wurde ein „Catalogue raisonné des livres de la Bibliothèque de Ambroise Firmin Didot" veröffentlicht. Der Band enthält Werke mit Holzschnitten, Inkunabeln, werthvolle Manuscripte und eine große Anzahl typographischer Antiquitäten. — Um es nun in kurzem zu resumiren, der letzte Didot war Zeichner und Schriftschneider, Schriftgießer, Buchhändler und Buchdrucker; seit 1827 Mitglied der Handelskammer und seit 1832 des Gewerberathes. Seit 1848 ist er Mitglied des Stadtraths von Paris gewesen und war Mitglied der Jury der Internationalen Ausstellungen zu Paris von 1844 und 1849, als auch der zu London von 1851, und abermals der zu Paris von 1855. Bei allen Ausstellungen war er Berichterstatter über die Sektionen der graphischen Künste und der Papierfabrikation. Er war Ehrenpräsident des Klubs der Buchdrucker, Buchhändler und Papierfabrikanten. Im Jahre 1825 mit dem Orden der Ehrenlegion dekorirt, wurde er am 13. November 1860 zum Offizier derselben ernannt. Es kann daher mit der strengsten Gerechtigkeit von ihm behauptet werden, daß er würdig ist, als die Verkörperung der Ehre und des Ruhmes der französischen Typographie betrachtet zu werden. — An Ehrenbezeigungen hat es ihm in seinem Leben nicht gefehlt. Griechenland, das ihm die Errichtung der ersten Buchdruckerei verdankt, benannte mit seinem Namen eine Straße in Athen, und folgte diesem Beispiele auch Paris. Im Jahre 1874 ernannte ihn die französische Akademie der Wissenschaften zu ihrem Mitgliede. Von seinen auf die graphischen Künste Bezug habenden Werken nennen wir: „Notes d'un Voyage dans le Levant", „Traduction de l'Histoire de Thucydide", „Dissertation sur Joinville", „Essai sur la Typographie"; sein letztes Werk war „Alde Manuce et l'Hellénism à Vénise". A. F. Didot starb, 85 Jahre alt, am 22. Februar 1876. — Sein jüngerer Bruder, Hyacinthe, war 1794 geboren und auf dem Colleg von St. Barbe erzogen. Seit 1857 ist er Direktor der Druckerei gewesen. Er war Ritter der Ehrenlegion, Mitglied des Stadtrathes und verwaltete mehrere Ehrenämter. — Ein noch jüngerer Bruder von A. F. Didot hieß Friedrich Firmin. Seine Beschäftigung bestand in der Leitung der Papierfabrik Mesnil, wo er 1836, kurz vor seinem Vater, starb. — Ambroise Firmin Didots Sohn heißt Alfred Firmin. Geboren 1828, ist er sowohl als Literat, als auch als Buchdrucker wohl bekannt. Er befleißigte sich des Sprachenstudiums und hat viele Uebersetzungen geliefert. — Hyacinthe Firmins Sohn nennt sich Paul Firmin. Er ist Chemiker und richtet sein Haupt-Augenmerk auf die Verbesserung der Papierfabrikation, s. Edouard Werdet, Etudes Bibliographiques sur la famille des Didots, — Dr. Höfer, Nouvelle Biographie générale.

Ambroise Firmin Didot war der Nachfolger verschiedener Generationen von ausgezeichneten Buchdruckern. Wir zählen das Leben und die Werke der Buchdruckerfamilie Stephans, welche etwa über ein Jahrhundert sich ausbreitete, zu den ruhmreichsten Ereignissen der Typographie. Aber die Familie Didot kann sich rühmen, von 1700 bis 1876 in ihren Annalen geglänzt zu haben. Die Stephans waren gelehrte Männer und geschickte Buchdrucker; dasselbe waren auch die Didots, doch sie waren noch viel mehr als dies. Sie zeichneten sich in

jeber Branche der Buchdruckerkunst aus und in den Hülfsfächern führten sie
große und weittragende Vervollkommnungen ein. Nicht allein in der Typographie
sind ihre Erfolge groß gewesen, auch in der Papierfabrikation, im Pressenbau,
im Verlagsgeschäft, in der Schriftgießerei und Schriftschneiderei, sowie in der
Stereotypie. Die Geschichte dieser Familie, welche wir in den vorstehenden Artikeln gegeben haben, wird in den Annalen des Buchhandels und der Typographie unauslöschlich fortleben. Es dürfte unseren Lesern von Interesse sein, wenn
wir am Schlusse unserer Artikel eine Stammtafel dieser Familie beifügen, wodurch eine bessere Uebersichtlichkeit der einzelnen Mitglieder ermöglicht wird.

   Stammtafel der Familie Didot.
   Francois Didot, geb. 1680, gest. 1757.

Francois Ambroise, 1730—1804.   Pierre Francois, 1733—1793.

Pierre, 1767—1853. Firmin, 1764—1836. Henri, 1765—1852. St. Leger.

Jules, 1704—1771.   Eduard.

Ambroise Firmin, 1790—1876. Hyacinthe, 1794—

Alfred Firmin, 1838. Paul Firmin, 1826.

Dingler, Christian, machte sich verdient um die Einführung der eisernen
Buchdruck-Handpresse in Deutschland, geboren 1801 in Zweibrücken, gestorben
daselbst 1858, gründete in seinem Geburtsorte 1828 eine mechanische Werkstatt,
in welcher er sich mit dem Bau von eisernen Handpressen beschäftigte. Zuerst
construirte er die Stanhope-, Columbia- und Cogger-Presse, vergrößerte sein Geschäft 1834 zur Maschinenfabrik, und beschäftigte sich von nun ab ausschließlich
mit Pressenbau, hierbei aber stets auf Verbesserungen bedacht. Die Zweibrück-
ner-Presse ist seine Erfindung aus dem Jahre 1835, nach welchem System
er auch Prägedruckpressen lieferte. Von 1841 ab baute er die Washington-Presse,
welche wegen ihrer außerordentlich genauen mechanischen Construction sehr beliebt wurde und heute noch gesucht ist. Die Stanhope-Presse lieferte er in drei
Größen zum Preise von 435 bis 525 Gulden südd., die Columbia-Presse ebenfalls in drei Größen für 650, 600 und 550 Gulden, die Cogger-Presse in ihren
drei Formaten für 600, 550 und 500 Gulden. Gleich im Anfange der Gründung der Fabrik begann er auch mit dem Bau von hydraulischen und anderen
Glättpressen. Nach dem Tode des Besitzers wurde die Fabrik zum Bau von
Dampfmaschinen eingerichtet und der Pressenbau nur noch nebensächlich betrieben,
wohl aus dem Grunde, weil die Nachfrage schwächer geworden war. Die Firma
wurde dann auch von Chr. Dingler in Dinglersche Maschinenfabrik
umgewandelt.

Divis ist in der Typografie der technische Ausdruck für Bindestrich, welcher
das Merkmal der vorgenommenen Theilung eines Wortes in seinen Sylben von
einer Zeile zur andern und zur Verbindung von Kuppelwörtern dient. In der
Fraktur bildet es die Form zweier über einander liegender Striche, heißt daher
im Deutschen Bindestriche, und in gleicher Gestalt tritt es meistens bei der Gothisch
und den übrigen zur Fraktur gehörigen Schriften auf. In der Antiqua ist es
ein gerader Strich, und daher hier der Ausdruck Bindestrich an seinem Platze,

In der technischen Behandlung ist zu beachten, daß bei spatiirten Worten das Divis am Ende einer Zeile ohne Spatium, also ungetrennt von dem Buchstaben bleibt; in Kuppelwörtern aus der Antiqua, wenn spatiirt, fällt das Spatium vor den Versalbuchstaben A. T, V, W, Y fort. — Das Divis ist erst lange nach Erfindung der Buchdruckerkunst eingeführt worden; im Schreiben vor dem Drucken hat man dasselbe nicht gekannt und auch die ersten Drucke weisen es nicht auf.

Divisorium, ein Werkzeug, das nur in Verbindung mit dem Tenakel gebraucht wird, heißt zu Deutsch Spalter und sehe man des weitern darüber Tenakel.

Dlabacz, G. J., ein Buchdrucker in Prag zu Ende des vorigen Jahrhunderts, welcher unter dem Titel: „Abhandlung von den Schicksalen der Künste in Böhmen" (abgedruckt in „Neuere Abhandlungen der königl. Böhmischen Gesellschaft", Bd. III Seite 107—160) schätzenswerthe Beiträge zur Geschichte der Druckkunst in Böhmen lieferte. — Außerdem veröffentlichte er 1797 eine Brochüre, welche betitelt war: „Kurzgefaßte Nachricht von der noch unbekannten Buchdruckerey zu Altenburg in Böhmen." Diese in Quart gedruckte und 23 Seiten enthaltende Schrift enthält eine Copie des ersten 1589 in Altenburg in Böhmen gedruckten Buches, sowie eine Beschreibung dieser und einiger anderer der ersten Druckereien Böhmens.

Dobras, ein geborner Grieche, war der erste Buchdrucker Griechenlands, welcher die Typographie, Stempelschneiderei und Schriftgießerei bei Firmin Didot in Paris erlernt hatte. Im Jahre 1823 errichtete er in Hydra die erste Buchdruckerei in Griechenland und gründete dort ein Blatt, das den Titel: „Der Freund des Gesetzes" hatte.

Dobrowsky, J., ein böhmischer Gelehrter, welcher sich um die Geschichte der Buchdruckerkunst in Böhmen und deren Einführung daselbst in neuerer Zeit sehr verdient gemacht hat. So veröffentlichte er u. a. in „Abhandlungen der Privat-Gesellschaft in Böhmen", Band III, einen Artikel: „Ueber die Einführung und Verbreitung der Buchdruckerkunst in Böhmen."

Dodt van Flensburg, Jens Jenssen, ein wohlbekannter niederländischer Bibliograph und Schriftsteller in Utrecht, von welchem im Jahre 1841 ein Werk: „Over de Elzevirs" (Ueber die Elzevire) veröffentlicht wurde, welches ein Verzeichniß der berühmten Buchdruckerfamilie der Elzevire sammt Lebensbeschreibungen der Mitglieder derselben enthält.

Dokumenten-Papier ist solches, welches zu Urkunden und Werthzeichen aller Art, die längere Zeit aufbewahrt werden sollen, in Verwendung genommen wird, und muß deshalb, seinem Zwecke entsprechend, von ungewöhnlicher Festigkeit, Zähigkeit und Dauerhaftigkeit sein. Es kommt als geschöpftes und als Maschinenpapier und meistens in folgenden Formaten: 44:69, 42:53, 43:56 und 52:62 Cm. vor. Die Firma Carl Schleicher & Schüll in Düren hat eine Specialität für geschöpftes und Maschinenpapier dieser Art, welches in typo- und lithographischen Kreisen des In- und Auslandes große Anerkennung gefunden hat.

Donat, einer der bekanntesten ersten Holztafeldrucke, ein Auszug aus der größern Sprachlehre des alten römischen Grammatikers Donatus, der um die Mitte des vierten Jahrhunderts lebte. An dem Drucke dieses in Fragen und Antworten verfaßten Auszuges der acht Theile der Sprache versuchte sich vielfältig und in fast allen Ländern die copirende Kunst, denn das ganze Mittelalter hindurch war und blieb dieses Buch das beliebteste Schulbuch. Die ältesten Druckversuche dieses Buches, in Holztafeln geschnitten, fanden in Holland schon vor 1440 statt. Unter den deutschen Donaten unterscheidet man mehrere, die offenbar Mainzer und Bamberger Ursprungs sind. Das Dunkel aufzuhellen, welches über diesen frühesten Anfang der Buchdruckerkunst ausgebreitet, ist nicht unsere Aufgabe und gestattet uns auch der Raum nicht. Vollständige Exemplare dieses Tafeldruckes sind nur zwei vorhanden, während die übrigen in den größten Bibliotheken aufbewahrten Drucke dieser Art nur Fragmente des ältesten Donats sind. Ein ganz in Holz geschnittener Donat wurde bei dem Buchbinder und Briefdrucker Conrad Dinkmuth zu Ulm gedruckt.

Doppel-Calander, eine Satinirmaschine mit vier Walzen, davon zwei Papier- und zwei Hartgußwalzen, welche das Papier ohne Anwendung von Stahl- oder Zinkplatten auf jeder Seite bei einmaligem Durchgange unter Bedienung von zwei Mädchen zum An- und Auslegen glättet, s. Calander.

Doppel-Cicero, ein Kegel von 24 typographischen Punkten, kommt vor als Schrift, als Durchschuß, als Quadrate, als Hohlsteg und als Formatsteg, als Linie und als Einfassung. Zu der Schrift, welche auf diesen Kegel gegossen ist, bedarf man keiner Ausschließungen, weil Stückdurchschuß und Quadraten auf Doppel-Cicero oder eine halbe Concordanz als Halbgevierte und Spatien benutzt werden können. Als Stückdurchschuß hat Doppelcicero auch den Namen Halb-Concordanz, und ebenso als Quadrate und Linie. Bei Hohl- und Formatstegen giebt es eine Stärke von Doppel-Cicero, während die Längen ganz verschieden sind.

Doppel-Corpus oder Doppel-Garmond, ist gleich Text, ein Kegel von 20 typographischen Punkten, ist als Schrift, systematische Linie, Quadrate und Hohlsteg vorhanden.

Doppelfeine Linie ist eine solche, bei der zwei feine Linien über einander stehen, welche entweder aus einem Stücke besteht oder auch zusammengesetzt werden kann. Der Kegelstärke nach tritt sie auf als Einpunkt-, Zwei-, Drei- und Vierpunkt. Für den allgemeinen Gebrauch ist die auf Zweipunkt die zweckdienlichste, weil sich die einpunktdoppelfeine Linie leicht vollsetzt.

Doppel-Garmond, s. Doppel-Corpus.

Doppel-Leipziger wird ein Papier von dem Formate des Sedez — etwa 72 : 100 Cm. — genannt, das vielfach zum Druck des Sedez in Formen benutzt wird, wo letztere als Octav signirt und nach dem Druck aus einander geschnitten werden, so daß jeder Bogen Papier zwei Octavbogen giebt, welche man dann beim Falzen als solche behandelt.

Doppel-Maschine. Diese Schnellpresse, welche zuerst von König & Bauer in Kloster Oberzell gebaut wurde, hat zwei Druckcylinder bei einer Form, erfordert daher auch zwei Anleger; ihre Leistungsfähigkeit ist bei Dampfbetrieb und je nach Geschicklichkeit der Anleger bis zu 2000 Abdrücken in der Stunde. Sie eignet sich zum Zeitungsdruck und überhaupt zu großen Auflagen. — Es giebt auch wieder Maschinen mit zwei Druck-Cylindern, welche vierfache genannt werden, weil sie die Eigenschaft besitzen, im Vorwärtsgehen und im Rückgange (s. Reactionsmaschine) zu drucken und also die doppelte Zahl Abdrücke liefern, als eine Doppelmaschine. — Irrthümlich wird manchmal eine Schnellpresse Doppelmaschine genannt, deren Druckcylinder eine solche Ausdehnung hat, daß zwei Formen neben einander gedruckt werden können. Diese Schnellpresse heißt richtig Zweiformenmaschine.

Doten-Danz (mit Figuren), ein Holztafeldruck, der in verschiedenen Ausgaben erschienen ist, ein höchst merkwürdiges Denkmal xylographischer Arbeit, von dem die Heidelberger Bibliothek das vollständigste, ganz in Holz geschnittene Exemplar, die Münchener königliche Bibliothek aber ein Exemplar mit handschriftlichem Text, enthält 27 Blätter in kl. Folio. Sonst haben diese Xylographien Bilder und Text; die Zeichnung ist äußerst roh und läßt, ebenso wie die technische Ausführung auf wenig Befähigung der Urheber schließen. Die Idee des Todtentanzes ist uralt und verliert sich in die frühesten Jahrhunderte des deutschen Mittelalters. Diese im Mittelalter in Deutschland so beliebte Darstellung des Todes, wie er unter allerlei Gestalten, worunter aber immer das Beingerippe verborgen ist, mit den Menschen aus allen Ständen und Lebensaltern tanzt und sie zu Grabe leitet, beruht auf der Grundidee der Lehre der Hirarchie, daß der Tod mit seinen Schrecknissen ebenso unvermeidlich als die Hölle mit ihren Teufeln sei, wenn nicht das Kreuz vermittelnd dazwischen tritt. Man liebte das Bild des Todes mit grinsendem Schädel, mit Stundenglas und Hippe in den schroffsten Gegensätzen zu allen Blüten des Lebens, Herrschermacht und Heldengröße, zu Reichthum und Jugendfrische, Frauenschönheit und Courtoisie darzustellen. Die Reihe der zum Tanze aufgeführten Personen ist folgende: Papst, Kaiser, Kaiserin, König, Kardinal, Patriarch, Erzbischof, Herzog, Bischof, Graf, Abt, Ritter, Jurist, Chorherr, Arzt, Edelmann, Edelfrau, Klosterfrau, Kaufmann, Koch, Bettler, Bauer, das Kind, die Mutter. — Der Text zu diesem Holztafeldruck, sowie auch die bildlichen Darstellungen sind wahrscheinlich durch den bekannten Baseler Todtentanz, welcher der Sage nach um das Jahr 1439 zum Andenken an die Pest, die damals wüthete, gemalt ist, veranlaßt worden.

Dotted plate, s. Schrotmanier.

Double Canon, Bezeichnung für eine Schrift in der französischen Typographie, deren Kegelinhalt 96 typographische Punkte oder 8 Cicero ausmacht.

Double English, ein Schriftkegel in der englischen Typographie, entspricht der deutschen Doppelmittel von 28 typographischen Punkten.

Double Great Primer, Name eines Schriftkegels in der englischen Typographie, ist unserer vormaligen kleinen Canon ziemlich gleich, aber ein wenig stärker, also 32 typographische Punkte messend.

Double Parangon, Benennung eines Schriftkegels in der englischen Typographie, welcher mit unserer heutigen kleinen Canon auf 36 typographischen Punkten oder drei Cicero am nächsten ist, nach Didotscher Kennzeichnung Nummer Sechsunddreißig genannt.

Double Pica (spr. peika), Name für einen Schriftkegel in der englischen Typographie, nächst unserer Doppel-Cicero auf 24 typographischen Punkten, nach Didotscher Benennung Nummer Vierundzwanzig.

Double Smal Pica, Namensform für einen Schriftkegel in der englischen Typographie, zwischen unserer Text und Doppel-Cicero, Doppel-Philosophie der französischen Typographie, mißt 22 typographische Punkte und heißt nach Didot Nummer Zweiundzwanzig.

Doupliren, sich, heißt beim Drucken, wenn ein Wort, eine Stelle, eine Zeile oder gar eine ganze Seite gleichsam doppelt gedruckt erscheint, so daß die Conturen der Schrift zweimal vorhanden sind, infolge davon der Druck unsauber, wenn nicht gar unleserlich wird. Es war besonders ein Uebelstand bei den vormaligen Holzpressen, kommt bei guten eisernen Pressen fast nur bei zweimaligem Ziehen und bei Schnellpressen nur in dem Falle vor, wenn der Bogen nicht glatt angelegt ist, so daß er sich beutelt.

Draudius, Georg, ein deutscher Schriftsteller, geboren im Jahre 1573 zu Frankfurt a. M., gestorben daselbst 1630. Er veröffentlichte in seiner Vaterstadt 1625 ein Werk in lateinischer Sprache unter dem Titel: Typographicus discursus experimentalis, varius, utilis et jucundus, cum praecipuorum typographorum, illorum imprimis, quorum impensis libri in lucem prodeunt, insignibus, quae frontispiciis librorum imprimere consueverunt. Es ist eines der am frühesten veröffentlichten Bücher über die Controversen, welche sich zu Anfang des siebenzehnten Jahrhunderts über den Ursprung der Buchdruckerkunst erhoben. Es enthält auch ein sorgsam bearbeitetes Lob der Buchdruckerkunst.

Dreck ist ein technischer Terminus beim Setzen, welcher das Gegentheil verstanden wissen will von Speck. Wenn letzterer alles das in sich begreift, was Vortheil bringt, so versteht der Setzer unter Dreck alle Nachtheile, welche die Umstände im Gefolge haben und wohin besonders gehören schlechtes, d. h. unleserliches Manuscript, mangelndes Material, eine defecte Schrift, welche zum Blockiren nöthigt, klebende Schrift beim Ablegen und schmutzige Schrift beim Setzen, bei der infolge des anhaftenden Schmutzes die einzelnen Typen an einander kleben; all diese und noch viele andere Nachtheile, welche das fördersame Fortkommen in der Arbeit erschweren oder doch beeinträchtigen, gehören in das Bereich des Drecks.

Dreier oder Nummer Drei, das dritte Format der deutschen einheitlichen Papierformate in aufsteigender Skala, mißt 37 : 38 Centimeter und hat ein durchschnittliches Gewicht von 11 Kilo für das Ries von 1000 Bogen.

Dreifaches Regal. Ein dreifaches Regal ist ein solches, welches entweder zu Brettern oder zu Schriftkasten neben einander drei Räume zur Unterbringung von Formenbrettern oder Kasten bietet. Ehemals vielfach gebräuchlich, wird es neuerdings weniger angewendet, weil es schon seiner schweren Beweglichkeit halber gänzlich unpraktisch ist.

Dreipunkt, eine Regelstärke, sonst auch Viertelcicero, kommt zuerst als systematische Ausschließung vor, welche als Mittel dazu bient, beim Ausschließen das Verkleinerungsmaterial der Zwischenräume beim Einbringen zu bilden, wenn der Wörter=Zwischenraum im allgemeinen Vierpunkt beträgt, über welchen Betrag niemals hinausgegangen werden sollte. — Weiter giebt es Stückdurchschuß und Regletten auf Dreipunkt oder Viertelcicero, deren erster auf Längen von 2, 3 und 4 Cicero oder als Halb=, Drittel= oder Ganz=Concordanz, letztere in den verschiedenartigsten Längen vorhanden sind. — Und zum britten giebt es Dreipunkt= oder Viertelcicero=Linien in fein, doppelfein, halbfett, fett, feinfett und feinfettfein, sowohl aus Messing als aus Schriftmetall.

Dreipunkt=Spatien ist dasselbe wie Dreipunkt=Ausschließungen, s. Dreipunkt.

Dreiviertel=Concordanz ist eine Größe der Quadraten, des Stückdurchschusses, der systematisch geschnittenen Linien und der Hohl= und Formatstege, bei ersteren in ihrer Länge, bei letzteren in ihrer Stärke. Die Größe beträgt 36 typographische Punkte oder 3 Cicero. Anstatt der Bezeichnung Dreiviertel=Concordanz sagt man auch eine Kleine oder eine Dreiviertel, während bei Linien es nur eine Dreiviertel=Concordanz-Linie heißen kann.

Dreiviertel, s. Dreiviertel=Concordanz.

Drittel oder eigentlich Drittelgeviert, gehört zu den nicht systematischen Ausschließungen, deren Verhältnisse keine Bemessung nach typographischen Punkten, vielmehr eine Theilung des jedesmaligen Kegels in drei Theile unterliegt, so daß wir von Drittel=Petit, Drittel=Bourgeois, Drittel=Corpus, Drittel=Mittel, Drittel=Tertia u. s. w. reden.

Drittel=Cicero, der dritte Theil des Cicerokegels, eine systematische Ausschließung von 4 typographischen Punkten oder Halbpetit, ist deshalb, entgegengesetzt den anderen Kegeltheilungen, systematisch, weil das systematische System eben auf dem Cicero=Regel beruht.

Dritte Defecte nennt man bei einer neuen Schrift den dritten Nachguß mangelnder Buchstaben, welcher schon deshalb gern vermieden wird, weil sein Preis ein erheblich höherer ist, als der der zuerst gelieferten vollständigen Schrift.

Drittel-Geviert, s. Drittel.

Drittel-Satz ist ein solcher, dessen Wörter-Zwischenräume auf ein Drittel des betreffenden Kegels oder bei systematischen Ausschließungen ohne Unterschied des Kegels ein für allemal auf Vierpunkt bemessen sind. Dieser ist der richtige Zwischenraum von früher und bei der Typographie aller Länder und Völker als solcher anerkannt. In Deutschland hat wohl am meisten die famose Bestimmung im Tarif, welcher den ordnungsmäßigen Satz mit einem Preisaufschlag belegte, Veranlassung gegeben, anstelle des Drittelgevierts oder Vierpunkts das Halbgeviert treten zu lassen, denn in den besseren Geschäften ist vor dem Inkrafttreten des Tarifs stets am Satz mit Dritteln festgehalten worden. Ein enger Satz sieht immer besser aus als ein weiter, und die Wörter-Zwischenräume, welche über ein Drittel hinausgehen, sind vom Uebel.

Dritzehn, Andreas, auch Dreizehn, Drizehn und anderswo Andreas XIII. geschrieben, war ein Straßburger Bürger zu Gutenbergs Zeit, über dessen Geburtsjahr und Tag keine Kunde auf uns gekommen, und wissen wir auch von seinen Verhältnissen nur, daß er wohlhabend war. Vom Jahre 1436 erfahren wir jedoch von ihm, daß er mit noch zwei anderen Straßburger Bürgern, Riffe und Andreas Heilmann, mit Gutenberg einen Gesellschaftsvertrag abschloß, dahin zielend, die Erzeugnisse einer geheimen Kunst auf der Aachener Heiligthumsfahrt des Jahres 1439 feilzubieten und den Gewinn zu theilen. Die Kunstprodukte, welche die Genossenschafter fertigen wollten, sind jedenfalls Spiegel als ein damals seltener und kostspieliger Gegenstand und Heiligenbilder gewesen. Der eifrigste dieser drei Theilhaber außer Gutenberg selbst war Andreas Dritzehn, aber leider starb er vor Ausbeutung des Unternehmens im Jahre 1438 und nachher wurde Gutenberg von den zwei Brüdern Dritzehns wegen Herausgabe der von ihrem Bruder an Gutenberg gemachten Zahlung verklagt. Dieser Prozeß, dessen Acten erhalten worden sind, wirft ein besonderes Licht auf die Verhältnisse Gutenbergs während seines Aufenthalts in Straßburg, weshalb wir bei diesem Artikel Notiz davon nehmen wollen. Von vornherein sei aber noch erwähnt, wie aus den Prozeßacten hervorgeht, daß jener Vertrag thatsächlich zum Betriebe einer Druckerei abgeschlossen war und fünf Jahre dauern, also 1441 erst gelöst werden sollte. Infolge des gegen Gutenberg angestrengten Prozesses wurden die übrigen Theilhaber muthlos und hielten nicht stand, so daß eine Auflösung erfolgte. In der Klagesache war folgendes als Thatbestand festgestellt: Drei Jahre vor dem Prozesse, also 1436, hatte sich Gutenberg mit drei Straßburger Bürgern behufs Ausnutzung seiner Geheimnisse verbunden, in welche er sie gegen Zahlung einer bestimmten Summe einweihte. Einer der Theilhaber starb; seine beiden Brüder verlangten von Gutenberg in die Geheimnisse eingeweiht zu werden oder die Rückzahlung der vom Verstorbenen geleisteten Zahlung. Gutenberg verweigerte das eine sowohl als auch das andere und behielt auch vor dem Gerichte recht. Aus den Actenstücken des Prozesses erfahren wir, daß Gutenberg mit zwei Goldarbeitern regen Verkehr unterhielt und Blei und andere Metalle ankaufte, für deren Bezahlung Andreas Dritzehn die Bürgschaft übernahm. Der Name dieses Compagnons ist in den Acten entweder Andreas XIII. oder Driezehn geschrieben. Der eine der Goldschmiede, mit welchem Gutenberg verkehrte, hieß nach den Acten Dünne. In den Prozeßacten finden wir auch Pressen, Formen und Schrauben erwähnt; von Bleibuchstaben ist allerdings nicht die Rede, aber darin bestand eben das Geheimniß, welches den Blicken der Neugierigen entzogen werden mußte. Gutenberg begnügte sich auch nicht damit, einige seiner Diener zu Andreas Dritzehn zu senden, damit die Schrift rechtzeitig verborgen werde. Als man seine Anordnungen ausführen wollte, waren die Formen bereits beiseite geschafft und damit jede Gefahr geschwunden. Die Aussagen der Zeugen lassen uns die bewunderungswerthe Thätigkeit ahnen, welche Gutenberg entfaltete, das Vertrauen, welches er seinen Geschäftsgenossen einflößte und die ungeheuern Opfer, welche sie alle, unter der Herrschaft seines Willens, an Zeit, Geld und Arbeit gebracht. Gutenberg selbst sagte zu ihnen: „Ehe Ihr Euch entschließt, an meinen Arbeiten theilzunehmen, müßt Ihr wissen, daß die Werkzeuge und Maschinen, welche theils schon angeschafft sind, theils erst angeschafft werden müssen, und auf welche Ihr Euch Anrechte erwerbt, einen Werth besitzen, welcher der Summe des von Euch zu steuernden Beitrages gleichkommt." So beschäftigte sich Gutenberg nach einander mit dem Schleifen von Edelsteinen, der Fabrikation von Spiegeln und der Erfindung des Druckes. Neben der fesselnden Gestalt Gutenbergs weiß sich auch Andreas Dritzehn unsere Anerkennung zu sichern. Nachdem er Gutenbergs Compagnon in der Spiegel=Fabrikation gewesen, gelingt es ihm, sich dessen Vertrauen in dem Maße zu erringen, daß dieser ihn auch in die Geheimnisse der Buchdruckerkunst einweiht. Ihr opfert er von nun ab sein väterliches Erbtheil, sowie die Arbeit seiner Tage und Nächte. Gutenberg, der als Einsiedler in dem verlassenen Kloster des heiligen Arbogast weilte, hatte daselbst die ersten Pressen aufgestellt; er ließ indeß von dem Tischler Conrad Saspach neue construiren, welche bei Andreas Dritzehn aufgestellt wurden. Die Begeisterung des armen Compagnons für die Buchdruckerkunst sollte ihm jedoch verhängnißvoll werden, denn gegen Weihnachten 1438 starb er in Noth und Elend. Nach Beendigung des Prozesses, welchen die Brüder Andreas Dritzehn gegen Gutenberg angestrengt, weilte er noch bis 1445 in Straßburg, zu welcher Zeit wir ihn in Mainz finden. Womit er sich in den letzten Jahren beschäftigte, ist unbekannt. Wahrscheinlich dürfte der Tod Andreas Dritzehns die Ursache davon sein, daß er seine Druckversuche vernachlässigte. Man ist jedoch versucht, sich die Frage zu stellen, ob seine Pressen von 1436 bis 1439 gar nicht gearbeitet, gar kein Buch gedruckt haben? oder ob Straßburg, das die Wiege der Buchdruckerkunst gewesen, nicht etwa eine Wiege ohne Kind sei? Wenn man die Acten des Straßburger Prozesses studirt, so ist ein diesbezüglicher Zweifel nicht zulässig. Ja, Gutenberg hat in Straßburg mit Metallbuchstaben zum mindesten einige Bogen eines bedeutenden Werkes, wahrscheinlich der sechsunddreißigzeiligen Bibel, gedruckt. Hätte er einen xylographischen Druck, der in Holland und Deutschland schon seit Beginn des Jahrhunderts bekannt war, mit so viel Geheimnißthuerei umgeben können? Oder hat er etwa mit beweglichen Holztypen gedruckt? August Bernard, der berühmte französische Bibliograph, hat die Unmöglichkeit dessen bereits nachgewiesen. Demnach hat Gutenberg bereits in Straßburg mit Metallbuchstaben gedruckt. Man könnte wohl annehmen, daß er sich anfänglich auf den Druck kleiner Gebetbücher beschränkte, doch ist es nicht wahrscheinlich, daß derartige Werke seinen Geschäfts= genossen viel Vertrauen in die Ertragsfähigkeit der Buchdruckerei eingeflößt hätten; in Anlehung solch geringer Erfolge hätten sie ihm kaum das unbegrenzte Vertrauen entgegengebracht, dessen er sich erfreute. Die vier Formen, deren im Prozesse erwähnt wird, sind wahrscheinlich die vier Spalten zweier Bibelseiten, vielleicht selbst der sechsunddreißigzeiligen Bibel, deren Drucklegung er schon damals in Angriff nahm. Gutenberg hatte jedoch zu dieser Zeit noch nicht genug Erfahrungen gemacht, um einerseits dauerhafte Matrizen zum Guß der Schrift, andererseits eine Legirung herzustellen, welche den sich stets wiederholenden Stößen der Presse genügenden Widerstand leisten konnte. Es folgt daraus, daß es ihm immerhin gelingen konnte, einige Blätter zu drucken, welche schön genug waren, um der neuen Kunst Anhänger zu gewinnen; da jedoch die Legirung des Typenmetalles nicht vollkommen dem angestrebten Zwecke entsprach, das Bild der Buchstaben vielmehr nach einigen Abzügen seine Reinheit und Klarheit verlor, so mußten auch die nachfolgenden Exemplare bereits undeutlich und unschön ausfallen.

Druck, Mehrzahl Drucke, ist gleichbedeutend mit Ausgabe, Auflage, hat überhaupt die Bedeutung eines gedruckten Buches, so daß, wenn die Rede von Drucken aus vergangenen Jahrhunderten ist, wir Bücher darunter verstehen, welche damals hergestellt worden sind.

Druckcylinder. Derjenige Cylinder an der Schnellpresse, welcher die Bestimmung hat, den Druck auszuüben, d. h. den Abzug von der Form herzustellen, ist eines der hauptsächlichsten Bestandtheile derselben. Er bildet einen hohlen, an einer Stelle etwas abgeplatteten Cylinders, der auf seiner Druckfläche ringsum egal abgedreht und genau abgerichtet sein muß. An dem Druckcylinder befinden sich die Greiferstange, eine Stange zum Befestigen der Cylinderbekleidung und in der Grube, eine Oeffnung an seiner abgeplatteten Stelle, eine weitere Stange zum Anstrammen des Cylinderbezuges. Der Druckcylinder geht auf seiner Are in zwei Lagern, welche in Oeffnungen ruhen, die in den beiden Seitengestellen der Maschine ausgebohrt sind. Er wird durch eine Zahnstange am Fundament oder Karren bewegt, indem sein Zahnkranz von den Zähnen der Zahnstange ergriffen wird und mit dieser eine unabänderliche Bewegung macht. Was den Umfang des Druckcylinders anlangt, so ist anzunehmen, daß er bei deutschen Buchdruckschnellpressen das Doppelte der Druckfläche des Fundaments hat. Die Druckfläche des Fundaments in seiner Höhe muß mit der Druckfläche des Cylinders genau übereinstimmen, d. h. wenn der Druckcylinder aus seiner Ruhe, von der Zahnstange ergriffen, heraustritt, muß er rollend über die Form weggehen. Ist der Umfang des Cylinders der Druckfläche des Fundaments gegenüber zu stark, so muß der Cylinder stellenweise schleifen und es entsteht dadurch Schmitzen, eine starke Schattirung, ein Stürzen der Schrift und eine rasche Abnutzung derselben. Ein Größenunterschied der Druckfläche des Fundaments in seiner Höhe zu der des Cylinders vertheilt sich auf die einzelnen Zeilen natürlich in sehr kleinen Portionen, so daß davon nicht viel gemerkt werden kann, jedoch kann man immerhin berechnen, um wie viel die Abnutzung der Schriften beschleunigt wird, wenn ein Druckcylinder bei starker Pressung zehntausendmal pro Tag über den Satz schleift oder schabt. Der Druckcylinder an den meisten amerikanischen Schnellpressen hat einen bedeutend größern Umfang, als bei unseren, und fehlt ihm auch der Ruhepunkt, denn er steht während der Arbeit niemals still. Diese Einrichtung ist sehr praktisch. Erstens druckt ein großer Cylinder viel besser, als ein kleiner, denn je mehr sich der Cylinderumfang der ebenen Fläche nähert, desto besser wird der Druck sein. Zweitens kann ein solcher Cylinder nie wackeln, wie dies häufig bei unseren Maschinen der Fall ist, wenn sich die Excenter abnutzen, durch welche die Gabel in Bewegung gesetzt wird. Drittens hat der Anleger mehr Zeit, den Bogen vorzuführen, denn er kann sogleich, wenn die Greifer den einen Bogen erfaßt haben, einen neuen vorlegen, und hat somit Muße, demselben die richtige Lage zu geben, weil er nicht erst warten muß, bis der Cylinder wieder in seinen Ruhepunkt eingetreten ist.

Drucken. Dieser Ausdruck begreift in der Gesammtheit der graphischen

Künste den Begriff derjenigen Thätigkeit in sich, welche die Beschaffung der Abdrücke von den Formen, Stein- oder Metallplatten zum Zwecke hat. Das Drucken bei der Typographie und Lithographie zerfällt in das des Hand- und Schnellpressendruckes. Bei der Buchdruckhandpresse gehört zum Drucken das Schließen, Klopfen und Einheben der Formen, das Zurichten derselben und das Abziehen der Bogen, dem eigentlichen Drucken. Die geschwärzte Metallform wird mit dem Papier in Berührung gebracht, erhält von diesem einen sanften Kuß und der Abdruck ist fertig. — Auch bei der Schnellpresse ist das Einheben und Zurichten der Formen ebenfalls die Vorbedingung des nachherigen Druckens, welches die Maschine meistens mittelst Cylinder, selbst und nach und nach, während die Handpresse dieses auf einmal und mit Hülfe des Zuthuns der Kraft des Druckens ausübt. Der Cylinder der Schnellpresse faßt für den Augenblick des Druckens nur einen ganz geringen Theil der Form und darum bedarf es auch hier nur einer ganz geringen Kraft, fast nur eines Hauches. — Bei der Steindruckpresse erfordert der nachherige Druck die Vorbereitung des Steines — die Präparirung desselben. Hier kann man eigentlich nicht von einem Abdruck, sondern von einer Abreibung sprechen, denn nach einer Spannung des Reibers auf den Stein wird dieser unter jenen durchgeführt. — Der Kupferdruck wird vermittelst doppelter Cylinder ausgeführt.

Drucker. Die Gehülfen der Buchdruckerei theilen sich in Setzer und Drucker, dem letztern liegen die Functionen des Drucks ob und heißt er in neuerer Zeit, wenn er Drucker an der Schnellpresse ist, Maschinenmeister. Es giebt auch Buchdruckergehülfen, welche beide Functionen verrichten, und, wie man sagt, an der Presse und am Kasten fertig werden können; sie werden Schweizerdegen (s. b.) genannt. — Die Gehülfen der Steindruckerei sind entweder Lithographen oder Steindrucker, welch letztere in diesem Zweige die Verrichtung des Druckes besorgen.

Druckerballen, s. Ballen.

Druckerfaktor. In den größeren und großen Druckereien ist die Abtheilung des Druckens in ihrer Leitung einer besondern Person unterstellt, welcher Druckerfaktor oder Obermaschinenmeister heißt. Ihm liegt in erster Reihe die Beaufsichtigung der Arbeiter, dann die Vertheilung der Arbeiten an die Pressen und Maschinen und endlich die Ueberwachung der ordnungsmäßigen Ausführung der Arbeiten seitens der Arbeiter ob. Vor allen Dingen hat er aber Sorge zu tragen, daß sämmtliche Maschinen und Pressen immer in Thätigkeit sind. Der Druckerfaktor muß aber auch gewisse Befähigungen besitzen, und namentlich in allen Branchen des Druckens an der Handpresse sowohl, als auch an der Schnellpresse nicht allein wohl erfahren, vielmehr vollständig zu Hause, durchaus nüchtern und unbedingt zuverlässig und anständig und friedliebend gegen seine Untergebenen sein. Er muß einen ehrenhaften Charakter haben, um sich die Achtung der ihm unterstellten Arbeiter zu erwerben und zu bewahren. Wo irgend etwas fehlt, muß er Rath schaffen, wo einer der Arbeiter etwas nicht weiß, muß er ihn in aller Ordnung unterrichten und überhaupt jedem seines Departements mit Hülfe und Rath an die Hand gehen. Es braucht nicht ausgeschlossen zu sein, daß der Druckerfaktor irgendwo Hand anlegt: es wird sich vielmehr oft ereignen, daß dies der Fall sein muß, aber selbst sich beschäftigen an Presse und Maschine darf er nicht, wenn er seine Aufgabe erfüllen soll. — Ein Requisit aber, welches ihm unter keiner Bedingung abgehen darf, ist die strengste Ordnungsliebe und die größte Pünktlichkeit nach allen Richtungen hin. Im ganzen ist die Stellung des Druckerfaktors, will er sie rechtschaffen verwalten, mindestens ebenso schwierig, wenn nicht schwieriger, wie die des Setzerfaktors, denn auch auf ihm ruht eine Menge Verantwortlichkeit.

Druckersaal heißt der Raum einer Druckerei, wo die Maschinen und Pressen aufgestellt sind, überhaupt die Abtheilung, welche für den Bereich des Druckens ausersehen ist. In kleineren Geschäften heißt ein solcher Raum Drucker=zimmer. Ueberhaupt ist es gut, wenn selbst in kleinen Geschäften Drucker und Setzer von einander getrennt sind.

Druckerzimmer, s. Druckersaal.

Druckfehler nennen wir die Irrthümer und Versehen, welche in einem bereits vollendeten Drucke stehen geblieben oder in demselben unterlaufen sind; in typographischen Kreisen geht man vielfach von der Ansicht aus, daß diese Namensform eine unrichtige, weil es Satz= und nicht Druckfehler wären. Diese Ansicht ist nicht correct; denn die fraglichen Fehler haben nichts mit dem Satz zu thun, sie sind erst in der Wirklichkeit vorhanden, wenn der Druck vollendet ist und die Schrift auf dem Papier steht. Die Fehler und Versehen, welche man nun entdeckt, sind Fehler in dem Druck, und aus dieser Bezeichnung ist die Kürzung Druckfehler erstanden. Es ist ein eigenthümlich Ding, der Druckfehler; der Buchdrucker wird von ihm als ein nie ruhender Kobold verfolgt, während er im Publikum Humor, aber auch Verdruß und Aergerniß erregt. Er ist ge= wissermaßen ein Ueberall und Nirgends, doch vor allem scheint er sich in den Zeitungen zu gefallen. Er hat so lange existirt als die Druckkunst, aber auch vor dieser als Schreibfehler, und ist demnach so alt, als die Schrift. In unseren früheren Hand= und Formatbüchern ist viel über diesen Dämon geschrieben wor= den, aber niemandem ist es bisher gelungen, ihm sein Dasein zu rauben oder seiner Hinterlist und seinen Tücken aus dem Wege zu gehen. Oder ist es etwa nicht ein teuflischer Streich, wenn er als Knorprinz anstatt Kronprinz; als ein schwer beladener Güterzug von 180 Ochsen anstatt eines solchen von 180 Achsen; als Umfassung anstatt Verfassung; als Rosseleder an= statt Rosselenker; als die Hüfte der einen Wand anstatt die Hälfte derselben; als die Saaten in den Menschen anstatt bie in den Marschen; als Saat, gesäet von Gott, am Tage der Ernte zu reiten anstatt zu reifen; als Kinder= rippchen (auf einem Speisezettel) anstatt Rinderrippchen; als der Verhaftete ist dem Scharfrichter anstatt dem Strafrichter übergeben; als „zur Arbeit nicht, zum Müssiggang sind wir bestimmt auf Erden" anstatt zur Arbeit, nicht, zum Müssiggang (in einem Katechismus=Liedervers); als Geschorene anstatt Geschworene; als Lukas 5r daselbst anstatt Lukas sen. daselbst; als die rosigen Eisenthüren anstatt die rostigen oder riesigen; als Sinfonie anstatt Symfonie; als zur Einziehung ausliegen anstatt zur Einzeichnung (Fragebogen eines Adreßbuches); als Rand gelassen anstatt Randglossen; als „folgte er ihm in bem Lehrsatz anstatt in dem Besitz; als Frucht anstatt Furcht und umgekehrt; als Ausschluß anstatt Ausschuß und umgekehrt; als die Nasen auflodern anstatt die Rasen auflodern; als an den Markttagen anstatt den Werktagen; als Versammlung „Hotel de Cochon" (Schweinekrug) anstatt im Hotel de Lachon; als Fahrgelegenheit von Berlin nach Oranienburg mit einem leeren Magen anstatt mit einem leeren Wagen; als Eck=Roussöfe anstatt Ecoseuse; als Knaben, welche sich merkten anstatt sich neckten — auftritt? Wie schon oben erwähnt, kamen vor Erfindung der Buchdruckerkunst bei dem Abschreiben ebenfalls Fehler vor, und nicht wenige, denn wir erfahren dies, wenn wir am Ende eines von dem berühmten Kirchenlehrer Iremäus geschriebenen Buches die Warnung an die Abschreiber lesen: „Ich beschwöre Dich, der Du dieses Buch abschreibest, bei unserm Herrn Jesum Christum, und bei seiner glorreichen Zukunft zum jüngsten Gericht, da er die Lebendigen und die Todten richten wird, daß Du das abgeschriebene Exemplar auf das sorgfältigste gegen dasjenige, wovon Du es abgeschrieben, halten, auf das fleißigste verbessern und zugleich diese theure Warnung mit abschreiben mögest, wie Du sie gefunden hast." — Der Kurfürst Christian II. von Sachsen erließ 1606 sogar in dieser Beziehung folgende Verordnung: „Der Herr einer Druckerei, wenn er dieselbe mit den nothwendigen Schriften und allem, was dazu gehörig, wohl versehen, er aber die Correctur nicht selbst versehen kann, so soll er vor allen Dingen auf einen gelehrten und fleißigen Corrector mit aller Sorgfalt bedacht sein, und sich um selbigen bemühen." — Diese beiden Dokumente zeigen deutlich, daß zur Zeit der Abschreiber die Correctheit der Copien ebenso viel zu wünschen übrig ließ, als viele der ersten Drucke, welche neben einer ungeheuern Menge Unrichtigkeiten und Abkürzungen selbst schreckliche sprachliche Barbarismen zur Schau tragen. Und daß anderthalb Jahrhundert nach Erfindung der Buchdruckerkunst die Drucke auch noch an gräßlichen Unrichtigkeiten litten, davon giebt die obige Verordnung einen unzweifelhaften Beweis.

Druckfehler-Verzeichniß, auch Errata oder Berichtigungen genannt, wird einem Werke am Schlusse desselben angehängt, wenn Raum dazu vorhanden oder überhaupt Fehler zu berichtigen sind. Meistens wird die letzte Seite oder ein Theil derselben zur Unterbringung dieses Verzeichnisses benutzt und wenn dieselbe weiter nichts enthält, so kommt der Satz in die Mitte des Raumes der Columne zu stehen.

Druckpapier. Unter dieser Benennung verstehen wir dasjenige Produkt der Papierfabrikation, welches bestimmt ist, dem Broschüren-, Werk- und Zeitungsdruck zu dienen. Es giebt wirkliches Druckpapier, daran kenntlich, daß es, mit der Zunge angeleckt, die Feuchtigkeit sofort einsaugt und halbgeleimtes, welches die Feuchtigkeit der Anleckung erst nach und nach in sich aufnimmt. Der Beschaffenheit nach hat man Druckpapier von der geringsten bis zur feinsten Sorte. Das geringe Druckpapier wird aus schlechten Lumpen und Holzstoff, eine bessere Sorte aus Lumpen mittlerer Güte, gebleichtem Stroh- und geschliffenen Holzstoff, die feinen besten Sorten werden aus den besten Lumpen, gebleichten Strohstoff und Cellulose bereitet. Der Form nach erscheint das Druckpapier in Bogen von unregelmäßigem Viereck und den verschiedensten Größen, und in endlosen Bogen als Rolle aufgewickelt.

Drucksäule, bei der George Clymerschen Columbia-Presse, steht mit dem großen Hebel in Verbindung und bewirkt den Druck.

Druck von farbigem Papier, s. Farbiges Papier.

Ducale, La, nannte Bernardi Biarino in Mailand, gebürtig aus Nizza, eine Schnellpresse ganz neuer Construction, auf welche er ein Patent für die Dauer von fünf Jahren nahm. Es war dies die erste Schnellpresse, welche in Italien thätig gewesen ist.

Ductor oder Ductorcylinder ist an der Schnellpresse die eiserne Farbenwalze in dem Farbebehälter, mittelst welcher in Verbindung mit dem Lineal die Regulirung der Farbe erzielt wird.

Dürer, Albrecht, Holzschneider, Kupferstecher, Maler und Zeichner, ein Künstler im wahren Sinne des Wortes, auch Künstlerfürst genannt, der Stolz und die Zierde seiner Vaterstadt Nürnberg, in allen Wissenschaften erfahren, wurde er selbst vom Auslande gewürdigt und hochgeschätzt. Dieser große Künstler hat im Interesse der Typographie eine zahlreiche Reihe von großen Verbesserungen in der Kunst des Holzschnitts hervorgebracht. Er war am 24. Mai 1471 in Nürnberg geboren und starb daselbst am 8. April 1528. Sein Vater war ein geschickter Goldarbeiter und befähigt, seinen Sohn den ersten Unterricht im Zeichnen zu ertheilen, worauf der letztere vier Jahre als Schüler bei dem berühmten Maler Michael Wohlgemuth verbrachte und darnach verschiedene Jahre in den Niederlanden und in mehreren Städten Deutschlands zum Zwecke des Studiums der Kunst sich aufhielt. Im Jahre 1498 erschien seine erste bedeutende Serie von Holzschnitten zur Illustration der Offenbarung St. Johannes. Die glänzende Originalität und Kraft seiner Darstellungsweise machte Dürer bald über ganz Europa berühmt und ein Künstler Venedigs übertrug eine Serie seiner Holzschnitte auf Kupfer, welcher er dessen Monogramm beifügte. Dürer eilte unverweilt nach Venedig und wendete sich an den Senat, welcher den schuldigen Künstler nöthigte, das Zeichen zu entfernen und dessen fernere Nutzung dem rechtmäßigen Eigenthümer sicherte. In den früheren Werken Dürers war vorherrschend das Gefühl der Einbildungskraft ausgedrückt und seine überschwängliche Fantasie überfüllte seine Gruppen mit monströsen und grotesken Figuren, aber im spätern Leben befleißigte sich der Künstler einer Sinnesänderung und befreite seine Werke von vielen seiner vormaligen Ausschreitungen. Er war der früheste deutsche Künstler, welcher die Regeln der Verhältnißmäßigkeit zur Geltung brachte und sich auf das Studium der Körperkunde stützte. Hinsichtlich des Druckes förderte er die Kunst durch seine Originalität und Größe der Darstellung, sowie des Reichthums des Colorits. Er fand die Holzschneidekunst in ihrer Kindheit und führte sie zu großer Vollkommenheit. Die Bilder von Dürer und Holbein schmücken den feinsten Theil der wundervoll illustrirten zahlreichen Bücher des fünfzehnten und sechszehnten Jahrhunderts. Der Reichthum von Dürers Talent offenbarte sich besonders in der großen Summe seiner Handzeichnungen, Holzschnitte und Kupferstiche. Er führte zuerst die Aetzkunst ein, brachte den zu Anfang der Buchdruckerkunst schon ausgeübten Zweifarbendruck der Holzschnitte und Initialen wieder auf und erfand die gläserne Copirscheibe. Kaiser Maximilian I. ernannte ihn zu seinem Hofmaler, in welcher Eigenschaft er von Karl V. bestätigt wurde. Er schrieb mehrere mathematische Schriften, u. a. „Ueber den Festungsbau"; „Vier Bücher über die menschliche Proportion". Ebenso vervollkommnete er die Stempelschneiderei und Schriftgießerei, machte Versuche, die Fraktur zu verschönern, und trug gemeinschaftlich mit Willibald Pirkheimer nicht wenig zur Reinigung der deutschen Sprache bei. Unter den biographischen Werken über Dürer nehmen den ersten Rang ein: A. v. d. Eye, das Leben und Wirken Albrecht Dürers, Nördlingen 1860; — Dürer-Album, Nürnberg 1857; — Josef Heller, Das Leben und die Werke Albrecht Dürers, Leipzig 1827; — Moritz Thausing, Dürer, Geschichte seines Lebens und seiner Kunst, Leipzig 1876; — Trost, Die Proportionslehre Dürers, Wien 1860; — Hausmann, Albrecht Dürers Kupferstiche, Radirungen, Holzschnitte und Zeichnungen, Hannover 1861. — Im Jahre 1828 wurde ihm in seiner Vaterstadt Nürnberg ein von Rauch modellirtes und von Burgschmiet in Erz ausgeführtes Standbild gesetzt.

Dunkelblau. Um beim Farbendruck dunkelblau zu erzeugen, verwendet man am besten Indigo; derselbe muß aber von vorzüglicher Beschaffenheit sein, in Spiritus gelöst, mit Copaivbalsam und Venetianischer Seife angerieben und mit Terpentin verdickt werden.

Duodez, ein Format, bei welchem der Bogen in zwölf Blätter zusammengelegt wird, so daß er vierundzwanzig Seiten enthält. Es wird eigentlich nur in dem gewöhnlichen Langformat gedruckt, denn fast nie kommt es als Breitformat vor. Es giebt ganz verschiedene Methoden des Ausschießens von diesem Format, und wollen wir zuerst diejenige hier vorführen, welche am praktischsten ist, weil der Bogen im ganzen ohne einen Abschnitt gefalzt werden kann und beim Druck zu umschlagen ist. In Amerika ist dasselbe im allgemeinen Gebrauch.

Erste Form   **Zweite Form**

[imposition diagram: Erste Form with pages 1, 4, 5, 9, 24, 12, 20, 16, 13, 16, 17, 18, 12, 9, 8, 7; Zweite Form with pages 1*, 8, 2, 22, 23, 14, 15, 10, 11]

Halber Bogen

[imposition diagram: pages 9, 1*, 3, 2, 7, 10, 11, 8, 6, 12, 5, 4, 1]

Eine andere, in Amerika allgemein gebräuchliche Methode des Duobezausschießens geht vom Mittelsteg aus und wird deshalb dort from the centre genannt. Es ist sowohl im ganzen als halben Bogen zum Umstülpen und der Abschnitt zum Einlegen. Hier der Plan des Ausschießens eines ganzen Bogens:

Erste Form   **Zweite Form**

[imposition diagram: Erste Form with pages 21, 20, 16, 15, 19, 22, 4, 5, 9, 10, 6, 3, 1*, 1, 8, 12, 11, 7, 2, 17, 24, 13, 14, 18, 23]

Das vorstehende ist ein Octavbogen, der aber anderartig als der gewöhnliche zu falzen ist, in welchen der Abschnitt hineingelegt wird. Auf Seite 1 kommt Norm und Signatur, auf Seite 3 die Signatur mit einem Sternchen, auf Seite 9 die Signatur mit zwei Sternchen zu stehen. Wenn von den beiden vorstehenden Formaten beide Formen auf einmal gedruckt werden sollen, so müssen dieselben entweder mit dem Kopf oder Fuß an einander gelegt und nach dem Druck die Bogen in zwei, resp. vier Theile geschnitten werden.

Halbe Bogen dieser Art können in zweierlei Weise vom Mittelsteg ausgeschossen werden; hier die erste Art:

zweite Art des halben Bogens vom Mittelsteg ausgeschossen:

Wir kommen jetzt zu dem in Deutschland üblichen Ausschießen des Duodez. Es basirt dasselbe auf dem Ausschießen des Octav mit einem halbem Bogen zum An- oder Einlegen. Das letztere ist vorzuziehen, und sollte ersteres nur zur Anwendung kommen, wenn das Papier von solcher Stärke ist, daß der Rücken beim Einlegen zu stark werden würde. Wir geben also nachfolgend das Format-schema des Duodez zum Einlegen, welches beim Druck zu umstülpen ist und, wenn es auf einmal gedruckt werden soll, beide Formen mit Kopf oder Fuß an einander zu legen sind, wie nachstehend ersichtlich:

Erste Form   **Zweite Form**

1	8	12	11	7	2
24	17	13	14	18	23
21	20	16	15	19	22
4	5	9**	10	6	3*

Die Norm und Signatur kommt auf Seite 1; auf Seite 3 die Signaturziffer mit einem und auf Seite 9 mit zwei Sternchen. — Duodez zum Anlegen und beim Drucken zum Umstülpen ändert sich von obigem nur dadurch, daß auf den Platz von Seite 9 Seite 17, auf den von 10 : 18, von 11 : 19, von 12 : 20, von 13 : 21, von 14 : 22, von 15 : 23 und von 16 : 24 zu stehen kommen, und die Ziffern=Signatur mit zwei Sternchen erhält ihren Platz auf Seite 17, statt auf Seite 9.

Dieses Duodez kann auch zum Umschlagen gedruckt werden, wenn beide For= men auf einmal in die Presse kommen und wie nachstehend angegeben gestellt werden:

Erste Form   **Zweite Form**

1	8	12	11	7	2
24	17	13	14	18	23
21	20	16	15	19	22
4	5	9**	10	6	3*

Der Octavbogen wird beim Falzen wie gewöhnlich behandelt. Auf Seite 1 Norm und Signatur, auf Seite 3 die Signatur mit einem Sternchen, auf Seite 9 die Signatur mit zwei Sternchen.

Ein halber Bogen Duodez mit vier Seiten zum Einlegen kann je nach Stel= lung der Form umschlagen oder auch umstülpt werden und sind die Columnen wie folgt auszuschießen:

Einen solchen halben Bogen zum Anlegen auszuschießen kann niemals eine Veranlassung vorliegen.

Duodez kann auch in der Länge, wenn die Papierverhältniffe es erfordern, ausgeschoffen werden, was besonders dann am erften eintreten kann, wenn beide Formen auf einmal gedruckt werden müffen. Es wird umschlagen, ohne Abschnitt im ganzen gefalzt und ift fein Schema das nachstehende:

Erste Form

Zweite Form

Ein halber Bogen dieses Duodez, zum Umstülpen, aber ohne Abschnitt, wird so ausgeschossen:

uuuuuu	uuuuuu	uuuuuu	uuuuuu	uuuuuu	uuuuuu
uuuuuu	uuuuuu	uuuuuu	uuuuuu	uuuuuu	uuuuuu
uuuuuu	uuuuuu	uuuuuu	uuuuuu	uuuuuu	uuuuuu
uuuuuu	uuuuuu	uuuuuu	uuuuuu	uuuuuu	uuuuuu
8	5	4	9	12	1

7	6	3	10	11	2
nnnnnn	nnnnnn	nnnnnn	nnnnnn	nnnnnn	nnnnnn
nnnnnn	nnnnnn	nnnnnn	nnnnnn	nnnnnn	nnnnnn
nnnnnn	nnnnnn	nnnnnn	nnnnnn	nnnnnn	nnnnnn
nnnnnn	nnnnnn	nnnnnn	nnnnnn	nnnnnn	nnnnnn

Dupont, Paul, ein hervorragender französischer Buchdrucker unserer Tage, welcher eine Druckerei in Paris und eine zweite in Clichy besitzt und sich als Herausgeber mehrerer typographischer Werke hervorgethan hat. Seine Druckereien sind auf cooperativen Grundsätzen gegründet, so daß die Arbeiter am Gewinn betheiligt sind, zu welchem Zwecke jährlich eine Compte rendu de l'assemblée générale des ouvriers de l'imprimerie Paul Dupont ausgegeben wird. Seine hauptsächlichsten Werke sind: Histoire de l'imprimerie, Paris 1854, 2 Bände in Imperial-Octav, von 523 resp. 612 Seiten, von welcher 1869 die dritte Auflage erschienen ist, — Essai pratique de l'imprimerie, précédés d'une notice sur la litho-typographie. 4., Paris 1849, giebt Proben der hauptsächlichsten Schriften, Vorlagen zu Titeln und Muster zu Accidenzen, ist aber nur in hundert Exemplaren gedruckt, — Mémoire sur la litho-typographie &c., Paris 1839, — Notice historique sur l'imprimerie, 4., Paris 1849, — Rapport fait à Mr. Paul Dupont sur la création de la ville typographique au moyen d'une société coopérative immobilière, Bericht über die Schöpfung einer Typographenstadt mittelst einer unbeweglichen cooperativen Gesellschaft, 12., Paris 1868, — Une imprimerie en 1867, Imperial-Octav, Paris 1867, — giebt eine vollständige Beschreibung aller Processe des Drucks und ist eine schöne Probe der Druckerei des Verfassers. Sie ist illustrirt mit Ansichten der verschiedenen Abtheilungen der Officin Paul Duponts, so der der Schriftgießerei, des Correctoren-Zimmers, des Maschinensaals, des Waarenlagers, der Buchbinderei, der Stereotypie, der Lithographie und Steindruckerei und noch vieler anderer Räume zu Hülfszwecken, für Bedürfnisse der Arbeiter und zu deren Instruktion. Auch enthält das Werk ein Verzeichniß der Clubs und Vereinigungen zu Unterstützungszwecken, welche mit der Firma in Verbindung stehen — so daß dieses Buch in der That ein Gemälde vorführt, das treulich veranschaulicht, unter welchen Bedingungen ein solches Geschäft segenbringend wirken und gedeihen kann.

Durchdrehen, bei der Steindruck-Handpresse den Karren mit dem Stein unter den Reiber durch- und wieder zurückführen; bei der Schnellpresse durch Bewegung des Schwungrades das Fundament vor- und zurückgehen lassen.

Durchschneide-Linien nennt man solche, welche als Merkmal zum Abschneiden mehrerer auf einmal gedruckter Sachen dienen. Es sind diese Art Druckgegenstände zumeist Etiketten oder diesen ähnliche Sachen. Wie diese einzelnen Gegenstände gestellt werden, ob neben oder über einander, richtet sich nach den Verhältnissen des Papiers, das dazu verwendet werden soll. Als derartige Linien genügen Punkt- oder feine Linien; sie brauchen den ganzen Raum des Schnittes nicht zu durchziehen, sondern es genügt, wenn sie je zu Anfang und am Ende

18

des Raumes oder wenn sie neben und über einander stehen, auch in der Mitte desselben angebracht sind, und zwar in dieser Weise:

Vier auf vorstehende Art zusammengesetzte Sachen setzt man so, daß die Köpfe in der Mitte sich treffen. — Es ist wohl zu beachten, daß Durchschneidelinien nur in den Fällen angewendet werden können, wo es sich darum handelt, daß die Abtrennung mit Hülfe der Scheere vorgenommen wird. Beabsichtigt man aber, dieselben auf mechanischem Wege mittelst der Papierschneidemaschine von einander zu trennen, oder sollen sie dem Buchbinder zum Zertheilen übergeben werden, so dürfen keine Durchschneidelinien in Anwendung kommen, weil dieselben in den genannten Fällen eher nachtheilig als von Nutzen sind.

Durchschießen heißt beim Setzen die Zeilen durch einen gleichmäßigen Raum von einander abstellen, und wird dieses vermittelt mit dem Material, welches wir Durchschuß und Regletten nennen. Das Durchschießen kommt vor bei den Werken der schönwissenschaftlichen Literatur, in Romanen, Novellen und Erzählungen, Gedichten und solchen Werken, welche der Eleganz halber splendid gehalten werden. In Deutschland ist es noch meistens Brauch, zum Durchschießen Stückdurchschuß zu verwenden, während man im Auslande fast nur Regletten (s. Durchschuß) dazu verwendet. Bei dem Setzen mit diesem Durchschuß muß darauf acht gegeben werden, daß die verschiedenen Stücke verschränkt, d. h. zwischen jeder Zeile anderartig gestellt werden, und daß die einzelnen Stücke nicht überspringen, d. h. an den Enden auf einander hocken, welcher Uebelstand häufig bei Zweipunkt-, noch mehr aber bei Einpunkt-Durchschuß eintritt. Auch bei dem Ausheben muß man behutsam zuwerke gehen, denn der Stückdurchschuß fällt gern heraus. Das Durchschießen mit Regletten, welche die volle Breite des Formats haben, ist das bequemste, sicherste und billigste Verfahren; da jedes Durchschußstück vom Setzer als zwei Buchstaben gerechnet wird, eine passende Reglette aber nur als drei, so kann man leicht berechnen, welchen Unterschied zwischen dem Preise des Satzes mit Stückdurchschuß und dem mit Regletten sich ergibt; durch den Betrag, welcher am Setzerlohn gespart wird, sind die Anschaffungskosten der Regletten bald gedeckt, wohingegen aber noch bei den Regletten die diversen Unzuträglichkeiten des Stückdurchschuß, das Krummstehen des Satzes bei verbogenen Stücken, das Ueberspringen und das Herausfallen, fortfallen, wodurch eine Förderung im Fortkommen der Arbeit bedingt wird. — Nach Durchführung der einheitlichen Papiergrößen und infolge der dadurch erstehenden feststehenden Formate werden hoffentlich die Regletten auch in Deutschland mehr zur Anwendung kommen, als es bisher der Fall gewesen ist.

Durchschossener Satz ist von dem gewöhnlichen oder kompressen Satz, bei welchem die Zeilen ohne weiteres auf einander gestellt sind, dadurch unterschieden, daß man dieselben durch irgend welches Füllungsmaterial, sei es das kleinste, Einpunkt, oder ein größeres, ja selbst ein sehr bedeutendes, vielleicht Zwölfpunkt und noch darüber von einander abgestellt hat. Der durchschossene Satz ist als Abdruck leserlicher, als der kompresse.

Durchschuß ist ein Füllungsmaterial, welches als Zwischenschlag und zum Durchschießen benutzt wird. Er zerfällt in Stückdurchschuß und Regletten. Ersterer tritt als systematischer in Kegelgrößen von Ein-, Zwei-, Drei- und Vierpunkt oder Achtelpetit, Viertelpetit, Viertelcicero und Halbpetit, und in Längen von einer halben, einer Dreiviertel oder einer ganzen Concordanz, oder als Stücke von 2, 3 und 4 Cicero auf; der nicht systematische Durchschuß ist Drittel- und Viertel-Corpus. Regletten giebt es in eben denselben Kegelstärken, aber in Längen über eine Concordanz hinaus bis zu beliebigen, also z. B. in solchen von 2, 3, 4, 5, 6 und 7 Concordanzen, und dazwischen halb- und vierteltheilig. Der Durchschuß ist aus Schriftmetall, Regletten sind auch aus Messing gefertigt, und werden entweder aus Bahnen geschnitten oder gegossen; die letzteren als Stückdurchschuß sind den geschnittenen vorzuziehen. — In der Anwendung werden Stückdurchschuß an einander gefügt, und wollen wir dabei noch erwähnen, daß der in Süddeutschland gegossene Stückdurchschuß wegen seiner geringen Höhe recht unpraktisch ist, denn dieser beträgt 27 Punkte, während der aus den norddeutschen Gießereien 30 Punkte aufweist. Infolge dieses geringen Unterschiedes jener Concordanz im liegenden oder stehenden Zustande muß der Setzer wegen ihrer Berichtigung von liegend zu stehend manchen Griff umsonst machen. Die Regletten können durch Aufeinanderlegen in ihren Kegelverhältnissen verstärkt werden, so daß beispielsweise eine Einpunkt- und eine Zweipunkt-Reglette Viertelcicero, zwei Einpunkt-Regletten Viertelpetit und zwei Zweipunkt-Regletten Halbpetit ausmachen. Eine der neuesten und sehr zweckmäßigen Anwendung hat das sich durch seine Festigkeit, Härte, Sauberkeit und Elastizität auszeichnende Vulkanit als Durchschuß gefunden. Die Idee dieser Verwendung gehört einem Londoner Buchdruckerei-Besitzer, Herrn Richard Clay jun., an, der, nachdem er in seiner Officin Versuche mit diesem neuen Durchschuß angestellt, denselben in den weiteren Verkehr bringt. Nach seinen von ihm gemachten Erfahrungen sind die ersten Kosten (mit Ausnahme von über Viertelcicero) geringer als die des Schriftmetalldurchschuß und dies um so mehr, je dünner dieser ist. Seine Dauerhaftigkeit ist gleich des Messingdurchschuß; er ist so hart und elastisch wie Stahl, verbiegt sich nicht, erleidet auch sonst keine Beschädigung. Ein großer Vorzug ist es ferner, daß nie Schmutz an ihm haften bleibt. Wird damit durchschossener Satz in Papier stereotypirt, so ist darauf zu achten, daß die Hitze des Trockenofens nicht zu stark wird; erreicht diese 150 bis 200 Grad C., so wird er weich und drückt sich in die Signaturen ein. Das Gewicht des Durchschuß aus Vulkanit ist etwa ein Achtel desjenigen von Schriftmetall.

Durchschuß- und Regletten-Gießmaschine. Schon seit vielen Jahren sind von verschiedenen Seiten Versuche gemacht worden, Durchschuß und Regletten in anderer Weise als durch den bisher üblichen Handguß anzufertigen, da diese Herstellungsweise, namentlich bei dünnen Regletten, eine schwierige war, die Herstellung größerer Quantitäten oft auch eine Zeit erforderte, die in vielen Fällen nicht gegeben oder den Druck eines Werkes aufzuhalten im Stande war. Der

Firma Gebr. Arndt & Co., Berlin, Greifswalderstr. 37, ist es nun gelungen, eine Maschine zu construiren, mittelst deren sie Durchschuß, Regletten und Ausschließungen in jeder nur beliebigen Stärke bis Einpunkt gießt, die gewiß allen Anforderungen, auch den strengsten, entsprechen. Die Regletten werden in genauer Form und mittelst scharfen Druckes gegossen. Die Regletten werden nach dem Guß weder gewalzt noch gepreßt, was der Dauerhaftigkeit des Materials Abbruch thun würde, da das spröde Schriftmetall dadurch zu brödelig wird; dieselben gehen vielmehr in Bahnen von genauer Stärke und vollständig dichtem und glattem Guß aus der Maschine hervor und werden sodann nach den bestimmten Längen geschnitten. Vor den in der Hand gegossenen Regletten haben dieselben den Vorzug der größern Genauigkeit in der Stärke und wird auch durch den glatten Guß das Ansetzen von Schmutz an denselben mehr verhindert. Durchschuß, Regletten wie Spatien werden sowohl nach Pariser System (Didot) wie nach jedem eigenen ohne Preiserhöhung geliefert. Was die Güte des Fabrikats anlangt, so können wir aus eigener Anschauung rühmend bestätigen, daß es an Dauerhaftigkeit und Genauigkeit nichts zu wünschen übrig läßt. Die Preise dieser Fabrikate können auch als durchaus mäßige bezeichnet werden und zwar verhältnißmäßig um so mehr, je dünner die Regletten, resp. Durchschuß sind; so z. B. Achtelpetit=Durchschuß und =Regletten mit 4,50 Mark pro Kilo, Viertelpetit=Durchschuß und =Regletten 2 Mark pro Kilo. — Uns liegen von diesem Fabrikat Achtelpetit=Regletten von deutschem System vor, welche also noch schwächer sind, als ein Didot'scher typographischer Punkt, und jedenfalls der schwächste Durchschuß ist, trotzdem ist er aber ungeachtet seiner Länge überall vollständig und glatt ausgegossen. Eine weitere Eigenschaft ist bei diesen Regletten die, daß sie dieselbe Höhe aufweisen, wie die französischen Regletten, nämlich eine solche von 30 Punkten, während die sonst in Deutschland gegossenen Regletten bedeutend niedriger sind, wodurch das Geradstehen des Satzes nicht selten geschädigt wird. Und schließlich sei noch erwähnt, daß die aus dieser Maschine hervorgegangenen Ausschließungen, wie wir sie in Händen haben und aus Einpunkt und Zweipunkt Petitspatien bestehen, genau auf System Didot passen. Systematischer Ausschluß ist bei uns ziemlich selten; bestellt man solchen auch, so erhält man doch meistens nach Gevierten bemessene Größen.

Durchzeichnen oder Durchpausen. Die bisher üblichen Methoden zum Durchzeichnen sind bekanntlich ziemlich umständlich. Eine neue Methode gewährt den Vortheil, daß man nicht allein mit Bleistift, sondern ebenso leicht auch mit Tinte, Tusch= und Wasserfarben eine Zeichnung, Figur, Schrift oder Malerei direkt auf weißes, an und für sich undurchsichtiges Brief=, Schreib= oder Zeichnenpapier übertragen kann. Sie ist ganz einfach und der vielseitigsten Anwendung fähig. Man legt nämlich das Papier, auf welchem man die Zeichnung haben will, auf das abzuzeichnende Original, bestreicht das obere Papier mit Baumwolle, die mit reinem Benzol (das ist einer der flüchtigsten und leichtesten Bestandtheile des Steinkohlentheeröls) getränkt worden ist. Die bestrichenen Stellen des Papiers werden dadurch, daß sie das Benzol aus der Baumwolle in ihre Poren aufnehmen, ebenso durchsichtig wie das beste Oelpapier oder Durchzeichnenpapier, so daß man die feinste Zeichnung auf der Unterlage, welche hierbei nicht im mindesten leidet, deutlich genug erkennt, um sie durchzeichnen zu können, auch wird das Papier durchaus nicht faltig oder wellenförmig, sondern bleibt ganz glatt und eben. Das auf solche Weise mit Benzol ganz benetzte Papier läßt sich gleich leicht mit Bleistift, Tinte, Tusche und Wasserfarben bezeichnen oder bemalen, ohne daß z. B. die Tinte oder Tusche nur im mindesten fließt oder zerläuft.

Dennoch haften die auf das mit Benzol getränkte Papier aufgetragenen Bleistift-, Tinte- oder Tuschstriche viel fester und dauerhafter, als gewöhnlich auf demselben, und selbst sehr zart geführte Bleistiftstriche lassen sich nachher nur schwer durch Kautschuk wieder wegreiben. Will man größere Originale durchzeichnen, so befeuchtet man das Papier nur nach und nach mit dem Benzol, und sollte während des Durchzeichnens auf der eben befeuchteten Stelle das Papier trübe werden, bevor man ganz fertig ist, so braucht man nur wieder etwas neues Benzol darauf zu bringen. Nach beendigter Arbeit läßt man das Papier liegen, das Benzol verfliegt rasch davon und in dem Maße wird auch das Papier wieder ebenso weiß und undurchsichtig, wie es erst war, ohne daß man Flecke darauf oder einen Geruch bemerken kann, wenn man gut gereinigtes Benzol verwendet hatte. Ueberhaupt riecht das reine Benzol durchaus nicht unangenehm und sein Geruch übt keinen nachtheiligen Einfluß auf den Zeichner aus.

Durchziehen bezieht sich auf Papierfeuchten. Einen Stoß des zu feuchtenden Papiers an der rechten Seite zwischen zwei dünne, etwa 2 Cm. breite Spähne genommen und diese mit der rechten Hand gehalten, während die linke Hand ihn an der entgegengesetzten Seite faßt, wird derselbe durch das in einer Mulde enthaltene Wasser gezogen, so daß beide Seiten des Papiers vollständig von Wasser bedeckt sind, und führt denselben dann dem Feuchtbrette zu. Die Spähne sind bei starkem Papier nicht erforderlich; sie haben den Zweck, zu verhüten, daß zwischen die Bogen des Stoßes Wasser bringt, und um dies so wie so nicht zuzulassen, muß das Durchziehen schnell vor sich gehen.

Dutartres Zweifarben-Maschine. Im Jahre 1855 nahm Dutartre in Paris ein Patent auf die Erfindung einer Schnellpresse, welche zwei Farben zu gleicher Zeit druckt. Exemplare dieser Schnellpresse waren auf der Londoner Ausstellung von 1862 und ebenso auch der zu Paris im Jahre 1865 ausgestellt, aber es hielt anfangs schwer, sie einzuführen. Erst nach Verlauf mehrerer Jahre lernte man ihre Vortheile kennen und würdigen. — Gegenwärtig werden Zweifarben-Maschinen von der Maschinenfabrik Augsburg, von König & Bauer in Kloster Oberzell, von Klein, Forst & Bohn Nachfolger in Johannesberg a/Rh. und im Auslande allgemein gebaut.

E e, der fünfte Buchstabe im Alfabet der Sprachen germanischen und der des romanischen Stammes, ist seiner sprachlichen Beschaffenheit nach ein Grundlaut, der auch als Dehnungszeichen dient, und bald scharf und bald weich lautet. Im Armenischen ist es als helles e der siebente, als dumpfes und Jeth genannt der achte Buchstabe des Alfabets; im Koptischen Alfabet ist es der fünfte und heißt Ei; im Aethiopischen Alfabet nimmt es die fünfte Reihe bei den Mitlauten ein; im Iberischen Alfabet ist es der fünfte Buchstabe unter dem Namen En; im Griechischen ist es der fünfte Buchstabe des Alfabets unter dem Namen Epsilon;

im Zyrillisch-Slawonischen Alfabet und ebenso im Glagolitischen der sechste Buchstabe und Esti genannt; im Alfabet der russischen Sprache ist es der sechste Buchstabe und heißt wie bei uns E e. — Im Hebräischen heißt es Tsere in der Gestalt von .., wenn es scharf, und Ssgol in der Gestalt von ·., wenn es gedehnt lauten soll; im Arabischen heißt dieser Vokal Fatha in der Gestalt von -, und ist bald kurz und bald gedehnt.

Ecken, auch Eckstücke und Winkelecken, dienen gleich den Einfassungen zur Umrahmung von Druckgegenständen, sind aber von den Eckstücken der Einfassungen wohl zu unterscheiden, indem sie selbständig bastehn, den Ecken des Satzes eine Verzierung gewähren und als Verbindungen meistens eine Linie oder deren zwei, mitunter auch noch mehrere, oder aber auch eine Einfassung aufweisen. Diese Ecken sind sehr verschiedenartig, leicht und schwer in der Zeichnung, groß oder klein im Kegel. Zumal das Bereich der Linien-Ecken ist ein außerordentlich zahlreiches, von der feinen scharfkantigen oder runden Ecke an bis zu der mehrkantigen und vielfach in einander verschlungenen Ecke, weiter aber von der feinen Linie anfangend durch die verschiedenartigen Linien, doppelfeine, halbfette, fette, fettfeine, feinfettfeine u. s. w. hindurch und endlich die Verschiedenheit nach den Kegelstärken. Bei der Verlängerung oder der Verbindung der Ecken von oben nach unten und von rechts nach links und umgekehrt ist zu beachten, daß das Eckstück in seinem Grundcharakter mit der angeschlagenen Linie zu harmoniren hat. Eine lichte Zeichnung kann in seinen Linien keine halbfette oder gar fette leiden, wohl aber feine, doppelfeine und zur Abwechselung — wenn mehrere Linien zur Anwendung kommen — auch wohl eine Punktlinie. Im Falle die Ecken Linien als Ausläufer haben, ist die Stärke und Gestalt derselben für die Verlängerung maßgebend. In der Länge ist die Verbindungslinie oftmals durch eine Verzierung unterbrochen, was übrigens nicht bedingt, daß die Verbindung am Kopf und Fuß auch mit einer solchen versehen sein muß. Die anzuwendenden Ecken in ihrer Kegelstärke, oder der leichten oder schweren Zeichnung sind nach Maßgabe des Gegenstandes zu wählen, welchem sie dienen sollen; zu einer feinen Tanzordnung, einem Concertprogramm, einer Einladungskarte und dergleichen wähle man stets nur lichte, feine Zeichnungen, und leisten bei Sachen dieser Art auch einfache Linien-Ecken gute Dienste. Zu Buchumschlägen kann man, je nach Beschaffenheit des Inhaltes und der Tendenz desselben, auch stärkere und dunkel gehaltene Ecken anwenden.

Eckige Klammer ist eine Bezeichnung für diejenige Klammer, welche in jeder Schrift in der Gestalt von [ ] mitgeliefert wird. Man sagt daher auch wohl zur Parenthese ( ) runde Klammer, um von vornherein nicht mißverstanden zu werden, zumal wenn man weiß, daß man mit Personen zu thun hat, welche nicht wissen, daß die runde Klammer Parenthese und die eckige einfach Klammer heißt.

Eckiger Schnitt ist ein Ausdruck in der Technik der Stempelschneidekunst und bezieht sich auf unsere Fraktur und die zu ihr gehörigen Schriften, die Gothisch, die Schwabacher, die Canzlei u. s. w.; er bildet einen Gegensatz zu dem gerundeten Schnitt, dem der Antiqua, der Cursiv u. s. w.

Eckquadraten sind eine Erfindung der Firma Wilhelm Haas in Basel, welche dazu dienen, bei Columnen mit Linien-Einfassung die vier Ecken einer solchen auszufüllen. Sie haben die Gestalt und Form von zwei aneinander gelötheten Concordanzstücken, an deren Ausgangsenden aber ein Geviert eingefügt ist, so daß jeder nach rechts und links auslaufende Schenkel genau vier Cicero mißt.

Eckstücke, s. Ecken.

Ecu, spr. ekü, eigentlich Thaler, Namensform für ein französisches Papierformat in der Größe von 40:52 Centimeter.

Eggesteyn, Heinrich, Magister zu Straßburg, errichtete dort die erste Druckerei, aus welcher im Jahre 1471 zwei Drucke mit Angabe des Ortes und des Druckers hervorgingen, nämlich das „Decretum Gratiani" mit der Glosse in zwei großen Foliobänden, und die „Constitutiones Clementis V.", ebenfalls in groß Folio, in welch letzterm Buche er sagt, „daß er schon unzählige Bände vom göttlichen und menschlichen Recht gedruckt habe." Dieser Aeußerung nach ist wohl anzunehmen, daß er bereits mehrere Jahre vorher zu drucken angefangen. Zu den von ihm angedeuteten Bänden zählt jedenfalls die bei ihm gedruckte deutsche Bibel, welche aller Wahrscheinlichkeit nach vor 1466 vollendet worden ist. Die Schrift dieser Bibel ist sehr leserlich, sie hält die Mitte zwischen Gothisch und unserer heutigen Fraktur, es sind wenig Abkürzungen darin enthalten und die Worte mit Zwischenräumen von einander abgetrennt; als Interpunktionszeichen spielt der Doppelpunkt eine Hauptrolle und unsere heutige Ligatur ß kommt in gleicher Form häufig darin vor.

Egyptienne oder zu deutsch Egyptisch heißt in der Typographie eine Auszeichnungsschrift der Antiqua, deren Ursprung man Frankreich und im besondern **Firmin Didot** zuschreibt, was aber wohl nicht richtig sein dürfte, denn ihr Vaterland wird jedenfalls England sein. Weshalb diese Schrift Egyptienne genannt ist, kann nicht klargestellt werden, denn Anhalte darüber liegen durchaus nicht vor. Der Schnitt dieser Schrift in ihrem Aussehen ist monoton; die Linien und Züge durchaus gleichmäßig, bietet sie dem Beschauer keine Abwechselung, dennoch aber ist dieselbe eine sehr gute Auszeichnungsschrift. Sie kommt vor in den mannichfachsten Variationen, in **gewöhnlicher Egyptienne,** deren Züge gleichmäßig und stärker als die der Antiqua sind, welcher aber die Haarstriche fehlen; als **halbfette,** und selbst als **fette,** bei denen der Schnitt nobel, ja man möchte sagen von aristokratischem Anstande ist; weiter tritt sie auf als **schmalbreite,** die man richtiger Skelett nennen sollte; ferner als **fettgestreckte,** die einen widerlichen Anblick gewährt und aller Schönheitsformen bar ist, dessenungeachtet aber mitunter eben wegen ihrer Gestrecktheit dem Accidenzsetzer im Zustande der Rathlosigkeit aus der Verlegenheit hilft; endlich erblicken wir diese Accidenzschrift in schmal und breit, aber nicht von abgeschmackter Gestalt, sondern von allen Genren am lieblichsten, die anmuthigste und zweckentsprechendste, denn sowohl die schmale, als auch die breite ist in den passenden Gelegenheiten sehr gut zu verwerthen. — Wir müssen aber noch hinzufügen, daß die Abweichungen der Egyptienne in Form und Gestalt so mannichfach und so variabel sind, wie mit Ausnahme der Gothisch selten bei einer andern Schrift.

Egyptienne, breite, s. Egyptienne.
Egyptienne, fette, s. Fette Egyptienne.
Egyptienne, gewöhnliche, s. Gewöhnliche Egyptienne.
Egyptienne, schmalbreite, s. Schmalbreite Egyptienne.
Egyptienne, schmale, s. Schmale Egyptienne.
Egyptisch, andere Namensform für Egyptienne, s. d.

Eickhoff, J. G. A., geboren 1809 in Mölln im Herzogthume Lauenburg, ein umsichtiger und strebsamer Maschinenbauer, welcher den Schnellpressenbau in Dänemark einführte. In seiner Vaterstadt hatte er das Schlosserhandwerk gelernt, ging in die Fremde und kam im Jahre 1839 in Kopenhagen an, wo er Arbeit fand und später Stellung in größeren Fabriken erhielt. Im Jahre 1848 sich etablirend, machte er als Meisterstück eine Buchdruckschnellpresse, und legte dann eine Werkstatt für den Bau von Buchdruckmaschinen an. Das Etablissement vergrößerte sich zusehends und versorgte die ganzen skandinavischen Länder und Schleswig-Holstein mit typographischen Maschinen aller Art, und viele davon gingen selbst nach Rußland, wo Eickhoff einen Vertreter hatte. Die Fabrik baut außer einfachen Schnellpressen auch doppelte, sowie Completmaschinen, ferner Lithographische Schnellpressen, Dampfmaschinen, Buch- und Steindruckhandpressen, Buchbinder-Vergoldepressen, Pack- und Glättpressen und dergleichen. — Gegenwärtig setzen die Söhne Eickhoffs, welche auf deutschen polytechnischen Schulen Mechanik getrieben und in vielen bedeutenden Fabriken Deutschlands gearbeitet haben, das Geschäft fort.

Eidographie. Der Chemiker Eckhardt in München hat im verflossenen Jahre eine Erfindung gemacht, welche er Eidographie, d. h. die Bilderzeichnung, nennt. Das Material, welches bei der Xylographie das Holz, bei der Lithographie der Stein, das ist bei der Eidographie eine Metallplatte. Wie bei der Xylographie der Künstler auf den Holzstock zeichnet, ebenso muß bei der Eidographie auf die Metallplatte gezeichnet werden, und zwar mit einem äußerst harten Bleistift oder auch mit der Radirnadel. Das eidographische Metall ist eine Legirung leichtflüssiger Metalle. Auf diese Metallplatte hat der Künstler so leicht zu zeichnen, als auf einen gut mit Kreidemasse überzogenen Carton, in derselben Strichmanier wie beim Holzschnitt. Da nun aber die Xylographie erst anfängt, wenn der Künstler fertig ist, da eine solche Ausgravirung aus dem Holze zehnmal mehr Zeit erfordert, als die Zeichnung selbst, so tritt die Wichtigkeit der Eidographie unbedingt in den Vordergrund, weil nach der Vollzeichnung der eidographischen Platte die Mutterplatte zum Cliché in kaum glaublich kurzer Zeit zum Drucke fertig ist. Das Metall kann, nachdem die galvanisirte, abgelagerte Kupferschicht abgelöst, sofort umgeschmolzen und wieder verwendet werden; es ist dies wiederum eine bedeutende Ersparniß gegenüber der theuern Buchsbaumplatte. Eine eidographische Platte kann, wenn man die erste Kupferplatte versilbert und wieder eine galvanische Platte hiervon ablagert, zur Pressung von Luxuspapieren, Tapeten, Lederarbeiten, Papiermachee rc. sogleich ohne Nachgravirung verwendet werden. Solche Relief-Arbeiten, respective solche Muster, werden nicht in die Platte vertieft, sondern mit einem vom Erfinder eigens zu diesem Zwecke ganz neu präparirten sogenannten „fließenden Stift" aufgelegt; es ist dies eine zweite Erfindung. Dieser fließende Stift ist eine einfache Glasröhre, in welcher unten ein Federkiel befestigt ist; der Erfinder hat nun den Federkiel so zugeschnitten, wie er ihn, fein oder grob, braucht, nur mit dem Unterschiede, daß, wie bei den Liniirmaschinen, die Feder verkehrt steht und so zu sagen eine Rinne bildet. Das fließende Metall, in welchem ein gut Theil Quecksilber ist, wird mit einem Trichter in die Röhre gefüllt und läuft von selbst durch die Kielröhre auf die Platte. Will der Eidograph dicke Striche machen, fährt er langsam und legt dadurch mehr von dem Metallbrau auf die Platte, bei dünnen Strichen fährt er aber rascher. Das allein wäre schon ein neuer Erwerbszweig; denn wenn solch eine abgelagerte Platte von einem Graveur gemacht werden sollte, kostete sie gerade hundertmal so viel Arbeit, als eine neue mit dem Eckhardtschen Stifte gezeichnete; das so geschriebene Metall wird durch einmaliges Erhitzen steinhart. Auch zur Erleichterung des Zeichnens hat Herr Eckhard die Instrumente theils selbst erfunden, theils hat er bereits vorhandene bedeutend verbessert. Weiter ist die Eidographie wichtig zur Anfertigung von unnachahmlichem Untergrunde zu Staatspapieren; die Herren Gottgetreu und Lichtenfeld haben schon vor Jahren die krystallirten Unterdruckplatten und Abdrücke in schönster Vollkommenheit auf der Kupferdruckpresse ge-

liefert. Eckhardt hat sich nun die Aufgabe gestellt, Unterdruckplatten zur Schnell=
presse herzustellen, und es ist ihm vollkommen gelungen. Er bringt einen Tropfen
seiner eibographischen Metallcomposition auf eine gegossene und in der Satinir=
presse glatt gepreßte eibographische Mutterplatte, stellt ein Spiritusflämmchen
darunter und erhitzt auf diese Weise den Tropfen dergestalt, daß dieser Blasen
wirft; nun nimmt er, um verschiedene Zeichnungen entstehen zu lassen, einfach
verschiedene Salze, löst dieselben in Wasser auf und gießt, sobald das Metall
ziemlich viele Blasen wirft, einen Löffel solcher Salzauflösung darauf, und plötz=
lich ist das schönste Gebilde fest auf der Platte. Wenn man nun solchen Unter=
grund zu Werthpapieren so herstellen und auf der Schnellpresse in blasser (rosa,
hellblau ꝛc.) Farbe drucken würde, so könnte man mit den einfachsten Lettern das
nöthige Schwarz darauf drucken. Die Aechtheit eines so hergestellten Papiers kann
dadurch constatirt werden, daß man ein Werthpapier gleichen Inhalts darauf
legt und durch das Licht die verschiedenen Zweige und Punkte aufeinanderpaßt;
stimmen die Linien nicht ganz haarscharf überein, so muß ein Papier unächt sein.
Da die verschiedenen Musterfiguren durch reine Zufälligkeiten entstanden sind, so
kann kein Sterblicher einen ähnlichen Untergrund herstellen oder auch graviren;
überdies ist hier noch der Kostenpunkt ins Auge zu fassen. Die Vortheile, die
sich aus dieser Erfindung ergeben, lassen sich erst dann genau bemessen, wenn
einmal eibographische Anstalten ins Leben getreten sind. (Man kann z. B. Muster=
bücher von Stoffen ꝛc. auf eibographische Weise äußerst einfach herstellen; man
kann sogar auf eine präparirte Platte Tülle, Spitzen ꝛc. aufdrucken, die weiche
Masse, in die man den Stoff auf die Platte gepreßt hat, härten, und hat das
Originalmuster ꝛc.)

Einbringen, s. Ausschließen.

Einer oder Nummer Ein, das erste in der Reihenfolge der deutschen
Papierformate, mißt 34:42 Centimeter und hat ein durchschnittliches Gewicht
von 8 Kilo für das Ries von 1000 Bogen.

Einfache Cylinder=Schnellpresse für Buchdruck. Die einfachen Buch=
druckschnellpressen mit Cylinder bewirken durch diesen den Druck und sind in
dieser Hinsicht insgesammt gleichartig. Dahingegen unterscheiden sie sich in Be=
ziehung zur Färbung, denn es giebt diese Maschinen mit Cylinderfärbung und
andere mit Tischfärbung. Auch in der Bewegungsart sind sie verschieden, weil es
deren mit Eisenbahn=, Kurbel= und Kreisbewegung giebt. Die letztere Bewegungs=
methode ist die vorzüglichste, weil die Bewegung mittelst des Kreiszahnrades einen
unabänderlich gleichen, sichern Gang zuwege bringt, was bei der Eisenbahn= und
Kurbelbewegung minder der Fall ist. Doch schreckt derjenige, welcher keinen
Dampfbetrieb hat, vor der Aufstellung einer Kreisbewegungs=Maschine zurück,
weil sie von schwerer Gangart ist und meistens zweier Dreher bedarf. Daher
kommt es denn auch, daß die Maschinen mit Eisenbahnbewegung die verbreitetsten,
während in Bezug auf Färbung in Deutschland die mittelst Cylinder ziemlich
allgemein im Brauch sind. Die Mitwirkung der diversen Cylinder, welche die
Verreibung der Farbe und das Auftragen bewirken, heißen insgesammt das
Farbewerk. Die Größenverhältnisse der einfachen Schnellpressen in Beziehung zu
der Druckfläche liegen zwischen 45:60 und 70:100 Centimeter; es giebt selten
größere, aber kleinere sind ebensowohl Ausnahmen. Die Leistungsfähigkeit dieser
Schnellpressen nimmt man auf 1000 Abdrücke für die Stunde an, was jedoch
das äußerste nach oben ist. — Im allgemeinen besteht die einfache Schnellpresse
aus folgenden Theilen: 1) dem Unterbau oder dem Grundgestell; 2) den vier
Quergestellen; 3) dem hintern Seitengestell; 4) dem obern und untern Quer=

balken; 5) der Treibspindel; 6) dem großen konischen Treibrade; 7) dem großen Rade; 8) dem kleinern Rade 9) der Bahn oder den Schienen; 10) dem Druckcylinder samt Zubehör; 11) dem vordern Seitengestell; 12) dem aufrechtstehenden Hebel; 13) der großen Excentricspindel; 14) den zwei anderen Rädern; 15) der Tasche oder dem Gelenkstück; 16) der Zahnstange; 17) dem Karren oder dem Fundament; 18) dem langen Hebel; 19) dem Greifer-Apparat; 20) den Bänderrollen mit ihren Spindeln; 21) dem nackten oder gelben Cylinder; 22) dem Farbebehälter; 23) dem Auslegetisch; 24) dem Selbstausleger; 25) dem Anlegetisch; 26) dem Rade mit seiner Spindel am nackten Cylinder; 27) dem Schwungrade; 28) dem Schwungradträger; 29) dem Transmissionsrade; 30) dem Lecker oder Heber; 31) den Reibewalzen; 32) den Auftragewalzen. Außerdem gehören dazu eine Menge Lager, Büchsen, Bolzen, Keile und Holzkeilen. Die Aufstellung wird wie folgt vorgenommen: Besteht das Grundgestell aus einem einzigen Stück, so wird dasselbe zuerst auf den dafür bestimmten Platz gebracht; wenn aus mehreren Theilen bestehend, wird der hintere Längsbalken auf seinen Platz und zwar auf die Seite gelegt, damit das hintere Seitengestell liegend an diesen Balken, die Schrauben von unten durchgesteckt, angeschraubt werden kann, wonach es emporgehoben wird; nun werden die vier Quergestelle auf die betreffenden Brocken des Seitengestelles mit den dazu gehörigen Schrauben mäßig befestigt, der obere und untere Querbalken an ihre Quergestelle gebracht und die aufrechte Spindel in ihre Lager gestellt; nachdem darauf das kleinere konische Treibrad und das Zahnrad aufgesteckt worden sind, wird die Treibspindel in ihre Lager gelegt, das große konische Treibrad auf die aufrechte Spindel gesteckt, das große Rad auf die zugehörigen Brocken der Quer- und Seitengestelle und die Rollenlager nebst Tragrollen auf die mittleren Quergestelle gelegt. Nun setze man das Rad, welches zu dem großen konischen Rade gehört, solcherart auf den Stift des letztern, daß die mit Kernen markirten Zähne in einander greifen. Jetzt ist die Bahn (oder die Schienen) auf die vier Quergestelle zu legen und deren richtige genau horizontale Lage mit Hülfe einer Wasserwaage in der Weise zu reguliren, daß man bis zur Berichtigung Keile unter das Fußgestell treibt. Der Druckcylinder samt Zubehör wird eingehoben, und da das vordere Seitengestell noch fehlt, so müssen auf die Schienen Klötze gelegt werden, um den Cylinder zu tragen; ist diesem eine sichere Stütze gegeben, so erfolgt die Anbringung des vordern Seitengestells an die Quergestelle unter mäßiger Anschraubung desselben, worauf der Druckcylinder in seine Lager eingeführt wird. Der große aufrechte Hebel ist an das hintere Seitengestell in einem unter dem Druckcylinder sich befindenden Stift zu stellen, an diesen Hebel ist die Hebelstange anzubringen und beide Theile sind vorläufig zwischen die Quergestelle und das hintere Seitengestell zu legen. Die große Excentricspindel ist nun zuvörderst in ihre Lager in den Seitengestellen zu legen und gemeinschaftlich damit der Excentric, das Zahnrad und der Ausleger-Excentric; jenes Zahnrad und das damit concurrirende haben in den gekernten Zähnen zusammen zu greifen und zwar — was sehr wichtig ist — wenn das Fundament vorn steht, während die konischen und die übrigen zusammenwirkenden Räder gleichzeitig mit den gekernten Zähnen sich begegnen. Das Gelenkstück oder die Tasche für die Hebelstange wird an das hintere Seitengestell befestigt und jene in dieselbe hineingesteckt. Jetzt erfolgt die Befestigung der Zahnstange an den Karren oder an das Fundament und die Einhebung des Karrens samt Zubehör auf die Bahn oder auf die Schienen, worauf die Zugstange zur Bewegung des Karrens in dessen Zapfen und an das Zahnrad angehängt wird. Wenn nun alle Kerne an den Rädern zusammen stimmen und das Fundament vorn steht, so muß gleichzeitig der Stift am Druckcylinderrad in der mit der Hebelstange verbundenen aufrechten Gabel eingegriffen haben. Der lange Hebel, welcher die Punkturen und den Greiferapparat bewegt, wird in seinen Stift am hintern Seitengestell gesteckt. Den nackten oder gelben Cylinder mit dem Rad und seiner Spindel bringt man nun in seine Lager und steckt das Zwischenrad in seinen Stift am hintern Seitengestell; auch ist das kleine Zahnstück, welches den gelben Cylinder hin und her bewegt, anzuschrauben. Nachdem nun noch der Farbeapparat befestigt, die Bänderrollen mit den Spindeln, der Selbstausleger und die sonstigen kleinen Theile berichtigt sind, müssen sämtliche Schrauben nachgesehen und angezogen werden. Der Karren steht nun vorn und in dieser Stellung müssen die gekerbten Zähne der Zahnstange, des Zwischenrades, des Zahnrades am nackten Cylinder, sowie die gekerbte Stelle des Zahnstücks im vordern Seitengestell gemeinschaftlich im Eingriff stehen. — Es ist zu bemerken, daß bei obiger Aufstellungsvorschrift eine König & Bauersche einfache Cylinderschnellpresse in Sicht genommen worden ist; freilich weichen die Maschinen der diversen Fabriken von einander ab, aber immerhin kann die genannte Presse in ihren Theilen und deren Zusammensetzung für alle übrigen als mustergültig dienen. — Das Abschlagen oder Demontiren einer Maschine besteht darin, daß man das zuletzt eingefügte Stück zuerst herausnimmt, und so fortfährt.

Einfache Einfassungen sind solche, deren Zeichnung aus einer einzigen Figur besteht, mit welcher deren Ecke harmoniren muß, aber auch als Type in einer und derselben Einfassung jedes Stück von gleicher Größe ist. Wie überhaupt alle Einfassungen dazu dienen, einen Satz einzurahmen, so gilt dasselbe auch von den einfachen Einfassungen. Ihr Bild ist so verschieden, daß eine Aufzählung unmöglich ist und nur eine allgemeine Andeutung hier Platz finden kann. Ein Handbuch, das vor hundert Jahren in Leipzig gedruckt worden, nennt sie allerlei Röslein, was gewissermaßen zutreffend ist, aber genauer sind sie mit allerlei Figuren zu kennzeichnen. Jede dieser Einfassungen hat eine bestimmte Kegelgröße sowohl in Stärke als in Ausdehnung. — Die Technik der einfachen Einfassung ist sehr leicht: Um vorerst das Format, unsere Satzbreite, zu erfahren, stellen wir so viel Einfassungen zusammen, als die Verhältnisse des Papiers gestatten, so daß je rechts und links ein genügend weißer Raum bleibt. Von dieser Reihe von Einfassungsstücken nehmen wir zwei fort, weil je rechts und links ein Eckstück stehen muß und legen Quadraten darauf. Die Anzahl derselben bildet die Breite des Formats, doch muß darauf Bedacht genommen werden, daß etwas für den Anschlag erübrigt, weil zwischen Schrift und Einfassung ein Abstand sein muß. Hiernach setzen wir den Druckgegenstand, welcher mit einer Einfassung versehen werden soll, vollständig ab und nachdem dies geschehen, werden Einfassungsstücke für die Länge nach Maßgabe des Papiers zusammengestellt. Am Kopf und Fuß außerhalb der Einfassung muß genau so viel Papierraum bleiben, wie an den Seiten. Nun justiren wir auf diese Länge den Satz, welcher am Kopf und am Fuße genau so weit von der Einfassung abstehen muß, wie an beiden Seiten, so daß, wenn hier der Anschlag beispielsweise eine Cicero beträgt, der Kopf einen Vorschlag und der Fuß einen Unterschlag von Cicero erhält. Um die Arbeit nun zu vollenden, erübrigt, daß wir die Einfassung zum Kopf und für die rechte Seite des Schiffes zusammensetzen, an dieser Seite die erforderlichen Quadraten anschlagen, den Satz aufheben, den Quadratenanschlag der andern Seite machen, die Einfassung an dieser Seite und am Fuß herumbauen und die vier Ecken mit Eckstücken versehen. Wenn Setzer die Einfassung zum Kopf und zu der einen Seite von vornherein aufstellen und den

Satz Winkelhaken um Winkelhaken voll darauf heben, so ist dies nicht richtig, weil man vorher nicht wissen kann, ob zwischengeschlagen oder herausgenommen werden muß, was beides auf der Einfassung nicht gut thunlich ist.

Einfacher Calander, eine Satinirmaschine mit zwei Walzen, einer Papier- und einer Hartwalze, welche das Papier ohne Anwendung von Zinkplatten auf einer Seite glättet, s. Calander.

Einfahren, das Gegentheil von Ausfahren, den Karren oder das Fundamtmen mittelst Umdrehung der Kurbel unter den Tiegel bringen, aber ohne daß der Deckel gegen den Tiegel oder der Karren gegen das Ende der Schienen stößt.

Einfallen ist ein Ausdruck, welcher in Beziehung zum Setzen steht und das gänzliche Zusammenfallen eines Satzes kennzeichnet. Der Satz oder die Schrift ist eingefallen, bedeutet, daß sie nicht mehr ordnungsmäßig zusammensteht, sondern in Unordnung oder in Zwiebelfische gerathen ist.

Einfassungen dienen dazu, einen Satz zu umrahmen, einzuschließen oder einzufassen. Es giebt einfache, mehrfache und complicirte Einfassungen, welche unter verschiedenen Namen, als Fantasie-Einfassung, Zopf-Einfassung, Kosmos-Einfassung, Pompeji-Einfassung, Schnur- oder Cordel-Einfassung, Rosen-Einfassung, Universal-Einfassung, Epheuranken-Einfassung, Kaleidostop-Einfassung, Renaissance-Einfassung, Zeitungs-Annoncen-Einfassung, Affichen-Einfassung u. s. w. auftreten. Ueber die Technik des Satzes mit Einfassungen sehe man den Artikel Einfache Einfassungen. — Im übrigen sei auf die einzelnen Einfassungen des nähern verwiesen, und hier nur noch allgemeinhin bemerkt, daß bei den mehrfachen Einfassungen dem Setzer die Probe des Schriftgießers, welche unter Leitung des Zeichners angefertigt ist, als Leiter dienen muß.

Einfassungslinien dienen meistens zur Umfassung von Tabellen am Kopf und zu beiden Seiten. Dem Auge nach sind es fette, feinfette oder feinfettfeine Linien, entweder aus Schriftmetall oder aus Messing, und als letztere in systematische Längen geschnitten; ihre mittlere Kegelstärke beträgt 3, 4, 5 oder 6 Punkte. Noch stärkere kann man zum Einfassen von Plakaten, schwächere (auf Zweipunkt) mit feinfettem Auge zur Umrahmung von feineren Accidenzen, z. B. Preiscouranten u. dgl. verwenden. Zu den Messinglinien hat man zusammengelöthete Ecken; in Ermangelung derselben sind die Ecken aus Gährungsstücken zu bilden, welche bei den Einfassungslinien aus Schriftmetall mit dem Schnitzer oder einem Federmesser zu schneiden oder auf dem Linienhobel herzurichten sind.

Einheben heißt beim Drucken eine Form zum Druck in Angriff nehmen, sie zum Druck vorbereiten, nachdem sie geschlossen ist, dieselbe auf das Fundament legen: hiermit ist das Einheben geschehen.

Einhebebrett, s. Formenbrett.

Einheitliche Papierformate, s. Deutsche einheitliche Papierformate.

Einkeilen, bei der Handpresse die einzuhebende Form, nachdem dieselbe in ihrer Lage nach der Mitte des Tiegels berichtigt ist, auf dem Fundament befestigen. Es geschieht dies an den beiden unteren Ecken des Fundaments gegen dessen Winkel und an der untern Seite des Fundaments unter dem Deckel und verwendet man Holzkeile dazu, welche niedriger als die Rahme sein müssen. Der Raum des Fundaments oberhalb der Rahme wird mit einem langen dünnen Steg, der das Capital der Einkeilung heißt, und der rechts von der Rahme erübrigende Raum mit eben einem solchen niedrigen Steg ausgefüllt. Die Form muß fest und sicher eingekeilt sein, damit sich dieselbe während des Drucks nicht von ihrem Platze bewegen kann.

Einkeilung ist das Material an Stegen und Holzkeilen, mit welchem die

Form auf dem Fundament der Handpresse festgelegt ist. Sie wird aufgehoben, wenn dieselbe zu einem Druckgegenstand gehört, welcher regelmäßig wiederkehrt, z. B. ein Blatt, ein Werk u. dgl.

Einladungsbriefe oder Einladungsschreiben gehören als Druckgegenstand in das Gebiet der Accidenzen und betreffen die Einladung zu festlichen Gelegenheiten, zu Familienfesten, Hochzeiten, Kindtaufen, Geburtstagen u. a. Sie kommen bloß in Octav vor und da der Text nur wenige Zeilen enthält, so genügt die erste Seite, während ein Respectblatt unbedingt daran sein muß. Ihre technische Herstellung als Satz bedingt zuerst, daß sie die Form eines Briefes haben, so daß also der Ortsname und das Datum in die obere rechte Ecke zu stehen kommen, nach einem entsprechenden Raum die Anredeformel und dann nach einem geringern Raum der Text folgt. Dieser wird meistens aus Antiqua gesetzt, wenigstens will es der Buchdruckerbrauch unserer Tage so, während die Lithographie zu derartigen Briefen meistens unsere Currentschrift anwendet. Zu der Textschrift genügt Corpuskegel, ebenfalls zu Ort und Datum, welches übrigens auch einen Grad kleiner genommen werden kann, während Name des Orts aus Versalien, Capitälchen zu nehmen oder zu spatiiniren ist. Die Höflichkeitsformel muß kleiner als der Text sein, und nach rechts in der Mitte der Namensunterschrift stehen, welche ein wenig hervortreten und etwa aus einer Tertia Grotesk oder Clarenbon, Egyptienne oder Gothisch genommen werden kann. Der Stand dieses Gegenstandes auf dem Papiere muß zu beiden Seiten die Mitte sein, die Orts- und Datumszeile hat etwa zwei Cicero vom obern Rande des Papiers zu beginnen und der Satz muß mindestens in seiner Länge über die Mitte des Papiers wegreichen, so daß man dies nöthigenfalls durch Sperren erreichen muß.

Einladungskarten beziehen sich meistens auf Einladungen zu festlichen Gelegenheiten und Familienfesten, gehören bei der Buch- und Steindruckerei zu den Accidenzen und müssen zart und fein ausgeführt, zumeist auch titelartig gesetzt werden. Das passendste Format ist 6:10 Cm. und der weiße Beistolcarton dem farbigen vorzuziehen, wenn sich der Geschmack des Auftraggebers nicht für letztern entscheidet.

Einladungsschreiben, s. Einladungsbriefe.

Einlaßkarten und Eintrittskarten sind dasselbe, bezwecken, den Inhaber zum Besuch irgend welcher Gelegenheit zu legitimiren, und gehören in der Buch- und Steindruckerei zu den Accidenzen, welche am häufigsten vorkommen. Es giebt von diesen Karten ganz gewöhnliche, welche dann in einer Breite von 7 Cm. und in einer Höhe von 5 Cm. auftreten, zum Eintritt in Theater- und Concertvorstellungen und dergleichen Schaustellungen ermächtigen und vielfach auf farbigem Papier gedruckt, doch meistens mit einer einfachen Einfassung umrahmt sind. Eine andere Gattung dieser Karten sind bestimmt, zu geselliger Vergnügungen, Kränzchen, Bällen, Gesellschaftstheatern den Einlaß zu genehmigen, und bei diesen wird meistens eine elegantere Ausführung gefordert, werden auf feinfarbigem Carton in länglichem Format von 6:9 Cm. und auf beiden Seiten gedruckt. Die erste oder Vorderseite enthält den Namen und die Angabe desjenigen, warum es sich handelt und auf der Rückseite das Programm der Festlichkeit oder auch eine Tanzkarte. Wie bei allen feineren Karten ist auch bei dieser im Satz und Druck Zartheit zu beobachten, so daß fette oder sonst stark hervortretende Schriften gänzlich ausgeschlossen sein müssen, als Einfassungen nur ganz leichte, vorzugsweise Linien, zu nehmen sind, die Hauptzeile, wenn ganz voll, gebogen zu setzen und überall anmuthige Einfachheit vorwalten zu lassen ist.

Einlegen der Schrift. Das Einlegen der Schrift bezieht sich auf eine neue Schrift, welche in die für sie bestimmten Kasten eingelegt werden soll. Wir erhalten eine neue Schrift vom Schriftgießer in Paketen, auf welchen jedesmal der Vermerk enthalten ist, welche Buchstaben in dem jeweiligen Stück enthalten sind. Der Schriftgießer setzt die Schrift in ihren Typen nach der Reihe auf, wie er dieselben gießt, so daß das kleine Alfabet mit m als dem Zurichtebuchstaben und das große mit H beginnt. Nach Entfernung der äußern Papierumhüllung nehmen wir ein Stück auf ein nicht zu kleines Schiff, entfernen die innere Papierbekleidung, drücken es gegen die rechte Ecke und zwar so, daß die Signatur, entgegengesetzt dem gewöhnlichen Verfahren, dem untern Rande des Schiffes zugekehrt ist und entfernen die Schnur. Vormals war es Gebot, bei dem ersten in Angriff genommenen Stücke die Typen auf Kegel= und Höherichtigkeit zu prüfen, und sollte man dieses auch heute nicht außer acht lassen, denn selbst bei Didotschem Kegel und Didotscher Höhe ist man nicht immer sicher, ob beides richtig ist und bei anderartigem System und Höhe ist eine solche Prüfung unbedingt nothwendig. Das Einlegen in die Fächer, welches nun beginnt, wird mit einer Setzlinie vermittelt, auf die man mehrere Zeilen nimmt, und sie hiervon in das für den Buchstaben bestimmte Fach gleiten läßt. Die Typen müssen übrigens in ihren Fächern liegen, nicht aufrecht stehen. Die zum Einlegen bestimmten Kasten müssen sämtlich in der Nähe des Einlegenden sich befinden und dürfen die Fächer nicht überfüllt werden, weil unter sothanen Umständen Buchstaben von der einen Fach in das andere Fach gleiten können und hat man sich in acht zu nehmen, daß einzelne Buchstaben nicht in unrichtige Fächer gerathen. Es fällt vor, daß, nachdem die Fächer sämtlicher Kasten gefüllt sind, noch eine Anzahl Zeilen des Buchstabens übrig bleibt; diese Zeilen werden dann auf ein anderes Schiff gestellt, um später, wenn sich eine solche Anzahl Zeilen angesammelt hat, daß ein Stück daraus gebildet werden kann, ausgebunden und eingeschlagen werden zu können. Das Einlegen erfordert eben keine besondere Geschicklichkeit, wohl aber Sicherheit und Sorgfalt, und ist es daher Brauch, mit dem Einlegen nur zuverlässige Personen zu betrauen.

Einlegen in Punkturen. Drucke, welche in mehrere Theile geschnitten werden sollen, werden in Punkturen gelegt, weil infolge dieser Manipulation der Druck sämtlicher Bogen genau auf einander kommt. Es wird dabei so verfahren: Ein Bogen des zu zerschneidenden Druckes, welcher selbstredend mit Punkturen gedruckt sein muß, wird auf ein Brett oder auf einen Tisch gelegt und zwei Spitzen von der Stärke der Punkturspitze durch die Punkturlöcher des Papiers in das darunter befindliche Holz festgesteckt, und nun ein Bogen nach dem andern auf diesen Spitzen in seine Löcher gelegt. Es ist gut, wenn dieses Einlegen auf einem Papierschneidebrett vorgenommen wird, wo man es, wenn ein kleiner Stoß zusammengetragen, zerschneiden kann, ohne dasselbe erst nach einem andern Platz zu schaffen, infolge dessen es sich leicht verschieben kann.

Einlegen in Preßspahn zum Zwecke des Glättens in der Glättpresse, geschieht bei feinen Sachen Bogen um Bogen, d. h. ein Druck und eine Pappe und so fort. Der Druck muß immer die Mitte der Pappe einnehmen. Es werden aber auch mehrere Bogen zwischen eine Pappe gelegt.

Einlegetisch ist ein Tisch bei der Glättpresse, dazu bestimmt, den Preßspahn und die ein= und auszulegenden Drucke aufzunehmen.

Einölen kommt vor dem Walzengießen, wo die Cylinder mit Oel eingerieben werden, damit die Masse nicht klebt und die Walze bei dem Herausnehmen sich ohne weiteres Zuthun loslöst. Ein anderes Einölen findet bei der Gypsstereotypie statt, wo der zum Stereotypiren bestimmte Satz auf seiner Bildfläche mit Oel bewischt wird, und zwar auch zu dem Zwecke, damit er nach geschehener Abformung von dem Gyps leicht abzulösen ist.

Einpunkt, eine Kegelstärke nach dem System Didot, ist gleich mit Achtelpetit und Zwölstelcicero, kommt vor als Linie, Stückdurchschuß und Reglette, sowie als Ausschließung.

Einpunktspatium, das feinste der Ausschließungen, sonst auch Haarspatium genannt.

Einrichtung einer Tabelle, s. Zurichtung einer Tabelle.

Einrichtung von Druckereien, s. Accidenz-, Werk- und Zeitungsdruckerei.

Einschlagen heißt in der Schriftgießerei und Buchdruckerei aufgebundene Schriftpackete mit Papier umhüllen. Diese Umhüllung muß eine doppelte und das Papier zu der äußern von kräftiger Beschaffenheit sein. Das einzuschlagende Schriftstück auf das Papier seiner innern Umhüllung gestellt, wird dasselbe an beiden Seiten herübergebogen und das Ueberschießende am Kopf und Fuß eingeknickt und über die Oberfläche gelegt. Jetzt ist das Schriftstück leicht aufzuheben und auf das Papier der äußern Umhüllung zu stellen, welches ebenfalls wieder an beiden Seiten und am Kopf und Fuß herübergebogen wird. Sodann ist das Stück auf der Oberfläche mit der Aufschrift seines Inhalts zu ersehen, z. B. Corpus-Fraktur Nr. 10. m, a, b, c. — oder: Petit Antiqua (aufgebundener Satz).

Einsteckbogen bildete bei der sogenannten deutschen Zurichtung an der Holzpresse den obersten Bogen der Zurichtung, welcher dann als Merkzeichen des Einsteckens oder Anlegens diente.

Einstecken, bei der Holzpresse, hat die Bedeutung, bei dem Schöndruck nicht einen einzelnen Bogen, sondern mehrere, oft bis zu zwanzig und unter Umständen auch noch darüber, in den Deckel legen. Es wurde dadurch das Anlegen erspart und wurde zu Anfang der eisernen Pressen auch bei diesen noch mitunter angewendet, weil die damaligen Drucker gar zu sehr daran gewöhnt waren. Einstecken hieß diese Verfahrungsweise davon, weil der jedesmalige Stoß, um Halt zu haben, in die Punkturen eingesteckt wurde.

Eintheilung einer Tabelle, bezieht sich auf das richtigt Eintheilen der Rubriken und Felder einer Tabelle bei deren Zurichtung, s. Tabellensatz.

Einwerfen bedeutet, einen Satz oder einen Theil, eine Ecke desselben umwerfen, einen Ablegegriff fallen lassen, mit einem andern technischen Ausdruck Zwiebelfische machen.

Einziehen hat beim Setzen die Bedeutung, eine Zeile mit einem Vorschlag versehen, welcher hier aus Ausschließungen besteht, manchmal aber bis zu Quadraten steigt. Das solcherart Eingezogene nennen wir einen Einzug, und dieser kommt in sehr verschiedenen Methoden vor. Wir wollen zuerst des Einzuges gedenken, den ein Absatz erfordert; ein solcher folgt bekanntlich jedesmal einem Ausgange und bildet auch immer die Anfangszeile einer Schrift, eines Artikels, einer Abhandlung u. s. w. Hier bin ich gezwungen, eine einzige Verbalregel aufzustellen, dahin lautend: Der Einzug eines Absatzes, sei das Format auch noch so breit, darf nie über ein Geviert der betreffenden Schrift hinausgehen. Die vielen Regeln, welche man bisher über das Einziehen des Absatzes aufstellte, dessen Betrag nach der Breite des Formats sich immer steigern sollte, haben in dieser Hinsicht zu solcher Verwirrung geführt, daß man heute thatsächlich Ungeheuerlichkeiten begegnet. Mir liegt so eben ein in Wien gedrucktes Circular mit einer großen Anzahl von Absätzen vor, von denen jeder sechs Cicero eingezogen ist. Dieses ist nicht allein Absurdität, es ist eine Versündigung gegen die Ordnung und gegen die Regeln der Typographie. Der Leser muß hier jedesmal den Anfang der Zeile erst aufsuchen und wird im raschen Weiterlesen gestört. Ich kann mich nur der im Auslande geltenden Regel, einen Absatz um ein Geviert einzuziehen, anschließen. — Eine andere Art des Einziehens sind Aufzählungen der mannichfachsten Art, welche mittelst Ordnungszahlen oder Buchstaben von einander abgetrennt sind. Es soll hier jedoch nicht gemeint sein, daß das Zubehör einer Ordnungszahl immer einen Einzug erfordere, im Gegentheil, es ist nicht nothwendig, und wir wollen nur deren Behandlung klarstellen, wo es gefordert wird. Die Ordnungszahl, deren Kürzungszeichen der Punkt oder die Parenthese, nie aber ein Komma, oder wohl gar ein Punkt und ein Komma sein darf, muß auf denselben Raum bemessen sein, welchen der Einzug betragen soll, niemals darf aber der Einzug der Ordnungsziffer **entsprechend gemacht werden**, und diese Ziffer darf in ihrem Abstande vom Text nicht über ein Halbgeviert hinausgehen. Gegen diese Regel wird so viel gesündigt, daß es erforderlich ist, sie einmal wieder recht eindringlich in das Gedächtniß zurückzurufen. Angenommen, wir bestimmen den Einzug auf zwei Gevierte, so kommt vor der Zahl ein Halbgeviert und der Betrag, um welchen die Parenthese oder der Punkt weniger stark als ein Halbgeviert ist, darauf die Zahl, die Parenthese und ein Halbgeviert. Bei dem Einziehen dieser Art kann die Formatbreite in etwas maßgebend sein, so daß wir bei einer solchen von acht bis zehn Concordanzen, falls keine Unter-Einzüge vorkommen, auch drei Gevierte nehmen können, müssen uns aber vor Ausschreitungen hüten. Ueberhaupt müssen die Zahlen bei Feststellung des Einzuges ein Wort mitreden, wenn jene hundert überschreiten oder es römische sind. — Mit diesem in Verbindung stehend sind Untereinzüge, bei denen wir, wenn der Haupteinzug eine arabische Zahl voran hatte, zur Unterscheidung kleine Antiquabuchstaben anwenden, und sie mit einem Punkt versehen, wenn die Zahl eine Parenthese hatte, oder umgekehrt. Dieser Einzug hat ein Geviert mehr zu betragen, als der Haupteinzug und der die Abtheilung kennzeichnende Buchstabe muß dann ebenfalls auf den Betrag des Einzuges bemessen werden. — Ein weiterer Untereinzug, der selten vorkommt, ist abermals um ein Geviert mehr einzuziehen und die Abtheilungen durch Verdoppelung der Antiquabuchstaben (aa. bb. cc.) zu unterscheiden. — Wir kommen jetzt zu den Einzügen, wo es sich um Citate handelt. In dem Text von Zeitungen werden dieselben nicht eingezogen, aber in den Annoncen derselben, gerichtlichen Erkenntnissen, Verfügungen u. dgl. Meistens kommen solche Einzüge in Gesetzen und Verordnungen, in den Vorlagen für die Landtage und für den Reichstag und in den officiellen Verhandlungen der letzteren vor. Hier haben wir es mit keinen Ordnungszahlen zu thun, aber mit Haupt- und Untereinzügen. Wir haben uns in diesen Vorkommnissen nach dem Usus zu richten, die Regel will aber, daß jeder Untereinzug einen größern Vorschlag erhält. Beträgt dieser beispielsweise bei dem Haupteinzuge drei Cicero oder eine Dreiviertel, so wird der erste Untereinzug um ein Geviert mehr, also um eine Concordanz, der weitere um fünf Cicero eingezogen. Die erste Zeile wird bei diesen Einzügen aber niemals als Absatz behandelt, vielmehr beginnen sämtliche Zeilen ganz gleichmäßig. — Eine fernere Art des Einzuges ist die der stumpfen Anfangszeile, wie dieselbe in Katalogen, in Literarischen Ankündigungen, in Preislisten, in Theater-Repertoirs, in Inhalts-Verzeichnissen, in Registern und überhaupt in Aufzählungen ohne Ordnungszahlen vorkommt. Die Anfangszeile erhält keinen Vorschlag, was stumpf anfangen oder vorn herausgehen lassen heißt, während die zweite Zeile wie alle übrigen zu einer und derselben Abtheilung gehörenden einen Vorschlag von einem, anderthalb oder zwei Gevierten erhalten. Selbstverständlich fängt jede erste Zeile einer neuen Abtheilung stumpf an. — Alles Einziehen mit Ausnahme der Absätze, wo es unbedingt erforderlich ist, macht den Satz unschön, und sollte umgangen werden, wo es nicht direct gefordert wird; vor allem hüte man sich aber vor Ausschreitungen in der Größe der Einzüge. — Eine schließliche Bemerkung haben wir hier noch über zwei Arten von Einzügen zu machen, die heute eigentlich nicht mehr Brauch sind, aber doch in der Wiederherstellung älterer Ausgaben gefordert werden dürften. Es handelt sich hier in erster Reihe um Fußnoten und zweitens um Anmerkungen innerhalb des Textes. Die Fußnoten zieht man selbstredend dem frühern Drucke gemäß ein, und ebenso auch die Anmerkungen. Wird es aber in einem Neudruck gefordert, so ziehen wir die Note in ihren folgenden Zeilen um zwei Geviert ein und bemessen auf diesen Vorschlag die Vorzeichnung der Note, mag diese in Sternchen, Kreuzen, Ziffern oder Buchstaben bestehen. Haben die Anmerkungen Ordnungszahlen voran, so sind dieselben in ihrer zweiten Zeile und den folgenden um zwei Gevierte einzuziehen und ist die Ordnungszahl auf diesen Raumbetrag einzurichten, während die erste Zeile stumpf anzufangen und die folgenden einen Vorschlag von zwei Gevierten zu erhalten hat, wenn jede Anmerkung mit der Vorzeichnung Anmerk. 1., 2. oder 3. versehen ist. — Die Einzüge bei Gedichten und dramatischen Werken gehören nicht in das Gebiet des vorliegenden Artikels und sehe man darüber Gedichtsatz.

Einzug, das Zurücktreten der Schrift in einer Zeile vermittelst eines Vorschlages, kommt vor: 1) nach jedem Ausgang, 2) bei Anführungen und Citaten, 3) bei Aufzählungen verschiedener Gegenstände entweder mit oder ohne Ordnungszahlen, 4) in Gedichten und Theaterstücken, 5) in Katalogen und literarischen Verzeichnissen, 6) bei Anmerkungen, Theater- und Bücher-Anzeigen.

Eisenbahn-Bewegung ist eine Bewegungsart der einfachen Schnellpresse, bei welcher der Karren auf Rädern ruht, die auf Schienen laufen. Die Gangart ist eine leicht zu bewegende, so daß ein Dreher selbst eine solche Maschine größten Formats mit wenig Kraftaufwand in Gang erhalten kann, und daher kommt es denn auch, daß die Schnellpressen mit Eisenbahnbewegung die verbreitetsten sind.

Eisen-Papier. Die Pearson & Knowles Iron Company hat Eisen so dünn gewalzt, daß ein Ries davon, dicht zusammengepreßt, weniger als einen Zoll dick wird, d. h. jedes Blatt ist nur 0,0015 Zoll stark. Trotzdem sind die Blätter zähe genug, um nur schwer zerrissen zu werden und beinahe so biegsam wie gewöhnliches Druckpapier. Die wesentlichste Neuerung bei der Fabrikation solcher eisernen Häute ist, daß viele derselben zusammen gewalzt werden, ohne aneinander zu haften. Wir wissen, daß dünnes Eisenblech zu einigen Arten von Photographien benutzt wird, glauben nicht, daß etwas so dünnes je zum Drucken gedient hat, wohl aber, daß noch wichtige Anwendungen dafür in Aussicht stehen.

Eiserne Formatstege, s. Formatstege.

Eiserne Pressen ist ein Gesammtname für unsere heutigen Buchdruck-Handpressen zur Unterscheidung von den vormaligen Holzpressen; in der Lithographie giebt es neben den eisernen Handpressen heute noch vielfach Holzpressen.

Eiserne Schließstege sind wohl zu unterscheiden von eisernen Formatstegen, denn erstere dienen zum Schließen der Form, letztere zur Bildung des Formats. Die eisernen Schließstege sind eine Erfindung von Hippolyte Marinoni in Paris und bestehen aus eisernen Schrägstegen, welche auf der ansteigenden Fläche mit Rillen versehen, auf der geraden Fläche aber glatt sind; die glatte Seite an die Form gelegt, werden zwischen Steg und Rahme kleine Rollen gebracht, welche ebenfalls mit Rillen versehen sind und nun mit

19

einem Schlüssel gegen die Steigung des Schrägsteges getrieben werden. Es ist dies eine ganz vorzügliche Methode des Schließens: die drückende Kraft ist sanft und erfolgt nach und nach; der Schluß ist außerordentlich sicher, denn eine mit diesem Schließzeug geschlossene Form kann lange Zeit stehen, ohne daß der Schluß sich lockert und die Gefahr des Ausspringens eintritt, wie dies bei Holzteilschluß so oft und so leicht der Fall ist. Zu bedauern ist, daß unsere deutschen Fabrikanten und Utensilienhandlungen von dem Marinonischen Muster abgewichen sind und an deren Stelle Schließstege mit starken Zähnen und Rollen mit Löchern haben treten lassen, mit welchen eine Form nicht ordentlich zu schließen ist, denn das Einfassen eines solchen Zahnes in die Oeffnung der Rolle versetzt der ganzen Form einen gewaltigen Ruck. Eine Berliner Utensilienhandlung veröffentlichte diese Zahnschließstege in hochtrabenden Worten sogar als eine verdienstvolle Verbesserung, was aber weiter nichts war, als eine Ballhornisade. Wünschenswerth dürfte es sein, daß unsere der Typographie fernstehenden Utensilienhändler bei beabsichtigten Verbesserungen erst das Gutachten eines zuverlässigen Fachmannes einholen, ehe sie damit vorgehen. Eben nach Bekanntwerdung der Marinonischen Schließstege hatten wir die gleichen in Deutschland, und diejenige Handlung würde sich ein Verdienst um die deutsche Buchdruckerkunst erwerben, welche uns die Marinonischen Schließstege zurückgiebt.

Eiweiß. Bei dem Gold- und Silberdruck mit Blattgold und Blattsilber ist frisches Eiweiß als Vordrucksubstanz anstatt einer andern Vordruckfarbe sehr gut zu benutzen, gleichwie die Buchbinder dieses thun. Das Eiweiß wird mit der Walze verrieben und auf die gewöhnliche Weise aufgetragen und dann der Abdruck gemacht. Dieser muß aber unberührt im Deckel liegen bleiben, das Gold oder Silber darauf und über dasselbe ein Blatt Papier gelegt und nun noch einmal eingefahren und gezogen werden, wobei die Form aber ein wenig erwärmt sein muß.

Ektypographie oder erhabener Druck für Blinde ist die Kunst, jeden Schriftgegenstand in Formen, mögen diese aus Holz, Stein oder Metall bestehen, so darzustellen, daß selbige mittelst des Druckes erhaben hervortreten und in dieser Gestalt vervielfältigt werden können, um dieselben für Nichtsehende durch den Tastsinn lesbar zu machen. Die bisher angewendeten Methoden, erhabenen oder Reliefdruck zu bilden, bestehen theils darin, daß man denselben entweder an Kupferplatten tief eingravirt oder auf Stein erhaben ätzt, theils eigens für diesen Zweck angefertigte Typen dazu benutzt. Der Erfinder von Typen für Blinde und zum Blindendruck war Valentin Hauy (s. d.). Er führte Metalltypen, deren Bild so viel höher über ihren Kegel hervorstehen muß, als es vertieft in das Papier sich eindrücken soll, zuerst bei dem durch Menschenfreunde 1784 in Paris gegründeten Institute für Blinde ein und brachte es soweit, daß die ihm anvertrauten Zöglinge ihre Unterrichtsbücher sogar selber setzen und drucken lernten. Sein merkwürdiges Buch: „Essai sur l'éducation des aveugles", Paris 1786, welches von blinden Kindern zum besten seiner Blinden und zum Gebrauche für blinde Kinder gedruckt ist, indem die erhabene Schrift diesen das Lesen mittelst des Gefühls der Fingerspitzen möglich macht, liefert einen Beweis darüber. Diese Methode wurde von Guillie, dem Generaldirector dieser Blindenanstalt, nach Hauy vervollkommnet und in einer besondern Schrift: „Notice historique sur l'instruction des jeunes aveugles", Paris 1819, erklärt, welche in dem nämlichen berühmten Institut, das nach der Restauration 1815 zu einer königlichen Anstalt erhoben wurde, gesetzt und gedruckt ist. — Klein in Leipzig, Franz Müller in Freiburg im Breisgau und Zeune in Berlin, sowie Stüber in

Freising haben diese Methode ausgebildet und wesentlich verbessert. — In England machte Gall zu Edinburg im Jahre 1827 den ersten Versuch, Versalien der Antiqua so stark in Papier einzuprägen, daß diese Schrift für Blinde lesbar war, welches so trefflich gelang, daß die blinden Zöglinge ebenso schnell lasen, wie Sehende. Das erste nach diesem Verfahren gedruckte Buch war das Evangelium St. Johannes. Galls Verfahren wurde durch Alston in Glasgow vereinfacht und dadurch wesentlich verbessert. — In Amerika ist der Hochdruck für Blinde am weitesten gediehen. Die Neu-England-Institution zu Boston hat viele bedeutende Werke nach dieser Methode herausgegeben, von denen wir nur das „Neue Testament", den „Psalterium", eine Weltgeschichte unter dem Titel: „Outlines of history ancient and modern" in drei Bänden und Howes General-Atlas namhaft machen. — Neuere glückliche Versuche in dieser Kunst sind von dem Director des Blinden-Instituts zu Braunschweig, Dr. W. Lachmann, und von dem österreichischen Hauptmann Freisauff von Neubegg gemacht worden. Ersterer hat nicht nur die Buchstabenschrift, sondern auch eine von ihm erfundene Zeichenschrift für Nichtsehende, welche aus Sternen, Strichen, Punkten und Halbkreisen zusammengesetzt ist, eingeführt, in Stempel schneiden, abformen und in Typen gießen lassen, um sie auf der Buchdruckpresse erhaben drucken zu können. Letzterer hat seine Methode und die gewonnenen Ergebnisse derselben in einer „Beschreibung der Ektypographie für Blinde, nebst ihrer Anwendung für Sehende, oder die Kunst, erhabene Abdrücke von in gewöhnlicherweise gestochenen Metall- und Steinplatten, Holzstichen und Buchdruckerlettern und selbst von Handschriften und Handzeichnungen zu machen und sie beliebig zu vervielfältigen", Wien 1834, der Welt mitgetheilt. Er hatte sich die Aufgabe gestellt, erhabene Umrisse bei Schreib-, Zeichnen- und Druckgegenständen hervorzubringen, ohne dazu besondere Kunstfertigkeit seitens des Erzeugers in Anspruch nehmen zu müssen, mit beständiger Rücksicht auf Einfachheit und Schnelligkeit der Erzeugung, sowie vor allem auf Wohlfeilheit der Materialien. — Aehnliche Hochdruck-Versuche sind mit dem lithographischen Stein zuerst im Jahre 1812 von Duplat in Paris, 1822 von Eberhardt in Darmstadt, 1827 von Firmin Didot in Paris und daselbst von La Motte gemacht worden. — Um 1822 erfand der Graveur Carré in Toul eine Metall-Ektypographie, oder die Kunst, erhaben auf Kupfer zu ätzen, und zwar derart, daß der hervorgebrachte Gegenstand entweder gleich oder nachdem er stereotypirt worden, durch die Buchdruckpresse vervielfältigt werden kann. Im Jahre 1834 wurde diese Verfahrungsweise durch Dembour in Metz vervollständigt. Die Schrift, welche der letztere über seine neue Erfindung herausgegeben, ist von Dr. Heinrich Meyer in Braunschweig im Jahre 1835 in Quart mit 8 Vignetten in das Deutsche übertragen worden. Wer sich über diesen Gegenstand des weitern unterrichten will, empfehlen wir außer den bereits angeführten Werken noch Falkensteins Geschichte der Buchdruckerkunst, Leipzig 1840—56, Seite 381 ff., von welchem auch wir uns bei Abfassung dieses Artikels haben leiten lassen.

Ektypographischer Satz. Der Schnitt einer Schrift zur Ektypographie ist eckig, ziemlich großen Kegels, Sechzehn- oder Zwanzigpunkt, deren Bild nicht scharf und eine ebene Fläche zeigend, wie die gewöhnlichen Typen, vielmehr abgerundet, damit das Relief in dieser Form zutage tritt. Die Figur des Buchstabens ist auch anderartig wie gewöhnlich; sie zeigt sich nämlich nicht als negatives, sondern als positives Bild, d. h. so, wie wir es im Druck vor uns erblicken: dieses Verhältniß ist deshalb erforderlich, weil die Form durchgedruckt, nicht abgedruckt werden soll. Und infolge dieses umgekehrten Verhältnisses muß auch die Art und Weise des Setzens von der gewöhnlichen abweichen. Je wo die Signatur an der Type sich befindet, an der Kopf- oder Fußfläche, muß dieselbe signaturrichtig oder signaturverkehrt in den Winkelhaken gestellt werden, denn die Fußfläche hat immer die Setzlinie zu berühren, und um das richtige Verhältniß wieder zuwege zu bringen, wird die gefüllte Zeile schließlich umgekehrt. — Mit jeder Zeile auf gleiche Weise verfahren, erblicken wir nach bewerkstelligtem Durchbruck den Anfang der ersten Zeile in ihrem Gepräge oben links an gewöhnlicher Stelle und selbstredend kann ja das Papier nur auf einer Seite benutzt werden.

Elfer oder Nummer Elf, das zwölfte Format in der aufsteigenden Skala der deutschen einheitlichen Papierformate, mißt 60:87 Cm. und hat ein durchschnittliches Gewicht von 55 Kilo für das Ries von 1000 Bogen.

Elzevir, Ludwig, der Stammvater dieser berühmten Buchdruckerfamilie, die ein ganzes Jahrhundert hindurch glänzte und neben Plantin für die Niederlande das war, was die Stephans und Didots für Frankreich. Die Elzevire hatten vorzugsweise zu Amsterdam und Leydon, aber auch an anderen Orten Hollands, ihre Pressen aufgeschlagen und lieferten von 1592 bis 1680 eine große Anzahl der schönsten Druckwerke. Ihre gewöhnliche Insignie war ein Adler, der in seiner Klaue ein Bündel von sieben Pfeilen hält mit der Divise: Concordia res parvae crescunt. — Ludwig Elzevir (Elsevier, Elzevier und Elzevirus), geboren 1540 zu Löwen, gestorben zu Leydon am 4. Februar 1617, war Pedell an der hohen Schule zu Leydon und errichtete 1580 hier eine Buchdruckerei und Buchhandlung. Er war der erste Buchdrucker, welcher in seinen Verlagswerken den Selbstlaut u von dem Mitlaut v unterschied. Das erste Werk, welches seinen Namen und die Jahreszahl 1592 aufweist, war die Ausgabe des Eutrop. Er hinterließ zwei Söhne, Mathys und Aegidius, welch letzterer im Haag eine Buchhandlung errichtete, während jener die Buchdruckerei in Leyden fortbetrieb. Die vier Söhne von Mathys, Isaak, Abraham, Bonaventura und Jakob, waren eigentlich die Urheber der Berühmtheit dieser Familie.

Elzevir, Isaak, der zweite Sohn von Mathys Elzevir, geboren am 11. März 1596, gestorben am 8. Oktober 1651, druckte auf eigene Rechnung und gab von 1617 ab mehrere klassische Werke heraus, unter welchen sich auch diejenigen des Konstantin Parphyrogenetus befinden. Er bezeichnete seine Drucke eine Zeitlang mit der Insignie seines Großvaters, und unter diesen befand sich auch die Odyssee von 1619, welche viel Aufmerksamkeit erregte. Später wählte er als Zeichen eine Ulme, um deren Stamm sich eine Rebe schlingt, mit dem Einsiedler und den Worten: „non solus". Auf einigen Ausgaben kommt als Titelvignette ein angezündeter Holzstoß vor als Anspielung auf den Namen, welcher im Holländischen so viel als Ulmenfeuer bedeutet, denn Elze heißt Ulme, und Vür oder Vir Feuer. Er war zum Universitätsbuchhändler ernannt worden, und im Jahre 1625 kam zwischen ihm und seinen beiden Brüdern Bonaventura und Abraham, welch letztere bereits seit 1622 Genossenschafter gewesen waren, eine Gesellschaft zu Stande. Die von derselben herausgegebenen Werke erschienen unter der Bezeichnung „apud Elzeviros" oder „ex officium Elzevirorum", welches auf dies Genossenschaftsverhältniß hindeutet. Bonaventura Elzevir war 1583 geboren und am 17. September 1652 gestorben; er hatte bereits von 1608 an zu drucken begonnen. Abraham Elzevir ist in demselben Jahre am 14. August gestorben. — Unterm 15. Mai 1626 erhielt die Gesellschaft von den Generalstaaten von Holland das Privilegium für ihre „kleinen Republiken" und von dieser Zeit an datirt sich der Ruhm der Elzevire. Können ihre Ausgaben dem Vorwurfe der Uncorrectheit, welcher besonders den Virgil von 1636 trifft, gleichwohl nicht entgehen, so stehen sie doch an Eleganz der Typen, Schönheit des Papiers und Anordnung des Satzes, wenn man die griechischen und hebräischen Drucke des Stephanus in Paris ausnimmt, keinen Büchern nach, die zu gleicher Zeit und zu gleichem Zwecke in anderen Ländern erschienen sind. Ihre letzten Ausgaben sind von 1652.

Elzevir, Johann, der Sohn von Abraham Elzevir, geboren am 22. Februar 1622, gestorben am 8. Juni 1661, und sein Vetter, Daniel Elzevir, der Sohn von Bonaventura Elzevir, geboren 14. August 1826, gestorben 11. October 1680, setzten das Geschäft nach dem Tode ihrer Väter gemeinschaftlich fort. Aus dieser Periode stammt „Thomas a Kempis, De imitatione libri quatuor" ohne Datum, unstreitig eines der schönsten, seltensten und beliebtesten Werke der Elzevire. Aber schon 1655 löste sich ihre Gesellschaft auf. Johann, Abrahams Sohn, führte die Druckerei zu Leyden allein fort und verherrlichte sie durch mehrere Prachtausgaben, starb jedoch 1661 in der Blüte seiner Jahre, ohne im Stande gewesen zu sein, die vielen Pläne seines regsamen Geistes auszuführen. Daniel, Bonaventuras Sohn, begab sich nach Amsterdam, verband sich daselbst mit Ludwig, Isaaks Sohn, der sich anfänglich dem Seedienste gewidmet hatte, gab in Gemeinschaft mit ihm die meisterhaft gedruckte französische Bibel von 1669, zwei Bände in Folio, heraus, löste aber nach kurzer Zeit diese Verbindung wieder auf, druckte für sich allein und nahm erst 1680 Abraham Wolfgang Elzevir zum Genossen und Theilnehmer des großartigen Geschäfts an. Allein noch im nämlichen Jahre erlag der thätige Mann dem Ungemache des verheerenden Krieges, der ihm, wie seinem unglücklichen Vaterlande, alle Hoffnungen raubte. Seine Wittwe, Anna Bowing, vermochte nicht länger als ein Jahr die Officin in Wirksamkeit zu erhalten, worauf sowohl die Verlagsartikel als später selbst der Druckapparat an Abrian Moetjens im Haag übergingen. Was Daniel Elzevir den Vorrang vor allen Mitgliedern seiner Familie verschafft, sind die beiden bewunderungswürdigen Ausgaben des „Corpus Juris" in Octav und Folio, von welchen besonders die letzte zu den schönsten Erzeugnissen der Typographie gehört. — Minder berühmt, als die Genannten, waren Jakob Elzevir, ein Sohn des Mathys, welcher von 1626—1629 zu Leyden druckte, und Pieter Elzevir, ein Enkel jenes Matthys, der als Buchhändler und Drucker zu Utrecht lebte, wo er unter andern Benjamin Priolos Werk: „De rebus Gallicis" 1669 herausgab. Der Name dieser Familie verschwindet erst 1710 mit Abraham Elzevir, dessen Leistungen keineswegs an die kunstgerechten Arbeiten seiner Ahnen erinnerten, mit Daniel aber war der Glanz des Ruhmes erloschen.

Elzevir-Versalien sind heute dem Typenschnitt der Elzevire nachgebildet worden, treten aber je nach dem Zuthun des Zeichners oder nach der Abweichung des Originals, das er sich als Muster genommen, anderartig auf, denn es ist zu bedenken, daß die Typen der verschiedenen Elzevier, wenn auch im Styl einerlei, sonst doch sehr verschieden von einander sind.

Empfehlungskarten, s. Adreßkarten.

Encyklopädie, chinesische. Die chinesische Nation, die sich so sorgfältig von allen übrigen Völkern der Erde abgesondert, ist nur sehr wenig bekannt. Von Zeit zu Zeit vernimmt man nur einzelne Umstände, die oft sehr unbedeutend sind, aber uns doch allmälich immer mehr in ihr inneres Wesen einweihen. So erfahren wir jetzt, daß ihre Literatur eine Encyklopädie in 64 Bänden hat. Dies Werk wurde von Wang-Hong-Chan, einen berühmten chinesischen Schriftsteller, verfaßt, der unter der Regierung des Kaisers Wan-Pey um das Jahr 1600 lebte, zu welcher Zeit die ersten Missionare nach China kamen. Der Sohn des Obengenannten war ihm bei seiner Arbeit behülflich. Man findet in diesem Werk auch einen Artikel über die europäischen Feuergewehre. Die Eintheilung des Ganzen ist sehr sonderbar, und hat nicht die mindeste Aehnlichkeit mit der Encyklopädie von Alembert und Diderot. Die Hauptrubriken merkwürdiger Personen der verschiedenen Stämme jeder Religion, 4) Geheimniß des großen Zyklus und des Patkua, 5) Baukunst, 6) Haus-, Kriegs-, Ackerbau-, Garten- und Fischerei-Geräthe, 7) Anatomie, 8) Trachten, 9) Schach- und andere Spiele, 10) alte chinesische Schrift, 11) Botanik und Naturgeschichte der verschiedenen Gegenden, 12) die Kunst sich zu prügeln und zu fechten, 13) die Holzbauerei, 14) die Tanzkunst, 15) verschiedene Mittel, die Gesundheit zu erhalten und das Leben zu verlängern, 16) über Hahnen- und Stiergefechte, 17) Münzen und Medaillen.

Englische Abkürzungen. Die englische Typographie ist außerordentlich reich an Schriftkürzungen und ist dort wie bei uns der Punkt das Kürzungszeichen; wo jedoch Kürzungen in Gestalt mehrerer Versalien vorkommen, werden dieselben ohne Zwischenraum an einander gestellt. Wir lassen hier ein ziemlich vollständiges Verzeichniß folgen:

A

a., acre oder acres, Acker
A.A.S., Academiae Americanae Socius, Mitglied der Amerikanischen Gesellschaft
A.B., Artium Baccalaureus, Baccalaureus der Kunst
abl., ablative case, der Ablativ
A.C., ante Christum, vor Christus
A.Æ.C., anno aerae Christiana, im Jahre der christlichen Zeitrechnung
acc., accusative case, der Accusativ
acct., account, Rechnung, Liste
A.D., anno Domini, im Jahre des Herrn
adj., adjective, das Adjectiv
ad lib., ad libitum, nach Belieben
Admr., administrator, Verwalter
Admx., administratrix, Verwalterin
aet., aetatis, alt, des Alters
A.M., Artium Magister, Meister der Kunst; Ante Meridiem, vormittags
Amer., American, amerikanisch
anon., anonymous, ungenannt
Ans., answer, Antwort
A.P.G., Professor of Astronomy in Gresham College, Professor der Astronomie im Gresham-Colleg
Apr., April
Archb. oder Apb., Archbishop, Erzbischof
art., article, Artikel
Assist. Sec., Assistant Secretary
Atty. Gen., Attorney General, Anwalt
A.U.C., ab urbe condita, im Jahre nach der Erbauung der Stadt (Rom)
Aug., August
Auth. Ver., authorized version, autorisirte Uebersetzung

B

b., book or books, Buch oder Bücher
B.A., Bachelor of Arts, Baccalaureus der Künste
Bart., Baronet, Baron
B.C., before Christ, vor Christus
B.C.L., Bachelor of Civil Law, Baccalaureus des bürgerlichen Rechts
B.D., Baccalaureus Divinitatis, Doctor-Anwärter der Theologie
B.L., Baccalaureus Legum, Baccalaureus der Rechte
B.M., Baccalaureus Medicinae, Doctor-Anwärter der Arzneikunst
Bp., Bishop, Bischof
B.R., Banco Regis, Königsbank
br., brig, Brigg (Seefahrzeug)
Brit. Mus., British Museum
Bro., brother, Bruder
Bros., brothers, Brüder, Gebrüder
bu., bushel
B.V., Beata Virgo, die selige Jungfrau

C

cal., Calendae, Calendä (Nimmermehrstag)

cap., capitel; chapter, Kapitel
Capt, Captain
C.B., Companion of the Bath, Mitglied des Bath-Ordens
C.C, Cajus College
C.C., County Court, Bezirksgericht
C.C.C., Corpus Christi College
C.C.P., Court of Common Pleas, Civilgerichtshof
cf., confer, vergleiche
ch., chaldron oder chaldrons, Kohlenmaß
ch., chap. oder c., chapter, Kapitel
chap., chapter, Kapitel
Ch.Ch., Christ Church, christliche Kirche
Chron., Chronicles, Buch der Chronika
Cl.Dom.Com., Clerk of the House of Commons, Sekretär des Hauses der Gemeinen
Co., Company, Compagnie
co., county, Bezirk
Col., Colonel, Oberst
Coll., College, Colleg
Com., Commodore, Commissioner, Commander
Com.Ver., Common Version, öffentliche Bekanntmachung
comp., compare, vergleiche
conj., conjunction
Cor. Sec., Corresponding Secretary, correspondirender Sekretär
C.P., Court of Probate, Erbschaftsgericht
C.P.S., Custos Privati Sigilli, Geheimsiegel-Bewahrer
C.R., Custos Rutolorum, Aktenbewahrer, Registrator
Cr., Creditor
C.S., Court of Sessions, Geschwornengericht
C.S., Custos Sigilli, Siegelbewahrer
ct. oder c., cent
cts., cents
cwt., hundredweight, Centner

D

d., day oder days, Tag oder Tage; denarius, penny; denarii, pence
dat., dative case, Dativ
D.C.L., Doctor of the Civil Law, Doctor des Civilrechts

D.D., Doctor of Divinity, Doctor der Theologie
D.D.D., dat, dicat, dedicat (in Debitionen), er giebt, weicht, widmet
Dea., Deacon, Diakonus
Dec., December
deg., degree, Grad
Dep., deputy, Abgeordneter
Deut., Deuteronomie, fünfte Buch Mose
D.F., Dean of Faculty
Dft., Defendant, Vertheidiger
do., dito, der, die oder dasselbe
doll., dollar
dolls., dollars
D.O.M., Deo optimo maximo, bei dem allmächtigen Gott
doz., dozen, Dutzend
D.P., Doctor of Philosophy, Doctor der Weltweisheit
Dr (ohne Punkt), Doctor
Dr., drachm, Drachme
D.V., Deo volento, Gott befohlen
dwt., pennyweight, Pfennig-Gewicht (25 Pfund)

E

E., east, Ost
Eccles., Ecclesiastes, Geistliches
Ed., Editor, Verfasser
ed. oder edit., edition, Ausgabe
E.E., English ell oder ells, englische Elle
E.Fl., ell oder ells Flemsh, Brabanter Elle
E Fr., ell oder ells French, französische Elle
E.I.M.Coll, East-India Military College, ostindische Militärschule
e. g., exempli gratia, zum Beispiel
ep., epistle, Epistel
E.S., ell oder ells Scotch, schottische Elle
Esq., Esquire (Titel)
Esth., Esther, das Buch Esther
et al., et alibi, auch anderswo; et alii, und andere
ex., example, Beispiel
Exec. oder Exr., Executor, Vollzieher
Execx., Executrix, Vollzieherin
Exod., Exodus, Auswanderung (2. Buch Moses)
Ezek., Ezekiel, das Buch Hesekiel

F

Fahr., Fahrenheit
F.A.S., Fraternitatis Antiquariorum Socius, Mitglied der Alterthumsgesellschaft
fath., fathom oder fathoms, Faden (Tiefmaß)
fcap., foolscap, ein Schreibpapier
F.D., Fidei Defensor, Glaubensvertheidiger
Feb., February, Februar
F.E.S., Fellow of the Entomological Society, Mitglied der Entomologischen Gesellschaft
E.G.S., Fellow of the Geological Society, Mitglied der Geologischen Gesellschaft
F.H.S., Fellow of the Horticultural Society, Mitglied der Horticulturgesellschaft
fig., figure, Figur
fir., firkin, Fäßchen
f. m., fiat mixtura, die Mischung werde gemacht
fol., folio, Folio
F.R.S., Fraternitatis Regia Socius, Mitglied der königlichen Gesellschaft
F.R.S. & A.S., Fraternitatis Regia Socius et Associatus, Mitglied und Genossenschafter der königlichen Gesellschaft
F.R.S.E., Fellow of the Royal Society Edinburg, Mitglied der Edinburger königlichen Gesellschaft
F.R.S.L., Fellow of the Royal Society London, Mitglied der Londoner königlichen Gesellschaft
F.S.A., Fellow of the Society of Arts, Mitglied der Gesellschaft der Künste
ft., foot, Mehrz. feet, Fuß (Maß)
fur., furlong, Viertelmeile

G

G, guinea (Goldstück)
Gal., Galatians, Galather
gal., gallon oder gallons, Gallone, Gallonon
G.C.B., Grand Cross of the Bath, Großkreuz des Bathordens
G.C.H., Grand Cross of the Royal Hannoverian Guelphie Order, Großkreuz des hannoverschen Guelfenordens
G.C.S.I., Grand Cross of the Star of India, Großkreuz des Indischen Sterns
Gen., Genesis; General
gen., genitive case, Genitiv
Gent., Gentleman
Gov., Governor, Gouverneur
G.R., Georgius Rex, König Georg; Guilelmus Rex, König Wilhelm
gr., grain oder grains, Gran
guin., guinea oder guineas, Guinee

H

h. oder hr., hour oder hours, Uhr
Hab., Habahkuk, Habakuk
H.B.M., His oder Her Britannic Majesty, Seiner oder Ihrer Britischen Majestät
h. e., hoc est, das ist
Heb., Hebrews, Hebräer
H.E.I.C., Honourable East-India Company, Verehrliche Ostindische Gesellschaft
hhd., hogshead oder hogsheads, Orhoft
H.M., His oder Her Majesty, Seiner oder Ihrer Majestät
H.M.S., His oder Her Majesty's Ship, Seiner oder Ihrer Majestät Schiff
Hon., Honourable, Verehrlich, Löblich
Hon. Mem., Honourable Member, Verehrliches Mitglied
Hon. Sec., Honorary Secretary
H.P., Half-pay, Holbsold
hr., hour, Uhr, Stunde
hund., hundred, hundert

I

id., idem, der=, die=, dasselbe
i. e., id est, das ist
in., inch oder inches, Zoll (Maß)
incog., incognito, ungekannt
in loc., in loco, am Orte
inst., instant, dieses Monats
int., interest, Interesse
i. q., idem quod, derjenige, welcher
Is., Isaiah
Jan., January, Januar
Jas., James
J.D., Jurum Doctor, Doctor der Rechte
Jer., Jeremiah, Jeremias
Josh., Josuah, Josua

J.H.S., Jesus Hominum Salvator, Jesus der Weltheiland
J.P., Justice of the Peace, Friedensgericht
jr., junior, der jüngere
Jud., Judith
Judg., Judges, Richter
jun., junior, der jüngere
Just., Justice, Gericht
J.U.D., Juris utriusque Doctor, Doctor beider Rechte
J.V.D. war früher gebräuchlich für J.U.D.

K

K.B., Knight of the Bath, Ritter des Bathordens
K.B., King's Bench, Königsbank, oberster Gerichtshof in England
V.C., King's Counsel, der Ministerrath
K.C.B., Knight Commander of the Bath, Commandeur des Bathordens
K.G., Knight of the Garten, Ritter des Hosenbandordens
K.M., Knight of the Malta, Ritter des Malteserordens
Knt., Knight, Ritter
K.P., Knight of the St. Patrick, Ritter des Patricordens
K.T., Knight of the Tistle, Ritter des Diestelordens
Kt., Knight, Ritter

L

l., line, Zeile; league, Meile; liber, Buch
lat., latitude, Breite (Grad)
lb., liber, pound, Pfund
l. c., loco citato, am angeführten Orte
L.C.J., Lord Chief Justice, Lord Oberrichter
L.C.P., Licentiate of the College of Preceptors, Licentiat des Lehrer-Seminars
A.D., Lady-Day
Ld., Lord
Ldp., Lordship, Lordschaft
lea. oder leag. oder l., league oder leagues, Meile oder Meilen
leag., leagues, Meilen
lib., liber oder book, Buch
Lieut., Lieutenant

Lieut.-Gov., Lieutenant-Governor
liv., livre, Pfund
L.L.B., Legum Baccalaureus, Baccalaureus der Rechte
long., longitude, Länge (Grad)
L.S., Locus Sigilli, Stelle des Siegels
LXX, Septuagint (Version)

M

M., meridian
m., mile oder miles, Meile oder Meilen
M.A., Master of Arts, Meister der Künste
Macc., Maccabees, Maktabäer
Mag., magazine
Maj., Major
Maj.-Gen., Major-General, General-Major
Mal., Malachi
Man., Manasses
Mar., March, März
Matt., Matthew, Matthäus
M.B., Musicae Baccalaureus, Baccalaureus der Musik
M.C., Member of Congress, Congreßmitglied
M.D., Medicinae Doctor, Doctor der Heilkunde
mem., memento
Mic., Micah, Micha
mo., month, Monat
mos., months, Monate (Mehrzahl)
M.P., Member of Parliament, Parlamentsmitglied
Mr., Mister, Herr
Mrs., Mistress
M.R.A.S., Member of the Royal Asiatic Society, Mitglied der königlichen Asiatischen Gesellschaft
M R.C.S., Member of the Royal College of Surgeons, Mitglied der königlichen Wundarzneischule
M.R.I.A., Member of the Royal Irish Academy, Mitglied der königlichen Irländischen Akademie
M.S., Manuscript, Handschrift
M.S., Memoriae sacrum, dem Andenken geheiligt
MSS., Manuscripts, Handschriften
Mus. D., Musicae Doctor, Doctor der Musik

N

N., north, Nord
n., note ober notes, Note ober Noten
N.B., nota bene, merke wohl
N.B., North Britain, Schottland
Neh., Nehemiah, Nehemias
New Test., New Testament
nl., nail ober nails, Längenmaß von drittehalb Zoll
no , number, Nummer
nom., nominative case, Nominativ
nos., numbers, Nummern
N.S., New Style, Neuen Styls
N.T., New Testament, Neues Testament
Nov., November
Num., Numbers

O

Obad., Obadiah, Obabja
obedt., obedient, gehorsamst
obj., objection, Einwand; objective, gegenständlich
Oct., October
Old Test., Old Testament, Altes Testament
Olym., Olympiad, Olympiade (Zeit von vier Jahren)
O.S., Old Style, Alten Styls
O.T., Old Testament, Altes Testament

P

p., page, Seite; pole, Ruthe; poles, Ruthen
par., paragraph
per ann., per annum, für das Jahr
per cent.. per centum, für das Hundert
Pet., Peter, Petrus
Ph.D., Philosophiae Doctor, Doctor der Philosophie
Phil., Philippians, Philipper
Philem., Philemon
Plff. ober Plt., Plaintiff, Kläger
P.M., Postmaster, Postmeister; post meridiem, nachmittags
P.M.G., Postmaster-General, General-Postmeister
P.M.G., Professor of Music at Gresham College, Professor der Musik an der Schule zu Gresham
P.O., Post-office, Postamt
pop., population, Bevölkerung

P.P.D., Propria pecunia dedicavit, er weiht es mit seinem eigenen Gelbe
prep., preposition
Pres., President
prob., problem
Prof., Professor
prop., proposition, Vorschlag
pro temp., pro tempore, zur Zeit
Prov., Proverbs
prox., proximo, nächsten Monats
P.R.S., President of the Royal Society, Präsident der königlichen Gesellschaft
P.S., postscript, Nachschrift; Privy Seal, Privatsiegel
Ps., Psalme
pt., pint, ein kleines Hohlmaß
P.Th.G., Professor of Divinity at Gresham College, Professor der Theologie am Gresham-Colleg
pun., puncheon, Stempel

Q

Q., Queen, Königin; question, Frage
q., quadrat, farthing, Viered, Quabrat
Q.B., Queen's Bench, Königin-Bank, oberster englischer Gerichtshof
Q.C., Queen's Counsel, Ministerium der Königin; Queen's College, Königin-Colleg
q. d., quasi dicti, wie gesagt
Q.E.D., quod erat demonstrandum, was zu beweisen ist
Q.E.F., quod erat faciendum, was zu machen ist
qr., quarter, Viertel
qrs., quarters, Viertels
qt., quart, Quart
qts., quarts (Mehrzahl)
q. v., quod vide, was zu sehen ist
Qy., query, Frage

R

R., Rex, König; Regina, Königin
r., rod ober rods, Ruthe und Ruthen; rood ober roods, der vierte Theil eines Ackers
R.A., Royal Academian, königlicher Akabemiker
R.A., Royal Artillerie, königliche Artillerie
R.E., Royal Engineers, königliche Ingenieurs

Recd., received, empfangen
Rec. Sec., Recording Secretary, Gerichtsschreiber
Rect., Rector
Reg., Register
Rep., Representative, Vertretung
Rev., Revelation, Offenbarung (St. Johannes); Reverend, Ehrwürden (Prädikat für Geistliche)
R.M., Royal Marines, königliche Mariner
R.N., Royal Navy, königliche Flotte
Rom., Roman, römisch; Romans, Römer (Epistel an die Römer)
R.S.S., Regiae Societatis Socius (Fellow of the Royal Society), Mitglied der königlichen Gesellschaft
Rt.H., Right Honourable, weltliches Recht
Rt.Rev., Right Reverend, Kirchenrecht
Rt.Wpful., Right Worshipful, Ehrenrecht

S
S., south, Süd
s., solidus, solidi, shilling oder shillings, Schilling (engl. Silbermünze gleich 1 Mark)
s., second, zweite
S.A.S., Societatis Antiquariorum Socius (Fellow of the Society of Antiquaries), Mitglied der Alterthumsgesellschaft
sc., scruple, Skrupel; scilicet, nämlich
s. caps., small capitals, Capitälchen
schr., schooner (Seeschiff)
scil., scilicet, nämlich
S D., Salutem dicit, er sendet Grüße
Sec., Secretary, Sekretär
sec., second und seconds, zweite
secs., sections, Abtheilungen
sect., section, Abtheilung
Sen., Senate, Senat; Senator, Senator
sen., senior, der ältere
Sept., September
Serj., Serjeant, Sergeant
S.J.C, Supreme Judical Court, oberster Gerichtshof
S. of Sol., Song of Solomon, Lieber Salomonis
Sol., solution, Lösung

S.P., Salutem precatur, er bittet um Erfolg
S.P.D., Salutem plurimam decit, er sendet seine Grüße
sq. m.. square mile, Quadratmeile
sqq., sequentibus, in den folgenden
SS., Saints, Heilige (Mehrzahl)
St., Saint, heilig
S.T.D., Sanctae Theologiae Doctor, Doctor der heiligen Theologie
ster., sterling
S.T.P., Sanctae Theologiae Professor, Professor der heiligen Theologie
Su., Susannah

T
t., ton oder tons, Tonne oder Tonnen; tome, Theil
theor., theorem, Lehrsatz
Thess., Thessalonians, Thessalonicher (Epistel an die)
tier., tierce oder tierces, Terze, Terzen
Tim., Timothy, Timothäer
Tit., Titus
Tob., Tobit; Tobias
t. o., turn over, wende um
tom., tome, Theil, Band
tr., translate, Uebersetzung; translator, Uebersetzer
Tr. Br. Mus., Trustees of the British Museum, Curatoren des Britischen Museums
Treas., Treasurer, Schatzmeister, Zahlmeister, Kassenverwalter
Typ., Typographer

U
U.E.I.C., United East-India Company, Vereinigte Ostindische Compagnie
U.J.D., Utriusque juris Doctor, Doctor beider Rechte
ult., ultimo, am letzten des Monats
U.S., United States, Vereinsstaaten
U.S.A., United States Army, Armee der Vereinsstaaten
U.S.M., United States Mail, Vereinsstaaten-Post
U.S.N., United States Navy, Flotte der Vereinsstaaten

V
v., vide, siehe, man sehe; versus, gegen, wider; verse, Vers

ver., verso, Vers
v. g., verbi gratia, zum Beispiel
vid., vide, siehe; videtur, man sehe
viz., videlicet, nämlich
voc., vocative case, Vocativ
vol., volume, Band
vols., volumes, Bände
V.P., Vice-President, Vice=Präsident
V.R., Victoria Regina oder Queen Victoria, Königin Victoria
vv. ll., varia lectiones oder various readings, verschiedene Lesarten

W

W., west, West
W.S., Writer of the Signet, Unterzeichner

wk. und wks., week, weeks, Woche, Wochen
wt., weight, Gewicht

X

Xmas, Christmas, Weihnacht
Xn, Christian
Xnty., Christianity, Christenthum
Xt., Christ

Y

y, the; yn, then; ys, this; yt, that
yd., yard, Elle
yr., year, Jahr

Z

Zech., Zechariah, Zacharias
Zeph., Zephaniah, Zephanja

Englische Aldine, s. Albine.

Englische Antiqua unterscheidet sich von der Antiqua anderer Länder durch außerordentlich breit gehaltenen Schnitt, der indeß wenig in die Augen springt, aber zu Gunsten der schönen Form der Buchstaben und der Deutlichkeit und Leserlichkeit der Schrift viel beiträgt.

Englische Druckschrift. Die heutige englische Druckschrift ist die Antiqua (Roman) und die Cursiv (Italic), welch letztere zum Hervorheben oder vielmehr zur Unterscheidung einzelner Stellen dient, besonders fremdsprachlicher. Zu Anfang der Typographie wurde die überall gebräuchliche Mönchsschrift auch hier angewendet, John Day (s. b.) führte 1567 die Saxon type (Angelsächsisch) ein, deren 40 Charaktere des Alfabets er auf 24 reducirte, während Wynkyn de Worde und Pynson sich um die Erhebung der Antiqua als Druckschrift zur englischen Sprache verdient machten. Das englische Alfabet in seinen Zeichen ist das bekannte der Antiqua, weicht aber in der Aussprache der Buchstaben von unserer und der anderer Nationen bedeutend ab; es soll dies jedoch hier nur beiläufig bemerkt werden, denn es ist unsere Sache nicht, bei diesem Gegenstande länger zu verweilen. Die Antiqua tritt in der englischen Typographie ausschließlich in dreifacher Form auf, als Versalien (Capitals), Capitälchen (Small capitals) und Gemeine (Lower case letters) auf. Außer diesem Alfabet erhält der englische Buchdrucker vom Schriftgießer zu einer Schrift (fount) eine große Menge sehr nützlichen Zubehörs, als da sind 1) Registerpunkte, 3 auf ein Geviert, 2) die Linie auf Halbgeviert, Geviert, Zwei- und Dreigeviert (unser Gedankenstrich), 3) Klammern (Akkoladen) aus einem Stück bis zu 3 Gevierten und systematische aus mehreren Stücken bestehende, 4) die am häufigsten vorkommenden Bruchziffern ($1/2$, $1/3$, $1/4$, $1/8$, $3/4$, $2/3$, $3/8$ u. s. w.) in Gestalt einer Type, 5) die merkantilen Zeichen für Pfund, Pfund Sterling, Dollar, Rechnung ($a/c.$ account), und die sogenannten Referenzzeichen, nämlich das Sternchen, das Kreuz, das Doppelkreuz, die Parallele, die Section und der Paragraph, welche als Notenzeichen gebräuchlich. Die Ausschließungstypen bestehen aus dünnen oder Haarspatien (thin oder hair spaces), mittleren Spatien (middle spaces) und die dicken Spatien (thick spaces), weiter aus Dritteln (three-m-spaces), Halbgevierten (n-spaces) und Gevierten (m-spaces). Die Quadraten passen auf Gevierte der betreffenden Schrift. — Die englische Typographie besitzt ein eigenes, einheitliches System und eine einheitliche Höhe, welche höher als die Didotsche ist.

— Die englischen Namen der Schriften in ihrer aufsteigenden Skala sind folgende: 1) Brilliant, die kleinste, etwa Dreipunkt, Halb=Minion, 2) Diamond, unserer Diamant am nächsten, 3) Pearl, unserer Perl gleichend, 4) Agate, Kegel 5½, also zwischen unserer Perl und Nonpareille stehend, 5) Nonpareille, unserer Nonpareille deutschen Kegels entsprechend, nicht volle 6 Didotsche Punkte, 6) Minion oder Doppel=Brilliant, stärker als 6 Didotsche Punkte, 7) Brevier, unsere Petit, 8) Bourgeois oder Doppel=Diamond, unserer gleichnamigen Schrift deutschen Kegels gleichend, 9) Long=Primer, unserer Corpus am nächsten, 10) Small Pica, d. h. kleine Cicero, zwischen unserer Corpus und Cicero, der französischen Philosophie auf Kegel 11 nahe kommend, 11) Pica, Cicero, 12) English, Mittel, 13) Great Primer, Tertia, 14) Paragon oder Doppel=Bourgeois, 15) Double Small Pica, Kegel 22, 16) Double Pica oder Doppel=Cicero, 17) Double English oder Doppelmittel, 18) Double Great Primer, stärker als unsere vormalige kleine Canon, 19) Double Paragon, entspricht unserer heutigen kleinen Canon auf 36 Punkten, 20) Canon, unsere heutige Grobe Canon auf Kegel 48.

Englischer Gießzettel. Der Gießzettel der englischen Sprache auf Seite 303 ist auf ein bestimmtes Quantum von Buchstaben, nämlich nach dem Verhältnisse von 3000 m berechnet, also nicht nach dem Gewicht wie unsere deutschen Gießzettel. — Jene Methode ist dieser vorzuziehen, weil ihre Grundlage feststehend und daher sicherer ist.

Englischer Kasten. Der englische Schriftkasten besteht wie der amerikanische, französische und schwedische aus zwei Theilen, dem Oberkasten oder Upper Case und dem Unterkasten oder Lower Case. Die Fächer=Eintheilung weicht von dem Amerikanischen im Oberkasten in nichts ab, aber die Charaktere liegen anderartig darin; auch der Unterkasten ist in seiner Fächer=Eintheilung nur wenig von dem genannten unterschieden und die Buchstaben liegen mit geringen Ausnahmen in demselben ebenso. Der nachstehende Plan ist der in der Druckerei der Londoner „Times" benutzte Schriftkasten, welcher die allgemeinste Verbreitung in England gefunden hat. — Der Oberkasten besteht aus einer rechten und einer linken Hälfte, welche eine stärkere Leiste von einander scheidet, und enthält jede Hälfte 49 Fächer von je ganz gleichartiger Größe, so daß deren Gesammtzahl die Ziffer 98 ausmacht.

Englischer Oberkasten

A	B	C	D	E	F	G	A	B	C	D	E	F	G
H	I	K	L	M	N	O	H	I	K	L	M	N	O
P	Q	R	S	T	V	W	P	Q	R	S	T	V	W
X	Y	Z	Æ	Œ	U	J	X	Y	Z	Æ	Œ	U	J
1	2	3	4	5	6	7	á	é	í	ó	ú		
8	9	0	Lst.			Doll.	â	ê	î	ô	û		
¼	½	¾	⅛	⅜	⅝	⅞	à	è	ì	ò	ù		

Englischer Unterkasten

(	]	æ	œ	k	j		Spatien	'	?	!	;	fl	...
&						e						ff	
Haar-spatien	b	c	d				i	s	f	g			
												fi	—
ffi												⅓ Ge-vier-te	Ge-vier-te
———	l	m	n		h	o	y	p	,	w			
ffl													
z											q	:	
—	v	u	t	⅙ Geviert	a		r						Quadraten
x												.	—

Ein sogenannter **neuer** Englischer Kasten, der in den Officinen von A. Mackie in London in Brauch ist, weicht von obigem Plan bezüglich des Oberkastens bedeutend ab, denn in diesem liegen die Capitälchen in den vier untersten Fächerreihen links, die Versalien in den vier unteren Fächerreihen rechts. Es leuchtet ein, daß diese Neuerung zweckdienlich ist; die Versalien, weil sie am meisten vorkommen, liegen unten rechts am handlichsten, und die Capitälchen sind unten links besser am Platze, als oben rechts.

Englische Ligaturen, d. h. Typen, welche in der englischen Typographie zusammengegossen sind, giebt es eigentlich nur: ff, fi, ffi, fl und ffl. — Außerdem wenden die englischen Setzer in lateinischen Wörtern die Ligaturen Æ æ und das Œ œ an.

Englische Linien nennt man Zier-, Abtheilungs- und Schlußlinien, welche in der Mitte fett sind und nach beiden Enden zur feinen Linie sich abschwächen. Vielfach sind sie in der Mitte mit einem runden oder ovalen fetten Punkt verziert, und beginnen die Ausläufer von der Mitte aus bald scharfkantig, bald gerundet. Das Vaterland dieser Linien ist England, aber heute findet man dieselben dort nur noch wenig angewendet; sehr beliebt sind sie dagegen in Frankreich und Italien und kommen bei uns auch wieder in die Mode.

Englischer Satz. Als Zwischenraum der Wörter benutzt die englische Typographie das Drittelgeviert (three-m-space), beim Vertheilen das feine Spatium, zum Vermitteln das mittlere und zum Verkleinern das dicke Spatium oder Viertel. Komma und Punkt werden nie vom Wort abgetrennt, nach dem Punkt kommt von vornherein kein größerer Zwischenraum, doch wird dieser beim Sperren zuerst berücksichtigt, sowie auch die Räume nach den übrigen Interpunktionszeichen. Der Doppelpunkt, der Strichpunkt, das Frage- und Ausrufzeichen werden mittelst eines feinen Spatiums vom Worte abgestellt. — Der Einzug des Satzes beträgt in jeder Schrift und auf allen Formatbreiten ein Geviert. — Der Gedankenstrich bleibt ohne Zwischenraum je vor und nach, ausgenommen, wenn er nach dem Doppelpunkt als Zeichen einer citirten Stelle steht, wo er an dieses Zeichen fest ansteht, aber von dem folgenden Citat mittelst des gewöhnlichen Raumes abgetrennt wird. — Das bei uns gebräuchliche Spationiren kennen die englischen Setzer nicht; zur Unterscheidung dient die Cursiv, und zum Auszeichnen wendet man in erster Reihe Versalien und in zweiter Capitälchen an. — Zwischen Zahlen und zugehörigen merkantilen Zeichen kommt kein Zwischenraum. — Bei Auspunkten verlangt die Technik die Anwendung der Register-Geviertpunkte, so

Englischer Gießzettel

Buchstaben	Zahl	Buchstaben	Zahl	Buchstaben	Zahl	Buchstaben	Zahl
m	3000	..	100	D	550	D	350
a	9000	....	100	E	750	E	450
b	2000	,	4500	F	450	F	300
c	4000	;	800	G	450	G	270
d	5000	:	600	H	900	H	300
e	14000	.	3000	I	900	I	450
f	3000	-	1000	J	300	J	200
g	2000	?	300	K	300	K	200
h	6000	!	200	L	550	L	300
i	9000	'	800	M	650	M	300
j	500	(	400	N	550	N	350
k	800	[	200	O	550	O	350
l	5000	*	250	P	500	P	270
n	8000	†	100	Q	200	Q	120
o	8000	‡	100	R	500	R	330
p	2400	§	100	S	600	S	350
q	600	‖	100	T	800	T	420
r	7000	¶	70	U	850	U	240
s	8000	1	700	V	350	V	200
t	10000	2	600	W	550	W	270
u	4500	3	600	X	200	X	120
v	1500	4	500	Y	350	Y	200
w	2500	5	500	Z	150	Z	120
x	500	6	500	Æ	100	Æ	60
y	2500	7	500	Œ	100	Œ	60
z	300	8	500	1/4	150		
&	300	9	500	1/2	150	Spatien:	
ff	400	0	700	3/4	150	dicke	20000
fi	500	Lst.	200	1/3	50	mittlere	8000
fl	300	é	200	2/3	50	dünne	8000
ffl	200	à	200	1/8	50	Gevierte	3000
ffi	300	von allen		3/8	50	Halbgev.	6000
æ	200	übrigen Accenten je	100	5/8	50	—	25
œ	100	@ ℔ pr.	50	7/8	50	——	25
—	500	☛	30	1/6	50	———	25
—	150	A	700	A	450		
——	100	B	450	B	270		
———	80	C	500	C	350		

Quadraten ein Zehntel der Schrift. Cursiv ein Zehntel der Antiqua.

daß die Punkte dicht aneinander stehen, wodurch der Zweck des Auspunktirens erreicht wird; diese Type, drei Punkte auf ein Geviert, ist ein Mangel in unserer deutschen Typographie. — Ueber den Gebrauch der Ordnungszahlen ist zu bemerken, daß sie die Sylbe, wodurch sie als solche gekennzeichnet werden, stets bei sich haben, wenn es wirkliche Ordinalien sind, z. B. the 1st June, the 2de September — the first, the seconde, aber June 2., September 1.; in der Bedeutung von erstens, zweitens werden die Zahlen von Paranthesen eingeschlossen, und zwar so (1), (2), dann aber nur als gewöhnlicher Absatz, die erste Zeile eingezogen, die übrigen heraus, behandelt; überhaupt ist bei dem vorherrschenden Charakter der Einfachheit der englischen Typographie das Einziehen wenig beliebt und kommt nur zur Anwendung, wo es unbedingt nicht zu umgehen ist, und erscheint dann meistens als stumpfe Anfangszeile und ein Geviert als Einzugsvorschlag. — Römische Ordnungszahlen werden mit dem Kürzungspunkt versehen; in der Behandlung der römischen Zahlen innerhalb des Textes weicht die englische Typographie auch wieder von uns ab, denn sie bedient sich nicht der Versalien dazu, wie wir, vielmehr der Gemeinen, was viel besser aussieht und der Beachtung unserer Berufsgenossen zu empfehlen sein dürfte; dort druckt man nicht Tom. VII., sondern vii., nicht Chap. XIV., aber Chap. xiv., nicht Band 1., sondern Band i., nicht Nummer XXIII, vielmehr Nummer xxiii. — Die Anfangszeile eines Buches oder Bandes beginnt in ihrem Anfangsbuchstaben mit einer Initiale oder Unciale; beide werden neben den ersteren Zeilen gestellt und letztere hat meist immer den Betrag von zwei Zeilen. Die ferneren Buchstaben des Anfangswortes werden alsdann aus Versalien genommen. Nicht selten werden auch zu den Anfangszeilen für die einzelnen Artikel, Abschnitte oder Abtheilungen eines Buches Unicialen und selbst Initialen verwendet und dann auf die eben angegebene Weise verfahren; wenn sie aber mit einem gewöhnlichen Absatz beginnen, so muß der Anfangsbuchstabe ein Versal sein, während die ferneren Buchstaben dieses Wortes aus Capitälchen zu nehmen sind. — Die Capitelschlußlinie bildet meistens eine doppelfeine Linie, seltener eine in der Mitte einfach verzierte. Als Columnentitel spielen l e b e n d e eine Hauptrolle, welche dann meistens mit einer feinen oder doppelfeinen Linie vom Texte abgetrennt sind. Als Schrift zu diesen Columnentiteln wird vorzugsweise Cursiv vom gleichen Kegel des Textes genommen, und wenn der Raum es gestattet, in Versalien, sonst auch Capitälchen der Textschrift, am seltensten Gothisch. Todte Columnen haben nur die Ziffern, und — auch hier der schönen Einfachheit huldigend — keinen weitern unnützen Ballast bei sich. Die Behandlung der Fußnoten ist in England und Amerika eine wesentlich verschiedene von der unsern. Zu ihrer Bezeichnung im Text sowohl als auch am Fuß dienen die Referenzzeichen; die Bezeichnung der ersten Note geschieht mit dem Sternchen (* the asterick), der zweiten mit dem Kreuz († the dagger), der dritten mit dem Doppelkreuz (‡ the double dagger), wenn so viele Noten auf einer Seite vorkommen; in Fällen noch mehrerer Noten hat man noch weitere Referenzzeichen in Petto, und zwar in vierter Reihe das Zeichen der Section, ein Paragraphzeichen von umgekehrter Form des unsern, in fünfter Reihe die Parallele (∥ the parallel) und endlich in sechster Reihe das Abtheilungszeichen (¶ the paragraph). Dieses letztere Zeichen kommt übrigens auch in dem Falle als Notenzeichen zur Anwendung, wenn nur ausnahmsweise hie und da vielleicht eine einzelne Note vorkommt. Wenn für die Anzahl der auf einer Seite vorkommenden Noten diese sechs Referenzzeichen nicht genügen, so schreitet man zu dem Aushülfsmittel der Verdoppelung, indem für die siebente Note ein doppeltes Sternchen als Vorzeichnung genommen wird. — Die großen Anfangsbuchstaben braucht der Engländer sehr willkürlich und zeichnet gewissermaßen durch ihre Anwendung ein Wort aus, so daß dieselben im Sinne der Referenz eine Bedeutung haben. Sonst werden der Regel nach im Englischen mit großen Anfangsbuchstaben geschrieben: alle Namen von Personen, Ländern, Städten, Flüssen, Meeren, Seen und Bergen, mögen sie als Renn- oder als Eigenschaftswort vorkommen; die Namen der Wochentage und der Monate; in Bücher-Katalogen die Substantive in den Büchertiteln; solche Wörter, auf denen eine besondere Bedeutung ruht; der Name Gottes und sonstige religiöse Bezeichnungen; die Namen King (König), Queen (Königin), Royal (königlich), Earl (Graf), Knight (Ritter) und überhaupt alle Würden und Titulaturen; jedes Wort zu Anfang eines Absatzes, nach einem Punkt, einem Ausruf- und Fragezeichen, wenn dieselben einen Satz schließen; jedes erste Wort in einer Gedichtzeile und fast alle Abkürzungen, soweit sich dieselben auf ein Amt, eine Würde oder eine Titulatur beziehen. — Rubriken, sobald es allgemeine sind, werden entweder aus Antiqua- oder aus Cursiv-Versalien größern Kegels als der zum Texte verwendeten Schrift, manchmal aber auch aus Gothisch gesetzt, und wie meistens noch bei uns, mit einem Punkt am Ende versehen. Zu Hauptrubriken nimmt man auch wohl Egyptienne in Versalien, Elzevir- oder Etienne-Versalien, oder die noch mehr hervortretende breite Black-Gothisch. — Harmonirend mit der schmucklosen Einfachheit der englischen Typographie in der Gesammtheit ihrer Erzeugnisse, einem Charakter, auf den der Ausdruck monoton nicht angewendet werden darf, erscheinen auch die englischen Buchtitel in der gewähltesten Einfachheit. In der Hervorhebung der Hauptsache, in der richtigen Abstellung und Sonderung der Zeilen der Titel wird übrigens die größte Regelmäßigkeit und Folgerichtigkeit beobachtet. — Die englische periodische Presse ist in ihrer typographischen Herstellung, was Satz, Druck, Papier und Ordnung der Annoncen anlangt, unserm deutschen Zeitungswesen weit voraus; ebenfalls tragen die dortigen Zeitblätter das Gepräge der Einfachheit zur Schau, aber der Satz ein ordnungsmäßiger, der Druck ein sauberer, das Papier ein anständiges, jeder Raum wird ausgenutzt und bringen sie ihre Leser nicht durch Füllung mit Schwindelannoncen um den unterhaltenden Inhalt.

Englische Schreibschrift gehört zu den lateinischen Schriften und ist berühmt wegen der Schönheit und Abgerundetheit ihrer Formen, weshalb sie sehr beliebt ist, aber auch in der Herstellung zumal dem Lithographen ungemeine Schwierigkeiten bereitet.

Englische Sprache. Die englische Sprache zählt zu denen des germanischen Stammes, hat sich zunächst aus dem Angelsächsischen entwickelt, aber besonders seit der Eroberung Englands durch die Normanen unter Aufnahme eines starken nordfranzösischen Elements in ihrem Wörterschatz das Ansehen einer Mischsprache erhalten. Die englische ist die auf der Erde am weitesten verbreitete Sprache und hat einen Schatz der Literatur aufzuweisen, wie keine andere der Welt. Seit dem fünfzehnten Jahrhundert hat sie im wesentlichen die Gestalt angenommen, die sie gegenwärtig noch zur Schau trägt. In ihrer Ausbildung rasch vorwärts schreitend, bereicherte sie sich für den Ausdruck neuer Ideen besonders aus dem Lateinischen, dem Griechischen, dem Französischen und dem Italienischen, für Handel und Gewerbe aber aus den Sprachen aller Völker. Einfach in der Wortfügung, leicht im grammatischen Bau, bleibt sie doch höchst schwierig in der Aussprache, welche selbst dem Engländer fühlbar wird und zu manchen Orthopädien Veranlassung gegeben hat.

Englische Sylben-Theilung. Wie in allen fremden Sprachen, deren voll-

20

kommene Kenntniß dem Setzer abgeht, er sich beim Setzen derselben vor allen Dingen um die Regeln und Anhalte zu kümmern hat, die das richtige Theilen der Wörter in ihren Sylben von einer Zeile zur andern bedingt, so gilt dies noch ganz besonders von der englischen Sprache, deren Typographie in dieser Hinsicht ganz feststehende Regeln aufgestellt und immer gepflegt und weiter ausgebildet hat, deren Befolgung sie aber auch unbedingt fordert. Das Theilungszeichen ist auch im Englischen das Divis, welches in dieser Typographie den Namen Hyphen oder Division hat und ist seine Anwendung die allgemein übliche. — Wir lassen hier die Hauptregeln und Anhalte des Sylbentheilens der englischen Sprache folgen: **Erste Regel.** Diejenigen Theilungen sind am besten, welche dem Blicke des Lesenden am leichtesten klarstellen, wie der Stamm des getheilten Wortes, seine Verbindung und sein Ursprung ist, und bei denen die Sylben in ihrer zierlichsten Form vereinigt sind. Wir stellen diese als Hauptregel voran und bemerken dabei, daß wir sie aus Wilsons Englischer Punktuation entlehnt haben. **Zweite Regel.** Das zu theilende Wort, belehrt uns Wilson weiter, muß in seinen Sylben richtig zergliedert und nach dieser Zerlegung die Theilung vorgenommen werden, so daß eine auf einen Selbstlaut endigende und in der Betonung sinkende Sylbe am Ende der Zeile zu lassen, dagegen eine Sylbe, auf welcher der Ton ruht, nach der nächsten Zeile herüber zu nehmen ist. **Dritte Regel.** Das Theilen ist so viel wie möglich zu beschränken, doch darf dieses nimmermehr auf Ungleichmäßigkeit der Zwischenräume geschehen. **Vierte Regel.** Wo nur irgend thunlich, ist der Stamm eines Wortes ungetheilt zu lassen, z. B. report-ing; issu-ed, nicht is-sued; respect-able; de-livers und nicht deli-vers. **Fünfte Regel.** Kuppelwörter sind in ihren Worten zu theilen, z. B.: well-kwon, wohlbekannt, nicht wellk-nown; beautiful, schön, beauti-ful, nicht beauti-ful; gentle-man, nicht gent-leman; commonplace, Gemeinplatz, common-place, nicht com-monplace; them-selves, und nicht themsel-ves; what-ever, nicht aber whate-ver. **Sechste Regel.** Vor- oder Nachsylben, Präpositionen oder grammatikalische Terminationen sind vom Stamm abzulösen, letzterer aber ist ungetheilt zu lassen: restaura-tion, nicht restau-ration; valu-able, nicht valua-ble; composi-tion, nicht aber compo-sition; astonish-ing, nicht asto-nishing; rendered, nicht ren-dered; com-missary, nicht commis-sary. **Siebente Regel.** Die mehrsylbigen Präpositionen sind in ihren Verbindungen nicht aus einander zu reißen, z. B. super-vicar, nicht su- oder supervi-car; after-wards, nachmals, nicht af-terwards; after-game, ein anderes Spiel, nicht af-tergame. **Achte Regel.** Die verbundenen Präpositionen sind in ihren Verbindungen richtig zu theilen, als: without, ohne, zu theilen with-out, nicht wit-hout; within, innerhalb, zu theilen with-in, nicht wit-hin; wherein, worin, zu theilen where-in, nicht wher-ein oder whe-rein; whoever, wer immer, zu theilen who-ever, nicht aber whoe-ver; although, obgleich, zu theilen al-though, nicht alt-hough; another, unterschieden, zu theilen an-other, nicht ano-ther; antipope, Gegenpapst, zu theilen anti-pope, nicht an-tipope; antedate, vorgeben, zu theilen ante-date, nicht an-tedate; answer, Antwort, zu theilen an-swer, nicht ans-wer; however, nichts destoweniger, zu theilen how-ever, nicht howe-ver; sometime, zugleich, zu theilen some-time, nicht so-metime; somewhat, etwas, zu theilen some-what, nicht so-mewhat oder somew-hat; therefore, daher, zu theilen there-fore, nicht there-fore; thither, dorther, zu theilen thi-ther, nicht thit-her; throughout, durchaus, zu theilen through-out, nicht throug-hout; whenever, jederzeit, zu theilen when-ever, nicht whene-ver. **Neunte Regel.** Die Mitlaute bl, br, cl, cr, fl, gl, gr und ph zwischen zwei Selbstlauten bilden den Anfang einer Sylbe, z. B. feeble, schwach, zu theilen fee-ble, nicht feeb-le; ebenso ta-ble, Tisch. **Zehnte Regel.** Die sprachlichen Verbindungen able, cial, lion, sion, tial und ähnliche sind vereinigt zu lassen, z. B. weighable, wiegbar, zu theilen weigh-able, nicht weigha-ble; agreable, angenehm, zu theilen agre-able, nicht agrea-ble; commercial, handelerisch, zu theilen commer-cial; aversion, die Abneigung, zu theilen aver-sion; attention, die Aufmerksamkeit, zu theilen atten-tion. **Elfte Regel.** Zweisylbige Stammwörter können stets in ihren Sylben getheilt werden, z. B. Tames, Themse, Ta-mes; dagger, Kreuz, dag-ger; common, gemein, com-mon; paper, Papier, pa-per; brother, Bruder, bro-ther. **Zwölfte Regel.** Die Vorsylben De de und Des des sind wohl zu unterscheiden, da dieselben von ganz verschiedener Bedeutung sind, z. B. Description, Beschreibung, zu theilen De-scription, nicht aber Des-cription, und describe, beschreiben, zu theilen de-scribe, nicht des-cribe; aber Desunion, Uneinigkeit, zu theilen Des-union, nicht De-sunion.

Epilog, s. Nachrede.

Epilogus hieß bei der ehemaligen Depositionshandlung oder der Vornahme des Postulats die Person, welche die Schluß- oder Nachrede an die Gesellschaft zu thun hatte, und deshalb zu deutsch auch Nachredner genannt wurde.

Episteln des heiligen Hieronymus ist der Titel eines der Schöfferschen Drucke, welcher am 17. September 1470 (am Tage vor der Geburt der Jungfrau Maria) erschien und aus zwei großen Foliobänden besteht. Die Zahl der Blätter ist 408, wovon jeder Band ungefähr die Hälfte enthält. Der Satz ist zweispaltig, die Columne 56 Zeilen lang. Die Schrift ist jene der 48zeiligen Bibel, welche 1462 gedruckt wurde. Die Ränder sind rein, d. h. ohne Seitenzahl, noch Signatur. Die Rubriken und Initialen sind roth eingedruckt und macht die Spaltenzahl der beiden Bände 1632. Die einzelnen Exemplare dieses Druckes sind im Satze unter sich verschieden, woraus gefolgert werden muß, daß der Satz zweimal hergestellt, also von zwei Setzern zu gleicher Zeit dictando gesetzt worden ist. Das Werk enthält eine Einleitung, welche nicht Schöffer, sondern sein Corrector, Brunner, verfaßt hat; der Titel hierzu ist roth gedruckt, in welchem der Drucker vir famosus genannt wird, ein Compliment, welches ein Buchdrucker von seinem Corrector empfangen kann, das er sich aber nicht selbst ertheilt. Ueberdies äußert sich der Verfasser dieser Einleitung in folgender Weise: „Leser, beeile dich nicht, den Text dieses Werkes zu ändern, bevor du nicht denselben mit Sorgfalt und in allen Einzelnheiten geprüft; denn wir haben seiner Corrigirung all den Eifer und all die ausdauernde Arbeit gewidmet, deren wir fähig sind."

Errata, lateinischer Ausdruck für Druckfehler-Verzeichniß.

Erste Defecte nennt man den Nachguß der Typen, deren Mangel sich herausstellt bei dem Aussetzen einer neuen, bisher noch nicht im Gebrauch gewesenen Schrift. Nachdem ein Buchstabe von den am meisten vorkommenden, z. B. o, i, a, r, t, ch, b ausgeht, muß mit dem Setzen innegehalten und überschlagen werden, welche ferneren Buchstaben ausgehen und welche Anzahl derselben im Verhältniß zu den übrigen erforderlich sein wird. Diese Aufnahme geschieht in Form eines Defectzettels, nach Maßgabe desselben der Schriftgießer diese Defecte mit der gelieferten Schrift übereinstimmend und zu gleichem Preise derselben anfertigt.

Etcetera-Zeichen (spr. ähtcetera, nicht ettcetera), wird in der Fraktur aus dem runden z und c mit dem Punkt gebildet und hat die Bedeutung von und so weiter. Vormals bestand diese Verbindung aus einer Type, und existirt als solche noch in alten Druckereien. Unbegreiflich ist es, daß man diesen Usus nicht beibehalten hat. In der Antiqua und Gothisch wird es aus etc oder &c. zusammengesetzt.

d'Este, ein Lithograph in Köln, machte sich gemeinschaftlich mit einem andern Künstler namens Camphausen durch Entdeckung eines neuen Verfahrens beim Anastatischen Druck verdient, das sie **Palingraphie** nannten.

Etienne, s. Stephans.

Etienne-Versalien sind heute Antiqua-Versalien, welche dem Typenschnitt der berühmten Buchdruckerfamilie der Stephans nachgebildet sind. Sie ähneln der Egyptienne, sind aber von bewundernswerther Ebenmäßigkeit der Züge. Sie sind neuerdings wieder reproducirt und in Petit, Corpus, Cicero, Tertia, Text, Doppelmittel, kleine und grobe Canon vorhanden und machen eine unserer schönsten und verwendbarsten Titelschriften aus.

Et-Zeichen (wird ähtzeichen ausgesprochen, nicht aber etzeichen, wie man es fast durchgängig, aber falsch hört), ist die Ligatur für das Lateinische et (äht) und hat heute diese Form: &. Mit c verbunden (&c.) bedeutet es etcetera, d. h. und so weiter. — Gebildet ist es ursprünglich aus den beiden griechischen Buchstaben ε und τ, und hatte dann diese Form ℯτ.

Excellenz-Bibel ist eine jener sonderbaren Erscheinungen auf dem Gebiete der Bibel-Literatur, welche den Büchersammlern unter obigem Namen bekannt ist. Sie erschien 1756 in Braunschweig und ist in dieser Ausgabe der von Luther übersetzte Text in den zu jener Zeit üblichen Zopf- und Curialstyl übertragen worden. So ist darin beispielsweise nach Johannes Ballhorn verbessert worden: Bank in Canapee; Vorrath von Speisen in Magazin; Fürsten in Commandanten; dem theuern Landpfleger (Apostelgesch. 23, 26) in: dem hochwohlgebornen Landpfleger; auf des Kaisers Erkenntniß in: auf Seiner Majestät Erkenntniß u. s. w.

Excelsior (zu deutsch: die Vortreffliche), Benennung einer Tiegeldruck-Tretmaschine für Accidenz- und Kartendruck, welche die Firma Louis Simons & Son (Wilford Road Works, Nottingham) im Formate von 23:36 Cm. zu Mk. 1000, und 35:49 Cm. zu Mk. 1600 baut. Diese Maschine zeichnet sich durch ihre starke und exacte Bauart und Einfachheit in der Construction vor anderen derartigen Maschinen vortheilhaft aus. Im Gange befinden sich in Deutschland diese Maschinen in Essen (W. Girardet), in Oldenburg (Büttner & Winter), Hannover (Schlütersche Hofbuchdruckerei), Köln (Alois Berg) u. s. w.

Excelsior-Gasmaschine nach Thomas Fogartys Patent. Die Fogartysche Maschine ist die einzige Gaserzeugungs-Maschine, welcher bei der Wiener Weltausstellung 1873 die Fortschrittsmedaille zuerkannt wurde, und läßt sich dieselbe ebenso leicht zur Beleuchtung einzelner Häuser, Buchdruckereien, Hotels, Kirchen, Fabriken, Gutsbesitzungen, Bahnstationen ꝛc. verwenden, als auch zur Beleuchtung kleinerer Städte, Curorte oder einzelne Districte, welche von bestehenden Gasanstalten zu weit entfernt sind, um noch mit Vortheil für letztere in den Beleuchtungsrayon derselben hineingezogen werden zu können. Ebenso aber ist durch diese Maschine den bestehenden Leuchtgasanstalten, deren Sommerbetrieb wegen zu geringem Consums nicht mehr rentirt, nicht nur ein Mittel an die Hand gegeben, das contractlich für einen bestimmten Preis zu liefernde Gas auch für diese Zeit noch mit Nutzen fabriziren zu können, sondern es kann auch vermittelst dieser Maschine die Leuchtkraft des gewöhnlichen Kohlengases von 12 Kerzen beliebig bis auf 30 Kerzen Lichtstärke bei 150 Liter Consum per Stunde gebracht werden. Es ist außerdem selbstverständlich, daß sich das durch die Fogartysche Gasmaschine erzeugte Gas ebenso gut zu Heizzwecken verwenden läßt, als unser gewöhnliches Kohlengas und daß dasselbe durch die ungemeine Gleichmäßigkeit seiner Qualität auch ebenso gut wie letzteres zum Betriebe einer Gaskraft-Maschine verwendbar ist. Die Maschine bedarf dabei keiner speciellen Bedienung;

es genügen einige Minuten Arbeit im Laufe des Tages an einer Pumpe, welche von Jedermann gehandhabt werden kann, um die Maschine ununterbrochen im Gange zu halten, und ist dieselbe so einfach construirt, daß etwa nach Jahren vorkommende Abnutzungen einzelner Theile durch Nachstellen derselben vom Eigenthümer selbst wieder ausgeglichen werden können. Da die Gasbereitung vermittelst der Fogartyschen Maschine mit keinerlei Belästigungen für die Bewohner oder Nachbarn verbunden ist, so kann eine solche überall mit wenig Kosten aufgestellt werden; es ist der Eigenthümer einer solchen Gaserzeugungs-Maschine sicher alsdann nicht mehr der Feuergefahr ausgesetzt, wie jeder Leuchtgas-Consument, und verlangen auch dem entsprechend die Versicherungs-Gesellschaften keine höhere Prämie, als bei gewöhnlicher Steinkohlengas-Beleuchtung. In Amerika hat sich diese Maschine in allen Größen bereits überall Eingang verschafft, so daß die von der Excelsior-Gascompagnie in Warren (Amerika) auf die Wiener Weltausstellung gelieferte Fogartysche Gasmaschine für 100 Flammen bereits das 1735ste Exemplar war, welches diese Compagnie in einem Zeitraume von drei Jahren ausgeführt hat. Die Excelsior-Gasmaschine ist im Prinzip von allen bis jetzt bestehenden Apparaten, welche zur Selbsterzeugung von Leuchtgas Gasolin benutzen, wesentlich verschieden. Der ganze Betriebsapparat derselben besteht im wesentlichen aus vier Theilen: aus dem Gasolin-Reservoir, dem Verdampfungs-Apparat, dem Injector mit Steuerungs-Mechanismus und schließlich der Gasbehälter-Glocke. Das Gasolin-Reservoir, aus starkem verzinntem Eisenblech, befindet sich im Freien unter der Erde. Die Füllung desselben geschieht von Zeit zu Zeit durch eine mit der Erdoberfläche communicirende Röhre, die Entleerung dagegen vermittelst einer doppelt wirkenden Pumpe, welche die im Behälter befindliche Luft auf eine Spannung von 10 Pfund pro Quadrat-Zoll zusammen preßt. Infolge dieses Druckes tritt das Gasolin durch das Rohr, welches den Behälter mit dem Verdampfungs-Apparat verbindet, in die daselbst befindliche gußeiserne Retorte. Dieselbe wird entweder mittelst Gas aus der Gasbehälter-Glocke oder mittelst Dampf geheizt. Das Gasolin verdampft sofort in der Retorte und dauert, wenn man sich das Abzugs-Rohr geschlossen denkt, die Verdampfung so lange, bis die Dämpfe in der Retorte die gleiche Spannung erreicht haben, die das Gasolin im Einströmungsrohr hat. In diesem Falle wird das Gasolin allmälig durch die Dämpfe zurück gedrängt, der Zufluß hört auf und der Verdampfungsproceß wird so lange unterbrochen, bis die Dämpfe in der Retorte abgelassen werden. Dadurch wird die Dampfspannung in der Retorte verringert; das Gasolin fließt wieder zu, die Verdampfung steigert sich aufs neue, mit ihr die Spannung, und der ganze vorhin geschilderte Vorgang wiederholt sich. Das Abzugsrohr mündet in die trichterförmige Erweiterung eines Injectors hinein. Gleichzeitig mit dem Strahl von Gasolindämpfen gelangt in den Injector durch ein von der Hand regulirbares Ventil atmosphärische Luft hinein. Dieselbe wird in größerer oder kleinerer Quantität, je nach Stellung der Ventile, von dem durchgeblasenen Gasolin mit fortgerissen und angesaugt, das Gemisch beider wird durch ein Rohr in eine Gasbehälter-Glocke geleitet. Ihrer Einrichtung nach kann diese Glocke ebenso gut als Regulatorglocke bezeichnet werden, denn der ganze Gasapparat wird durch dieselbe regulirt. Die Glocke regulirt die Gasproduction durch ihr Steigen und Fallen in der Art, daß neues Gas erst dann erzeugt wird, wenn die Glocke fast leer ist, und daß ebenso die Production eingestellt wird, wenn der Behälter mit dem nöthigen Gase angefüllt ist. Das Füllen der Glocke hängt von der Anzahl der brennenden Flammen ab; die Qualität des Gases bleibt sich dabei immer gleich, vorausgesetzt, daß nur Gasolin von gleicher Beschaffenheit zur Verwendung gelangt. Eine besondere Vorrichtung hat den Zweck, den ganzen Apparat außer Thätigkeit zu setzen, sobald der Fall eintreten sollte, daß das Gasausströmungsventil nicht durch die Feder des Steuerungs-Mechanismus zugedrückt und eine fortgesetzte Gaserzeugung die Glocke über ihren normalen Stand hinauf treiben würde. Aus obigem ist ersichtlich, daß die Excelsior-Gasmaschine geeignet ist, unter allen Umständen ein gleichförmiges Gas zu liefern; die Qualität seines Gases kann aber jeder Besitzer selbst durch Oeffnen und Schließen der Ventile zwischen gewissen Grenzen reguliren. Bei seinem Austritte aus dem Injektor der Fogarty'schen Maschine tritt das Gas, fertig fabricirt, ohne einer Reinigung zu bedürfen, direct verwendbar in die Glocke und von dort in die Leitungen. Eine Verschlechterung des Gases durch Condensation ist erfahrungsgemäß selbst bei langen Leitungen und in strenger Kälte nicht zu befürchten. Bei Darstellung von 15-Kerzen-Gas geht höchstens eine Kerze unterwegs verloren; nach dem ersten Wassertopfe tritt überhaupt keine Condensation mehr ein, und eine Leitung, welche vom Zimmer nach dem Hofe ging und dort eine Laterne speiste, hat bei 15 Grad Kälte keine Condensation gezeigt. Daß bei den sogenannten Gaserzeugungs-Apparaten auf kaltem Wege diese Regelmäßigkeit in der Fabrikation, welche bei der Excelsior-Gasmaschine durch den Ueberschuß an Wärme erreicht wird, nicht zu ermöglichen ist, liegt schon darin, daß nach der jeweiligen äußern Temperatur und nach der verschiedenartigen Qualität des im Handel vorkommenden, durch fractionirte Destillation gewonnenen Gasolins die Qualität und Quantität der der Luft beigemengten Dämpfe — und somit die Leuchtkraft des Gases — sehr variiren muß. Da die Fogarty'sche Maschine zur Gaserzeugung die Wärme im Ueberschuß liefert, und bei derselben stets ein gleiches Gewicht von Oelen zur Verdampfung kommt, so ist die Gasbildung weder von der äußern Temperatur, noch von der raschen Verdunstbarkeit der Oele abhängig; der Apparat könnte auch jedem Temperaturwechsel ausgesetzt, und sogar ohne Nachtheil für die Gaserzeugung unter freiem Himmel aufgestellt werden — wäre es nicht empfehlenswerth für die Conservirung der Maschine selbst, dieselbe wenigstens vor Staub, Regen und Schnee zu schützen. Wird eine solche Maschine vom Beleuchtungsobject entfernt aufgestellt, so daß das Gas den kältesten Raum zuerst passirt, so wird allerdings eine Condensation — jedoch vor Eintritt in Beleuchtungs-Object — stattfinden, und kann durch einen in der Rohrleitung im Boden eingeschalteten Wassertopf in ähnlicher Weise unschädlich gemacht werden, wie die beim Steinkohlengas vorkommende Condensation. Die Fogarty'sche Excelsior-Gasmaschine bietet also durch die ihr eigenen, sehr zweckentsprechenden Vorrichtungen jede nur wünschenswerthe Sicherheit und Bequemlichkeit; sie hat durch Umänderung des Prinzips, nach welchem bisher ähnliche Apparate gebaut wurden, die Uebelstände, welche bisher denselben mit Recht vorgeworfen werden konnten und einer größern Verbreitung dieser Beleuchtungsart im Wege standen, beseitigt. — Die Zusammenstellung des Gases, welches durch die Fogarty'sche Gasmaschine erzeugt wird, ist die folgende: 100 Kubikzoll des Gases bestehen aus 19 Kubikzoll Kohlenwasserstoffgas (dessen Gewicht 0,8 Gramm beträgt) und 81 Kubikzoll Luft (deren Gewicht 2 Gramm beträgt). Das ganze Gewicht beträgt also 2,8 Gramm; das specifische Gewicht des Gases wäre demnach 1,158, solches von Luft gleich eins gesetzt. 1 Kubikfuß Fogarty'sches Gas erzeugte 560,77 Wärmeeinheit, während Newcastle-Kohlengas 850 und Candle-Kohlengas 11,62 Wärmeeinheit erzeugte. Das Fogarty'sche Gas hat also einen geringern Wärmeeffect, einen Vortheil, welcher schwer ins Gewicht fällt, da das gewöhnliche Kohlengas durch seine Hitze bedeutende Unannehmlichkeiten hervorruft. In Bezug auf die Reinheit der Luft worin das Gas verbrennt, ist das Fogartysche Gas bedeutend besser als Kohlengas, weil das erste schon die Hälfte an Sauerstoff für seine Verbrennung in sich enthält und also auch der Stubenluft nur halb so viel Sauerstoff entzieht als das Kohlengas. Zwei andere vortheilhafte Eigenschaften besitzt noch das Fogartysche Gas. Erstens enthält dasselbe keine Schwefelverbindungen, welche Kohlengas so oft mit sich führt, und welche manchen veranlassen, Gasanlagen zu meiden, aus Furcht, daß Luxusgegenstände, Oelgemälde u. s. w. darunter leiden würden. Zweitens besitzt das Fogartysche Gas noch die nicht hoch genug zu schätzende Eigenschaft, daß seine Farbennüanzen bei seinem Licht gleich gut unterschieden werden können wie bei Sonnenlicht. Eine zutreffende Erklärung dafür ist noch nicht gegeben; Künstler aber haben dieses Factum bestätigt und die Commission der Ausstellung für schöne Künste und Gewerbe in Wakefield hat die Beleuchtung ihrer Säle mit Fogartyschem Gas mit bestem Erfolg durchgeführt. Den Vertrieb der Excelsior-Gasmaschine hat das Internationale Patent- und Maschinen-Ex- und Import-Geschäft in Görlitz übernommen.

Excenter (Excentric), an der Schnellpresse die Hebe- und Druckscheibe, welche außerhalb ihres Mittelpunktes auf der Welle angebracht ist.

J

J f, der sechste Buchstabe in allen Alfabeten der Sprachen des Druckgebietes der Fraktur, mit Ausnahme der Estnischen, wo es der fünfte ist, weil ihr das Cc fehlt; dann in den meisten Sprachen des Druckgebietes der Antiqua, namentlich der englischen, holländischen, französischen, spanischen, portugiesischen, italienischen und überhaupt slawischen. Seiner sprachlichen Bedeutung nach ist es Mitlaut, und unter diesen kennzeichnet es sich noch besonders als Lippenlaut. In den genannten Sprachen tritt er noch zweimal als gleicher Laut unter anderer Figur, nämlich als Pf und Ph, und endlich im Deutschen noch zum viertenmal als gleicher Laut in der Figur des Bv auf. Als römische Zahl vertritt F den Werth von 400, als solche mit einem F̄ oder F̿ darüber den Werth von 40000.

Fabricius, Johann Friedrich, ein Hamburger Buchdrucker, der mit Liebe und Eifer der Kunst zugethan war und wohl der einzige in Deutschland gewesen ist, welcher der in England erfundenen Logotypie seine Aufmerksamkeit zuwendete. Geboren zu Hamburg am 29. Januar 1800, gestorben daselbst am 26. November 1875, trat Fabricius daselbst in seinem fünfzehnten Lebensjahre als Lehrling in die Conrad Müllersche Buchdruckerei ein und verließ nach überstandener Lehrzeit seine Vaterstadt, um sich draußen umzusehen und auszubilden. Er arbeitete in Berlin, Leipzig und Mannheim, bereiste die Schweiz und einen großen Theil Deutschlands, und nahm, in seine Heimat zurückgekehrt, in der Druckerei von F. H. Nestler als Setzer Condition, von wo er später in die Druckerei der Börsenhalle zu den damals in Hamburg erscheinenden englischen Zeitungen „The Reporter" und „The Gleaner" übertrat. Im Jahre 1834 etablirte Fabricius sich, zuerst in Gemeinschaft mit Rathgen, welcher später ausschied, um eine Stelle als Druckerfactor in der Kaiserlichen Druckerei zu St.

Petersburg einzunehmen. Fabricius führte nun das Geschäft allein weiter, richtete sich eine Stereotypie und galvanische Apparate ein und machte sich als einer der ersten die Galvanoplastik, dieses damals noch junge Hülfsmittel der graphischen Künste, in mancher Beziehung nutzbar; namentlich zog er sich mittelst derselben seine Logotypen und Matern und hatte sich für mehrere Brodschriften auf diese Weise ein vollständiges System von Worttypen erzeugt, mit dem noch heute von seinen Nachfolgern gearbeitet wird. Da — im besten Aufstreben begriffen — traf ihn 1842 der schwere Schlag, seine ganze Druckerei im großen Brande untergehen zu sehen. Aber Fabricius verlor den Muth nicht; kaum waren die drei verhängnißvollen Brandtage überstanden, und schon war er auf dem Wege nach Berlin, um dort eine neue Druckerei einzukaufen, so daß er wenige Wochen nachher wieder arbeiten konnte. Er trat nun in seine alten Bahnen wieder ein, stellte seinen galvanoplastischen Apparat her und suchte in seinem Vorwärtsbringen da anzuknüpfen, wo ihn die schrecklichen Maitage unterbrochen hatten. Leider gelang ihm das nicht vollständig, und oft beklagte er in späteren Jahren den Verlust seiner Stereotypie, zu deren Wiederherstellung er später nie mehr gelangte. Doch konnte er schon 1844 auf der Industrie-Ausstellung in Berlin u. a. mit den Erzeugnissen seiner Galvanoplastik erscheinen. Wie er in seinem Fache nur vorzügliches leisten wollte, so suchte er auch seine Officin auf das beste einzurichten und hatte schon vom Anfang an eine streng systematische Setzerei, eine Einrichtung, die man selbst in bedeutenderen Geschäften damals noch nicht antraf. Aber er hielt auch vor allem auf correcte und saubere Arbeit und verlangte von seinen Arbeitern eine genaue, oft peinlich genaue Ausführung, die man leider heutzutage nur noch selten findet. Auf eine höchst praktische Weise löste er die Lehrlingsfrage: wer nicht die nöthigen Vorkenntnisse mitbrachte, den nahm er einfach nicht auf, und wer sich während der Versuchszeit als unbrauchbar bewies, den entließ er. Es würden vielleicht weniger Klagen laut über gewisse Uebelstände, wenn jeder Prinzipal mit gleicher Rigorosität verführe. Ueber seinem eifrigen Schaffen auf dem technischen Felde vergaß er nicht die socialen Interessen seiner Kunstgenossen. Als Gehülfe war er einer von denen, die schon vor etwa fünfzig Jahren für eine zweckmäßige Organisation der Unterstützungs-Kassen wirkten und den Keim zu jener gedeihlichen Entwickelung legten, dessen sich heute das Hamburgsche Kassenwesen erfreut. Später war er im Vorstande des Prinzipalvereins für die Interessen seiner Collegen thätig, und als infolge der Bewegung von 1848 eine Spaltung im Prinzipalverein erstand, schloß sich Fabricius der neuen Vereinigung an, mit welcher er weiter zu kommen hoffte, und seine Ideen finden zum Theil erst heute ihre Verwirklichung, denn schon 1850 sollte eine Fortbildungsanstalt für Lehrlinge ins Leben gerufen werden, und niemand anders als Fabricius war es, der diese Sache praktisch angriff, indem er in seiner Behausung die Jungen um sich versammelte, ihnen Vorträge technischen, historischen oder fachwissenschaftlichen Inhaltes hielt und sie dabei scharf über grammatikalische oder wissenschaftliche Gegenstände examinirte. Es ist zu bedauern, daß durch allerlei Schwierigkeiten die Entwickelung der jungen Anstalt gestört wurde; wir wären in einem guten Theil weiter, wenn von den ersten Versuchen mehr übrig geblieben wäre, als die Idee des Urhebers und die Erinnerung in den Köpfen einiger der damaligen Schüler. Neben seinem erwählten Berufe pflegte Fabricius mit Vorliebe alles, was mit diesem im Zusammenhange stand, und vernachlässigte selbst im reifern Mannesalter das Studium fremder Sprachen nicht; zur Erlernung des Französischen und des Spanischen war ihm schon in seiner Kindheit Gelegenheit geboten, als Hamburg eine gute Stadt des französischen Kaiserreiches war und französische und spanische Soldaten den Bürgern ins Quartier gelegt wurden, und das Englische ist ja für jeden Hamburger, der mit dem Handelsstande in Verbindung steht, eine Nothwendigkeit, der sich selbst die meisten Buchdrucker nicht entziehen können. Fabricius aber trieb das alles mit einer bewundernswerthen Gründlichkeit, die ihn als ächten Deutschen charakterisirte. Es ist fast selbstverständlich, daß er bei alledem auch schriftstellerisch thätig war, theils Artikel für Zeitschriften verfaßte (auch die älteren Jahrgänge des „Journals für Buchdruckerkunst" werden Zeugniß davon ablegen), theils in selbständigen Broschüren („Notizen über die Buchdruckerkunst in Amerika", „Typologie", eine Abhandlung über die Logotypen u. a. m.) seine Ansichten aussprach. Im Jahre 1846 stellte er sich direct in die Reihe der Zeitungsherausgeber, indem er den „Pestalozzi", eine Zeitschrift für Schule und Haus, schuf; dies Blatt, hauptsächlich pädagogischen Interessen gewidmet und von einem Schulmanne von Fach redigirt, fand in Fabricius den thätigsten Mitarbeiter und den Redakteur des nicht-pädagogischen Theils. Wenn auch das Unternehmen aus Mangel an Theilnahme in den betreffenden Kreisen nicht fortgesetzt werden konnte, so wurde doch der Gedanke der Herausgabe eines Schulblattes von den Lehrern Hamburgs später wieder aufgenommen, und Fabricius war dann auch der Drucker des „Hamburger Schulblattes", das 25 Jahrgänge erlebte. Fabricius hatte bereits das 50. Lebensjahr erreicht, als er — man möchte sagen: aus innerm Drange — sich zur Stenographie wendete und beide deutschen Systeme — das Stolzesche und das Gabelsbergersche — als Autodidakt sich aneignete; aber es genügte ihm auch dabei nicht, die Sache nur zu kennen; er mußte sie gründlich verstehen, und für das einmal als gut anerkannte mußte Propaganda gemacht werden. So wurde er 1852 Stifter des Stenographischen Vereins zu Hamburg, deren Zweck die Pflege und Verbreitung der Stolzeschen Stenographie ist, und wirkte für diese Kunst nicht bloß durch Unterricht, sondern auch literarisch; er ließ unter anderm eine längere, höchst gründliche Abhandlung darüber im „Hamburger Schulblatt" zum Abdruck gelangen, die er gar nicht niedergeschrieben, sondern gleich aus dem Kopfe gesetzt hatte. Das nämliche Kunststück führte er später nochmals aus bei einer kleinen, einen Octavbogen umfassenden Schrift: „Cakuntala", einer Abhandlung über den Ursprung dieses Namens, mit welchem der erste Elefant des Hamburger Zoologischen Gartens belegt worden war; hier erblicken wir in unserm Fabricius noch den wissenschaftlichen Forscher, und wenn auch sein Werkchen keine weite Verbreitung gefunden hat, so erkennen wir doch auch darin seinen stets regen Eifer, sich und andere weiter zu bilden und zu belehren. Mit Beginn des Jahres 1864 zog er sich von den Geschäften zurück, seine Offizin den Händen seiner Nachfolger übergebend, und verlebte den Abend seines Lebens in Ruhe, anfangs noch an allen Bewegungen der Zeit regen Antheil nehmend, bis ihn zunehmende Augenschwäche nöthigte, seiner gewohnten Thätigkeit für immer zu entsagen. Sein ganzes Leben aber zeigt uns einen Mann von seltener Begabung, der unter einer manchmal rauh erscheinenden Hülle so viele hervorragende Eigenschaften des Geistes und ein zartes poetisches Gefühl barg, einen Mann, dessen Thätigkeit vielen als Vorbild dienen könnte, und die die Ehrenbezeugungen reichlich verdient hat, mit welchen sowohl der Hamburg-Altonaer Buchdrucker-Prinzipalverein, als auch der Stenographische Verein (beiden gehörte Fabricius als Ehrenmitglied an) seinen Sarg bedeckt hatten.

Facette. Sie ist dazu bestimmt, die Stereotypplatte auf den Stegen festzuhalten und scheint bei flüchtiger Betrachtung ein Ding von geringer Bedeutung.

Maschinenmeister, wie Buchdrucker überhaupt, dürften jedoch anders darüber denken. Die Facette spielt heute eine ziemlich ansehnliche Rolle in der Buchdruckerei, und der beste Beweis ihrer Wichtigkeit liegt in der großen Anzahl von Systemen, nach welchen sie angefertigt wird. Es giebt Facetten, die durch den Keilsteg eingetrieben werden, Facetten, die an den Stegen angelöthet sind ꝛc., und Druckereien, welche viel mit Stereotypendruck zu thun haben, benutzen deren tausende. Die Facette, welche heute am allgemeinsten benutzt wird, ist unter allen die einfachste und billigste. Vorzuziehen wäre die Keilfacette, welche nicht steigen kann, doch forbert ihre Verwendung viel Zeit, und baran mangelt es bekanntlich stets in den Druckereien. Die gerade Facette wird einfach an den Steg angelegt. Der obere Theil, in einen stumpfen Winkel gebogen, stützt sich auf die Schrägfläche der Platte und da durch das Schließen der Form die Facette festgehalten wird, bleibt das Clichee an den Stegen befestigt. Die Schattenseiten dieses Systems sind unschwer zu entdecken. So gut auch die Form geschlossen sein mag, infolge des durch den Cylinder fortwährend ausgeübten Druckes entsteht eine stetige Bewegung der Platte und die Facette zeigt eine gewisse Vorliebe zum „Steigen". Und hat sie erst die Höhe des Buchstabens erreicht, und auch schon früher, da die Bekleidung des Cylinders das Papier etwas niederdrückt, so bilden die Facetten Spieße. Bemerkt der Maschinenmeister dieselben, so muß die Maschine stehen bleiben, damit man sie beseitigen kann. Einige Minuten sind damit schnell verbracht, und, da sich das bei Maschinen, auf welchen nur Stereotypplatten gedruckt werden, sehr oft ereignet, so verliert man damit täglich etwa eine Stunde Zeit. Um die Facetten niederzudrücken, wäre außerdem ein eigenes Werkzeug nöthig; bekanntlich fehlt dasselbe noch, und der Maschinenmeister schlägt mit seinem Hammer direkt auf die Facette, ruinirt sie natürlich dabei, wenn er sie nicht ganz zerbricht, und unter sechsmal beschädigt er gewiß viermal die Schrägflächen der Platte. Die beschädigten Schrägflächen erreichen eine staunenswerthe Ziffer. Bei einem Band von 10 Bogen in Octav, also bei 160 Columnen, findet man zuweilen 320 Schrägflächen, also zwei je auf der Columne, herzustellen, ohne daß diese Ziffer als Maximum betrachtet werden könnte. Die Herstellung einer Schrägfläche kostet 15 Pf. Die Buchhändler klagen über Verzögerung, die Buchdrucker verlieren dabei, denn die Ausbesserung der Platten erfordert ein Personal, Platz und Zeit, und die Arbeiter selbst haben auch keine besondere Vorliebe für diese Beschäftigung. Eine Facette, welche nie steigt und demnach die Beschädigung der Platten hintanhält, wäre daher eine gute wahre Wohlthat. Auf verschiedene Weise hat man schon diesem Ziele nachgestrebt, ohne es jedoch vollständig zu erreichen. Anders scheint es mit der Facette bestellt zu sein, welche von Herrn A. Tolmer erfunden wurde. Diese ist die gerade Facette, deren wir oben erwähnten, mit dem Unterschiede, daß sie an beiden Enden in einen stumpfen Winkel ausläuft, und darin eben liegt die Verbesserung. Die obere Biegung hält die Platte, die andere bringt unter den Steg und hält so die Facette, ihr damit jede Möglichkeit zum Steigen benehmend. Sie bedarf überdies keines neuen Materials, denn es genügt, die Stege unten mit einer Schrägfläche versehen zu lassen, eine Aenderung, der wohl in keiner Druckerei ein Hinderniß entgegensteht. Die neuen Facetten sind, gleich den bisher gebräuchlichen, vier Punkte stark und werden bei der Eintheilung als so viel gezählt; man benöthigt davon ebenfalls bei der Columne bloß zwei an jeder Seite, eine am Fuße, während am Kopf ein eiserner Durchschuß angelegt wird. Sie werden in Kupfer und Eisen verfertigt und zwar von Be. Routier & Peighot (Boulevard Montrouge 68) in Paris, die nach den Angaben des Herrn Tolmer eine Maschine verfertigen ließen, welche es ihnen ermöglicht, von der kleinern Sorte das Hundert um 6,80 Mk., von der größern um 10,80 Mk. zu verkaufen. Die kleinen genügen fast in allen Fällen. Wir verweilen nicht näher bei dem Umstande, daß der neuen Facette jede Möglichkeit zum Steigen benommen ist, denn dies leuchtet durch ihre Construction ein und ihre Anwendung ist leicht und nicht mit besonderen Kosten verbunden.

Facettiren, beim Plattendruck die Stereotypplatten befestigen oder einfassen, wobei man sich fast überall gewöhnlicher Stege bedient, welche nach den Dimensionen der Columne zusammengestellt werden. Bei der vorzüglichsten Facette, der von Tolmer (s. Facette und Tolmer) erfundenen, müssen die Stege ringsum abgeschrägt sein. Man kann die vorhandenen Stege diesem Umänderungsprozeß leicht unterwerfen, denn hierzu genügen 5—6 Tage und mit dem gewonnenen Blei ist der Lohn des Arbeiters gewiß eingebracht. Die Befürchtung, daß die unterschnittenen Stege an Sicherheit verlieren, tritt nicht ein. Vorab werden die Stege bloß um 6 Punkte unterschnitten, und das schadet selbst den kleineren nicht, außerdem werden sie noch durch die Facetten, das Format und das Schließen genügend zusammengehalten. Sie bietet jedoch auch hinsichtlich der Zurichtung bedeutende Vortheile, welche erwähnt sein wollen. Bevor man mit der eigentlichen Zurichtung beginnt, ist es gewöhnlich nöthig, zwischen Platte und Stege einige Papierblättchen zu legen, um der erstern die nöthige Höhe zu geben. Wie zeitraubend dieser Vorgang ist und wie sehr die Facetten hieran schuld tragen, ist allgemein bekannt. Bald verschieben sie sich, bald wieder fallen sie unter die Formatstege, und kommt es endlich zum Schließen, so muß auf jede einzeln ein strenges Augenmerk gerichtet werden. Die Facetten, mit welchen wir uns gegenwärtig beschäftigen, sind gleichsam von dem guten Willen beseelt, ihre Pflicht zu erfüllen und sie verdanken diese glückliche Neigung vorab ihren beiden Winkeln, welche sie bemüßigen, die gewünschte Höhe festzuhalten. Der untere stumpfe Winkel bietet noch einen andern Vortheil; wird die Form aufgeschlossen und das Format etwas gelockert, so legt sich die Facette auf die Seite und die Platte liegt frei auf den Stegen. Hat die Unterlegung stattgefunden, oder hat man die ausgedruckten Platten mit neuen umgetauscht, so ist die Form bloß von neuem zu schließen und die Facetten nehmen ihre Stelle wieder ein.

Fach ist eine Abtheilung des Schriftkastens, welches im allgemeinen in dreifach verschiedener Größe, als ganzes, halbes und viertheiliges Fach vorkommt. In ihrer Gesammtheit heißen sie Fächer und in Bezug auf die Herstellung Gefachung des Kastens.

Factor. Der Factor einer Druckerei ist dieselbe Person, welche bei anderen Geschäften Werkmeister oder Werkführer heißt; bei der Druckerei hat indeß der Factor noch insbesondere den Prinzipal den Gehülfen gegenüber zu vertreten. Ihm liegt die Leitung der Druckerei ob, soweit es die Ausführung der Arbeiten anlangt. Weiter muß ihm die Annahme und Entlassung der Gehülfen und des übrigen Hülfspersonals und die Annahme der Lehrlinge zustehen, und ihm die Auszahlung des Lohnes anvertraut sein. Wo einem Factor es benommen ist, die Gehülfen nach seinem Dafürhalten und Ermessen anzunehmen und zu entlassen und er die Auszahlung des Lohnes nicht hat, ist es ihm platterdings unmöglich, seinen Anordnungen die erforderliche Autorität zu verleihen, und die Beaufsichtigung des Geschäfts kann unter solchen Umständen nur eine unvollkommene sein. Freilich giebt es derartige Factorstellungen genug, aber zum Nachtheile des Geschäfts und seines Besitzers, und ebenso giebt es auch Personen genug, welche solche halbe Stellungen gern annehmen. — Zu den Requisiten, welche einem Factor unbedingt aneignen müssen, gehören in erster Reihe eine Bildung, welche über die sogenannte allgemeine Bildung hinausgeht; dann nicht allein eine gründliche Kenntniß seines Berufes, vielmehr eine solche, welche ihn in allen Branchen zuhause sein läßt; ferner eine Ehrlichkeit und Rechtschaffenheit, welche jedem das Seine gewährt, sich nicht über alles erhebt und nach jeder Seite hin Gerechtigkeit walten läßt, und endlich eine Energie, welche allen Anmaßungen und Ausschreitungen einen so nachdrücklichen und entschieden kräftigen Widerstand entgegensetzt, der die Ordnung und den ruhigen Fortgang der Arbeit aufrecht zu erhalten im Stande ist. In unserer heutigen Zeit ist die letztere Eigenschaft eine unbedingt erforderliche, denn fehlt dem Factor diese, so würde es ihm trotz aller Befähigung schwer fallen, sich die Achtung zu bewahren, welche die Arbeiter ihm gegenüber als Vertreter des Prinzipals zu zollen verpflichtet sind. — Der Prinzipal, welcher einen Factor zu halten genöthigt ist, hat dann auch die Verpflichtung, der Persönlichkeit, welcher er diese Stelle anvertraut, die Befugnisse zu übertragen, welche dieselbe allein in den Stand setzt, die Stelle ordentlich zu verwalten, nämlich Befugnisse, wie sie oben angedeutet sind. Der ehrliche und rechtschaffene Prinzipal leidet keine Zwischenträgerei; einen Gehülfen, welcher sich wegen irgend welcher Geschäftsangelegenheit an ihn wendet, verweist er an seinen Factor. — Es ist hier aber auch am Platze, zu zeigen, wie es manchmal in dieser Hinsicht aussieht. Da nimmt man einen Factor an und weiß gar nicht, was diese Stellung eigentlich zu bedeuten hat; er hat vielleicht Revisionen nachzusehen, dann und wann eine Correctur zu lesen, um weiteres sich aber nicht im mindesten zu kümmern. — In einer andern Stelle fehlen dem Factor die Befugnisse der Annahme und Entlassung und ihm steht auch die Auszahlung des Lohnes nicht zu. Sind auch nur wenige Gehülfen in einem solchen Geschäft, wo dann auch meistens der Prinzipal nicht Fachmann ist, so wird sich doch bald ein reudiges Schaf finden, welches sich die Stellung des Factors zunutze macht, seinen Anordnungen sich nicht fügt, ihm geradezu erklärt, seinen Anordnungen keine Folge geben zu wollen, mindestens eine Stunde des Morgens und Mittags zu spät kommt, singt, pfeift und lärmt, als ob es in der Kneipe wäre und die übrigen Arbeiter gleichwohl in ihrer Beschäftigung stört, wenn nicht ganz davon abhält. Hier trifft dann das Sprüchwort zu, daß böse Beispiele gute Sitten verderben. Der sogenannte Factor ist in solchen Fällen der leidende Theil, weil ihm jedes Mittel fehlt, sich Autorität zu verschaffen. Ganz anderart dahingegen ist seine Stellung, wenn er durch Kündigung, im Nothfalle durch sofortige Entlassung und durch Abzüge des Versäumten am Lohn sich Anerkennung verschaffen kann. — Im besondern gehört nun meistens noch zu den Aufgaben des Factors das Nachsehen der Revisionen oder das sogenannte Revidiren, wenn nicht das Lesen der Correcturen, die Vertheilung der Arbeiten an die Setzer und Anordnungen darüber betreffs deren Ausführung, die Bestimmung des Einzuhebenden für die Maschinen und Pressen und die Ueberwachung des Druckes; selbstverständlich kann von der Erfüllung dieser Aufgaben nur die Rede sein, wenn das Geschäft ein mittleres ist; bei einem umfangreichern muß ihm ein Corrector Hülfe leisten und in der Abtheilung des Druckes ein Oberdrucker zur Seite stehen. In großen Geschäften ist es erforderlich, daß ihm ein Unterfactor unterstellt und die Leitung des Druckes einem Druckerfactor übertragen wird. — In Beziehung zu dem innern Wesen des Geschäftes muß der Factor eine genaue Kenntniß vom gesammten Material desselben besitzen, und zweckmäßig ist es, daß er ein vollständiges und möglichst übersichtliches Verzeichniß von demselben in Händen hat, welches ihn in den Stand setzt, von seinem

Platze aus anzugeben, an welchem Platze sich dieses oder jenes Material, wie viel Kasten von einer Schrift vorhanden und in welchem Regal sie enthalten sind; man kann ein solches Verzeichniß füglich **Factoren-Inventar-Buch** (s. b.) nennen, weil es bei diesem nicht auf den Werth ankommt und daher keine Preisangaben aufweist. Zweitens muß er ein Aufgabebuch führen, worin er alle Aufträge nach Eingang aufführt und welches man, weil dasselbe mit der geschäftlichen Buchhaltung nichts zu schaffen hat, **Factoren-Aufgabe-Buch** (s. b.) nennen kann. Drittens ist ihm ein Verzeichniß der Gehülfen in Form eines **Gehülfenbuches** (s. b.) erforderlich und viertens muß seiner Aufsicht das **Lehrlingsbuch** (s. b.) unterstellt sein. — Um dem Factor bei seinem Eintritt in ein neues Geschäft die Kenntniß des Materials zu erleichtern, ist es zweckmäßig, wenn derselbe eine oder zwei Wochen vor dem Abgange des bisherigen Factors eintritt, damit er unter dessen Anleitung sich mit allem bekannt machen kann. — Seitens des Prinzipals ist es unter allen Umständen ein schlecht verstandenes Interesse, vom Factor zu verlangen, daß er so viel wie möglich sich am Kasten beschäftigt, zumal wenn das Geschäft derart ist, daß dasselbe einen Factor nöthig hat. Der Factor kann seinen Verpflichtungen nur nachkommen, wenn er in der Erfüllung derselben nicht behindert wird, wenn er aber einen Theil seines Gehaltes noch aus dem Kasten herausholen soll, so muß er die Leitung des Geschäfts zum Nachtheile desselben vernachlässigen. Im Interesse des Besitzers muß sein Factor den Maschinen und Pressen seine stete Aufmerksamkeit zuwenden und darauf achten, daß dieselben nicht unnöthigerweise stehen; ebensowohl hat er die Arbeiten der Setzer unablässig zu überwachen und muß hierbei wohl nachsehen, daß alles seine Ordnung hat, denn durch Zwiebelfische und Beschädigung des Materials kann viel Schaden angerichtet werden.

Factor, Drucker-, s. Druckerfactor.

Factoren-Aufgabe-Buch. Dieses Buch, zu welchem auf Seite 318 ein Schema abgedruckt, ist das unentbehrlichste Hülfsbuch, ein Vademecum in der vollsten Bedeutung des Wortes, für einen Factor, denn mit Hülfe desselben kann er sich jeden Augenblick über den Stand seiner vorliegenden Arbeiten unterrichten und sich immer auf dem Laufenden erhalten. Das Buch enthält 13 Colonnen mit folgendem Inhalt: 1) Datum der Bestellung, 2) Laufende Nummer, 3) Name und Wohnort des Auftraggebers, 4) Gegenstand, 5) Auflage, 6) Papier (Art desselben), 7) Preis des Papiers, 8) Setzerpreis, 9) Druckerpreis, 10) Correcturen (ob Vergütung dafür, was für die Calculation von Belang), 11) Calculation, 12) Datum der Ablieferung, 13) Bemerkungen. — Selbstredend ist dieses Buch nur zur Orientirung des Factors bestimmt, kann aber ebensowohl bei der Uebertragung in die übrigen Bücher benutzt werden.

Factoren-Inventar-Buch. Das Inventar-Buch für den Factor hat den Zweck, denselben auf der Stelle über einen Gegenstand des Materials in der Weise Kenntniß zu verschaffen, ob derselbe zur Zeit im Gebrauch oder verfügbar ist, wie viel Schrift vorhanden, ob dieselbe eingelegt, und in welche Kasten? oder aufgestellt ist und wo? von welchen Setzern diese oder jene Kasten im Gebrauch sind u. s. w. Der Factor eines kleinen Geschäfts bedarf eines solchen Buches nicht; dem einer mittleren mag dasselbe schon treffliche Dienste leisten, während es dem Factor einer größeren und großen Druckerei unentbehrlich ist. In neun Colonnen giebt es über folgende Verhältnisse Aufschluß: 1) Gegenstand, 2) bezeichnet als Nr., 3) Gewicht, 4) eingelegt in die Kasten Nr., 5) aufgestellt in den Kasten Nr., 6) befindet sich in, 7) in Gebrauch von, 8) außer Brauch, 9) Bemerkungen. Da dieses Buch mit dem Inventarbuche der Geschäftsleitung nichts gemein hat,

Factoren-Aufgabe-Buch

1	2	3	4	5	6	7	8	9	10	11	12	13
Datum der Bestellung	Laufende Nr.	Name und Wohnort des Auftraggebers	Gegenstand	Auflage	Papier	Preis des Papiers	Satzpreis	Druckerpreis	Correcturen	Calculation	Datum der Ablieferung	Bemerkungen
Jan. 8.	40	Chemische Fabrik hier	Factura	1000	Post Nr. 4	17.10	9.50	10.—	—	M. 53.75	Januar 12.	3 Seiten Querlinien

vielmehr einzig zur Orientirung des Factors dienen soll, so bedarf es in demselben keiner Preisangabe der gebuchten Sachen. Ein Register nach Nummerordnung ist zu diesem Buche zu empfehlen, s. Schema S. 320.

Factor-Gehülfe ist ein Setzer, welcher dem Factor zur Unterstützung beigegeben ist und dessen Anordnungen auszuführen hat. Es wird meistens zu diesem Posten ein jüngerer Accidenzsetzer von Befähigung, strenger Pünktlichkeit, unbedingter Solidität und Zuverlässigkeit genommen.

Factor, Ober-, s. Oberfactor.

Factor, Papier-, s. Papierfactor.

Factor, Setzer-, s. Factor.

Factor, Unter-, s. Unterfactor.

Factor, Vice-, s. Unterfactor.

Factorzimmer ist das für den Aufenthalt des Factors bestimmte Gemach, dessen beste Lage die zwischen Setzer- und Druckersaal ist; wo dies aber nicht zu ermöglichen, muß es mit der Setzerabtheilung in Verbindung stehen. Zu seinen Requisiten gehören ein Pult, ein Schreibtisch, ein anderer geräumiger Tisch, ein Repositorium für Papier und ein Bücherrick.

Factor, zweiter, s. Unterfactor.

Factura ist eine Begleitrechnung bei Waarensendungen, eine Briefrechnung, welche als Druckgegenstand bei der Buch- und Steindruckerei zu den am häufigsten vorkommenden Accidenzen gehört, und bei deren Herstellung meistens viel Sorgfalt verwendet werden muß, weil der Geschäftsmann sie als Empfehlungskarte ansieht. Sie kommt als eine Seite, als halber Quartbriefbogen vor, und besteht dann aus Kopf und Fuß; der Kopf nimmt beinahe die Hälfte des Papiers ein und sind bei seiner Herstellung die strengsten Regeln des Titelsatzes vorwalten zu lassen. Das Wort Factura hat man heute vielfach als schön verzierte Polytype, doch muß man sich in der Wahl dieser Hauptsache nach dem Geschmack des Auftraggebers richten, denn nicht jeder findet Geschmack an bunt verschnörkelten. Der Fuß bildet die Rechnung und ist durch eine feinfette oder feinfettfeine Linie vom Kopf abzutrennen. Werden die Querlinien gedruckt, so sind dieselben mit den Längslinien zugleich zu setzen und Punktlinien dazu zu nehmen. Wo eine Liniirmaschine vorhanden, ist das Setzen der Querlinien überflüssig, und in Ermangelung der letztern ist es vortheilhaft, dieselben von einem Liniirer herstellen zu lassen, falls ein solcher sich am Orte befindet. In anderer Weise erscheint die Factur dreiseitig, als erste, zweite und dritte Seite, so daß die erste Kopf und Anfang der Rechnung, die zweite und dritte Seite die Fortsetzung der Rechnung bilden, die letzte Seite aber unter allen Umständen weiß bleibt. Auch hier hat jede der vollen Seiten mit einer Kopflinie von feinfettem oder feinfettfeinem Auge zu beginnen und thut man hier wohl, falls die Querlinien nicht mit einer Liniirmaschine hergestellt werden, dieselben besonders zu setzen, weil die Herstellung der Querlinien zugleich mit den Längslinien bei größeren Flächen viel Zeit in Anspruch nimmt. Eine dritte Art der Factur ist die des Briefes auf der ersten und der Rechnung auf der dritten Seite, so daß, falls diese auf einmal oder in einer Form gedruckt werden soll, Plano-Papier dazu verwendet werden muß. Bei dieser Art Factur, wo nur eine Rechnungsseite vorhanden, ist es wiederum vortheilhafter, die Querlinien, falls dieselben gedruckt werden müssen, mit den Längslinien zugleich zu setzen, weil andernfalls ein zweimaliger Druck erforderlich ist. Dem Drucker ist übrigens auch bei der Factur die streng pünktlichste Genauigkeit und die sorgsamste Zurichtung zur Pflicht zu machen.

Factoren-Inventar-Buch

1	2	3	4	5	6	7	8	9
Gegenstand	bezeichnet als Nr.	Gewicht	eingelegt in die Kasten Nr.	aufgestellt in den Kasten Nr.	befindet sich in	im Gebrauch von	außer Brauch	Bemerkungen
Corpus Fractur	9	800 Ko.	41—48	......	Setzsaal Gasse 4	Jonas	......	
Schnellpresse	1	......	......	......	Maschinensaal	Brandt	......	
Handpresse	4	......	......	......	do.	Albrecht	ja	
fl. Canon Antiqua	66	15 Ko.	......	250	Setzsaal Regal 8	......	......	

Fahne kommt als technisch=typographischer Ausdruck zweimal vor, und zwar erstens als Correctur, wo man den Abzug eines Satzes, der als längeres Stück gesetzt ist, eine Fahne oder Correcturfahne nennt; dann zweitens heißen bei dem Tabellendruck in der Handpresse die aus Holzspahn gemachten Träger im Rähmchen, welche die großen Felder des Tabellenfußes zu bedecken bestimmt sind, um den Bogen vor Schmutz zu sichern, Fahnen.

Fahrt heißt das Einfahren und das Ausfahren des Karrens mit dem Fundament bei der Handpresse, welches bei der Buchdruckpresse mittelst Gurten oder Riemen, welche über eine Walze liegen, bei der Steindruckhandpresse mit Hülfe einer Walze, auf welcher der Karren ruht, und durch Umdrehung derselben, bewerkstelligt wird.

Farbe ist der technische Ausdruck in der Buchdruckerei für den Gegenstand, welcher im gewöhnlichen Leben als Schwärze oder Buchdruckerschwärze bezeichnet wird. Sie besteht aus durch Sieden zu Firniß verdicktem Leinöl, Ruß, Terpentin, Venetianischer Seife u. a. m., welche Theile je nach der Qualität bei der Fabrikation verschiedenartig zusammengesetzt werden. Der Ruß wird in den Fabriken mittelst Petroleums oder Fischthrans gewonnen. Ehedem bereiteten sich die Buchdrucker ihre Farbe selbst und gewissermaßen war es für die Drucker ein Festtag, wenn sie zum Firnißkochen aus dem Thore hinaus auf das freie Feld zogen, weil diese Beschäftigung innerhalb der Stadtmauern nicht gedultet wurde; dem lustigen Leben und Treiben bei dem Firnißkochen, wobei stärkende Sachen wie Schnaps und Bier und Eßwaren nicht fehlen durften, folgte nachher aber die Qual, und diese bestand in dem Farberühren, d. h. in der Bewirkung der Verbindung des Rußes mit dem Firniß, welches mittelst einer Holzkeule durch beständiges Verrühren der beiden Substanzen erzielt wurde. Die Zeit, wo sich der Buchdrucker seine Farbe selbst bereiten mußte, liegt uns übrigens gar nicht so fern; wenn sich die Farbebereitung als Fabrikations= und Handelsartikel auch schnell ausdehnte, so gab es doch in den letztverflossenen fünfziger Jahren noch manche Buchdrucker, welche es vorzogen, ihre Farbe selbst zu bereiten. Die erste heute noch bestehende Farbefabrik war die von Christian Hostmann in Celle, Hannover. Gegenwärtig besitzt Deutschland deren schon eine bedeutende Zahl, so namentlich Gebr. Jänecke & Fr. Schneemann in Hannover, Kast & Ehinger in Stuttgart, Fischer, Naumann & Co. in Ilmenau, Thüringen, Frey & Sening in Leipzig, Sattler in Schweinfurt, Schramm in Offenbach, Magnus & Co. in München, G. Hüsgen & Co. in Offenbach (Farbenwerk Naßmühle bei Hanau), Rob. Gysan, Oberlößnitz, Dresden. In Frankreich nimmt die Fabrik von Ch. Lorilleux Fils ainé einen hervorragenden Rang ein und für England die von John Kidb & Co. in London und A. B. Fleming & Co. in London. — Die Verschiedenheit der Farbe ist heutzutage eine gar große. Zuerst zerfällt sie in Schnellpressen= und Handpressen=Farbe (für erstere muß sie die Eigenschaft der raschen Lösbarkeit von der Form besitzen), dann in Prachtdruckfarbe, feine Werkfarbe, feinste Illustrationsdruckfarbe, Zeitungsmaschinenfarbe und Zeitungs=Handpressenfarbe, welche sich dann noch wieder in verschiedene Nummern classificiren. Von der Buchdruckfarbe ist verschieden die Steindruckfarbe, welche im allgemeinen fetter und stärker sein muß; sie unterscheidet sich wieder in Schnellpressenfarbe, in Federdruck=, Gravir= und Kreidedruckfarbe. Anderartig wie Buchdruck= und Steindruckfarbe muß dann noch die Kupferdruckfarbe bereitet sein. — Das Kapitel der Farben ist bekanntlich ein nie endendes; es ließe sich eigentlich darüber gar viel sagen. Fragen wir in den meisten Druckereien an, mit was für Farben sie arbeiten und wie sie damit zufrieden sind, so erhalten wir nur in den allerseltensten

Fällen eine positiv günstige Antwort; die Farbe von gestern ist heute nicht mehr gut, die vorzügliche wird mittelmäßig, die gute — schlecht, die mittelmäßige total unbrauchbar. Untersuchen wir die Sache etwas näher, so müssen wir allerdings in erster Linie den betreffenden Druckereien selbst die Schuld beimessen. Da die Zeiten vorbei sind, wo man wenig oder gar nicht nach dem Preise der Farbe fragte, sondern nur schnelle und gute Lieferung bedingte, und man jetzt nothgedrungen dieselben Bedingungen stellt bei bedeutend herabgeschraubtem Preise, so liegt wohl klar zu Tage, daß dies billigerweise nicht gut möglich ist. Man handelt und drückt die Folge ist, daß die Fabrik oder deren Vertreter in zweiter Linie die Schuld auf sich nimmt, indem die- oder derselbe um jeden Preis das Geschäft machen will. Wir wissen ja alle selbst aus eigener Erfahrung, daß denjenigen Arbeiten, die unter dem Drucke billigster Herstellung leiden, nicht jene Aufmerksamkeit zugewendet wird — sie werden eben als Alltagsware behandelt, und man würde recht gern die Druckfirma weglassen — so auch in obigem Falle. Darum spare man im Preise bei den Farben zuletzt, man spare in der Verarbeitung, man lege den Maschinenmeistern und Druckern dies ans Herz und der Vortheil ist auf Seite der Druckerei, denn bei keinem andern Artikel kann so gespart und so verwüstet werden, wie gerade bei den Farben. Der zweite Uebelstand, respective die dritte Ursache der Klagen fußt in dem fortwährenden Wechsel der Farben-Quellen. Weit größer als das erste Uebel ist dieses. Man strebe so viel als möglich dahin, nur einen Farbe-Lieferanten zu haben; dieser wird es sich wohl angelegen sein lassen, jedem Tadel im voraus zu begegnen, indem er nur gute Ware liefert, der Drucker oder Maschinenmeister kennt andererseits seine Farben, er weiß sie zu behandeln, er braucht nicht zu experimentiren, und der Vortheil ist auch hier auf Seite der Druckerei. Gerade in diesem Punkte werden die meisten Fehler begangen, die dann auf das Kerbholz der Farbenfabrik geschrieben werden. Der größte Theil der Druckereien, wir dürfen dies wohl behaupten, ist schwankend, wer die beste Farbe liefert und doch sagt jeder der Farbenfabrikanten, seine Farbe ist die vorzüglichste und jeder der vielen Fabrikanten findet auch in Annoncen oder sonstigen Reclamen seinen Lobsprecher. Der dritte und größte Uebelstand ist der von einigen Farbenlieferanten beliebte indirekte Verkehr auf Umwegen mit den Maschinenmeistern oder Druckern selbst. Dadurch wird den redseligen Farben-Reisenden jener verdächtigende Stoff geliefert, den sie jahraus jahrein jedem zum besten geben, der über die Unbrauchbarkeit ihrer Farbe spricht. Summiren wir gesagtes, so resultirt daraus: Bezug von nur guten Farben, Concentrirung der Bezugsquellen in eine Hand, respective eine Fabrik und strenge Hintanhaltung jedes indirekten Verkehrs.

Farbebehälter ist an dem Farbewerk der Schnellpresse das kastenartige Gefäß mit dem Ductorcylinder und dem Messer-Lineal, welches die Farbe aufnimmt und an den Ductorcylinder abgiebt.

Farbebrett ist bei der Buchdruck-Handpresse ein auf dem Farbetisch entweder in schräger Richtung angebrachtes oder gerade liegendes, etwa 12—15 Cm. breites Brett, dessen Längenausdehnung sich nach der Breite des Farbetisches richtet. Es dient zum Ausstreichen der Farbe und beim Farbenehmen hat die Auftragewalze von diesem Brett ab sich mit neuer Farbe zu versehen.

Farbedruck oder Buntdruck nennen wir bei der Buchdruckerei eigentlich all dasjenige, was außer schwarz mit bunter Farbe oder auch mehrfarbig gedruckt wird, doch müssen wir drei ganz verschiedene Arten des Farbendruckes der Buchdruckpresse unterscheiden, nämlich 1) den Gemäldedruck (s. d.), sonst auch Chromotypographie oder Holzschnittfarbendruck genannt, 2) den Umrißfarben-

druck (s. d.) ober Contourendruck, und 3) ben Liniarfarbendruck (s. d.). Be=
treffs ber Verfahrungsweisen bei Herstellung dieser drei Arten des Farbendruckes
nach der betreffenden Stelle verweisend, wollen wir hier nur dasjenige behandeln,
was im allgemeinen bei dem Farbendruck zu beobachten ist. Vor allem ist bei dem=
selben bie größte Reinlichkeit vorwalten zu lassen. Die Walze barf in keiner
ihrer Poren etwas anderartige Farbe enthalten, als die, wozu sie benutzt werden
soll. Das allein sichere Reinigungsmittel ber Walze ist Terpentinöl. Wo vielfach
Buntdruck vorkommt, ist es gerathen, zu jeder Farbe immer eine und dieselbe
Walze zu nehmen. Auch leistet beim Buntdruck an ber Handpresse die Leim= und
Syrupmasse ber Walzen, vorausgesetzt, daß beide Bestandtheile von guter Be=
schaffenheit sind, viel bessere Dienste, als die aus ber sogenannten englischen
Masse gefertigten, welche unter Umständen gar nicht zu gebrauchen sind. Ebenso
muß die Rahme untadelhaft rein sein, die Formatstege und die Platte ober die
Form dürfen nicht ben geringsten Schmutz an sich haben. Das Rähmchen muß
zumal neu verkleistert sein, bamit nicht etwa ber Schmutz von einer frühern Form
sich auf die Stege zurücksetzt. Der geringste Schmutz von ber Auftragewalze aufge=
nommen und von ihr mit ber richtigen Farbe verrieben, würde diese unbrauchbar
machen, ja selbst die ganze Zurichtung verderben. — Bei Paßformen (s. b.)
ist ben Punkturen die größte Sorgfalt zuzuwenden; während des Druckes sind
dieselben unbedingt nicht zu verändern. Bei mehr als zweimaligem Druck thut
man wohl baran, vier Punkturen anzusetzen und sind die Schlitzpunkturen ben
gewöhnlichen vorzuziehen. — Die Beschaffenheit ber Farbe in Bezug auf ihre
Stärke ober Schwäche muß sich barnach richten, ob der betreffende Gegenstand
auf der Hand= ober Schnellpresse hergestellt werben soll, denn bekanntlich muß
das Papier bei letzterer sich leicht von ber Form ablösen und die Farbe barnach
eingerichtet sein. — Das Anreiben ber trockenen Farben, seien sie in
Staub ober Hütchen, ist nicht nur ungemein zeitraubend, indem die bisherigen
Farbemühlen ihren Zweck nur nothdürftig erfüllen, es ist bies auch verschwende=
risch, daß begriffen die Farbenfabrikanten und verlegten sich auf den Verkauf
angeriebener Farben. So viel lobenswerthes barüber auch gesagt wurde, bahn=
brechend traten sie nie auf und immer und immer wieder beherrschten die trockenen
Farben, namentlich bei ben Handpressen, bas Terräng. Ganz anders gestaltet sich
die Situation burch bas Hervortreten ber sogenannten Teigfarben, mit welchem
Fabrikate bie Firma Frey & Sening in Leipzig zuerst auftrat. Die Teigfarben
sind als Quintessenz unter ben Farben im allgemeinen ein Fortschritt. Allerbings
ist bem Drucker jene Gewohnheit benommen, die Reste ber diversen Farben in Pa=
pierchen zu wickeln und in seinen Schubladen aufzustapeln, um für so lange bort
aufbewahrt zu bleiben, bis sie ben Weg alles irbischen gehen und baher ist fo
manche Opposition zu überwinden, ber consequente längere Gebrauch wird jedoch
alle widerspänstigen Elemente zum Schweigen bringen. Auf Farbenproben, zumal
wenn sie auf mattem Kreidepapier gedruckt sind, eine Sorte Papier, die beinahe
nie im geschäftlichen Leben zur Verwendung gelangt, ist in ber Regel nicht viel
ober auch gar nichts zu geben, wir sprechen lieber, weil wir die praktische Anwen=
dung kennen, von ben Teigfarben, denn biesen haben wir sie gründlich gemacht
und zollen benselben unsern besten Beifall. Die Teigfarben haben außer bem großen
Vortheil ber burch und burch feinen Reibung, welche wir nur mit bem Steine
erzielen können, auch ben Vorzug, daß man sie beliebig verdünnen und ebenso
gut zu Glacee= und Ton=, wie Tabellendruck in jebem Momente verwenden kann.
— Den Ursprung des Linearfarben= und Umrißfarbendruckes verdanken wir
jedenfalls Peter Schöffer, denn die zweifarbigen Initialen im Psalter von

21*

1457 sind gedruckt, und somit ist Timperley im Irrthum, wenn er als Urheber einen Deutschen namens Mair bezeichnet, was aber wohl eine Verwechselung ist und Burgkmair sein soll, welcher zu Anfang des sechszehnten Jahrhunderts farbige Holzschnitte druckte, während der Italiener Ugo da Carpi erst 1518 damit hervortrat. Die Druckmanier des letztern nannten die Italiener Chiaroscuro (Helldunkel), sie waren aber keineswegs Drucke in grau und weiß, denn wenn man auch in der ersten Zeit selten mehr als drei Farben verwendete, dazu oft ein dunkelfarbiges Papier wählend und hellere Farben und weiße Lichter aufsetzend, so kamen doch auch braun, blau und grün in Anwendung — nur gelb und roth scheint man vermieden zu haben. Einen in acht Farben gedruckten Holzschnitt von 1520 hat vor einigen Jahren der kürzlich in Paris verstorbene gelehrte Antiquar und Buchhändler Edwin Troß entdeckt, darstellend das mit Ornamenten umgebene Wappen des Cardinals Lang von Wellenburg, Erzbischofs von Salzburg, und eingebunden in Hunds Metropolis Salisburgensis, jedenfalls eine seltene Ausnahme von der Regel und ein höchst kostbares Kleinod aus der ersten Zeit des Farbeholzschnittdrucks. Sicher ist, daß Holzschnitte von Lukas Cranach 1509, von Hans Baldung Grien in demselben Jahre, und von Hans Burgkmair 1512 in mehreren Farben gedruckt wurden, während da Carpis erster Druck aus dem Jahre 1518 datirt. Es gebührt also auch auf diesem Gebiete der Kunst Deutschland die Ehre der Erstlingsschaft. Aber wie der Holzschnitt selbst, der nach und nach ganz verfiel, zuerst wieder in England zu Ehren gebracht ward durch Bewick in der zweiten Hälfte des vorigen Jahrhunderts, von da zurück nach Deutschland wandernd, so erging es auch dem Farbendruck, der im selben Lande zuerst wieder cultivirt ward durch Kirkall und Jackson, und einen vorzüglichen Meister fand in Savage, dessen Farbendrucke in seinen „Practical Hints on Decorative Printing" (London 1822) noch heute als hervorragende Leistungen im Farbendruck auf der Buchdruckpresse gelten. Das höchste im Farbendruck hat der Engländer G. Baxter in seinem „Album: or Cabinet of Paintings" (London 1837) geleistet. — Die Geschichte des Gemäldedrucks auf der Buchdruckpresse beginnt um 1823, wo der Engländer Applegath zuerst mehrfarbige Bilderbogen druckte. Nach und nach auf dem Wege allgemeiner Vervollkommnung vervollkommnete sich diese Kunst und nahm man dazu Holzschnittplatten. Zu diesem Verfahren gab den ersten Anlaß der im Jahre 1876 verstorbene Silbermann (s. b.) in Straßburg, welcher dadurch, daß er die verschiedenen Farben geschickt auf in Holz geschnittene Platten vertheilte, mit 14 Platten, durch Aufdrucken einer Farbe auf und neben die andere, 23 verschiedene Schattirungen in einem und demselben Bilde hervorbrachte, ein Verfahren, welches Hirschfeld in Leipzig 1840 bei seinem großen Prachtblatte zur Jubelfeier der Erfindung der Buchdruckerkunst noch dadurch verbesserte, daß er die Platten im Wege der Metallhochätzung erzeugte und den Reliefdruck dabei anwendete. Ein Meister im Farbendruck, hat Silbermann eine ganze Schule tüchtiger Holzschnitt- und Farbendrucker herangebildet und ihm oder doch seinem Einfluß ist unstreitig ein wesentlicher Antheil an der Entwickelung des Farbendruckes in Deutschland und Oesterreich zuzuschreiben, obgleich er, wo es die Farbe gestattete, das Blei- und Kupferclichee dem leicht veränderlichen Holze vorzog. Der Stätten, wo sich der Gemäldedruck derart herausgebildet hat, daß sie zur Specialität wurde, giebt es indeß, der Beschränktheit ihres Wirkungskreises halber, auch jetzt noch nicht viele; Ludw. Lott in Wien, Gebrüder Benziger in Einsiedeln, Schwann in Neuß, heißt so ziemlich alle die Kunstanstalten nennen, welche sich heute dem Gemäldebruck auf der Buchdruckpresse entweder ganz gewidmet haben, oder ihm doch einen hervorragenden Platz gewährten in ihren Ateliers.

Farbeeisen. Dieses Instrument dient zum Ausstreichen der Farbe auf das Farbebrett oder in Ermangelung dessen auf den Farbetisch, sowie zum Ueberführen von Farbe aus dem Faß nach dem Farbebehälter der Schnellpresse oder dem Farbekasten der Handpresse. Sonst wird es auch Farbelöffel oder Farbespatel genannt. Es besteht aus einem halbkreisförmigen, etwa anderthalb Mm. starkem, mit einem Holzgriff versehenen Eisen, dessen untere gerade Fläche ganz dünn ist und an dieser Fläche eine Ausdehnung von 12 Cm., sowie von unten bis zum Holzgriff eine Höhe von ebenfalls 12 Cm. hat.

Farbekasten ist an dem Farbetisch der Buchdruckhandpresse der Farbebehälter am obern Ende desselben, ein kastenartiges Gefäß von der Ausdehnung der Breite des Farbetisches, hat eine Breite von 12 Cm. und eine Tiefe von etwa 8 Cm., ist meistens in drei Abtheilungen geschieden für starke, mittlere und schwache Farbe. Diese Abtheilungen sind mit Deckeln zum Zulegen versehen zu dem Zwecke, daß die in dem Behälter enthaltene Farbe vor Staub und Schmutz geschützt ist.

Farbelöffel, s. Farbeeisen.

Farbemischung. Bei dem Farbedruck ist außer der Kenntniß der Farben, deren jede wir an betreffender Stelle beschreiben, eine Kenntniß der Mischung derselben erforderlich, denn aus den Grundfarben lassen sich verschiedene Töne und Nüanßen erzielen. Die drei Hauptfarben sind roth, gelb und blau, mit welchen man alle Nüanßen mischen kann. Die Mischungen selbst werden wie folgt vorgenommen: R o t h. Zinnober, Carmin, Carminlack und Münchnerlack. Mischungen: Hellroth: Zinnober und Oker zu gleichen Theilen entweder mit gebleichtem Firniß oder mit Balsam und Venetianischer Seife angerieben und in letzterm Falle mit Terpentin verdickt. Rosa: Cochenillelack und Kremnitzerweiß zu gleichen Theilen in Spiritus gelöst und mit hellem Firniß und Venetianischer Seife angerieben, sowie mit Terpentin verstärkt. Das mehr oder weniger des Kremnitzerweiß lichtet oder dunkelt die Nüanße. — G e l b. Chromgelb; Oker; Gummiguttae. Mischungen: Schwefelgelb: Gummiguttae in Eiweiß und Firniß angerieben. Dunkelgelb: Chromgelb 60 Theile, rother Zinnober 30 Theile, Kasselerbraun 10 Theile, in Leinölfirniß angerieben. Orangegelb: Chromsaures gelbes Bleioxyd mit etwas rothem Zinnober in Leinölfirniß zubereitet, oder rother Zinnober 60 Theile, Chromgelb 40 Theile in Spiritus gelöst, mit Balsam und Venetianischer Seife zubereitet und durch Zusatz von Terpentin verstärkt. Gelber Ton: Feinstgeschlemmten Oker mit ein wenig Kremnitzerweiß in gebleichtem Firniß angerieben; dieser Ton ist leicht zu verarbeiten und hat die Farbe des Chinesischen Papiers. Ein anderer gelber Ton ist herzustellen aus Kupferwasser=Pulver, welches mit Arabischem Gummi und Balsam verrieben und mit Terpentin verdickt werden muß. — B l a u. Pariserblau; Indigo; Miloriblau; Ultramarin u. s. w. Mischungen: Azur= oder Himmelblau: Pariserblau 60 Theile, Kremnitzerweiß 40 Theile in Spiritus zu lösen, mit Copaivbalsam zu bereiten und durch doppelten Terpentin zu verstärken, oder Miloriblau und Kremnitzerweiß zu gleichen Theilen mit Venetianischer Seife und feinst gebleichten Firniß anzureiben und mit Terpentin zu verstärken; durch mehr oder minder weiß in der Mischung tritt die Nüanße dunkler oder heller auf. Dunkelblau: Indigo mit ein wenig Pariserblau; der Indigo ist in Spiritus aufzulösen und mit gebleichtem Firniß zu bearbeiten. — G r ü n. Kaisergrün; grüner Zinnober; Chromgrün. Mischungen: Ein schönes grün wird durch Kaisergrün erzielt, welches mit Firniß leicht zu verreiben ist. Ein anderes, noch hübscheres grün giebt feinster Grünspan zu

90 Theilen und Chromgelb zu 10 Theilen; der Grünspan muß in Weinessig aufgelöst werden, wozu vierundzwanzig Stunden erforderlich sind, und dann sind beide Theile mit sehr starkem Firniß zu verreiben; die Verreibung ist leicht, das Drucken dieser Farbe auch mit keinen Schwierigkeiten verbunden, aber es ist wohl zu beachten, daß diese eben die giftigste und gefährlichste fast aller Farben ist. Hellgrün: hellgrüner Zinnober mit einer Kleinigkeit Chromgelb und etwas Miloriblau in Leinölfirniß angerieben, oder Chromgrün mit Arabischem Gummi und Capaivbalsam angerieben und mit Terpentin consistirt; trocknet so außerordentlich schnell, daß bei Anwendung dieser Farbe allstündlich sämtliche Gegenstände gereinigt werden müssen. Blaßgrün: Chromgrün 70 Theile und Kremnitzerweiß 30 Theile, ist mit Arabischem Gummi und Copaivbalsam anzureiben und mit Terpentin zu verstärken, trocknet ebenfalls schnell. — Braun. Kasselerbraun; Umbra; Todtenkopf (Caput mortuum); Säpia. Mischungen: Hellbraun: Säpia in hellem Firniß angerieben oder in Ermangelung dessen feinst geschlemter Todtenkopf 30 Theile, gelber Ofer 60 Theile, Lampenruß 10 Theile mit Firniß angerieben. Zinkweiß 60 Theile, rother Zinnober 30 Theile, gebrannter Ruß 10 Theile in Spiritus gelöst und mit Firniß anzureiben. Münchener Cochenillelack 60 Theile, Todtenkopf 20 Theile, Indigo 15 Theile, Chromgelb 15 Theile, in Copaivbalsam anzureiben und mit Terpentin zu verstärken, ist das eleganteste, aber auch zugleich das kostspieligste Hellbraun. Gewöhnliches oder dunkleres Braun erhält man aus feinem Umbra, welcher mit Leinölfirniß angerieben werden muß, oder aus rothem Zinnober zu 90 Theilen und gebranntem Lampenruß zu 10 Theilen, welche Theile in Spiritus aufzulösen und mit Firniß anzureiben sind, oder drittens: Todtenkopf 90 Theile, Kasselerbraun 10 Theile, in Firniß anzureiben. — Grau erhält man durch eine Mischung von: Münchener Cochenillelack 40 Theile, Zinkweiß 40 Theile, Miloriblau 10 Theile, Schwarz 10 Theile, in Spiritus zu lösen und mit Firniß anzureiben, eine Farbe, welche neben blau vielfach beim Querliniendruck Verwendung gefunden hat. — Die Anilinfarben sind in Spiritus aufzulösen und mit Firniß anzureiben, dürfen aber nicht lange dem Lichte ausgesetzt sein und müssen daher nur in geringen Partien zubereitet werden. — Weiß ist am besten zu erzielen aus Kremnitzerweiß in Spirituslösung und Verreibung mit hellgebleichtem Firniß. — Beim Farbendruck auf der Buch- oder Steindruckpresse gelangt man am schnellsten, sichersten und billigsten zum Ziele, wenn man immer die feinsten und theuersten Farbekörper in Gebrauch nimmt.

Farbemühle ist ein kleines Instrument, welches man vielfach in Buch- und Steindruckereien zur Verreibung bunter Farben anwendet, wozu auf einander wirkende Steine, das allgemeine Prinzip der Mühlen, die Kraft hergeben. Die Verreibung der Farbe auf einer Mühle dieserart ist aber sehr mangelhaft und steht der Handverreibung noch nach.

Farbe nehmen bezieht sich auf das Auftragen der Farbe bei der Buch- und Steindruckhandpresse und bedeutet, die Walze auf das neue mit Farbe versehen, wenn der Abdruck blaß zu werden beginnt. Der Aufwalzer hat zu diesem Zwecke die Walze dem Farbeausstrich auf dem Farbebrette oder auf dem Farbetisch, oder der Farbewalze zuzuführen und sie an der Farbe lecken zu lassen, was ein kreischendes Geräusch verursacht und ihm die Gewißheit giebt, daß dieselbe Farbe empfangen, welche er nun unter beständigem Auf- und Abfahren mit der Walze auf dem Farbetisch und unter Absetzen zu verreiben hat.

Farbencontrast. Der Farbencontrast beim Farbendruck besteht nach Chevreuil in folgendem: wenn das Auge eine einzige Farbe betrachtet, so hat es immer die Neigung, ihre Complementärfarbe zu sehen, b. h. diejenige, welche mit ihr verbunden, sie dunkler färben würde, so daß zwei entgegengesetzte Farben sich heben.

Farben-Lithographie, s. Chromolithographie.

Farbereibemaschine dient zur Verreibung bunter Farben, welche dieselbe mittelst eines Walzwerkes bewerkstelligt. Sie leistet solchen Geschäften, welche viel mit Farbedruck zu thun haben und sich die nöthige Farbe selbst bereiten, vortreffliche Dienste, indem sie das mühevolle, zeitraubende, kostspielige und doch immer unsichere Farbereiben mit der Hand überflüssig macht. Die Verreibung der Farbe mittelst einer solchen Maschine ist untadelhaft. Dieselbe wird gebaut von der Dingler schen Maschinenfabrik in Zweibrücken und von Fritz Jänecke in Charlottenburg.

Farbereiben. Unter Farbereiben versteht man die Zubereitung der bunten Farben zur Druckfähigkeit, welches durch Verbindung der Farbenkörper mit der klebenden Substanz erreicht wird. Es geschieht dieses, ebenso wie beim Maler, mittelst Reibens auf dem Farbestein mit einem sogenannten Läufer. Es ist eine mühevolle Beschäftigung dieses Farbereiben, aber ebenso wenig zu umgehen, wenn man nicht im Besitze einer Farbereibemaschine oder Farbemühle ist.

Farben-Reliefdruck oder Farben-Präge- oder Hochdruck ist ein solcher, bei dem die Zeichnung oder das Bild erhaben zutage tritt, die Umrisse aber farbig erscheinen. Gegenstände dieser Art, welche uns tagtäglich vor die Augen treten, sind Briefsiegelmarken, Stempelmarken und Postmarken. Die Zeichnung muß in dieser Platte vertieft sein und die mit Farbe zu druckenden Umrisse haben eine gerade, ebene Fläche zu bilden. Diese Art Druck gehört der Handpresse an, und sind die Platten groß, so leisten die Columbiapressen vortreffliche Dienste, weil diesen die meiste Kraft innewohnt. Die Zurichtung anlangend, so muß vor allen Dingen diese Platte berart geschlossen werden, daß sie beim erfolgenden Druck unabweichlich die Mitte des Tiegels einnimmt. Auf den Margebogen wird ein blinder Abzug gemacht und dann auf der Stelle, wo die Prägung sich zeigen soll, eine Masse angebracht, welche im erweichten Zustande beim Niedergange des Tiegels die Platte ausfüllt und später im verhärteten Zustande die Form der Vertiefung beibehält. Wachs, aber noch besser Guttapercha ist die Materie hierzu; letzteres läßt sich leicht erweichen, setzt sich in die feinsten Vertiefungen ein und giebt folgeweise ein getreues Abbild, dagegen behält es nach der Verhärtung selbst wenn auch wenig bemerkbare Elasticität bei. Ueber diese Masse ein Stück feines Papier geklebt und noch ein anderes Papier als blinder Abzug darüber gelegt, fahren wir ein, üben einen scharfen Zug aus und halten ein wenig an, damit die Masse in die geringsten Vertiefungen der Gravur eindringt und sie vollständig ausfüllt. Wenn nun die Guttapercha-Unterlage auf dem Deckel fest haftet und genau in die Vertiefung der Platte einfällt, so kann mit dem Druck begonnen werden, indem die betreffende Farbe mit dem Gepräge zugleich gedruckt wird. — Soll aber das Relief eine andere Farbe, als die des Papiers haben, so muß der Druck zweimal als Paßformen und des Passens halber mit Punkturen vorgenommen werden. Zu diesem Vordruck ist eine ebene Platte von genauer Größe des Umfanges der Vertiefung der zweiten Platte erforderlich. Nachdem die Farbe des ersten Druckes getrocknet und mit der Zurichtung des Reliefs wie oben beschrieben verfahren ist, kann die zweite Farbe, die des Umrisses, und das Gepräge selbst, hergestellt werden.

Farbeplatte ist der Stein oder die Metallplatte auf dem Farbetisch, welche zur Verreibung der Farbe dient. Sonst wird auch als solche Platte die glatt gehobelte Oberfläche des Farbetisches benutzt; unter allen Umständen leistet der Lithographiestein für diesen Zweck die besten Dienste, welcher selbst dem Marmor vorzuziehen ist. Auf dieser Farbeplatte setzt sich der Schmutz der Farbe ab und muß daher oft gereinigt werden. Bei dem Lithographiestein oder einer Zinkplatte kann man zu diesem behuf Petroleum oder Seifenlauge anwenden, bei der Holzplatte darf die Reinigung nur mit Terpentinöl vorgenommen werden.

Farbe, schwache, s. Farbe.

Farbe, starke, s. Farbe.

Farbestein dient zum Anreiben bunter Farben und besteht aus einer polirten Marmorplatte. Der Farbestein muß stets reinlich gehalten und wenn er zeitweilig außer Gebrauch, bevor er fortgestellt wird, sauber gereinigt werden, wozu man sich der kalten Lauge oder der concentrirten Seifenlauge, wenn diese zu schwach sind, des Petroleums oder des Terpentinöls bedient.

Farbetisch. Die verschiedenen Wandlungen und Manipulationen, welche mit der Farbe oder der Schwärze bei der Handpresse vorgenommen werden, gehen auf dem Farbetische vor sich. Er bildet einen länglich viereckigen Tisch, der sich von einem gewöhnlichen Tisch nur durch massivern Bau unterscheidet. Seine Größe richtet sich nach dem Formate der Presse, für welche er bestimmt ist, so daß seine Länge zwischen 60—80 Cm., seine Breite etwa 50 Cm. und seine Höhe vom Fußboden ab bis zur Platte 77 Cm. beträgt. An den beiden Seiten und hinten ist er mit dünnen Brettern verkleidet, etwa 5 Cm. vom Fußboden ab mit einem den ganzen innern Raum einnehmenden Bort versehen, welches der Drucker zum Unterbringen seiner Stege, zumal der Einteilung, benutzt, und hat unter der Platte eine Schublade, welche zum Aufbewahren von Punkturen und kleinem Geräth, sowie von Revisionen bestimmt ist. Seine obere Platte besteht entweder aus starkem glatt gehobelten Holz, aus einer Zinkplatte, einer Marmorplatte oder einem Lithographiestein. Am hintern Ende der obern Platte befindet sich der Farbekasten (s. d.), in dem manchmal eine Farbewalze (s. d.) angebracht ist, und unterhalb des Farbekastens das Farbebrett (s. d.). Der Farbetisch darf sich auf seinem Platze nicht bewegen, und um dies zu erreichen, befestigt man ihn mit Schrauben an den Fußboden.

Farbewalze bei der Handpresse, ist eine glatt abgedrehte eiserne Walze von etwa 25—30 Cm. Umfang, welche in ihren beiden Achsen im Farbekasten eingelassen ist und folgeweise in ihrer Länge auch diesem Raume entsprechen muß. Auf einer Seite der Walze ist in dem Farbekasten ein verstellbares Metall-Lineal von der Länge der Walze angebracht und dieselbe an der rechten Achse der Walze außerhalb des Farbekastens mit einem Handgriff versehen. Diesen erfaßt und die Walze herumgedreht, so daß sie sich durch die Farbe des unter ihr befindlichen Kastens drängen muß, erscheint sie auf der Oberfläche ganz mit Farbe bedeckt, und vertritt hier die auf dem Farbebrett oder auf dem Farbetisch ausgestrichene Farbe, indem der Drucker beim Farbenehmen nun die Walze an der Farbewalze lecken läßt, anstatt sie der ausgestrichenen Farbe zuzuführen. Wenn die Farbewalze von Farbe entleert ist, wird sie zum Zwecke der Füllung herumgedreht, und das verstellbare Metall-Lineal dient dazu, den dünnen oder stärkern Stand der Farbe auf der Walze zu reguliren.

Farbewerk. Das Farbewerk, der Farbeapparat oder die Färberei an der Schnellpresse hat den Zweck, alle Handtierungen selbstthätig zu verrichten, welche die Zubereitung der Farbe für die Form, das Farbenehmen, die Verreibung der Farbe und die Abgabe derselben an die Form erfordern. In erster Linie unterscheidet man die Farbewerke in Tisch- und Cylinderfärbung; die erstere wird von den Engländern und den Franzosen bei ihren Constructionen fast durchgängig angewendet; in Deutschland konnte sie sich nicht vollständig einführen und erst in der neuesten Zeit haben die sogenannten Tretmaschinen das Tischfärbungssystem wieder adoptirt. Der Grund, warum die deutschen Schnellpressenbauer sich mit der ebengenannten Färberei nicht befreunden konnten, liegt hauptsächlich in der Unreinlichkeit dieses Systems: Staub und Schmutz haben mehr Zutritt, die Verreibung der Farbe ist, wenn nicht eine sehr große Anzahl von den Gang der Maschine erschwerenden Walzen angewendet wird, eine weniger vollkommene, ganz abgesehen von dem äußerst mühsamen Ein- und Ausheben der Formen und der großen Beschwerlichkeit des Corrigirens in der Maschine. Die hauptsächlich beliebte Cylinderfärbung zerfällt ihrer Natur nach in hohe und niedere, oder einfache und übersetzte. Bei der hohen Färberei liegen 8—9 Walzen über einander, von welchen die oberen zum Verreiben der Farbe, die beiden unteren aber zum Auftragen derselben dienen. Es ist einleuchtend, daß bei einer so complicirten Verarbeitung die Farbe äußerst fein und gleichmäßig vertheilt zur Form gelangt und daß mit dieser Construction die schönsten Illustrationen, Bunt- und Accidenz-Arbeiten hergestellt werden können; mit vollem Recht finden daher auch diese Maschinen ihre Verwendung in Druckereien, in welchen derartige Arbeiten häufig vorkommen. Da aber von den wenigsten Offizinen ausschließlich so feine Arbeiten verlangt werden und die Maschinen mit hoher und übersetzter Cylinderfärberei meist sehr schwer gehen, dabei neben einem Kapital an Walzenmasse und Walzen sehr viel Zeit zu ihrem Reinhalten aufgeboten werden muß — so können diese Maschinen nicht immer angerathen werden, ebensowenig wie jene mit niederer Färberei, welche keinen der angeregten Mängel zeigen, dagegen andere zutage treten lassen. Die Farbe kommt bei diesen direkt vom Ductorcylinder auf die Schnecken- oder Rädtewalze und von dieser so rasch auf die Auftragwalzen, daß eine gehörige Verreibung unmöglich ist. Allerdings genügt die ebenerwähnte Farbeverreibung für Zeitungen, gewöhnliche Werke u. dgl.; sollen aber nur hier und da einmal Illustrationen oder etwas Buntdruck vorkommen, so wird der Besitzer in gar große Verlegenheit sein. Um nun die an beiden Constructionen die so eben gezeigten Fehler zu vermeiden und die Vorzüge beider zu genießen, hat man eine Färberei verstellbar construirt und dadurch erreicht, daß man beliebig hohe Färberei anwenden und mittelst nur eines Handgriffes diese in eine niedere (und umgekehrt) verwandeln kann. Es gehören hierzu der Ductorcylinder, die Hebewalze, welche die Farbe leckt, daher auch Leckwalze oder Lecker genannt wird, und die genommene Farbe auf die Schneckenwalze oder dem nackten Cylinder überführt; der letztgenannte Cylinder wird bei seiner Reibung an der Reibewalze und den beiden Auftragewalzen durch eine Schnecke seitlich vor- und rückwärts geschoben und dadurch eine so starke Verreibung erzielt, daß selbst feinere Arbeiten damit gedruckt werden können. In dieser Art ist durch nur drei Metallwalzen und vier Massenwalzen eine äußerst vollkommene Farbeverreibung erreicht und damit die hohe Färberei geboten, die bei Zeitungen und gewöhnlichen Arbeiten, bei welchen ein rascher und sehr leichter Gang der Maschine zur Bedingung wird, nicht unumgänglich nöthig ist. Um nun die einfache Färberei und damit den leichten Gang der Maschine wieder einzuführen, sind die beiden Reibewalzen mittelst einer mechanischen Vorrichtung augenblicklich abzustellen, so daß nun die Leckwalze die vom Ductor entnommene Farbe direct an den Cylinder abgiebt.

Faulmann, ein Lehrer der Stenographie in Wien, Erfinder des Stenographischen Satzes, s. Stenographischer Satz.

Faullenzerstrich, ein Lesezeichen in der Form eines horizontal laufenden

Striches, welcher über die Mitlaute m und n gezogen wird, wenn diese doppelt gelesen werden sollen. Als Lesezeichen ist er also gewissermaßen das Merkmal der Verdoppelung. Heute wird von demselben nur noch beim Schreiben Gebrauch gemacht, aber zu Anfang unsers Jahrhunderts spielte er noch in vielen deutschen Drucken eine Hauptrolle. Er ist so alt, als die Schreibekunst und wurde von dieser auf die Buchdruckerei übertragen; seine Anwendung war aber vordem, wo man nach jedem Mittel haschte, das zeitraubende Schreiben in etwas abzukürzen, viel häufiger, als bloß bei m und n, er wurde sogar über alle möglichen Grund= laute gestellt, um anzudeuten, daß der folgende Mitlaut ausgelassen war. Als Type war der Faulenzerstrich (m̅ und n̅) gleich mitgegossen, auch in den ersten Jahrhunderten der über den Grundlauten.

Faust, s. Fust.

Federpunkturen sind von den gewöhnlichen Punkturen (s. d.) nur dadurch unterschieden, daß sie von der Gabel ab bis zum Ende mit einer Stahlfeder ver= sehen sind. Diese schließt selbst die Spitze ein und ist an dieser Stelle mit einer Oeffnung versehen, welche es ermöglicht, daß sie auch hier, von einem Schieber vor der Spitze gehalten, glatt aufliegt. Bei dem Gebrauch wird dieser Schieber zurückgeschoben, so daß die Feder sich in die Höhe giebt, und nun das Einreißen der Punkturspitzen in das Papier verhütet, denn bei dem Aufheben des Deckels von der Form giebt sich die Feder in die Höhe und hebt das Papier aus der Punkturspitze heraus.

Fehlen mit der Auftragewalze bedeutet, eine Stelle der Form, besonders die unteren Ecken, mit der Walze nicht treffen, wodurch derartige Stellen ohne Farbe bleiben und auf dem Papier grau erscheinen; ein solcher Abdruck ist Maku= latur.

Feinsettfeine Linie, eine solche, deren Auge aus einer fetten Linie, welche von zwei feinen Linien eingeschlossen ist, besteht; sie wird hauptsächlich als Schei= dungslinie, als Kopflinie in Rechnungen und Facturen und als Einfassungslinie von Tabellen und anderen Gegenständen angewendet und tritt dem Metalle nach aus Schriftmetall und aus Messing auf.

Feiner Schmirgel, s. Schmirgel.

Feine Spatien nennt man die feinen Ausschließungen, welche auf kein be= stimmtes System bemessen sind, werden sonst auch oft Haarspatien genannt und ist das dünnste aller Ausschließungen. Dem Metalle nach bestehen sie entweder aus Schriftzeug oder aus Messing.

Feinfeinfettfeinfeine Linie, eine Abtheilungs= oder Einfassungslinie, deren Auge aus einer fetten Linie besteht, welche an beiden Seiten von zwei feinen Linien eingefaßt ist. Dem Metall nach kommt sie meistens in Schrift= metall, des stärkern Kegels halber weniger in Messing vor.

Feine Linie ist unter den Linien diejenige, deren Auge am unscheinbarsten, wiewohl auch noch verschieden von einander ist, denn es erscheint manchmal ganz fein und wieder minder fein. Dem Metalle nach kommt sie in Schriftmetall, in Zink und in Messing vor, besteht in der Länge aus Bahnen von unbestimmter Ausdehnung oder aus systematisch bemessenen Schnitten, von Dreipunkt an bis zu vielen Concordanzen aufsteigend und hat eine Kegelstärke von Ein=, Zwei=, Drei= und Vierpunkt. Ihre Hauptbestimmung ist der Tabellensatz, doch dient sie auch als Einfassungslinie, als Abtheilungslinie und als Schlußlinie.

Fett ist in der Typographie ein Ausdruck, mit dem alles dasjenige bezeichnet wird, was in der Farbe des Druckes, durch die Form und ursprünglich durch die Zeichnung bedingt, sehr stark hervortritt, was sich also auszeichnet, in die

Augen fällt. Wir sprechen daher von einer fetten Schrift als einer solchen, mit der etwas hervorgehoben werden kann, von fetten Linien, welche noch mehr hervortreten als die halbfetten, und welche als Einfassungs= und Trauerlinien Verwendung finden. Dem Fetten steht in der Typographie das Magere gegenüber und das Mittel zwischen beiden ist das Halbfette.

Fette Antiqua. Die Antiqua im fetten Gewande ist eine unschöne Schrift; die feinen Haarstriche und die fetten, balkenähnlichen Grundlinien stehen in gar keinem Verhältnisse zu einander und bilden einen abstoßenden Contrast. Eben wegen dieses schlechten Verhältnisses ist sie besonders in den kleineren Graden außerordentlich unleserlich und als Auszeichnungsschrift innerhalb des Satzes nie, und ebensowenig zur Hervorhebung von Stichworten zu benutzen, in welch letzterm Falle die fette Egyptienne viel besser am Platze sein dürfte. Auf einen Titel angewendet, würde sie denselben verunstalten und wird sie also nur in den allergewöhnlichsten Sachen, Anschlagezetteln, Zeitungsannoncen, Zetteln zu Schaustellungen u. dgl. Verwendung finden können.

Fette Egyptienne ist in Zeichnung und Schnitt eine sehr schöne Schrift zum Accidenzsatz, indem sie nicht von plumper Form ist, sondern nach allen Seiten hin einen wohlgefälligen Eindruck macht. Besondere Dienste leistet sie in den Fällen, wo auf einen bedingten Raum etwas hervorgehoben werden soll, und demzufolge findet sie auch gute Verwendung in Zeitungsannoncen und ist für diese Branche eine sehr beliebte Schrift.

Fette Fraktur ist gleichwie die fette Antiqua eine unschöne Schrift; die Haarstriche zu fein, die Grundlinien zu kräftig ist sie eigentlich nur in Ermangelung einer bessern Auszeichnungsschrift zu Stichworten, nie aber zum Hervorheben von Worten oder Stellen innerhalb des glatten Satzes in Anwendung zu bringen. In Annoncen, bei Affichen, zu Theaterzetteln und dergleichen Ankündigungen ist ihre Verwerthung am Platze.

Fette Linie giebt es in Stärken von Zwei=, Drei=, Vier=, Sechs= und Zwölfpunkt und meistens systematisch geschnitten in Stücken von Kegel 6, 8, 10, 12, 15, 18, 24, 36, 48, 72 und 2, 3, 4, 5 und 6 Concordanzen. Die Gährungsstücke sind, wiewohl dieselben meistens geliefert werden, ziemlich überflüssig, denn sie können stumpf über einander gestellt werden. Dem Metalle nach hat man sie in Messing und in Schriftmetall. Die Kegelstärken von Drei= und Vierpunkt eignen sich besonders zur Annoncen=Einfassung, die von Sechspunkt als Trauerrahmen und die von Zwölfpunkt sind als Affiche = Einfassung zumal mit dazu gehörigen verschlungenen Ecken zu verwenden.

Fettfeine Linie ist eine solche, deren Auge aus einer fetten und einer feinen Linie besteht und in Kegelstärken von Zwei=, Drei=, Vier= und Sechspunkt vorhanden, dem Metalle nach aus Schriftzeug oder aus Messing gefertigt ist und vorzugsweise als Einfassungslinie zu Tabellen und anderen Sachen und als Kopflinie bei Rechnungen, Fakturen und allen übrigen tabellarischen Vorkommnissen dient. Aus Messing bestehend, ist sie systematisch geschnitten und mit Gährungsstücken, sowie auch mit zusammen gelötheten Ecken versehen.

Fette Säuren spielen in der Lithographie und Zinkographie eine wichtige Rolle. Es giebt deren eine große Anzahl; wir begnügen uns aber mit der Betrachtung derjenigen, welche wesentlich für unsere Zwecke sind. Die Anwendung derselben geschieht niemals chemisch rein oder isolirt, sondern wir verwenden sie entweder so wie sie in der Natur vorkommen als natürliche Fette, z. B. Leinöl, Olivenöl, Talg u. s. w. — oder als Seife an Kali oder Natron gebunden. — Aus diesem Grunde ist es bis jetzt noch nicht ermittelt, welches die chemische

Wirkung der Fettsäuregemische ist, die uns so wesentliche Dienste leisten, und lohnt es sich deshalb um so mehr, alle ihre Eigenschaften auf das sorgfältigste zu studiren. Die natürlichen Fette sind meistens aufzufassen als Verbindungen verschiedener fetter Säuren mit Glycerin (Lipyloryd). Wachs unterscheidet sich von anderen Fetten dadurch, daß es kein Glycerin enthält.

Feuchten, das Papier. Das bei der Buch- und Steindruckerei übliche Feuchten des Papiers vor dem Druck hat den Zweck, dasselbe zu erweichen, damit es die Schwärze leichter annimmt und eher die Fettheile derselben einsaugt. Wie der Ausdruck schon sagt, muß das Papier f e u c h t, aber nicht naß, nicht lappig sein, denn in diesem Zustande läßt es sich schlecht dem Deckel der Presse, und nicht minder schlecht dem Druckcylinder der Maschine zuführen. Zu feuchtes Papier hat während des Druckes bei kalter Temperatur und starker Farbe außerdem noch den Uebelstand des Rupfens im Gefolge, d. h. des Hängenbleibens einzelner Theile des Papiers auf der Form. Den Grad der Feuchtigkeit des Papiers speciell zu bestimmen, ist nicht möglich, denn es kommen dabei viele Umstände in Betracht, neue oder stumpfe Schrift, gute oder schlechte Druckwerkzeuge, eine splendide oder compresse Form. Ist die Schrift neu und scharf, die Presse oder Maschine gut, so bedarf das Papier nur eines Hauches von Feuchtigkeit, während bei ballennägelartiger Schrift oder abgenutzter Presse ein großer Grad von Feuchtigkeit des Papiers den Aussatz nothdürftig zuwege helfen muß; überhaupt bedingt unter allen Umständen eine compresse Form einen höhern Grad der Feuchtigkeit des Papiers, als eine splendide. Das Feuchten des Papiers selbst geschieht auf dreierlei Weise, mittelst des Durchziehens, des Anspritzens und des Anstreichens. Das Durchziehen, welches Bb. I Seite 277 des nähern beschrieben worden, ist das allein richtige Verfahren des Papierfeuchtens, die beiden anderen sind Nothbehelfe und kommen eigentlich nur da zur Anwendung, wo die Einrichtung zum Durchziehen fehlt. Das Anspritzen geschieht mit der rechten Hand, indem dieselbe aus einem mit Wasser versehenen Gefäß etwas davon in die hohle Handfläche nimmt und es spritzend dem Papier zuführt. Beim Anspritzen darf man als jedesmalige Lage höchstens zwölf Bogen nehmen, bei starkem Papier noch weniger. Das Anstreichen wird mit einem Schwamm und bei jeder Lage, welche bei diesem Verfahren aber nur sechs bis acht Bogen betragen darf, vorgenommen, während der Schwamm stets mit Wasser gesättigt sein muß. Die einzelnen Lagen des Papiers werden auf einander gelegt. Der zu feuchtende Haufen Papier befindet sich linker Hand auf dem Feuchtbrette; das Feuchtbrett rechter Hand nimmt das gefeuchtete Papier auf, und zwar nach und nach, eine Lage nach der andern; auf dem Feuchtbrette rechter Hand, welches wir uns noch leer denken, werden zuvörderst als Unterlage einige Bogen Makulatur und darauf die erste Lage gelegt, welche dann entweder angestrichen oder angespritzt wird, und so geht es eine um die andere Lage fort bis zur letzten, und nun schließlich werden auf den gefeuchteten Haufen ein paar Makulaturbogen und das leer gewordene Feuchtbrett darauf gelegt. — Vormals wurde jedes zu druckende Papier ohne Unterschied gefeuchtet; heute ist das Feuchten beinahe auf das Druckpapier, oder auf den Zeitungs- und Werkdruck beschränkt, weil die fein satinirten Schreib- und Postpapiere infolge des Feuchtens ihre Eleganz einbüßen und unsere heutigen Pressen den Trockendruck gestatten. — Bei den meisten Rotationsmaschinen für den Zeitungsdruck wird das zum Drucke bestimmte Papier während des Druckes von der Maschine selbstthätig gefeuchtet. — Im übrigen giebt es gegenwärtig auch Feuchtmaschinen, und verweisen wir in dieser Beziehung auf die Artikel: Harrilds Feuchtmaschine — Hoes Feuchtmaschine — Tolmers Feuchtmaschine.

Feuchtbrett. Zum Papierfeuchten gehören zwei Bretter, welche man Feucht=
bretter nennt, auf deren eines das zu feuchtende und auf dem andern das ge=
feuchtete Papier ruht, während nach geschehenem Feuchten das Papier von dem
einem Brette getragen wird, während das andere den Haufen (das Papier) be=
deckt. Ein solches Brett muß immer eine Kleinigkeit größer, als das Papier sein,
dem es dienen soll, eine Stärke von 3 Cm. haben und unterhalb etwa 10 Cm.
vom seitlichen Rande mit zwei durchgehenden Querleisten von etwa 3 Cm. Stärke
und 8 Cm. von der Unterfläche des Brettes ab versehen sein, welche als Füße
dienen und in die Unterfläche des Brettes eingelassen sind.

Feucht=Extract für Steindruck ist eine vom Lithographen Joh. Henkes
in Limburg a. b. Lahn in den Handel gebrachte Flüssigkeit, die wenn auch mit
Vortheil verwendbar, aber im Preise zu hoch gegriffen ist. Der Hauptbestandtheil
dieses Feucht=Extracts ist Glycerin und sein Zusatz schadet mehr, als er nützt;
gewöhnliches Glycerin leistet viel bessere Dienste.

Feuchtmulde, das Wassergefäß, welches mit Wasser gefüllt beim Papier=
feuchten zum Durchziehen benutzt wird, ist das geeignetste Werkzeug für diesen
Zweck und der Fruchtwanne und dem Feuchttuppen vorzuziehen. Sie unterscheidet
sich von der gewöhnlichen Mulde in nichts, nur ist erforderlich, daß sie die ge=
nügende Ausdehnung den Papiergrößen entsprechend hat.

Feuchttuppen, s. Feuchtmulde.

Feuchtwanne, s. Feuchtmulde.

Figur ist mit einem andern Ausdruck das Bild der Buchstabentype, die
Zeichnung derselben. — Sonst nennt man auch Zeichnungen und Abbildungen zur
Erläuterung des Textes in einem Werke, zumal wo es sich um lineare Zeich=
nungen handelt, wie in Geometrien, mathematischen Werken u. dgl., Figuren,
und endlich im allgemeinen jede bildliche Darstellung.

Filz nannte man eine Einlage in den Deckel der Handpresse und nennt den=
selben auch heute noch so, aus dem Grunde, weil dieser bei der Holzpresse aus einer
gewalkten Wolle bestand, also thatsächlich Filz war. Der Name ist beibehalten
worden, aber der Stoff, welchen wir heute mit dem Namen Pressen= oder Schnell=
pressenfilz bezeichnen, ist ein ganz anderartiger Stoff, ein gummiartig elastischer,
der heute deshalb auch meistens Gummifilz genannt wird und als Handelsartikel
von allen Utensilienhandlungen geführt wird.

Finalstöcke benutzten die Buchdrucker der früheren Jahrhunderte zur Schluß=
verzierung eines Buches, und neuerdings, zumal in England und Amerika, nimmt
man diesen alten Brauch wieder auf. Sie hatten eigentlich den Zweck, etwas auf
den Text bezügliches im Bilde darzustellen, aber in Ermangelung desselben griff
man zu einem Stock, den man eben im Besitz hatte. Gleichwohl wie in der fran=
zösischen Typographie, hatten die Finalstöcke auch in der deutschen einen unästheti=
schen Namen, mit welchem man sonst den Unaussprechlichen bezeichnet.

Firniß ist verdicktes Leinöl, welches durch Sieden erzeugt und dann durch
Bleiweiß gereinigt wird. Bei der Buch= und Steindruckerei wird es zum An=
reiben bunter Farben verwendet. Gegenwärtig kommt er als Handelsartikel vor,
wird aber auch noch, besonders bei der Steindruckerei, selbst verfertigt, weshalb
wir in dem folgenden Artikel die Verfahrungsweise seiner Bereitung beschreiben
wollen.

Firnißbereitung. Unter Firnißbereitung versteht man das Sieden des
Leinöls, indem man diesem durch den Siedeprozeß seine Wassertheile entzieht
und ihn verdickt, um denselben als Consistenzmittel zu den Druckfarben verwen=
den zu können. Das zu diesem Zwecke verwendete Leinöl muß ein altes, gutes

und reines sein. Nach geschehener Siedung muß es eine Consistenz wie Honig oder wie zerlassener Leim haben. Zu dem Sieden benutzt man eine sogenannte Blase, das ist ein kupferner Kessel mit einem dicht schließenden Deckel, dessen Inneres vollständig schmutzfrei sein muß; ist eine solche Blase schon vorher zu gleichem Zwecke einmal benutzt worden, so muß der Boden des Gefäßes auf das sorgfältigste untersucht werden, ob sich auf demselben vielleicht angebrannte Stellen zeigen, und falls sich derartige vorfinden, muß derselbe vor weiterm Gebrauch erst sorgsamst gereinigt werden, weil andernfalls leicht ein Anbrennen eintreten kann. Hat man sich überzeugt, daß die Blase untadelhaft rein ist, so wird sie bis zu drei Vierteln ihres Inhalts mit Leinöl gefüllt und über das Feuer gebracht, und zwar in der Weise, daß die Flamme überall das Gefäß belecken kann. Anfangs ist ein ziemlich starkes Feuer erforderlich, bis das Oel in den Siedeprozeß eintritt, der dadurch erkenntlich wird, daß sich auf der Oberfläche Schmutz in Gestalt von Schaum ansammelt, welcher mit einem Löffel abgeschöpft oder durch Abkröschen beseitigt werden muß. Letzteres besteht darin, daß man nach und nach durchschnittene Semmel auf die siebende Oberfläche legt, dieselben wieder herausnimmt, nachdem sie braun geworden sind, und sie so lange durch neue ersetzt, bis die Oberfläche sich geklärt hat. Diese Semmelscheiben steckt man am besten auf hölzerne Spitze, die man mit der Hand festhält, das Brod mit Hülfe derselben in den Oel herumrührt und letzteres dadurch in Bewegung bringt. Infolge dieser Manipulation verdickt sich die Oelmasse leichter und erhält dadurch die Eigenschaft des schnellen Trocknens bei der nachherigen Verwendung zum Druck. In anderer Weise schüttet man auch während des Siedens Bleiweiß hinein, wodurch von vornherein eine Bleichung zuwege gebracht wird. In neuester Zeit hat man zu diesem Reinigungsprozeß, besonders in den englischen und amerikanischen Schwärzefabriken, sich des Petroleums und zwar mit dem besten Erfolge bedient, indem man ein Quantum desselben zu der siebenden Masse geschüttet. Nachdem die Reinigung sich vollzogen, unterhält man nur ein gelindes Feuer, und steckt durch den obern Ring der Blase eine Eisenstange, damit man erstere mit Hülfe dieser Stange vom Feuer abnehmen kann, wenn das Oel zu sehr steigen oder Miene machen sollte, aus dem Blasenhals heraussteigen zu wollen. Dieses ist zuvörderst noch dadurch zu verhüten, daß man den Blasenhals mit Erde oder befeuchteter Asche umgiebt; wenn es sich aber hierdurch nicht besänftigen läßt, so muß es vom Feuer abgenommen und auf einen bereit gehaltenen Strohkranz gehoben, nicht aber auf den kalten Boden gestellt werden, weil das erhitzte Oel oder die Blase leicht Schaden davon nehmen könnten. Im ganzen ist bei dem Firnißsieden mit großer Vorsicht zuwerke zu gehen, denn nicht allein der Verlust des Oeles ist zu befürchten, auch andere Gefahr ist nicht unausbleiblich. So hat man zu verhüten, daß Oel, welches aus der Oeffnung der Blase oder möglicherweise aus dem Deckel derselben hindurch bringt, nicht an das Gefäß herunterläuft und bis zur Flamme gelangt, sich hier entzündet und das Feuer nach den Inhalt des Kessels leitet. Hat man nun die Blase vom Feuer abgenommen, so untersucht man zuvörderst, ob der Firniß stark, d. h. dick, genug ist, was man dadurch erfährt, daß man einige Tropfen auf einen Porzellanteller fallen läßt und dabei beobachtet, ob diese Faden ziehen. Nachdem sich der Firniß nun etwas abgekühlt hat, zündet man ihn auf seiner Oberfläche an, wodurch die sich dort etwa noch gesammelten schlechten Theile vollständig verzehrt werden. Dieses Abbrennen darf aber nicht zu lange anbauern, damit der Firniß sich nicht derart erhitzt, daß das ganze Quantum in Brand geräth. Zu löschen ist das Feuer des Abbrennens sehr leicht, indem man ein feuchtes Tuch über den offenen Kessel schlägt. Ist der Firniß nun soweit abgekühlt, daß man einen Finger hinein halten kann, so füllt man ihn in weiße Flaschen, auf deren Boden man eine Kleinigkeit Silberglätte geschüttet hat; es ist nämlich dieser Augenblick der geeignetste zum Einfüllen, weil der Firniß nun am flüssigsten ist, später aber härter wird. Die Silberglätte dient zur Bleichung. — Zu den Zeiten, wo man sich den Firniß zur Bereitung der Schwärze kochte, wurde auch in dem Zustande noch nicht völliger Erkaltung der Kienruß zugesetzt, weil derselbe sich dann von vornherein besser mit dem Firniß vermischte.

Fleisch heißen die Theile unterhalb und oberhalb des Bildes der Type, oder mit anderen Worten, der Theil am Kopfe der Type, welcher im Druck weiß bleibt. Eine Type hat viel Fleisch ist also dahin zu verstehen, daß diese Umgebung der Figur am Kopfe der Type eine bedeutendere als gewöhnlich ist.

Fliegendes Blatt, s. Respektblatt.

Fliegenköpfe heißen die blockirten Buchstaben (s. Blockaden) als Abdruck in der Correctur.

Flinsch. Ferdinand Traugott, war der Gründer dieses Hauses, welches sich um die Papierfabrikation Deutschlands und um die Vervollkommnung seines Stempelschnittes, seiner Schriftgießerei, seiner Pressen und Maschinen ein großes Verdienst erworben hat. Geboren am 19. August 1792 zu Blankenburg a/S. (in Thüringen), wo sein Vater eine Papiermühle besaß, widmete er sich dem Handelsstande und trat bei einem Kaufmann in Hof in die Lehre, vollendete diese aber in Schleiz, weil sein erster Prinzipal der Kriegsunruhen halber sein Geschäft hatte aufgeben müssen. Sein Bruder Christian Johann, geboren am 9. Mai 1788, erlernte das Papiermachen, um später das väterliche Geschäft zu übernehmen. Ferdinand Traugott Flinsch erhielt nach Beendigung seiner Lehrzeit in Leipzig eine Stelle als Lagercommis, während sein Bruder Christian Johann die Papiermühle seines Vaters bereits in Besitz genommen hatte, für welche Ferdinand in Leipzig Aufträge und oft sehr bedeutende annahm. Flinsch besaß als Kaufmann besondere Talente und er empfand, daß das Papiergeschäft einer gänzlichen Umwandlung bedürfe. Er legte Hand an das Werk und schuf in dieser Branche Reformen, wofür ihm die Buchdruckerkunst großen Dank schuldet. Er war der Urheber der Papier-Handlungen und nicht weniger der Papierverbesserung, denn wenn auch in den zwanziger Jahren unsers Jahrhunderts in Baiern ein paar Handlungen bestanden, welche sich nebensächlich mit dem Papierverkauf abgaben, so hatten diese doch gar keine Bedeutung, der Buchdrucker mußte vielmehr seinen Bedarf von der Papiermühle beziehen und denselben, da das Druckpapier fast ausschließlich im Winter gefertigt wurde, lange vorher bestellen. Am 20. April 1819 versendete Ferdinand Traugott ein Circular mit der Anzeige, „daß er in Leipzig unter der Firma Ferdinand Flinsch eine Papierhandlung eröffnet habe, welche stets ein wohlassortirtes Lager von Schreib- nnd Druckpapieren unterhalten solle." Das Geschäftshaus befand sich im Paulinum, in der Universitätsstraße, wo es heute noch, obwohl in ganz veränderter Gestalt, besteht. Am 21. Mai 1820 vermählte sich Flinsch mit der einzigen Tochter seines väterlichen Freundes Wintler. Ein Jahr später nahm er seinen Bruder Karl in das Geschäft auf; der Aufschwung, den dasselbe genommen, war ein gewaltiger, und hatte jene Aenderung zur Bedingung gemacht. Am 1. November 1827 erließ die Firma Ferdinand Flinsch von Leipzig aus an die Geschäftsfreunde ein Circular mit der Mittheilung, daß sie in Offenbach a/M. ein zweites Geschäft unter gleicher Firma etablirt habe. Bis zu dieser Zeit hatte sich der Handel auf Handfabrikate beschränkt, denn wenn auch Keferstein in Weida im Jahre 1819 die erste Papiermaschine in Deutschland aufgestellt hatte, so war die neue Art Papier doch nicht so vollkommen, daß es im Stande gewesen wäre, dem bisherigen in irgendwie einen bedeutenden Abbruch thun zu können. Auch Flinsch wendete der Herstellung des Papiers mittelst Maschinen seine ganze Aufmerksamkeit zu und sendete seinen Bruder Heinrich nach Frankreich, um die Papierfabrik in Annonay und zumal deren Maschinen in Augenschein zu nehmen. Dieser kehrte mit einem überaus günstigen Bericht zurück, und Flinsch war sofort mit sich einig, selbst eine Fabrik dieser Art anzulegen. Eifrig schritt er alsbald zur Ausführung. In Penig lebte sein Vetter und treuer Freund Keferstein, der eine Papierfabrik mit vorzüglicher Wasserkraft besaß. Diesem theilte er seinen Plan mit und bewog denselben, ihm sein Besitzthum zu der beabsichtigten Anlage abzutreten und dabei sein Gesellschafter zu werden. Keferstein, welcher ebenfalls ein unternehmender Mann war, willigte ein und es wurde alsbald mit dem Umbau begonnen. Flinsch bestellte inzwischen bei Bryan Donkin & Co. in London eine Papiermaschine, welche nach einigen Monaten in Penig eintraf und ohne Zeitverlust in den dazu vorbereiteten Räumen aufgestellt wurde. Die ersten Versuche entsprachen nicht gleich den verhofften Erwartungen; dadurch entmuthigt, trat Keferstein aus und überließ Flinsch die ganze Anlage, welcher unerschrocken weiter arbeitete und in Jahresfrist den Bau vollendet sah. Schnell wurden die kleinen Fehler der Maschine beseitigt und da er nun seine ganze Aufmerksamkeit der Zubereitung des Papiers widmete, so fertigte er bald ein solches, das sich an Weiße und Festigkeit vor fast allen deutschen Fabrikaten auszeichnete. Es ist selbstverständlich, daß der Ruf des Hauses Flinsch immer eine größere Ausbreitung gewann. Zahlreiche neue Kunden wendeten sich dem Geschäft zu, und jetzt war es möglich, bringende Aufträge ohne alle Verzögerung zu erledigen. Im Spätsommer des Jahres 1841 machte Flinsch mit seiner Gattin und Tochter eine Reise durch den Westen Deutschlands, die er über das Meer nach London ausdehnte. Dort bestellte er in der schon genannten Fabrik von Donkin eine neue Maschine, das vollendetste Werk, welches bis dahin gebaut worden war. Gleichzeitig benutzte er den Aufenthalt in England dazu, sich über die gesellschaftlichen und gewerblichen Verhältnisse dieses Landes zu unterrichten, wobei er der Papierfabrikation seine vollste Aufmerksamkeit schenkte. Das gewaltige Geschäfts- und Handelsleben Londons machte einen unvergeßlichen Eindruck auf diesen Mann der That, und wenn man annehmen möchte, daß ihm dieses in jüngeren Jahren an die Insel würde gefesselt haben, so wissen wir anderseits, daß er ein zu ächtes deutsches Gemüt hatte, als daß er sich durch fremde Interessen von seiner lieben Heimat hätte fern halten lassen. Nach seiner Rückkehr aus England wendete er sich sogleich nach Blankenberg, um für die Unterbringung der neuen Maschine zu sorgen. Die väterliche Papierfabrik, die sein Bruder Christian Johann bisher betrieben hatte, wurde abgebrochen und an deren Stelle ein neues geräumiges Gebäude, sowie ein mit allen Bequemlichkeiten ausgestattetes Wohnhaus aufgeführt. Im Sommer 1842 kam das gewaltige Maschinenwerk, welches mehr denn 600 Centner wiegt, über Hamburg nach Blankenberg, woselbst es nun sogleich aufgestellt wurde. Ein halbes Jahr später war der ganze Bau vollendet und die Maschine konnte ihre Thätigkeit beginnen, welche aus ihrem saufenden Getriebe allstündlich 100 Pfund des schönsten Papiers hervorgehen ließ. Aber lange noch nicht sollte das Haus Flinsch die Höhe seines Strebens erreicht haben. Den Brüdern, Söhnen und Neffen des wackern Begründers blieb es vorbehalten, später die Glanzperiode des Geschäftes herbeizuführen. Flinsch war aber nicht allein der unermüdliche Geschäftsmann, er war auch ein edler Charakter. Barg er doch selbst so manche edle That unter bescheidenem Schweigen, den Dank der Mitwelt von sich abwehrend, so daß hier die Blumen der Anerkennung sich wohl zu einem blühenden Kranze schlingen dürften. Es konnte nicht fehlen, daß Flinsch bei einer so bedeutenden geschäftlichen Thätigkeit einen so biedern Bürgersinn besaß, daß er von seinen Nebenmenschen allgemein geehrt und geachtet wurde. Als Zeichen des unbedingten Vertrauens gilt es, daß Flinsch wiederholt zum Vorsteher der Handelslehranstalt, zum Kramermeister und zum Vorstandsmitgliede der Armenanstalt gewählt wurde. In all diesen Stellungen erwarb er sich hohe Verdienste, weil er sich mit hingebender Seele den Interessen des ganzen und des einzelnen zuwendete. Ein besonderes Verdienst erwarb er sich um die Stadt Leipzig durch die Gründung einer Arbeitsnachweisungs-Anstalt und um die Menschheit im allgemeinen durch die Pestalozzistiftung für verwahrloste Knaben, deren erstere seitdem den Arbeitsuchenden lohnende Beschäftigung giebt, während in der letztern viele hundert junge Seelen dem leiblichen und geistigen Verderben entrissen und als nützliche Glieder in die große Kette der Menschheit eingefügt werden. Dieses allein würde hinreichen, ihm in der Stadt, wo der eigentliche Schauplatz seines Wirkens war, ein dankbares Andenken zu sichern. Hieran schließt sich die Begründung des häuslichen Glückes so vieler Familien, welche durch dauernde Beschäftigung in seinen Fabriken die Sorgen um das Dasein vergaßen, denn er zahlte für die geleistete Arbeit einen hohen Lohn. Sein Heimatsort Blankenberg hob sich durch ihn zu Wohlstand und Sitte. Es war dort der Bau einer Kirche und die Fürsorge um die Erweiterung eines guten Schulunterrichts sein eigenes Werk. Den größten Segen stiftete er indessen im verborgenen. Noch ehe ihm die irdischen Güter in Menge zuflossen, gab er mit Freuden von dem wenigen, was er hatte; später aber, als er reiche Schätze in seinen Truhen wußte, suchte er die Armen und Nothleidenden auf, und der Lenker der Welten weiß es, wie viel der Thränen durch ihn getrocknet sind. Im Jahre 1847 wurde Flinsch leidend; er besuchte Helgoland und nahm zur Stärkung Seebäder; 1849 hielt er sich auf ärztlichen Rath in Freiburg i. Br. auf und gebrauchte eine Molkenkur. Dadurch hoffte er sich hier zu erholen, aber schon bald nach seiner hiesigen Ankunft hatte er abermals einen Anfall seines alten rheumatischen Uebels, welcher wohl schwand, sich aber wiederholte und zuletzt deutlich zeigte, daß alle Hoffnung auf Genesung vergeblich war. Er eilte von Freiburg schnell nach Leipzig zurück und verschied am Vormittage des 11. November 1849. Außer seiner Wittwe, Henriette, hinterließ der Verstorbene eine Tochter, Emma, und drei Söhne, Gustav, Heinrich und Alexander. Die Regelung des geschäftlichen Theiles seiner Hinterlassenschaft wurde nach einem von den Familien-Angehörigen unterzeichneten Circular vom 1. Januar 1850 bekannt gemacht. Hiernach gingen das Leipziger Handlungshaus, sowie die beiden Maschinenpapier-Fabriken zu Blankenberg und Penig über in den Besitz von Carl August Flinsch, Gustav Flinsch, Henriette Flinsch und Emma Flinsch — Bruder, ältester Sohn, Wittwe und Tochter des Verewigten — für beide Frauen galt dieser Besitztitel indeß nur bis zum Eintritte der Volljährigkeit der beiden jüngsten Söhne, Heinrich und Alexander Flinsch. — Das Frankfurter Handlungshaus nebst der Maschinenpapierfabrik zu Freiburg im Breisgau verblieben in dem Besitz von Heinrich Friedrich Gottlob Flinsch, dem jüngsten Bruder des Verstorbenen und Mitbegründer des gesamten Geschäfts, der auch die Freiburger Fabrik erworben und lange Jahre für seine eigene Rechnung betrieben hatte.

Flinsch, Heinrich Friedrich Gottlob, der Mitbegründer des Handlungshauses Flinsch, am 21. März 1802 in Blankenberg an der Saale geboren, besuchte die Schule einer Stadt und trat nach Beendigung seiner Ausbildung bei dem Kaufmann Heinrich Hartenstein in Lobenstein in die Lehre, wo er als Kaufmann theoretisch und praktisch tüchtig ausgebildet wurde. Nach beendeter Lehrzeit wurde er in das elterliche Haus zurückgerufen, um das Papiermachen zu erlernen und den alternden Vater zu unterstützen. Als ein wichtiger Abschnitt seines Lebens gilt zunächst die Gründung des zweiten großen Papiergeschäfts in Offenbach a. M. im Jahre 1827, dessen ausschließliche Leitung er übernahm und mit welchem er ein Jahr später nach Frankfurt a. M. übersiedelte. Das Frankfurter Geschäft blühte unter seiner Leitung schnell empor und ermunterte ihn, in seinen Unternehmungen weiter zu schreiten. Am 21. August 1834 vermählte er sich mit der jüngsten Tochter des Universitätsbuchdruckers und Verlagsbuchhändlers Georg Friedrich Heyer zu Gießen, und sieben Jahre später, 1841, gerade zu der Zeit, als sein Bruder Ferdinand mit dem Plan umging, die elterliche Papiermühle in eine großartige Papierfabrik umzuwandeln, erwarb er die Verlagsbuchhandlung seines Schwiegervaters. Im Besitze dieses Geschäftes und im persönlichen und brieflichen Verkehr mit so vielen berühmten Männern fand Heinrich Flinsch eine ersehnte Gelegenheit, und er benutzte sie gewissenhaft, für die geistigen Bedürfnisse des Volkes zu wirken, indem er eine Anzahl der übernommenen Werke durch Gewinnung tüchtiger Arbeitskräfte den Anforderungen der Zeit entsprechend umarbeiten ließ. Ein größeres Verdienst auf diesem Felde er erwarb er sich dadurch, daß er eine namhafte Menge tüchtiger, auf das Volkswohl und die Erziehung der Jugend abzielender, sowie anderer der Wissenschaft zur Ehre gereichender neuen Werke veröffentlichte. Von diesen Werken wollen wir hier nur hervorheben: Lehrbuch der Technologie für Realschulen, von Barentin; Leitfaden der Geographie, von Bellinger; Der nordamerikanische Landwirth, von Fleischmann; Fundamentallehre der Pädagogik, von Braubach; Seelenlehre des Menschen, von Braubach; Geschichte des Kirchenrechts, von Bickell u. s. w. Viele von diesen und noch mehreren anderen Werken hatten einen großartigen Erfolg. Mehrere mußten durch neue Auflagen wiederholt werden. An diese Thätigkeit auf dem buchhändlerischen Felde sei vor allem noch die Notiz geknüpft, wie es, nächst den Autoren, der Aufbietung der besten Kräfte von Heinrich Flinsch zuzuschreiben und seiner umsichtigen Leitung zu danken ist, daß die Schlosser-Kriegksche „Weltgeschichte für das deutsche Volk", dieses große Nationalwerk, in einer kurzen Zeit zur Ausgabe kam, das ihm auch damals durch die Presse hoch angerechnet wurde. Die stete Ausdehnung des Papiergeschäfts und eine längere Kränklichkeit nöthigten ihn indeß, die ihm so lieb gewordene Buchhandlung, die seinen idealen Bestrebungen so reiche Befriedigung bot, später wieder zu veräußern. Noch während seiner umfangreichen Thätigkeit auf dem zuletzt bezeichneten Felde in Gießen erwarb er im Jahre 1844 für seine eigene Rechnung und Verwaltung die ehemalige Maschinenpapierfabrik von Josef Bischof zu Freiburg im Breisgau. Durch diesen neuen Besitz war ihm oftmalige Anwesenheit an einem dritten Orte erforderlich. Die Erbauung eines neuen Etablissements an der Seite der den Bedürfnissen nicht mehr genügenden alten Freiburger Fabrik fällt in das Jahr 1852. Dieses im folgenden Jahre in Betrieb gesetzte Werk von bedeutendem Umfang und in allen Theilen von rationellster Einrichtung nahm seine Zeit wieder mehr in Anspruch. Aber ungeachtet so großer Anstrengungen ruhte er nicht, sondern vergrößerte seinen Wirkungskreis immer noch. So erwarb er im Januar 1859 die vormals Dreßlersche Schriftgießerei und Stempelschneiderei zu Frankfurt a. M., welcher Besitz ihn weiter auf ein neues großes Feld der Beobachtung und Wirksamkeit führte, und endlich ging im Anfange des Jahres 1863 die Maschinenfabrik von Julius de Bary zu Offenbach in seinen Besitz über. Es konnte jedoch nicht fehlen, daß der Körper endlich solchen riesenhaften Anstrengungen erliegen mußte. Dies zeigte sich auch bald in dem Umstande, daß er, um sich etwas Ruhe zu gönnen, schon am 1. April 1863 seinem ältesten Sohne, Ferdinand Friedrich, die kurz zuvor erworbene Maschinenfabrik in Offenbach als Eigenthum übergab, und am 1. Juli 1864 seinen zweiten Sohn, Heinrich Karl Ferdinand, als Theilhaber zu allen seinen übrigen Geschäften aufnahm. Allerdings wurde ihm die Last der Geschäftsführung durch den Hinzutritt seiner beiden Söhne wesentlich erleichtert, aber niemand ahnte, daß diese geistige und körperliche Ermüdung der Vorbote trüber Tage werden sollte und er selber dachte wohl kaum daran, daß er schon so bald den Hafen der ewigen Ruhe als Ziel alles Strebens finden würde. Zum tiefsten Leidwesen der Seinigen und aller, die ihn kannten, verschied er nach einer kurzen Krankheit am 20. Januar 1865 im nicht ganz vollendeten 63. Lebensjahre. Der Verstorbene hinterließ außer seiner Wittwe Ernestine, geb. Heyer, fünf Kinder, eine Tochter Anna, vier Söhne Ferdinand Friedrich, Heinrich Karl Ferdinand, Wilhelm und Oskar. — Nach einer testamentarischen Verfügung trat am 1. Mai 1865 der dritte Sohn, Wilhelm Christian Ferdinand, als gleichberechtigter Gesellschafter seines Bruders in das Eigenthum der Frankfurter Papierhandlung, der beiden Freiburger Papierfabriken und der Frankfurter Schriftgießerei ein. Beide Brüder, Heinrich und Wilhelm, haben sich die überkommenen Arbeiten derart getheilt, daß der älteste die Leitung der Schriftgießerei und der dazu gehörigen Geschäftszweige, der jüngere die der Papiergeschäfte übernommen hat.

Floßfedern heißen in der Schriftgießerei die kleinen nadelförmigen Ansätze an den Ecken der Typen, wenn dieselben nach geschehenem Guß aus dem Gießinstrument herauskommen.

Folio ist in der Typographie die Bezeichnung eines Formats, welches aus 2 Blättern oder 4 Seiten besteht. Zu Anfang der Buchdruckerkunst und auch noch im sechzehnten Jahrhundert war es beinahe das ausschließlich gebräuchliche Format; heute kommt es als Werk weniger, aber als Zeitblätter vor. Der Bogen wird in seiner Breite zusammengelegt und, die erste Seite oben, ist der Rücken links, das offene rechts. Wie vormals bei den Holzpressen, und auch heute noch bei Pressen und Maschinen kleinen Formats Brauch, dasselbe in zwei Formen zu drucken, wird es wie nachstehend ersichtlich ausgeschossen:

Erste Form		Zweite Form	
1	4	3	2
nnnnnnnnnnn	nnnnnnnnnnn	nnnnnnnnnnn	nnnnnnnnnnn
nnnnnnnnnnn	nnnnnnnnnnn	nnnnnnnnnnn	nnnnnnnnnnn
nnnnnnnnnnn	nnnnnnnnnnn	nnnnnnnnnnn	nnnnnnnnnnn
nnnnnnnnnnn	nnnnnnnnnnn	nnnnnnnnnnn	nnnnnnnnnnn
nnnnnnnnnnn	nnnnnnnnnnn	nnnnnnnnnnn	nnnnnnnnnnn
nnnnnnnnnnn	nnnnnnnnnnn	nnnnnnnnnnn	nnnnnnnnnnn
nnnnnnnnnnn	nnnnnnnnnnn	nnnnnnnnnnn	nnnnnnnnnnn
nnnnnnnnnnn	nnnnnnnnnnn	nnnnnnnnnnn	nnnnnnnnnnn
1			

Die beiden neben einander stehenden Columnenziffern addirt, ergiebt die Zahl 5 und ist zu umschlagen. — Auf der ersten Seite kommt die Primensignatur mit Ziffer, eine Sternchensignatur ist nicht erforderlich.

Folio wird aber meistens in **einer** Form zum Umschlagen gebraucht und dann so ausgeschossen:

```
          Zweite Form              Erste Form
       3            4            1            1
    nnnnnnnnnn  nnnnnnnnnn  nnnnnnnnnn  nnnnnnnnnn
    nnnnnnnnnn  nnnnnnnnnn  nnnnnnnnnn  nnnnnnnnnn
    nnnnnnnnnn  nnnnnnnnnn  nnnnnnnnnn  nnnnnnnnnn
    nnnnnnnnnn  nnnnnnnnnn  nnnnnnnnnn  nnnnnnnnnn
    nnnnnnnnnn  nnnnnnnnnn  nnnnnnnnnn  nnnnnnnnnn
       2                                    1
```

In früherer Zeit bei dem kleinen Format der Holzpressen, welche nur jedesmal zwei Folio=Columnen faßten, wurde in Anbetracht dessen, daß es unthunlich war, beim Binden eines Buches einzelne Bogen zu heften, ein Aushülfsmittel darin gefunden, daß man zum Heften mehrere Bogen in einander legte und darnach das Ausschießen einrichtete. Zwei Bogen in einander gelegt hieß Folio=Duern und wurde durch den Druck von vier Formen ausgeführt, welche so ausgeschossen werden mußten:

Erste Form
```
     1                8
nnnnnnnnnn      nnnnnnnnnn
nnnnnnnnnn      nnnnnnnnnn
nnnnnnnnnn      nnnnnnnnnn
nnnnnnnnnn      nnnnnnnnnn
nnnnnnnnnn      nnnnnnnnnn
nnnnnnnnnn      nnnnnnnnnn
nnnnnnnnnn      nnnnnnnnnn
nnnnnnnnnn      nnnnnnnnnn
     1
```

Zweite Form
```
     7                2
nnnnnnnnnn      nnnnnnnnnn
nnnnnnnnnn      nnnnnnnnnn
nnnnnnnnnn      nnnnnnnnnn
nnnnnnnnnn      nnnnnnnnnn
nnnnnnnnnn      nnnnnnnnnn
nnnnnnnnnn      nnnnnnnnnn
nnnnnnnnnn      nnnnnnnnnn
nnnnnnnnnn      nnnnnnnnnn
```

Dritte Form
```
     3                6
nnnnnnnnnn      nnnnnnnnnn
nnnnnnnnnn      nnnnnnnnnn
nnnnnnnnnn      nnnnnnnnnn
nnnnnnnnnn      nnnnnnnnnn
nnnnnnnnnn      nnnnnnnnnn
nnnnnnnnnn      nnnnnnnnnn
nnnnnnnnnn      nnnnnnnnnn
nnnnnnnnnn      nnnnnnnnnn
    1*
```

Vierte Form
```
     5                4
nnnnnnnnnn      nnnnnnnnnn
nnnnnnnnnn      nnnnnnnnnn
nnnnnnnnnn      nnnnnnnnnn
nnnnnnnnnn      nnnnnnnnnn
nnnnnnnnnn      nnnnnnnnnn
nnnnnnnnnn      nnnnnnnnnn
nnnnnnnnnn      nnnnnnnnnn
nnnnnnnnnn      nnnnnnnnnn
```

Der Betrag der Columnentitel jeder Form zusammen gezählt ergiebt immer die Zahl 9. Die erste Form hat auf Seite 1 die gewöhnliche Ziffer=Signatur, die dritte Form auf Seite 3 die Sternchen=Signatur.

Nun machte man aber nicht Lagen von zwei Bogen, sondern solche von drei und vier Bogen, welche als Formate Folio=Tritern und Folio=Quatern genannt wurden. Folio=Tritern besteht aus sechs Formen, ist beim Druck zu um= schlagen, und wird wie folgt ausgeschossen:

Folio

Erste Form
| 1 | 12 |

Zweite Form
| 11 | 2 |

1

Dritte Form
| 3 | 10 |

Vierte Form
| 9 | 4 |

1*

Fünfte Form
| 5 | 8 |

Sechste Form
| 7 | 6 |

1**

Der Betrag der Columnentitel jeder Form zusammengezählt muß allemal die Zahl 13 ergeben. Die erste Form erhält auf Seite 1 die gewöhnliche Ziffer-Signatur, während die dritte Form auf Seite 3 die Signatur mit einem und die fünfte Form auf Seite 5 die Signatur mit zwei Sternchen bekomt.

Folio-Quartern besteht aus acht Formen, ist zum Umschlagen und nach folgendem Schema auszuschießen:

Erste Form
| 1 | 16 |

Zweite Form
| 15 | 2 |

1

Dritte Form		Vierte Form	
3	14	13	4

Fünfte Form		Sechste Form	
5	12	11	6

Siebente Form		Achte Form	
7	10	9	8

Es mußten diese Formate hier aufgeführt werden, weil heute in vielen kleinen Druckereien ausschließlich Schnellpressen im Gebrauch sind, deren Druckfläche nicht größer ist, als die der vormaligen Holzpressen. Wird auf derartigen Schnellpressen Folio gedruckt, so muß dasselbe ebenfalls wie ehedem als Folio-Duern, Folio-Tritern und Folio-Quatern gedruckt werden. Folio-Duern in einer Form gedruckt, wird als ein halber Octavbogen, Folio-Tritern in einer Form als ein halber Duodez-bogen und Folio-Quatern in einer Form als ein Octavbogen gedruckt und gleich den genannten Formaten ausgeschossen. Das gewöhnliche Folio erhält nur eine Primen-signatur auf der ersten Seite; Folio-Duern zwei Signaturen, die gewöhnliche Ziffer auf der ersten, dieselbe mit einem Sternchen auf der dritten Seite; Folio-Tritern erhält drei Signaturen: erste Seite gewöhnliche Ziffer, dritte Seite Ziffer mit einem und fünfte Seite Ziffer mit zwei Sternchen; Folio-Quatern muß vier Signaturen aufweisen, und zwar die Ziffer auf der ersten, diese mit einem Sternchen auf der dritten, mit zwei Sternchen auf der fünften und mit drei Sternchen auf der siebenten Seite. Diese Signaturen sind zur Orientirung des Buchbinders unbedingt nothwendig, während in einer Form gedruckt nur die üblichen Signaturen Anwendung finden. In Formen zu je 2 Columnen gedruckt, kann Breitfolio nicht vorkommen; wohl aber bei 4, 8, 12 und 16 Columnen auf einmal gedruckt; in diesen Fällen sind aber die Schemata von Breit=Octav und Breit=Quart maßgebend.

Folio=Duern, s. Folio.

Folio=Quatern, s. Folio.

Folioschiff, ein Setzschiff von den Dimensionen des Folioformats, in Größen zwischen 25:45 Cm. und 35:60 Cm. vorkommend, besteht aus Eisen oder Zink (letzteres mit Holzfaßetten), mit oder ohne Zunge, und ist in der Einrichtung von den übrigen Setzschiffen in nichts verschieden, und wolle man sich des nähern aus dem Artikel S ch i f f unterrichten. — Bei den Folioschiffen aus Eisen ohne Zunge ist speziell zu bemerken, daß bei denselben manchmal die Kopffaßette zum Oeffnen eingerichtet ist, welche Vorrichtung bei dem Ausschießen großer Columnen den Vortheil gewährt, daß eine solche nach geschehener Entfernung vom Schiff nicht erst umgedreht zu werden braucht, was unter Umständen eine gefährliche Vornahme ist.

Form. Unter dieser Bezeichnung verstehen wir in der Typographie die aus den beweglichen Lettern zusammengesetzte Druckform, oder die aus Stereotypen gebildete Plattenform. Wir unterscheiden eine äußere und innere, oder erste und zweite Form, oder auch eine Prime und Secunde, eine große und kleine Form, eine compresse und splendide Form u. s. w.; wir verweisen in Betreff dieser Ausdrücke auf die betreffenden Artikel.

Folio=Tritern, s. Folio.

Format ist die Größe einer Columne oder eines Satzes in seiner Breite und Länge, welche auf den Verhältnissen des Cicerokegels als Grundlage der Typometrie beruht; ferner bezieht sich dieser Ausdruck auf die Papiergrößen, welche Verhältnisse als Folio, Quart, Octav, Duodez, Sedez u. s. w. gekennzeichnet werden, die aber noch wieder verschieden abgetheilt werden, indem man groß und klein Format, bei Octav außerdem noch Imperial=, Royal= und Lexikon=Octav unterscheidet, welche Angaben aber niemals auf fest bestimten Verhältnissen oder Größen fußen. In Frankreich und England, wo sämtliche unterschiedene Formate bestimte Größen aufweisen, waren diese auch denn erst festzustellen, nachdem man zur Durchführung einheitlicher, feststehender Papiergrößen gelangt war. Die für Deutschland und Oesterreich angebahnte Einführung einheitlicher und für das Papiergeschäft maßgebender Größen wird uns nach Durchführung der gedachten Maßregel es ermöglichen, in den Formaten einheitliche, verbindende Größen zu erhalten, welche sich dann nicht allein auf die Bücherformate beschränken werden, sondern auch für die einzelnen Columnen Geltung haben.

Formatbogen. Zum Zwecke der Einrichtung der Satzgröße erhält der Setzer bei jeder neuen Arbeit einen Bogen desjenigen Papiers, auf welchem der betreffende Gegenstand gedruckt werden soll. Bei Werken ist dieser Bogen erforderlich zum Formatmachen vor dem Druck des ersten Bogens. Nach Durchführung unserer beabsichtigten einheitlichen Papierformate ist ein solcher Formatbogen auch gegenstandslos geworden.

Formatbreite ist die Ausdehnung eines Satzes oder einer Columne von rechts nach links; sie wird gegenwärtig fast ausschließlich nach dem Cicerokegel als unserm typographischem Grundmaß bemessen, während sie sich vormals nach den jeweiligen Quadraten einer Druckerei richtete, die übrigens in jedem Geschäft anderartige Verhältnisse aufwiesen. Reden wir diesemnach heute also von einer Formatbreite, welche 5 Concordanzen ausmacht, so verstehen wir darunter eine solche, in welcher der Cicerokegel 20mal enthalten ist, weil die Concordanz eine

Ausdehnung von 4 Cicero hat. Ein Format auf 4¹/₂ Concordanzen ist gleich 18 Cicero, ein solches von 3³/₄ Concordanzen gleich 19 Cicero.

Formatbücher war ehedem der Gattungsname für die Hand- und Lehrbücher der Buchdruckerkunst, welche Benennung daher gekommen sein mag, daß dem Ausschießen eine ganz besondere Aufmerksamkeit geschenkt wurde, gerade als ob diese Branche vormals so viele Schwierigkeiten geboten !hätte. Es scheint aber, als wenn der eine Autor die Schemata von dem andern entlehnte, denn neue oder anderartige Methoden sucht man vergeblich darunter.

Formatlänge ist die Längenausdehnung einer Columne oder eines Satzes vom Kopfe bis zum Fuße. Bei Werken wird dieselbe zuerst in einer Anzahl von Zeilen der Schrift des Textes des Werkes angegeben und die derart erhaltene Länge auf Cicero bemessen, s. Columnenmaß. Bei Accidenzen ist die Größe des Papiers für die Länge des Satzes maßgebend.

Format machen bedeutet in der Typographie die Bemessung des Papierrandes oberhalb und unterhalb der Columnen, sowie an beiden Seiten derselben oder mit dem technischen Ausdrucke, die Ermittelung des Betrages für den Bund-, Kreuz- und Mittelsteg. Die Beträge für jene Zwischenräume der Columnen sollen äußerst genau berechnet werden, denn die einzelnen Blätter des Bogens, wenn derselbe genau nach dem Register gefalzt ist, müssen von gleicher Größe sein und keines derselben darf über das andere hinweg- oder gegen ein solches zurücktreten. Die Stege selbst oder das Füllungsmaterial, aus welchem dieselben gebildet werden, sind Format- oder Hohlstege, die systematische Größen aufweisen. Die Ermittelung des Raumes für die diversen Stege geschieht mittelst eines Rechenexempels. Angenommen, es ist das Format zu einem Werke von klein Octav zu machen, dessen Breite 20 Cicero und dessen Länge 34 Cicero beträgt, so nehmen wir einen Formatbogen, d. h. einen Bogen des Papiers, auf welchem das Werk gedruckt werden soll, zur Hand, und messen die Größen desselben nach Cicero aus. Das Ergebniß der Messung beträgt für die Breite 110, für die Höhe 82 Cicero. Die Breite des Formats der vier Columnen 4:20 macht 80 Cicero, die Höhe desselben 2:34 macht 68 Cicero; nun ziehen wir 68 von 82 ab, bleibt 14, dann 80 von 110, bleibt 30. Wir haben also für den Bund- und Mittelsteg und für den Rand je rechts und links des Papiers 30 Cicero zu vertheilen, und ziehen dabei in Betracht, daß der Bundsteg etwa das anderthalbfache des Seitenrandes, der Mittelsteg nicht vollständig das doppelte desselben zu betragen hat und machen darnach unsere Calculation. Wir werden also das richtige Verhältniß treffen, wenn wir dem Bundsteg je 6¹/₂ Cicero, und dem Mittelsteg 8 Cicero zutheilen, so daß für die beiden Seitenränder je 4¹/₂ Cicero überbleiben. Der Papierrand zu beiden Seiten darf den Betrag des Mittelsteges nur um etwas übersteigen, und diese Kleinigkeit geht auf Rechnung der Ungleichmäßigkeit des Papiers. Von der Höhe des Papiers (82 Cicero) die Länge der beiden Columnen mit 68 Cicero abgezogen, erübrigt für den Kreuzsteg und den zweimaligen Rand unterhalb der Columnen 14 Cicero; der Kreuzsteg hat das anderthalbfache jenes einfachen Raumes zu betragen und wir werden somit das richtige treffen, wenn wir für den Kreuzsteg 6 Cicero und für jeden Raum 4 Cicero nehmen. Es ist nämlich in Betracht zu nehmen, daß Kreuzsteg und Mittelsteg weniger Berücksichtigung verdienen, weil sie nach geschehenem Falzen geschlossen sind und beim Beschneiden eines geringen Abschnittes bedürfen. Ueberhaupt hat der Kreuzsteg schon an und für sich infolge des Columnentitels einen weitern Abstand. — Zum bessern Verständniß wollen wir noch eine Berechnung des Formatmachens von Quart anführen. Bei diesem Format geht der Mittelsteg in den Kreuzsteg über. Das Papier mißt in der Breite 134 Cicero, in der Höhe 102 Cicero. Die Columnen haben eine Breite von 42 : 84 Cicero, eine Länge von 58 : 116 Cicero. Zu der Größe des Papiers in Betracht gezogen bleibt also von beiden Verhältnissen je 18 Cicero zu vertheilen übrig, was für den Kreuz=steg 8 Cicero und für beide Fußränder je 5 Cicero, für den Bundsteg 7 Cicero und für die beiden Seitenränder je 5$^1/_2$ Cicero ergeben. — Bedauerlicherweise sind wir heute noch infolge der mannichfachen Verschiedenheit unserer Papier=größen gezwungen, Formate auszumessen; sind die einheitlichen feststehenden Papierformate bei uns durchgeführt, so können wir Format=Tabellen für alle Papiergrößen aufstellen, gleichwie die Typographie des Auslandes diese besitzen. — Zur Ausmessung der Größen kann man sich der Hohlstege und Quadraten in Ermangelung eines Cicerozählers bedienen. — Das Füllungsmaterial in seiner Zusammenstellung heißt Format. — Vor Einführung der Hohlstege wur=den Holzstege zu den Formaten genommen, welche aber schon deshalb sehr viel zu wünschen übrig ließen, weil sie — wenn auch noch so accurat angefertigt — den Einflüssen von Nässe und der Witterung unterworfen waren.

Formatlehre ist bei der Buchdruckerkunst die Anweisung im Ausschießen der verschiedenen Formate, d. h. der richtigen Stellung der einzelnen Columnen neben, über und zu einander, so daß dieselben nach der Falzung des Bogens die ordnungsmäßige Reihenfolge aufweisen.

Formatstege sind von gleicher Beschaffenheit wie Hohlstege, nur mit dem Unterschiede, daß sie sowohl in der Breite als auch in der Länge größer als jene sind und — was sich schon von selbst ergiebt — verhältnißmäßig im Metall leichter sind. Während die Hohlstege im allgemeinen nur eine Kegelstärke von 2, 3 und 4 Cicero und eine Länge von 4, 8, 12, 16 und 20 Cicero aufweisen, repräsentiren die Formatstege einen Kegelinhalt bis zu 8 Cicero und Längen von 40 Cicero und darüber. — Die französische Gießerei von Alfr. Valet & Co. in Marseille (Vertreter für Deutschland Gebr. Lang in Metz) kündigte im Jahre 1875 un o x y d i r b a r e F o r m a t s t e g e a u s E i s e n an, welche infolge eines doppelten Zinnüberzuges diese Eigenschaft besitzen sollen. Seit langer Zeit verlangt das Druckereigewerbe nach solidem Schließmaterial, das eine größere Widerstands=kraft und Genauigkeit darbietet, als das von Blei, dessen man sich gewöhnlich bedient. Es ist eine oft gehörte Klage der Buchdrucker, daß die Bleistege bei nicht ganz subtiler Behandlung (und wo wird ihnen eine solche von Seiten des Druckerei=personals zu Theil?) oft in der kurzen Zeit weniger Monate ihre Genauigkeit einbüßen, und dann ein exactes Schließen des Satzes ꝛc. in störendster Weise beeinträchtigen. Den Herren Alfr. Valet & Co. in Marseille ist es nach eingehen=den Versuchen gelungen, Hohlstege aus r e i n e m E i s e n herzustellen, deren Solidität, trotz ihres leichten Gewichtes, sie für jede typographische Verwendung unabnutzbar macht; dabei sind diese Hohlstege durch doppelte gediegene Zinn=Galvanisirung gegen Rost und Oxyd vollständig geschützt. Diese Hohlstege sind sehr genau nach Didotschem Punkt=System, wie solches jetzt allgemein zur Ein=führung gelangt, gefertigt. Sie haben den ungemeinen Vortheil, daß sie sich weder biegen noch brechen, wie sehr sie auch herumgeworfen oder zusammengepreßt werden mögen. Mit dieser außerdentlichen Solidität verbinden sie ein b e s o n d e r s g e r i n g e s G e w i c h t. (Ein Vergleich mit den gewöhnlichen Blei=Hohlstegen von 2—4 Cicero Stärke und 8—20 Cicero Länge ergab, daß für das Schließen von 8 Seiten Octav 26 Kilo Bleistege, dagegen nur 10$^1/_2$ Kilo der Valetschen Stege erforderlich waren; folglich sind die Valetschen Stege nur etwa zwei Fünftel so schwer als die Bleistege. Der Preis dieser Hohlstege ist 175 Mark per 100 Kilo. Wir sind überzeugt, daß die außergewöhnlichen Vortheile, die die Valet'schen Hohlstege durch ihre **große Solidität, Exactheit und Billigkeit** bieten (vermöge ihres leichten Gewichts sind sie noch billiger als alle seither gefertigten Bleistege) bald zu allgemeinster Verwendung gelangen werden.

Formenbrett, auch Einhebebrett, bei der Schnellpresse ein solide gearbeitetes, vorn mit Metall ausgelegtes Brett von gleicher Größe des Fundaments, dessen eine Fläche genau gegen das Fundament paßt. Es dient zum Einschießen großer Formen von der Schließplatte ab auf das Fundament, um als Stütze für die Form, wenn dieselbe etwa zum Zwecke des Revisionmachens vorgezogen wird. Von der guten Beschaffenheit dieses Brettes hängt viel ab und ist daher zu rathen, es sorgsamst in acht zu nehmen und dasselbe namentlich vor den Einflüssen von Wärme und Nässe sicher zu stellen.

Formel kommt beim mathematischen Satz vor und bezeichnet in der Mathematik selbst den allgemeinen Buchstaben=Ausdruck für den Werth einer Größe, wodurch ihr Verhältniß zu anderen sie bestimmenden Größen und somit ihre Berechnungsart angegeben wird.

Formen=Regal dient in der Setzerei zur Unterbringung der Setzbretter mit deren Formen. Die äußere Gestalt dieses Utensils hat Aehnlichkeit mit einem Rick oder Repositorium. Seine Höhe liegt zwischen 70—80 Cm., während dessen Breite und Tiefe sich nach der Größe der Bretter zu richten hat, welche es aufnehmen soll. Beide Seiten bestehen aus einer Bretterwand von etwa 3 Cm. Stärke, welche oben mit einer mindestens ebenso starken Platte verbunden sind. Von oben nach unten sind Gefache zur Aufnahme der Setzbretter in Form von etwa 10 Cm. breiten und 2 Cm. starken Holzleisten, welche in den Seitenwänden eingelassen und von einer Seitenwand zur andern mit einer gleichartigen Leiste verbunden sind. Die Hinterwand ist mit einer dünnen Bretterbekleidung geschlossen. Die Oeffnungen mit ihren Leisten, auf welchen die Bretter mit den Füßen stehen, dienen zur Aufnahme der letzteren; die Höhe oder der Lichtraum muß derart sein, daß das Brett mit einer darauf liegenden Form bequem hineingeht. — Das eben beschriebene Formen=Regal ist nun ein solches, wo es sich um Unterbringung von Setzbrettern mit Füßen handelt. Wir haben aber auch Setzbretter ohne Füße und für diese muß das Regal auch anderartig eingerichtet sein. Die Seitenwände dieses Regals müssen bedeutend stärker sein, wie die bei vorigen, denn in diesen werden Rinnen zum Einschieben der Bretter ausgearbeitet. Um dem Regal Halt zu gewähren, muß wenigstens unten und in der Mitte eine Verbindung der beiden Seitenwände angebracht sein und der Raum zwischen beiden muß die Bretterbreite enthalten, und zwar so, daß die Bretter bequem eingeschoben werden können.

Formentragen, s. Tragen der Formen.

Formenwaschen, s. Waschen der Formen.

Formenschneiden. Die Kunst des Formenschneidens ist nicht allein älter als die Kunst des Kupferstechens, des Radirens und des Aetzens, sie bestand vielmehr schon vor der Buchdruckerkunst und gab zu dem Ursprunge der letztern Veranlassung. Die Holztafeln, von welchen anfänglich Drucke hergestellt wurden, waren Erzeugnisse der Formenschneider. Es muß eine mühevolle Arbeit gewesen sein, bei schlechten Instrumenten Bücher von vierzig bis fünfzig Platten in Holz auszuschneiden. Aus der Kunst des Formenschneidens, welche anfangs in der Erzeugung von Platten zum Spielkartendruck, zum Zeugdruck und zur Vervielfältigung von allerlei Verzierungen diente, bildete sich nach und nach die Xylographie oder Holzschneidekunst heraus. Auch heute giebt es noch Formen=

schneider, welche erhaben stehende Muster in Holztafeln für den farbigen Abdruck auf Kattun, Wachstuch, Leinewand und andere Gewebe, sowie auf Papiertapeten ausschneiden. Der Formenschneider arbeitet mit mehreren Arten von Stecheisen, die denen der Holzbildhauer gleichen.

Fortdrucken ist bei der Hand- und Schnellpresse der Zeitpunkt, wo die Zurichtung des Druckers oder Maschinenmeisters beendet ist, sowie die Revisionen des Setzers gemacht sind, wo also dem Fortgange des Druckes keine Hindernisse mehr im Wege stehen.

Formenumdrehungs-Maschine, s. Rotationsmaschine.

Fränkische Schule des colorirten Holzschnittes war Nürnberg und Nördlingen, hatte nicht sehr lebhafte Farben, ein tiefes bräunliches roth und verwandte gern Mennig.

Fraktur heißt unsere deutsche Druckschrift in der Bedeutung von eckig, gebrochen, im Gegensatz zu der mehr abgerundeten Antiqua. Sie bildete sich nach und nach aus der alten Mönchsschrift oder Gothisch heraus. Für die Grundformen der Fraktur hat Albrecht Dürer im dritten Buch seiner „Unterweisung in der Messung mit dem Cirkel" mit Hülfe der Quadrate die Regeln aufgestellt und Hieronymus Hölzel die Buchstaben nach denselben geschnitten. Das Vorbild dazu findet sich in Dürers Apokalypse. Nach gleichen Grundsätzen hat Vincenz Rockner, der Hofsekretär Kaiser Maximilians I., die Schrift zum „Theuerdank" vorgeschrieben, welche Hieronymus Rösch alsdann nachgeschnitten und gegossen hat. Die völlige Ausbildung und Einführung der Fraktur verdankt man Johann Neubörffer dem ältern, einem berühmten Schönschreiber oder Modisten Nürnbergs. — Weitere Verbesserungen und Verschönerungen der Fraktur wurden ausgeführt von Bernhard Christof Breitkopf in Leipzig, Johann Peter Artopäy in Leipzig, Andreas Koler von Nürnberg, Christian Zingk von Wittenberg, Caspar Müller in Leipzig, J. Schelter in Leipzig, J. May in Frankfurt, B. Krebs in Frankfurt, Schumacher in Offenbach u. a. — Das Druckgebiet der Fraktur dehnt sich außer der deutschen Sprache auf die dänische, norwegische, zum Theil auf die schwedische, die isländische, die finnische, die estnische, die lettische und die livische, die föhrische und die littauische Sprache aus, s. Antiqua.

Fraktur-Gießzettel. Der Fraktur-Gießzettel auf Seite 348 ist für die deutsche Sprache und auf 100,000 Buchstaben berechnet. Die übrigen Fraktur-Gießzettel sind als Dänischer Gießzettel und Schwedischer Fraktur-Gießzettel aufgeführt. — Die Ziffern stehen außerhalb der Buchstabenzahl von 100,000.

Frakturkasten. Das Schema zu einem Frakturkasten auf Seite 249 zeigt uns denselben, wie er in seiner Eintheilung heute fast durchgängig in Gebrauch ist. Im allgemeinen nennt man den Kasten von derartiger Eintheilung einen Sächsischen Kasten. Die vormaligen Kasten waren sowohl außerordentlich verschieden in ihrer Gefachung, als auch in der Lage der Buchstaben. Die heutige ziemlich einhellige Einrichtung unserer Frakturkasten haben wir vorzugsweise den in neuerer Zeit erstandenen Utensilienhandlungen zu danken. Dem äußern nach ist der Frakturkasten durch starke Leisten in vier Theile, in die obere, die linke, die rechte und in die mittlere Abtheilung geschieden. Die letztere Abtheilung ist am nächsten zur Hand und enthält in 14 Fächern diejenigen Typen, welche am meisten gebraucht werden: e, n, a, b, m, i, o, t, u, r, s, v; die rechte Abtheilung besitzt 23 Fächer für j, x, y, w, q, p, z, f, ff, fi, fl, g, sowie für Interpunktionen, Quadraten und Ausschließungen, die linke Abtheilung birgt in 15 Fächern die Typen s, ß, si, ss, t, d, ch, b, c, l, I, II, h, während die obere Abtheilung mit 52 Fächern zur

Fraktur-Gießzettel

Buchstaben	Zahl	Buchstaben	Zahl	Buchstaben	Zahl	Buchstaben	Zahl
m	2200	r	50	D	400	,	2500
a	4200	y	80	E	400	:	150
b	1300	z	600	F	270	;	400
c	100	ch	2400	G	300	?	200
d	4400	ck	400	J	300	!	250
e	16500	ll	530	K	400	'	400
f	750	ff	200	L	270	„ "	1000
g	2000	fi	250	M	450	§	200
h	2500	st	650	N	300	( )	500
i	6000	ff	300	O	250	[ ]	30
k	1100	fi	150	P	220	—	800
l	2350	ft	150	Q	50	†	50
n	11600	ß	360	R	300	*	70
o	1800	ß	200	S	500	1	500
p	400	ä	800	T	280	2	300
q	100	ö	420	U	240	3	300
r	6000	ü	570	W	210	4	300
s	1700	j	500	W	300	5	400
s	1850	z	100	X	25	9	300
t	3530	H	300	Y	25	7	300
u	3400	A	500	Z	170	8	350
v	750	B	400	=	1000	9	300
w	1150	C	100	.	1100	0	600

100,000 Buchstaben

Aufnahme von Versalien, Ziffern, Zeichen und andern Ligaturen und Umlauten bestimt ist. Die Gesamtzahl der Fächer beträgt 104.

Franklin, Benjamin. Es sind wohl manche unter uns, welche in ihrer Jugend die Lebensbeschreibung des großen amerikanischen Patrioten, Philosophen, Politikers und Buchdruckers Benjamin Franklin gelesen und wieder und wieder gelesen haben. Seine Mühen, seine Beschwerden und seine Wandlungen sind uns zumeist so familiär, als wenn es die Ereignisse unserer eigenen Jugend, und sein schließlicher Erfolg, seine Ehren und sein Triumf sind sowohl bekannte Begegnisse, als ob sie direkt unter unserer eigenen Beobachtung vorübergegangen wären. In mancher Hinsicht hat die Popularität Benjamin Franklins verschiedenen Generationen junger Leute gut gethan, und jene, welche seine Aufführung nachgeahmt, werden Gutes daraus gewonnen haben, wenn sie auch niemals zu seiner Eminenz sich erheben konnten. Amerika hat den Anspruch, stolz darauf zu sein, diesen Mann sein zu nennen, und dessen lobpreisende Würdigungen der Centennial-Festlichkeit sind dem Andenken Franklins angemessen. Unser Zeitabschnitt ist daher sehr geeignet, das Leben des großen Franklins in die Erinnerung zurückzurufen, weil dessen Kenntniß für die gesamte Buchdruckerwelt von großem Interesse ist. Dabei muß daran erinnert werden, daß Franklin immer auf seinen Beruf als Buchdrucker in gerechter Weise stolz war. Er verleugnete niemals das Gewerbe, durch welches er nach und nach zu Ehre und Ruhm gelangte. Der amerikanische Schriftsteller Ringwalt bemerkt sehr treffend über Franklins Charakter hinsichtlich seines wechselvollen Lebens: „Unter all seinen mancherlei Beschäftigungen verlor er niemals das tiefe Interesse für die Buchdruckerkunst und für alles, was zu derselben in Beziehung stand. Sein Talent als Schriftsteller ließ ihn niemals die Praxis des Bücherdrucks vernachlässigen.

Seinen ersten bedeutenden Ruf in der Oeffentlichkeit erwarb er sich durch einen Druck, welchen er für das Parlament Pennsylvaniens lieferte. Er leistete hülfreiche Hand in den Papiermühlen, schnitt Stempel oder Holzschnitte mit eigener Hand, wenn er sie sonst nicht erhalten konnte, erfand ein System phonetischer Schrift, welches der Phonographie unserer Tage ganz ähnlich ist, verbrachte die glücklichsten Stunden am französischen Hofe in einer Privatdruckerei, die er in der Nähe von Paris errichtet hatte, fuhr fort, ein directes pecuniäres Interesse für das Buchdruckergewerbe während der langen Reihe einer erfolgreichen Carriere zu bewahren, kaufte in Frankreich manches zur Schriftgießerei erforderliche Material an, hoffend, einer seiner Großsöhne würde ein derartiges Geschäft in den Vereinigten Staaten etabliren, bekundete ein lebhaftes Interesse für die so eben entdeckte Kunst der Stereotypie, wenn er sie auch nicht selbstthätig anwenden konnte und unterrichtete sich bei Didot über deren Wesen, und endlich unterschrieb er sich überall als „Benjamin Franklin, Buchdrucker", in der Meinung, daß es der richtigste und umfassendste, wenn nicht der ehrenhafteste Titel von allen sei, die er in einer von der ganzen civilisirten Welt bewunderten Carriere gewonnen hatte. — Franklin wurde am 17. Januar 1706 zu Boston geboren. Sein Vater, Josiah Franklin, war dort Seifensieder und hatte eine zahlreiche Familie, nämlich mit zwei Frauen siebenzehn Kinder, von denen Benjamin das zweitjüngste Kind, aber der jüngste Knabe war. Anfangs besuchte er die lateinische Schule, später eine Privatschule, aus der ihn sein Vater im zehnten Jahre herausnahm, um ihm beim Lichtziehen und Seifensieden behülflich zu sein. Franklins Neigung war, Seemann zu werden, welche sein Vater aber nicht begünstigte, ihn vielmehr bei einem Verwandten in die Lehre gab, um das Messerschmiedehandwerk zu erlernen. Von frühester Jugend auf hatte er leidenschaftlich gern gelesen, und alles Geld, was er erhielt, in Büchern angelegt. So verkaufte er denn auch benutzte Bücher, um sich für den Erlös wieder andere anzuschaffen. Benjamins Vorliebe für Bücher bestimte seinen Vater endlich, einen Buchdrucker aus ihm zu machen, obgleich er schon einen seiner Söhne in diesem Geschäfte hatte. James Franklin, sein Bruder, war im Jahre 1717 mit einer Presse und Schrift aus England zurückgekehrt, um in Boston eine Druckerei zu errichten. Dieses Gewerbe schien ihm viel besser zu gefallen, als das des Messerschmiedes und des Seifensieders. Erst zwölf Jahre alt, unterzeichnete Benjamin den Lehrbrief, welcher bestimte, daß er bis zum einundzwanzigsten Jahre in die Lehre bleiben und in dem letzten Lehrjahre den Lohn eines Gehülfen beziehen solle. So trat er denn die Lehre bei seinem Bruder an. In kurzer Zeit machte er große Fortschritte in diesem Geschäfte und wurde sehr brauchbar für seinen Bruder. Jetzt hatte er Zutritt zu besseren Büchern. Eine Bekanntschaft mit Buchbinder-Lehrlingen machte es ihm möglich, dann und wann einen Band zu borgen, den er gewissenhaft bald zurückgab. Oft verbrachte er den größern Theil der Nacht lesend in seinem Zimmer, wenn ihm am Abend ein Buch geliehen ward, welches am andern Morgen zurückgeliefert werden sollte, damit es nicht vermißt oder gesucht werden möchte. Nach einiger Zeit erregte er die Aufmerksamkeit des Mr. Mathews Adams, eines hochbegabten Handelsmannes, der eine schöne Büchersamlung besaß und oft in die Druckerei kam. Er ladete ihn ein, seine Bücher zu besehen, und war so gütig, ihm einige, welche er gern lesen wollte, zu leihen. Damals ergriff ihn eine seltsame Leidenschaft für die Dichtkunst und er verfaßte mehrere kleine Stücke. Sein Bruder glaubte dabei seine Rechnung finden zu können und ermunterte und veranlaßte ihn, zwei Balladen zu schreiben. Die eine schilderte unter dem Titel: „Die Leuchtthurm-Tragödie" den Wellentod des Kapitäns Worthilako und seiner beiden Töchter, die andere war ein Seemannslied auf die Gefangennehmung des bekannten Piraten Toach oder Blackbard (Schwarzbart). Als sie gedruckt waren, sendete ihn sein Bruder in der Stadt herum, um sie zu verkaufen. Die erste hatte ungeheuern Absatz, weil der Vorfall noch neu war und viel Aufsehen erregte. Dies schmeichelte seiner Eitelkeit; aber sein Vater mußte seinen Jubel durch Verspottung seiner Erzeugnisse und die Bemerkung zu dämpfen, daß Versemacher meist Bettler seien. Franklin machte Anstrengungen, um ein guter Stylist in Prosa zu werden, und entwirft darüber in seiner Autobiographie, nachdem er mitgetheilt, daß sein Bruder die zweite Zeitung in Amerika gegründet, folgende ergötzliche Schilderung: „Ich war aber noch ein Knabe und fürchtete, mein Bruder werde in seinem Blatte keine Arbeit abdrucken wollen, als deren Verfasser er mich kenne; daher bemühte ich mich erfolgreich, mit verstellter Hand einen anonymen Aufsatz zu schreiben, und schob ihn nachts unter der Thür der Druckerei hindurch, wo er am andern Morgen gefunden wurde. Mein Bruder theilte ihn seinen Freunden bei ihrem gewöhnlichen Besuche mit; sie lasen ihn, machten in meiner Gegenwart ihre Bemerkungen darüber, und ich hatte dann die große Freude zu sehen, daß er ihren Beifall erhielt, und als Vermuthungen, welche man über den Verfasser anstellte, Namen nannten, die ihres Talentes und Geistes wegen einen bedeutenden Ruf im Lande genossen." Franklin mußte das betreffende Blatt setzen und drucken helfen und dann austragen. Durch den Beifall, den seine ersten Aufsätze fanden, ermuthigt, schrieb er weitere, die er auf demselben Wege in die Druckerei schaffte und die gleichen Beifall ernteten. Er bewahrte sein Geheimniß so lange, bis — wie er meint — sein geringer Vorrath von Wissen und Kenntnissen zu solchen Arbeiten ganz erschöpft war, worauf er sich entdeckte. — Es wirft ein eigenthümliches Licht auf die damaligen (1723) Preßverhältnisse Amerikas, daß Benjamin Franklins Bruder, der Herausgeber des Blattes und zugleich der Buchdruder-Lehrherr Benjamins, wegen eines Artikels über einen politischen Gegenstand mit einer Gefängnißstrafe von einem Monat und dem Verbot, das Blatt weiter drucken zu dürfen, büßen mußte. Das Verhältniß der beiden Brüder Franklin — des Lehrjungen und des Prinzipals — muß jedoch kein angenehmes gewesen sein, da sich Benjamin wiederholt in seinen Aufzeichnungen über erhaltene Schläge beklagt. Die Mißhelligkeiten mit seinem Bruder bewogen ihn, noch vor beendeter Lehrzeit das weite zu suchen. Mit günstigem Winde befand er sich in drei Tagen in New-York, fast dreihundert Meilen fern vom Hause, ein Bursche von nur siebenzehn Jahren, ohne jegliche Empfehlung oder irgend einen Bekannten in der Stadt und mit sehr wenig Geld in der Tasche. In London, wohin Franklin schon viele Empfehlungsbriefe erhalten, langte er am 24. December 1724 an. Bei Palmer, einer bedeutenden Buchdruckerei in London um das Jahr 1725, fand Franklin nach einigen Kreuz- und Querzügen Condition und wurde mit dem Setzen der zweiten Auflage von Wollastons „Natürlicher Religion" beschäftigt. In Erwartung lohnendern Verdienstes vertauschte er die Stelle bei Palmer mit derjenigen in der weit größern Offizin von Watts, wo er während der ganzen übrigen Zeit seines Aufenthalts in London hindurch verblieb. Bei seinem ersten Eintritt in diese Druckerei arbeitete er zuerst an der Presse, da er sich einbildete, er fühle das Bedürfniß nach körperlicher Uebung, an die er in Amerika gewohnt war, wo die Buchdrucker abwechselnd an der Presse und am Setzkasten arbeiteten. Er trank nur Wasser; die übrigen Arbeiter, etwa fünfzig an der Zahl, waren unersättliche Biersäufer. Gelegentlich trug er in jeder Hand eine große, schwere Satzform die Treppe hinauf und herab, während die übrigen zu nur einer Form beide Hände brauchten. Sie erstaunten, als sie hieran und in anderen

Fällen erkannten, daß der amerikanische Wassermann, wie sie Franklin zu nennen pflegten, stärker als sie war, die doch starkes Bier tranken. Der Aufwärter aus einem Ale-Hause ging immer im Geschäfte aus und ein, um die Arbeiter zu bedienen. Sein Preßgespahn trank jeden Tag eine Pinte Bier vor dem Frühstück, eine beim Frühstück zu seinem Brod und Käse, eine zwischen Frühstück und Mittagessen, eine bei Tisch, eine etwa um sechs Uhr nachmittags und endlich noch eine nach Feierabend. Diese Sitte erschien Franklin abscheulich, allein sein College meinte, er müsse nothwendig starkes Bier trinken, um zur Arbeit stark zu sein. Er versuchte, ihn zu belehren, daß die Körperkraft, welche das Bier gäbe, nur im Verhältnisse zu den nährenden Theilen der Gerste stehe, welche in dem zu dem Biere genommenen Wasser aufgelöst werde, daß eine weit größere Quantität Mehl in einem Pennybrod enthalten sei, und daß er folglich, wenn er ein solches äße und dazu eine Pinte Wasser trinke, dadurch kräftiger werden würde, als von einem Quart Bier. Er trank jedoch nach wie vor und hatte jeden Sonnabend Abend vier bis fünf Schilling von seinem Wochenverdienste für dieses benebelnde Getränk zu bezahlen. Nach einigen Wochen wünschte Watts ihn im Setzersaale zu verwenden und so verließ er die Drucker. Die Setzer verlangten von ihm nun abermals ein Introitum von fünf Schilling zum Vertrinken. Er hielt dies für eine sehr unbillige Auflage, da er unten schon einmal bezahlt hatte. Der Prinzipal theilte seine Ansicht und verbot ihm die Bezahlung der Summe. Er verweigerte es zwei bis drei wochenlang, ward daher wie ein Excommunicirter angesehen und sah sich zur Zielscheibe einer Menge boshafter Streiche ausersehen, indem man ihm bald verschiedene Lettern unter einander mischte, seine Columnen falsch ausschoß, seinen Satz einwarf und ähnliches, so oft er nur einen Augenblick das Zimmer verließ, und all dies dem Gespenste der Offizin zuschrieb, welches angeblich alle nicht regelrecht Aufgenommenen verfolge. So sah er sich, trotz des Schutzes des Prinzipals, zum Nachgeben und zur abermaligen Zahlung gezwungen und überzeugte sich von der Thorheit, mit denen auf schlechtem Fuße zu stehen, unter welchen man fortwährend leben muß. Fortan stand er auf gutem Fuße mit seinen Mitarbeitern und erlangte bald einen bedeutenden Einfluß auf sie. Er schlug einige passende Abänderungen in den Gesetzen der Offizin vor, die er ohne Widerspruch durchbrachte. Sein Beispiel bewog auch einige, ihr benebelndes Frühstück von Bier, Brod und Käse aufzugeben und sich dafür, wie er, aus einem benachbarten Hause eine tüchtige Schüssel warmen Hafergrützbrei mit etwas Butter, geröstetem Brod und etwas Pfeffer darauf, um den Preis einer Pinte Bier, d. h. um anderthalb Pence, zu verschaffen. Dies war ein bei weitem behaglicheres und wohlfeileres Frühstück und erhielt ihnen die Köpfe klarer. Die, welche fortfuhren, sich den ganzen Tag mit Bier zu betrinken, verloren oft durch Nichtbezahlen ihren Credit beim Wirt und mußten dann ihn um Bürgschaft bitten, um Bier zu bekommen, wenn ihnen, wie sie zu sagen pflegten, „ihr Licht ausgegangen war." Daher war Franklin jeden Sonnabend am Zahltische zugegen, um den Betrag zu empfangen, für welchen er gutgesagt hatte, der oft dreißig Schilling in der Woche betrug. Dieser Umstand, in Verbindung mit dem Rufe, daß er ein gewandter Spaßvogel sei, erhielt sein Ansehen unter seinen Collegen aufrecht. Außerdem hatte er sich bei seinem Prinzipal durch anhaltende Thätigkeit bei der Arbeit in Achtung gesetzt. Seine außerordentliche Schnelligkeit im Setzen verschaffte ihm allemal die Werke, welche große Eile hatten, und auch am besten bezahlt wurden. In Watts Druckerei schloß Franklin große Freundschaft mit einem begabten jungen Manne, namens Mygate, der, weil seine Eltern in guten Verhältnissen lebten, eine bessere Erziehung erhalten hätte, als die meisten übrigen Buchdruckergehülfen. Er verstand Latein, sprach französisch und fand ebenfalls am Lesen Geschmack. Mygate machte Franklin den Vorschlag, gemeinschaftlich ganz Europa zu durchreisen und sich durch Arbeiten in ihrer Kunst fortzuhelfen. Franklin war sogleich damit einverstanden. Als er aber mit einem andern Freunde Denham darüber sprach, redete dieser ihm das Vorhaben aus und rieth ihm, nur an seine Rückkehr nach Pennsylvanien zu denken, wie er selbst denn auch thun wollte, um in Philadelphia ein Ladengeschäft anzufangen. Er machte Franklin das Anerbieten, ihn als seinen Gehülfen mitzunehmen und seine Bücher zu führen, worin er ihn unterweisen wolle, seine Briefe zu copiren und die Aufsicht im Laden zu führen. Franklin nahm den Vorschlag an. Am 23. Juli 1726 segelten beide von Gravesend ab und landeten im October desselben Jahres in Philadelphia. Kurze Zeit darauf, Februar 1827, wurde Franklin und sein Chef krank (Franklin war gerade zweiundzwanzig Jahre alt) und letzterer starb. Er versuchte nun als Handlungsdiener unterzukommen und übernahm nur deshalb die ihm unter sehr ansehnlichem Gehalt angebotene Leitung der Druckerei Keimers, weil er eine Stelle als Handlungsdiener nicht finden konnte. Allerdings engagirte ihn Keimer auch nur, um sich bequemer seinem Ladengeschäfte widmen zu können. Er fand in der Druckerei nachbenannte Personen: Hugh Meredith, einen welschen Pennsylvanier, dreißig Jahre alt, für den Landbau erzogen, ehrlich, verständig, von scharfer Beobachtungsgabe und Freude am Lesen, aber dem Trunke ergeben, und Stephen Potts, einen eben volljährigen jungen Landmann, zum Ackerbau erzogen, von ungewöhnlicher Naturgabe und vielem Witz und Humor, aber etwas träge. Keimer hatte diese beiden Leute für sehr geringen Lohn zu sich genommen, den er, seinem Versprechen gemäß, jedes Quartal um einen Schilling wöchentlich vermehren wollte, vorausgesetzt, daß ihre Fortschritte in der Buchdruckerkunst es verdienten. Meredith arbeitete an der Presse, Potts band Bücher, was sie beide zu lehren Keimer sich anheischig gemacht hatte, obgleich er vom einen so wenig verstand als vom andern. Ferner war da John, ein wilder Irländer, der gar kein Geschäft gelernt hatte und dessen vieljährige Dienstzeit Keimer einem Schiffscapitän abgekauft hatte; auch dieser sollte Drucker werden. Weiter Georg Webb, ein Oxforder Student, welchen Keimer ebenfalls auf eine vierjährige Arbeitszeit gekauft hatte, um aus ihm einen Setzer zu machen; endlich David Harry, ein Bursche, der als Lehrling aufgenommen war. Franklin bemerkte bald, daß Keimers Absicht, als er ihn mit einem viel höhern Gehalt, als er gewöhnlich zu geben pflegte, in seine Dienste nahm, dahin abzielte, daß er alle diese unwissenden, wohlfeilen Arbeiter und Lehrlinge zustutzen sollte, damit er, wenn sie erst durch ihn eingeschult und ihm durch Vertrag gleichsam leibeigen waren, in der Lage sei, ohne ihn fertig zu werden. Er machte sich jedoch trotzdem unverdrossen an die Arbeit, brachte die Druckerei in Ordnung und gelangte mit seinen Leuten nach und nach so weit, daß sie auf ihre Arbeit achteten und sie besser ausführten. In dieser Druckerei mangelte es öfters an der gehörigen Anzahl Lettern; in Amerika aber gab es keine Schriftgießerei. In London hatte Franklin zwar das Verfahren des Schriftgießens gesehen, damals aber wenig darauf geachtet. Inzwischen versuchte er, sich eine Gießform zu machen, bediente sich der Lettern als Patrizen und machte sich bleierne Matrizen und ergänzte so auf ziemlich genügende Weise alle Defecte. Ebenso gravirte er gelegentlich verschiedene Ornamente, bereitete Druckerschwärze, versah den Laden und war mit einem Worte das Factotum. Allein so nützlich er sich auch machte, so wurden doch seine Dienste von Tag zu Tag minder wichtig, je mehr die übrigen Arbeiter an Geschicklichkeit zunahmen. Als Keimer ihm das zweite Quartalsgehalt auszahlte, gab er ihm zu verstehen, daß dasselbe viel zu hoch sei und er, wie er denke, etwas ablassen könne. Allmälich wurde er weniger höflich, kehrte mehr den Prinzipal heraus, fand manches zu tadeln, war schwer zufriedenzustellen und schien es auf einen Bruch mit Franklin abzusehen. Trotzdem ertrug dieser alles mit Geduld, indem er merkte, daß seine üble Laune zum Theil von seinen Geschäftsverlegenheiten herrühre. Endlich zerriß ein geringfügiger Umstand diese Verbindung. Einst hörte Franklin nämlich einen Lärm in der Nachbarschaft und sah zum Fenster hinaus, was vorgehe. Keimer war auf der Straße, bemerkte ihn und rief ihm laut und ärgerlich zu, ich solle an meine Arbeit gehen und fügte noch einige rügende Worte bei, die ihn wegen ihrer Oeffentlichkeit um so mehr verdrossen, als die Nachbarn, welche derselbe Lärm an das Fenster gezogen hatte, Zeugen der Art waren, wie er ihn behandelte. Gleich darauf kam Keimer in die Druckerei und setzte hier sein Schelten gegen Franklin fort. Der Streit wurde auf beiden Seiten heftig und ersterer sagte, daß er ihn nach Ablauf dreier Monate, dem verabredeten Kündigungstermine, verlassen möge und bedauerte, daß er ihn noch so lange behalten müsse. Franklin erwiderte ihm, sein Bedauern sei ganz überflüssig, da er bereit sei, ihn im Augenblick zu verlassen. Damit nahm letzterer seinen Hut und ging zum Hause hinaus, indem er Meredith, den er unten traf, bat, auf einige Sachen, welche er da ließ, acht zu geben und sie nach seiner Wohnung zu bringen. Meredith besuchte ihn demgemäß am Abend und sie besprachen sich über diese Angelegenheit. Er bedauerte ungemein, daß jener das Haus verlasse, so lange er noch dort bleibe. Er widerrieth ihm die Rückkehr in seine Heimat, an welche er dachte, erinnerte ihn daran, daß Keimer noch sein ganzes Geschäft schuldig sei und seine Gläubiger nachgerade unruhig würden, daß er seinen Laden in einem jämmerlichen Zustand lasse, oft Sachen zum Fabrikpreise verkaufe, um nur baares Geld zu erhalten und fortwährend creditire ohne Buch zu führen, daß er folglich über kurz oder lang umwerfen würde, woraus Franklin Vortheil ziehen könnte. Letzterer wandte ihm seine Mittellosigkeit ein, worauf er ihm einen Wink gab, daß sein Vater viel auf ihn hielte und in einer zwischen ihnen beiden vorgefallenen Unterhaltung die Andeutung gemacht habe, er würde die ganze zu unserer Einrichtung nöthige Summe vorschießen, wenn er sein Theilhaber werden wolle. „Meine Zeit bei Keimer", schloß er, „läuft im nächsten Frühjahr ab. Bis dahin können wir Presse und Lettern aus London kommen lassen. Ich weiß, daß ich kein Arbeiter bin; wenn Sie aber wollen, so soll Ihre Geschäftskunde durch das Kapital, welches ich liefere, aufgewogen werden und den Gewinn theilen wir zu gleichen Hälften." Dieser Vorschlag war annehmbar und Franklin schlug ein. Sein Vater war gerade in der Stadt anwesend und gab seine Zustimmung um so mehr, als er sah, daß Franklin eine bedeutende Gewalt über seinen Sohn habe, da er ihn sogar dahin gebracht hatte, sich eine lange Zeit des Branntweintrinkens zu enthalten, und so hoffte er, daß, wenn er in engerm Verhältnisse zu ihm stünde, er ihn ganz von dieser schlechten Gewohnheit heilen werde. Franklin gab dem Vater ein Verzeichniß dessen, was aus London bezogen werden mußte. Er nahm es mit zu einem Kaufmanne und die Bestellung wurde gemacht. Sie kamen überein, die Sachen bis zur Ankunft der Schriften geheim zu halten und Franklin suchte inzwischen sich wo möglich Arbeit in einer andern Druckerei zu verschaffen; aber es war keine Stelle frei und so ging er müssig. Nach einigen Tagen aber schickte Keimer, der Aussicht auf den Druck einer Partie Banknoten für New=Jersey hatte, zu denen Typen und Kupfertafeln nöthig waren, die nur Franklin fertigen konnte, nach ihm und aus Furcht, Bradford möchte jenen engagiren und ihm diese Arbeit wegnehmen, ließ er ihm sehr höflich sagen: alte Freunde müßten sich nicht weniger in der augenblicklichen Hitze gesprochener Worte wegen verunreinigen, und forderte ihn auf, wieder zu ihm zu kommen. Meredith überredete ihn, der Einladung Folge zu leisten, da er namentlich auf diese Weise mehr Gelegenheit haben würde, sich durch seine tägliche Unterweisung in der Kunst zu vervollkommen. So trat er wieder bei Keimer ein und lebte in besserm Vernehmen wie vor der Trennung. Er erhielt die Arbeit für New=Jersey, und um sie zu liefern, baute Franklin nun eine Kupferdruckpresse, die erste im Lande, und stach mehrere Verzierungen und Vignetten zu den Noten, und begaben sich zusammen nach Burlington, wo das ganze zu allgemeiner Zufriedenheit ausgeführt wurde und Keimer eine Summe empfing, welche ihn in den Stand setzte, seinen Kopf noch geraume Zeit über Wasser zu halten. Bei dieser Gelegenheit erwarb sich Franklin mehrere vornehme Freunde, die sich ihm später sehr gefällig erwiesen. Endlich langte die Druckerei=Einrichtung von London an, und wir finden Franklin als Prinzipal. Kurz vorher gründete er eine Art wissenschaftlichen Club unter dem Namen „Junto", dessen Mitglieder sich bemühten, dem jungen Franklin und seinem Compagnon Arbeiten zuzuwenden. So verschaffte ihnen Breintnal — ein Mitglied dieses Clubs — von den Quäkern den Druck von vierzig Bogen ihrer Geschichte, während Keimer den Rest liefern sollte. Das war eine ausnehmend harte Arbeit, denn der Druckpreis war gering. Es war ein Folio von Schreibpapier=Format, der Satz aus grober Cicero mit Anmerkungen aus Corpus. Er setzte täglich einen Bogen und Meredith druckte ihn. Oft ward es elf Uhr abends, ja noch später, ehe er mit Ablegen für den Satz des folgenden Tages fertig ward, denn die kleinen Accidenzarbeiten, welche ihre Freunde ihnen gelegentlich zukommen ließen, hielten sie auf. Er war aber so fest entschlossen, täglich einen Bogen zu setzen, daß, als eines abends, nachdem er seine Formen ausgeschossen hatte und sein Tagewerk beendet hielt, eine der Formen durch einen Unfall ganz zusammenfiel, er sofort ablegte und die beiden Folioseiten vor schlafengehen noch einmal setzte. Dieser Fleiß, den die Nachbaren bemerkten, verschaffte ihnen bald Ruf und Credit; namentlich erfuhr Franklin, daß ihre neue Druckerei in einem Club von Kaufleuten der Gegenstand der Unterhaltung gewesen. Allgemein wurde die Ansicht geäußert, daß sie keinen Erfolg haben würden, da schon zwei Druckereien, die von Keimer und Bradford, in der Stadt seien, worauf Doctor Baier sich dahin äußerte: „Der Fleiß dieses Franklin übersteigt alles, was ich je in der Art gesehen habe. Ich sehe ihn oft noch bei der Arbeit, wenn ich nachts aus dem Club komme, und morgens früh ist er schon längst wieder am Geschäfte, ehe seine Nachbaren aus dem Bette steigen." Um diese Zeit wurde Franklin Herausgeber einer Provinzial=Zeitung, mit der er ebenfalls, wie in allen seinen zahlreichen Unternehmungen, abgesehen von den Schwierigkeiten des Anfanges, einen glücklichen Wurf machte. Bradford druckte noch immer die Wahlzettel, Beschlüsse, Gesetze, Verordnungen und andere öffentliche Arbeiten. Eine Adresse der Assembly an den Gouverneur war von ihm ganz erbärmlich und uncorrect gedruckt worden; Franklin und Meredith druckten sie sauber und correct nach und übersandten jedem Mitgliede einen Abdruck. Der Unterschied wurde bemerkt und dadurch der Einfluß ihrer Freunde in der Assembly so verstärkt, daß sie für das nächste Jahr zu deren Buchdruckern ernannt wurden. Einige Zeit darauf war Franklin nahe daran, sein Geschäft wieder zu verlieren, da der Vater seines Compagnons, Meredith, der die gesamten Einrichtungskosten des Geschäftes trug, seinen eingegangenen Verbindlichkeiten nicht nachkommen konnte. Zwei Freunde ermöglichten jedoch Franklin die alleinige Uebernahme der Druckerei. Es war um das Jahr

23*

1730. Um diese Zeit veröffentlichte Franklin eine anonyme Flugschrift, „Die Natur und Nothwendigkeit des Papiergeldes" betitelt, und wurde dafür mit der Uebertragung des Druckes der Noten belohnt. Bald darauf wurde Franklin durch Vermittelung eines Gönners der Druck des Papiergeldes von New-Castle übertragen. Zu jener Zeit wurde er auch Drucker der Gesetze und Beschlüsse jenes bedeutenden Regierungsbezirkes, was er so lange blieb, als er sein Geschäft betrieb. Franklin errichtete nun auch einen kleinen Buch= und Papierladen. Er führte Formulare aller Art, Papier, Pergament, Pappdeckel, Geschäftsbücher u. dgl. mehr. Er nahm einen Setzer und einen Lehrling auf und begann allmälig die Abzahlung der Schulden, die auf seiner Druckerei lasteten. Um seinen Credit und Ruf als Geschäftsmann zu sichern, führte er nicht allein ein wirklich thätiges und mäßiges Leben, sondern hütete sich auch vor jedem Scheine des Gegentheils. Er kleidete sich ganz einfach und wurde niemals an einem öffentlichen Vergnügungsorte gesehen, fischte und jagte nicht. Höchstens hielt ihn dann und wann ein Buch von der Arbeit ab, aber doch nur selten, und dann geschah dies nur heimlich, daß kein Anstoß dadurch erregt wurde. Und um zu zeigen, daß er sich nicht über seinen Stand dünke, fuhr er bisweilen das beim Kaufmann erhandelte Papier selbst in einem Schiebkarren nach Hause. So erhielt er den Ruf eines fleißigen, strebsamen und in seinen Zahlungen sehr pünktlichen jungen Mannes. Um eben diese Zeit gründete Franklin auch eine Leihbibliothek, welche die Mutter aller nordamerikanischen zahlreichen Leihbibliotheks=Gesellschaften war. Am 1. September 1730 vermählte sich Franklin mit einer Miß Read, deren Bekanntschaft er schon vor seiner Reise nach England gemacht hatte. Es war eine gute und treue Gefährtin, welche ihm auch bei der Besorgung des Ladens behülflich war. Ein amerikanisches Sprüchwort sagt: „Wer vorwärts kommen will, der muß sein Weib befragen." „Ich war so glücklich" — erzählt Franklin — „ein Weib zu besitzen, welches eben so sehr zu Fleiß und Nüchternheit geneigt war wie ich selbst. Sie unterstützte mich willig in meinem Geschäfte, salzte und heftete Brochüren, besorgte den Laden, kaufte alte leinene Lumpen für die Papiermacher ein u. s. w. Wir hielten keine müßige Dienstboten, begnügten uns mit der einfachsten Kost und mit den wohlfeilsten Möbeln. Mein Frühstück z. B. bestand lange Zeit nur aus Milch und Brod (nicht aus Thee) und ich verzehrte es aus einem irdenen Näpfchen für zwei Pfennige mit einem zinnernen Löffel." Zu der Zeit, wo Franklin sich in Pennsylvanien niederließ, gab es noch keine gute Buchhandlung in irgend einer der Colonien südwärts von Boston. In New=York und Philadelphia waren die Buchdrucker und Buchhändler eigentlich mehr Papierhändler; sie verkauften Papier und Schreibmaterialien, Kalender, Balladen und nur gewöhnliche Schulbücher. Im Jahre 1732 veröffentlichte Franklin zum erstenmale seinen berühmten Kalender unter dem Namen Richard Saunders; derselbe wurde von Franklin ungefähr dreiundzwanzig Jahrelang fortgesetzt und hieß gemeinhin der „Kalender des armen Richard." Es wurden jährlich gegen zehntausend Exemplare dieses Kalenders abgesetzt. Im Jahre 1733 sendete Franklin einen seiner Gehülfen nach Charleston in Süd=Carolina, wo es an einem Buchdrucker fehlte. Er verfah ihn mit einer Presse und Lettern nach einem Gesellschaftsvertrag, kraft dessen Franklin ein Drittel des Reingewinnes erhalten sollte, wofür er ein Drittel der Auslagen zu decken hatte. Durch das Gelingen dieser Theilhaberschaft in Carolina wurde Franklin ermuthigt, sich in andere einzulassen und mehreren seiner Arbeiter, die sich gut aufgeführt hatten, vorwärts zu helfen, indem er sie mit Druckereien in verschiedenen Colonien unter denselben Bedingungen etablirte, wie jene in Carolina. Die meisten von ihnen fanden ihr Fortkommen und waren nach Ablauf der Vertragszeit, nach sechs Jahren, im Stande, Franklin das Geschäft abzukaufen, und auf eigene Rechnung fortzusetzen, wodurch mehrere Familien gegründet und erhalten wurden. „Associationen" — so sagt Franklin — „endigen oft in Händeln; allein ich war darin glücklich, daß die meinigen alle freundlich fortgeführt wurden und endeten, was ich größtentheils der Vorsicht beimessen zu dürfen glaube, daß ich in unseren Verträgen ganz deutlich alles festsetzte, was von jedem Theilhaber zu leisten oder zu erwarten war, so daß über nichts gestritten werden konnte — eine Vorsicht, die ich deshalb allen denen anempfehlen möchte, welche in eine Theilhaberschaft eintreten." Es ist beinahe zweifellos, daß Franklin sich zumeist deshalb mit einem Theilhaber seiner Druckerei, Herrn David Hall, associirte, weil ihn die öffentlichen Angelegenheiten bereits zu viel in Anspruch genommen hatten. Dieser Theilhaber enthob Franklin aller Sorge für die Buchdruckerei und bezahlte ihm pünktlich seinen Antheil am Gewinn. Diese Association währte mit großem Erfolg für beide volle achtzehn Jahre und endete ungefähr um das Jahr 1766. — Seit 1736 Sekretär der Assembly oder des Colonialparlaments von Pennsylvanien und 1737 auch zum Oberpostmeister ernannt, nahm Franklin von nun an mehr als früher an den öffentlichen Geschäften Theil und bewirkte die Errichtung einer Miliz, einer freiwilligen Feuerwehr, einer Akademie zur Erziehung der pennsylvanischen Jugend, die Pflasterung der Straßen und anderes Gemeinnützige. Der Gouverneur und das Oberhaus der Colonie begehrten seinen Rath bei allen wichtigen Maßregeln und beauftragten ihn im Jahre 1743, den Plan einer Philosophischen Gesellschaft für Amerika zu entwerfen, deren Vorstand er sodann bis an sein Lebensende blieb. In diese Zeit fallen auch seine elektrischen Versuche, die zu der Erfindung des Blitzableiters und des Elektrischen Drachens führten. Seine Ideen über diesen Gegenstand fanden anfangs wenig Anklang, nachdem aber Buffon seine Schrift: „New Experiments and Olservations on Electricity" übersetzt und dadurch über ganz Europa verbreitet hatte, ernannte selbst die Londoner Royal Society ihn zu ihrem Mitgliede und übersendete ihm 1756 ihre goldene Preismedaille. Im Jahre 1747 zum Mitgliede der Assembly erwählt, machte er sich bald als eifriger Kämpfer der Volkspartei bemerklich, und 1753 zum Generalpostmeister aller englisch=amerikanischen Besitzungen ernannt, faßte er den großen Gedanken einer Bundes=Verfassung, eines Congresses und einer Centralregierung aller getrennten nordamerikanischen Colonien. Die Pennsylvanische Landesvertretung sendete Franklin 1457 nach England, um Steuerfreiheit zu erwirken. Nach glücklicher Ausführung seines Auftrages blieb er der Geschäftsträger für Pennsylvanien in London und auch andere Colonien wählten ihn als ihren Vertreter bei der Regierung. Im Jahre 1762 nach Philadelphia zurückgekehrt, ging Franklin, als die verhängnißvollen Unruhen wegen der Stempelakte ausbrachen, 1766 abermals als Agent für Pennsylvanien und andere Colonien nach England und vertheidigte hier ebenso freimüthig als einsichtsvoll die Freiheiten der Colonien, worauf dann auch die Stempelakte zurückgenommen wurde. Da er aber bei der immer mehr steigenden Unzufriedenheit mit der englischen Regierung die Sache der Colonien überallhin energisch und furchtlos vertrat, wurde er dem König und der Regierung sehr mißliebig, verlor seine Generalpostmeisterstelle und kam bei dem Ausbruche der Feindseligkeiten in Gefahr, seiner Freiheit beraubt zu werden. Daher kehrte er im März 1775 nach Philadelphia zurück, wo er zum Congreßmitglied ernannt und an die Spitze des Sicherheitsausschusses gestellt wurde. In dieser Stellung sprach er das große Wort der Unabhängigkeit öffentlich aus, stellte in einem Rundschreiben alle Willkürlichkeiten der englischen

Regierung zusammen und bewirkte am 4. Juli 1776 die Unabhängigkeitserklärung, welche er sodann auch gegen den englischen Friedensunterhändler privatim und öffentlich vertheidigte. Nach Organisirung der Vertheidigung und Beschaffung der Mittel durch Ausgabe von Papiergeld, ging er im Oktober 1776 nach Paris, wo er nach Abschluß des Allianz-Vertrages vom 6. Februar 1778 als Bevollmächtigter der dreizehn Vereinsstaaten Nordamerikas auftrat, und namentlich durch die Presse die öffentliche Meinung für die amerikanische Sache gewann, die er als Gegenstand der Freiheit und der Civilisation der Menschheit bezeichnete. So gelang es ihm denn unter Vermittelung von Rußland und Oesterreich, den Frieden vom 3. September 1783 zu Stande zu bringen. Darauf in 1784 nach Amerika zurückgekehrt, wurde er unter Kanonendonner und unter Glockengeläut mit Jubel von dem Volke empfangen. Dreimal noch wurde er zum Gouverneur von Pennsylvanien gewählt, mußte sich aber 1788 infolge Alters und eines Steinübels vom öffentlichen Leben zurückziehen. Franklin starb am 17. April 1790. Der Congreß verordnete zu Ehren seines größten Bürgers eine Nationaltrauer auf die Dauer eines Monats. Für seinen Grabstein hatte Franklin selbst folgende Inschrift bestimt: „Hier liegt der Leib Benjamin Franklins, eines Buchdruckers (gleich dem Deckel eines alten Buches, aus welchem der Inhalt herausgenommen und der seiner Inschrift und Vergoldung beraubt ist), eine Speise für die Würmer; doch wird das Werk selbst nicht verloren sein, sondern (wie er glaubt) dermaleinst erscheinen in einer neuen, schönern Auflage, durchgesehen und verbessert vom Verfasser." — Im Jahre 1766 war Franklin von der Buchdruckerei zurückgetreten, denn von nun an war er durch öffentliche Angelegenheiten und Aemter in einem Grade in Anspruch genommen, der nur zu seinen riesigen, physischen Kräften, zu seiner Ausdauer und zu seiner allgewaltigen Liebe für alles Erhabene, Schöne und Edle im Verhältniß stand. Kein Zweig des staatlichen und socialen Lebens, in welchem Franklin nicht thätig, rastlos thätig gewesen wäre, sowohl als Begründer, Erfinder, Förderer bis zu jenen großen und bisher beinahe unerreichten staatsmännischen Diensten, die er seiner in vieler Beziehung merkwürdigen Heimat erwies. Wir kennen keine nachahmungswürdigere Persönlichkeit unter jenen, die unserm Stande je angehörten, als Franklin, er wird deshalb auch noch lange Zeit ein erhabenes Vorbild für unsere junge Generation sein. Und dies mit Recht. Franklin kann dem Praktiker ebenso wie dem Idealisten als Muster dienen — er war beides in gewissem Sinne, so paradox dies auch klingen mag. Franklin war der nüchternste Praktiker und dabei doch ein ganzer Idealist. Die Reinheit des Charakters, die anmuthige Offenheit und das edle Ziel bei allen seinen Handlungen üben einen unwiderstehlichen Einfluß auf alle jene, die für solche Tugenden Verständniß besitzen. Franklin endete seine überall befruchtende, segensvolle irdische Laufbahn auf einer Höhe, die freilich vor und nach ihm noch keinem Jünger unserer schwarzen Kunst weder in der alten noch in der neuen Welt zu erklimmen möglich war. — Im Jahre 1856 wurde Franklin in Boston ein Denkmal gesetzt — s. Benjamin Franklin, sein Leben, von ihm selbst beschrieben, mit einem Vorwort von Berthold Auerbach und einer historisch-politischen Einleitung von Friedrich Kapp, Stuttgart 1876.

Französische Abkürzungen. Die Abkürzungen in der französischen Typographie sind weniger bedeutend, als in der unsern und der englischen. Sie bedient sich als Kürzungs-Zeichen ebenfalls des Punktes, läßt denselben aber auch mitunter fehlen, und wo sie hochstehende Buchstaben (f. b.), dort caractères supérieurs genannt, anwendet, läßt sie denselben gänzlich fort. Die am häufigsten vorkommenden französischen Schriftkürzungen sind die folgenden:

A

A (ohne Punkt), argent, Silber, in Kurs=
nachrichten der Zeitungen und auf
Kurszetteln
a., anné, an, ans, Jahr, Jahre
acc., accompagnement, das Zubehör;
accepté (auf Wechseln) angenommen
ach. et liv. (auf Fakturen und Rechnun=
gen) acheté et livré, gekauft und ge=
liefert
à m. pr. (auf Briefen), à main popre,
zu eigener Hand, eigenhändig
Art. oder art., Article, Artikel, die Ab=
theilung in einem Schriftstück
av. d. p., avoir du poids, das fran=
zösisch=englische Handelsgewicht

B

B (ohne Punkt), baisse, die Baisse an
der Börse (auf Kurszetteln und in
Handelsberichten)
Bar., Baron, Baron
B^{sse}, Baronesse, Baroneffe
B^{et}, Baronet, Baronet
Bnet., Baronet, Baronet
B^{on}, Baron, Baron
br., broché, brochirt, geheftet
bur., bureau, Bureau, Schreibstube

C

c., centime, Centime (Scheidemünze)
c. à d., c'est à dire, nämlich, das heißt
das will sagen
cah., cahier, Heft
C^{sse}, Comtesse, Gräfin
Chap. oder chap., Chapitre, Kapitel
(als Abschnitt in einem Buche)
Ch^{er}, Chevalier, Ritter
Chev., Chevalier, Ritter
Cie, Compagnie, Gesellschaft, Genossen=
schaft, Theilhaberschaft
cm., centimètre, Centimeter
Comp^{ie}, Compagnie
Concl. oder conclus., conclusion, Schluß
Concl. s., conclusion suivi, Schluß folgt
Cont. oder contin., continuation, Fort=
setzung
Cont. s., continuation suivi, Fortsetzung
folgt
cour., courant, laufend, gangbar; cou=
ronne, Krone; couronné, gekrönt

C.P., Constantinople
ct., compte, Rechnung
Cte, Comte, Graf; Compte, Rechnung
cte. cour., compte courant, laufende
Rechnung

D

d-kil., demi-Kilogramme, Halbkilo=
gram, Pfund
demi-kil., demi-kilogramme, Halb=Ki=
logram
D^{sse}, Duchesse, Herzogin
douz., douzaine, Dutzend
Dr. oder D^{r}, Docteur, Doctor
D.M., Docteur médecin, Arzt
D.M.P., Docteur Médecin Practicien,
praktischer Arzt
Duch., Duchesse, Herzogin
duj., die Dûjour, Tag

E

E., est, Ost
E^{ce}, Eminence, Eminenz
éd., édition, Ausgabe, Auflage
e. p., en personne, persönlich oder in
Person
etc., etcétera, und so weiter
&c., etcétera
et Cie, et Compagnie, und Gesellschaft
& Cie, et Compagnie
et fi., et fils, und Sohn oder und Söhne
& fi, et fils
et fr., et frère, und Bruder
& fr., et frère
et frs. oder & frs., et frères, und Brüder
ex., exemple, Beispiel
Exc., Excellence, Excellenz
exp. oder expos., exposition, Ausstellung
exp., export, Ausfuhr
expos., exposition, Ausstellung
exp. univ., exposition universelle, Welt=
ausstellung
Ext., Extérieur, Aeußeres

F

f., fin, Ende; fils, Sohn
fr., franc, Frank (Münze); frère, Bruder
frs., francs, Franken; frères, Brüder

G

Gr., Grand, groß, der Große
gr., grand, groß; grosse, Groß (144
Stück); gramme, Gram

gross., grossiste, der Grossist, Groß-
    händler
grs., grammes, Gramme
H
h., heure, Uhr, Stunde
hect., hectare, Hektar
hectol., hectolitre, Hektoliter
hon., honoré, geehrt; honorable, ver-
    ehrlichst
I
Imp., Impérial, kaiserlich; import, Ein-
    fuhr
Int., Intérieur, Inneres
K
Kil., Kilogramme, Kilogram
L
l., ligne, Zeile; lignes, Zeilen; livre,
    Pfund; longitude, Länge (Grad der);
    litre, der Liter
L., Livre, Pfund
Lat., Latitude, Breite (Grad der)
Le S. P., le Saint Père, der heilige
    Vater
Les SS. PP., Les Saints Pères, die
    heiligen Kirchenväter
LL. AA., Leurs Altesses, Ihre Hoheiten
LL. AA. II., Leurs Altesses Impéria-
    les, Ihre kaiserlichen Hoheiten
LL. AA. RR., Leurs Altesses Royales,
    Ihre königlichen Hoheiten
LL. EE., Leurs Excellences, Ihre Ex-
    cellenzen
LL. EEm., Leurs Eminences, Ihre
    Eminenzen
LL. HH. PP., Leurs Hautes Puissance
LL. MM., Leurs Majestés, Ihre Ma-
    jestäten
LL. MM. II., Leurs Majestés Impé-
    riales, Ihre kaiserlichen Majestäten
Long., Longitude, Länge (Grad der)
L. P. R., Le Révérent Père, der hei-
    lige Vater, Papst
M
M., Monsieur, Herr
m., main, Hand; mètre, der Meter oder
    das Maß; mêlé, gemischt (auf Hut-
    etiketten); mille, Tausend
M^d, marchand, Kaufmann
md., marchand
Mis, Marquis

Mgr., Monseigneur
Melle, Mademoiselle, Fräulein
MM., Messieurs, meine Herren
mm., millimètre
Mme, Madame, Frau
M^r, Monsieur, Herr
M^{rs}, Messieurs, meine Herren
M^s, manuscript, Handschrift
N
N., nord, Nord
n., nommé, genannt
NB., nota bene
N. D., Notre Dame, unsere liebe Frau
Négt., négociant, Unterhändler
No. und no., numéro, Nummer
N. S., Notre Seigneur, unser Herr
N. S. J. C., Notre Seigneur Jésus Christ,
    unser Herr Jesus Christus
P
P (ohne Punkt, auf Kurszetteln und in
    Handelsberichten), papier, Brief, Pa-
    pier
p., paire, Paar; page, Seite (eines
    Buches); pièce, Stück
p. a., par an, jährlich
p. c. oder pct., pour cent, für oder
    auf hundert
pct. oder p. c., pour cent
p. e., par exemple, zum Beispiel
p. f., pour faire, um zu machen
p. f. v. (auf Visitkarten), pour faire
    visite, um ihre Aufwartung zu machen
p. m., par mois, monatlich
p. o., par occasion, zufällig
p. p., pour présenter, zwecks der Vor-
    stellung
p. p. c. (auf Visitkarten), pour prendre
    congé, um Abschied zu nehmen
Pr. oder pr., prix, Preis
Pr. cour., prix courant, laufende oder
    gängige Preise, Preiscourant, Preis-
    liste, Preisverzeichniß
Pr. f., prix fix, feste Preise
p. r. v. (auf Visitkarten), pour rendre
    visite, um einen Besuch abzustatten
p. s., par semaine, wöchentlich
R
R., roi, König; royal, königlich; royau-
    me, Königreich
rel., relié, gebunden

S

s., saint, heilig
S. A., Sa Altesse, Seine oder Ihre Hoheit, Durchlaucht
S. A. E., Sa Altesse Electorale, Seine oder Ihre kurfürstliche Durchlaucht
S. E., Son Excellence, Seine Excellenz, sect., section
S. Em., Son Eminence, Seine Eminenz
S. G., Sa Grâce, Seine Gnaden
S. G. D. G., sans garantie du gouvernement, ohne Bürgschaft der Regierung
S. H, Sa Hautesse, Seine Hoheit (vom türkischen Sultan)
S. M., Sa Majesté, Seine Majestät
S. M. B., Sa Majesté Britannique, Seine britische Majestät
S. M. C., Sa Majesté Catholique, Seine katholische Majestät
S. M. I., Sa Majesté Impériale, Seine oder Ihre kaiserliche Majestät
S. M. P., Sa Majesté Prussienne, Seine preußische Majestät
S. M. R., Sa Majesté Royale, Seine königliche Majestät
S. M. T. C., Sa Majesté Très-chrétienne, Seine sehr christliche Majestät
S. M. T. F., Sa Majesté Très-Fidèle, Seine oder Ihre sehr getreue Majestät (König oder Königin von Portugal)
SS., Sa Sainteté, Seine Heiligkeit (der Papst)

T

T., tome, Theil, Band
T. s. v. pl., tournez s'il vous plait, wenden Sie gefälligst um (das Blatt, Custos in Briefen)

V

v., vers, Vers
V. A., Votre Altesse, Eure Hoheit
V. E., Votre Excellence, Eure Excellenz
V. Em., Votre Eminence, Eure Eminenz
V. G., Votre Grâce, Eure Gnaden
V. M., Votre Majesté, Eure Majestät
V. M. I., Votre Majesté Impériale, Eure kaiserliche Majestät
V. M. R., Votre Majesté Royale, Eure königliche Majestät
v°, verso, schlage um (als Custos)
vve, veuve, Wittwe

Französische Höhe, s. Höhe Didot.

Französische Ligaturen sind die in der französischen Typographie vorkommenden doppelten und dreifachen Buchstabenbilder auf einer Type. Es sind namentlich fi, fl, ff, ffi, ffl und das Etzeichen &, sowie die Verbindungen Æ œ und Œ œ.

Französische Papierformate. Die Franzosen haben seit lange einen bestimmten Maßstab für die verschiedenen Größen des Papiers; es sind deren zwölf und haben folgende Benennungen und Größenverhältnisse: Grand-Aigle 68:103 Cm., Colombier 63:86 Cm., Jesus 55:70 Cm., Raisin 49:64 Cm., Cavalier 46:60, Carré 45:56 Cm., Coquille 41,3:54 Cm., Ecu 40:52 Cm., Couronne 36:46, Tellière 43:53 Cm., Pot 31:39, Chine 70:130 Cm.

Französischer Deckel ist der zuerst von Frankreich eingeführte fast senkrecht stehende Deckel an der Handpresse, ohne Deckelschnalle und am Rähmchen mit einem Griff versehen, welchen erfaßt, der Drucker Rähmchen und Deckel mit einer geschickten Schwingung auf die Form bringt, s. Deckel. — Bei der Verbesserung der Pressen in Frankreich zu Ende des verflossenen Jahrhunderts wurde selbst an den Holzpressen der aufrecht stehende Deckel angebracht.

Französischer Gießzettel. Der Gießzettel der französischen Sprache auf Seite 362 ist auf 100,000 Buchstaben berechnet und der in Frankreich am gängigsten. Im ganzen genommen, differiren die Gießzettel dort wenig. Die auf dem Schema aufgeführten Ziffern sind in dieser Zahl nicht einbegriffen.

Französischer Kasten. Die französische Typographie bediente sich früher allgemein eines zweifachen Schriftkastens, des Ober- und des Unterkastens. Der

Französischer Gießzettel

Buchstaben	Zahl	Buchstaben	Zahl	Buchstaben	Zahl	Buchstaben	Zahl
m	3000	ê	150	É	150	£	30
a	5750	î	80	È	50	ì	30
b	700	ô	80	Ê	40	ò	30
c	1800	û	90	Â	30	ù	30
d	2550	ä	60	Ö	30	ç	30
e	12400	ë	50	Ü	30	à	50
f	300	ï	60	Ç	30	.	420
g	600	ö	50	&	130	,	200
h	780	ü	50	A	100	'	100
i	5000	ç	160	B	50	.	100
j	300	Á	300	C	70	:	50
k	100	B	100	D	60	;	100
l	5600	C	220	E	200	—	50
n	7700	D	210	F	50	.	2000
o	4800	E	500	G	50	,	2500
p	1500	F	120	H	50	-	2000
q	1200	G	170	I	100	:	500
r	4800	H	140	J	40	;	650
s	4740	I	450	K	40	!	300
t	5400	J	150	L	150	?	250
u	5500	K	70	M	80	'	1500
v	900	L	300	N	150	—	900
w	100	M	120	O	100	*	100
x	100	N	260	P	70	†	50
y	400	O	200	Q	50	§	100
z	130	P	110	R	140	( )	1000
ff	120	Q	100	S	150	[ ]	100
fi	160	R	200	T	120	"	500
fl	100	S	250	U	110	1	500
ffi	60	T	280	V	60	2	350
ffl	50	U	230	W	30	3	300
æ	60	V	200	X	40	4	300
œ	100	W	40	Y	40	5	400
à	400	X	150	Z	40	6	300
è	430	Y	60	Æ	20	7	300
ù	80	Z	50	Œ	80	8	350
é	1300	Æ	30	É	40	9	300
â	100	Œ	60	È	30	0	600

100,000 Buchstaben

Oberkasten, der hierunter folgt, hat in einer linken und einer rechten Abtheilung je 49, mithin 98 Fächer, deren jedes ein rechtwinkeliges Viereck bildet. In der linken

Französischer Kasten

Abtheilung befinden sich vorzugsweise Versalien, in der rechten Capitälchen. Sein Plan sieht wie folgt aus:

A	B	C	D	E	F	G	A	B	C	D	E	F	G
H	I	K	L	M	N	O	H	I	K	L	M	N	O
P	Q	R	S	T	V	X	P	Q	R	S	T	V	X
â	ê	î	ô	û	Y	Z	É	È	Ê		I	Y	Z
ä	ë	ï	ö	ü	Æ	Œ	·	,	;	r	Æ	Œ	W
à	è		ò	ù	§	W	Ā	Ō	Ū	†	*	( )	[ ]
—	&	U	J	Ç	c	ff	fl	fi	ffl	ffi	ʃ	J	♂

Der Unterkasten birgt in seinen 54 Fächern vorwiegend die Gemeinen, die Interpunktionen, Lese= und andere Zeichen, sowie die Ausschließungen. Gleich dem Oberkasten ist auch dieser mittelst einer starken Leiste in eine linke und eine rechte Abtheilung geschieden. Beide Kasten auf dem Regal über einander stehend, bilden ein regelmäßiges Viereck und steht der Oberkasten sehr schräg, während der Unter= kasten fast eine wagerechte Lage einnimmt. Hier das Schema des Unterkastens:

j	ç	é	-	k		1	2	3	4	5	6	7	8
.	b	c	d	e		s	Zwei= punkt	f	g	h		9	0
ffl												æ	œ
ffl	l	m	n	i		o	p	q		!	?	Ein= punkt	1½ punkt
ffi										:	!	Gev.	Gev.
x	v	t	u	Drei=, Vier= oder Fünfpunkt= Ausschluß		a	r	,				Quadraten	

In jüngster Zeit gewinnt indeß die Neuerung des eintheiligen, ein längliches Viereck bildenden Schriftkastens viel Beifall und wird immer und immer mehr eingeführt. Weil keine Capitälchen darin untergebracht sind, so hat derselbe be= deutend weniger Fächer, als jener Ober= und Unterkasten zusammen, nämlich nur 110 Fächer, während jener deren 152 hat. Es ist auch vortheilhafter, die Capitäl= chen in einen besondern Kasten zu haben, der dann leicht von einem Setzer zum andern geschafft werden kann. Dieser neuere eintheilige Kasten sieht im Plane so aus:

Französischer Kasten

A	B	C	D	E	F	G						
H	I	K	L	M	N	O	à	è	ì	ò	ù	Æ
P	Q	R	S	T	V	X	á	é	í	ó	ü	Œ
()	U	J	Y	Z			â	ê	î	ô	û	Ç
.	,	—	;	:	!	?						
*	é	è	ê		1	2	3	4	5	6	7	8
—	b	c	d	e	s	2 ℔	f	g	h	9	0	w
z	l	m	n	i	o	p	q	1 ℔	?	k	æ	1
y	ɑ					r		,	.	:	œ	Halbgev.
x	v	u	t	Drei- oder Vierpunkt		a				Gevierte	Quadraten

Französischer Satz. Die Winkelhaken der französischen Setzer fassen weniger Zeilen, als unsere; sie nehmen selten mehr als drei Cicerozeilen auf, sind aber aus diesem Grunde auch rechtwinkeliger, als die unserigen. — Die Signatur der französischen Typen ist auf der Kopfseite des Buchstabenbildes, also auf der Seite, welche der unsern entgegensteht. — Der Absatz wird allemal um ein Geviert der betreffenden Schrift unbeschadet der Breite eingezogen. — Als Wörter-Zwischenraum nimt man zu Regel 6, 7 und 8 Dreipunkt, zu Regel 9, 10, 11 und 12 Vierpunkt, bei größeren Regeln nie über Sechspunkt. Beim Verkleinern der Zwischenräume geht man um einen Punkt zurück, während zum Sperren Einpunktspatien verwendet werden. Im Accidenzsatz werden die Zwischenräume der Wörter aus Versalien oder aus breiter Schrift um eine Kleinigkeit erweitert; im Falle des Ausbringens werden die Räume nach dem Ausruf- und Fragezeichen zuerst vergrößert, während die übrigen nach der Reihe von rechts nach links vorgenommen werden und den Räumen nach dem Punkt und Komma keine besondere Berücksichtigung zu Theil wird. Das Kolon und Semikolon, das Ausruf- und Fragezeichen werden mit einem Einpunktspatium von dem Worte abgetrennt, wohingegen es niemals erlaubt ist, das Komma von seinem Worte abzustellen. Zur Unterscheidung dient die Cursiv (Italique), zum Hervorheben im glatten Satz die Capitälchen (Petits capitales) und zum Auszeichnen die Versalien (Grands capitales). — Zahlen, welche zu einem Worte in Beziehung stehen, werden mit einem geringern, als dem gewöhnlichen Zwischenraume versehen. — Notenzeichen besitzt die französische Typographie nicht; sie bezeichnet die Noten entweder mit Ziffern in Parenthesen (1), oder mit hochstehenden Bruchziffern ohne Parenthese. — Uncialen werden nicht neben den Zeilen, vielmehr in gleicher Linie mit der ersten Zeile gehalten; Initialen stehen neben dem Satz. — Die hochstehenden Buchstaben werden den Ordnungszahlen angefügt, nämlich: 1er, 2de, 3me; das Datum wird ohne Punkt und ohne hochstehende Buchstaben dem Monate beigefügt: le 1 Décembre. — Rubriken werden aus Versalien gesetzt, aber am Schlusse ohne Punkt gelassen, welcher auch auf Titeln gänzlich vermieden wird. — Die Correcturzeichen in der französischen Typographie weichen von unseren in etwas ab; das Deleaturzeichen besteht aus einem Kreise, welcher in einer zweimal gewundenen Linie nach rechts ausgeht und mit dem Ausläufer nach unten endigt; das Vertaturzeichen beginnt ebenfalls mit einem Kreise, der in einer einmal gewundenen Linie mit dem Ausläufer nach oben abschließt; das Gitterkreuz, unser Spießzeichen, ist dort das Trennungszeichen. — Mit großem Anfangsbuchstaben werden im Französischen gesetzt: jedes Wort zu Anfang eines Absatzes; das Wort nach einem Punkt, einem Ausruf- oder einem Fragezeichen, wenn diese Interpunktionen einen Satz schließen; das erste Wort jeder Gedichtstrophe; die Wörter Dieu Gott, Saint heilig, Empereur Kaiser, und so alle diejenigen Nennwörter, welche derartige hohe Würden und Aemter bezeichnen, die davon abgeleiteten Eigenschaftswörter und deren Abkürzungen; die Referenzworte Monsieur mein Herr, Messieurs meine Herren, Madame Frau, Mademoiselle Fräulein, sowie deren Kürzungen; die Eigennamen, die Namen der Länder, Städte, Flecken und Dörfer, die Flüsse, Seen und Meere, der Berge und die davon herrührenden Eigenschaftswörter; endlich diejenigen Wörter, welche hervorgehoben werden sollen.

Französische Schrift. Die französische Druckschrift ist die Antiqua (romain) meist schmalen Schnittes. In der Typographie unterscheidet man die Typen in Versalien oder große Buchstaben (Grand capitales), in kleine Buchstaben oder Gemeine (Lettrines, Lettres minuscules), in Capitälchen (Petits capitales), in accentuirte Buchstaben (Lettres accentuées), in hochstehende Buchstaben (Lettres superieures) und in Ligaturen (Lettres ligatures). — Die französischen Typen haben einen einheitlichen Kegel (Corps) und eine gleichartige Höhe. Das Grundmaß des Kegels ist der typographische Punkt (Point), von dem 27 auf einen Centimeter gehen. Die Höhe beträgt 62½ dieser typographischen Punkte. Obwohl Francois Ambroise Didot, welcher der Gründer des französischen Typensystems war, sich viele Mühe gab, die Benennungen der Schrift abzuschaffen und sie durch Nummern zu kennzeichnen, so ist ihm diese Neuerung doch nicht vollständig gelungen, indem man die früheren Namen noch theilweise beibehalten hat. Sie sind in aufsteigender Skala: Mikroskope oder Kegel 2, Diamant oder Kegel 4, Perle oder Kegel 5, Nonpareille oder Kegel 6, Mignonne oder Kegel 7, Petit texte oder Kegel 8, Gaillarde oder Kegel 9, Petit romain oder Kegel 10, Philosophie oder Kegel 11, Cicero oder Kegel 12, St. Augustin oder Kegel 13, Gros texte oder Kegel 14, Gros romain oder Kegel 16, Parangon oder Kegel 24, Palestine oder Kegel 28, Petit Canon oder Kegel 36, Gros Canon oder Kegel 48; zwischen diesen Kegeln liegen noch Abstufungen im Betrage von halben Punkten. Die accentuirten Buchstaben sind folgende: É, È, Ê als Versalien, à, è, ù, é, â, ê, î, ô, û, ē und ī als Gemeine, namentlich der Accent grave (à), der Accent aigü (é), das Circonflex (â) und das Trema (ë). — Lesezeichen sind: der Gedankenstrich (Barre), der Bindestrich (Tiret), der Apostroph (Apostrophe), die Parenthese (Parenthèse), die eckige Klammer (Mordant), das Sternchen (Astérique), das Kreuz (Frélet), das Anführungszeichen (Guillemet oder Onglet). — Interpunktionszeichen: der Punkt (Point), das Komma (Virgule), das Kolon (Deuxpoints), das Semikolon (Point avec la virgule), das Fragezeichen (Point interrogant), das Ausrufzeichen (Point exclamatif).

Französisches Schiff nennen wir das in Frankreich übliche und auch in der deutschen Typographie vorkommende Octavschiff aus Zink, welches am Kopfe und an der rechten Seite mit einer Fasette versehen, an der linken Seite dagegen offen ist. Am obern Boden rechts ist ein etwa anderthalb Centimeter langer Flock eingelassen, welcher dazu dient, das Schiff auf jede Stelle des Schriftkastens hinstellen zu können, indem es mittelst dieses Flockes an jedem Fache einen Halt findet.

Französische Signatur. Die Signatur an den Typen ist in Frankreich auf der Kopffläche des Buchstabenbildes, also auf der entgegengesetzten Seite der unsern, wo sie sich auf der Fußfläche desselben befindet. Die Signatur soll dazu dienen, dem Setzer zu zeigen, welche Seite der Type im Winkelhaken nach oben zu stellen und was Kopf und Fuß derselben ist. Wenn die Franzosen meinen, die gerade Fläche der Type ohne Einschnitt sei dem Auge leichter sichtbar, als die Kerbe, so ist diese Annahme schon deshalb nicht stichhaltig, weil der Setzer dann erst das Gefühl der Finger zurathe ziehen muß, um zu erfahren, welches das Kopf- oder Fußende der Type ist. Auch beim Ablegen ist es vortheilhafter, wenn die Signatur dem Gesichte offen daliegt, indem dann Ungehöriges sofort entfernt werden kann.

Französische Sprache. Die französische Sprache gehört dem romanischen Sprachenstamm an. Gleich den übrigen romanischen Sprachen ist sie hervorgegangen aus der Entwickelung und Fortbildung der lateinischen Umgangssprache, welche durch die römischen Heere auch in Gallien verbreitet wurde und hier bald nicht nur die Sprache der celtischen Urbewohner gänzlich verdrängte, sondern gegen das Ende des siebenten Jahrhunderts auch über die Sprache der germanischen Eroberer bereits die Oberhand gewonnen hatte. Von letzteren, den Franken, erhielt nun die sich bildende romanische Sprache den Namen Francisca, während sie früher als gallische oder romanische Sprache bekannt gewesen war. Schon zu

Anfang des neunten Jahrhunderts hatte sich das Gallo-Romanische in zwei charakteristisch verschiedene Hauptmundarten schärfer getrennt, nämlich in die südfranzösische und in die nordfranzösische. Während des Mittelalters bestanden beide als Schriftsprachen neben einander, bis allmälich das Südfranzösische verdrängt wurde und sich letzteres unter Franz I zur Nationalsprache erhob und jetzt von allen gebildeten Franzosen geredet wird.

Französisches System ist eine unbestimmte Benennung für Pariser System oder System Didot, s. letzteres.

Französisches Wörtertheilen. Das Theilen der Wörter in ihren Sylben von einer Zeile zur andern ist in der französischen Typographie nicht genau festgestellt, und wir müssen deshalb, um hier Regeln zu gewinnen, die Anhalte aus dem Charakter der Sprache suchen. Darnach verfahren wir folgendermaßen: 1) Reine Stammwörter können in ihren Sylben beliebig getheilt werden. z. B. man-ger essen, per-dre verlieren, ha-bil geschickt, vou-loir wollen, ha-bi-tant Einwohner, ser-vi-ces Dienste u. s. w. 2) Niemals darf eine stumme Sylbe abgetrennt und zu Anfang der Zeile genommen werden, daher abonne-ment, nicht aber abon-nement, égale-ment, nicht aber éga-lement, départe-ment, nicht aber dépar-tement u. s. w. 3) Die Buchstaben bl und br, cl und cr, dr, fl und fr, gn, gl, gr und gu, pl und pr, sc und sl sind nicht von einander zu reißen, müssen vielmehr zu Anfang der Zeile zusammen bleiben, z. B. sem-bla-ble, nicht semb-lable, sem-blance, nicht aber semb-lance, engen-drer, nicht engend-rer, lon-gueur, nicht long-ueur, rem-plir, nicht remp-lir, re-fléchi, nicht ref-léchi, éta-blir, nicht étab-lir, fa-brique, nicht fab-rique. 4) Verbundene Wörter sind in ihren Vorwörtern, Vorsylben und Wörtern abzutheilen, die Stämme aber nicht auseinander zu reißen, nämlich: re-fuger, nicht refu-ger, en-lever, nicht enle-ver, entre-tenir, nicht en-tretenir, mal-proper, nicht malpro-pre, de-scriber, nicht descri-ber, pour-suivance, nicht poursui-vance. 5) Kuppelwörter sind in ihren Wörtern, nicht in ihren Sylben zu theilen, als z. B. typo-graphie, nicht ty-pographie, hecto-litre, nicht hec-toli-tre, biblio-manie, nicht bi-blioma-nie, sauve-garde, nicht sau-vegarde. — Untheilbar sind: avoir haben, clique Sippe, cheval Pferd, chevalier Ritter, adieu adjö, guerre Krieg, éclair Blitz, amour Liebe, compte Rechnung, union Vereinigung, alliance Bündniß, exil Exil, heure Uhr oder Stunde, bière Bier, cuir Leder u. s. w.

Französische Zurichtung ist bei der Handpresse der sogenannte harte Satz, überhaupt die Zurichtung im Tympon, anstatt auf dem Deckel. Sie hat ihren Namen davon erhalten, weil sie in Frankreich zuerst und noch zur Zeit der Holzpresse eingeführt wurde und unterscheidet sich von der vormaligen Zurichtung dadurch, daß sie nicht aufgehoben, vielmehr bei jeder Form erneuert wird. — In Deutschland kam sie zugleich mit der Einführung der eisernen Presse in Brauch.

Frasers Setz- und Ablegemaschinen. Auf der Londoner Weltausstellung von 1862 sah Fraser die Setzmaschinen, welche den Engländer Young, den Amerikaner Mitchell und den Belgier Delcambre zu Erfindern und Erbauern hatten; Hatterleys Maschine war nicht dort, sondern wurde erst später in Edinburg ausgestellt; Maches und Kastenbeins traten erst mehrere Jahre nachher in London auf. Von allen, welche Fraser zu prüfen Gelegenheit hatte, erschien ihm Hatterleys Setzmaschine die beste, seine Ablegemaschine jedoch keineswegs. Sein erster Gedanke war, den Bau einer Ablegemaschine zu versuchen, welche für seine Setzmaschine geeignet wäre. Er kaufte deshalb eine dieser letzteren; sein Bestreben jedoch, dieselbe für den Satz verschiedener Typengrade geeignet zu machen, sowie verschiedene Mängel zu beseitigen, hat schließlich zu so vielen Aenderungen und

Verbesserungen geführt, daß seine Maschine thatsächlich als eine vollkommen neue angesehen werden muß. Der Erfolg der Anstrengungen Frasers ist jetzt in einer Setz- und Ablegemaschine verkörpert, von welcher jede für das Arbeiten mit den fünf gangbarsten Schriftgraden von 7 bis incl. 11 Punkten (Colonel bis Corpus) geeignet ist, ein Erfolg, wie sich dessen allerdings noch keine der bisher vorhandenen Setz- und Ablegemaschinen rühmen kann, da sie immer nur für einen, höchstens zwei Grade zu verwenden waren. Ihre Construction soll deshalb doch keine complicirtere geworden sein und die Arbeit für junge, mit hinreichenden Schulkenntnissen ausgerüstete Mädchen keinerlei Schwierigkeiten bieten. Die Inbetriebsetzung beider Maschinen erfolgt vermittelst Tasten und ist für beide Maschinen nahezu identisch. Verwendet werden gewöhnliche Typen, ohne besondere Signaturen oder sonstige Vorkehrungen; die Schnelligkeit des Ablegens hängt vom Geschick der Arbeiterin ab und wird auf 10—12,000 Typen pro Stunde angegeben. Die Maschinen sind derart gebaut, daß der Satz entweder gleich auf Zeilenbreite oder auch in langen, wir dürfen vielleicht sagen endlosen Zeilen gesetzt werden kann, welche dann in der erforderlichen Breite durch einen andern Setzer ausgeschlossen werden müssen. Das letztere System erscheint als das vortheilhaftere, weil der setzende Arbeiter dann nicht durch die häufigen Unterbrechungen gestört wird und infolge dessen mehr denn das doppelte von dem leisten kann, als wenn er selbst auszuschließen hat. Auch kann der Satz in endlosen Zeilen vom Umbrecher durchgelesen und wo nöthig corrigirt werden, so daß hierdurch ebenfalls eine nicht zu unterschätzende Zeitersparniß erzielt wird. Die Lettern stehen in Rinnen auf Brettern, welche vor Beginn des Setzens vermittelst der Ablegemaschine zu füllen sind. Die Typenreihen werden gegen das Vorderende der Rinnenbretter durch Metallstückchen gedrückt, die durch Schnüre mit zwei Walzenrädern verbunden sind, von denen jedes eine hinreichend starke Feder besitzt, um einen constanten Druck auf die Typenreihe auszuüben, deren erste unter dem Stößer über einer Oeffnung im Rinnenbrette steht, vom vorzeitigen Fallen durch dieselbe aber durch diesen beständigen Druck abgehalten wird. Die Stößer sind mit einer um- und nach innen gekehrten Schulter versehen, welche genau so weit reicht, daß sie nur eine Type auf einmal berührt, sie von der Reihe ab und nach unten drängend. Die Tasten des Tastenbrettes stehen vermittelst Winkelgelenk mit den Stößern in Verbindung, so daß also, wenn irgend eine Taste niedergedrückt wird, der correspondirende Stößer heruntergehen und die unter ihm stehende Type aus ihrer Reihe verdrängen muß, von wo sie sofort in die Rinnen der Leitungsplatte eintritt, dieselben hinab und in den Winkelhaken gleitend. Sobald der Finger die Taste verläßt und der Druck aufhört, wird der Stößer durch eine über jedem derselben befindliche Feder wieder in seine frühere Stellung zurückgeführt und die nächste Letter der Typenreihe tritt jetzt unter ihn und über die Oeffnung. Unter der Reihe der Winkelgelenke steht eine Querstange, welche mit einem keilförmigen Stößer verbunden ist, der, sobald eine Taste niedergedrückt wird, auf einen Schieber wirkt, durch diesen die Letter im Winkelhaken vorwärts treibend und Raum schaffend für die nächstfolgende. Auf die Verschiedenheit der Dicke der Lettern, vom Apostroph bis Gedankenstrich, mußte natürlich auch bei Construction der Maschine Bedacht genommen werden, und zu diesem Ende sind die Stößer in vier Klassen getheilt mit entsprechender Verschiedenheit hinsichtlich der Breite ihrer Schultern, welche die Typen beim Niedergange zu treffen und wegzuführen hat. Die Oeffnung am Vorderende des Rinnenbrettes ist ebenfalls der verschiedenen Dicke der Typen angepaßt, so daß immer nur eine auf einmal beim Niederschlagen des Stößers hindurchpassiren kann. Auch die Kanäle in der Leitungsplatte sind von verschiedener, der Stärke der in denselben herabgleitenden Typen angemessener Tiefe, die ganze Platte aber wird durch eine Glasplatte geschlossen, welche das Heraustreten der Typen aus einem Kanale in einen andern, sowie auch jede Drehung derselben verhindert. In dem Rinnenbrette sind die Typen derart geordnet, daß sich die dünnen nach der Mitte zu, die stärkeren aber am Rande hin befinden, was den Zweck hat, daß jede Type den Winkelhaken in der für sie bestimten Zeit erreicht. Wäre die Ordnung eine andere, die dünnen nach außen hin, die dicken nach innen, so würden letztere infolge ihrer größern Schwere und des kürzern zu durchlaufenden Weges beim raschen Satz den Winkelhaken eher erreichen, als eine unmittelbar vor ihnen gesetzte dünnere und leichtere Type. Bei der Oeffnung der Leitungsplatte, da, wo alle Kanäle zusammentreffen, ist zur Erzielung eines stets genauen Passirens der Typen eine bewegliche Zunge angebracht, welche durch ein kleines Gegengewicht in der erforderlichen gleichmäßigen Lage erhalten wird. Der Raum zwischen dieser Zunge und dem Glase ist groß genug, um dünne Typen ohne jedwede Berührung durchzulassen; dickere drängen die Zunge durch ihr eigenes Gewicht und die Kraft ihres Falles zurück und schaffen sich somit Raum zum Hindurchgehen. Die Setzmaschine ist mit zweierlei Winkelhaken versehen; der Mechanismus zum Halten derselben ist jedoch für beide der gleiche und sie können somit ganz beliebig und ohne alle Schwierigkeit gewechselt werden. Der lange wird für endlose Zeilen aus den schon angedeuteten Gründen angewendet werden und sich bei Zeitungs- und Werksatz am praktischsten erweisen; der kürzere eignet sich mehr für Ziffern- und Tabellensatz, wo keine Raumvertheilung zwischen den Worten vor dem Ausschließen der Zeilen erforderlich ist und die nöthigen Spatien und Gevierte in Fällen, wo die Linien später mit der Hand dazwischen geschlagen werden, gleich mit gesetzt werden können. Wie aus den gegebenen Schilderungen hervorgeht, ist die Setzmaschine ein ziemlich einfacher Apparat. Ihre ganze Thätigkeit besteht eigentlich nur im rechtzeitigen Loslösen der gewünschten Type aus den aufgestellten festen Reihen; ist dies geschehen, so gleitet diese infolge ihrer eigenen Schwere und gefördert durch den bei ihrer Löslösung erhaltenen gelinden Stoß durch die Kanäle der Leitungsplatte von selbst in den Winkelhaken. Anders verhält es sich bei der Ablege-Maschine. Hier haben die Lettern, mögen sie nun dick oder dünn sein, alle nur einen Ausgangspunkt, müssen aber, ehe sie an ihrem Ziele eintreffen, sortirt und in nahezu hundert verschiedene Räume oder Fächer vertheilt und daselbst sogleich aufgesetzt werden. Dies wird erreicht durch ein System beweglicher Schienen oder Stäbchen (Weichen), deren Mechanismus mit den Tasten in Verbindung steht und durch diese in Thätigkeit gesetzt wird, so daß dem Arbeiter an der Maschine nichts weiter zufällt, als daß er die richtige Taste niederdrückt und hiermit die Type von der Zeile trennt, wonach diese durch den Mechanismus in die ihr zukommende Bahn des Rinnenbrettes der Setzmaschine geleitet wird. Die oberste oder Kopfweiche scheidet die Versalien von den Gemeinen; die zunächst unter derselben befindliche Weichenserie hat die Aufgabe, letztere in zwölf Abtheilungen zu sortiren nach der relativen Dicke der Buchstaben, und die unterste Serie der Weichen scheidet wiederum jede der zwölf Abtheilungen nach ihren einzelnen Buchstaben, Interpunktionen und Spatien. Die Tasten sind so geordnet, daß auf jede Abtheilung von acht Tasten Lettern von nahezu gleicher Dicke kommen. Nachdem der Ablegesatz auf das Schiff gestellt ist, wird er durch eine kleine Zahnstange mit Zahnrad nach vorne geschoben, wo dann die erste Zeile in einen Kanal gleitet, in welchem sie durch die Schnurenrolle mittelst

24

eines Rades weiter gedrängt wird, wie dies bei den Typenreihen in der Setz=
maschine in ähnlicher Weise der Fall ist, bis die erste Type an den Stößer oder
Trenner am andern Ende des Kanals gelangt. Hat man nun eine Anzahl Zeilen
in diesen letztern gebracht, so daß sie eine einzige lange Zeile bilden, so kann
zum Ablegen geschritten werden. Wird nun eine der Tasten niedergedrückt, so
öffnet das entgegengesetzte Ende des Hebels die Weiche, mit welcher sie in Ver=
bindung ist, und führt auf solche Weise die niedersteigende Type in den für sie
bestimten Kanal. Außer dem Oeffnen der betreffenden Weiche wirkt aber auch
jede Tastenstange einer Section vermittelst eines an derselben befindlichen Stiftes
auf eine auf Parallelhebeln liegende Querstange derart, daß durch Niederdrückung
irgend einer Taste die zur gleichen Section gehörige Querstange ebenfalls nieder=
gedrückt wird. Diese Stangen sind durch Winkelgelente und Drähte mit der mitt=
lern Weichenserie verbunden und hier öffnet sich nun beim Niedergange einer
der Querstangen stets auch die mit ihm correspondirende Weiche und die nieder=
steigende Type kann in denjenigen der zwölf Hauptkanäle treten, welchem sie an=
gehört. Die obere Weiche bleibt nun so lange nur Gemeine hindurchgleiten, stets
nach der einen Seite hin offen, schließt sich aber und öffnet sich nach der andern,
sobald eine der Versal= oder Zifferntasten niedergedrückt wird. Unter den Sections=
Querstangen läuft eine Transversalstange hin, die auf den Hebeln ruht. Wird
nun eine der ersteren niedergedrückt, und dies geschieht bei jedem Druck auf eine
der Tasten, so muß natürlich die Transversalstange ebenfalls niedergehen und
da sie mit einem Draht verbunden ist, mit dem Stößer oder Trenner, und so wird
auch dieser aus seiner Ruhelage gebracht und nach unten gezogen, wobei er die
erste unter ihm stehende Type mit sich nimt, sie durch die entsprechenden Weichen
in die ausgekehlte Leitungsplatte treibend, von wo sie in die Reihenbretter der
Setzmaschine treten. Nach ihrem Eintritt in letztere werden sie durch keilförmige,
mit den Sections=Querstangen verbundene Stößer nach vorwärts geschoben, so
daß die nachfolgende Type stets den erforderlichen Raum findet. Zur Ermög=
lichung thunlichst raschen Arbeitens an der Maschine ist dieselbe mit einer Reihe
von Sperrklinken versehen worden, welche jede Weiche so lange offen halten, bis
eine Taste derselben Serie niedergedrückt wird. Hierdurch wird der niedergleiten=
den Type hinlänglich Zeit gegeben, ihr Ziel zu erreichen, ehe eine andere Taste
berührt wird, was nicht der Fall sein würde, wenn die Weiche ihre frühere
Stellung sofort nach dem raschen Rückzuge des Fingers von der Taste wieder ein=
nähme. Die Tasten selbst mit ihren Stangen werden durch unter den Tasten befind=
liche Spiralfedern in ihrer richtigen Lage erhalten, in welche sie, niedergedrückt,
sofort nach Aufhören des Druckes zurückkehren. Eine andere sehr wichtige Auf=
gabe der Sections=Querstangen ist die Regulirung der Größe der Oeffnungen,
durch welche die Typen zu gleiten haben, wenn sie von der Zeile abgestoßen
werden. Wie schon erwähnt, werden letztere in Abtheilungen von acht Stück ge=
theilt und jede Abtheilung oder jede Section besteht aus Lettern von gleicher oder
nahezu gleicher Dicke; einer dieser acht verschiedenen Dicken entsprechend muß
natürlich auch jedesmal die betreffende Oeffnung sein. Zu diesem Ende befindet
sich unter dem Vordertheile der Ablegezeile ein Schiebventil mit einem Vorsprung
nach vorn, gegen diesen Vorsprung stößt das obere Ende eines in Angeln lau=
fenden Hebels, auf welchen gleichzeitig der Mechanismus der Weichen derart wirkt,
daß der Hebel gegen das Vordertheil des Schiebventils gedrückt und so der gerade
erforderliche Raum für den Durchgang der Type zu ihrem Eintritt in die Lei=
tungsplatte geschaffen wird.

Froben, Johannes (lat. Frobenius), berühmter gelehrter Buchdrucker, um das Jahr 1460 zu Hammelburg in Franken geboren, erhielt seine früheste Ausbildung in der Heimat und vervollständigte dieselbe später mit großem Fleiß in Basel. Hier wurde er mit den beiden berühmten Buchdruckern Adam Petri aus Langendorf und Johann Ammerbach daselbst bekannt und nahm bei ihnen eine Correctorstelle an, welche er eine Zeitlang bekleidete. In dieser Stellung bekam er eine solche Liebe zur Kunst, daß er sich von 1491 ab gänzlich der Buchdruckerei zuwendete, in Basel eine Officin errichtete und viele werthvolle Werke herausgab. Dieselben waren sehr schön ausgestattet, außerordentlich correct und mit schönen Typen gedruckt. Seinen Freund Erasmus von Rotterdam berief er nach Basel und druckte dessen Werke, während dieser ihm bei der Correctur Dienste leistete. Besonders verdient machte Froben sich durch seine correcten Ausgaben der lateinischen Kirchenväter, sowie er denn auch zu Anfang des sechszehnten Jahrhunderts Luthers Schriften druckte, mit denen er einen reichen Gewinn erzielte, denn in einem Briefe vom 14. Februar 1519 gesteht er selbst zu, daß er mit keinem Buche so gut gefahren sei, als mit den Schriften Luthers. Man hat es ihm verargt, daß er die Werke Luthers nicht weiter gedruckt, doch der Grund dieser Unterlassung ist nicht recht aufgeklärt; man darf aber wohl annehmen, daß sein Freund Erasmus, welcher einen gewaltigen Einfluß in Beziehung zu seinen Unternehmungen auf ihn ausübte, ihm davon abgerathen habe. Infolge des Abstehens vom Weiterdruck der Schriften Luthers seitens Frobens setzte Adam Petri den Druck derselben fort und stand sich sehr gut dabei. Im Jahre 1521 erlitt Froben das Unglück eines Sturzes, wobei er tödtlich verletzt wurde. Die Aerzte stellten ihn wieder her, er schonte sich aber nicht und die Nachwehen jenes Unfalles zeigten sich im Jahre 1526 als Geschwulst am Knöchel des rechten Fußes, welcher einen so bösartigen Verlauf nahm, daß die Aerzte zum Abnehmen des Fußes schreiten wollten, wozu er sich aber nicht herbeiließ und auch soweit wieder genas, daß er noch zweimal zu Pferde die Reise nach Frankfurt a. M. vollführte. Im October des Jahres 1527 stürzte er, als er hoch unter der Decke etwas verrichten wollte, mit dem Kopfe zu Boden, verletzte sich das Gehirn und gab weiter kein Anzeichen des Lebens von sich als durch die Bewegung der linken Hand. Zwei Tage später schlug er das linke Auge auf, vermochte aber kein Wort zu reden, und verschied darauf nach einigen Stunden. — In Frobens Officin waren sieben Pressen beschäftigt, was nach damaligen Verhältnissen von großer Bedeutung war. Am Abend seines Lebens hatte Froben den Druck der Opera Augustini, eines zehn Bände starken Werkes, begonnen und oft den Wunsch geäußert, Gott möge ihm bis zur Vollendung dieses Werkes das Leben schenken. Sein Wunsch wurde aber nicht erfüllt, denn bei seinem Ableben waren kaum zwei Bände desselben im Druck vollendet. Seine Insignie oder sein Druckerzeichen war der Friedensstab, welcher auf einigen Büchern von einer, auf anderen aber von zwei Händen gehalten und von zwei gekrönten Schlangen umwunden wird, während darüber eine Taube sitzt. In einigen Werken befinden sich als Umschrift die griechischen Worte: Γίνεσθε φρόνιμοι ὡς οἱ ὄφεις, ἀκέραιοι ὡς περιστεραί, auf anderen aber die gleichbedeutende lateinische Umschrift: Prudens simplicitas, amorque recti. — Froben hatte zwei Söhne, Hieronymus (geboren 1501, gestorben 1563) und Johann, welche gemeinschaftlich mit ihrem Schwager Nikolaus Episkopius, die Buchdruckerei in würdiger Weise als gelehrte Buchdrucker fortsetzten. Letzterer starb 1564, und ging das Geschäft in den Besitz von zwei Enkeln des Gründers, Ambrosius und Aurelius Froben, Hieronymus Söhne, über.

Frosch tritt bei der Buchdruckerei in zweierlei Bedeutung auf. Einmal als

Frosch am Winkelhaken, wo er das verschiebbare Mittelstück ausmacht, mit Hülfe desselben das Format verengert oder erbreitert werden kann. Dann ist Frosch bei dem Drucken auf der Handpresse ein auf den Deckel derselben festgeklebtes Stück Carton, welches dem anzulegenden Bogen einen Halt gewährt. In Süddeutschland und in der Schweiz nennt man diesen Frosch Kapuziner.

Füllungsmaterial begreift in der Druckerei alle Gegenstände in sich, welche zum Füllen der Zwischenräume benutzt werden. So zählen denn in erster Reihe hierzu die sämtlichen Ausschließungen vom Geviert abwärts bis zum Haarspatium, ferner der Durchschuß und die Regletten, weiter die Quadraten, dann die Hohl- und Formatstege, welche zum Schließen der Formen verwendet werden.

Fünfer oder Nummer Fünf, das fünfte Format in der aufsteigenden Skala der einheitlichen deutschen Papierformate, mißt 42:52 Cm. und hat ein durchschnittliches Gewicht von 31 Pfund für das Ries von 1000 Bogen.

Fünfpunkt oder Kegel fünf tritt in der Schriftgießerei und Buchdruckerei auf als Schrift, als Füllungsmaterial und als Ausschließung. In letzterer Gestalt ist er das Corpus- oder Garmond-Halbgeviert, als Schrift Perl, als Füllungsmaterial Perl-Quadraten oder Halb-Corpus-Regletten.

Fundament ist die auf dem Karren ruhende und mit diesem bewegliche, glatt gehobelte Eisenplatte, auf welcher die Form während des Druckes ruht. Seine Größe ist verschieden, indem sich dieselbe immer nach der Druckfläche des Tiegels der Handpresse oder des Cylinders der Maschine zu richten hat. Bei der Holzpresse bestand diese Platte meistens aus Messing oder Kupfer.

Fust, Johannes, auch vielfach Faust genannt, welch letztere Namensform ihm die Geistlichkeit gegeben haben wird, nachdem dieselbe seine Bibel als ein Werk des Satans und der Zauberei darzustellen und ihn gewissermaßen mit dem damals als Zauberer berüchtigten Doctor Johannes Faust zu identificiren versuchte. Wir haben uns mit ihm zu befassen, weil er ein Beförderer der Erfindung der Buchdruckerkunst gewesen. Er war ein Mann von scharfem, einsichtsvollen Verstande, daneben aber gewinnsüchtig und nicht biedern Charakters. Aus seinem frühesten Leben wissen wir nichts; von seiner Familie nur so viel, daß sie in verschiedenen Zweigen in Aschaffenburg, in Frankfurt a. M. und in Mainz angesessen war und hier mit der Familie Gensfleisch verwandt war. Wir erfahren aus dem Jahre 1450 von ihm, daß er ein reicher Bürger in Mainz war, mit dem Gutenberg am 22. August des gedachten Jahres einen Vertrag abschloß, nach welchem er dem letztern die Summe von 800 Gulden zu 6 Procent Zinsen vorschießen und Gutenberg dafür sein Werkzeug anschaffen, dieses aber als Unterpfand dem Darleiher bestellen sollte; ferner bestimte der Vertrag: Gutenberg solle an Fust jährlich für Hauszins, Gesindelohn, Pergament, Tinte u. s. w. 300 Gulden geben und im Falle ihrer Entzweiung Gutenberg gebunden sein, die 800 Gulden zurückzuzahlen und das Werkzeug danach wieder pfandfrei werden. Das Geschäft wurde in der Wohnung Gutenbergs begonnen, und wahrscheinlich anfangs Abc- und andere Schulbücher gedruckt, wozu Gutenberg die in Holz geschnittenen Platten jedenfalls besaß. Nach und nach wurde die Zweiundvierzigzeilige Bibel und ebenso das Psalterium begonnen. Bald nach Abschluß jenes Vertrages trat Peter Schöffer (s. d.) in das Geschäft, dr das Schriftgieß-Instrument, die Patrize und Matrize erfand, infolge dessen dieTypen schnelle beschafft werden konnten. Diese Erfolge mögen die Veranlassung gewesen sein, daß Fust am 6. December 1452 dem Gutenberg abermals 800 Gulden vorschoß, denn es leuchtet ein, daß der vorsichtig und klug berechnende Fust wohl schwerlich dieses zweite Capital würde auf das Spiel gesetzt und ohne Unterpfand in ein Unternehmen gegeben haben, von dem er nicht reichen Gewinn erwartete. Aber ebensowohl mögen jene Erfolge auch auf Fust eingewirkt haben, dahin zu streben, Gutenberg zu entfernen, um die Vortheile allein genießen zu können; noch wahrscheinlicher ist indeß, daß Johann Fust, gewinnsüchtig und unredlich wie er war, schon beim Abschlusse des Vertrages mit Gutenberg den Entschluß gefaßt hatte, dem gelbarmen Erfinder durch Vorschüsse das Geheimniß der Kunst zu entlocken und sich dann den Lohn fremder Arbeit und Mühe gemächlich zuzuwenden. Kaum war die Vervollkommnung der Kunst gelungen und mit diesem Gelingen eine sichere Aussicht auf Gewinn eröffnet, so ergriff Fust den ersten besten Vorwand, sich von Gutenberg zu trennen, um mit Schöffer das Geschäft fortzusetzen. Er wußte ja nur zu gut, daß Gutenberg den Rest seines Vermögens in das gemeinschaftliche Geschäft verwendet hatte und nicht im Stande war, die ihm vorgeschossenen Gelder auf der Stelle zurückzuzahlen. Auf dieses Unvermögen des aller finanziellen Hülfsmittel beraubten Gutenberg gründete Fust seinen unehrenhaften Plan. Den Scheinvorwand lieferten die Kosten der lateinischen Bibel. Es lag jedoch in Fusts Interesse, so lange mit der Ausführung zu warten, bis der Druck jenes Werkes, auf welchen schon so große Summen verwendet worden waren, seine Vollendung erreicht haben würde. Dieses letztere erfüllte sich nun auch, denn die sog. Zweiundvierzigzeilige Bibel war vollendet, als zwischen Fust und Gutenberg der Bruch eintrat. Im October 1455 hatte Fust eine Klage gegen Gutenberg eingereicht, in welcher er die Zurückzahlung seiner zu zweienmalen in das Geschäft vorgeliehenen 1600 Gulden, die Zinsen davon vom Tage des Darleihens den 22. August 1450 und 6. December 1452 bis 9. November 1455 zu 6 vom hundert mit 390 Gulden und endlich die Zinseszinsen, welche er, Fust, selber an Juden und Christen habe zahlen müssen, im Betrage von 36 Gulden, also eine Summe von 2026 Gulden, bringend verlangte. Daß dieses verächtliche Vorgehen schon lange vorher von ihm geplant gewesen, beweist der Umstand, daß er, obschon einer der reichsten Bürger von Mainz, das Geld zu den gemachten Darlehen absichtlich bei Juden aufgenommen, um dem vorgehabten Wucher zu beschönigen und eine unerlaubte Zinsforderung von 6 Procent durchzusetzen. Gutenberg vertheidigte sich vor Gericht und erklärte zu Protokoll, daß Fust versprochen habe, ihm jährlich 300 Gulden zur Bestreitung der Kosten herzugeben, und den Gesindelohn, den Hauszins, sowie die Ausgaben für Pergament, Papier, Schwärze 2c. vorzustrecken, daß die ersten 800 Gulden zur Anschaffung der Druckwerkzeuge vorgeliehen worden und er diese Summe nicht, wie der Zettel, d. i. die Schuldverschreibung, besage, auf einmal, sondern nach und nach erhalten habe; daß Fust ihm gesagt, er werde keine Zinsen von ihm nehmen, obwohl sie, der Ordnung halber, auf dem Zettel stehen müßten, wie er denn über das letzte Darlehn Rechnung ablegen und dafür einstehen werde, und daß er Fust weder Zinsen noch Wucherzinsen zugestehe. Das Erkenntniß des Gerichts lautete: Erstens: Gutenberg solle Rechnung ablegen über alle Einnahmen und Ausgaben, welche er unmittelbar zur Hervorbringung von Büchern, für Pergament, Papier, Schwärze, Setzer- und Druckerlohn gemacht habe, indem die Bücher zu gemeinschaftlichen Nutzen verkauft werden sollten; zweitens: wenn sich daraus ergebe, daß er mehr Geld empfangen als ausgegeben, und nicht zu Beider Vortheil, sondern zu eigenem, so habe er das an Fust herauszuzahlen; drittens: Fust habe durch einen Eid oder rechtliche Kundschaft darzuthun, daß er das angegebene Geld selbst gegen Zinsen aufgenommen und nicht aus seinem eigenen Vermögen vorgeschossen habe. Könne er dieses beweisen, so sollte Gutenberg diese Zinsen bezahlen laut Inhalt des Zettels. — Das Gericht hatte den 6. November 1455 als Termin anberaumt, an welchem beide Theilnehmer Rechnung ablegen, Just aber die Wahrheit seiner Aussage und das Recht seiner Forderungen beschwören sollte. Just erschien in diesem Termine zwischen elf und zwölf Uhr mittags, für Gutenberg Heinrich Keffer und Bertolf von Hanau. Just leistete den Eid und erhielt hierauf die Abschrift der Verhandlung des Prozesses. — Er säumte nun nicht, auf die Auslieferung des ihm verschriebenen Unterpfandes anzutragen, welches ihm auch überantwortet wurde, und zwar nicht nur die Presse samt allen Druckwerkzeugen, sondern auch die schon gedruckten Bogen der lateinischen Bibel und alles vorräthige Pergament und Papier, welches gemeinschaftlich war und worauf Just kein Pfandrecht gehabt hatte. Gutenberg scheint die Gültigkeit dieser Forderung bestritten und dem Ausspruche des Gerichts keine Folge gegeben zu haben. Das Urtheil des Gerichts, welches wahrscheinlich auf die einflußreiche Familie der Just Rücksicht nahm, entsprach keineswegs den Begriffen von Recht und Billigkeit und mußte seiner Natur nach die Fortsetzung des Prozesses veranlassen, denn das damals landesübliche Gesetz verbot bei Darlehen sechs Prozent und Zinseszins als Wucherzinsen. Gutenberg hatte hauptsächlich darin gefehlt, daß er den Vertrag nicht auf einen bestimten Zeitraum abgeschlossen, wodurch er dann Just Gelegenheit gab, denselben nach Belieben zu brechen und sein Geld jederzeit zurückzufordern. — Just hatte aber seinen Zweck erreicht; die Genossenschaft war aufgelöst und die Druckerei in seinen Händen, welche er nun gemeinschaftlich mit Peter Schöffer fortsetzte. — Daß die Zweiundvierzigzeilige Bibel bei dem Beginne des obigen Prozesses fast vollendet gewesen sein mußte, scheint festzustehen, denn es existirt ein Exemplar von 1456 (aufbewahrt in der Nationalbibliothek zu Paris). Im Jahre 1457 erschien dann bei Just und Schöffer der Psalter, 1459 dessen zweite Ausgabe, und 1462 eine weitere Ausgabe der lateinischen Bibel; ob diese Ausgabe ein neuer Druck oder die mit Beihülfe Gutenbergs hergestellte und nur stellenweise abgeänderte Bibel sei, wird schwer festzustellen sein. Wir finden Just nun im Jahre 1462 in Paris, wo er Bibeln verkaufte. Wahrscheinlich wird er infolge der Einnahme der Stadt Mainz durch Adolf von Nassau zu den Vertriebenen gezählt und sich nach Paris gewendet haben, sonst mag aber auch sein wucherischer Sinn die Veranlassung der Reise dorthin gewesen sein, indem er auf reichen Gewinn rechnen durfte. Er verkaufte hier das Exemplar einer Bibel um 60 Kronen, während man bisher für eine geschriebene Bibel 4—500 Kronen hatte bezahlen müssen. Man wunderte sich, daß sämtliche Bibeln genau übereinstimten, und die Geistlichkeit benutzte diesen Umstand, Just auf alle mögliche Weise zu verdächtigen, so daß er in allerlei Händel gerieth und endlich gezwungen war, bei Nacht und Nebel das weite zu suchen. 1466 ging er abermals nach Paris zu dem Zwecke des Bibelverkaufs, hatte hier aber das Unglück, von der Pest befallen zu werden und zu sterben. — Es ist nicht recht aufgeklärt, wie es sich mit der Bezeichnung von Gensfleisch zu Just verhält; doch dürfte wohl anzunehmen sein, daß der Mainzer Zweig dieser Familie jenen Namen als Nebenbenennung geführt hat. So komt der Name Gensfleisch auf einem zu Mainz errichteten Epitaph zu der Erfindung der Buchdruckerkunst in Beziehung, welches wie folgt lautet:

In felicem artis impressoriae inventorem.
D. O. M. S.
Ioanni Gensfleisch, artis impressoriae repertori, de omni ratione et lingua optime merito, in nomine sui memoriam immortalem Adam Gelthus posuit, ossa ejus in ecclesia D. Francisci Moguntiae feliciter cubant.

Früher hielt man das Grab, welchem dieses Epitaphium errichtet war, für das Grab Gutenbergs und daher wird die Verwechselung entstanden sein, daß man auch Gutenberg den Beinamen Gensfleisch zum Gutenberg gab. Es hat sich aber neuerdings herausgestellt, daß Gutenberg nicht in der Kirche des Franziskanerklosters, sondern in der des Dominikanerklosters ruht.

G

G g, der siebente Buchstabe in den Alfabeten der Sprachen germanischen und romanischen Stammes; im Alfabet der griechischen Sprache der dritte Buchstabe und Gamma genannt; ebenso der dritte in der Reihenfolge in dem Alfabet der hebräischen Sprache unter dem Namen Gimel; auch im Alfabet der syrischen Sprache ist es der dritte Buchstabe und heißt Gemal; in dem Alfabet der arabischen Sprache ist es der fünfte Buchstabe unter dem Namen Gim; in den Alfabeten der slawonischen, glagolitischen und russischen Sprache ist es der vierte Buchstabe, heißt in den beiden ersteren Glagol, in der letztern wie bei uns. Seiner sprachlichen Beschaffenheit nach ist es im allgemeinen ein Mitlaut, im besondern ein weicher Kehllaut; als römische Zahl repräsentirt es den Werth von 400, mit einem Strich darüber als $\overline{G}$ den von 400,000.

Gabel heißen bei der Hand- und Schnellpresse die gabelförmigen Maschinentheile, welche in ihrer Oeffnung einen Bestandtheil aufnehmen oder umspannen, so bei der einfachen Schnellpresse das Gabelgelenk mit der Zugstange am Karren, die Gabel am Druckcylinder, an der Kniepresse die Gabel zur Verbindung des Bengels mit den Kegeln; an der Columbiapresse dienen zwei Gabeln zur Aufnahme des Gegengewichts und des Gegenhebels.

Gährungen oder Gährungsstücke sind bei den in systematischen Größen geschnittenen Messinglinien die Stücke mit abgeschrägten Enden, welche zusammengesetzt scharfe Ecken bilden.

Gänsefüßchen, s. Anführungszeichen.

Gaillarde, Namensform für einen Schriftkegel in der französischen Typographie, mißt 9 typographische Punkte und entspricht unserer Bourgeois, sowie der englischen unserer gleichnamigen Schrift.

Galgen ist an der Holzpresse ein Gerüst hinter dem Deckel, welches den Zweck hat, demselben eine Stütze zu bieten, wenn er aufgeschlagen ist.

Galläpfelextract wird meistens bei Herstellung der sogenannten Aetzflüssigkeit oder Präparatur für Zinkographie verwendet. Wir citiren beispielsweise ein kurzes Rezept aus dem „Polygraphischen Central-Blatt" 1871, Nr. 14, Seite 110, „Ueber Zinkographie": das Aetzwasser erhält man, indem man $2^{1}/_{2}$ Loth Galläpfelpulver in $1^{1}/_{4}$ Pfund Wasser kocht und bis auf ein Drittheil einsieden läßt, dann durchseiht und 2 Drachmen Salpetersäure nebst 4 Tropfen Salzsäure zusetzt.

Gallussäure. Die durch Kochen den Galläpfeln abgewonnene Säure wird gewöhnlich bei Rezepten auch kurz Gallussäure genannt, ist aber richtig bezeichnet:

Galläpfel-Gerbsäure. Gallussäure ist in den Galläpfeln nur in sehr geringer Menge vorhanden, dagegen enthalten sie eine große Menge Gerbsäure, welche sich erst durch Gährung oder durch Kochen mit Kalilauge oder mit verdünnten Säuren zu Gallussäure (und Zucker) zersetzt. Die Gerbsäure ist sehr leicht löslich in Wasser, von Gallussäure löst sich nur 1⁰/₀ in kaltem Wasser. Beide sind sehr schwache Säuren, so daß sie in der Zinkographie und Photolithographie eigentlich nur als Präparatur wirken.

Galvanische Eisenniederschläge. Der Erfinder der Galvanischen Eisen niederschläge ist der Franzose Feuquieres, welcher seine Producte auf der Pariser Weltausstellung von 1867 ausgestellt hatte. Der Berg-Ingenieur Klein aus Petersburg wurde in Paris auf dieselben aufmerksam, nahm sie dort in Augenschein und führte Verbesserungen bei dem Verfahren ein. Angewendet wird es heute vorzugsweise bei dem sogenannten Verstählen der Typen und der Stereotypplatten. Das Verfahren ist das bekannte des Kupferniederschlagens mittelst der galvanischen Batterie, und bildet dessen Ausgangspunkt ein Bad, welches mit einer sehr geringen Menge von mit Glycerin versetztem Eisenchlorür-Chlor-Ammonium gesättigt sein muß. Dieses als die gewöhnliche Anwendung genügt zum Verstählen von Kupfer und anderen Metallen und gelingt sehr leicht, aber die Oberfläche der sehr dünnen und glänzenden Eisenschicht wird brödelig und rissig, sobald sie eine größere Stärke annimmt. Klein sah sich daher veranlaßt, andere analoge Bäder zu probiren. Dieselben bestanden entweder aus schwefelsaurem Eisenoxydul und schwefelsaurem Ammoniak, oder aus dem Salze des erstern und Chlor-Ammonium (Salmiak), $FeO,SO^3 + mO,SO^3 + 6\ HO$ entsprechenden Zusammensetzung dar, welche nur hinsichtlich der bei ihrer Bereitung befolgten Methode sich von einander unterscheiden. Das erste derselben bestand aus einer concentrirten Lösung des krystallisirten Doppelsalzes $FeO,SO^3 + 6\ HO$, das zweite aus einem Gemische der concentrirten Lösungen beider Salze im Verhältnisse ihrer Bestandtheile. Das dritte Bad endlich, welches sich vor den beiden anderen vortheilhaft auszeichnet, bereitete er auf die Art, daß er eine Lösung von Eisenvitriol durch kohlensaures Ammoniak fällte und den Niederschlag mit Vermeidung jedes Säureüberschusses in Schwefelsäure löste. Zur Bereitung der der zweiten Kategorie angehörenden Bäder mischte Klein Lösungen von Chlor-Ammonium und schwefelsaurem Eisenoxydul in gleichmäßigen Verhältnissen, oder er löste in einer Lösung von schwefelsaurem Eisenoxydul so viel Chlor-Ammonium, als dieselbe bei der Temperatur von etwa 15° Reaumur aufzunehmen im Stande war. Alle diese Bäder waren sehr concentrirt und möglichst neutral. Als Anode benutzte er Eisenblechplatten, deren Oberfläche beinahe achtmal so groß war, als die der Kupferkathode. Bei Anwendung eines Daniell'schen Elementes zur Zersetzung hatten sich nach Verlauf von vierundzwanzig Stunden auf sämtlichen Kathoden Niederschläge gebildet, welche voller Runzeln und Risse waren und bei dem leisesten Versuche, sie loszulösen, in hunderte von Stücken zerbrachen. Bei früheren Versuchen hatte Klein die Erstehung derartiger Niederschläge beobachtet, wenn er Bäder anwendete, welche zufällig überschüssige Säuren enthielten. Als er nun seine Bäder genauer untersuchte, fand er, daß dieselben eine entschieden sauerere Reaction zeigten, als vorher; er schrieb diese Säuren der Bäder dem Umstande zu, daß die Menge des an der Kathode niedergeschlagenen Eisens größer war, als die an der Anode aufgelöste. Es war beinahe erforderlich, eine größere Löslichkeit der Anode zu erzielen, und da dieser Zweck durch eine noch weiter getriebene Vergrößerung ihrer Oberfläche nicht erreicht werden konnte, so kam er auf den Gedanken, eine Kupferplatte in das Bad zu bringen und dieselbe mit der Eisenanode zu verbinden. Mittelst dieses Verfahrens erhielt er sehr überraschende Resultate; nicht allein wurden die Bäder der ersten Kategorie nach Verlauf einiger Stunden wieder neutral, sondern auch die Niederschläge fielen gleichförmig aus. Die Farbe der letzteren war mattgrau und hatte die Kathode vollständig überzogen, ohne sich an einer Stelle aufzublasen oder rissig zu sein.

Galvanische Niederschläge, s. Kupferniederschläge.

Galvanoglyphie ist eine von Ommegand in Brüssel erfundene Methode, um durch chemische Mittel mit Hülfe des Galvanismus auf eine Metallplatte Zeichnungen oder Kupferstiche in der Art erhaben hervorzubringen, daß diese Platten auf der gewöhnlichen Buchdruckpresse und mit den typographischen Formen zu gleicher Zeit abgezogen werden können. Das Verfahren ist folgendes: Eine auf das sauberste geschliffene und polirte Kupferplatte wird überschwärzt und mit einer dünnen Schicht Wachs überzogen, dann mit der Nadel die Zeichnung durch Bloßlegung des Kupfers eingeritzt, die ganze Fläche des Wachses wie auch die eingeritzten Stellen mit Graphit eingepinselt und hierauf die Platte in den galvanischen Apparat gebracht, um durch die Reduction des Kupfers die erhabene Platte zu erhalten. Der Niederschlag ist behutsam abzuheben, mit Blei zu hintergießen und abzuebnen.

Galvanographie ist ein von Kobell erfundenes Verfahren, mittelst Aetzung und mit Hülfe des Galvanismus erhabene Platten für den Buchdruck herzustellen. Kobell verfuhr dabei wie folgt: Eine Kupfer- oder Zinkplatte wird mit einem Aetzgrund (s. b.) überzogen und dieser Aetzgrund mehrmals mit schnell trocknender Farbe überzogen, damit die Zeichnung tiefer wird, nach Beendigung der Aetzung die Platte gereinigt und getrocknet, dann mit Graphit eingepinselt und nun in die galvanische Batterie gebracht, um hier den Kupferniederschlag zu empfangen. Diesen vorsichtig abgelöst, hintergossen und abgeebnet, hat man das Negativ, das nach dem Abdruck positiv erscheint.

Galvanoplastik, die Kunst, mittelst der galvanischen Batterie bei metallischer oder metallisirter Unterlage auf derselben getreue Ablagerungen oder Niederschläge zu erhalten. Diese Erfindung, der neuesten Zeit angehörend, welche wir dem Professor Jacobi in St. Petersburg verdanken, hat für die Buchdruckerei und Schriftgießerei einen unberechenbaren Nutzen gestiftet. — Geschichte. Nachdem Professor Daniell im Jahre 1836 die Kupfer-Zink-Batterie erfunden hatte, dieser und de la Rue, welcher ebenfalls mit dieser Batterie experimentirte, das Niederschlagen des Kupfers auf der elektro-negativen Metallwand des Gefäßes beobachteten, soll Daniell wahrgenommen haben, wie die abgetrennte neugebildete Schicht ein treues, umgekehrtes Bild der Wand darstellte, ohne darauf zu kommen, aus dieser Entdeckung Nutzen zu ziehen, was um so mehr auffallen muß, als das „Philosophical Magazine" bereits vorher schrieb: Die Kupferplatte, mit einem Ueberzug von metallischem Kupfer belegt, fährt fort sich abzusetzen und bildet so eine neue Kupferplatte, die der Unterlage, wenn man sie lostrennt, vollkommen entspricht, indem jedes Ritzchen darauf bemerkt werden kann. — Noch früher hatte schon ein Engländer Spencer auf elektro-galvanischem Wege Kupferablagerungen von Medaillen gewonnen. Ebenfalls in demselben Jahre, oder vielmehr Ende 1836, begann der Professor Jacobi an der Dorpater Universität Experimente mit Daniell'schen Batterien, deren negative Glieder kupferne Töpfe waren; nach und nach hatten sich die Kupferablagerungen in diesen Töpfen so angesetzt, daß kein Raum mehr übrig war für die Kupferlösung. Er gab nun seinem Factotum, einem gelernten Kupferschmied, den Auftrag, die herangewachsenen Kupferschichten loszutrennen, damit die Töpfe wieder gebraucht werden könnten. Diesen Auftrag ausführend, zeigten sich ablösbare Blätterschichten von Kupfer, und Jacobi machte seinem Gehülfen Vorwürfe, daß er bei Anfertigung dieser Töpfe schlechtes Kupfer verwendet habe. Dieser erwiderte, das abgeblätterte Kupfer sei nicht das seine, sondern das neu angesetzte, und Jacobi, nun aufmerksam geworden, verordnete das weitere Lostrennen der Schichten und als dies bis zur Wand des Topfes durchgeführt war, fand auch er ein treues umgekehrtes Abbild der Topfwand. Es drängte sich ihm nun der Gedanke auf, durch dieses Verfahren möchte auch von anderen Gegenständen umgekehrte Bilder darzustellen sein. Er stellte Versuche an, deren Erfolge den Beweis lieferten, daß er sich in seinen Schlußfolgerungen nicht geirrt habe. Er legte seine Resultate der Akademie der Wissenschaften in St. Petersburg, wohin er inzwischen berufen worden war, vor, und machte im October 1838 bekannt, daß er die Reduction des Kupfers auf galvanischem Wege zu Kunstzwecken anzuwenden im Stande sei, und nannte sein Verfahren Galvanoplastik. Kaiser Nikolaus, aufmerksam gemacht auf die neue Erfindung, beauftragte den Chemiker Klein, die Sache zu untersuchen, und dieser ließ sich günstig darüber aus, so daß auf dieses Gutachten hin das russische Gouvernement seine Erfindung um einen namhaften Preis kaufte und mit anerkennenswerther Liberalität zu Jedermanns Nutz und Frommen veröffentlichte.

Ganze Concordanz, s. Ganze.

Ganze oder Ganze Concordanz ist der Ausgangspunkt der Bemessung des Füllungsmaterials der Quadraten, stehend mißt sie 4 Cicero, liegend 4¹/₂ beziehungsweise 4¹/₄ Cicero und wird weiter in halbe und dreiviertel Concordanz getheilt.

Garamond, Claude de, war ein berühmter französischer Buchdrucker, Zeichner, Stempelschneider und Schriftgießer, und Zeitgenosse der Stephans. Er hat sich unter Frankreichs Stempelschneidern und Schriftgießern neben Guillaume la Bee und Pierre Hantin durch Veredelung der Antiqua, die er von allen gothischen Ueberresten reinigte, den meisten Ruhm erworben. Er versah nicht nur sein Vaterland, sondern auch Belgien, Holland, Großbritannien und Deutschland mit seinen Typen und noch jetzt glänzt sein Name in den Annalen der Schriftgießerei. Ihm dankt die Buchdruckerkunst die drei griechischen Schriftgattungen, womit Robert Stephanus seine schönen Ausgaben der griechischen Classiker druckte, und ebenso auch den Garmondkegel, welcher nach ihm benannt ist.

Garmond, sonst Corpus, ein Schriftkegel von 10 typographischen Punkten, der französischen Petit romain und der englischen Long Primer gleich. Sie ist bei uns die gewöhnliche Buchschrift und wurde der Kegel zuerst von dem berühmten französischen Schriftgießer Claude de Garamond eingeführt, wovon er auch seinen Namen hat. Uebrigens ist diese Namensform für diesen Kegel nur in Süddeutschland, der Schweiz und Oesterreich gebräuchlich, während er im ganzen Norden von Deutschland und in der skandinavischen Typographie als Corpus bekannt ist.

Gautschen, wohl richtiger Kautschen geschrieben, ist eine in neuester Zeit wieder ziemlich in Vergessenheit gerathene Ceremonie, die mit dem neu ausgelernten Gehülfen vorgenommen wurde und darin bestand, daß man auf einen Corrigirstuhl einen großen, mit Wasser getränkten Schwam legte und den Betreffenden mit einem unnennbaren Körpertheile wiederholt auf denselben drückte — also gewissermaßen knetete, kautschte, woher vielleicht der Ausdruck stamt. Möglicherweise ist das Kautschen ein Rest oder Ersatz des frühern Postulats (s. Deposition), doch ist über die Entstehung desselben nichts Positives bekannt. W.

Gedankenstrich in der Sprachlehre wird in der Typographie meistens

Strich genannt und ist fast durchgängig auf ein Geviert und auf die Mitte der Bildfläche der Type gegossen. In der englischen Typographie besitzt man dagegen diese Type in vierfach verschiedener Gestalt: in der Größe eines Halbgeviertes, eines Geviertes, zweier und dreier Gevierte. Sprachlich wird er als Vermittler einer Einschaltung benutzt, wo wir denselben zu beiden Seiten vom Worte abstellen, während die englischen Setzer ihn ohne Raum zwischen den beiden Worten lassen. Dann bildet er das Zeichen bis bei Ziffern, z. B. zwischen 2—3 Uhr; in diesem Falle muß er ohne Abstand sein. Ferner ist er in der Rechnenkunst das Subtractionszeichen, z. B.:

$$\begin{array}{r} 8933 \\ -\ 121 \\ \hline 8812 \end{array}$$

Des fernern bedeutet er in der Rechnenkunst minus (weniger), und bezeichnet bei dem Thermometer die Grade unter dem Gefrierpunkt: —10° oder 10 Grad Kälte. Endlich wird er bei Tabellen zur Ausfüllung solcher Stellen benutzt, wo nichts vorhanden ist, steht also anstatt der Null. In Zeitungen zu Anfang eines Artikels ist er das Zeichen der Abtheilung; zuweilen tritt er auch als Vermittler der Unterführung auf. — In der amerikanischen Typographie vorherrschend und manchmal auch in der deutschen findet der Gedankenstrich in Romanen und Novellen bei Gesprächen als Anführungszeichen Verwendung, bleibt dann aber ohne Ausführung. Es ist vielleicht behauptet worden, daß der Stand des Gedankenstriches auf der Mitte des Buchstabenbildes ein unrichtiger sei, indem er mit dem Fuße der Schrift gleiche Linie halten müße. Es dürfte aber in dem Aussehen solcherart keine Verbesserung erzielt werden.

Gedenkbuch zur vierten Jubelfeier der Buchdruckerkunst in Frankfurt a/M., den 24., 25. und 26. Juni 1840 — ein Prachtwerk mit Linien-Einfassung von 320 Seiten Octav. In der Frankfurter Stadt-Bibliothek befindet sich ein auf Pergament gedrucktes Exemplar in luxuriösem Einband. Leider läßt der Druck eben dieses Exemplars viel zu wünschen übrig.

Gedichtsatz. Gleichwie die Sprache in der Poesie zum Unterschiede von der der Prosa eine gebundene, so ist auch der Satz von Gedichten an mancherlei Regeln geknüpft, welche wir nachstehend hier folgen lassen: 1) **Ein Gedicht hat die Mitte der Formatbreite einzunehmen.** Um dieses zu erzielen, sucht man die längste Zeile des Gedichts heraus, setzt diese ab und nimmt die Hälfte des überschießenden Raumes als Vorschlag. Der letztere darf aber nur aus Halbgevierten, Gevierten und Quadraten bestehen; Spatien sind davon ausgeschlossen. 2) Die Anfangszeile eines Gedichtes oder einer Abtheilung desselben, welche wir — wiewohl unrichtig — Vers nennen, wird nicht weiter eingezogen, als jede andere Zeile. Es ist arger Verstoß gegen die Regeln des Gedichtsatzes, jene Zeilen wie Absätze in der Prosa zu behandeln und sie gegen die übrigen zurücktreten zu laßen — eine Versündigung, die man tagtäglich zu sehen Gelegenheit hat. 3) Die Einzüge der verschiedenen Zeilen eines Gedichtes sind von dem Reim desselben abhängig, so daß die sich reimenden Zeilen gleichmäßig beginnen müßen. Reimt sich die erste und die dritte Zeile, so erhält die zweite und vierte Zeile einen größern Einzug, als jene, z. B.:

    Zeige dich zu jeder Zeit
      Stärker als dein Herzensjammer.
    Sei nicht Amboß beinem Leid —
      Nein, sei beines Leibes Hemmer.

Es ist übrigens nicht unbedingt nothwendig, daß Gedichte obigen Reimes dem-

selben gemäß eingezogen werden, vielmehr können alle Zeilen gleichmäßig an=
fangen. Ein Einzug ist aber unbedingt da nothwendig, wo die beiden ersten
Strophen sich reimen, dann wieder die vierte und fünfte und die dritte und
sechste; die beiden letzteren sind dann gleichmäßig einzuziehen, während die Zeilen
1 und 2, 4 und 5 gleichmäßig vorn herausgehen. 4) Jede Strophe oder Zeile
eines Gedichts hat mit einem großen Buchstaben anzufangen. 5) Uebersteigt eine
Gedichtzeile die Breite des Formats, was besonders bei Alexandrinern vorkomt,
so wird dann aus dem Ueberschießenden eine zweite Zeile mit einem Einzuge
von mindestens zwei Dritteln der Formatbreite gebildet, während die volle Zeile
selbstrebend die ganze Formatbreite einnimmt und stumpf beginnt. Auch hierüber
dürfte der Deutlichkeit halber ein Beispiel am Platze sein:

  Hab' ich die Stadt und die Straßen doch nie so leer gesehen,
                wie heut',
  Sind die Straßen doch wie gekehrt und ist wie ausgestorben
      der Marktplatz.

6) Jeder Vers eines Gedichts ist durch einen Raum von einander zu trennen;
dieser hat in Gedichtwerken den Raum einer Zeile zu betragen, während der=
selbe bei Gedichten, welche im glatten Satze vorkommen, je nach Erforderniß
auch geringer sein darf. 7) In Gedichtwerken ist wo nur immer möglich das
Brechen eines Verses von einer Seite zur andern zu vermeiden; wenn die Um=
stände dies aber nicht gestatten, und — vielleicht durch die große Anzahl der
Zeilen bedingt — ein Theilen dennoch vorgenommen werden muß, so ist darauf
zu achten, daß der Vers in seinem Reim auf der Columne schließt, indem dieser
niemals auf der folgenden Seite endigen darf. Das Gleiche gilt von Gedichten,
welche in Werken der Prosa oder in Zeitungen vorkommen, und bei letzteren ist
ein Brechen des Reimes von einer Spalte zur andern nicht zulässig. 8) Gedichte,
welche infolge der Kürze ihrer Strophen und der Breite des Formats in zwei
Spalten neben einander gestellt werden, müssen in ihren Versen genau einander
gegenüberstehen, und ist in diesem Falle die Anzahl der Verse eine ungleiche, so
erhält der letzte Vers seinen Platz inmitten der Formatbreite. 9) In dramati=
schen Werken kommen gebrochene Strophen vor und zwar in der Weise, daß
dieselbe, in der einen Zeile begonnen, in der zweiten oder dritten erst ihren Ab=
schluß findet. Hier beginnt die erste Zeile vorn, die zweite mit einem Vorschlage
von dem Betrage der Schrift, welche die erste Zeile enthält, während ein etwaiger
Schluß in der dritten Zeile dort zu beginnen hat, wo die zweite endigte, etwa so:

       Mary.
  Verzweifeln soll ich?
       Cäcilie.
    Gott bewahre!
    Wallensee. Was aber thun?

10) Die gebundene Sprache gleich der Prosa hinter einander fort, nicht strophen=
weise, gesetzt, fällt vor in Gesangbüchern und Liedersamlungen. Es ist für der=
artige Fälle Brauch, jede Strophe mit einem großen Buchstaben zu beginnen,
und thut man im übrigen wohl daran, jede Strophe durch einen etwas größern
Zwischenraum von einander abzutrennen.

  Gegengewicht, großes, s. Großes Gegengewicht.
  Gegengewicht, kleines, s. Kleines Gegengewicht.
  Gegenhebel oder Kleiner Hebel, bei der Columbiapresse, steht in Verbindung

mit dem Druckwerk, dem kleinen Gegengewicht und den Parallelen, s. Columbia=
presse.

Gehülfenbuch, ein von dem Factor einer Druckerei zu führendes Buch, welches ihn augenblicklich und jederzeit einen Einblick in den Stand des Gehülfen=personals gewährt. Es hat nach umstehendem Schema in seinen 8 Colonnen zu ent=halten: 1) Namen und Wohnort des betreffenden Gehülfen, 2) welche Funktion er ausübt, ob Accidenzsetzer, Setzer, Drucker oder Maschinenmeister, 3) Datum des Ein=tritts, 4) Datum des Austritts, 5) Dauer des Arbeitsverhältnisses, 6) Bedin=gungen: gewisses Geld, wie viel? oder Berechnen, ob Contract, ob Kündigung und auf wie lange, oder ob gegenseitig keine Kündigung, 7) ob Reisegeld gewährt, vor=herige Einsendung geschehen oder beim Eintreffen vergütet worden, 8) Bemerkungen.

Gelb. Zur Erzielung gelber Farben beim Farbendruck eignen sich am vor=theilhaftesten folgende Farbekörper: Cadmium, Chicagogelb, Chromgelb, Indisch=gelb, Oker, Römischgelb (Jaune de Rome), Persischgelb, Seidengelb, Zinkgelb, Königsgelb, Neapelgelb, gelber Lack, Stil de Grain.

Gelber Ton. Zum gelben Unterdruck bedient man sich meistens des hellen Chromgelbs, welches in vollkommen hellem Firniß angerieben sein muß; sonst verwendet man aber auch zu diesem Zwecke feinstgeschlemmten Oker mit Zube=reitung mit untadelhaft gebleichtem Firniß, welcher sich sehr leicht verarbeiten läßt und der Farbe des Chinesischen Papiers ähnelt; ferner kann man Kupferwasser=pulver nehmen, welches mit Gummi arabicum angerieben und mit Venetianischem Terpentin verdickt werden muß. Bei Benutzung dieser letzten Farbe muß man sich ja in acht nehmen, daß man nicht zu viel Farbe auf der Walze hat, indem dieselbe erst mehrere Tage nach dem Druck deutlich hervortritt. Es genügt, wenn der Vordruck scheinbar vorhanden ist; auch trocknet diese Farbe sehr schnell.

Gemeine heißen mit einem andern Namen die kleinen Buchstaben des Alfa=bets, in der Fraktur zum Unterschiede von den großen Buchstaben oder den Ver=salien, in der Antiqua zum Unterschiede von den Versalien und Capitälchen. Als Type nehmen sie eine dreifach verschiedene Ausdehnung oder Breite ein und kann man sie in dünne, mittlere und dicke klassifiziren. Zu den ersteren zählen c, e, f, i, j, l, r, f, t, z, ʒ; zu den anderen a, b, d, h, n, o, p, q, s, u, v, y; zu der dritten endlich m und w. Diese Abtheilungen sind auch noch, frei=lich nur wenig, unter sich verschieden.

Gemischter Satz ist ein solcher, bei welchem die hauptsächlichste Schrift durch eine oder mehrere Schriften unterbrochen ist. Es können diese Schriften mehreren Sprachen angehören, so daß die Mischung aus Fraktur und Antiqua oder aus Fraktur, Antiqua, Cursiv und Griechisch, oder aber aus Fraktur oder Antiqua und Hebräisch besteht, oder aus der Hauptschrift mit Schriften gemischt, welche entweder hervortreten oder andern Charakters des Schnittes sind. — Je nach der Verwendung verschiedener Schriften und ihrem häufigen Vorkommen ist ein solcher Satz einfach oder mehrfach gemischt.

Geometrische Zeichen, s. Mathematische Zeichen.

Gerippe ist eine Namensform für ein Setzerregal, welches keine Vorrich=tung zur Aufnahme von Schriftkasten hat, vielmehr nur zum Aufstellen eines Kastens und zur Unterbringung eines solchen in seinem innern untern Raume eingerichtet ist. Sonst nennt man es auch Sattelregal oder Gestell.

Germanisch nennt die Schriftgießerei Ferdinand Flinsch in Frank=furt a. M. eine modernisirte Schwabacher, durch welche die Annäherung an die antike Form, wie eine solche bei der Antiqua in der Mediaeval sich bereits be=

Gehülfenbuch

Name und Wohnort	Fungirt als	Eingetreten am	Ausgetreten am	Dauer des Verhältnisses	Bedingungen			Reisegeld	Bemerkungen
					Lohn	Contract	gesetzliche Kündigung? oder nicht?		
Roch, A., Neurode	Accidenzf.	1. Jan. 72	—	—	21 Mark	—	—	—	f. Contract
Alpers, C., Belum	Seger	3. Mai 76	4. Aug. 76	3 Monate	Berechnen	gegenseitig	f. Künd.	30 Mark	—
Roft, L., Bonn	Maschinenmstr.	1. Aug. 74	—	—	24 Mark	4 Wochen	—	16 Mark	Eingesandt

merkbar gemacht hat, auch bei der Fraktur ermöglicht wird. Die genannte Firma introducirte diese Schrift in Kegel 12 im Februar 1877.

Geschöpftes Papier, s. Büttenpapier.

Gespaltener Satz ist ein solcher, bei welchem die Columne der Länge nach in Abtheilungen geschieden ist. Er fällt vor außer in Zeitungen bei Folio, Quart und Octav, wenn letzteres breiten Formats ist und aus einer Schrift kleinen Kegels gedruckt wird, wie z. B. Lexika. Zuvörderst ist bei dem gespaltenen Satz zu beachten, daß der Satz auf die linke Seite des Schiffes ausgehoben werden muß, von wo man mit jeder fernern Spalte nach rechts weiter fortgeht. Die Spalten werden durch Räume von einander abgestellt, welche man in Form von Spaltenstegen oder Spaltenlinien vermittelt; wo der Raum nur ein geringer ist, muß man unbedingt zur Spaltenlinie greifen. Ueberschriften und Rubriken werden bei gespaltenem Satz meistens über die ganze Breite des Formats genommen. Die Zeilen der einzelnen Spalten müssen genau gegen einander stehen, oder mit anderen Worten, von einer Spalte durch alle hindurch eine gerade Linie bilden. Die Ausgangscolumnen bei gespaltenem Satz müssen in ihren Spalten gleichviel Zeilen aufweisen; das etwaige ungleichmäßige Aufgehen der Zeilen wird bei der letzten Spalte regulirt, so daß beispielsweise bei dreispaltigem Satz, wenn 41 Zeilen für die Ausgangscolumne zurückbleiben, auf die erste und zweite Spalte 14, auf die dritte aber nur 13 Zeilen kommen.

Geviert ist das größte Stück der Ausschließungen und hat allemal den Quadratinhalt des betreffenden Kegels.

Gewaschene Manier, franz. Gravure en lavis, eine sehr gewöhnliche Aetzmethode beim Kupferstich, welche die Aehnlichkeit einer Zeichnung mit Kreide oder Tusche hervorbringt. Man bedient sich dazu eines Bleistifts oder einer besondern Art von Pinsel statt der Radirnadel, wobei die Rückseite der Zeichnung nicht mit Blutstein bedeckt zu sein braucht. Wenn der Künstler die gefirnißte Platte unter seinem Papier hat, so arbeitet er, als ob er nur zeichne; der Druck des Bleistifts oder Pinsels ist hinreichend, um zu bewirken, daß der Firniß an diesen Stellen sich an das Papier hängt, und so wird eine genaue Nachahmung durch den Firniß hindurch auf die Stellen der Platte bringen, welche dann geätzt werden sollen. D. Keller in Stuttgart erfand im Jahre 1815 eine neue Art, die Tusche in Kupfer nachzuahmen, ohne irgend ein Aetzmittel anzuwenden; er benutzte dazu eine gekörnte Kupfertafel durch Hülfe des trockenen Flöz- oder Silbersandes.

Gießinstrument. Das Gießinstrument in der Schriftgießerei ist das Werkzeug zum Gießen der Typen. Dasselbe besteht der Breite nach aus zwei Hälften, dem Vorder- und Hintertheile, die beide genau in einander passen. Das Innere jeder Hälfte ist wieder aus mehreren in einandergeschobenen, durch Schrauben gehaltenen eisernen Platten gebildet. Zu dem Zwecke, um den Gießer vor Beschädigungen zu schützen, ist dieses Werkzeug, dessen Metall sich durch das geschmolzene Zeug leicht erhitzt, mit einer Bekleidung von Holz umgeben. Bei dem Zusammenfügen beider Hälften bleibt in der Mitte des Instruments ein hohler Raum, welcher Kegelraum genannt wird; er hat oben eine pyramidale Form, und unten parallele Wände. Als Boden dieses Kegelraumes ist die Matrize in seinem untern Ende so befestigt und mittelst deren Henkel so angebunden, daß sie nach Zusammenschiebung des erstern von einem Draht gehalten wird. Beim Gießen hält der Schriftgießer dieses Instrument mit der linken Hand und schöpft mit dem Gießlöffel in der rechten Hand das erforderliche geschmolzene Metall aus der Gießpfanne, das er darauf in den Einguß des Instruments giebt. Unmittelbar nach dem Eingießen des Metalls unternimt der Gießer mit dem Instrument eine ruckweise Bewegung von oben nach unten, wovon das Auffallen des Metalls auf die Matrize und das Gelingen des Gusses abhängt. Jetzt wird das Instrument auseinander genommen und mit einem Haken an der Hälfte, welche die rechte Hand hält, der Buchstabe aus der linken Hälfte herausgehoben. Die beiden Hälften wieder zusammengelegt, beginnt die Manipulation von neuem.

Gießlöffel ist das Werkzeug, mit welchem der Schriftgießer das geschmolzene Metall aus der Gießpfanne holt und in das Instrument gießt. Er hat die Form einer hohlen Halbkugel, welche mit einem Gießschnabel und zum Halten mit einem Stiel und Holzgriff versehen und aus Eisen gefertigt ist.

Gießofen. Der Gießofen der Schriftgießer hat meist eine runde Form, ist aus Backsteinen aufgeführt, mit Roste und Zugrohr, sowie mit Vorrichtungen zum Schutze der Arbeiter gegen die Hitze, gegen das Umherspritzen des Metalls und zu Gunsten der Zurückführung des Ueberflusses des letztern in die Gießpfanne versehen.

Gießpfanne oder Schmelzpfanne ist der runde Eisentopf, in welchem der Schriftgießer das Letternmetall schmilzt. Er ist am Rande des Gießofens über der Feuerung eingemauert und befinden sich auf einem Gießofen mehrere Gießpfannen.

Gießzapfen oder Anguß ist an der eben aus dem Gießinstrument hervorgehenden Type das überflüssige Metall, welches in der Gußöffnung stehen geblieben ist und mittelst Abbrechens von der Type entfernt wird.

Gießzettel ist in der Schriftgießerei die Aufstellung der von den einzelnen Buchstaben einer Schrift erforderlichen Anzahl. Sie sind herzustellen durch Auszählen verschiedenartiger Drucke glatten Satzes, welche addirt und abgerundet das normale Verhältniß klarstellen. Er ist ein Gegenstand, welcher bei den Inhabern von Buchdruckereien, sowie auch dessen Gefolge, die Defecte, immer und immer wieder Anlaß zu lauten Klagen giebt. Die allgemeine Annahme in der Buchdruckerwelt, daß die Grundlage unsers heutigen deutschen Gießzettels nicht genügend festgestellt, das System, auf welchem er aufgebaut, ein trügerisches und seine Handhabung eine mangelhafte sei, dürfte in ihrer Richtung wohl nicht angezweifelt werden können und daraus folgen, daß eine Reform auf diesem Felde sehr am Platze und nur wünschenswerth wäre. Mit dem Gießzettel der Schriftgießer hat nun freilich der Buchdrucker allgemeinhin nichts zu schaffen, aber jener führt einen Gegenstand bei sich, welcher fast immer unliebsamer Natur ist, oft aber sehr hart empfunden wird, und dies Gefolge des Gießzettels sind die Defecte, welche das Interesse des Buchdruckers nicht selten bedeutend in Anspruch nehmen. Die Defecte kommen mehr oder minder bedeutend, zu zweien, ja sogar zu mehrenmalen vor. Schon der erste Nachguß oder die ersten Defecte, welche zu gleichem Herstellungspreise der Schrift berechnet werden, sind eine unerfreuliche aber unvermeidliche Ausgabe, welche aber noch unangenehmer wird, wenn zweite und dritte Defecte erforderlich werden, weil bei dieser der Herstellungspreis bedeutend in die Höhe geht. Es ist nun wohl nicht denkbar, einen Gießzettel zu ersinnen oder zu berechnen, der alle Defecte ausschließt, aber die Möglichkeit, die Defecte auf ein geringes Quantum zu beschränken, liegt gar nicht so fern, wenn der einzig richtige Weg der Auszählung und Berechnung eingeschlagen wird. Ganz und gar unrichtig ist die Auffassung einzelner Buchdrucker, wenn sie meinen, der Schriftgießer liefere die Schriften vorsätzlich defect, um Vortheil daraus zu ziehen, denn solchen Anschauungen gegenüber ist wohl zu beachten, daß dem Schriftgießer die Defecte, wenn auch aus anderen Gründen, ebenso unleidlich sind als dem Buchdrucker. Unseren heutigen Gießzetteln liegt keine mathematische Genauigkeit zu Grunde; von vornherein ist das ihnen unterliegende System der Aufstellung ein trügerisches; sie sind nach den Erfahrungen, welche die Praxis darbot, zeitweilig verbessert und berichtigt worden, und endlich ist die Maßnahme, als Unterlage eines Gießzettels ein Gewicht zu bestimmen, eine ganz verfehlte. Man ziehe bloß die verschiedenen Gießzettel, welche eine solche Maßnahme bedingt, da jeder Kegel und jedes Gewicht eine andere Aufstellung verlangt, in Betracht, und bilde sich daraus ein Urtheil. Wie schon erwähnt, wird man nimmer einen Gießzettel ersinnen, berechnen oder auszählen, der auf Vollkommenheit Anspruch machen darf. So unumstößlich wahr diese Annahme auch ist, so darf auf der andern Seite doch eine Reform, eine Vervollkommnung, eine Annäherung an die factische Wahrheit nicht ausgeschlossen werden. Und diese Reform liegt darin, daß man einen Guß nicht nach einem Gewichtsquantum, sondern nach einer Zahl, deren Grundlage 100,000 Buchstaben ist, bemißt. Diese Zahl ist sowohl auf= als absteigend ein sicherer Anhalt und man hat nur e i n e n Gießzettel nöthig, der für die Schrift vom kleinsten bis zum größten Kegel paßt, und ebensowohl auch bei den minimalen Zier=, Titel= und Accidenzschriften zutrifft. Die Aufstellung eines solchen Gießzettels erlangt man dadurch, daß man einen Druck, der nach unserer heutigen Alfabetberechnung 100,000 Buchstaben enthält, nach seinen einzelnen Buchstaben auszählt, und die Zahl, wie oft eine solche in jener Zeilenzahl enthalten ist, notirt; dieselbe Berechnung wird im ganzen fünfmal vorgenommen, denn, um sicher zu gehen, muß man den Druck von fünf verschiedenen Autoren haben und der Inhalt ein gewöhnlich sprachlicher sein. Diese fünffachen Resultate der einzelnen Buchstaben addirt und jedesmal wieder in fünf getheilt, hat man das Ergebniß eines Gießzettels, der nicht genauer zutreffen kann. Es ist eine mühevolle Arbeit, aber die Resultate, welche uns vor die Augen treten, sind lohnend und überzeugen uns, daß, wenn wir von fünf ungleichen Verhältnissen durch Addirung und Theilung die Ungleichheit beseitigen, wir zu dem richtigen, mittlern Maße gelangen. In Frankreich wird der Guß nach so und so viel Mille Buchstaben bestellt, in England besteht dieselbe Einrichtung, nur mit dem Unterschiede, daß man eine Schrift nach einem Quantum m, als dem Normalbuchstaben der Schriftgießer und nicht den Normalbuchstaben der Berechnung des Satzes, bestellt. Ein englischer Buchdrucker giebt beispielsweise bei seiner Gießerei eine Schrift von 3000 m auf, und damit weiß er, wie viel er mit dem Quantum, das er darnach erhält, leisten kann. Das ist bei uns nicht der Fall. Da wir nach Gewicht bestellen, so sind wir immer im Unklaren, wie viel wir aus der anzufertigenden Schrift setzen können. Bestellen wir aber z. B. eine Schrift von 100,000 Buchstaben, so sagt uns schon die Berechnung des Satzpreises, daß wir aus diesem Quantum, weil auf die Columne 3000, also auf den Octavbogen 48,000 Buchstaben gehen, etwa zwei Bogen setzen können. Diese Sicherheit gegenüber der bisherigen Unsicherheit und in Verbindung damit ein mehr sicheres Verhältniß der Minimen sind schon neue Vortheile, wozu dann noch der Wegfall der lang andauernden, nicht enden wollenden Defecte kommt, und diese in ihrer Gesamtheit zusammengefaßt, lassen es wohl gerechtfertigt erscheinen, wenn wir bei uns nach dieser Richtung hin eine Reform erstreben.

Gills Heißwalzen=Maschine zum Trocknen und Glätten des Drucks. Ersparniß an Zeit und Arbeit ist ein Problem, dessen Lösung durch neue Maschinen tagtäglich angestrebt, am meisten aber wohl von unserm Gewerbe gefordert wird. Schnelle Herstellung ist die eine Forderung, welche die Auftraggeber stellen, und elegante Ausführung die andere. Ein Werk, eine Accidenz mag

25

gut hergestellt sein — aber ihr wahrer Werth komt nicht zur Geltung, wenn denselben die bestechende Eleganz fehlt. Ganz besonders bewahrheitet sich die eben ausgesprochene Behauptung bei der Buchdruckerei, aber die schnelle Herstellung ist in keiner andern Branche ein so großer Feind der Eleganz, als eben in der unsern. Das Satiniren, das Trocknen des Papiers bei Werken, noch mehr aber das Trocknen der Farbe beim Trockendruck, sodann das Glätten, erfordern eine Zeit, die meistens dafür nicht gegeben ist. Die Räume außerhalb des Druckersaales, die Papier- und Trockenlokalitäten der Offizin, haben heute noch einen bedeutenden Antheil an der Herrichtung eines Druckgegenstandes. Hydraulische und gewöhnliche Glätt= pressen sind im allgemeinen Gebrauch, um die infolge des Druckes entstandene Schattirung durch Pressung aus dem Papier zu entfernen und die Farbe feiner und glänzender hervortreten zu lassen, aber diese Einrichtungen sind zeitraubend, wenn sie ihren Zweck vollkommen erfüllen sollen, denn das wirkliche Trocknen der Farbe nimt Tage in Anspruch, und vor diesem Zeitpunkte den Druck in die Glättpresse gebracht, läßt derselbe stets das Abschmutzen der Farbe befürchten. Eine Erfindung, welche das Satiniren, das Trocknen und Glätten des Druckes außerordentlich erleichtert, ist daher wohl geeignet, die Aufmerksamkeit aller prakti= schen Buchdrucker in Anspruch zu nehmen. Dies vorausgeschickt, wollen wir die geehrten Leser mit der neuen von Gill in London construirten und ihm paten= tirten Heißwalzen=Trocken= und Glättmaschine bekannt machen — ein Werkzeug, welches die Satinirmaschine, die Zinkbleche, die hydraulische oder eine andere Glättpresse, die Preßspähne und den Trockenraum entbehrlich macht. In England wird der erwähnten Erfindung alles Lob ertheilt, und man konstatirt, daß sie die Probe bestanden hat; mit Hülfe eines An= und eines Auslegers trocknet und glättet sie in der Stunde 1200—1500 Exemplare und kann die Bogen sofort von der Druckmaschine empfangen, während die Erhitzung der Walzen nur einen kurzen Zeitraum in Anspruch nimt. Unsere Leser werden diese Vortheile zu schätzen wissen, aber auch einsehen, daß dieselben bislang nicht zu erreichen waren. Die Hauptbestandtheile dieser Heißwalzen=Maschine sind zwei hochpolirte Metall= walzen von genauer mathematischer Cylinderform und ein Apparat, welcher den Schmutz fortnimt, den der jedesmalige Bogen absetzt. Die Cylinder liegen parallel neben einander in einer soliden Einfassung, und wird der Dampf den Walzen durch ihre Achsen zugeführt, dessen Zufluß mittelst kleiner Klappen regulirt wird, indem sie sich schließen, wenn die Cylinder genügend erhitzt sind und sich wieder öffnen, sobald neues Zuströmen von Hitze erforderlich ist. Für den Vormittag genügen zwanzig und für den Nachmittag zehn Minuten, um die Speisung der Walzen mit Hitze sich vollziehen zu lassen. Der Apparat zum Reinigen der Walzen von dem Schmutz, welchen der Bogen beim Durchgehen zurückläßt, besteht aus einem Trog unter jeder Walze, welcher mit einer gewöhnlichen Kalilösung gefüllt und deren jeder mit einem langen Polster aus festem Zeuge, auf welchem eine Menge kleiner Schwämchen angebracht, versehen ist, welcher sich bei der Um= drehung des Cylinders an dessen Oberfläche fest andrückt. Durch diese Vorrich= tung werden die beiden Walzen von Farbe und anderm Schmutz freigehalten. Hinter diesem Polster befindet sich ein Wischer aus Wollenstoff, welcher jede Feuchtigkeit von den Cylindern in sich aufnimt, so daß diese, wenn sie einen weitern Bogen empfangen, vollständig trocken und frei von aller Unreinlichkeit sind. Die beiden Tröge sind derart angebracht, daß sie am Hintertheile der Ma= schine herausgenommen werden können, wenn sie entleert und auf das neue wieder gefüllt werden sollen, was aber bei einer Maschine, welche unausgesetzt in Thä= tigkeit ist, nur zweimal in der Woche zu geschehen braucht. Die Bogen werden mittelst kleiner endloser Bändchen und einer Rolle ben Walzen zugeführt und gelangen durch einen andern Satz Bändchen wieder heraus. Die Pressung kann durch Schrauben, welche auf starke, unter dem Anlegetisch liegende Spiralfedern wirken, regulirt werden. Die Beschaffenheit des Papiers ist für den Grad der Pressung maßgebend; und um zu bestimmen, ob dieselbe zu stark oder zu schwach ist, braucht man nur einen geglätteten Bogen gegen das Licht zu halten; zeigen sich durchscheinende Streifen, so ist die Pressung zu stark. Die Maschine beansprucht einen Raum von 10½ zu 7½ engl. Fuß, während ihr Gewicht unter 4 Tons (4000 Kilo) beträgt. Es bedarf unsererseits keiner weitern Hervorhebung eines neuen Werkzeuges, dessen Vortheile so klar vorliegen, und das in der That bestimmt zu sein scheint, einem Mangel abzuhelfen, welcher in der Buchdruckerwelt so lange fühlbar gewesen ist. Es sei noch bemerkt, daß der Bau dieser Maschine ausschließlich von der Firma Furnival & Co., 52 Odgen Street, Fairfield Street, Manchester und Charterhouse Street, Holborn Circus, London, bewerkstelligt wird.

Glasätzkunst. Die Glasplatte mittelst Aetzung zur Vervielfältigung von bildlichen Darstellungen auf mechanischem Wege zu verwenden, ist eine Erfindung von Bromeis und Böttcher und trat zuerst im Jahre 1844 auf. Diese Kunst scheint indeß seither wenig gepflegt und auch nicht weiter vervollkommnet zu sein, was wohl darin begründet sein mag, daß die Bilder zu fein waren und der Druck viele Schwierigkeiten darbot.

Glatter Satz ist zum Unterschiede von gemischtem Satz ein solcher, in dem nur eine Schrift vorkomt, welche allenfalls ausnahmsweise durch ein paar Worte Antiqua oder anderartige gewöhnliche Vorkomnisse dann und wann unterbrochen wird. So gehört denn zum glatten Satze in erster Reihe der Zeitungssatz mit Ausnahme der Handels- und Börsennachrichten, der Verlosungslisten und der Annoncen, dann der Satz von Romanen, Novellen und Erzählungen, sowie überhaupt der Satz solcher Werke, welche fortlaufenden Textes sind.

Glätten hat den Zweck, aus dem Papier die infolge des Druckes erstandene sogenannte Schattirung mittelst einer Gegenpressung oder eines Gegendruckes zu beseitigen, die Farbe glänzender erscheinen zu lassen und dem Druckgegenstand im ganzen mehr Eleganz zu gewähren. Als Handhabe zu dieser Verrichtung dient die Glättpresse und der Preßspahn. Das bedruckte Papier zwischen Pappen gelegt, wird es mit jenen in die Glättpresse gebracht, der Pressung derselben eine Zeitlang ausgesetzt und danach wieder herausgenommen.

Glättpresse, sonst auch Packpresse genannt, wird zum Glätten des Druckes und zum Packen von Papierballen verwendet. Vormals bestand eine solche nur aus Holz; heute sind die gewöhnlichen ganz aus Eisen gefertigt und außer diesen giebt es noch hydraulische Glättpressen (s. d.). Die Construction unserer heutigen einfachen Glättpresse weicht nur wenig hinsichtlich der verschiedenen Erbauer von einander ab; sie besteht aus einem Unterbau, dem Fundament, aus welchem sich an dessen vier Ecken vier Säulen etwa 2 Meter in die Höhe erstrecken, wo sie von einem starken Eisenkreuz in ihrer Lage gehalten werden. Von den vier Säulen wird der bewegliche Tiegel in seinem richtigen Gange erhalten und letzterer steht mit dem Obertheile mittelst einer Schraube, welche dort durch eine Mater geht, in Verbindung. Mit einem Hebel oder einem Zahnrad-Getriebe wird der Tiegel niederbewegt, um auf den auf dem Fundament sich befindenden Preßspahn mit dem Druck seine pressende Kraft zu äußern oder um denselben nach oben zu befördern. Die Preise der Glättpressen sind nach der Verschiedenheit ihres Formats und der mehr oder mindern Solidität des Baues sehr verschieden; sie differiren meistens zwischen 300 und 1000 Mark, indeß liefert die Handlung von A. Isermann in Hamburg bereits solche zum Preise von 150 Mark, welche den kleineren Druckereien genügen.

Gleichheits-Zeichen ist der Horizontal-Doppelstrich. Als Type nimt es den Raum eines Geviertes des bezüglichen Kegels ein und steht auf der Mitte der Bildfläche derselben. Die Signatur seitwärts stellt es zwei Vertikallinien dar und bildet dann das Parallelzeichen der Mathematik.

Gleichungen in der Mathematik, s. Mathematischer Satz.

Glückwunschbriefe, auch Glückwunschschreiben, sonst auch Gratulationsschreiben oder Gratulationsbriefe genannt, gehören in das Bereich der bei der Buchdruckerei und Lithographie am häufigsten vorkommenden Accidenzen. Sie enthalten eine Beglückwünschung zu festlichen Gelegenheiten aus Prosa meistens nur in wenigen Worten und weichen daher von der gewöhnlichen Form der Briefe bedeutend ab. Zu dem Satz darf nur eine kleine Schrift verwendet werden und dieser selbst muß die Mitte des Papiers einnehmen. Da nämlich zu derartigen Briefen Couverte schmalen Formats benutzt werden, bei welchen der Bogen zweimal gebrochen und dadurch in drei Theile geschieden wird, so hat der Satz genau die Mitte der mittlern Abtheilung einzunehmen. Falls ein solches Glückwunschschreiben in gebundener Sprache gesetzt ist, so treten die Regeln des Gedichtsatzes ein.

Glückwunschschreiben, s. Glückwunschbriefe.

Glückwunschkarten oder Gratulationskarten haben den Zweck, zu festlichen Gelegenheiten, Geburtstagen und Namenstagen, Verlobungen und Hochzeiten, Taufen, Confirmationen u. dgl. eine Beglückwünschung darzubringen. Sie gehören bei dem Buch- und Steindruckereigewerbe zu den am häufigsten vorkommenden Accidenzen, indem sie massenhaft verbraucht werden. Ihr Format ist das breite. Der Text ist meistens ein fortlaufender kurzer Satz in Briefform, in welchem die Hauptsache als besondere Zeile hervorzuheben ist. Es kommen hinsichtlich des Satzes die Regeln des Briefsatzes hiebei zur Geltung. Die Textschrift muß kleinen Kegels sein und dürfen stark auffallende Schriften keine Anwendung finden. Zier- und Titelschriften, wenn sie verwendet werden, sowie eine etwaige Einfassung müssen sämtlich vom zartesten Charakter sein.

Glycerinbogen, d. h. mit Glycerin gesättigtes halbgeleimtes Papier, hat man vielfach als Abschmutzbogen verwendet, und leisten dieselben auch vortreffliche Dienste, weil das Glycerin eine große Widerstandskraft gegen Annahme von Fett besitzt und dadurch nicht zuläßt, daß dem Schöndruck von seiner Farbe etwas abgeht. Einen Uebelstand hat aber dieses Papier im Gefolge, indem es zu leicht dem Zerreißen ausgesetzt ist, weil es durch das Glycerin mürbe wird.

Glyphographie, s. Galvanographie.

Golddruck. Unter Golddruck verstehen wir in der Buchdruckerkunst und Steindruckerei die Herstellung von Schrift, Einfassung oder Bild in goldenem Gewande und tritt uns gewöhnlich flach oder auch als Relief (erhaben), d. h. als Prägedruck. Er komt am häufigsten vor bei Geschlechtswappen, Initialen, Titelhauptzeilen, Namen und Würden in Dedicationen, Wein-, Likör-, Spirituosen-, Chokolade- und anderen Etiketten, bei Luxus-Affichen und dergleichen Adreßkarten, in Preislisten u. s. w. Von dem berühmten Augsburger Buchdrucker Erhard Ratdolt zuerst 1482 in seinem Euklid ausgeübt, ist er immer beibehalten und mit Vorliebe gepflegt worden. — Das Verfahren beim Golddruck basirt auf einem klebrigen Vordruck, als welchen man gegenwärtig die sogenannte Goldfarbe (s. d.) benutzt. Die vorgedruckte klebrige Masse besitzt die Eigenschaft, die Bronce (s.

Bronce und Bronciren) festzuhalten und dasselbe ist mit dem Blattgold der Fall. Bei letzterm sowohl als auch bei dem Bronciren wird das überflüssige Gold, nachdem die Vordruckmasse vollständig trocken geworden und das Gold danach fest auf derselben haftet, mit einem baumwollenen Wischer fortgestrichen. Sowohl bei dem Verfahren mit Bronce, als nicht minder mit Blattgold erhält das Metall erst seinen vollen Glanz, wenn der Gegenstand in der Glättpresse behandelt oder durch die Satinirpresse geführt wird.

Goldfarbe. Die gegenwärtig von den Buchdruckfarbe-Fabriken gelieferte sogenannte Goldfarbe hat den Zweck, als Vordruckmasse beim Gold- und Silberdruck verwendet zu werden. Sie leistet ganz vortreffliche Dienste, weil sie, etwas gelblich, von untadelhaft gebleichtem und sehr klebrigen Firniß, der Farbe des Metalls und seinem Glanze keinen Eintrag thut und auch ein festes Haften der Bronce oder des Blattgoldes und ein rasches Trocknen des Vordruckes im Gefolge hat.

Gordons Last Franklin Job Printing Preß, eine Accidenz-Tiegeldruck-Tretmaschine, welche von George P. Gordon in New-York gebaut und von der Firma J. G. Schelter & Giesecke in Leipzig für Deutschland vertrieben wird. Sie ist keine neue, die erst ihrer Probe harrt, sondern hat in ihrem Vaterlande Amerika eine vieljährige Thätigkeit hinter sich, während welcher Zeit ihr Erbauer sich bemüht hat, die Construction immer mehr zu verbessern; wenigstens besagt ein an der Maschine sich befindendes Schildchen, daß die Franklin Job Printing Preß bereits fünf Ergänzungspatente auf Verbesserungen erhalten hat, deren letztes aus dem Jahre 1874 datirt. Die Fürsorge des Erbauers, sein Fabrikat zu vervollkommnen, spricht sich auch in der äußern Arbeit aus, die den ersten Eindruck zu einem vortheilhaften macht. Alle Theile sind sauber und dauerhaft gearbeitet, die wichtigsten, welche die größte Kraftanstrengung auszuhalten haben, entweder sehr massiv oder aus Stahl, wie zwei lange Führungsarme, Welle und Bolzen. Zu dem Vortheile der soliden Bauart gesellt sich der eines einfachen, sinnreichen Mechanismus, welcher alle Bewegungen der Maschine auf dem kürzesten Wege ausführen läßt. Diese Kürze des Ganges verringert sowohl die Abnutzung der Maschine, als auch den Kraftaufwand zum Betriebe derselben, und sichert in Verbindung mit der exacten und soliden Arbeit allen Functionen die größte Präcision. Ein Nachgeben, Lockerwerden oder Ausleiern einzelner Theile ist also vor normaler Zeit nicht wohl zu befürchten. Tisch und Fundament haben beide eine so zweckmäßige Stellung und einfache Bewegung, daß die Ausübung des Druckes sicherer als bei der Handpresse erfolgt. Der Tisch, auf dem angelegt wird, bewegt sich wie der Deckel an der Handpresse: er liegt unten fest. Vor Aufnahme des Papiers in schräger Lage, bewegt er sich um eine eigene, von der Führung des Fundamentes unabhängigen Achse, bis er senkrecht steht; in dieser Stellung ruht er einen Moment und empfängt dann erst den Druck der ihm senkrecht entgegenkommenden Schriftform. Das Fundament mit der Form, ebenfalls auf eigener Achse sich bewegend, komt durch eine oscillirende Welle in die Führung zweier Stahlarme, die es in gerader Vorwärtsbewegung gegen den bereits wartenden Tisch bringen, so daß der Druck im Moment der Ruhe sorgfältig ausgeübt wird. Nachdem dann der Tisch den kurzen Weg, den er gekommen, wieder zurückgelegt hat, gewährt er in der Schräglage genügende Zeit, das gedruckte Blatt mit der einen Hand herauszunehmen und mit der andern ein neues anzulegen. Der Tisch liegt, bequem zum Zurichten und Anlegen, frei da, auch ist die Schriftform durch einen kurzen Handgriff schnell aus dem Fundamente zu heben. Die Ruhe und Sicherheit, die in der Lage und Bewegung von

Tisch und Fundament liegen, und die für Reinheit und Accuratesse des Druckes so wichtig sind, auch ein genaues Registerhalten möglich machen, sind eine Eigenthümlichkeit der Gordonschen Presse und Gegenstand mehrerer der erhaltenen Ergänzungspatente. Mit jeder Verbesserung verkürzte der Erbauer die Bewegung des Tisches, so daß der Weg, den derselbe jetzt zurücklegt, nur zehn Centimeter beträgt. Sehr praktisch ist, daß durch die kurze Bewegung eines Hebels, welcher links an einer stehenden Welle angebracht ist, der Druck sofort abgestellt werden kann, ohne den Gang der Maschine anzuhalten, und ist dies eines, und jedenfalls eines der wichtigsten der der Maschine verliehenen Patente. Die Construction des Farbewerkes, oberhalb der Form liegend, ermöglicht eine gute und gleichmäßige Farbevertheilung.

Gothisch. Die gothische Type ist so alt, wie die Druckkunst selbst; sie bildete sich aus der ursprünglichen Schreibschrift heraus und hat sich bis heute als in das Gebiet der Fraktur gehörend unter den mannichfachsten Abänderungen erhalten. Wir besitzen heute die Gothisch in fast unzähligen Variationen, in breit und mager, in gewöhnlich, in fett und halbfett, in schmal, in verziertem Gewande, und ebenso verschieden auch benannt, z. B. alte Gothisch, moderne Gothisch, Accidenz-Gothisch, Pariser oder französische Gothisch, Black-Gothisch u. s. w. Sie leistet uns in Ermangelung anderer verwendbarer Schriften bei der Fraktur Dienste zu Ueberschriften und Rubriken, sowie beim Titelsatz, nicht aber zu verwerthen ist sie zum Auszeichnen im glatten Satze, und ebensowenig darf sie Verwendung finden in Gegenständen, welche aus der Antiqua gesetzt sind. Es ist eine irrige Annahme, zu glauben, Gothisch bei Antiqua zu verwenden sei passend, denn das Gegentheil ist der Fall. Die gothischen Schriften tragen vorwiegend das Gepräge der Fraktur und dienen denn auch dieser als sehr willkommene, ja unentbehrliche Titelschriften. Da sie sich aber in ihren Formen auch der Antiqua nähern, so ist ihre Verwendung mit dieser ebenfalls ermöglicht, ohne dem Auge mit unvermittelten Gegensätzen zu nahe zu treten. Doch darf nie vergessen werden, daß diese Schriften immer nur Hülfsschriften zur Antiqua sind, die gegen letztere stets zurücktreten müssen, wenn das Ganze nicht dem Antiquacharakter entfremdet werden soll. In jedem derartigen Titelsatze sollte deshalb nur eine Zeile in Canzlei- oder gothischer Schrift einen Platz finden. Es liegt wohl nahe, daß hierbei vornehmlich Hauptzeilen gemeint sind. Diese vor allen, als die hervortretendsten, müssen in ihren Schriften harmoniren; man trifft für sie die Wahl zuerst, und dann erst wählt man die Schriften für die Neben- und Zwischenzeilen, die man so passend wie möglich einordnet.

Grad nennen wir an der Type oder an dem Füllungsmaterial eine Unebenmäßigkeit, welche entweder beim Schleifen nach dem Gusse stehen geblieben ist oder durch irgend welchen Unfall, infolge von Stoßen, Fallen u. s. w., seinen Ursprung hat. Ein solcher Grad muß entfernt werden, weil er ein Krummstehen der Zeile und des Satzes zur Folge haben würde.

Gradzeichen. Das Gradzeichen in der Meßkunst hat die Form des Kreises und muß seinen Platz am Kopfe der Zahl haben, zu der sie in Beziehung steht, darf auch von dieser durch nichts getrennt sein. Die Null der Bruchziffer ist kein Gradzeichen, denn sie bildet keinen regelmäßigen Kreis, sondern ist länglich rund.

Grand-Aigle, spr. Grang-ägel, eigentlich großer Adler, französisches Papierformat in der Größe von 68 : 103 Centimeter.

Granjon, Robert, ein berühmter französischer Stempelschneider und Schriftgießer des sechszehnten Jahrhunderts in Lyon und der Urheber der Typen zur Schreibschrift. Er ist auch der Erfinder der jetzt noch in Frankreich unter dem

Namen Caractères de civilité bekannten Schriftgattung, welche nach einem beliebten Schulbuche: „La civilité puérile honnette pour l'instruction des enfans", das den Kindern zum Lernen des Lesens von Geschriebenem bienen soll und in dieser Schrift zuerst gedruckt war, genannt worden.

Graphotypie ist eine Abart der Heliographie der Buchdruckpresse, s. Heliographie.

Graphit oder Reißblei, ein aus Kohlenstoff bestehendes Mineral, komt pulverisirt bei der Gewinnung von Kupferniederschlägen als metallische Grundlage zur Anwendung; sonst ist es ein vorzügliches Mittel, um von Eisentheilen, z. B. Winkelhaken, Pressen, Maschinen, durch Einreibung rostige Stellen zu entfernen, wenn sie sonst durchaus nicht weichen wollen.

Grau beim Farbendruck ist aus Kremnitzerweiß durch Zusatz von einem dunkeln Farbenkörper, sonst aber auch durch Mischung von Münchener Cochonillelack zu 40, Zinkweiß zu 40, Miloriblun zu 10 und Zinkweiß zu 10 Theilen herzustellen.

Graues Makulatur, s. Schrenz.

Griechisches Alfabet. Das Alfabet der Sprache der alten Griechen besteht aus 24 Buchstaben, welche in große und kleine (Versalien und Gemeine), und als Typen weiter noch in gewöhnliche, unterschnittene, accentuirte und Accenten, sowie in Hauch- und Lesezeichen zerfallen. In folgender Tabelle geben wir das Alfabet in seinen Figuren und nach Namen und Werth der Buchstaben:

Figur		Name	Werth	Figur		Name	Werth
A	α	Alfa	a	N	ν	Nü	n
B	β	Beta	b	Ξ	ξ	Ksi	x
Γ	γ	Gamma	g	O	o	Omikron	o kurz
Δ	δ	Delta	d	Π	π	Pi	p
E	ε	E psilon	e kurz	P	ρ	Rho	r
Z	ζ	Zeta	z weich	Σ	σ ς	Sigma	s ß
H	η	Eta	e gedehnt	T	τ	Tau	t
Θ	ϑ	Theta	th	Υ	υ	Y psilon	ü
I	ι	Jota	i	Φ	φ	Phi	ph f
K	κ	Kappa	k	X	χ	Chi	ch
Λ	λ	Lambda	l	Ψ	ψ	Psi	pf
M	μ	Mü	m	Ψ	ω	Omega	o gedehnt

Griechischer Kasten. Der in Deutschland ziemlich allgemein übliche griechische Kasten befindet sich im Plane auf Seite 392. Er ist mittelst einer breiten Leiste durch seine Breite in eine obere und untere Hälfte, und diese wieder durch zwei breite Längsleisten in eine linke obere und untere, eine mittlere obere und

Griechischer Kasten

A	B	Γ	Δ	E	Z	H	Θ	I	K	Λ	M	N	Ξ	O	Π	P	Σ	T	Υ
ά	ἀ	ἄ	ἆ	ἂ	ἀ	ἀ	ἁ	ἐ	ἔ	ἔ	ἐ	ἐ	ἐ	η	ηʼ	Φ	X	Ψ	Ω
ά	ά	ά	ά	ά	ά	ί	ί	ί	ί	ί	ί	ί	ί	1	2	3	4	5	6
,	,	,	,	,	,	,	,	,	,	,	,	,	,	7	8	9	0		
ʼΑ,,	ʼΕ,,	Η,,	ʼΙ,,	ʼΟ,,	ʼΩ,,	α,,	ω,,	ι	ο	υ	ω	ψ	ς	ε	—	+	*	;	,
α,,	τ,,	ο,,	ω,,	ω,,	χ	κ	μ	ʼ	ν	ρ	φ	ρ	ω	ς	π	.		( )	[ ]
ω,,	ω,,	φ,,	ʼ	θ	λ					ο					φ	γ			
β	γ																		

Spatien — Mittelspatien — Ausschließungen — Geviert — Quadraten untere und eine rechte obere und untere Abtheilung geschieden, welche insgesamt 141 Fächer enthalten. Die obere Fächerreihe von links nach rechts nimt die Versalien auf, welche in ihren letzten vier in der Reihe darunter rechts endigen. Die zweite obere Fächerreihe hat den Buchstaben ε mit seinen Hauchen, Accenten, Circonflex und Trema, die dritte das ι in gleicher Weise und darunter liegen die beiden Hauchzeichen, beide Accente, Circonflex und Trema als einzelne Typen. In der untern linken Fächerreihe befinden sich viele rechts und links unterschnittene Typen; die links unterschnittenen haben wir so „A, die rechts unterschnittenen als α„ bezeichnet; weiter liegen hier die Typen mit dem Iota subscriptum oder dem unten angehängten ι bei α, φ, χ. In den übrigen Fächern vertheilen sich die Ligaturen ς (Stigma oder st), ȣ und unterschnitten ȣ„ (ou), sowie die gewöhnlichen Gemeinen.

Grobe Canon, s. Canon.

Gros Canon, Namensform für eine Schrift in der französischen Typographie, deren Kegel 48 typographische Punkte oder 4 Cicero mißt, also genau unserer heutigen Groben Canon entspricht.

Großes Gegengewicht, ein Theil an der Columbiapresse, welches von einer Gabel gehalten wird.

Grundirtes Papier verwendet man in der Steindruckerei sehr vortheilhaft beim Gold- und Silberdruck, oder bei anderen brillanten Farben. Man kann sich dieses Papier durch folgende Verfahrungsweise selbst herstellen: man bereitet aus Kremserweiß, weißem russischem Leim und einer geringen Quantität Alaun eine Masse, der man auch noch ein wenig Ultramarin beimischen kann, um ein bläuliches Weiß zu erhalten; mit dieser Masse wird das Papier in dünnen Schichten überzogen, und in solchem Zustande grundirtes Papier genannt. Bei der Verwendung ist indeß zu beachten, daß dieses Papier nicht gefeuchtet werden darf, sondern nur zwischen schwach gefeuchtetes Papier zu legen ist, und da die Grundfarbe die Farbe des Druckes rasch einsaugt, so muß nach geschehenem Abzuge sofort mit dem Auftragen der Bronze vorgegangen werden.

Grün tritt bei dem Farbendruck in verschiedenen Nüanzen und besonders als hellgrün, mittel und dunkelgrün auf. Die vorzüglichsten Farbenkörper desselben für den Buch- und Steindruck sind folgende: Chromgrün in hell, mittel und dunkel; grüner Lack in hell und dunkel; Esmeraldagrün; Milorigrün in hell, mittel und dunkel; Smaragdgrün; Seibengrün in hell, mittel und dunkel.

Guter Aussatz, s. Aussatz.

Gute Correctur nennt man eine solche, welche in ihrem Satz ordnungsmäßig hergestellt und gut gesetzt ist, so daß sich nur wenig Fehler darin finden und sie dem Corrector wenig Mühe verursacht hat.

Guter Satz ist neu gesetzter, noch nicht gedruckter, zum Unterschiede von Ablegesatz. Wenn es also heißt, dieser oder jener ist guter Satz, so liegt darin die Bedeutung, daß derselbe zu schonen ist und nicht abgelegt werden darf.

Gutenberg, Johannes. Es ist unserm Jahrhundert vorbehalten worden, die Geschichte Gutenbergs genauer zu erforschen, als es früher geschehen, und der heutigen Zeit ist es erst gelungen, authentische Einzelheiten über die Art und Weise der Ausübung seiner Erfindung an das Licht zu stellen. Unser Jahrhundert ist dazu berufen, ihm den ungeschmälerten Ruhm für die Erfindung dieser edeln Kunst zu gewähren und seine großen Verdienste dieserhalb um die Menschheit anzuerkennen, während in den vorhergegangenen Jahrhunderten sein Ruf verdunkelt wurde durch schamlose Behauptungen, die hie und da in unserm Vaterlande und auch außerhalb desselben auftauchten und den Zweck hatten, ihm die

Erfinderehre entweder vollständig abzustreiten oder die Priorität derselben für ihn wenn nicht gänzlich in Zweifel zu ziehen, so doch bedeutend abzuschwächen. Die Aufgabe dieses vorliegenden Artikels soll nun darin bestehen, eine Lebensbeschreibung des Urmeisters der Druckkunst vorzuführen, welche — frei von den Märchen, Fabeln, Dichtungen uud Illusionen seiner früheren Biographen — auf authentische Forschungen sich stützt. — Johannes Gutenberg war der Sohn des Patriziers Frielo zum Gutenberg und dessen Gattin Else. Tag und Jahr seiner Geburt ist nicht authentisch nachgewiesen und ebensowenig sein Sterbetag. Ueberhaupt wissen wir wenig von Gutenberg vor 1434, wo wir zuerst von ihm hören, daß er in Straßburg wohnte. Die glaubwürdigen Dokumente aus damaliger Zeit constatiren übereinstimmend, wie er in Rechtshändel verwickelt war wegen übernommener Bürgschaft für vorgeliehenes Geld und wegen Forderung eines zu seinen Gunsten verwendeten Darlehns, zu gleicher Zeit aber wird seiner erwähnt als Vertheidiger seiner selbst gelegentlich eines nicht erfüllten Vertrages. Seine Vaterstadt war säumig geworden, ihm zustehende Renten zu bezahlen, infolge dessen er die Verhaftung ihres ersten Beamten wegen nicht nachgekommener Verbindlichkeiten erwirkte. Aus eigenem freien Willen in Hochachtung und Liebe (für den Bürgermeister und Rath der Stadt) befürwortete er die Entlassung des verhafteten Beamten aus der Haft und erließ der Stadt die Schuld. Er war mehr Patriot als Geldmann, was dieser Vorgang zur Genüge klarstellt. Im Jahre 1437 brachte ihn eine Dame namens Anna vor den geistlichen Richterstuhl in Straßburg und zwar wegen gebrochenen Ehegelöbnisses, welche Angelegenheit er dadurch beseitigte, daß er der Klage Raum gab und die Klägerin heirathete, was einen weitern Beweis liefert für seinen edeln Charakter und Patriotismus. Im Jahre 1436 schloß Gutenberg mit dreien Straßburgern, **Andreas Dritzen**, **Riffe** und **Andreas Heilmann** einen Gesellschaftsvertrag ab, wonach Jeder eine Summe an Gutenberg zu zahlen hatte, wogegen er die Theilhaber in der geheimen Kunst einweihen wollte, deren Erzeugnisse — Spiegel, Bilder und Bücher — auf der Aachener Heiligthumsfahrt des Jahres 1439 an die frommen Pilgerinnen verkauft werden sollten. Der Vertrag, welcher also aller Wahrscheinlichkeit nach auf den gemeinschaftlichen Betrieb einer Druckerei abzielte, sollte fünf Jahre währen und erst 1443 gelöst werden; der Tod Andreas Dritzehns, der unter den Geschäftsgenossen der thätigste und eifrigste gewesen, verursachte den in dem Artikel Dritzehn (Bd. I. Seite 262) besprochenen Prozeß. Dadurch wurden die übrigen Theilnehmer entmutigt und das Unternehmen litt Schiffbruch. Gutenberg weilte noch 1444 in Straßburg; er hatte daselbst ungefähr zwanzig Jahre zugebracht. Nun aber sah er sich bemüßigt, das Kloster des heiligen Arbogast an der Ille, welches er bewohnte, zu verlassen. Wo er sich bis 1448 aufhielt, ist unbekannt; zu dieser Zeit finden wir ihn in Mainz wieder, im Hause „Zum Jungen", welches sein Oheim vor fünf Jahren gemiethet hatte und das nicht eine Wiege ohne Kind werden sollte. Gutenberg stellte daselbst Pressen auf, welche er ohne Zweifel aus Straßburg mitgebracht hatte. In diesem Hause vollzog sich ein Ereigniß, welches auf die Entwickelung des Menschengeschlechtes den weittragendsten, entscheidendsten Einfluß ausgeübt. Und Deutschland hat dies Haus in eine Schenke umgestaltet! Vor zwanzig Jahren ungefähr fand man in einer Kellerstube die Ueberreste einer Presse, welche Gutenbergs Eigenthum gewesen sein soll. Ohne eben ein ausgesprochener Zweifler zu sein, kann man es immerhin in Frage stellen, daß diese kleine Presse jemals dem Erfinder der Buchdruckerkunst angehörte, erinnert sie doch in nichts an die großen Pressen, welche man in alten Büchern, z. B. bei **Badius Ascensius**, abgebildet sieht. Unzweifelhaft bleibt es jedoch, daß in diesem Hause, welches seit Gutenbergs Aufenthalt das „Druckerhaus" genannt wird, die ersten Bücher hergestellt wurden, die man in Mainz mit Metalllettern gedruckt hat. Welches ist nun aber das Buch, das an der Spitze jener unendlichen Reihe von Werken steht, die seit vier Jahrhunderten die Presse verlassen haben? Dies Buch, es ist das schönste, dessen sich die Menschheit rühmt: die Bibel. Da sich mehrere Bibeln diese Ehre streitig machen, so untersuchten die Bibliographen ihre verschiedenen Anrechte hierauf, sowohl auf Grund der glaubwürdigsten, verläßlichsten Dokumente, als auch, indem sie ihre ehrwürdigen Blätter studirten. Sie gelangten hiedurch zur Ueberzeugung, daß die Sechsunddreißigzeilige Bibel die erste ist, welche mit Metallbuchstaben hergestellt wurde. Hiefür spricht die folgende Stelle aus der Chronica van der hilliger Stat Coellen, welche nach Mittheilungen Ulrich Zells verfaßt wurde: Ind batis geschiet by den iairen uns heren anno domini MCCCCXL ind van der zijt an bis man Schreve 50 wart underfoicht die Kunst inb wab bair zo gehoirt. Ind in den iairen uns heren do men schreyff MCCCCXL do was eyn gulden iair do began men zo brucken inb was bat eyrste boich bat man drucke die Bybel zo latyn, inb wart gedruckt mit eynre grouer Schrifft as is die Schrifft dae men nu Myßeboicher mit druckt. Das Datum ist genau angegeben, es wird zudem mit einem Jubiläum in Zusammenhang gebracht. Die Bezeichnung der Bibel als des ersten Buches, welches man gedruckt, ist nicht weniger bestimmt, nicht weniger bezeichnend. Nun giebt es eine Bibel, aber auch nur eine einzige, welche diesen Angaben entspricht. Der Bibliograph, der ihre Existenz entdeckte und nachwies, ist ein Gelehrter von außerordentlichem Wissen, C. J. Schwarz. Ueber die in Frage stehende Bibel äußert er sich folgendermaßen: „Ich erinnere mich im Jahre 1728 in einem Karthäuserkloster bei Mainz eine Bibel gesehen zu haben, welche in Missal gedruckt war. Es schien mir, als ob die Schrift eben so groß wäre, wie jene des Psalters von 1457. Die letzten Blätter hatte man ausgerissen. Ueberdies habe ich in einem alten geschriebenen Katalog dieser Bibliothek eine Bemerkung gelesen, welche besagt, daß diese Bibel ein Geschenk Gutenbergs und noch anderer Personen gewesen, deren Namen mir jedoch entfallen sind. Ich halte diese Bibel für jene, von welcher Ulrich Zell spricht." Indem Schwarz diese Erinnerungen niederschrieb, fügte er bei: „Dieses Exemplar der Bibel hat seitdem das Mainzer Karthäuserkloster verlassen, um nach England zu wandern." Schwarz mußte die Größe der Schrift, mit welcher die Bibel gedruckt war, sehr bedeutend gefunden haben, um zu sagen, daß sie jener des Psalters gleichkomt. Einige Jahre später (1754) gab Knoch in einem Buche unter dem Titel: „Braunschweigs Bibelsamlung" eine eingehende Beschreibung der Sechsunddreißigzeiligen Bibel. J. G. Schelhorn war es jedoch, welcher sie als die erste gedruckte Bibel kennzeichnete. Er hatte sie bereits lange gesucht, als ein Zufall ihn dieselbe im Jahre 1756 in die Hände spielte. Schelhorn sowohl als Schwarz betrachten die Sechsunddreißigzeilige Bibel als die erste, welche gedruckt wurde. Die Schrift dieser Bibel hat eine Größe von 21 typographischen Punkten. Und hieraus ist zu ersehen, daß diese Bibel ganz der obigen Beschreibung entspricht, welche die Kölner Chronik von der im Jahre 1450 gedruckten giebt. Dies ist um so erklärlicher, da ja nicht anzunehmen ist, daß alle Exemplare der von Gutenberg gedruckten Bibel zu Grunde gegangen seien. Die gänzliche Vernichtung eines Werkes, welches, nach der Größe der zum Drucke verwendeten Schrift zu urtheilen, mindestens aus drei bis vier großen Foliobänden bestehen mußte, ist in der That höchst unwahrscheinlich. Doch die Kölner Chronik konnte nicht bezwecken, alle die verschiedenen Vorgänge, welche das Ganze der Buchdruckerkunst bilden, zu erfinden. Nun haben wir gesehen, daß er sich im Jahre 1439 mit mehreren Straßburgern behufs Vervollkommnung und Ausbeutung seiner Erfindung vereinigte. Wir können demnach den Mittheilungen Zells vollen Glauben beimessen, werden sie doch durch die Thatsachen in allem erhärtet. Da sich die erste Verbindung gegen 1443 löste, so mußte Gutenberg, nach Mainz zurückgekehrt, sich abermals einen Compagnon suchen und abermals Anleihen machen, um seine Versuche fortsetzen zu können. Wir besitzen noch ein vergilbtes Actenstück aus dem Jahre 1448, mittelst welchem einer seiner Verwandten für die ihm geliehene Summe von 150 Gulden Garantie leistete. Er wohnte damals im Hause eines Oheims, das „Zum Jungen" genannt wurde, und hatte daselbst das ganze Buchdruckerei-Material, welches er in Straßburg angeschafft, zu seiner Verfügung. All das waren gewiß nur spärliche Hülfsquellen, doch läßt sich annehmen, daß er auch noch über andere gebot, von welchen die Geschichte schweigt. Was wir jedoch wissen, genügt, um uns ahnen zu lassen, mit welchen Mitteln Gutenberg im Jahre 1450 die von Ulrich Zell erwähnte Bibel druckte. Ueberdies hat Prithemus von Schöffer erfahren, daß Gutenberg und Fust, bevor sie die 15 ersten Bogen der Zweiundvierzigzeiligen Bibel gedruckt, bereits 4000 Goldgulden verausgabt hatten. Wenn demnach Fust von Gutenberg in dem Prozesse, welchen er gegen ihn anstrengte und von dem wir bei dem Artikel Fust (Bd. I S. 397) gesprochen, bloß 2020 Gulden verlangte, so ist wohl anzunehmen, in den erwähnten 4000 Gulden seien auch jene Ausgaben mit einbegriffen, welche Gutenberg vor seiner Verbindung mit Fust, also vor dem 22. August 1450 gemacht hat. Demnach verausgabte Gutenberg ungefähr 2000 Gulden, ehe er von Fust das Geld anlieh, dessen er zur Drucklegung der Zweiundvierzigzeiligen Bibel benöthigte. Hatten die von Fust stammenden 2020 Gulden dazu gedient, die Zweiundvierzigzeilige Bibel zu drucken, so konnten die anderen 2000 Gulden wohl zur Herstellung der Sechsunddreißigzeiligen verwendet worden sein. Damit der geizige Fust sich herbeilasse, Gutenberg eine für die damalige Zeit gewiß so bedeutende Summe zu leihen, war es nöthig, daß dieser auf ein Werk, wie es die Sechsunddreißigzeilige Bibel ist, hinweisen konnte. Fust war nicht der Mann, der sein Geld an ein zweifelhaftes Unternehmen wagte. Erwägungen anderer Natur lassen ebenfalls keinen Zweifel darüber aufkommen, daß die Sechsunddreißigzeilige Bibel die erste ist, welche gedruckt wurde. Die Schrift, welche man beim Druck der Meßbücher verwendete, mußte groß sein, da sie gewöhnlich von den Sängern aus einiger Entfernung gelesen wird. Dies war jedoch bei der Bibel nicht maßgebend. Es muß daher angenommen werden, der Erfinder habe in Ermangelung einer Legirung, welche ihre Bestimmung vollkommen erfüllt hätte, durch die Größe der Schrift ihre Widerstandskraft vermehren wollen. Wenn man eine so kostspielige und dem Leser in nichts nützliche Arbeit ausgeführt, so ist der Grund hiefür darin zu suchen, daß diese Arbeit anders überhaupt nicht ausgeführt werden konnte. Mit einem Worte, die Größe der Schrift, welche in der Sechsunddreißigzeiligen Bibel zur Verwendung kam, weist auf das erste Entwickelungsstadium der neuen Kunst hin, und kann überhaupt nur bei einem ersten Produkte der Presse gefunden werden. Die Denkschrift, in welcher Schelhorn im Jahre 1760 zu beweisen sucht, daß Gutenberg die Sechsunddreißigzeilige Bibel gedruckt, scheint bei den Bibliographen eine sehr kühle Aufnahme gefunden zu haben. Man vermuthete nämlich, der Drucker der in Rede stehenden Bibel wäre Albert Pfister, Bambergs Prototypograph. Diese Meinung gründete sich auf den Umstand, daß die Schrift, mit welcher Albert Pfister gearbeitet, jener der Sechsunddreißigzeiligen Bibel vollkommen ähnlich sieht. Eine genaue Prüfung aller über dies Problem bekannten Thatsachen läßt uns zu folgendem Urtheile gelangen. Gutenberg druckte während der ersten Hälfte des Jahres 1450 die Bibel in einigen wenigen Exemplaren, da uns kaum sechs davon bekannt sind. Nach dem 6. November 1455, an welchem Tage das Mainzer Gericht in dem Prozesse zwischen Gutenberg und Fust zu des letztern Gunsten sein Urtheil fällte, war Albert Pfister gezwungen, sich von seinem Meister zu trennen und kehrte nach Bamberg zurück, indem er die Schrift, welche zum Druck der Bibel gedient hatte, mitnahm. Er druckte einige Bücher, welche indeß mit der Bibel, die aus 3500 Spalten zu 36 Zeilen bestand, nicht verglichen werden können. Sein Geschäft bestand auch nur kurze Zeit und Bamberg blieb dann während 19 Jahren ohne Druckerei. Erinnern wir noch, daß die bedeutendsten Bibliographen die Sechsunddreißigzeilige Bibel Gutenberg zuschreiben. So, von Schwarz und Schelhorn ganz abgesehen, Zapf (Aelteste Buchdruckergeschichte von Mainz), J. J. Oberlin (Inita typographica), Eugen Duverger (Histoire de l'invention de l'Imprimerie) und schließlich Ambroise Firmin Didot. Des letztern Autorität ist bedeutend genug, um uns jeder weitern Anführung zu entheben. Die Hülfsmittel Gutenbergs scheinen durch den Druck dieser Bibel, welche ihres großen Umfanges halber nicht leicht verkauft werden konnte, abermals erschöpft worden zu sein; um die Verbesserung seiner Erfindung, besonders was die Legirung des Schriftmetalls betrifft, verfolgen zu können, war er daher bemüssigt, sich abermals Geld anzuleihen. Der reiche Johann Fust beeilte sich, allem Anschein nach, ihn zu seinem Gläubiger zu machen, um so in die Geheimnisse der wundervollen Kunst eingeweiht zu werden, deren Produkt die erste Bibel gewesen. Sobald Fust dies Ziel erreicht hatte, entledigte er sich mit Hülfe eines zweideutigen Vertrages des genialen Gutenberg, den er immerhin durch einen Mann von bedeutendem Talente ersetzte, nämlich durch Peter Schöffer von Gernsheim. Seine letzte Anleihe hatte nicht hingereicht, um ihm den Druck der Zweiundvierzigzeiligen Bibel zu ermöglichen. Er wendete sich deshalb an seinen reichen Mitbürger Johann Fust, der, nachdem er ein Exemplar der ersten Bibel gesehen, gern bereit war, an einem Unternehmen theilzunehmen, welches bereits so schöne Resultate lieferte. Diese Verbindung sollte, gleich der Straßburger, fünf Jahre währen. Fust leiht zu 6 Procent 800 Gulden, welche zur Gründung einer Druckerei verwendet werden. Das Material dient als Garantie für die geliehene Summe. Benutzt man die von Fust geforderten Zinsen als Basis einer Berechnung, welche das Datum des Vertragsabschlusses zu ergeben hat, so wurde derselbe am 22. August 1450 vollzogen. Nachdem Gutenberg zwei Jahre der Errichtung dieses Geschäftes gewidmet hatte, war er am 6. Dezember 1452 neuerdings genöthigt, ein Anlehen von 800 Gulden zu machen, welche ihm Fust ebenfalls gegen eine 6percentige Verzinsung lieh. Die erste Anleihe und die beiden ersten Jahre des Vertrages wurden ohne Zweifel der Herstellung von Buchdruckerwerkzeugen gewidmet. Fust, dessen Bruder Jakob Goldschmied war, hat gewiß an diesen Verbesserungen, welche die werdende Kunst benöthigte, theilgenommen. Der Erfinder der Buchdruckerkunst, sagt Thritemus (Annales Hirsaugienses), hat dieselbe, unterstützt durch das Geld und die Rathschläge Fusts und Anderer, vervollkommnet. Auf daß Fust ein zweitesmal 800 Gulden leihe, mußte er mit Gewißheit ein günstiges Resultat erwarten. Gutenberg seinerseits hoffte mit nicht minderer Bestimmtheit, der Verkauf dieses Meisterwerkes werde es ihm ermöglichen, seine Schulden zu begleichen. Der Ausgang seines Prozesses sollte ihm jedoch zeigen, wie unnachsichtlich sein Compagnon sei. In den letzten Monaten des Jahres 1455 wurde der Druck der Bibel beendet. Ein Exemplar, auf Velin gedruckt, kostete in Paris 2000 Francs, während für ein geschriebenes

Exemplar achtmal so viel bezahlt wurde. (Siehe Decas Fabularum von Walch, Seite 181.) Man wird begreifen, daß ein so theures Buch nicht jenen Absatz fand, den Gutenberg wünschen mußte, um seine Schuld abtragen zu können, und den Fust erhofft hatte, um für seine Habsucht Befriedigung zu finden. Es war der Buchdruckerei leider noch nicht gelungen, die geringe Zahl ihrer Leser und folglich auch ihrer Käufer zu vermehren. Fust, in seinen finanziellen Berechnungen getäuscht, ließ Gutenberg die ganze Wucht seines Zornes fühlen. Er forderte ihn gerichtlich auf, entweder die bargeliehenen Capitalien samt den fälligen Zinsen zurückzuzahlen, oder aber ihm das Buchdruckerei=Material, sowie die ganze Auflage der Bibel auszuliefern. Der letztern Forderung gegenüber, welche ihm die sauren Früchte jahrelanger Arbeit rauben sollte, ruft Gutenberg aus: „Und hoffe, daß er ym nit pflichtig sy gewest, solche 800 Gulden uff das Werk der Bücher zu legen. (Senkendorf, Selectorum Juris, B. 1. p. 269.) Man kennt das Urtheil, welches die Richter, unter denen sich auch ein Verwandter Fusts befand, in dieser Angelegenheit fällten. Nachdem Gutenberg seinen Compagnon nicht bezahlen konnte, mußte er ihm sein ganzes Material und die ganze Auflage der Zweiundvierzig= zeiligen Bibel ausliefern. Außerdem war Fust in alle Geheimnisse der Buch= druckerkunst eingeweiht. Von nun ab gab es in Mainz drei Buchdruckhäuser: 1. Jenes, welches „Zum Jungen" benannt war, und welches Gutenberg verließ. 2. Das Haus „Zum Humbrecht", in welchem Fust seine Buchdruckerei errichtete. 3. Das „Gutenberghaus", wo Gutenberg seine neue Buchdruckerei hatte. Die Beschreibung der Zweiundvierzigzeiligen Bibel haben wir bereits gegeben. Werth= volle Exemplare besitzt die Bibliothek Mazarin, wie auch die französische National= bibliothek. Es giebt welche, deren Seiten durchgehends 42 Zeilen haben, bei anderen haben die ersten 8 Seiten 40 Zeilen, die neunte 41 und die zehnte 42 Zeilen Ueberdies enthalten die Vierzigzeiligen Exemplare 5 rothgedruckte Inhaltsverzeich= nisse, welche sich am Anfange des ersten und zweiten Bandes befinden, während bei den anderen Exemplaren die Inhaltsverzeichnisse geschrieben sind. Gutenberg hatte dann abermals Gelegenheit, von einem gewissen Dr. Humery ein Dar= lehen zu erhalten, mittelst dessen er in Stande war, neues Druckereimaterial anzuschaffen und ein gigantisches Werk — das Catholicon (s. b.), eine sorgfam bearbeitete lateinische Gramatik und etymologisches Wörterbuch in fünf Abthei= lungen — zu beginnen und zu vollenden. Dieses Werk war fast die letzte typo= graphische Arbeit Gutenbergs, aber seine Erfindung verbreitete sich bald nicht nur über Deutschland, vielmehr über ganz Europa. Wir hören abermals am 17. Ja= nuar 1464 von ihm, an welchem Tage er von dem Kurfürsten Adolf II. von Nassau zum Hofedelmann ernannt wurde. Er verblieb in dieser Stellung bis an das Ende seines Lebens und erhielt von seinem Patron jährlich neue Kleidung, zwanzig Scheffel Korn und zwei Stückfässer Wein, „unter der Bedingung, diese Gegenstände nicht zu verkaufen oder fortzugeben." Ein solch verächtliches Almosen wurde dem Erfinder der Typographie bis an seinen Tod, welcher um 1468 er= folgte, ausgesetzt. Sein letzter Gläubiger, Dr. Humery, nahm darnach voll= ständigen Besitz von seiner Offizin, d. h. sämtlicher Typen, Pressen und anderer Utensilien. So starb denn ein Mann patrizischen Stammes, der Erfinder der größten Kunst, wie man sie zu allen Zeiten und bei allen Nationen genannt hat — ein Mann, der zeitlebens unter drückenden Verhältnissen lebte und noch bei seinem Tode mit Schulden belastet war, ein Mann, dem seine unbarm= herzigen Gläubiger von Zeit zu Zeit alles, seine Pressen und seine übrigen Werk= zeuge, ja selbst sein Heim nahmen. In der ernsten Geschichte großer Erfindungen ist gewiß kein Geschick verzeichnet gleich traurig wie das dieses Mannes. Guten=

berg starb kinderlos und war bald vergessen. Hätte sein Vetter Adam Gelthuß nicht bald nach seinem Tode ihm ein Epitaphium machen lassen, das 1499 gedruckt wurde, wir würden heute vielleicht nicht wissen, daß die irdischen Ueberreste dieses Mannes in der Minoritenkirche zu Mainz ruhen. — Schlimmer aber noch, als die Ungerechtigkeiten, welche Gutenberg während seines Lebens zu erdulden hatte, waren die Unbilden, welche man lange nach seinem Tode seinem Andenken widerfahren ließ. Schöffers Sohn und Großsohn versuchten nämlich, dem Verewigten die Ehre seiner Erfindung zu rauben, und ihre standalösen Behauptungen wurden vervielfältigt und erlangten fast eine universelle Glaubwürdigkeit. Das sechzehnte und siebenzehnte Jahrhundert acceptirten diese Lügen und öffneten allen Arten von Betrügern und den abscheulichsten Ansprüchen mancher ehrgeiziger Städte, Haarlem an der Spitze, das Feld. Im achtzehnten Jahrhundert widmete der Geist der Forschung und der wissenschaftlichen Untersuchung diesem Gegenstand seine Aufmerksamkeit und räumte bald einen Haufen jener betrügerischen Ansprüche aus dem Wege, aber das neunzehnte Jahrhundert, wie wir bereits angedeutet, hat das glorreiche Andenken Gutenbergs anerkannt und endlich eine wahrheitsgetreue Geschichte des Erfinders der Typographie zuwege gebracht. — Ein früherer Biograph Gutenbergs sagt über seine Erfindung: „Durch die Erfindung und Ausbreitung der Buchdruckerkunst war uns ein Mittel gegeben, die europäische Civilisation auf die Höhe der chinesischen zu bringen und die Möglichkeit, infolge der durch die Druckkunst geförderten Wissenschaften die kirchliche Revolution zu bewerkstelligen."

Gutenberg-Denkmal in Frankfurt a. M., befindet sich auf dem Roßmarkt daselbst. Auf einem 20 Fuß hohen Piedestal zeigt sich uns Gutenberg, welcher in der rechten Hand eine bewegliche Letter, in der linken ein Buch hält; neben ihm erhebt Schöffer ein Schriftgieß-Instrument mit Matrize und den Hammer zum Einschlagen der Patrizen, wodurch die von ihm zu Stande gebrachte Vervollkommnung der Kunst angedeutet wird. Just, der kaufmännisch speculative Beförderer der Erfindung, hat unter dem rechten Arm eine Anzahl Bücher und zeigt mit der linken auf Gutenberg, als den ersten, von dem der Gedanke ausgegangen. Ueber dem Hauptgesimse des Piedestals zeigen sich auf einem geschmückten Raume die Köpfe der Männer, welche die junge Typographie vorzüglich ausbildeten, einen Feierabend, Elzevir, Stephans, Carton, Manutius, Egenolph, Hans Luft u. s. w.; darunter auf den vier Seiten des Denkmals die Wappen der vier Städte, wo die Erfindung zuerst geblüht: Mainz, Straßburg, Venedig, Frankfurt. An den vier Hauptecken des Piedestals sitzen auf niedrigen Postamenten die Hauptrichtungen geistiger Thätigkeit, wie sie durch den Bücherdruck vorzugsweise gefördert wurden, allegorisch dargestellt, nämlich Theologie, Poesie, Naturwissenschaft und Industrie. Die vier Seiten des untern Sockels werden durch Köpfe eines Stiers, eines Elefanten, einer Löwin und eines Lama, welche Europa, Afrika, Asien, Amerika und Australien vorstellen sollen, geziert.

Gutenberg-Denkmal in Mainz. Es war am 14. August 1837, als etwa zweitausend Fremde die Stadt Mainz besuchten, um dem Andenken eines Mannes, welcher der Urheber der edelsten und nützlichsten Erfindung nicht nur seines, sondern aller anderen Zeitalter war, ihre Huldigung darzubringen. Diese Fremden waren weise und gelehrte Männer aus allen Gegenden Europas; sie waren alle Männer der Literatur, und viele unter ihnen standen noch in doppelter Beziehung zu derselben als Drucker. Um 8 Uhr Morgens an jenem Tage zog eine Prozession nach der großen alten Kathedrale. Hier celebrirte der Erzbischof von Mainz das Hochamt, in welchem er auf die Einigkeit hinwies, welche stets zwischen der Religion und deren Magd, die Literatur, bestanden, und entfaltete darnach mit geziemender Referenz ein Exemplar der von Gutenberg gedruckten Bibeln, erwähnend, daß die Vervielfältigung der Heiligen Schrift das erste Resultat der Buchdruckerkunst, und später ein hauptsächliches und jedenfalls sehr nützliches Erzeugniß gewesen. — Auf dem Platz der Kathedrale war ein imponirendes Amphitheater errichtet, auf welchem die Repräsentanten der verschiedenen Länder unter dem Banner ihrer Nation Platz genommen. Inmitten des Donners der Geschützsalven wurde sodann die Statue des Erfinders der Typographie, Johannes Gutenberg, enthüllt, und diesen Akt zu ehren war der Zweck, daß die zweitausend Fremden in Mainz sich zusammengefunden hatten. Eine Weihehymne wurde gesungen und die Luft erfüllt von dem darauf folgenden Applaus. Die Feierlichkeit währte drei Tage, und die Delegirten nahmen die Erinnerung an ein Ereigniß mit heim, wie die Geschichte ein edleres nicht berichtet. — Thowalbsen in Kopenhagen war der Schöpfer der Statue des ersten großen Druckers. Er steht da mit der Bibel in der linken Hand, während die Finger der rechten — gewissermaßen als Sinnbild seiner Erfindung — einige Typen halten. Der Geschmack des fünfzehnten Jahrhunderts ist an dem Kunstwerk getreulich wiedergegeben. Das Antlitz ist nach dem besten Porträt Gutenbergs gebildet und der rauhe Halskoller und die Kopfbedeckung von Pelz sind ganz den Kostümen jener Zeit entsprechend. Auf dem Piedestal sind besondere Basreliefs; eines derselben zeigt Gutenberg, wie er eine Matrize prüft, eine andere, wie er die Correktur mit dem Manuscript vergleicht. Die Inschrift lautet:

JOANNEM GENSFLEISCH
DE GUTENBERG
PATRICIUM MOGUNTINM
AEREPER TOTAM EUROPAM COLLATO
POSUERUNT CIVES
MDCCCXXXVII

H

H h, der achte Buchstabe seiner Reihenfolge nach im Alfabet der Deutschen und der übrigen Sprachen germanischen Stammes, sowie auch in den Sprachen des romanischen Stammes. Seiner sprachlichen Bedeutung nach ist er Halbmitlaut, Hauchlaut oder Dehnlaut. In der französischen Sprache wird er meistens aspirirt, d. h. verhaucht; im Griechischen wird er durch den Hauchlaut des Spiritusasper (') ausgedrückt. In den slavischen Sprachen fehlt dieser Laut, und hat man statt dessen das weiche g oder harte Gaumenlaut ch. Dasselbe ist in den meisten orientalischen Sprachen der Fall. Im Deutschen mit c verbunden und als ch auftretend, wird er zum Gaumenlaut, der indeß bedeutend weicher ist, als das russische und hebräische Cha.

Haarspatium ist die feinste der Ausschließungen, gehört als solche zu den nicht systematischen Spatien, weil sie als systematische Ausschließung auf einen typographischen Punkt bemessen sein muß. Das Haarspatium ist aber noch dünner als ein typographischer Punkt und daher ungemein leicht zerbrechlich, während die Anschaffung und Ergänzung kostspielig ist. Wenn wir systematischen Ausschluß besitzen, bei welchem das Anderthalbpunktstück nicht fehlen darf, so ist das Haarspatium gänzlich entbehrlich, denn das Einpunktstück zum Vertheilen, kann das Anderthalbpunkt=Spatium vortrefflich zum Reguliren der Zeile benutzt werden.

Haas, Wilhelm, war ein berühmter Buchdrucker in Basel in der zweiten Hälfte des vorigen Jahrhunderts (geboren 1741), welcher sich zumal um die Verbesserung der Presse große Verdienste erwarb. Im Jahre 1772 ließ er eine Schrift unter dem Titel: „Beschreibung einer neuen 1772 in Basel erfundenen Presse" erscheinen, in welcher er die von ihm gemachten Verbesserungen beschrieben hat.

Hagar=Presse. Diese Handpresse war eine der ersten eisernen Buchdruckpressen und wurde von der Firma Hagar & Comp. in New-York (Goldstreet 38) zu Anfang des gegenwärtigen Jahrhunderts eingeführt. Gleichwie der Smith- und Washingtonpresse liegt auch dieser das Prinzip zum Grunde, durch die Geradestellung schräg stehender Regel den erforderlichen Druck zu erzeugen; nur ist die Hagar-Presse von letzteren dadurch verschieden, daß sie vier solcher Regel anstatt zweier auf einander wirken läßt. Die Bezeichnung Kniepressen für die drei genannten Arten mögen gelten, durchaus unrichtig ist aber die Benennung Kniehebelpresse, denn letztere ist eine Presse ganz anderer Construction. In Deutschland ist die Hagarpresse zumeist von G. Sigl in Berlin und Wien gebaut worden. Diese Presse hat folgende Theile und besteht aus 1) dem Fußgestell (manchmal eine Verbindung der Füße und von diesen aus des Schienenträgers mittelst Balken entweder aus Holz oder Eisen); 2) den Säulen oder Seitenwänden; 3) dem Körper, welcher die beiden Säulen an ihren Ausgangsenden verbindet; 4) den Stangen, welche durch die Säulen gehen und Füße und Säulen mit dem Körper verbinden; 5) den Schrauben zur Befestigung der durch die Säulen gehenden Stangen; 6) den Schienen; 7) dem Schienenträger am vordern Ausgangsende derselben, der, auf dem Unterbau befestigt, den Schienen als Stütze dient; 8) der Kurbelwelle, mit den Riemen oder Gurten um dieselbe und der Handhabe zum Herausbrechen des Fundaments; 9) dem Karren mit dem Fundament; 10) dem Deckel mit dem Deckelgewicht und dem Timpon; 11) den Rähmchen; 12) den Bolzen und Keilen zur Regulirung des Zuges samt Stellschraube zur Vermittelung derselben; 13) dem Tiegel; 14) den Spiralfedern je rechts und links an den Säulen über dem Tiegel; 15) den vier Regeln samt dem Regulator zwischen denselben; 16) der Zugstange oder Scheere; 17) dem Bengel. Die Zusammenstellung dieser Theile oder die Aufstellung (Montur) wird wie folgt vorgenommen: Füße, Säulen und Körper werden meistens zusammenhängend geliefert und brauchen deshalb bloß aufgerichtet zu werden; dann werden die Schienen auf den Balken zwischen den beiden Säulen in ihre Lager gelegt und am vordern Ende der Schienenträger darunter gestellt; der Karren auf die Schienen gestellt kann man sofort die Gurten oder Riemen je rechts und links an diesen befestigen, damit er ein- und auszufahren ist; nun hebt man den Tiegel auf das Fundament des Karrens und zwar so, daß die mit Kernen versehene Seite sich vorn befindet, worauf er mittelst des Karrens eingefahren und so placirt wird, daß er an die Vorrichtung der Seiten angeschraubt werden kann; hierauf wird der Bengel in seine Scheibe an der linken Seite gebracht und die Zugstrange damit verbunden, worauf dann die Regel mit letzterer in Verbindung gebracht werden, jedoch müssen, bevor nun die Regel Festigkeit erhalten, die Bolzen der Keile in die für sie bestimmten Oeffnungen im Oberkörper eingelassen werden, und die Keile samt Stellschraube befestigt werden, um durch den Druck der Keile auf die Bolzen die Kegel in ihrer schrägen Stellung zu erhalten. Der Tiegel darf sich nicht bewegen, und ist diese Unbeweglichkeit durch das Anziehen der Spiralfedern zu erreichen. Zur Befestigung des Deckels am Karren dienen hier angebrachte Doppelschrauben, deren jede am Ausgangsende in einer stumpfen Spitze endet, welche wiederum in eine Nute des Deckelrahmens eingreift; durch Anziehung dieser Schrauben erfolgt die Befestigung des Deckels, welcher, wenn der Karren eingefahren ist, inmitten des Fundaments sich befinden muß. Gegenschrauben sichern den Halt der beiden ersteren. Der Deckel darf nach den Seiten hin sich nicht bewegen, doch müssen die stumpfen Spitzen in ihren Nuten nicht stärker angeschraubt sein, als daß er leicht aufgehoben und niedergelassen werden kann; auch sind die Nuten beständig in Fett zu erhalten. Die Kegel sind des öftern herauszunehmen und von an sie haftenden verdicktem Fett zu reinigen, was am leichtesten und für das Metall am unschädlichsten mit Beihülfe von Petroleum zu erreichen ist. Es hängt nämlich von der Sauberkeit dieser Kegel und der Büchsen, in denen sich dieselben bewegen, und von der gehörigen Fettung dieser sich in einander bewegenden Theile viel von der Leichtigkeit des Druckes ab. Um die Kegel herausnehmen zu können, ohne die Bolzen, den Keil und die Stellschraube erst zu beseitigen, kann man einfach den Rückgang der Spiralfeder, wenn der Bengel herübergezogen ist, durch Zwischenlegen eines etwa einen Centimeter starken Holzspahnes verhindern.

Halbe Concordanz ist eine Bemessung für das Füllungsmaterial und kommt namentlich vor als Durchschuß, Quadrate, Hohlsteg oder Formatsteg, als Linie, als Schriftkegel unter dem Namen Doppelcicero. Seine Kegelstärke beträgt vierundzwanzig typographische Punkte oder zwei Cicero.

Halber Satz. Dieser Ausdruck bezieht sich auf eine Druckart, wo die Form auf der einen Hälfte der Rahme, wenn diese durch den eisernen Mittelsteg in zwei Hälften getheilt ist, geschlossen wird und beim Druck nicht auf der Mitte des Fundaments, sondern auf der Hälfte liegt. Um das Kippen des Tiegels zu verhindern, verfahren die Drucker auf zweierlei Weise, indem sie entweder nicht ganz einfahren oder auf der leeren Hälfte des Fundaments einen schrifthohen Steg legen. Früher war die Verfahrungsweise des halben Satzes ziemlich allgemein, neuerdings ist man und mit Recht davon zurückgekommen, weil ein egaler Aussatz dabei schlecht zu erzielen ist und unter allen Umständen die Presse dadurch leidet.

Halbfett bezeichnet in der Druckerei, Schriftgießerei und Stempelschneiderei denjenigen Charakter einer Schrift, bei dem das Bild zwischen mager und fett die Mitte hält, oder diejenige Linie, deren Auge stärker hervortritt, als die feine, aber gegen die fette zurückbleibt. Der halbfette Charakter tritt fast bei sämtlichen Schriften auf, so in der Fraktur und Antiqua, in der Gothisch und modernen Canzlei, in der Bastard, Cursiv, Egyptienne, Clarendon u. s. w., sowie in schmaler, als auch in breiter, und selbst gestreckter Form. Bei der Linie zeigt sich das halbfette Auge in der verschiedensten Abstufung, bald die feine Linie nur wenig übersteigend, bald der fetten nahe tretend.

Halbfette Linie ist eine solche, bei welcher das Auge derselben die Gestalt der feinen Linie verstärkt und die der fetten verjüngt vorführt.

Halbfette moderne Canzlei, s. Canzlei.

Halbfette Schrift, s. Halbfett.

Halbgeleimtes Papier ist Maschinendruckpapier, welches zu dem Zwecke halb geleimt wird, um demselben eine festere Beschaffenheit zu geben und es dadurch für die Schnellpresse brauchbar zu machen. Mit der Zunge angeleckt (das Erkennungszeichen) zieht die Feuchtigkeit nur nach und nach durch. Die Leimung wird bewerkstelligt mittelst Harzes und schwefelsaurer Thonerde, und werden diese Substanzen der noch nassen Masse als Bindemittel zugefügt, noch ehe sie auf die Maschine gelangt.

Halbgeviert gehört zu den Ausschließungen und macht die Hälfte des jedesmaligen Geviertes einer Schrift aus oder mit anderen Worten bemißt es stets die Hälfte des jeweiligen Kegels in seiner Breite, so daß es bei Diamant zwei, bei Perl zweieinhalb, bei Nonpareille drei, bei Petit vier, bei Bourgois viereinhalb, bei Corpus fünf typographische Punkte einnimmt. In der deutschen Typographie wird heute das Halbgeviert meistens als Zwischenraum der Wörter angewendet.

Halbgeviertpunkt ist ein solcher, welcher als Type den Raum eines Halbgeviertes einnimmt und zum Auspunktiren oder als Registerpunkt Verwendung findet, freilich in Ermangelung eines bessern Aushülfsmittels, denn der die einzelnen Punkte trennende Raum ist ein zu großer und müßten auf das Geviert drei Punkte kommen und dann die Dreipunkttype, welche in der englischen, französischen und amerikanischen Typographie allgemein im Gebrauch ist, zur Geltung gelangen.

Halbpetit ist die Hälfte des Petitkegels, heißt als Schrift Diamant, und kommt vor als Durchschuß und Reglette, sowie als doppelfeine Linie, fette Linie und fettfeine oder feinfettfeine Linie; sonst sind auch Zierlinien auf den Halbpetitkegel justirt und endlich die Accoladen oder Klammern. Als systematischer Regel enthält Halbpetit vier typographische Punkte.

Handpapier, s. Büttenpapier.

Handpresse ist in der Buchdruckerei und Steindruckerei die Druckmaschine, bei welcher die druckerzeugende Kraft nicht selbstthätig, wie bei den Schnellpressen, sondern durch den sie bedienenden Drucker ausgeübt wird. Ihr System ist von jeher der Tiegeldruck gewesen, auf welchen anfänglich eine Spindelschraube wirkte; diese einfache Manier erhielt sich bis zum Anfang unsers Jahrhunderts, wo dann durch Einführung eiserner Handpressen zugleich die verschiedenartigsten Systeme behufs Erzeugung des Druckes zur Anwendung gebracht wurden. Der Terminus Handpresse ist übrigens neu; nach Erfindung der Schnellpresse war der frühere Ausdruck Presse nicht mehr genügend, und um beide Arten von Pressen richtig zu kennzeichnen, unterschied man dieselben in Hand- und Schnellpressen. Des weiteren verweisen wir auf den Artikel Presse.

Hand Proof Press, deutsch Hand-Apparat zum Abziehen von Correcturen, ein Werkzeug, mit welchem die bekannte Londoner Firma J. M. Powel im Jahre 1876 als neu hervortrat, und dessen Construction so außerordentlich einfach ist, daß derselbe wohl der Beachtung zu empfehlen ist. Sein Hauptbestandtheil ist der mit einem Druckfilz überzogene, zwölf englische Zoll messende Cylinder, dessen Achse beweglich in einem Gestell ruht, das ganz und gar das Aussehen des Walzengestells unserer Handpressen hat, denn auf der Oberfläche befinden sich ebenfalls die beiden Handgriffe und der Cylinder hängt zwischen beiden Schenkeln des erstern, gerade wie unsere Auftragwalze in ihrem Gestell, welches bei ersterer selbststrebend viel stärker ist, als bei dieser. Außerhalb der Schenkel des Gestells sind zwei Räder angebracht und innerhalb der obern Fläche des Gestells geht, in der Mitte befestigt, nach beiden Seiten sich sextend, eine Feder bis zur Achse des Cylinders; diese hat den Zweck, den Druck des Cylinders augenblicklich zu reguliren, so daß er steigt, wenn der Satz auf einem Schiffe, ober niedergeht, wenn die Schrift auf einer Platte steht. Der Preis ist nur 62 Mk., Verpackung inbegriffen. — Ein gleichartiger Handabzieh=Apparat wird neuerdings von der Firma Andr. Hamm in Frankenthal (Baiersche Pfalz) zum Preise von 60 Mk. gebaut.

Handzeichen oder Hände dienen in Plakaten und bei dem Annoncensatz als hinweisende Auszeichnung; sie treten auf als weiße und schwarze Hände, letztere als behandschuht, und darum ist es unrichtig, diese letzteren Mohrenhände zu nennen. Der Figur nach ist der Zeigefinger entweder nach rechts oder links gerichtet.

Hartblei ist eigentlich Antimonblei, wird aber von den Hütten unter ersterer Benennung in den Handel gebracht; es ist härter als das gewöhnliche Blei, sehr spröde und von verschiedener Beschaffenheit. Dieses Metall wird mitunter ohne weitern Zusatz von den Schriftgießern als Zeug verwendet, wobei jedoch sehr vorsichtig zu verfahren ist, weil eben die Qualität dieses Metalls so außerordentlich von einander abweicht. Einmal erhält man eine Sorte, dessen Aussehen dem besten Schriftzeug gleich, auch im Bruch von schönstem krystallischen Korn ist; beim Schmelzen zeigt es sich aber musig und krätzig. Andere Sorten erweisen sich besser raffinirt, mit 7, 8 bis 10 Procent Antimongehalt, selten aber ohne noch andere unliebsame Beimischungen. Das beste und reinste Hartblei ist unbestreitbar das Freiberger Saxonia, aber seines hohen Preises halber — 100 Pfund 27 Mark — ist es wohl nur zum Stereotypiren verwendbar, wo es vorzügliche Dienste leistet.

Harter Druck, s. Zurichtung beim Drucken.

Hartmetall, s. Schriftmetall.

Harz in Verbindung mit schwefelsaurer Thonerde ist das Leimungs= und Bindemittel der Papiermasse in den Papierfabriken.

Hattersley, ein Engländer aus Manchester, construirte in der Mitte der Sechsziger Jahre eine Setz= und Ablegemaschine. Dieselbe war sehr einfach gebaut, konnte von einem Knaben oder Mädchen bewegt und bedient werden und kostete etwa 1700 Mark. Sie scheint sich aber der Praxis nicht dienstbar gemacht zu haben.

Haufen nennt man das Papier in seiner Gesamtheit, welches zum Drucken auf dem Anlegetisch der Schnellpresse oder auf der Auslegebank der Handpresse liegt; ferner bei dem Abzählen des Papiers, dem Aufstoßen, dem Aufnehmen und Feuchten desselben die aufeinander gelegten Lagen.

Hauptrubrik, s. Rubrik.

Haupttitel. Der Haupttitel eines Buches ist gewissermaßen das Antlitz desselben, während der Umschlag sein Gewand bildet. Das Nähere darüber ist in der Lehre vom Titelsatz enthalten, und verweisen wir darauf.

Hauptzeile oder Hauptsache ist in den typographischen Vorkommnissen, zumal bei Titeln und titelartig gesetzten Accidenzen, sowie bei Zeitungs=Annoncen dasjenige, worauf die Bedeutung des Ganzen ruht. In der Behandlung dieser Hauptsache kommt es darauf an, dieselbe hinsichtlich der Schrift und der Stellung, der Breite oder Kürze hervortreten zu lassen oder mit anderen Worten augenscheinlich zu machen. Das Eingehendere über diesen Gegenstand ist bei den einzelnen Artikeln behandelt.

Hebel, s. Großer Hebel und Kleiner Hebel.

Hebeldruckwerk ist bei der Columbiapresse die Verbindung des Großen Hebels, des Kleinen Hebels und des Druckwerks.

Hebewalze, sonst auch Lecker oder Leckwalze, derjenige Cylinder aus Masse an der Schnellpresse, welcher das Farbenehmen selbstthätig verrichtet, indem er je nach Regulirung nach mehr oder weniger Abdrücken an dem Ductor leckt und die hier erhaltene Farbe dem nackten Cylinder zuführt.

Hebräisch ist in soweit eine todte Sprache, als sie von keiner gesamten in sich abgeschlossenen Nation geredet wird; sonst ist sie die Sprache des israelitischen Volkes, die jüdische Kirchensprache und diejenige, in welcher ihre Gesetz- und Religionsbücher abgefaßt sind. Infolge dessen kommt hebräischer Satz vielfach vor, denn außer den jüdischen Gebet- und Erbauungsbüchern existiren heute selbst viele in hebräisch gedruckte Zeitblätter. Vielfach kommt es indeß nicht vor, daß christliche Setzer zum Satz des Hebräischen verwendet werden, weil es unter den Israeliten recht viele Setzer und auch sehr viele jüdische Druckereien giebt.

Hebräische Lesezeichen. Die Lesezeichen im Hebräischen sind entweder Vertikal-, Kreis-, Halbkreis- oder Horizontalstriche, und zwar erstens Passik (') steht zwischen zwei Worten und bedeutet eine Pause, ist daher unser Komma; zweitens Salef-Gadol, (") steht über dem Buchstaben und will eine Hebung des Tones, ist also gewissermaßen unser Doppelpunkt; drittens Metach (,), steht unter dem Worte; viertens Silluk (:), steht unter dem Worte, schließt einen Satz und vertritt unsern Punkt; fünftens Tebir (,), unter dem Worte, bricht den Ton; sechstens Sof-Pasuk (:), Versschluß, unter dem Worte; siebentens Paschta (), über dem letzten Buchstaben des Wortes, Schärfungszeichen; neuntens Gäresch ('), über dem Worte, bezweckt die Hebung des Tones; zehntens Gäresch Ajim oder Doppel-Gäresch ("); elftens Tifta (.), unter dem Buchstaben, Senkung des Tones; zwölftens Merka (˘), unter dem Worte, Verlängerungszeichen; vierzehntens Merka-Kefula („) oder Doppel-Merka; fünfzehntens Maktaf (-), Verbindungszeichen zweier Wörter, gleich unserm Divis zwischen Kuppelwörtern; sechszehntens Zarka (~), steht über dem Buchstaben; siebenzehntens Groß-Telischa (ˊ), steht nur über dem Worte; achtzehntens Klein-Telischa (ˋ), steht ebenfalls nur über dem Worte.

Hebräischer Satz. Eben weil das Hebräische von rechts nach links, unserm entgegengesetzt, gelesen wird, so ist auch die Grundlage des Setzens der unsern entgegengesetzt. Um dieses zu erreichen, fangen wir an dem rechten Winkel im Winkelhaken an und gehen nach links fort, oder, wenn uns dies unbequem ist, können wir auch auf die gewöhnliche Weise von links beginnen, müssen dann aber den Fuß des Bildes jeder Type der Setzlinie zugekehrt hinstellen und die beendete Zeile allemal umkehren, damit deren Anfang nach rechts und der Fuß des Bildes der Type wieder nach oben kommt. An die beendete Zeile werden sodann die masoretischen Punkte je über und unter die Zeile angesetzt. Unsere heutigen Hebräischen Schriften sind indeß vielfach unterschnitten, so daß in diesem Falle die Punkte und Accente mit dem Buchstaben vereinigt werden. Die Punkte als besondere Typen haben je nach der Größe der Schrift einen Kegel von 4, 5 oder 6 Punkten. Der Anfänger im Hebräischen Setzen, wenn er dieser Sprache nicht soweit mächtig ist, daß er dieselbe lesen kann, muß sich vor Verwechselung der gleichartig aussehenden Buchstaben in acht nehmen. Es gehören hieher ב Beth und כ Kaph; beide unterscheiden sich nur dadurch von einander, daß bei letzterm die Fußlinie länger ist als bei ersterm; — ferner ו Vau, ן Sain und ו Jobb; der erstere unterscheidet sich von letzterm durch die längere Vertikal-Haarlinie, der zweite vom dritten durch die Kopflinie, welche bei Sain die Mitte des Grundstriches einnimmt, bei Jobb mit derselben verbunden einen Zug bildet; dann ר Daleth und ך Schlußkaph, bei welchem die Kopflinie des erstern gestreckter ist als bei letzterm; so auch ם Schluß-Mem und ס Samech; jenes ist scharfeckig, dieses mehr gerundeter Beschaffenheit; ג Gimel und נ Nunn unterscheiden sich dadurch von einander, daß die Kopf- und Fußlinie des erstern von der horizon-

406 — Hebräischer Kasten

talen Lage mehr nach oben und unten abweichen, als die des letztern; ה He, ח Cheth und ת Tau: bei He ist die linke Vertikalinie vom Kopfe des Buchstabens getrennt, von gerundeter Form und fett, bei Chet ist sie mager und vom Kopfe des Buchstabens ausgehend, bei Tau fett und mit dem Kopfe verbunden; und endlich ט Thet ist gedrückter, מ Mem breiter. — Mit Columnentitel, Rubriken und Ueberschriften, Signaturen, Ausgängen und Einziehen der Absätze wird es wie gewöhnlich gehalten. Zu Anfang der Kapitel wird meistens eine Unciale gegen zwei Zeilen angewendet. — Die Hebräische Sprache kennt kein Theilen der Wörter in ihren Sylben von einer Zeile zur andern; um hierin ein Auskunftsmittel zu finden, benutzte man früher die Buchstaben א Alef, ה He, ל Lameb, מ Mem und ת Tau in gestreckter Gestalt, doch kommt man heute auch ohne dieses Mittel aus, indem die Worte in der hebräischen Sprache meistens nur kurz sind.

Hebräisches Alfabet. Das Hebräische Alfabet besteht aus 22 Buchstaben, deren jeder nur eine Figur hat und sämtlich Mitlaute sind, denn selbst der erste, Alef, ist kein reiner Selbstlaut. Wir können dieses Alfabet nicht gut wie die übrigen in einer Tabelle zusammenstellen, weil bei vielen Buchstaben nähere Erörterungen nothwendig sind. Die Reihenfolge des Hebräischen Alfabets ist folgende:

א Alef, ein Halbvokal, hat den Laut unsers A a in kurz oder gedehnt, Zahlenwerth ist 1.

ב Beth, unser b, Zahlenwerth 2.

ג Gimel, hartes g oder auch gedehnt, Zahlenwerth 3.

ד Daleth, kurzes oder gedehntes b, Zahlenwerth 4.

ה Hä, Halbselbstlaut, lautet wie ein scharfes ä oder a mit einem Anlaut von h davor, Zahlenwerth 5.

ו Vau, unser w, als Zahl 6.

ז Sain, weiches s, Zahlenwerth 7.

ח Chet, unser ch, Zahl 8.

ט Thet, t hart oder mit h (th) erweicht, als Zahl 9.

י Jobb, unser j weich, als Zahl 10.

כ Kaaf, unser k, zu Anfang eines Wortes, als Schlußbuchstabe ך; Zahlenwerth 20.

ל Lamed, unser l, Zahlenwerth 30.

מ Mem, unser m zu Anfang eines Wortes, am Schlusse ם, als Zahl 40.

נ Nunn, unser n zu Anfang eines Wortes, als Schlußbuchstabe ן, und als Zahl 50.

ס Samech, sanftes s, Zahlenwerth 60.

ע Ain, Halbselbstlaut, joh oder goh, rauhester Kehllaut, Zahlenwerth 70.

פ Peh, unser f, zu Anfang eines Wortes, am Schlusse als ף auftretend, repräsentirt als Zahlwerth 80.

צ Tsabe, unser ß, zu Anfang eines Wortes, am Schlusse aber als ץ, Zahlenwerth 90.

ק Kof, unser k, als Zahl 100.

ר Resch, unser r, als Zahl 200.

ש Schin hartes s, Zahlenwerth 300.

ת Tau, unser t als hart und weich, Zahlenwerth 400.

Die ursprüngliche Hebräische Schrift wurde durch Aneinanderreihung dieser Buchstaben von rechts nach links gebildet und vertraten die Buchstaben א (Alef) als a, ה (Hä) als ä, ע (Ain) als o und ו (Vau) als u die Stelle der Selbstlaute. Eine andere Schriftbildung ist die mit masoretischen Punkten, welche in der Geltung von Selbstlauten ihre Stellung bald über und bald unter der Zeile haben. Von dem obigem gewöhnlichen Alfabet unterscheidet sich die kirchliche Schrift oder das Rabbinische Alfabet, welches übrigens nur wenig von dem obigem abweicht. Durch Aneinanderreihung mehrerer Buchstaben erhöht sich der Zahlenwerth der einzelnen. Alef und Beth בא sind 21, das Doppel-Beth בב 22; die am Ende des Wortes zu stehenden Buchstaben haben auch einen höhern Zahlenwerth, als die zu Anfang befindlichen, z. B. das Schluß-Kaaf ך 500, das Schluß-Mem ם 600, das Schluß-Nunn ן 700, das Schluß-Peh ף 800, das Schluß-Tsabe ץ 900, א ist 1000; ב 2000. — Die masoretischen Punkte als Vertreter der Selbstlaute zerfallen in folgende drei Klassen; 1) für die gedehnten Selbstlaute Kametz (ָ) ah, Tsere (ֵ) eh, Langchirek (ִ) ih, Cholem (ֹ) oh und Schurek (ֻ) uh; 2) für die kurzen Selbstlaute Patach (ַ) a, Sögäl (ֶ) e, Kleinchirek (ִ) i, Chamez-katuf (ָ) o und Kübbutz (ֻ) u; 3) für die Abschwächung der Selbstlaute die fünf Schewata, nämlich das einfache Schewa (ְ), Patach (ֲ), Chatuf-Patach (ֲ) ganz kurzes a, Chatuf-Sögol (ֱ) ganz kurzes e, Chatuf-Kametz (ֳ) ganz kurzes o; 4) für die Betonung Rebia (‹) steht über dem Buchstaben in der Mitte seines Bildes, Salef Katon (·) ebenfalls über dem Buchstaben, Segolta (··) über dem Buchstaben, Dagesch-Lene (·), innerhalb des Buchstabenbildes, ist das Zeichen der Verdoppelung des Buchstabens.

Hebräisches Ausschießen. Das Hebräische Ausschießen ist von unserm Ausschießen aus dem Grunde verschieden, weil diese Sprache nicht allein von der rechten zur linken geschrieben und gelesen wird, sondern auch die erste Seite auf unserer letzten ihren Platz hat. Man möchte nun glauben, daß man dazu gelangt, wenn man von der letzten Seite ab anfangend und so fortschreitend bei der ersten Seite mit der letzten Columne aufhört. Diese Annahme ist aber nicht richtig, indem jener Druck anderartig gefalzt wird, als der unsere, denn die offenen Blätter sind nicht links, sondern rechts. Es bedarf übrigens keines Formatschemas zu diesem Ausschießen, denn die Regel genügt, daß bei dem Hebräischen die Columnen mit ungeraden Zahlen auf den Platz zu stehen kommen, wo bei den europäischen Sprachen die geraden ihre Stelle haben. Somit nimmt im Hebräischen auf der Prime den Platz der vierten, die vierte den der ersten, die fünfte den der achten, die achte den Platz der fünften, die neunte den Platz der zwölften, die zwölfte den der neunten, die dreizehnte den der sechszehnten und die sechszehnte den der dreizehnten; bei der Secunde die zweite Columne auf den Platz der dritten, die dritte auf den der zweiten, die sechste auf den der siebenten, die siebente auf den der sechsten, die zehnte den der elften, die elfte auf den der zehnten, die vierzehnte auf den der fünfzehnten, die fünfzehnte auf den der vierzehnten. Sonst aber die Columnenziffern der neben einander stehenden Seiten addirt erzielt ebenfalls als Resultat 17.

Heft, eine Papiereinheit von 10 Bogen, der zehnte Theil eines Buches Papier, also 10 Hefte ein Buch.

Heim, H., Xylograph in Berlin, trat im Jahre 1851 mit einem Verfahren hervor, das er Chalkotypie nannte, darauf fußend, Kupferplatten durch Hochätzung für die Buchdruckpresse brauchbar zu machen und hiermit einen Ersatz für den theuern Holzschnitt zu gewinnen.

Heimsche Satinir-Schnellpresse. Die Maschinenfabrik von Wilh. Ferdinand Heim in Offenbach liefert schon seit etwa fünfundzwanzig Jahren Calander mit Hart- und Papierwalzen für Papier-, Buntpapier- und Spielkarten-Fabriken ꝛc., und deren Satinirmaschine für Druckereien beruht auf ähnlichem Princip; sie satinirt alle Papiere, ob stark-, schwach- oder ungeleimt, ob dünn ober dick, ob mit Surrogaten vermischt oder nicht, in schöner Satinage, ohne Ausschuß zu geben. Die einfache Satinirmaschine (Satinir-Schnellpresse) unterscheidet sich wesentlich von den seither in Druckereien gebräuchlichen Satinirmaschinen dadurch, daß hier die Satinage nicht mittelst Zinkplatten, sondern durch eine polirte Hartwalze, gegen eine Papierwalze gepreßt, hervorgebracht wird. Das vorzügliche Material der auf das feinste geschliffenen Hartwalze und die bedeutende Festigkeit der unter starkem Druck hergestellten Papierwalze mit durchgehender Stahlwelle, außerdem die genaue Arbeit, wodurch auf jeden Punkt des zu satinirenden Bogens ein gleich starker Druck ausgeübt wird, bilden die Ursache einer an allen Stellen des Bogens gleichmäßigen Satinage, welche allen Anforderungen entspricht. Die Bedienung der Maschine ist eine höchst einfache und billige, da hierzu nur ein Mädchen zum Einlegen und ein zweites zum Abnehmen der satinirten Bogen nöthig ist. Die Leistungsfähigkeit der Maschine ist dadurch, daß die ganze Peripherie der Walzen nutzbar angewendet werden kann, eine bedeutende und beträgt je nach der Formatgröße des Papiers 1100 bis 1600 Bogen in der Stunde. Die von Empfängern dieser Maschinen konstatirten Vorzüge derselben vor Maschinen ähnlicher Construction bestehen darin, daß 1. die damit erzielte Satinage eine schöne, durchaus gleichmäßige ist, 2. die sogenannten „Ränder", wie sie sich an den zwischen Zinkplatten satinirten Papieren zeigen, nicht vorkommen, 3. die durch raschen Verbrauch kostspieliger Zinkplatten wegfallen, ebenso der durch das Abschmutzen derselben entstehende Ausschuß, 4. beim Satiniren von einem größern zu einem kleinern Format, oder umgekehrt, übergegangen werden kann, ohne nachtheiligen Einfluß auf die Satinage, 5. die zum Betriebe der Maschine erforderliche Kraft im Verhältniß zum erzielten Resultat eine geringe ist, 6. die Bedienung der Maschine durchaus gefahrlos ist. Die Doppel-Satinirmaschine besitzt vier Walzen: zwei polirte Hart- und zwei Papierwalzen, welche so zu einander gelagert sind, daß das eingelegte Papier selbstthätig und zwar so durch sie geführt wird, daß jede Seite des Papiers einmal mit der polirten Hartwalze in Berührung kommt. Bei einmaligem Durchgang des Papiers durch die Maschine wird eine auf beiden Seiten ganz gleichmäßige hochfeine Satinage erzielt, wie sie für feinen Illustrationsdruck erforderlich ist. Derselbe Zweck kann auch mit der einfachen Satinirmaschine (deren Satinage bei einmaligem Durchgang des Papiers für guten Werkdruck vollständig ausreicht) erzielt werden, wenn man das Papier zweimal durch die Maschine gehen läßt, und zwar so, daß jede Seite des Papiers einmal der polirten Hartwalze zugekehrt wird. Die Bedienung der Doppel-Satinirmaschine ist die gleiche, wie bei der einfachen Satinirmaschine: zwei Mädchen, das eine zum Anlegen, das andere zum Abnehmen der Bogen, sind dazu nöthig. — Auch die Leistungsfähigkeit ist die gleiche, es können damit je nach der Formatgröße des Papiers 1100 bis 1600 Bogen pro Stunde aufs feinste satinirt werden. Alle bei der einfachen Satinirmaschine erwähnten Vorzüge dieses in Druckereien neu eingeführten Satinirverfahrens gelten auch für diese Doppel-Satinirmaschine. Die zum Betriebe der Doppel-Satinirmaschine erforderliche Kraft beträgt je nach der Größe der Maschine $1/2 - 1$ Pferdekraft. Es dürfte wohl für unsere Leser von Interesse sein, zu erfahren, daß mehre Buchdruckereien einen, von dem Bibliographischen Institut zu Leipzig aufgestellten Lohntarif für die an den Satinir-Schnellpressen Beschäftigten eingeführt haben, welcher z. B. für ein Format

von 31— 40 bis 41— 60 Ctm. pro Ries 8 Pf.
    51— 55 „ 61— 80 „ „ „ 12 „
    76— 80 „ 81—100 „ „ „ 18 „
    96—100 „ 81—100 „ „ „ 22 „

aufstellt. Man wird hieraus sehr leicht ersehen, daß die auf diesen Satinir-Schnellpressen erzielte schöne, weiche, gleichmäßig feine Satinage, wie sie beispielsweise das im Bibliographischen Institut in zweiter Auflage erscheinende „Brems Thierleben" an seinen Kupfertafeln zeigt, nur halb so viel kostet, wie die seitherige Satinage mit ihren harten Stellen, abgesehen davon, daß bei diesen Schnellpressen auch die Kosten für Zinkbleche noch erspart werden und der so oft beklagte graue Rand an den Seiten des Bogens in Wegfall kommt. Das Bibliographische Institut in Leipzig stellte 1877 schon die siebente dieser Satinir-Schnellpressen auf, und dürfte dies sicher ein Beweis von der Vorzüglichkeit oben beschriebener Maschinen sein.

Helffmann, ein Lithograph in Valpareiso, trat im Jahre 1863 mit einer neuen Verfahrungsweise zur getreuen Vervielfältigung alter Drucke auf, welche er Homöographie nannte, was ziemlich denselben Begriff in sich schließt, als Anastatischer Druck.

Heliographie ist ein aus dem Griechischen gebildetes Wort und heißt zu deutsch Lichtdruck. Wir verstehen darunter die Herstellung von Druckplatten, bei deren Zeichnung das Licht der Sonne, also die Photographie, mitgewirkt hat. Im allgemeinen unterscheiden wir die Heliographie als Photolithographie und Phototypographie, je nachdem diese Platten zum Gebrauch für die Steindruck- oder Buchdruckpresse hergerichtet sind. Indeß zerfallen diese Bezeichnungen im besondern wieder nach ihren diversen Verfahrungsweisen und nach ihren Urhebern in ganz verschiedene Benennungen; so kennen wir Phototypie, Graphotypie, Photogalvanotypie, Woodburys Druckverfahren (s. b.), Albertotypie (s. b.), Aubeldruck (s. b. im Supplement). Anfangs hatte die Heliographie ihren Sitz vorwiegend in Paris und machte nur die Steindruckpresse für sich dienstbar; Woodbury in London übertrug ihre Anwendung auf die Buchdruckpresse und Aubel in Köln vervollkomnete sie in hohem Grade. Pieper und Talbot bedeckten Stahlplatten mit einer durch die photographische Einwirkung des Sonnenlichtes zersetzbaren Schicht und stellten so direct Platten für die Buchdruckpresse her.

Hell-Dunkel, franz. Clair obscur, war eine Druckmanier im Holzschnitt zu Anfang des sechszehnten Jahrhunderts, wobei der Holzschnitt zwei- oder auch mehrfarbig gedruckt wurde, die Platte also aus mehreren Theilen (Paßformen) bestehen und beim Druck auf ein genaues Register gehalten werden mußte. Uns sind übrigens Drucke dieser Art zu Gesicht gekommen, welche augenscheinlich mittelst eines einmaligen Druckes erzielt waren und bei denen daher die Platte aus einem oder mehreren Theilen bestand, die, nachdem dieselben einzeln mit der betreffenden Farbe versehen waren, zusammengestellt werden mußten. Es war dies jedenfalls schon das Prinzip des spätern Congrevedrucks und der Vorgänger des Farbendruckes. Das fertige Blatt hat den Charakter einer tuschirten Zeichnung. Das Verfahren wurde zu Anfang des sechszehnten Jahrhunderts erfunden und schreiben die Italiener die Erfindung dem Ugo da Carpi zu, dessen erster Schnitt in dieser Manier das Jahr 1517 zeigt. Deutschland hat aber jedenfalls die Priorität für die Erfindung dieser Methode, denn wir besitzen Blätter von Lucas Kranach aus dem Jahre 1506, von Balbung aus dem Jahre 1510, von Burkmair aus dem Jahre 1511. Auch die Holländer wollen sich diese Erfindung aneignen und nennen als Urheber derselben Jost Dienecker aus Antwerpen. In

Holland vereinigte Cornelius Bloemaert den Holzschnitt mit dem Kupferstich, um hell-dunkle Bilder zu produciren. Deutsche Künstler in diesem Genre waren außer den drei obengenannten Wochtlin, Altorfer, später J. G. Prestel und K. F. Holtzmann.

Herausstoßen des Durchschuß geschieht beim Aufräumen und wird dabei derart verfahren, daß man durchschossenen Satz auf die rechte Seite eines Schiffes hebt, und dann mit Hülfe der Setzlinie den Durchschuß Zeile um Zeile nach links herausstößt, während die Finger der linken Hand an die linke Seite des Satzes gelegt diesem Sicherheit gewähren.

Hervorheben, s. Auszeichnen.

Hervortreten lassen, s. Auszeichnen.

Hialographie, eine aus dem Griechischen gebildete Benennung für Glas=ätzkunst (s. d.), ein im Jahre 1844 von Bromeis und Böttcher erfundenes Verfahren zur Erzeugung von Glasplatten für den Druck anstelle der Stahlplatten.

Himham, an der Holzpresse, ein an der Decke befestigtes und in einer auf dem Fußboden angebrachten Schuhsohle endigender schlaffer Strick, welcher den Zweck hat, das aufgeklappte Rähmchen vor dem Ueberschlagen zu schützen. Sonst dient es auch dazu, das Niederfallen des Rähmchens zu bewirken, welches in der Weise ins Werk gerichtet wird, daß der Drucker auf die Schuhsohle tritt, wodurch der Strick sich anstramt und das Rähmchen zum Niederfallen veranlaßt wird, welches alsdann von dem Drucker mit der linken Hand aufgegriffen wird.

Hochätzung in Zink ist die Erzeugung von Druckplatten für die Buch=druckpresse, also solchen, wo die Zeichnung erhaben sein muß, durch Einwirkung der Säure auf das Zink. Das Aetzverfahren dabei ist folgendes: Flache Tassen von Porzellan oder Guttapercha werden mit gewöhnlichem Wasser ungefähr 2 Centimeter hoch gefüllt; in das Wasser gießt man eine Lösung von gewöhn=lichem Gummi arabicum im Verhältnisse von 1 zu 50 (eine etwas größere oder geringere Menge übt keinen wesentlichen Einfluß). In diese sehr dünne Gummi=lösung tropft man vorsichtig so viel Salpetersäure, daß man bei einer Zungen=probe die Ansäuerung eben nur ahnt (circa 1° Beaumé). In diese Aetzlösung wird nun die getrocknete Zinkplatte gelegt und einige Zeit darin belassen, unter immerwährender schaukelnder Bewegung der Tasse, welche dadurch am leichtesten erreicht wird, daß man unter den Boden in der Mitte einen Holzstab legt. Die Bewegung der Flüssigkeit soll nicht ins Stocken kommen, damit sich nicht auf der Zinkplatte Gasbläschen ansammeln können, welche die feinen Theile der Zeichnung alsogleich zerstören würden. Die zuerst blanke Platte wird nach und nach ganz dunkelbraun und nach einer Weile sieht man an der Plattenoberfläche einzelne helle Stellen erscheinen. Jetzt wird die Platte aus der Lösung genommen und in ein Gefäß mit reinem Wasser gelegt; hierbei verwendet man am besten eine hölzerne Waschwanne mit ziemlich viel Wasser. — Nachdem die Zinkplatte aus dem Waschwasser genommen ist, wird sie mit einem feinen Schwam abgetupft (ja nicht gewischt), wobei der Schwam zeitweilig ausgedrückt wird, und in dieser Weise so lange fortgefahren, bis nur noch eine geringe Menge von Wasser auf der Platte vorhanden ist. — Die Platte zeigt jetzt schon, wenn auch eine ganz geringe, so doch merkliche Erhabenheit der Linien. Die Zinkplatte wird nunmehr auf ein Drahtgitter gelegt, welches ungefähr 30 Centimeter über eine Tischfläche auf Füßen ruhend angebracht ist, so daß darunter aller Raum frei bleibt. Das Gesicht, d. h. die Seite mit dem Ueberdruck, muß nach oben gekehrt sein. Sodann wird die Zinkplatte mit einer Gasflamme, welche durch einen Guttaperchaschlauch beweglich ist, von der Rückseite leicht erwärmt, bis alles Wasser verdunstet und die Zeichnung rein und schwarz erscheint. (Hat man nicht

Gas zur Verfügung, so genügt eine Spiritusflamme an einer Handhabe.) Auf die noch warme Platte bringt man mittelst eines kleinen Schwämchens eine Quantität von Gummi=Phosphorsäurelösung und läßt diese auf der Platte trocknen, was bis zur vollständigen Erkaltung hinreichend erfolgt. Die Platte wird nunmehr auf eine Tischplatte gelegt und mit dem Waschschwame von der Gummilösung befreit und der Schwam wieder ausgedrückt, damit auf der Zinkplatte nur wenig Wasser zurückbleibt. Mittlerweile hat man auf einem lithographischen Steine mit einer Steindruckwalze eine Quantität mittlerer Steindruckfarbe gut verrieben. Mit dieser farbehaltenden Walze wird die Zinkplatte unter festem Druck eingewalzt. Sieht man, daß die Platte anfängt zu trocknen, muß selbe sogleich wieder mit dem Schwam befeuchtet werden, doch nicht etwa naß gemacht werden. In dieser Weise wird die ganze Platte mit der Walze behandelt, bis man durch eine Probe mit dem Finger, welchen man auf die Zeichnung drückt, sieht, daß genügende Farbe auf der Zeichnung vorhanden ist. Nur hüte man sich, beim ersten Einwalzen, zu viel oder zu leichte Farbe zu nehmen, denn dieß würde das Gelingen der Aetzung in Frage stellen, weil alle **feinen Striche und engen Partien zusammenfließen** würden. Nach dem Trocknen der Platte, welches jetzt nicht mit der Flamme zu geschehen hat, wird mit der Baumwollbausche mit Kolofonium (syrischem Asphalt) eingestaubt. Man nimt immer den Kolofoniumstaub vom Vorrathe, nicht von dem Abstaube, denn letzterer ist schon zu grob und könnte nicht an den feinen Linien haften bleiben. Ist das Einstauben mit Kolofonium und das nachherige Abstauben mit einem Dachshaarpinsel geschehen, so wird in derselben Aetzlösung zu einer zweiten Aetzung geschritten, welche schon etwas länger dauern kann; nach dem vollendeten Abwaschen wird eine dritte Aetzung vorgenommen. Die Platte wird hierauf wieder auf das Drahtnetz gelegt und abermals von unten mäßig erwärmt, jedoch nicht erhitzt. Nach dem Abkühlen der Platte kann die Aetzlösung so weit verstärkt werden, daß selbe wie Essig schmeckt (circa 4—5° Beaumé). Nun wird an das sogenannte Hochätzen geschritten. Die Platte muß, wenn dieselbe jetzt betrachtet wird, alle Linien kräftig und glänzend schwarz erscheinen lassen. Keine Partien dürfen zusammengelaufen sein, noch fehlen. Die Rückseite darf auch nicht lädirt sein, Krätzer, Ritzen ꝛc. aufweisen. Ist letzteres der Fall, so muß mit Asphaltlösung gedeckt werden. — Beim Einlegen der Zinkplatte in die verstärkte Aetzlösung geht das Wechseln der Farbe schneller vor sich, was auf ein energisches Aetzen hindeutet. Hat man nun nach jedesmaligem Abwaschen öfters den Stand der Aetzung controlirt und sieht man einen Relief von der Höhe eines dünnen Cartons, so wird die Platte wieder mit der Flamme getrocknet, mit der Phosphorsäure=Gummilösung eingerieben und nach dem Erkalten neuerlich zum Einwalzen parat gelegt. Auf dem lithographischen Farbesteine hat man mittlerweile ein wenig Farbe mit reinem Unschlitt gemengt (1 Theil Unschlitt, 10 Theile Farbe) und hat davon etwas auf die Walze gebracht und **fleißig verrieben**. Mit der so mit Unschlitt versetzten Farbe wird nun die Platte abermals kräftig eingewalzt, bis alle Stellen recht satt erscheinen, was übrigens jetzt leicht von statten geht, da der Unschlitt die Farbe dafür geeignet macht. Die Platte wird wieder auf das Drahtnetz gelegt und **mäßig erwärmt** — ja nicht erhitzt. Ist selbe warm und zugleich auch vollkommen trocken, so bringt man auf dieselbe ein Quantum Kolofoniumpulver und verreibt es mit der Baumwollbausche. Das Pulver wird jetzt begierig von der Farbe angenommen. Nach dem Abstauben, was diesmal mit besonderer Accuratesse geschehen muß, legt man die Platte auf das Netz und erwärmt gleichmäßig von unten, bis die Farbe und das Kolofonium zusammenschmilzt und über den Rand der Striche zu beiden Seiten herabfließt, wobei nunmehr die engen Partien vollständig zugedeckt werden. — Hat man einige Platten zu ätzen, so ist die zuerst präparirte genügend ausgekühlt, wenn man mit der letzten fertig wird. In die Aetzlösung gießt man jetzt ein Gemische von gleichen Theilen Salpetersäure und Salzsäure (Königswasser), bis sie die Stärke von 20—25° Beaumé erreicht. In dieser Lösung bleibt die Platte unter immerwährendem Schaukeln, bis man 1 Millimeter tief geätzt hat. — Oefteres Herausnehmen und überhaupt jede der bei den anderen Artikeln über Zinkographie erwähnten Vorsichtsmaßregeln ist stets am Platze und kann nicht genug empfohlen werden. Hat man die Tiefe von einem Millimeter erreicht, so trocknet man die Platte über die Flamme und überzieht die Linien mit Hülfe eines Pinsels mit Asphaltlösung, welcher ein Viertel ihres Gehaltes mittlerer Steindruckfirniß zugesetzt wurde, so daß sich gut damit malen läßt. Das Ueberziehen der Linien mit der Asphalt=Firnißlösung muß reichlich geschehen und sollen an beiden Seiten in der Breite von wenigstens 2 Millimeter die Linien gedeckt sein. Diese Asphalt=Firnißlösung nimt bei nur geringer Erwärmung der Platte überaus reichlich Kolofoniumstaub an und bildet nachträglich angeschmolzen eine unzerstörbare Decke für die darunterliegende Zeichnung. Die nun gesättigte Aetzflüssigkeit wird weggeschüttet und neuerdings Wasser in der Höhe von 2 Centimetern in die Tasse gegossen, Gummilösung zugesetzt und das Königswasser bis zu ⅓ der in der Tasse befindlichen Wassermenge zugegossen. Nun wird die Platte wieder in die Lösung gebracht unter stetem Schaukeln und öfterm Controliren bis zu der gewünschten Tiefe geätzt. Bemerkt man beim Controliren, daß ein Theil einer Linie Schaden leidet, somit frei liegt, muß die Platte sogleich warm getrocknet werden, mit Asphaltlösung zugedeckt, mit Kolofonium eingestaubt und letzteres angeschmolzen werden. Das Hochätzen erreicht man in längstens einer Stunde. Nach dem fertigen Aetzen wird die Platte mit Terpentinöl und einer Bürste vollkommen gereinigt und nachträglich entweder mit scharfer Lauge oder mit einer Lösung von Kali causticum von allem Fette befreit. Die nun wohl einestheils fertige Platte bietet dem Auge noch nicht die volle Befriedigung. Obwohl ein guter Drucker davon die besten Abdrücke zu machen im Stande wäre, käme der ungeübtere doch nicht weit damit. Die Ursache liegt namentlich in den scharfen Rändern, welche die hochstehenden Linien umgeben und welche bei einer weichen Drucklage doppelte Linien im Abdrucke zeigen, sowie auch noch viele andere Mißlichkeiten im Gefolge haben. Auf folgende Weise können die Ränder beseitigt werden. Die wie vorher beschrieben gereinigte Platte wird mit einem Lineale auf der Oberfläche und gegen das Licht gehalten controlirt, ob selbe vollständig eben ist. Die Walze, welche mittlerweile vollständig gereinigt wurde, oder besser eine zweite, wenn man eine solche zur Verfügung hat, wird mit ganz wenig Farbe ohne Unschlitt, welche auf dem Farbsteine verrieben wurde, überzogen und dann ganz leicht über die Platte geführt, bis alle Linien Farbe empfangen und vollständig gedeckt sind. — An den Rändern darf jedoch keine Spur von Farbe haften; ist dieses der Fall, so muß die Reinigung neuerlich vorgenommen werden. — Gewöhnlich trägt dann die Walze die Schuld, auf welcher entweder dann die Farbe schlecht verrieben ist, so daß noch Farbeknötchen auf der Oberfläche derselben liegen, oder die Walze ist zu weich oder unegal ꝛc. Die gut und richtig eingewalzte Platte wird wieder erwärmt (ja nicht erhitzt) und mit feinem Kolofonium eingestaubt, sehr sorgfältig abgestaubt und dabei ja nicht zerkratzt, und nachher wieder erwärmt, bis alle Linien schwarz erscheinen; auf der Rückseite und an den Rändern wird wieder die Asphalt=Terpentinlösung mit einem Borstenpinsel aufgetragen und trocknen gelassen. Die Aetzlösung ist mittlerweile frisch bereitet, mit Gummi arabicum versetzt und gleich auf 5° Beaumé gebracht. In dieser Lösung bleibt die Platte, bis man sieht, daß die scharfen Ränder anfangen sich abzurunden; jetzt wird die Platte wieder getrocknet und mit ein wenig mit Unschlitt versetzter Farbe eingewalzt, mit Kolofonium eingestaubt und letzteres mit großer Vorsicht angeschmolzen, daß das Herunterfließen nur ganz wenig vor sich gehen kann und keinesfalls die Ränder berühren darf. Nun wird fleißig weiter geätzt, eingewalzt und angeschmolzen bis die Ränder schön rund geworden und die Vertiefungen sanft absteigend erscheinen. Beschniten und die großen weißen Stellen in der Platte außerdem mit einer Laubsäge entfernt und auf Holz in Schrifthöhe aufgenagelt, giebt die Platte nun einen Buchdruckblock. Da Zinkhochätzungen bekanntlich nur mit **sehr guter Druckschwärze** und auf **vorzügliches Papier** tiefschwarz gedruckt werden können, empfehlen wir das nur einige Minuten in Anspruch nehmende Ueberziehen der fertigen Zinkplatten mit galvanischem Kupfer.

Hochstehende Bruchziffern oder Obere, sind bei den Bruchziffern die Zahlen oberhalb des Theilungsstriches oder an der linken Seite des Schrägstriches die Zahlen auf der obern Hälfte der Type, welche man in der Rechenkunst Zähler nennt.

Hochstehende Buchstaben oder Caractères interieurs sind in der französischen Typographie bei Abkürzung von Wörtern gebräuchlich, indem der erste Buchstabe eines Wortes aus der gewöhnlichen Schrift und der letzte Buchstabe oder die Schlußsylbe desselben aus hochstehenden Typen genommen wird, z. B. Mme, Madame; M^r, Monsieur; Vve, Veuve u. s. w. Diese hochstehenden Typen sind von gleichem Kegel derjenigen Schrift, zu welcher dieselben angewendet werden, aber ihr Bild ist das des halben Kegels, so daß zu Kegel 10 Kegel 5 (zu Corpus Perl), zu Kegel 8 Kegel 4 (zu Petit Diamant) genommen und beim Gießen so zugerichtet wird, daß die Type die obere Hälfte des Typenkopfes einnimt.

Hochzeit ist ein technisch-typographischer Terminus, welcher beim Setzen eine doppelt gesetzte Stelle des Manuscripts bezeichnet, welche ausgebracht werden muß.

Hochzeit machen, eine Stelle des Manuscripts doppelt setzen, s. Hochzeit.

Hochzeit ausbringen, s. Ausbringen.

Hock'scher Sparmotor. Dieser neue Wiener Motor gehört in die Kategorie der sogenannten offenen calorischen Maschinen und ist der Ropers'schen Heißluftmaschine nachgebildet. Gegenüber der neuesten amerikanischen calorischen Maschine von Alexander Kirk Riber unterscheidet sich die Hock'sche Maschine vortheilhaft durch größere Einfachheit in ihrem Bau und Betriebe. Die Hock'sche Kraftmaschine beschafft sich mittelst eines kleinen einfach wirkenden Gebläses oder Compressors verdichtete atmosphärische Luft, welche durch Ansammlung in einem den Ofen und Feuerraum umgebenden Vorwärmer und beim Durchgange durch das Brennmaterial erhitzt und auf eine höhere Spannung gebracht wird. Die Expansivkraft dieser gespannten Luft im Vereine mit den Verbrennungsgasen des verwendeten Brennmaterials wird als motorische Kraft verwendet. Die ganze Maschine ist vertikal über einen mit Chamotte verkleideten und hermetisch geschlossenen Ofen aufgebaut. Achsial unter dem vertikal aufgestellten Gebläsecylinder befindet sich in entsprechender Entfernung zur Anbringung eines einfachen Kurbelmechanismus mit der Pleuelstange der eigentliche Arbeitscylinder mit dem Arbeitskolben. Beide Kolben sind durch ein sehr zweckmäßig construirtes Rohrstück mit einander verbunden. Auch der Arbeitskolben ist nur einfach von unten nach oben wirkend, angeordnet. Dieser Umstand ist in sehr glücklicher Weise dahin benutzt, daß man die eigentliche Kolbendichtung des Arbeitskolbens, der auch noch mit einer innern Blech- und Lufthülse vor zu großer Erhitzung geschützt ist, gegen die kühlere Außenseite der Maschine verlegte, wodurch dem sonst so mißlichen Verbrennen dieser Dichtung gründlich begegnet ist. Durch den erwähnten Kurbelmechanismus mit der Pleuelstange wird die hin und hergehende Bewegung des Kolbens in eine stetige Kreisbewegung verwandelt. Zwei kleine Schwungräder an der Kurbelwelle bewerkstelligen beim Gange der Maschine im Beharrungszustande durch ihre lebendige Kraft die Ausgleichung der Geschwindigkeit im Kurbelkreise in ganz entsprechender Weise. Die Steuerung der Gebläseluft geschieht gegenwärtig durch die Saugklappe im Gebläsekolben und eine Druckklappe am Deckel des Gebläsecylinders, die Steuerung der erhitzten Luft hingegen durch zwei von einander ganz unabhängige Tellerventile, welche durch Pufferfedern geschlossen werden. Zur exacten Eröffnung dieser letzteren Ventile benutzt man die rotirende Kurbelwelle, welche zugleich auch einen Kurbelregulator antreibt, der bei zu rascher Umdrehungsgeschwindigkeit der Maschine die überschüssige atmosphärische Luft vermittelst eines besondern Ausblaseventils abführt. Bei dieser beschriebenen Einrichtung des Hock'schen Motors bedarf derselbe nach den bestehenden gesetzlichen Vorschriften keiner behördlichen Concession, keiner amtlichen Erprobung und keiner Bedienung durch einen hierzu autorisirten Heizer oder Maschinenwärter. Ein gewöhnlicher Arbeiter kann neben andern Beschäftigungen die Wartung der Maschine, welche allein in der Heizung und Schmierung besteht, übernehmen. Aber selbst das Eintragen des Brennmaterials braucht nur etwa alle Stunden oder nach je 1½ Stunde zu geschehen und nimt nur einige Minuten mit dem Oeffnen und Schließen der während des Betriebes hermetisch geschlossenen Feuerthür oder des Kegels, also in zehn Arbeitsstunden etwa eine Stunde Arbeit in Anspruch. Die Maschine ist vortrefflich angeordnet, bedarf keiner Fundirung, keines Kühlwassers und nimt nur äußerst wenig Raum ein, so daß sie in jeder kleinen Lokalität oder in einem Nebenraume bei 1,115 : 1,000, bis 1,350 : 1,150 Quadratmeter Aufstellungsfläche und einer Höhe von 2 bis 2,2 Meter, respective für die kleineren und größeren Arbeitsstärken aufgestellt werden kann. Trotz dieser compendiösen Anordnung sind alle Theile, wie namentlich die Lager der Kurbelwelle, die Steuerventile, deren Bewegungsmechanismus etc. sehr leicht zugänglich.

Höhe Didot. Die inmitten des vorigen Jahrhunderts von François Ambroise Didot festgestellte und nach ihm benannte einheitliche Typenhöhe mißt genau 62,72 typographische Punkte, 6 Punkte auf eine Linie des frühern Pariser Zolles gerechnet. Diese Höhe wird in Deutschland bei neuen Einrichtungen fast durchgängig beobachtet und muß unbedingt gegenseitig zu einander passen. Was darüber oder darunter, ist keine Höhe Didot. Sie ist die niedrigste von allen bekannten Typenhöhen. Die Klagen über ungleichmäßige Höhe, welche mitunter begründet sein mögen, sind nicht dem Schöpfer der Einheit zur Last zu legen; sie entspringen aus der Neuheit des Verfahrens und auch dadurch, daß die Höhe meistens durch den Hobel regulirt wird, was nie so genau zutreffen kann, als wenn dieselbe gleich mit dem Guß berichtigt ist.

Hoe, Robert, der Gründer der weltberühmten Buch- und Steindruckschnellpressen-Bauanstalt in New-York, geboren 1784 in Hose, einer Stadt in der englischen Grafschaft Leicestershire. Seine Eltern waren reich mit Kindern gesegnet und deshalb wurde Robert frühzeitig zu einem Zimmermann in die Lehre gegeben. Hier blieb er bis zu seinem neunzehnten Jahre und wanderte dann nach Amerika aus. Die Annahme, daß die damaligen Einrichtungen seines Vaterlandes nicht dazu angethan waren, die Arbeit zu protegiren, hatte den Gedanken an die Auswanderung in ihm reifen lassen, hoffend, für seine Ehrsucht und seinen vorwärts strebenden Geist in jenem Lande der Freiheit Befriedigung zu finden. Und er hatte sich nicht geirrt. In New-York angekommen, hatte er das Unglück, vom Gelbfieber befallen zu werden, in welcher schrecklichen Krankheit er nur mit genauer Noth dem Tode entrann und hatte er seine Wiederherstellung überhaupt der sorgsamen Pflege eines gewissen Thorburns zu danken. Darauf etablirte er sich als Zimmermann und heirathete, nicht viel über zwanzig Jahre alt, eine Tochter von Matthew Smith in Westchester im Staate New-York. Eine Zeitlang betrieb er mit seinem Schwager Matthew Smith, welcher Tischler war und Buchdruckpressen baute und Buchdruckerei-Utensilien anfertigte, gemeinschaftlich ein Geschäft, und nach ihrer Separirung verband Matthew Smith sich mit seinem Bruder Peter Smith, welcher auf dem Yale-Colleg Mechanik getrieben hatte und nun den Bau eiserner Buchdruck-Handpressen begann (s. Smith, Peter). Nach dem Tode dieser beiden Brüder ging deren Geschäft im Jahre 1823 in den Besitz von Robert Hoe über, welcher seinen ältesten Sohn Richard March Hoe — er hatte mit seiner Frau drei Söhne und sechs Töchter gehabt — und einen Sohn Matthew Smith als Theilhaber aufnahm und das Geschäft von nun ab unter der Firma Robert Hoe & Co. brtrieb. Das Etablissement war damals von geringer Bedeutung, indem es nur wenige Menschen beschäftigte. Es war gerade zu jener Zeit, wo die König & Bauer'schen, sowie die diesen Erfindern von Cowper und Ablegate nachgebildeten Schnellpressen in England an Ruf gewannen. Der umsichtige Hoe sendete einen geschickten Mechaniker nach England, um die neue Erfindung zu studiren. Nach dessen Wiederkehr wurde mit dem Bau von Buchdruckschnellpressen begonnen, welche in Amerika nur erst dem Namen nach bekannt waren. Jetzt trat das Geschäft aus den Kinderschuhen heraus, es blühte schnell auf und es mußte eine geräumigere Lokalität gewählt werden. Das ausersehene neue Lokal befand sich in der Goldstreet und diente ausschließlich zur Anfertigung von Buchdruck-Schnell- und Handpressen. Robert Hoe starb 1833, nachdem er ein Jahr zuvor bereits leidend gezwungen gewesen war, vom Geschäft zurückzutreten. — Das Geschäft verblieb nun den beiden bisherigen Mittheilhabern, Richard March Hoe und Matthew Smith. Die beständige Erweiterung des Etablissements mahnte an eine abermalige Vergrößerung der Arbeits- und Aufstellungsräume und so wurde die Anstalt nach ausgedehnteren Gebäuden in der Broomestreet, im östlichen Theile der Stadt, jener Gegend, wo die Industrie am stärksten vertreten ist, übergeführt, während das Comptoir noch immer seinen Sitz in der Goldstreet 31 behielt. Matthew Smith, ein Mann von ungewöhnlicher Begabung, reich mit Kenntnissen in allen Fächern der Industrie ausgestattet und von großer Umsicht im Geschäftsbetriebe, segnete leider im Jahre 1842 das Zeitliche, und von nun ab wurde das Geschäft von Richard March Hoe unter Aufnahme seiner beiden Brüder Robert und Peter Smith Hoe in dasselbe fortgeführt, während ersterer nach wie vor die Leitung der technischen Abtheilung beibehielt, auf welchem Gebiete seine Thätigkeit und Fruchtbarkeit durch die Menge der von ihm erworbenen Patente zur Genüge bewiesen ist. Im Jahre 1846 trat er mit einer wundervollen Erfindung hervor, nämlich der einer Riesenpresse, welche in der Zeitungsindustrie einen Umschwung von ungeheurer Bedeutung hervorbrachte. Es war dies die Formen-Umdrehungsmaschine (Type Revolving Printing Machine), welche in einer Stunde 20,000 Abdrücke liefern konnte. Somit war er also der Erfinder der Art von Zeitungsmaschinen, welche wir heute als Rotationsmaschinen kennen. Im Jahre 1847 wurde die Revolving-Maschine patentirt, welche bald von den bedeutendsten Zeitungsdruckereien der Welt adoptirt wurde; im Jahre 1850 schaffte auch die Londoner „Times" diese Presse an.

Im Jahre 1858 erwarb die Firma Hoe von Isaak Adams in Boston dessen vollständiges Patentrecht auf die Anfertigung seiner Werk-Tiegeldruck-Schnellpresse (Bed and Platen Book Printing Press), und zugleich das Etablissement, wo diese bisher gebaut worden war. Von nun ab baute die Fabrik auch Lithographische Schnell- und Handpressen, Buchbinder-Hülfsmaschinen, Papierschneidemaschinen, hydraulische und gewöhnliche Glättpressen, Satinirwerke und Calander, sowie Accidenz- und Karten-Tiegel-Tretmaschinen. War die Formen-Umdrehungs-Maschine zur Aufspannung von Typenformen auf einen großen Cylinder bestimmt, so begann die Fabrik in den sechsziger Jahren die wirkliche Rotationsmaschine zum Plattendruck und später auch für endloses Papier von zwei, vier, sechs, acht und zehn Druckcylindern zu bauen, welche Lightning Rotary Printing-Press (Blitz-Rotationsmaschine) genannt wurde. Diese Zeitungsmaschine ist seitdem fast mit jedem Jahre vervollkomnet worden. In den neuesten Jahren fällt dann auch die Einführung einer Papier-Feuchtmaschine seitens dieses Etablissements. Die Firma R. Hoe & Co. hat Niederlassungen außer New-York (Goldstreet 31) in Boston und London (Dorset-Street 62, Salisbury-Square).

Hoes Papier-Feuchtmaschine. Diese Maschine zum selbstthätigen Papierfeuchten gleicht in Form und Gestalt einer einfachen Druckmaschine. Das Feuchten des Papiers geschieht mittelst zweier mit Filz überzogener Cylinder, welche horizontal über einander liegen und von denen der untere von bedeutenderm Umfange ist. Unter diesem Cylinder befindet sich ein Behälter mit Wasser, welches er bei seinem Umgange berührt. Vor dem letztern Cylinder ist der Anlegetisch und nach dem Durchgange durch beide Walzen wird das Papier von beiden Seiten oben und unten bespritzt, während es am andern Ende der Maschine von einem Selbstausleger erfaßt und dem Haufen auf dem Auslegetisch zugeführt wird.

Hoes Rotationsmaschine. Diese Riesenmaschine für den Zeitungsdruck wurde von der Firma R. Hoe & Co. in New-York im Jahre 1846 eingeführt, im Jahre darauf patentirt und ursprünglich Formen-Umdrehungs-Druckmaschine (Type Revolving Printing Machine) genannt. Gleichwie alle Rotationsmaschinen ist auch die von Hoe nach dem Grundsatze der Formen-Umdrehung gebaut, d. h. die gesetzte Form wird auf einen Riesencylinder gespannt und um diesen herum befinden sich die Farbewerke und die Druckcylinder. Bei der ersten Hoeschen Maschine betrug der Durchmesser des Formencylinders anderthalb Meter, und nimt die Form auf demselben etwa nur ein Viertel des Umfanges dieses Riesencylinders ein. Rings um letztere herum und parallel mit demselben sind kleinere Cylinder angebracht, welche den Druck besorgen; mit der Bewegung des großen Cylinders werden alle kleinen durch Vermittelung von Zahnrädern bewegt und während der Umdrehung die auf letzteren befindlichen Bogen bedruckt. Die Farbe befindet sich in einem Becken unter dem Formencylinder und wird von Vertheilungswalzen auf den zur Verreibung bestimmten Raum der Oberfläche des großen Cylinders gebracht. Da dieser Theil der Oberfläche mehr abgeplattet ist, als der den Satz tragende, so geht diese Stelle über die Druckcylinder hinweg, ohne dieselben zu berühren. Für jeden Druckcylinder sind zwei Farbwalzen vorhanden, welche ihre Farbe von der zur Verreibung derselben bestimmten Stelle des Hauptcylinders empfangen, die Form mit Farbe versehen, indem dieselbe unter sie hinweggeht und sich nachher wieder nach der Verreibungsstelle oder dem Farbetisch begeben. Jede Columne der Zeitung wird als ein besonderer Abschnitt des Formencylinders betrachtet, welcher ihr Fundament (Bett) und Rahme bildet. Die Spaltenlinien laufen parallel mit der Achse des Cylinders und sind folglich von gewöhnlicher Beschaffenheit, aber ein wenig keilförmig vom Fuße nach dem Kopfe zu, während die Kopf- und Annoncenlinien, sowie die Abtheilungslinien der Ueberschriften und Rubriken die Form von Kreisabschnitten, wiewohl in ganz geringem kaum bemerkbaren Grade, haben. — War solcher Art die erste Hoesche Rotationsmaschine, so wurde sie später nach demselben Prinzip zum Plattendruck eingerichtet, weiter wenn das Format so umfangreich war, daß der Formencylinder Schön- und Widerdruck nicht faßte, zwei Formencylinder angebracht, eine Papierfeuchtmaschine, eine Falzmaschine damit verbunden und sie schließlich zum Druck von endlosem Papier eingerichtet.

Hohe Ausschließungen, sowie Hoher Durchschuß und Hohe Quadraten sind höher als die gewöhnlichen und nur ein wenig niedriger, als die Schrift. Sie werden zu solchem Satz verwendet, von welchem Stereotypplatten mittelst Gyps genommen werden sollen. Bei dem gewöhnlichen niedrigen Durchschuß würde sich nämlich bei dem Abformen der Gyps zu tief in die Oeffnungen hineinsetzen.

Hohe Quadraten, s. Hohe Ausschließungen.

Hohenwang, Ludwig, gebürtig aus dem Elchingerthale, war der erste Buchdrucker Ulms, dieser alten berühmten Reichsstadt, welche bald mit Mainz, Augsburg und Nürnberg in Ausübung der neuen Kunst wetteiferte. Er war zwar mehr Briefmaler und Formenschneider, als eigentlicher Buchdrucker. Man kennt einen Holztafeldruck mit seinem Namen, nämlich eine Ars moriendi mit der Unterschrift Meyster Ludowig zo ulm. Doch hat er auch einige Werke mit beweglichen, aber großentheils nur geschnittenen Buchstaben ausgeführt, welche auf einer Seite des Papiers gedruckt sind, s. Conrad Dietrich Haßler, Geschichte der Buchdruckerkunst in der Stadt Ulm, Ulm 1840, 4.

Hoher Durchschuß, s. Hohe Ausschließungen.

Hohlstege gehören in das Bereich des großen Füllungsmaterials. Sie bestehen aus Schriftmetall, sind auf Cicero bemessen und kommen in Stärken von 2, 3 und 4 Cicero, sowie in Längen von 4, 8, 12, 16 und 20 Cicero vor. Ihrer Form nach ist die Oberfläche entweder eben oder gerillt, während vom Fuße nach innen pyramidale Höhlungen abgehen — und daher rührt denn auch der Name Hohlstege. Verwendung finden dieselben zur Ausfüllung aller großen Räume, wie beispielsweise zu dem Rumpf von Tabellen, zu Vacats, Affichen, zur Bildung von Formaten, zur Ausfüllung beim Formenschließen u. s. w. Ihre Einführung gehört der neuern Zeit an und das Vaterland derselben ist Frankreich, von woher sie nach und nach bei uns Eingang fanden. Zu unterscheiden sind Hohlstege von Formatstegen, welch letztere, wenn auch an und für sich mit ersteren von gleicher Beschaffenheit, doch größere Stärke und bedeutendere Längen aufweisen.

Holtzmann, K. F., berühmter Künstler in der Hell-Dunkel-Manier des Druckes des Holzschnitts zu Anfang des sechzehnten Jahrhunderts, s. Hell-Dunkel.

Holzpresse, vormals auch Deutsche Presse genannt, ist das Druckwerkzeug, welches von der Erfindung der Buchdruckerkunst an auf uns überkommen ist, denn heute ist die Holzpresse noch nicht ausgestorben und bedeutende Veränderungen und Verbesserungen hat sie seit Gutenbergs Zeit auch nicht aufzuweisen. Sie hat eine über vierhundert Jahre alte Geschichte und deshalb können wir nicht umhin, uns eingehender mit ihr zu beschäftigen. Den Namen Holzpresse hat sie davon erhalten, weil sie zumeist aus Holz besteht und anfangs ganz aus diesem Material bestanden haben mag — Deutsche Presse von ihrem Ursprunge, denn wie die Buchdruckerkunst selbst eine deutsche Erfindung war, so mußte es auch die Presse sein, welche ihr diente. Die Holzpresse enthält im besondern folgende

Theile: beide Seitenwände mit der obern Verbindung und innerhalb dieser beiden Wände den Oberbalken und den Unterbalken, auf letzterm ruhen schwächere Holzlatten mit Eisenschienen, die den Karren tragen, welcher mittelst einer Kurbel und Gurten oder Riemen auf denselben vor- und rückwärts bewegt wird. Die Spindel als druckerzeugende Kraft, entweder aus Eisen, Messing oder Kupfer, steht mit der Mater, welche ebenfalls aus Metall, aber verschieden von dem der Spindel, gefertigt sein muß, in Verbindung, welch letztere in den Oberbalken eingelassen ist und hier die Spindel aufnimt. Den Zapfen, ein pyramidenförmiges Stück Stahl von 4—6 Centimeter Länge mit stumpfer Spitze, bildet das untere Ende der Spindel und ruht in der Büchse des Pfännchens, ein vierediges 2 Cm. starkes und 4 Cm. Fläche betragendes Stück gehärteten Stahls, in dessen Oberfläche eine halbrunde Oeffnung sich befindet; das Pfännchen nimt auf dem Tiegel die Mitte ein. Den Bengel, besteht aus einer Eisenstange mit einer Holzbekleidung, der sogenannten Bengelscheibe; durch eine Oeffnung am untern Ende der Spindel gesteckt und auf der andern Seite mit einem Splint befestigt, dient er dazu, durch Herüberziehen den Heruntergang der Spindel zu bewirken und dadurch den Druck auf den Tiegel auszuüben; am äußersten Ende des Bengels befindet sich eine Schwungkugel von Blei. Inmitten von Oberbalken und Tiegel befindet sich die Brücke, welche aus zwei dünnen Brettern besteht, die je vorn und hinten zwischen die beiden Wände geschoben werden und hier in einer runden Oeffnung den untern Theil der Spindel einfassen; durch diese Brücke gehen die vier Stäbe des Kreuzes, welches um die Spindel herum angebracht ist und dessen vier Stäbe durch in der Brücke angebrachte Oeffnungen zum Tiegel hinabsteigen, an diesen mit Haken befestigt werden und so bewirken, daß Tiegel und Spindel mit einander verbunden sind, während ersterer, obschon er anscheinend frei hängt, sich nicht bewegen kann. Die übrigen Theile an der Holzpresse sind: der Deckel mit dem Rähmchen, der Deckelgalgen, das Laufbrett, der Himham, der Farbetisch und die Auslegebank, sowie die Einteilung, mittelst welcher die Presse unter der Bodendecke festgeklemt wird, um festen Halt zu haben.

Holzsäure, s. Essigsäure.

Holzschneidekunst. Die Holzschneidekunst oder Xylographie ist die Kunde der Anfertigung von erhabenen Gravuren auf Holzplatten, meist bildliche Darstellungen vorführend, welche den Zweck haben, auf mechanischem Wege mittelst der Buchdruckpresse vervielfältigt zu werden und Druckwerken als Illustration zu dienen. Die Holzschneidekunst bildete sich aus der Formenschneiderei heraus und unbestreitbar ist sie deutschen Ursprungs. Sie ist älter als die Buchdruckerkunst, denn diese hat in ersterer ihren Ursprung, während die Vorgänger des Holzschnitts neben dem Formenschneiden die Spielkarten- und Briefdrucker waren. Die Holzschneidekunst beginnt mit dem Anfange des fünfzehnten Jahrhunderts in den Holztafeldrucken, wovon wir als bekanntes erstes Dokument den heiligen Christoph aus dem Jahre 1417 besitzen (f. Christophorus der Heilige Band I. S. 190). Die ursprüngliche Holzschneidekunst wollte durch ihre Producte Federzeichnungen in einfachster Weise darstellen, und ihre Meister haben uns Wunderbares hinterlassen. Der vormalige Holzschnitt mit den wenigen Strichen, mit geringen Hülfsmitteln seitens des Erzeugers hervorgebracht, ist im Stande, etwas Charakteristisches vorzuführen. Von Deutschland aus verbreitete der Holzschnitt sich nach den anderen Ländern von Europa. Aus der Rheingegend zog er nach den Niederlanden bereits zu Anfang des fünfzehnten Jahrhunderts. Deutscher Einfluß auf Einführung und Verbreitung des Holzschnittes in England, Frankreich, Spanien und Italien ist historisch nachweisbar. — Die Niederländische Schule, deren classische Zeit mit der Deutschen zusammenfällt, aber länger andauerte, hatte bereits im fünfzehnten Jahrhundert in der Lukasgilde in Antwerpen einen Stütz= und Sammelpunkt. Lukas v. Leyden, J. Walther v. Assen, H. Goltzius, Liefrink, Jegher, Chr. v. Sieghem, Abraham Bloemaert sind die berühmtesten Künstlernamen für diese Kunst. — In England fand die Holzschneidekunst viel später Eingang, wahrscheinlich erst mit dem Buchdruck zusammen und hat keine Kunstprodukte aufzuweisen. Englands Ruf in der Holz= schneidekunst datirt von dem Regenerator derselben für ganz Europa, Th. Bewick. — In Frankreich bestand schon 1391 eine Lukasgilde in Paris; ob diejelbe jedoch Formenschneider zu ihren Mitgliedern zählte, ist nicht nachgewiesen. Es scheint fast, als habe der Buchdruck die Franzosen erst auf den Holzschnitt auf= merksam gemacht, und die ältesten französischen Holzschnitte, welche wir besitzen, gehören der Mitte des fünfzehnten Jahrhunderts an. Die Formenschneider in Lyon wurden bald bekannt, und waren die hervorragendsten J. Goujon, Cousin, Bernhard Salomon. — In Italien hat man den Holzschnitt wahrscheinlich schon frühzeitig als Formenschnitt zum Bedrucken von Stoffen verwendet. In Venedig wurden im Jahre 1441 gedruckte Spielkarten verboten, aber möglicherweise konnten dieselben ja auch aus Deutschland eingeführt sein. Auch in Werken aus jener Periode begegnen wir keinem Holzschnitte. Dantes Göttliche Comödie von 1482 hat Schnitte von B. Baldini (s. d.) nach Zeichnungen von Sandro Botti= celli. Ulrich Hahn gab 1487 in Rom ein Werk mit Holzschnitten heraus; die Umstände deuten aber darauf hin, daß er selbst Formenschneider war. — In Spa= nien haben ebenfalls deutsche Künstler den Holzschnitt eingeführt, doch hat man sich dort fast ganz auf den Metallschnitt beschränkt. Dann kam der Verfall des Holzschnitts, welcher durch Bewick erst wieder auf das neue belebt wurde. Ein in die Augen fallender Unterschied des heutigen Holzschnittes mit dem früheren besteht darin, daß die älteren Künstler durch den Holzschnitt einfache bildliche Darstellungen schufen, während die modernen Xylographen durch Anwendung complicirter Strichlagen einen malerischen Effect, gleich dem Kupferstecher, zu erzielen sich bestreben. Ob diese Richtung der Holzschneidekunst von Vortheil ist, darüber kann man verschiedener Ansicht sein, wir unsern Theils müssen es be= zweifeln. — Eine Concurenz erhielt der Holzschnitt vorzugsweise in dem Erzeugniß der Zinkhochätzung, wenn auch nicht eben besonders in Deutschland, desto mehr aber in Oesterreich, England und Amerika, in welchen Ländern diese Kunst auf einer hohen Stufe der Vollkommenheit steht. Die außerordentliche Billigkeit der Zinkhochätzung empfiehlt deren Vervollkommnung bei uns bringend.

Holzschnitt ist eine für die Buchdruckpresse hergerichtete Druckplatte, deren Bild erhaben sein muß. Sonst heißt dieselbe auch xylographische Druckplatte. Sie besteht aus Buchsbaum= oder Birnbaum=Hirnholz, muß die Typenhöhe aufweisen, genau rechtwinkelige Verhältnisse haben und auf der Oberfläche glatt abgeebnet sein. Die Oberfläche mit einer weißen Schicht überzogen, bringt der Zeichner die Darstellung negativ darauf, nach welcher dann der Holzschneider oder Xylograph das Bild mit seinen Schneide= und Grabwerkzeugen herausarbeitet. Die Holz= schnitte werden zum Illustriren von Druckwerken benutzt, und wo solche inner= halb des Textes vorkommen, werden dieselben von vornherein nicht mitgesetzt, sondern für dieselben der entsprechende Raum gelassen, um sie bei Beginn des Druckes einzufügen. Die Holzschnitte sind vielen Unfällen preisgegeben; sie können weder Nässe noch das Licht der Sonne ertragen, und müssen vor der Einwir= kung beider sehr in Acht genommen werden. Aber auch unbehelligt von jenen Einwirkungen kann es während des Druckes vorkommen, daß die Platte gleich

Glas auseinanderspringt, weshalb es rathsam ist, jedesmal vor dem Druck von dem Original eine Galvano=Copie zu nehmen.

Holzschrift nennen wir eine solche, deren Buchstaben auf Holz geschnitten sind. Schon Gutenberg benutzte bei seiner Erfindung Holzbuchstaben, freilich waren letztere anderartig, als unsere heutigen, indem wir Holzschriften nur von großem Kegel und behufs Ersparung des Metalls kennen. Der Holzstock ist von jeher in mehr oder minder reicher Verwendung der Druckkunst dienstbar gemacht worden, denn bekanntlich begannen die Anfänge derselben mit Holztafeldrucken, welche sich später zu beweglichen, aus Holz geschnittenen Typen erweiterten. Doch zog man bald als bewegliche die metallenen Typen den hölzernen vor und behielt den Holzschnitt nur behufs bildlicher Darstellung bei. Der neuesten Zeit blieb es vorbehalten, die Holztypen wieder zu Ehren und Ansehen zu bringen, wozu das Aufblühen des Affichenwesens am meisten Veranlassung gab. Und so war es denn während der zwanziger Jahre unsers Jahrhunderts, als diese Kunst wieder neu zu erstehen begann und sich nach und nach bedeutend erweiterte. Aber in ihrer Herstellungsweise wurden nur geringe Fortschritte gemacht, indem man dabei ver=harrte, bei der Herrichtung der Holztypen das Verfahren des Holzschneiders zu beobachten, nämlich mittelst Grabstichel und Messer mit der Hand die einzelnen Buchstaben aus dem Holze herauszuarbeiten. Im Jahre 1869 gelang es nun aber den Herren Ch. Bonnet & Co., die Mechanik zu Gunsten der Fabrikation der Holztypen in Anwendung zu bringen und heute hat diese Firma in Genf ein Etablissement inne, welches in der Holztypenfabrikation auf mechanischem Wege mit Hülfe der Wasserkraft und in neuerer Zeit infolge des allgemeinen und vermehrten Zuspruches und Aufschwunges ihres Unternehmens mit Dampf=kraft, wirklich Großartiges leistet. Außer diesen Betriebskräften komt diesem Ge=schäfte auch noch der Vortheil der Nähe großer und eigenartiger Waldungen zu statten, welcher ihr das zu den Typen erforderliche Holz liefert. Die dortigen Er=zeugnisse sind ausschließlich in Hirnholz gearbeitet, mit dessen Widerstands=fähigkeit, Dauerhaftigkeit und Feinheit das sonst überall gebräuchliche Langholz nicht im mindesten einen Vergleich aushalten kann. Diese Typen können die stärkste Pressung unserer typographischen Druckwerkzeuge aushalten, und sie be=sitzen nicht den Uebelstand der Typen auf Langholz, daß sie nach dem Waschen sich verziehen, sich werfen oder steigen. Es ist für unsern Beruf interessant, die Her=stellungsweise der Typen in diesem seltsamen Etablissement kennen zu lernen, und wollen wir nachstehend (nach eigener Anschauung) eine kurze Beschreibung darüber geben. Das Holz zu diesen Typen liefern hauptsächlich der weiße und rothe Birnbaum, der wilde Apfelbaum und andere Bäume von untadelhaft hartem Holze, welche in den Wäldern der Schweiz und Savoyens gefunden werden. In der Fabrik angelangt, werden mit dem Holze unter Beihülfe des Dampfes ver=schiedene Handtierungen vorgenommen zu dem Zwecke, um es zu reinigen und für den beabsichtigten Gebrauch geeignet zu machen. Diese Präparation bezieht sich namentlich auf die Entfernung der Rinde, der schlechten Stellen, der groben Fasern oder etwaiger verwachsener Theile. Hiernach kommt das Holz in eine Trockenanstalt, in welcher es Monate verbleiben muß, bevor es zum Gebrauche geeignet ist. Nach=dem nun der Zustand der Trockenheit eingetreten ist, gelangt es in die Fabrik zur Bearbeitung, und beginnt zuerst der mechanische Hobel seine Thätigkeit, der bei jedem Stücke so lange arbeitet, bis die Schrifthöhe erreicht ist; dann erfolgt das Glätten der Oberfläche ebenfalls mittelst einer mechanischen Vorrichtung, und nun werden die so weit hergerichteten Stücke unter Kreissägen in die Breiten der gewünschten Kegel nach Cicero und in endlose Bahnen geschnitten. Dieses be=

werkstelligt, beginnt die mechanische Gravirung, anscheinend einfach, aber dennoch sehr geistreich, mit der Reproduktionsmaschine, durch welche, geführt von der Hand eines Arbeiters, nach Matrizen das Buchstabenbild in seinen Umrissen und inneren Verhältnissen mit der ängstlichsten Genauigkeit hergerichtet wird. Die Maschinen zum Zeichnen, Schneiden und Stechen liefern in einem Tage 600 bis 700 vollständig fertige Typen. Mit denselben Maschinen bereitet die Firma Ch. Bonnet & Co. auch Typen, welche die Bestimmung haben, mehrfarbig gedruckt zu werden. Diese Art von Buchstaben, aus dem härtesten und vorzüglichsten Holze gefertigt, gewähren die Möglichkeit, mit Leichtigkeit einen schönen Farbendruck zu erzielen. Außer diesen Maschinen functionirt noch eine andere höchst wunderbare, nämlich die Maschine, welche die Matrizen beschafft, resp. das Nachschneiden, Verkleinern oder Vergrößern, Schmälern oder Verbreitern jeder Schrift mit mathematischer Genauigkeit nach der Grundmatrize. Durch eine höchst geistreiche Zusammenstellung ist sie nämlich im Stande, augenblicklich von einer Antiqua zur Cursiv, von einer fetten Egyptienne zu einer magern gleichen Charakters, sowie von einem Kegel, welcher 100 Cicero stark ist, auf einen solchen von 4 Cicero verstellt zu werden. Der Raum gestattet uns nicht, eine vollständige Beschreibung dieses Etablissements zu geben, das in Augenschein zu nehmen der Mühe lohnt. Wir wollten hier nur die mechanische Herstellung der Holztypen veranschaulichen und haben dazu noch nachzutragen, daß mit den Typen, wenn sie vollständig fertig aus der Maschine hervorgegangen sind, noch eine schließliche Präparation vorgenommen wird, welche darin besteht, daß dieselben in ein Gefäß mit siebendem Oel gelegt werden, infolge dessen das Holz von Fett gesättigt wird und demgemäß gegen die Einwirkung von Feuchtigkeit und Wärme bleibt. Wien und Philadelphia mit ihren Weltausstellungen haben die Bemühungen dieser Fabrikanten mit Preiskrönungen belohnt und bis jetzt deren Fabrikat für unübertroffen gefunden. Hiernach erübrigt noch, zu erwähnen, daß die Firma Ch. Bonnet & Co. eine Anzahl von 7000 Schriftsorten liefert, von 4 Cicero beginnend und bis 100 Cicero steigend. Dem Charakter nach bestehen dieselben aus Fraktur in fett, halbfett, breit und schmal, aus allen möglichen Arten der Gothisch, Bastard und Ronde; Antiqua in gewöhnlich, breit, gestreckt, halbfett und fett, und ebenso auch alle übrigen in das Gebiet der Antiqua gehörenden Abarten, Egyptienne, Grotesque, Italienne, Clarendon, Cursiv, Skelet ꝛc. ꝛc. in ihren verschiedenen Nuancen. Probebücher stehen Jedermann gern zu Diensten. Wer von unseren Kollegen mit Holzschriften zu thun hat oder gehabt hat, weiß, welche Unzuträglichkeiten die Handhabung der auf Langholz geschnittenen Typen mit sich bringt, sie fallen bei solchen Typen aber fort, deren Bild, wie die von Ch. Bonnet & Co., immer gegen die Holzader läuft — ein Vortheil, der in Europa nur dem Fabrikate dieser Fabrik eigen ist.

Holzstoff sind die geschliffenen, chemisch abgekochten und gebleichten Holzbestandtheile, welche man als Ersatz von Lumpen heute zur Fabrikation des Papiers verwendet.

Homöographie nannte Helfmann in Valparaiso ein im Jahre 1863 von ihm erfundenes neues Verfahren des Anastatischen Drucks.

Hülfsbüchlein für Buchdrucker und Schriftsetzer — heißt ein kleines Schriftchen, welches auf 58 Seiten kl. 8. Schemata zum Ausschießen der Formen, zu fremdsprachlichen Schriftkasten, Tabellen über Formatbestimmung und dergleichen, fremdsprachliche Alfabete, Primentafel bringt und 1872 bei A. Waldow in Leipzig erschienen ist.

Hurenkind ist ein technischer Ausdruck beim Setzen, und bedeutet eine

Ausgangszeile an der Spitze der Columne. Der althergebrachten Regel nach ist dieses unerlaubt, und so hat man denn in der alten Zeit der Kraftausdrücke diese Benennung gewählt, um etwas Illegitimes, Unehrenhaftes damit zu bezeichnen. Wie gesagt, versteht man unter diesem Ausdruck eine Ausgangszeile an der Spitze der Columne; wenn manche Setzer von heute aber meinen, es sei ein Hurenkind, wenn eine Ausgangszeile in dem Coupon von Zeitungen an der Spitze einer Spalte steht, so ist dies eine irrige Auffassung, weil es eben inmitten der Columne ist und folgeweise hier ein solches als Ungehörigkeit nicht angenommen werden kann, weil diesesfalls jede Ausgangszeile innerhalb der Columne verpönt sein müßte.

Hydraulische Glättpresse. Gleich der gewöhnlichen Glättpresse dient auch die hydraulische zum Einpressen des Gedruckten, und hat sie äußerlich so ziemlich dasselbe Aussehen wie jene. Der hydraulischen Glättpresse fehlt aber die Schraube als die die Pressung erzeugende Kraft, denn diese tritt dadurch ein, daß von unten hineinströmendes Wasser das Fundament in die Höhe hebt und gegen den obern Körper drängt. Eine so außerordentliche Pressung, wie die hydraulische Glättpresse äußert, ist mit den gewöhnlichen niemals zu erreichen, weshalb sie diesen auch vorgezogen werden muß.

J

J i j, der neunte Buchstabe in den Alfabeten der Sprachen des germanischen und romanischen Stammes; als römisches Zahlzeichen 1, 2 und 3 (I, II und III oder auch i, ii und iij). In der Antiqua ist das I i von J j unterschieden, in der Fraktur nur das gemeine j, nicht das große, was füglich unterschieden sein sollte, da ersteres ein Selbstlaut und letzteres ein Mitlaut ist. Vormals lieferten die Schriftgießer das J und Jobb als Versal in verschiedener Gestalt, aber gleich so vielen anderen Typen, wie z. B. das zusammengegossene Etceterazeichen, ist auch dieses neuerdings aus den Gießzetteln verschwunden. Im Griechischen ist dieser Buchstabe in der Reihenfolge ebenfalls der neunte, hier mit Selbstlaut unter dem Namen Jota (sprich i=ota). Im Hebräischen tritt er gedehnt als Langchired und kurz als Kleinchired auf, im Arabischen als Kefre.

Ibarra, Joachim, ein berühmter spanischer Buchdrucker, geboren 1726 in Saragossa, gestorben 1785 zu Madrid. Diesem Manne von ungewöhnlicher Begabung gelang es nach langem Streben, der Reformator der Typographie in Spanien zu werden und die Kunst auf eine Stufe der Vollkommenheit zu erheben, von welcher man in seinem Vaterlande bis dahin keine Ahnung gehabt hatte. Sein Geschmack und Verbesserungssinn verdienen um so mehr Bewunderung, als er nur wenig oder gar keine Gelegenheit fand, mit dem, was das Ausland in dieser Beziehung leistete, sich vertraut zu machen. Er war der Erfinder einer Tinte, welche unbeschadet ihrer Schwärze verdickt oder verdünnt werden konnte und führte in Spanien zuerst das Glätten des Papieres nach dem Druck ein. Zur Belohnung seiner Verdienste ernannte ihn König Karl III. von Spanien zum Hofbuchdrucker. Aus seiner Officin gingen die Prachtausgaben der lateinischen Bibel von 1780 in zwei Bänden, des Don Quixote von 1780 in vier Bänden, und der spanischen Uebersetzung des Sallust von 1772, welche den Infanten Don Gabriel zum Verfasser hatte, sowie Fr. Perez Bayers Abhandlung über das Alfabet der Phönizier, sämtliche Werke in Folio, als ebenso viele Perlen der Kunst hervor, welche noch jetzt den gepriesensten Meisterwerken eines Baskerville, Bulmer, Bodoni, Didot rühmlichst zur Seite stehen. Seine Witwe setzte die Buchdruckerei fort und wußte durch mehrere gediegene Werke den Ruhm des verewigten Gatten sich zu erhalten.

Illustration ist eine Verzierung, Verschönerung, durch bildliche Darstellungen den Text erklärende und erörternde Ausschmückung der Bücher. Sie ist nicht nur so alt wie die Buchdruckerkunst selbst, sondern reicht noch weiter in die Zeit der Abschreiber. Ein paar Jahrhunderte in Verfall gewesen, steht sie heute in unbegrenzter Entwickelung da. Der Illustrationsvermittler ist in erster Reihe der Holzschnitt, dann die geätzte Zinkplatte, die gravirten Metallstempel und von allen diesen die Abklatsche und galvanischen Kupferniederschläge. Wir können in der That unsere gegenwärtige Periode in der Geschichte der Druckkunst nicht besser kennzeichnen, als die des Illustrationsdruckes, denn wir wissen es alle, daß es förmlich zur Sucht geworden ist, Werke und Zeitschriften mit Bildern auszuschmücken und Bilderbücher für große Kinder zu schaffen. Um diese Sucht zu befriedigen oder ihr Vorschub zu leisten, sann man seit Jahren auf Mittel, den kostspieligen Holzschnitt und die hochgravirte Metallplatte durch billigere Erzeugnisse zu ersetzen oder mindestens die Originale zu vervielfältigen. Viele Erfindungen sind in dieser Beziehung aufgetaucht, von denen sich am meisten die Hochätzung der Zinkplatte bewährt hat; Amerika hat es hierin zu großer Vollkommenheit gebracht, denn uns liegen Illustrirte Journale aus jenem Lande vor, deren Zinkos in der Schärfe und dem Ausdruck dem besten Holzschnitte nicht nachstehen, ja denselben fast noch übertreffen. Bei uns hat indeß der Holzschnitt als Original und vervielfältigt in Schriftmetall als Abklatsch und in Kupferniederschlag auf galvanischem Wege noch immer die Oberhand behalten; die Zinkos in unseren illustrirten Journalen sind schreckliche Bilder, aus denen die wirkliche Zeichnung oft gar nicht mehr ersichtlich ist. So viel nun aber auch im Ausschmücken der Bücher mit bildlichen Darstellungen in der Zahl geleistet wird, so verflacht und nichtsbedeutend sind die meisten hinsichtlich ihres künstlerischen Werthes, was seinen Grund in der Manie des Illustrirens hat. Die größere Anzahl der uns zu Gesicht kommenden Illustrationen sind weiter nichts als Bilder und nur Bilder, welche nicht im Stande sind, dem kunstgewöhnten Auge einen erfreulichen Eindruck zu bereiten. Die Sucht zu illustriren, welcher es ganz gleichgültig ist, wie illustrirt wird und welchen Werth die gelieferten Erzeugnisse haben, trägt zumal die Schuld an der Verflachung unserer Bücherschmückung; ferner sind die massenhaft erzeugten und die gröbsten Mängel an sich tragenden Platten nicht dazu geeignet, gute Produkte zu schaffen und endlich verwenden die Drucker und Maschinenmeister nicht die Sorgfalt auf diesen ihrer Pflege befohlenen Gegenstand, wie sie erforderlich ist, weil ihnen die Behandlung auch meistens fremd ist. Dem kundigen Illustrationsdrucker wird aber auch vielfach die Zeit nicht gestattet, welche zu einer ordnungsmäßigen Zurichtung nothwendig ist. Diese und noch viele andere Umstände sind die Ursachen, daß unser Illustrationsdruck noch auf einer so niedrigen Stufe steht.

Illustrationsdruck ist die Erzeugung der bildlichen Darstellungen zur Ausschmückung von Büchern und Zeitschriften mittelst der Buchdruckpresse seitens der

Druckers oder Maschinenmeisters. Er gehört in die Branche des Kunstdrucks — oder sollte vielmehr zu derselben zählen. Die Behandlung des Illustrationsdruckes erfordert bei der Presse eine harte Deckeleinlage, bei der Maschine eine harte Cylinderbekleidung; der Stock, gleichviel ob Originalholzschnitt oder Copie, ist auf die Schrifthöhe zu untersuchen und wenn er zu niedrig ist, im ganzen am Fuße zu unterlegen, oder wenn einzelne Stellen abweichen, an den Ecken oder an den Seiten je nach Erforderniß nachzuhelfen; der gegen die Schrift zu hohe Stock muß mittelst des Hobels, der Raspel oder des Schabers auf die richtige Höhe abgeebnet werden. Die Zurichtung hat den Zweck, das Bild im Druck so hervorzubringen, wie der Künstler es gezeichnet oder sich im Geiste gedacht hat, denn seine Bleifederlinien können nicht allemal den Effekt haben, wie die Schwärze des Druckes. Die Zurichtung selbst besteht im Ausschneiden solcher Stellen, welche schwach, oftmals wie gehaucht, erscheinen sollen, im Unterlegen solcher Punkte, welche sich auszeichnen, scharf hervortreten, einen Schatten bilden sollen und da der Schatten in seiner Natürlichkeit sich abschwächt, so ist das zu dem diesbezüglichen Zweck als Unterlage benutzte Papier nach dem Ausgange des Schattens hin abzuschaben, damit der Schatten im nachherigen Druck scharf hervortretend beginnt und nach und nach immer schwächer wird, bis er zuletzt gänzlich aufhört. Von diesem Schaben hängt für die Natürlichkeit des Bildes ungemein viel ab. Nehmen wir beispielsweise eine Maschine als Gegenstand unsers Druckes an, eine Sache, welche in unseren Tagen zu den alltäglichen Vorkommnissen des Bilderdruckes gehört. Je mehr die Schraffirungen der Schattenlager hervortreten und wieder schwächer werden, endlich aber in einem Hauch endigen, desto günstiger ist der Effekt, desto natürlicher ist die Erscheinung des ganzen. Dasselbe gilt von der Luft, schweren und leichten Wolken. Ueberhaupt ist der Rand des Papiers den das Messer oder die Scheere erzeugt hat, durch Schaben abzuflachen. Die Zurichtung von Porträts ist vorwiegend schwierig, sie erfordert Sorgfalt und Aufmerksamkeit. Diese Illustration kann durch gute Zurichtung dem Original getreu gegeben werden, ein hübsches Antlitz aber durch schlechte Zurichtung in fratzenhafte Häßlichkeit umgeschaffen werden. Der Zeichner hat z. B. ein Grübchen in der Wange durch den Schatten eines Haarstriches ausgedrückt; erscheint dieser nicht ebenso fein, wie ihn der Zeichner gedacht hat, so bewirkt er gerade das Gegentheil, indem er dem Schatten einer Runzel gleicht. Der Druck von Landschaften ist weniger schwierig, als alle übrigen Illustrationen, denn hier ist es dem Zeichner und Schneider möglich, die Schatten fester und abfallender zu fixiren, als bei anderen Abbildungen. — Das zu dem Druck von Illustrationen benutzte Papier sollte nur von guter Beschaffenheit in der Masse, schwach gefeuchtet und in diesem Zustande gut satinirt sein. — Starke Schwärze ist der schwachen vorzuziehen, doch muß sie ein tiefes Schwarz von gebranntem Lampenruß aufweisen. — Die Walzen müssen Zug haben, dürfen aber nicht zu weich sein, damit sie Kraft besitzen, starke Farben zu vertreiben. — Als Cylinderbekleidung oder Deckelüberzug empfiehlt sich Seide. — Der Originalholzschnitt darf den Strahlen der Sonne nicht ausgesetzt sein, weil diese ein Platzen desselben zur Folge haben können, und ebensowohl muß er vor Feuchtigkeit geschützt sein, um ein Verziehen des Holzes zu verhüten; die letztere Vorsicht ist bei allen Abklatschen auf Holzfuß am Platze. Zum Waschen benutze man daher Terpentinöl.

Illustrationsdrucker ist die Person, welche der todten Platte des Künstlers als bildliche Darstellung Form und Gestalt verleihen soll. Diesem dürfen, wenn er den Namen Illustrationsdrucker durch die That bewahrheiten will, mancherlei subjective Eigenschaften nicht ermangeln, als da sind: Erfahrung in allen Branchen des Druckes und vornehmlich ausgezeichnete Befähigung im Zurichten; Accuratesse nach allen Seiten hin und strengste Ordnungsliebe; ein Auge, das im Stande ist, auf den ersten Blick das Mangelhafte zu erkennen und eine Hand, welcher die Geschicklichkeit aneignet, jener Erkenntniß rasch abzuhelfen; Sinn für Schönheit und natürliche Wahrheit, d. h. keine Kunstkenntniß, aber Geschmack am Schönen, das Schöne schön finden; Elementarbegriff der Schattenlehre. Dann müssen aber auch seine Presse oder Maschine sich in dem Zustande der Leistungsfähigkeit befinden, die ihm zugebote stehende Farbe darf ihren Zweck nicht verfehlen, das Papier muß von untadelhafter Güte sein und vor allen Dingen muß die Platte eine Beschaffenheit derart aufweisen, daß dieselbe, nachdem Zeichner und Holzschneider den größten Fleiß auf die Herrichtung verwendet haben, untadelhaft genannt werden kann. Vollkommenes giebt es nicht auf Erden: das wissen wir alle, und in der Aufgabe des Illustrationsdruckers zählt es auch, wo möglich nachzuhelfen, aber mit einer mangelhaften Platte bei unbrauchbarer Presse, schlechter Farbe und rauhem Papier kann der beste Illustrationsdrucker Gutes nicht schaffen.

Illustrationssatz, s. Satz mit Illustrationen.

Imham oder Himham, auch Anschlag, eine Vorrichtung bei der Holzpresse, welche dazu dient, das aufgeschlagene Rähmchen zu stützen und weiter dessen Niederfallen zu bewirken. Er besteht aus einem Strick, welcher unter der Decke befestigt, bis zum Fußboden geht. Hier ist er mit einem Stück Leder oder einer Schuhsohle versehen, welche, wenn dieselbe von der Fußspitze des Druckers leise berührt wird, das Seil anstrammt und das Rähmchen zum Fallen bringt, das der Drucker dann mit der linken Hand auffängt.

Imperial, s. Copepresse.

Imprimatur, lateinisch, zu deutsch: es werde gedruckt, Formel des Büchercensors auf ein ihm zur Durchsicht vorgelegtes Manuscript. Die obige Aufschrift auf der ersten Seite eines Manuscripts mit dem Namen des Censors darunter schloß zu den Zeiten der Censur die Druck-Erlaubniß in sich.

Incunabel, von dem Lateinischen Incunabula, was in der Wiege ist, nennen wir die Erstlings- oder Wiegendrucke der Buchdruckerkunst, so namentlich die Holztafeldrucke und Blockbücher, die ersten Drucke Gutenbergs (Sechsunddreißigzeilige Bibel, Donat, Catholikon), Just und Schöffers Zweiundvierzigzeilige Bibel, Psalterium u. s. w.

Indigo, ein aus der in Ostindien (Kalkutta) wachsenden Indigopflanze bereiteter veilchenblauer Farbenkörper, deshalb auch Indischblau genannt. Das Indigopulver in der Buch- und Steindruckerei mit schwarzer Farbe gemischt, verleiht derselben die Eigenschaft des schnellen Trocknens, und ist in dieser Beschaffenheit mit Vortheil bei dem Druck auf Glanzpapier und Glanzkarten zu verwenden, weil die infolge der Indigobeimischung entstandene schnelle Trocknung der Farbe das Hängenbleiben des Glanzüberzuges auf der Schrift verhütet.

Indische Ziffern, s. Arabische Ziffern.

Indispensable (Presse indispensable), zu deutsch die Unentbehrliche, nennt Hippolyt Marinoni in Paris seine kleine Maschine, deren Druckfläche 55 : 76 Cm. beträgt. Die Construction dieser Maschine beruht auf dem Prinzip der Pendelbewegung, ihr Bau ist einfach, aber solid und elegant. Der leichte Gang der Maschine ist durch das derselben aneignende patentirte Princip der Fortbewegung auf Frictionsrollen ermöglicht, deren in jeder Schiene acht angebracht sind. Sie besitzt Tischfärbung; die Walzen laufen in offenen Lagern, so daß ein Springen der letzteren oder beim Tabellendruck ein Einschneiden der Linien platterdings unmöglich ist, und ist sie mit Selbstausleger versehen. Es ist möglich, in einer Stunde 1500 Abdrücke zu erzielen und beträgt der Anschaffungspreis 2600 Franken = 2080 Mark. Vertreter in Deutschland sind Ferd. Schlotke in Hamburg und Fr. Franke in Danzig.

Inhalt ist in einem Buche die Aufzählung der in demselben enthaltenen Gegenstände nach Kapiteln, Abschnitten, Paragraphen, Abtheilungen und Unterabtheilungen mit Angabe der Seiten nach ihren Zahlen, auf welchen die jeweiligen Artikel beginnen. Für den Leser ist der Inhalt ein Wegweiser, ein Leiter oder Führer zur raschen Auffindung des Gesuchten. In der technischen Behandlung ist bei dem Inhalt folgendes zu beachten: Er hat auf einer ungeraden Columne zu beginnen, geht dem Texte des Buches voran und folgt dem etwaigen Vorworte; auf seiner ersten Columne, die in das Bereich der sogenannten Anfangscolumnen gehört, erhält er einen Vorschlag je nach der Länge der Textcolumnen von 6—8 Cicero, dann folgt die Bezeichnung Inhalt oder Inhaltsverzeichniß, welche ein wenig hervorzuheben, auf die Mitte auszuschließen und durch eine feine oder Wellenlinie von der ersten Zeile des nun beginnenden Inhalts abzustellen ist; er ist aus kleinerer Schrift als die des Textes des Buches, zu im engeren, zu setzen, die Schrift jeder Zeile ist mit Punkten nach der am Schlusse derselben stehenden Zahl auszuführen, und zwar derart, daß die einzelnen Punkte nicht mehr als um eine Zweipunkt-Ausschließung von einander entfernt sind; giebt ein Gegenstand zwei oder mehr Zeilen, so ist jede der ersten folgenden um etwas einzuziehen, wenn aber jede Sache mit einer Ordnungszahl versehen ist, so müssen die etwa über die erste Zeile hinausgehenden Zeilen um den Betrag des Raumes eingezogen werden, der jene Zahl samt Zubehör bemißt; die Hauptrubriken Kapitel, Abschnitt, Abtheilung, wenn dieselben nicht auf eine Seitenzahl hinweisen, sind in halbfett, oder fett gleichen Kegels oder durch Spatiiniren auszuzeichnen, auf die Mitte auszuschließen oder stumpf beginnen zu lassen; er muß aus ebenen Columnen bestehen, erhält also jedesmal ein Vacat, wenn er beispielsweise nur eine Columne giebt, und ebenso auch bei 3, bei 5 Columnen. Da der Inhalt einen Bestandtheil des Titelbogens ausmacht, so sind seine Columnenziffern aus römischen Zahlen zu nehmen.

Initialen sind verzierte Anfangsbuchstaben der Kapitel, Abschnitte oder Abschnitte in Werken aller Literatur, denn während sie früher nur in den Büchern belletristischen und schöngeistigen Inhalts Verwendung fanden, trifft man sie gegenwärtig in den Werken der verschiedensten Wissenschaften an. Mit Vorliebe werden sie aber vom Auslande gepflegt und zumal von der englischen Typographie. Schon in den geschriebenen Büchern traten sie auf und meistens in prunkender Verzierung; so besitzt beispielweise die Bibliothek der Stadt Lüneburg die Handschrift des Sachsenspiegels, in welchem sämtliche Kapitel zu Anfang mit prachtvoll in Gold verzierten Initialen geschmückt sind. Von der Buchdruckerkunst wurden dieselben gleich anfangs adoptirt und am hervorragendsten erblicken wir sie in dem Fust-Schöfferschen Psalter (s. d.) in zwei Farben gedruckt. Erhard Ratdolt, der berühmte Augsburger Buchdrucker und Urheber des Titels, sowie des Golddrucks, erfand die mit Blumen verzierten Initialen. Später hörte die Herstellung im Farbenschmuck auf, aber erhalten haben sie sich durch die Jahrhunderte hindurch bis auf unsere Tage und werden heute wieder besonders gepflegt, so daß jede Gießerei Initialen in mehreren Garnituren und der mannichfaltigsten Ausschmückung besitzt. Eine außerordentlich reichhaltige Auswahl in Renaissance-Initialen weist die Schriftgießerei von Otto Weisert in Stuttgart auf. — Die technische Behandlung ist bei uns eine verschiedene, indem man die Initiale in ihrem Buchstabenbilde mit der ersten Zeile des Textes Linie halten läßt oder sich um diese Linie nicht kümmert, vielmehr die Initiale neben den Text stellt; zuweilen hängt aber auch von der Beschaffenheit der Initiale ihre Behandlung ab, denn wenn dieselbe am Kopfe viel Fleisch besitzt, so kann die erste Zeile des Textes nicht unmittelbar am Kopfe beginnen, sondern muß hier einen Vorschlag erhalten. In England setzt man das Wort mit der Initiale aus Versalien.

Inserat, s. Annonce.

Inseratensatz, s. Annoncensatz.

Insignie oder Druckerzeichen sind beständige und nach gewissen Regeln eingerichtete Kennzeichen, wodurch Geschlechter, Gesellschaften oder einzelne Personen unterschieden werden. Anfänglich führte man sie auf den Waffen, woher denn auch die Benennung Wappen oder Geschlechtswappen entstanden sein mag. Es ist schwer zu bestimmen, welchem Volke die Insignie ihren Ursprung verdankt, denn schon die ältesten Völker hatten derartige Merkmale auf ihren Waffen und Schiffen, sowie an den Häusern. In Deutschland wurden sie zur Zeit des Kaisers Heinrich des Vogelstellers im zehnten Jahrhundert eingeführt. Dazu gaben die Turniere Veranlassung, bei welchen die Ritter auf den Schilden und Helmen gewisse Zeichen trugen, woran sie von den Zuschauern erkannt wurden. So ging denn nach Erfindung der Buchdruckerkunst die Insignie als allgemeiner Brauch auf den Büchertitel über und hat sich bis zu Ende des vorigen Jahrhunderts in althergebrachter Weise erhalten. Aus der Insignie hat sich neuerdings das Monogram als verschlungene Buchstaben herausgebildet. Als Bild sehen wir die Insignie am meisten als Waage, als Anker, als Friedensstab, als Globus, als Kreuz, als aufgehende Sonne, als Strahlen, als Wolken, als Schwert u. s. w. meist mit lateinischen Um=, In= oder Unterschriften. Sonst hatten die Insignien auch zu dem Namen ihres Trägers Bedeutung, wie z. B. bei Albrecht Dürer die beiden Thüren als Druckerzeichen, bei Wolf (Lupus) die Wolfsfigur, bei Elzevir die brennende Ulme u. s. w.

Interimsformat ist ein solches, welches zum Abziehen der Correcturen von geschlossenen Formen benutzt wird. Es besteht aus Holzstegen, welche bei dem Schließen zum Druck herausgenommen und durch das richtige Format ersetzt werden.

Interlinirter Satz kommt nur in Sprachlehren und Gesangnoten vor, wo bei ersteren zwei Sprachen in ihrer Uebersetzung unter einanderstehen, z. B.:

Du miel jaune est doux et affable,
Honig gelber ist süß und hold,
Mais de l'or jaune est plus favorable
Aber Gold gelbes ist mehr süß,

oder

Gelber Honig ist süß und hold,
Aber süßer ist gelbes Gold.

Bei Gesangnoten ist die Interlinirung derart einzurichten, daß die betreffende Sylbe die Mitte der für dieselbe bestimmte Note einnimt.

Interpunktionen oder Interpunktionszeichen sind die Lesezeichen, namentlich das Komma, der Punkt, der Doppelpunkt oder das Kolon, der Strichpunkt oder das Semikolon, das Ausrufzeichen und das Fragezeichen, sowie das Divis oder das Theilungszeichen und endlich der Apostroph. Das Komma, der Punkt und das Divis werden von der vorhergehenden Type nicht abgestellt, letzteres kann aber zuweilen, wenn es Kuppelwörter verbindet und viel Raum erübrigt, von dem vorgehenden und nachfolgenden Buchstaben mittelst eines Spatiums abgestellt werden; bei spatiinirten Worten wird am Ende der Zeile das Divis nicht abgestellt. Der Doppelpunkt, der Strichpunkt, das Ausrufungs- und das Fragezeichen werden durch ein feines oder ein Einpunktspatium von dem Worte abgestellt.

Irisdruck ist die Nachbildung der sieben Farben des Regenbogens mittelst der Buchdruckpresse und zwar auf die Art, daß diese Farben von der Mitte aus nach beiden Seiten hin sich nach und nach abschwächen und schließlich in einander verschwimmen. Ist dieses die eigenartige Beschaffenheit des Irisdruckes, so ist man doch in neuerer Zeit vielfach von seinem eigentlichen Prinzipe abgewichen und kennzeichnet nun jeden derartigen Druck, gleichviel, aus welchen Farben er zusammengesetzt ist, als Irisdruck. Dieser selbst wird meistens als Grund (Fond) oder Unterdruck zu größeren Gegenständen. Tableaux, Obligationen und dergleichen benutzt. — Die Verfahrungsweise ist gar keine schwierige, aber — richtig vorbereitet — eine so sichere, daß sie den Zweck mit geringer Mühe erreichen läßt. Das Grundprinzip bei Herrichtung von Irisdruck ist, daß die Walze auf die Platte oder auf die Form, sowie auf den Farbestein immer eine und dieselbe Stelle trifft, und um dies zu erreichen, ist an der Form und auf den Farbesteine eine Vorrichtung zu treffen, welche der Walze nicht gestattet, eine Abweichung aus ihrer Bahn zu machen. Zur Erreichung dieses Zweckes empfiehlt sich eine erhabene Schiene auf der rechten und linken Seite der Form und ebenso zu beiden Seiten der Farbe des Farbesteines, auf die ein je rechts und links an der Walze angebrachtes auf seiner Umlaufsfläche hohles Rad — gleichmäßig dem Rade des Eisenbahnwaggons — greift. Der Zwischenraum beider Schienen sowohl derjenigen in der Presse, als auch der auf den Farbesteine muß unbedingt ein gleich großer sein, so daß es dadurch ermöglicht ist, die Walze immer eine und dieselbe Stelle der Form und der Farbeplatte treffen zu lassen. Sonst kann man auch vertiefte Kanäle und scharfe Räder wählen, indeß sind die erhabenen Schienen und hohlen Räder sicherer. Selbstredend muß bei dieser Einrichtung darauf Bedacht genommen werden, dem Fleische oder der Walzenmasse zu gestatten, auf den Farbestein einen Druck auszuüben, und auf die Druckplatte gelinde aufzuliegen. — Die **Druckplatte** kann aus Holz oder Metall bestehen; letztere verdient den Vorzug, weil sie egaler abzurichten und keinen Unfällen durch Verziehen unterworfen ist. Die Platte muß ganz genau die Größe der Druckfläche aufweisen und untadelhaft gleichmäßige Verhältnisse in der Höhe und den Flächen besitzen. — Die **Behandlung der Farbe** anlangend, so ist zu allererst auf den Farbetisch die Größe der Druckplatte zu markiren und diesst Abtheilung wieder in so viel Theile genau zu zerlegen, als der Druck selbst Farben enthalten soll. In der Mitte des für jede Farbe bemessenen Raumes, und zwar am obern Ausgange desselben, wird die betreffende Farbe ausgestrichen, so daß die Walze auf dem übrigen Theile des Farbesteines Platz zum Verreiben der Farbe hat, und infolge des Umstandes, daß die ausgestrichene Farbe nur den mittlern Raum des für sie bestimmten Gebiets einnimmt, wird es ermöglicht, daß die Farbe schon aus sich selbst heraus nach beiden Seiten hin schwächer wird. Wenn nun die Walze in dem für sie hergerichteten Geleise unabweichlich auf und abgerieben wird, so ergiebt sich ein Verschwimmen vom Tiefen zum Seichten und endlich der unbemerkbare Uebergang von einer Farbe zur andern. — Beim Irisdruck komt außerdem noch viel auf die Behandlung der Zurichtung an. Durch Ausschneiden und Schaben sind die seichten Stellen zum Abfallen zu bewegen, während die tiefen durch Unterlegen zum Hervortreten veranlaßt werden müssen. Auch von der ordnungsmäßigen Handhabung der Farben hängt viel ab: sie dürfen nicht zu schwer, gut verrieben und mittelstark sein; die Walze darf nicht stark ziehen und ihre Masse muß eher von harter als von weicher Beschaffenheit sein, damit diese die Kraft hat, die Farben zu verreiben, und dieselben nicht von der Form wieder abnimt, was bei stark ziehenden Walzen sich leicht ereignet.

Italic heißt in der englischen Typographie die Cursiv, als diejenige Schrift, welche sie in erster Reihe bei der Antiqua zum Hervorheben verwendet. In der französischen Typographie ist sie gleichnamig und von derselben Bedeutung in der Anwendung, aber von anderer Schreibweise, nämlich: Italique.

Jacobi, Moritz Herman, Erfinder der Galvanoplastik, geboren am 21. September 1801 zu Potsdam, gestorben am 10. März 1864 in St. Petersburg, wendete sich der Baukunst und ihrem Studium zu, war bis 1835 als Architekt in Königsberg thätig, in welchem Jahre er einen Ruf als Professor der Baukunst an die Universität in Dorpat (Rußland) erhielt. Zwei Jahre später wurde er nach St. Petersburg zur Akademie der Wissenschaften berufen, wurde 1839 deren Adjunct, 1842 außerordentliches und 1847 ordentliches Mitglied derselben. Ebenso rasch machte er die verschiedenen Grade der russischen Beamtenlaufbahn durch, die er mit der Erhebung in den erblichen Adel und in den Geheimraths= stand beschloß. Außerdem wurde er mit vielen Orden und Ehrenzeichen geschmückt und am Neujahrstage seines Sterbejahres wurde er noch durch die sonst so seltene Verleihung des Weißadlers seitens des Kaisers Alexanders II. überrascht. Aus einer Rede, welche von dem Sekretär Akademiker Wesselowsky bei Gelegenheit seines Todes in der Sitzung der Akademie der Wissenschaften am 13. März 1874 gehalten wurde, geht hervor, daß Jacobis Persönlichkeit eine sehr würdevolle, ja selbst imponirende war, in welcher sich aber gleichwohl stets das schlichte, einfache Wesen des ächten Gelehrten aussprach. Jacobi hat sich durch seine Erfindung der Galvanoplastik große Verdienste um die Buchdruckerkunst erworben und deshalb wollen wir hier in dieser Hinsicht, unter Verweisung auf den Artikel Galvanoplastik, Geschichte derselben, nur erwähnen, was zu seiner Biographie gehört, nämlich daß er als Professor in Dorpat im Jahre 1836 die ersten Versuche mit der galvanischen Batterie und Reduktion des Kupfers machte, dieselben in Petersburg fortsetzte und deren Resultate der Akademie der Wissenschaften vorlegte. Im Oktober 1838 machte er bekannt, daß er den Niederschlag des Kupfers auf galvanischem Wege zu Kunstzwecken anzuwenden in Stande sei und sein Verfahren Galvanoplastik nannte. Kaiser Nikolaus gab dem Chemiker Klein den Auftrag, die Erfindung Jacobis zu prüfen, und dieser sprach sich sehr günstig darüber aus. Auf dessen Gutachten hin wurde die Erfindung vom Kaiser Nikolaus für eine hohe Summe gekauft und mit nicht hoch genug anzuschlagender Freigebigkeit zu Jedermanns Gebrauch veröffentlicht. Es erging ihm darauf wie unserm Urmeister Gutenberg: auch Jacobi wollte man den Erfinderruhm rauben. Ein Engländer Smee trat auf und behauptete, die Erfindung Jacobis sei weiter nichts als die Ausführung bekannter Thatsachen und reklamirte den Ruhm für seinen Landsmann Spencer, welcher schon lange vorher auf demselben Wege

Medaillen abgeformt haben sollte. Sei dem auch wie ihn wolle, es steht fest, daß Jacobi der erste war, der mit seinem Verfahren und dessen Erzeugnissen an die Oeffentlichkeit trat.

Jenson, Nikolaus, einer der ersten Buchdrucker Venedigs, gebortner Däne, kam als Münzstempelschneider nach Frankreich und hielt sich dort in Tours auf. Der Geschicklichkeit in seinem Berufe halber erlangte er die Gunst des Königs Karl VII. von Frankreich, jenes Fürsten, welcher der erste war, der die Buchdruckerkunst großmüthig beschützte, und wurde von diesem im Jahre 1462 nach Mainz geschickt, um hier die neue Kunst zu erlernen und sie in Frankreich einzuführen. Er kehrte jedoch nicht nach dort zurück, sondern ging nach Venedig und gehörte hier bald zu den einflußreichsten Buchdrucker Venedigs. Aber auch in der allgemeinen Geschichte der Kunst nimmt er eine der obersten Stellen ein. Er war der Schöpfer der Antiqua, welche er in den damals nur bekannten kleinen Buchstaben der römischen Schrift nachbildete. Seine Erfindung fällt in das Jahr 1465. Er verbesserte sie nicht nur, sondern rundete sie auch ab, und druckte in Venedig über zwölf Jahre, von 1470 bis 1482.

Jesus, Namensform für ein französisches Papierformat in der Größe von 55 : 70 Cm.

Johnsons Selbstanleger oder Anlege=Automat. Charles E. Johnson, Buchdruckfarbenfabrikant in Philadelphia, trat vor einigen Jahren mit einem Apparat zum Anlegen für die Schnellpresse auf, für den er ein Patent erwarb und der auch auf der Ausstellung zu Philadelphia arbeitete. Dieser Apparat wird folgendermaßen beschrieben: An der linken Seite der Maschine ist ein kleines Schwungrad angebracht und an einem Arme oder einer Speiche desselben ist ein Zapfen befindlich, an welchem wieder eine Stange sitzt, die dann excentrisch wirkt. Das Rad selbst ist mit dem Getriebe der Maschine in Verbindung. Ueber dem Anlegebrett befindet sich eine Schiene, in der der Anlege=Apparat läuft; durch die erwähnte Stange an dem Rade wird der Apparat auf dieser Schiene auf und abgeführt. Der Apparat selbst ist eine mit Gummi oder Kautschuk verkleidete Blechplatte. Sobald diese Platte nach oben oder rückwärts geführt ist, fällt sie auf den Haufen Papier und führt beim Vor- oder Abwärtsgehen einen Bogen vor bis an die Marken. Ehe dies jedoch erfolgt und während des Hinaufführens der Platte, wird durch den Mechanismus eine Nadel, in Form etwa einer Packnadel, eingeführt, welche von oben nach unten und von vorn nach hinten in den Haufen Papier sticht und hierdurch den oberen Bogen lüpft. Ist dies geschehen so fällt wie angegeben, die Platte auf das Papier und führt wie den obersten Bogen nach unten zu den Marken. Eine zweite Vorrichtung, eine Art eiserner Finger, der an seinem Vorderende mit Gummi=Elastikum belegt ist, fällt jetzt auf den Bogen und führt ihn an die Seitenmarke, damit er nicht nur nach vorn, sondern auch nach der Seite hin die gehörige Lage erhalte. Trotz des eisernen Fingers, der die Bogen nach der Seitenmarke führt, muß das Papier auch ziemlich egal liegen. Beim Schöndruck ist dies leicht, beim Wiederdruck aber entstehen schon Schwierigkeiten und muß deshalb ein Knabe neben dem Selbstausleger die Bogen stets gleich richten und trotzdem läßt das Register noch viel zu wünschen übrig. — Ein Beschauer dieses Apparats giebt wörtlich folgendes Urtheil darüber ab: Ich muß gestehen, daß mir die ganze Einrichtung sehr wackelig vorkommt und auf mich keinen guten Eindruck gemacht hat. Die an der Maschine beschäftigten Arbeiter sagen jedoch, daß der Apparat bald besser werden würde, der ausgestellte sei nur der erste Versuch und vieles werde noch verbessert. Aber selbst wenn dies zutreffen sollte, so hege ich noch keine großen

Erwartungen von diesem Selbst=Einleger. Gelingt es, das Wackelige zu vermeiden, so bleiben immer die großen Löcher in dem Bogen, die durch die Nadel gestochen werden; dabei kommt es häufig vor, daß die Nadel nicht nur den obersten Bogen an seinem hintern Rande durchsticht, sondern 2—3 Bogen auf einmal trifft, was natürlich zu 2—3 Löchern in manchen Bogen führt, welche zum Ueberfluß auch noch manchmal ausgerissen sind, während die Bogen wohl gar auf einmal, wie es nicht selten geschieht, auf die Spangen geführt werden.

Journal générale d'affiches, erschien am 14. Oktober 1612 in Paris als erstes periodisches Blatt, welches Annoncen veröffentlichte; es existirt heute noch unter dem Titel „Petit affiches" und ist das Blatt der Hausherren, Hausfrauen, Knechte, Mägde und Krämer.

Justiren bedeutet beim Setzen die schließliche Berichtigung einer im Satze beendeten Columne hinsichtlich ihrer Länge, der etwaigen Aenderung der Columnentitel, der Aenderung der Signatur und Abstellung einiger anderer etwa noch hervortretenden Unrichtigkeiten.

Justirer ist in der Schriftgießerei die Person, welcher die Berichtigung der Matrize übertragen ist.

Justirung der Matrize. In der Schriftgießerei versteht man unter dieser Benennung die Herstellung und Berichtigung der Matrize zum Guße der Typen, und gehört diese Verrichtung zu den Obliegenheiten des Justirers, als welcher ein zuverlässiger und befähigter Gießer ausersehen wird. Die Matrize (f. b.), nachdem das Typenbild in dieselbe hineingeschlagen worden, bedarf noch einer sorgsamen Bearbeitung, bevor sie gußreif geworden ist. Sie muß so in das Gießinstrument hineinpassen, daß das Schriftzeichen rechtwinkelig auf dem Typenkörper steht und mit allen übrigen zu einer und derselben Schrift gehörenden Buchstaben am Fuße gleiche Linie hält. Zuerst wird die Erhöhung, welche das Einschlagen des Stempels rings um die Type hervorgebracht hat, durch Feilen beseitigt, die Matrize darauf in das Instrument gebracht und einige Buchstaben (m) gegossen, welche dann in das Justorium (f. b.) nach der Signatur neben einander aufgestellt werden. Nun wird das Besehblech (f. b.) auf die Fußlinie des Typenbildes gelegt und genau untersucht, wie dessen Stand auf dem Typenkörper ist. Darauf werden die Typen mit ihren Breitseiten an einander gelegt, um auf diese Weise die Längs= oder Seitenlinien dieser Typen zu untersuchen. Steht der Buchstabe schief, so wird die Matrize an den Seiten danach befeilt, z. B. unten an der linken und oben an der rechten Seite oder umgekehrt, und zwar so lange, bis das Buchstabenbild genau rechtwinkelig mit den Seiten der Matrize steht. Behülflich zu dieser Untersuchung ist das Kernmaß (f. b.). Zu dieser mühsamen Arbeit kommt nun noch die Untersuchung hinsichtlich der Tiefe des Stempeleinschlages, der beim Guß den Kopf der Type bildet. Als Meßinstrument dient hierbei ein Normalbuchstabe. Der Stempel wird nämlich immer etwas tiefer, als erforderlich, eingeschlagen, weil der Justirer nur durch allmähliches Abfeilen die richtige Tiefe zuwege bringen kann. Von Zeit zu Zeit werden bei dieser Justirung einige Typen aus der Matrize abgegossen, weil sich an der Beschauung dieser der Fortschritt und die endliche Erreichung des Zweckes am besten erkennen läßt.

Justorium, ein auf zwei Seiten offener Kasten von starken Wänden aus Messing oder Eisen mit einem tadellos richtigen Winkel, ist in der Schriftgießerei ein Meßinstrument bei der Justirung der Matrize.

Juvenile Reader, ein von dem Amerikaner A. Cobb verfaßtes Werk von 216 Octavseiten, ist deshalb bemerkenswerth, weil es auf einer von Thomas

French in Jthaka, im Staate New-York, erbauten Schnellpresse auf ein Blatt von 70 englischen Fuß durch Mithülfe des endlosen Papiers gedruckt ist.

K

K k, der zehnte Buchstabe in den Alfabeten der sämtlichen Sprachen des germanischen Stammes, fehlt aber in den Alfabeten der Sprachen des romanischen Stammes; im Russischen ist er der elfte Buchstabe und heißt ebenso wie bei uns; im Griechischen ist er der zehnte Buchstabe des Alfabets unter dem Namen Kappa; in der dänischen Typographie bildet fk eine Type. Seiner sprachlichen Bedeutung nach ist er Mitlaut und Kehllaut.

Kacheloffen, Conrad, wird als Urheber der Buchdruckerkunst in Leipzig bezeichnet und stamt sein erster Druck, welcher seinen Namen und die Jahreszahl aufweist, aus dem Jahre 1489. Drei Jahre später druckte er den Psalter und 1595 verließ er Leipzig der Pest halber und gründete in Freiberg die erste Druckerei.

Kalendarium ist in den Kalendern und Almanachen derjenige Theil, welcher sich mit der Zeitrechnung befaßt, also die zwölf Monate in ihrer Reihenfolge und was sonst noch dazu gehört, behandelt.

Kalender. Neben den religiösen Büchern gehörten in früherer Zeit die Almanache und Kalender zu den Beneficien der Buchdrucker und als besondere Gunsterweisung eines Fürsten galt es, wenn er einem Buchdrucker ein Kalender-Privilegium verlieh, um das sich sogar wohlthätige Anstalten, zumal Waisenhäuser, bewarben. Der Verlag von Gottes Wort hat für den Buchdrucker von heute keine Bedeutung mehr, weil ein Geschäft darin nicht zu machen ist, denn große Gesellschaften kultiviren jetzt dieses Feld, mit denen der gewöhnliche Buchdrucker nicht concurriren kann, aber ihm ist der Kalenderverlag bis auf unsere Tage eine lohnende Unternehmung gewesen. Das Gebiet des Kalenderverlags hat vornehmlich seit dem 1. Juli 1875 mit dem Inkrafttreten des Reichspreßgesetzes, welches den Kalenderstempel abschaffte, an Ausdehnung gewonnen und vergrößert sich noch von Jahr zu Jahr. Die allgemeine Bedeutung des Kalenders kennen wir alle, aber die letztere Namensform ist dennoch eine weit hergeholte für seinen Begriff, denn viel richtiger ist das Arabische Almanach in der Uebersetzung von Zeitweiser, Jahrberechnungsbuch; das Wort Kalender stamt von dem Griechischen Calendas, mit dem die Griechen jeden Tag des Monats bezeichneten, für welchen sie keinen Namen hatten, daher Calendas graecas ein Nimmermehrstag. — Wahrscheinlich verdanken diese Almanache, Kalender oder Jahresberechnungsbücher den Arabern ihren Ursprung, und pflanzten sich auf Griechenland und Rom fort, denn vor 1923 Jahren wurde von dem römischen Kaiser Julius der heute noch benutzte und nach demselben benannte Julianische Kalender eingeführt. Von Holztafeln gedruckte Kalender in französischer Sprache erschienen zu den Zeiten der Holztafeldrucke, der erste gedruckte Kalender in deutscher Sprache ist jedenfalls der des großen Nürnberger Mathematikers und

Buchdruckers Regiomontanus aus dem Jahre 1470. Der ursprüngliche Julianische Kalender wurde zuerst 1582 von dem Papst Gregor verbessert, dann 1700 ein verbesserter Kalender und am 7. Juni 1777 der Allgemeine Reichskalender eingeführt. — Früher wurden die Festtage, die Tage berühmter Heiligen und andere Stellen, welche hervortreten sollten, roth gedruckt — in dieser Hinsicht ist nun die Typographie reformirend vorgegangen und hat diesen Usus zumeist abgeschafft, aber ganz hat sie denselben doch nicht beseitigen können, denn heute erblicken wir nach wie vor noch Kalender mit roth untermischt, so die ziemlich verbreitete „Spinnstube" (Wiesbaden 1877). Viel, sehr viel kann aber an unseren Kalendern noch verbessert und vereinfacht werden, denn was nützen beispielsweise die unerquicklichen Kalenderzeichen, die Planeten=Erscheinungen und alle übrigen astronomischen Beobachtungen? Sie sind nur Ballast für ein **Volksbuch** im vollsten Sinne des Wortes, sie sind dazu angethan, den Leser durch diese Hieroglyphen zu verwirren, die Uebersichtlichkeit zu schädigen und andere Unzuträglichkeiten mehr herbeizuführen, denn dem einfachen Manne sind diese Darstellungen böhmische Dörfer, und für **denjenigen** Mann, welchem die Kenntniß dieser Zeichen nicht abgeht, haben sie deshalb keinen Werth, weil ihm anderes und besseres Material zur Verfügung steht. Dann aber auch von dieser **typographischen** Reform ganz abgesehen, ist hinsichtlich seiner Zusammenstellung, seiner Anordnung eine Verbesserung sehr geboten. Jedesmal, wenn mir ein Kalender in die Hand geräth, überkomt mich nicht bloß eine Verwunderung, vielmehr ein Staunen über die Möglichkeit, daß nicht einer der Verbesserer des Kalenders auf den Einfall gekommen ist, der Einrichtung des Kalenders eine **christliche** Richtung zu geben, anstatt den **jüdisch=muhamedanische** beizubehalten. So die Eintheilung, welche nach **jüdischem** und **muselmanischem** Usus mit dem Sonnabend die Woche schließt, während bei uns Christen der Sonntag als Ruhetag der Arbeit die Woche abendet und mit dem Montage eine neue Woche beginnt. Gebietet unser Altes Testament doch ebensowohl als der Talmud: **Sechs Tage sollst Du arbeiten und am siebenten ruhen!** Auch hieraus geht hervor, daß der Ruhetag der Woche der letzte ist, also die Woche mit dem Sonntage und nicht mit dem Sonnabend endigt. Ebenso ist es ein arger Verstoß gegen den christlichen Ritus, auf den Sonnabend die Evangelien und Episteln zu registriren; es ist dies gerade so, als ob wir den Schabbes feierten. — Ueber die Behandlung des Satzes ist hier wenig zu sagen, denn er muß in seinem Kalendarium ganz genau der Berechnung des Mathematikers, der ihn zusammengestellt hat, nachgearbeitet werden. Im übrigen fällt dieser Satz in das Bereich des Tabellensatzes, und müssen wir in dieser Hinsicht im allgemeinen darauf verweisen. Das Kalendarium besteht meistens aus den Feldern für die Tage samt Datum, die Namenstage, die Himmelszeichen auf jeden Tag, den Auf= und Untergang der Sonne und ebenso des Mondes, die Planeten=Erscheinungen und Aspecten; diese Längsfelder sind bei jeder Woche mittelst zweier durchgehender Linien unterbrochen, zwischen denen meistens die Angabe der wievielten Woche, des kirchlichen Namens des nun folgenden Sonntages, sowie des Evangeliums und der Epistel nach ihren Anfangsworten und ihrer Bibelstelle folgt. In den Gegenden der Elb=, Weser=, Eider= und Emsmündungen, sowie überhaupt an den Küsten der Nordsee, sind in den Kalendern noch Felder für den täglichen Eintritt der Flut und Ebbe nach Stunde und Minuten enthalten. — Ueber die technische Behandlung des Kalendersatzes in dem Falle, wo der Satz stehen bleibt, um im nächsten Jahre geändert zu werden, sind hier noch ein paar Worte zu sagen. Zuvörderst ist der Text der Felder für Tag und

und Datum, für Namenstage, für Himmelszeichen und für Sonnen-Auf- und Untergang, sowie die Unterbrechungen der einzelnen Wochen in ihren Angaben über die wievielte Woche, über die kirchlichen Sonntagsnamen und über die Evangelien und Episteln vollständig zu verwerthen, während die übrigen Felder, (Mondes-Auf- und Untergang, Planeten-Erscheinung, Aspecten) nur theilweise benutzt werden können. Man verfährt am vortheilhaftesten, wenn man die einzelnen Felder mehrerer Monate auf das Schiff hebt und davon wieder ordnungsmäßig zusammenstellt oder umbricht. Es ist nämlich zu bedenken, daß die Anfangs- und Endwochen der Monate in jedem Jahre anders laufen; läßt man aber den ersten Tag des Jahres fort und fügt schließlich für den 31. December den dann fehlenden Tag ein, so kann niemals ein Irrthum stattfinden und man kann ruhig in dem Zusammenstellen des zu Aendernden unter Hinzufügung des neuen vorgehen.

Kalender-Zeichen. Unter Kalender-Zeichen werden die sinnbildlichen Darstellungen der Sonne und Planeten, die Aspecten, die zwölf Himmelszeichen und vier Mondzeichen verstanden. Die Zeichen selbst hier aufzuführen, wäre Raumverschwendung, da sie in jedem Kalender nach Bild und Bedeutung dargestellt sind.

Kali-Abschmutzbogen, zum Verhüten des Abziehens der Schwärze des Schöndrucks beim Widerdruck, leisten vorzügliche Dienste bei Illustrations- und Prachtdruck, weil sie absolut das Abgeben der Farbe nicht zulassen. Man bereitet dieselben auf die Weise, daß man in einem Gefäße Kali in Fluß- oder Regenwasser und in einem eben solchen Wasser Weinsteinsäure, beide bis zur vollständigen Sättigung auflöst; nun lasse man das zu diesem Zwecke bestimte Papier zuerst von dem Kaliwasser durchziehen und bringe es dann in die Weinsteinsäurelösung, worauf es im feuchten Zustande als Abschmutzbogen verwendet werden kann. Die Verbindung des Kali mit der Weinsteinsäure erzeugt eine Menge Weinsteinkrystalle, welche eine solche Widerstandskraft gegen alles Fett besitzen, daß sie von der Farbe des Schöndrucks nicht das geringste abnehmen.

Kalligraphie, die Schönschrift, die Schönschreibekunst. In alten Zeiten war nur eine einzige Methode der Vervielfältigung von Handschriften bekannt, welche in dem nochmaligen Abschreiben oder Copiren bestand. Es war dies eine langweilige, schwerfällige und kostspielige Manier, und die Copien stimmten auch nicht immer getreu mit dem Original überein. Die Handschriften, welche uns erhalten worden, sind im allgemeinen sehr schön geschrieben. Die Schönschreibekunst wurde meistens in den Klöstern von den Mönchen geübt und ausgeführt, wo häufig ein solcher sein ganzes Leben zur Herstellung einer schön geschriebenen und reich illustrirten Abschrift verwendete. Die Mehrzahl dieser Handschriften war aber nicht in so hoher Bedeutung, sondern mehr in gewöhnlicher Schreibmanier ausgeführt. In den meisten Klöstern befand sich ein Gemach, das Scriptorium genannt und zum Abschreiben benutzt wurde: hier dictirte einer der Mönche, während die übrigen seine Worte zu Papier brachten. Nach Beendigung einer Copie wurde dieselbe einem Gelehrten zur Revision und Prüfung der Uebereinstimmung mit dem Originale übergeben. So konnte es denn in diesen Abschriften an Aenderungen, Streichungen, Ueberschreibungen und allen nur möglichen Correcturen nicht fehlen. In neuerer Zeit haben diese Fehler und Aenderungen, zumal in den Abschriften der Bibel und den Copien anderer religiöser Manuscripte, zu vielen Zweifeln und Controversen Veranlassung gegeben.

Kalte Lauge. Zum Reinigen der Formen von dem an denselben zurückgebliebenen fetten Schmutz der Farbe nach jeder abgezogenen Correctur, vor dem Druck und nach dem Ausdrucken bediente man sich früher einer sogenannten

28*

warmen Lauge, welche aus in Wasser aufgelöster Potasche oder aus dem Auszuge von Holzasche (besonders der des Buchenholzes) bestand. Solche warme Lauge mußte vor dem jedesmaligen Gebrauch erst gekocht werden. Diese Umständlichkeit allein schon war hinreichend, auf ein anderes Mittel zu sinnen, was bei Ersparung an Zeit und Abstellung noch anderer mit der warmen Lauge in Verbindung stehender Unzuträglichkeiten dieselbe Resultate lieferte. So kam denn in den vierziger Jahren die kalte Lauge auf, welche damals als Geheimmittel betrachtet wurde, denn Buchdrucker reisten in den verschiedenen Druckorten herum und verkauften gegen hohes Honorar Recepte zu kalten Laugen. Wie jede Neuerung, so hatte auch die Einführung der kalten Lauge viele Widersacher und auch heute sind die Vorurtheile gegen dieselbe noch nicht ganz beseitigt und ebenso ist die warme Potaschenlauge aus großen Druckereien noch nicht ganz verschwunden. Aber in solchen Geschäften, wo jederzeit Formen gewaschen werden, und eine eigene Feuerstelle mit Apparat, in den die Formen in die kochende Lauge versenkt werden, ist warme Lauge gar nicht übel. Die Vorurtheile von früher gegen die kalte Lauge behaupten, daß sie der Schrift schade, indem das Metall davon angegriffen werde, und ferner, daß die Reinigung nicht tabellos sei. Sie entspringen aber aus Unkenntniß des Wesens und der chemischen Beschaffenheit der kalten Laugen, denn eine Substanz, welche — wie die der kalten Laugen — die Eigenschaft besitzt, Fett aufzulösen, kann einem Metall niemals schädlich sein, wohl aber Säuren, die das Metall angreifen, die indeß vom Fett zurückgestoßen werden. Der Einwand nicht tabelloser Reinigung der Formen mit kalter Lauge kann zutreffen, wenn die Lauge nicht rational behandelt wird. Deshalb möge Folgendes beherzigt werden: 1) Die beste Lauge ist die der concentrirten Seifenlauge, doch ist die aus Aetznatron, kaustischem Kali oder Seifenstein ebenso gut, nur muß bei allen diesen Lösungen beobachtet werden, daß die Lauge eine solche Schärfe hat, welche im Stande ist, die von der Farbe auf der Form zurückgebliebenen fettigen Schmutztheile in demselben Augenblicke, wo sie von der Lauge berührt werden, aufzulösen. 2) Gleichviel, ob concentrirte Seifenlauge, Aetznatron, Kali kaustikum oder Seifenstein als Basis verwendet wird, bei der Auflösung muß nicht allein weiches, vielmehr Fluß- oder Regenwasser verwendet werden. 3) Um die nach vollzogener Auflösung in Steinkrügen oder Flaschen gefüllte Lauge in ihrer Güte und Schärfe zu erhalten, ist es erforderlich, daß die Behälter auf das sorgsamste verkorkt werden; auch darf man mit der Einfüllung in die Behälter nicht lange warten, denn je länger die Auflösung der Luft ausgesetzt ist, desto mehr büßt sie von ihrer Güte ein. — Aber auch die Handhabung des Waschens der Formen erfordert bei der kalten Lauge eine ganz andere Behandlung als bei der warmen und so ist denn Folgendes wohl zu beachten: 1) Zu dem Waschen mit kalter Lauge sind zwei weiche Bürsten, deren Roßhaare sehr dicht gesetzt sein müssen, erforderlich, nämlich die Laugenbürste und die Waserbürste. Zu der Einsicht der unabweislichen Nothwendigkeit der weichen Laugenbürste bei der kalten Lauge kann man aber heute noch sehr wenig gelangen, denn fast durchweg sieht man die harten Bürsten von vormals in Anwendung. Und hierin liegt eben die Beschädigung der Schrift, denn man sehe doch einen vierschrötigen Maschinendreher mit einer Bürste, deren Haare drahtähnlich sind, in wuchtiger Kraft über die Form hin- und herfahren, das vielmehr Schruppen als Reiben genannt werden kann — und man wird sich von der Rechtfertigung dieser Annahme überzeugen. 2) Es bedarf nur einer Kleinigkeit Lauge, aber sie muß rasch mit der Bürste über die ganze Schmutzfläche der Form geführt werden, denn ein Reiben ist eigentlich gar nicht erforderlich, weil bei der

Berührung der Lauge mit dem Fett dieses auf der Stelle aufgelöst ist. 3) Um nun aber zu verhüten, daß diese von der Lauge schnell aufgelösten fettigen Schmutztheile nicht in die Form hinein, also zwischen die Lettern, bringen, muß sofort eine zweite weiche Bürste mit weichem Wasser bei der Hand sein, um mit ersterer in das letztere hineingetaucht, eine reibende Nachwäsche vorzunehmen, wobei ein dunkler dicker Schaum entsteht, der immer dünner und lichter wird, je öfter man die Nachwäsche vornimmt. Schließlich erfolgt dann das bekannte Nachspülen auf der Bild- und auf der Rückseite der Form. 4) Zwei Bürsten sind deshalb bedingungslos erforderlich, weil eine Bürste zu beiden Verrichtungen benutzt, bei der Nachwäsche so viel Wasser in sich aufnimmt und beibehält, daß, wird sie danach zur Lauge verwendet, diese augenblicklich so bedeutend abschwächt, daß sie nicht mehr die Fähigkeit besitzt, die Fettheile vollständig aufzulösen. — Die concentrirte Seifenlauge von W. Hagemann jun. in Hamburg ist sehr vorzüglich und schon deshalb empfehlenswerth, weil die anderen Ingredienzen, Aetznatron, kaustischer Kali und Seifenstein, in kleinen Druckorten manchmal nicht zu haben sind, weil das Erforderniß ihrer luftdichten Aufbewahrung viel Umstände macht und eben dieser Umstand es dem Buchdrucker auch nicht gut ermöglicht, sich einen größern Vorrath davon zu halten, was aber bei der concentrirten Seifenlauge nicht mit Umständen verbunden ist.

Kanzlei, ein weißes Schreibpapier in der Größe von 34 : 42 Centimeter, auch in Plano als Doppelformat, dient zu den besseren Accidenzen, zu Tabellen, Rechnungsformularen und dergleichen.

Kapitel ist der Abschnitt oder die Abtheilung in einem Buche, zumal in Romanen, Novellen und Erzählungen. Die zu dieser Zeile zu verwendende Schrift ist nur ein wenig der Textschrift gegenüber auszuzeichnen, etwas stärker aber in dem Falle, wenn jedes Kapitel mit einer neuen Seite beginnt. Es ist nicht thunlich, zu den Kapiteln Ziffern zu nehmen, also nicht „1. Kapitel, 2. Kapitel," sondern die Zahl muß mit Buchstaben ausgesetzt werden: Erstes Kapitel, Zweites Kapitel u. s. w. Es kommt auch vor, daß zwischen der Kapitelzeile und dem Text eine Uebersicht des nun folgenden Theiles gegeben wird: ein solcher Inbegriff ist dann aus kleinerer Schrift — bei Bourgeois oder Corpus Petit, bei Petit Nonpareille — zu nehmen und die erste Zeile stumpf anfangen zu lassen, jede folgende aber gleichmäßig etwa zwei Geviert einzuziehen.

Kapuziner, süddeutscher Ausdruck für Frosch (beim Drucken), s. Frosch.

Karren, an den Hand- und Schnellpressen der Buch- und Steindrucker der Theil, welcher sich vor- und rückwärts bewegt, was entweder auf erhabenen Schienen mit Eisenbahnrädern oder in vertieften Schienen durch Schleifen oder mittelst Frictionsrollen, durch Kreiszahnräder, die Pendel oder die Kurbel bewirkt wird. Auf dem Karren ruht das Fundament. Karren und Fundament sind bei den eisernen Handpressen und Maschinen aus Eisen, bei den Holzpressen ist der Karren aus Holz gefertigt.

Kartenblatt, ein Kartonstück, wird bei dem Setzen manchmal zur Ausgleichung und Berichtigung mangelnder Regelverhältnisse angewendet, beim Drucken als Frosch (Kapuziner) und als Anlagen benutzt.

Kartenpressen sind Druckwerkzeuge kleinsten Formats, etwa von 6:12 Cm. anfangend und bei 12:20 Cm. endigend. Sie beruhen sämtlich auf dem System des Tiegeldrucks und gehören zu ihnen auch die sogenannten Kopfdruckmaschinen. Ihre Preise schwanken zwischen 100 und 300 Mk. und sie stammen aus Amerika, wo Isaak Adams und Robert Hoe die Urheber derselben sind.

Kartensatz bezieht sich im heutigen Sinne auf die Herstellung des Satzes zu solchen Gegenständen, welche auf Karton gedruckt werden und in deren Bereich Visit-, Verlobungs- und Condolenzkarten, Adreß- oder Empfehlungskarten, Glückwunsch- oder Gratulationskarten, Mitgliedskarten, Eintrittskarten, Einladungskarten zu Familienfesten u. dgl. m. gehören und die an betreffender Stelle des nähern behandelt sind. Kartensatz bezieht sich sonst auch auf Landkarten, s. Landkartensatz.

Karton, eine schwache, aus mehreren Bogen Papier zusammengeklebte Pappe, welche in der Buch- und Steindruckerei zu den manichfachsten Karten (s. Karten) verwendet wird. Er tritt in Glanz, matt und buff auf, in weiß und farbig, als Bristol-, Elfenbein- und als gewöhnlicher Karton. Seine Herstellungsweise ist fabrikmäßig, die einzelnen Bogen haben bedeutende Größen, doch sind dieselben, zu jedem beliebigen Zweck passend, geschnitten in Packeten von 100 Stück käuflich zu haben.

Kasten ist in der Buchdruckerei das Utensil, welches zur Aufnahme der Schrift und des übrigen zum Setzen erforderlichen Materials dient. Er ist aus Holz gefertigt und durch Gefachungen und Fächer in so viele Abtheilungen geschieden, als der Zweck, der er bestimmt ist, erfordert. Namentlich tritt er auf als Accidenz-Kasten, Amerikanischer Ober- und Unter-Kasten, Antiqua-Kasten, Antiqua-Versalien-Kasten, Arabischer Kasten, Bruchziffer-Kasten, Capitälchen-Kasten, Dänischer Kasten, Englischer Ober- und Unter-Kasten, Fraktur-Kasten, Französischer Kasten, Französischer Ober- und Unterkasten, Kasten für Einfassungen, Griechischer Kasten, Hebräischer Kasten, Kleiner Kasten, Lateinischer Kasten, Linien-Kasten, Mathematischer Kasten, Quadraten-Kasten, Russischer Kasten, Schwedischer Ober- und Unterkasten, Zierschriften-Kasten. Die Beschreibung der einzelnen Kasten ist an betreffender Stelle nachzuschlagen.

Kastenbeins Setz- und Ablegemaschine. Ungefähr mit dem Engländer Mackie zugleich trat Kastenbein in Paris zu Ende der 60er Jahre mit einer Setz- und Ablegemaschine hervor, bei der, wie er behauptete, alle Vortheile der früheren Maschinen in Anwendung gebracht worden seien. Das Prinzip der Kastenbeinschen Maschine ist daher mit den übrigen zumeist übereinstimmend. Man denke sich ein einem Pianino ähnliches Instrument mit einer Klaviatur, die so viel Tasten hat, als verschiedene Buchstaben oder Schriftzeichen in einem Setzkasten vorhanden sind; oberhalb dieser Klaviatur denke man sich über und hinter einander oder neben einander lange Reihen rinnenförmiger Fächer, Reservoire genannt, in denen die Buchstaben richtig aufgesetzt enthalten sind. Für jede Taste ein solches Reservoir, dessen Boden bei dem Anschlagen einer Taste an einem Ende sich so weit öffnet, um einen Buchstaben hindurch resp. herausfallen zu lassen, der vermöge seiner eigenen Schwere in der einen oder der andern Weise in ein dem Winkelhaken ähnliches Instrument gleitet, das bei jedem Anschlag einer Taste so viel weiter rückt, als der aufzunehmende neue Buchstabe Raum erfordert. So ist die Setzmaschine Kastenbeins — mit unwesentlichen Veränderungen eine wie die andere. Dem Anscheine nach ein sehr einfaches, leicht zu konstruirendes Instrument, denn daß man durch Anschlagen einer Taste in einem Verhältniß von einer langen Reihe aufgesetzter Buchstaben eine Oeffnung machen kann von der Größe, um eben einen Buchstaben hindurchlassen zu können, daß diese Oeffnung sich wieder schließt, sobald der Druck auf die Tasten aufgehoben wird, und dadurch zugleich die Buchstabenreihe sich nachschiebt, um beim nächsten Oeffnen wieder einen herausfallen zu lassen — das zu bewerkstelligen erscheint nicht schwierig und das weitere, das Durchgleiten des Buchstabens durch einen platten in ziemlich steiler Neigung abgehenden Kanal und endlich das Herausfallen in einen Winkelhaken macht sich ja von selbst durch die eigene Schwere des Buchstabens. Auch daß dieser Winkelhaken sich bei jedem neuen Anschlage dieser Taste um den Raum von etwa 2—6 Punkten weiter schiebt, ist leicht zu bewertstelligen und bei dem heutigen Standpunkte der Mechanik längst nicht mehr als Problem aufzufassen. Dem mag nun sein, wie ihm wolle, nach der Sörenschen Setzmaschine ist die Kastenbeinsche bisher noch immer die brauchbarste gewesen und sie ist wohl diejenige, welche die meiste Aussicht auf eine Aufnahme und eine weitere Verbreitung hat. Die Times und die Agentur Havas benutzen dieselbe zum Satz ihrer Depeschen.

Kasten für Einfassungen dienen zur Aufnahme von solchen Einfassungen, welche aus mehreren Stücken bestehen, wie namentlich die diversen Fantasie-Einfassungen, die Kaleidoskop-Einfassung, die Kosmos-Einfassung, die Pompejanische Einfassung u. s. w. Der Einfassungskasten muß so viel Fächer enthalten, als die Einfassung Stücke hat, und die Größe der Fächer hat sich nach der Stärke des jeweiligen Stückes zu richten. — Wenn in einem und demselben Kasten Einfassungen verschiedener Art untergebracht werden, so sind die einzelnen Einfassungen durch starke Zwischenleisten von einander abzuscheiden, so daß z. B. die eine Einfassung die obere und eine andere die untere Hälfte des Kastens, oder aber die eine Einfassung die obere, eine andere die mittlere und eine dritte die untere Abtheilung des Kastens einnimmt.

Kasten, kleiner, s. Kleiner Kasten,

Kastenregal ist ein Utensil der Setzerei, aus Holz gefertigt und hat zweierlei Bestimmung, einmal die Schriftkasten in seinen inneren Räumen aufzubewahren und weiter dem Setzer bei seiner Beschäftigung als Stand zu dienen. Dieses Regal hat Aehnlichkeit mit einem Pult; an allen vier Ecken sind Füße, welche als Ständer in die Höhe gehen und dem ganzen einen Halt geben. Die Ständer sind stark und werden vorn und hinten, sowie an beiden Seiten durch Leisten verbunden, welche nach innen übertragen, um einen Kasten tragen zu können, und somit muß der Zwischenraum im Innern berart sein, daß ein Kasten hinein paßt. Die vordere Höhe beträgt 1 Meter und — weil es die Form eines Pultes hat — die obere etwa 1,20—1,25 Meter. Die Erhebung von vorn nach oben beginnt hier vertieft, damit durch eine überstehende Leiste der aufzustellende Kasten einen Halt hat. Die Seiten und das Hintertheil müssen mit dünnen Brettern bekleidet sein, damit die in dem Innern befindlichen Kasten und zumal deren Inhalt, die Schrift, vor Staub möglichst geschützt ist. Vortheilhaft und dem Gestell mehr Sicherheit gebend ist es, wenn die vorderen und hinteren Kasten tragenden Leisten in der Mitte noch mit einer Querleiste verbunden sind.

Kasten zum Aufstellen von Schriften größern Kegels, sowie von Zier- und Titelschriften sind ohne Fächer, und ist ihre normale Größe eine solche von 25:55 Cm. am vortheilhaftesten, weil sie in diesem Verhältnisse leicht beweglich sind. Ihre Tiefe bis zum Boden oder die Tiefe des Lichtmaßes mit dem Tischler-Ausdruck braucht nur 3 Cm. zu betragen.

Kegel heißt die Type in ihrer metallischen Form, und da sie in ihrer Größe sehr verschieden ist, so spricht man von Kegelstärke, welche sich auf den Raum bezieht, den die Type in ihrer Dicke einnimmt, während der Umfang nach beiden Seiten hin Breite der Type heißt. — Bei der Washington- und Hagarpresse sind Kegel die druckerzeugenden Theile von Kegelform aus Schmiedeeisen; sie stehen schräg und bewirken durch Gerabstellung den Druck.

Kegel, deutscher, s. Deutscher Kegel.

Kegel, französischer, s. Französischer Kegel.

Regel, Leipziger, s. Leipziger Regel.

Regelbourgeois ist eine Bezeichnung zur Unterscheidung der Bourgeoisschrift, wenn dieselbe in einer Druckerei auf Kegel 9 und auf Kegel 10 vorhanden ist, so daß dann unter Kegelbourgeois die Bourgeois auf richtigem Kegel verstanden wird, während die andere Bourgeois auf Corpus heißt.

Kegelstärke ist der technische Ausdruck in der Schriftgießerei und Buchdruckerei für die Bemessung der Größen der Schrift, deren aufsteigende Skala die folgende ist:

Diamant	hat einen Kegelinhalt von	4	typographischen	Punkten
Perl	"	"	"	"	5	"	"
Nonpareille	"	"	"	"	6	"	"
Colonel	"	"	"	"	7	"	"
Petit	"	"	"	"	8	"	"
Bourgeois	"	"	"	"	9	"	"
Corpus / Garmond	"	"	"	"	10	"	"
Kleine Cicero	"	"	"	"	11	"	"
Grobe Cicero	"	"	"	"	12	"	"
Mittel	"	"	"	"	14	"	"
Tertia	"	"	"	"	16	"	"
Text	"	"	"	"	20	"	"
Doppelcicero	"	"	"	"	24	"	"
Doppelmittel	"	"	"	"	28	"	"
Doppeltertia	"	"	"	"	32	"	"
Canon	"	"	"	"	36	"	"
Missal	"	"	"	"	48	"	"

Weitere Benennungen haben wir in der heutigen Zeit nicht, denn die von Grobe Canon, Grobe Missal, Kleine und grobe Sabon, Real, Imperial sind nicht mehr gebräuchlich, indem wir die Kegel über 48 typographische Punkte hinaus nach Cicero zählen.

Keil. 1) Bei den Kegel-, Smith-, Washington-, Dingler- und Hagarpressen das keilförmige Eisenstück im obern Körper, welches zur Schwächung oder Stärkung des Zuges dient, je nachdem es mehr oder weniger auf den oder die Kegel drückt; 2) beim Formenschließen schräg zulaufende Holzstücke, welche zwischen Schräg- oder Schießsteg und Rahme gestellt werden und durch Hinauftreiben die Form nach innen andrücken; 3) bei den Pressen und Maschinen, wo Eisenkeile zum Befestigen zweier Theile in Anwendung kommen.

Keilfacette, s. Facette.

Keilhammer dient bei dem Formenschließen mittelst eiserner oder hölzerner Schrägstege und Holzkeile zum Antreiben derselben. Er muß aus schwerem Holze gefertigt sein und sein Klotz am Ausgangsende des Stiels einen Kubikinhalt von mindestens 15 Cm. Fläche haben, damit er auf den Keiltreiber eine wuchtige Kraft auszuüben im Stande ist. Der Gebrauch eines eisernen Hammers bei einem Holzkeiltreiber und Keilen aus Holz ist ein verwerflicher, weil beide Geräthschaften dadurch schnell zerstört werden.

Keilrahme ist heute kein richtiger Begriff, denn nach dem Uebergange von der Schließmanier mit der Schraubenrahme zu dem der Befestigung mittelst Holzkeile nannte man die veränderte Rahme, welcher die Löcher für die Schrauben fehlten, Keilrahme. Jetzt aber, wo das Schließen mittelst der Holzkeile durch das mit Schließstegen und Rollen ziemlich abgekommen ist, benutzt man dieselbe Rahme dazu, so daß dadurch die Bedeutung, von der sie ihren Namen erhalten hat, fortgefallen ist, s. Rahme.

Keiltreiber ist das Geräth, welches beim Formenschließen zum Antreiben der Keile benutzt wird. Bei dem Handpressendruck besteht er zumeist aus hartem Holz, hat eine Länge von etwa 30 Cm., oben eine Stärke von etwa 8 Cm., ist von vierkantigen Verhältnissen, die nach unten immer schwächer werden, und von etwas gebogener Form. — Der Keiltreiber zum Formenschließen an der Schnellpresse muß schon aus dem Grunde, weil man mit jenem hier nicht überall ankommen kann, von wesentlich anderer Beschaffenheit sein; er besteht aus einer etwa 30 Cm. langen, 2 Cm. breiten und 1 Cm. starken Eisenstange, welche auf ihrer dünnen Fläche je oben und unten an den entgegengesetzten Enden zwei Haken besitzt, welche im Stande sind, hinter den obern Keil der Rahme zu fassen, während der obere Haken einen Gegenschlag mit dem Hammer ermöglicht, infolge dessen der Keil zum Rückgange bewogen wird.

Kernmaß, in der Schriftgießerei das Werkzeug von rechtwinkeligen Verhältnissen, mit dem die Tiefe des Stempeleinschlages in die Matrize gemessen wird.

Kippen des Tiegels der Handpresse tritt ein, wenn die zu druckende Form nicht unter seiner Mitte steht, infolge dessen ein ungleichmäßiger Aussatz ersteht, dem nur durch Berichtigung der Lage der Form abgeholfen werden kann; weiter neigt sich der Tiegel nach den Stellen mehr hin, wo halbe Columnen oder gar Vacats sind: um hier den schärfern Aussatz abzustellen, ist die leere Stelle der Columne oder das Vacat in deren Füllungsmaterial bis zur Schrifthöhe zu unterlegen, oder aber können im Rähmchen Bausche oder Träger angebracht werden, denn das Unterlegen des Füllungsmaterials hat oftmals den Uebelstand im Gefolge, daß das Papier des Rähmchens auf diesen Stellen klebt und sitzen bleibt, das Rähmchen selbst aber dadurch zerreißt. — Das Kippen mit der Auftragewalze bringt ein Nichttreffen einzelner Stellen der Form zuwege und dadurch nach dem Abdruck blasse Partien. Am meisten wird es verursacht durch splendide Theile der Form, halb mit Text, als Anfangs- und Ausgangscolumnen, gefüllte Seiten, Vacats u. dgl., und hier kann man sich durch Unterlegen der tiefen Stellen helfen, welches aber nicht bis zur Schrifthöhe zu geschehen braucht, sondern nur in soweit, daß die Walze einen Ruhepunkt auf demselben findet.

Klammer, s. Accolade.

Kleine, Kürzung für Kleine oder Dreiviertel-Concordanz, s. Concordanz.

Kleine Canon, ehedem ein Schriftkegel in der Stärke von Doppel-Tertia oder 52 typographischen Punkten, wird neuerdings auf Kegel 36 oder 3 Cicero gegossen.

Kleine Cicero, eine Schrift im Bilde und Kegel zwischen Corpus und Cicero, ist auf Kegel 11, aber auch auf Kegel 12, gegossen, heißt in Frankreich Philosophie oder Nummer Elf und hat dort ausschließlich 11 Punkte Kegelinhalt.

Kleine Mittel, Name einer Schrift in der deutschen Typographie, liegt im Bilde zwischen Cicero und Mittel, ist meistens von grober Cicero wenig unterschieden, hat als Kegelstärke entweder 13 oder 14 Punkte, von denen die erstere die passendste Bemessung ist.

Kleiner Kasten wird ein Schriftkasten genannt, welcher in seiner Ausdehnung von kleineren Verhältnissen ist, als der gewöhnliche oder große Schriftkasten. Er wird zum Einlegen von solchen Schriften benutzt, welche weniger gewichtig oder zahlreich vertreten sind, tritt als Antiqua- und Frakturkasten und in allen Gattungen des großen Kastens auf. Seine Größen differiren zwischen 60 : 42 Cm. und 55 : 39 Cm.

Klopfen, bedeutet bei dem Formenschließen die Ebnung der Form in der Weise, daß die über die anderen hervorragenden, also mit ihrem Fuße das Fundament nicht berührenden Typen niedergebracht werden. Es geschieht mit Hülfe des Klopfholzes und des Hammers oder des Schließnagels, indem man das Klopfholz mit der linken Hand erfaßt, in seiner Unterfläche auf die Form stellt und mit dem Hammer oder Schließnagel einen Schlag darauf ausübt, dann es nach einer andern Stelle führt und abermals darauf schlägt und dieses so oft wiederholt, bis man die ganze Form getroffen hat. Mit dem Klopfen muß ein Takt eingehalten werden, den sich anzueignen eine geringe Uebung erfordert, denn ohne diesen Takt ist das Klopfen eine ohrzerreißende Disharmonie.

Klopfholz, das zum Klopfen der Formen verwendete Holzutensil, muß aus weichem Holze gefertigt, viereckig im Verhältniß von 11 : 18 Cm. und 4—5 Cm. stark sein. Die Unterfläche muß unbedingt eine glatte Fläche bilden, während die Oberfläche an allen vier Kanten ein wenig abgeschrägt ist zu dem Zwecke, um die Unter= von der Oberfläche unterscheiden zu können.

Kniehebelpresse ist eine vom Mechaniker Fr. Koch in München im Jahre 1833 erfundene eiserne Buchdruck=Handpresse, welche er auf der Leipziger Ostermesse des genannten Jahres ausstellte. Der Erfinder nannte sie Kniehebelpresse, weil der Druckmechanismus mittelst eines großen, unterhalb der Presse befindlichen Knies bewerkstelligt wurde. Die Presse war sehr einfach, wog nur 800 Pfund, nahm einen geringen Raum ein, fand aber dennoch wenig Eingang, was wohl seine Ursache darin gefunden haben mag, daß sich der Drucker beim Ziehen jedesmal bücken mußte und demzufolge leicht ermüdete. Aehnlichkeit hat diese Kniehebelpresse mit der sogenannten Schottischen Presse, s. Schottische Presse. — Die Koch'sche Presse ist eine Kniehebelpresse; ganz unrichtig ist es aber, die von Sigl, Dingler, Smith, Haggar, Alfs, Schuhmacher, Schoop u. s. w. gebauten Pressen mit zwei in Knie gestellten Regeln Kniehebelpressen zu nennen.

Knüppelschrift, gleichwie Schwanzschrift ein technischer Spitzname neuesten Datums für diejenige Schwabacher, Gothisch und Germanisch, deren Striche die Form von Knüppeln haben, womit man Weiden, Feldmarken u. s. w. einzäunt.

Koberger, Anton, aus einem alten ehrbaren Geschlechte Nürnbergs, ein Sohn Heinrich Kobergers (auch oft Coburger) und der Agnes Glockengießerin, ist der Zeit nach der dritte, der Wichtigkeit seiner Leistungen nach aber der erste Buchdrucker seiner Vaterstadt. Ein Freund der Wissenschaft und Kunst, angesehen, reich und gelehrt, wußte er seinem Geschäfte gar bald eine solche Ausdehnung zu geben, daß ihn schon seine Zeitgenossen den **König der Buchdrucker** nannten. In seiner Werkstatt waren täglich vierundzwanzig Pressen im Gange und über hundert Gesellen (wie es damals hieß) als Setzer, Correctoren, Drucker, Buchbinder, Posselierer und Illuministen beschäftigt. Zugleich Buchhändler, hielt er in Nürnberg, Frankfurt a. M., Venedig, Hamburg, Ulm, Augsburg, Basel, Erfurt und Wien und an anderen Orten offene Laden mit besonderen Factoren, die dazu nöthigen Magazine nicht mitgerechnet, und ließ sogar in auswärtigen Officinen, z. B. zu Basel bei Johann Amerbach und zu Lyon bei Jacob Sacon, auf seine Rechnung drucken. Da in jener Zeit die Buchdrucker ihre Bücher selbst vertrieben, so läßt sich hieraus schließen, wie umfangreich und ausgedehnt auch sein buchhändlerischer Wirkungskreis gewesen sein muß. Bewundern wir einestheils den großartigen Unternehmungsgeist Kobergers und seine Kraft, so müssen wir anderntheils über die Leitung des so ausgedehnten Wirkungskreises staunen, da er solche allein versah. Ueber seinen weitläufigen Buchhandel führte er ein eigenes Buch, in welchem sowohl Gläubiger als Schuldner so künstlich getheilt waren, daß er in jedem Augenblick übersehen konnte, welche Bücher ihm an allen Orten abgingen, oder an welchen er noch Vorrath hatte, um selbige anderwärts versenden zu können. Die größte Pünktlichkeit und Ordnung war die Seele seines Geschäftes. Die festgesetzten Arbeitsstunden mußten genau eingehalten werden. Die Arbeiter hatten sich vor dem Druckhause zur bestimten Stunde zu versammeln. Mit dem Glockenschlage öffnete der Hausherr die Pforte, und wehe demjenigen, der dann noch fehlte! Correctheit und Eleganz zeichnen alle seine Werke aus, deren man über zweihundert zählt. Friedrich Pistorius und Johann Beckenhaub waren seine Correctoren. Man kennt allein dreizehn Bibeln, die aus seinen Pressen hervorgegangen, zwölf in lateinischer und eine in deutscher Sprache. Letztere, vom Jahre 1483 in groß Folio, nennt Lichtenberger die schönste aller alten deutschen Bibeln. Sie ist mit den höchst merkwürdigen Holzschnitten versehen, welche schon die 1480 von Quentel in Köln gedruckte Heilige Schrift schmückten und die selbst noch bei der Halberstädter Bibel (in niedersächsischer Mundart) vom Jahre 1522 vorkommen. In einem der großen von Koberger benutzten Holzschnitte ist der Papst als Haupt der gefallenen Engel dargestellt. Papier, Typen, Schwärze, Holzschnitte, Druckwerk, alles erhebt diese Ausgabe zu einem Meisterstücke typographischer Vollendung für jene Zeit. Einer seiner gesuchtesten Drucke ist „Der Schatzbehalter" (1491 in Folio) wegen der 95 schönen Holzschnitte von Michael Wohlgemuth, Dürers Lehrmeister. Nicht minder ausgezeichnet ist „Dr. Hartmann Schedels Buch der Chroniken und Geschichten" (1493 in Folio) mit sehr vielen Abbildungen von Wohlgemuths und Pleydenwurfs kunstgeübten Händen. Anton Koberger starb im Jahre 1513. Von zwei Gattinnen wurde er mit sechsundzwanzig Kindern gesegnet. Sein Sohn gleichen Namens setzte die Handlung seines Vaters fort und ließ auch, wie dieser, auswärts, z. B. in Hagenau bei Anshelm, in Straßburg bei Grüninger und in Lyon bei Jacob Sacon und bei Johann Marion drucken. Auch seines Bruders Sohn, Hans Coburger (wie er sich gewöhnlich nannte), ließ bis 1543 daselbst mehrere Werke auf seine Kosten ausführen, weil seine Pressen zu sehr beschäftigt waren. Die Thätigkeit dieses außerordentlichen Mannes hat G. E. Waldau trefflich geschildert in: „Leben Anton Coburgers u. s. w. Dresden und Leipzig, 1786, 8."

Kochsche Kniehebelpresse, s. Kniehebelpresse.
König, Friedrich, s. Bauer.
Königswasser, s. Salzsäure.
Körnen des Steines in der Lithographie. Nachdem der Stein gut geschliffen, d. h. alle Spuren der rauhen Deckschicht oder auch einer frühern Zeichnung verschwunden sind, die Oberfläche eine sehr feine Glätte, aber nirgends Ritzen zeigt, wird er polirt oder gekörnt, je nachdem er zu Feder- oder Stiftzeichnung verwendet werden soll. Jedenfalls ist der Stein aber vorher von allem ihm anklebenden Sande oder dem Rückstande des Schleifens durch mehrmals wiederholtes Abwaschen zu befreien und namentlich die geschliffene Oberfläche zu säubern. Auch muß man die etwa an den Seiten hängen gebliebenen groben Sandkörner sorgsam beseitigen, weil letztere, wenn sie auf der Oberfläche des Steines gelangen, leicht Veranlassung zu Schrammen und Rissen geben. Zum Zwecke des Körnens hat man den Stein nun abermals in die Schleifbank zu legen und mit sehr feinem und gut gesiebten Sande zu überstreuen und nun mit einem andern Stein, je nachdem das Korn gröber oder feiner werden soll, kürzere oder längere Zeit zu überreiben; auch muß bei grobem Korne der Sand schnell und mehrmals, bei feinem aber nur ein- höchstens zweimal gewechselt

und ziemlich zu Teig gerieben werden, doch darf man nicht allzu lange damit fortfahren, weil sich sonst das Korn selbst wieder abreibt. Besonders hat man bei dieser Arbeit darauf zu achten, daß die Oberfläche nicht auf einer Stelle feiner als auf der andern werde, weil sonst der geübteste Künstler seiner Zeichnung nie die Harmonie und völlige Gleichmäßigkeit der einzelnen Töne geben kann. Die größere oder geringere Feinheit des Kornes während der Bearbeitung zu beurtheilen, hat seine Schwierigkeit, indeß wird man sich bei einiger Uebung bald darin finden. Ein sehr gutes Hülfsmittel dazu ist, den geschliffenen Stein mit der Oberfläche schräg gegen das Licht zu stellen und auf die eine oder die andere Stelle scharf zu blasen, wo man sich dann leicht von der größern oder geringern Ebenheit des Steines, oder von der größern oder geringern Feinheit des Kornes überzeugen kann. Hat man einen Stein zu werthvollen Kreidezeichnungen zu körnen, so muß man demselben allemal zuvor die Politur geben, welche er für eine Gravir- oder Federzeichnung haben soll, und muß dann erst, mittelst eines feinen Haarsiebes, einen gleichartigen etwas scharf greifenden Silbersand auf der Fläche ausbreiten, hierauf aber die Operation des Schleifens wie zuvor, nur mit dem trockenen Sande und mit vieler Sorgfalt und Gleichmäßigkeit vornehmen. Die Erfahrung muß lehren, wie weit man hier zu gehen hat, und man wird das Aufsieben wohl zwei- bis dreimal und noch öfter wiederholen müssen, um ein tadellos gleichmäßiges Korn zu erzielen. Nach jedem Abschleifen muß der Stein mit vielem Wasser und vielleicht sogar vermittelst einer scharfen Bürste abgewaschen werden, um den Staub zu entfernen, der sich ziemlich tief in die Poren des Steines setzt, und dann erst ist das Korn zu probiren. Die größere oder geringere Feinheit des Kornes bestimt sich übrigens nach der Beschaffenheit der Zeichnung, welche man auf den Stein bringen will, und nach der Zahl der Abdrücke, welche davon genommen werden sollen. Man giebt dem Stein entweder ein **grobes, feines** oder **mittleres Korn**. Sehr detaillirte Zeichnungen verlangen ein feines Korn, liefern aber sehr wenig Abdrücke, da sich ein feines Korn leicht zuschlägt. Zu Zeichnungen, welche man sehr transparent haben will, oder die, namentlich in den Vordergründen, sehr kräftige Partien enthalten, kann man ein gröberes Korn wählen, das auch mehr Abdrücke liefert. Im Durchschnitt wird man immer gut thun, das Korn so grob zu halten, als es sich nur eben mit dem Wesen der Zeichnung vertragen will, und dafür lieber mehr Zeit für die Ausführung der Zeichnung zu verwenden. Der Druck wird dann leichter und man erhält mehr Abdrücke. Im höchsten Nothfalle kann man Stellen, wo man vorzugsweise ein feineres Korn haben muß, nachkörnen, s. Nachkörnen.

Körper bedeutet erstens den eisernen Pressen der obere Quertheil, welcher bei der Holzpresse Oberbalken genannt wird; zweitens bei der Tabelle der Linientheil unter dem Kopfe, so daß sie aus zwei Theilen, dem Tabellenkopfe und dem Tabellenkörper besteht; drittens in der französischen Typografie nennt man Körper (corps), was wir als Kegel kennzeichnen, die Type in ihrer metallischen Form.

Kolon, der Doppelpunkt, ein Interpunktionszeichen, ist beim Setzen mittelst eines feinen Spatiums von dem Worte abzustellen. Die französische Typographie behandelt dieses Lesezeichen anderartig, indem sie es auf die Mitte des Wörter-Zwischenraumes stellt. Die englische Typographie stellt das Kolon ebenfalls vom Worte ab, fügt demselben aber unmittelbar daran einen Gedankenstrich bei.

Kolophon, aus dem Griechischen, nennt man das zu Anfang der Buchdruckerkunst in den Werken übliche Nachwort oder die Nachbemerkung, die Nachrede oder Nachschrift, das Gegentheilige der Vorrede oder des Vorwortes. Auch die früheren geschriebenen Bücher waren fast durchweg mit einem Kolophon versehen.

Kopf komt in mancherlei Bedeutung bei der Typographie vor. Erstens nennt man bei den Tabellen den obern Theil, welcher die Bedeutung der Felder klarstellt, Kopf; zweitens hat jeder Titel einen Kopf als das Hauptsächliche, das Hervorragende desselben und zu oberst der Seite sich befindend, bis dahin, wo er vom Rumpfe abgelöst wird; drittens bezeichnet man den Titel einer Zeitung und was dazu gehört, als den Kopf der Zeitung; viertens kennzeichnet man den obern Theil eines immer wiederkehrenden Theaterzettels, der stehen bleibt, um wieder benutzt zu werden, als seinen Kopf; fünftens hat die Type einen Kopf in ihrem obern Theile, dem Bilde des Buchstabens.

Kopfleisten sind Verzierungen am obern Theile einer Anfangscolumne, bestehend zumeist aus allegorischen Figuren. Ehedem allgemein in Aufnahme, danach wieder in Verfall gerathen, werden sie neuerdings zu Gunsten der Renaissance wieder mehr angewendet, und hat die Schriftgießerei von Otto Weisert in Stuttgart eine reichhaltige und schöne Auswahl von Kopfleisten alten Genres im verjüngten Kleide geschaffen.

Kopflinie ist 1) in Tabellen die den Kopf vom Rumpfe trennende Linie; sie muß sich von den übrigen Linien der Felder unterscheiden, so daß, wenn zu diesen halbfette und feine verwendet werden, als Trennungs- oder Kopflinie eine doppelfeine oder schwache halbfettfeine benutzt wird, wenn aber als letztere eine halbfette oder fette genommen wird, zu ersteren doppelfeine und feine am Platze sind; 2) die Linie, welche den Kopf der Zeitungen von dem Texte scheidet, aus einer starken fettfeinen oder feinfettfeinen bestehend; 3) die Linie, welche den lebenden Kolumnentitel von dem Text abstellt, wozu eine feine, bei Linien-Einfassungen der Columnen eine doppelfeine ihren Zweck erfüllt.

Kopflose Blätter. Unter dieser ziemlich unästhetischen Namensform versteht man in der deutschen periodischen Presse das Unternehmen, dem Buchdrucker in kleinen Städten ein in seinem Haupttheile fertig redigirtes und gedrucktes Blatt zur Verfügung zu stellen, welchem der Betreffende dann nur noch den Kopf und etwaige Lokalnachrichten, sowie Inserate beizudrucken hat. Das Unternehmen wurde zuerst von der Spenerschen Zeitung ins Leben gerufen, dann mit dem Inkrafttreten des Reichspreßgesetzes (1. Juli 1875) von der Berliner Volkszeitung (Franz Duncker) weiter ausgebildet, zu welcher im Jahre 1876 noch ein dritter Unternehmer, der Verlagsbuchhändler Loof in Stuttgart trat. Die Art und Weise der Herrichtung dieser Blätter war entweder die, daß bloß die letzte Seite (zu Lokalem und Inseraten), oder der Raum für den Kopf samt der letzten Seite, oder auch die ganze erste und letzte Seite weiß blieben; die letzte Methode, welche sich dem amerikanischen Verfahren nähert, war die Loofs in Stuttgart. Die Neuerung hat in Deutschland nicht nur vielen Widerstand gefunden, sie ist vielmehr mit Hohn und Spott überhäuft worden, während es doch so nahe liegt, daß den kleineren Buchdruckern in der Provinz dadurch die Gelegenheit geboten wird, ihren Abonnenten einen gesundern und bessern geistigen Inhalt zu bieten, als es im allgemeinen möglich ist, und dürfte eine Fortentwickelung wünschenswerth sein. — Eine Neuheit ist diese Herstellungsweise übrigens nur bei uns; in Nordamerika besteht dieselbe unter der Benennung Cooperative News seit funfzehn Jahren und steht hier in einer Blüte, die wir zu würdigen lernen, wenn wir erfahren, daß sich jetzt in den Vereinsstaaten Nordamerikas mehr denn 1900 Buchdrucker den Vortheil dieser cooperativen oder unterstützenden Zeitungen zunutze machen. Zu Anfang der 60er Jahre vereinigten sich in den Vereinsstaaten bereits mehrfach benachbarte Buchdrucker, um auf diesem Wege bei den Satzkosten zu sparen, aber einem gewissen J. A. Aikens in

Milwaukee war es vorbehalten, im Jahre 1864 Organisation in das Ganze hineinzubringen. Heute besteht nun dort ein Amerikanischer Zeitungsverein, welcher Zweigniederlassungen in New-York, Chicago, Cincinnati, Milwaukee und Memphis hat, und vierhundert Abnehmer seiner cooperativen Zeitungen hat. Die „Printing Preß" von Chicago, welcher wir diese Notizen entnehmen, hebt noch ausführlich die intellectuellen und materiellen Vortheile hervor, welche diese Zeitungsgesellschaft dem Buchdrucker bietet, von denen die technischen allerdings sehr schwerwiegend sind, indem er sein Blatt in jedem gewünschten Format oder Umfang, jeden beliebigen Tag in der Woche und auch in der von ihm geforderten politischen oder socialen Richtung erhalten kann.

Kork, wird beim Drucken zur Abstellung des Schmitzens in Abschnitten auf dem Rähmchen befestigt, auch im Mittelsteg der Rahme angebracht, wenn die Puncturen nicht durchdrucken, und endlich (in großer Gestalt) zum Abreiben der im Gebrauch gewesenen Metallplatten beim Autographischen Druck, s. Schmirgel, Schmitzen.

Kosmos-Einfassung. Das Auftreten dieser neuen ausgezeichneten Einfassung zu Anfang des Jahres 1876 war keine gewöhnliche Erscheinung, sondern nahm das allgemeine Interesse des typographischen Berufs für sich in Anspruch. Sie rechtfertigt ihre Kennzeichnung als Welteinfassung vollkommen. Hervorgegangen aus der rühmlichen Schriftgießerei Flinsch in Frankfurt a. M., jenem Geschäfte, das durch den Schnitt geradezu epochemachender Schriften und Einfassungen auf den Geschmack eingewirkt hat, ist ihre technische Ausführung wie keine andere, indem die Officin zu dem Guß derselben, um das sonst fast allgemeine Abstehen der einzelnen Stücke zu vermeiden, eigene vervollkommnete Instrumente anfertigen ließ, durch welche dieser Zweck vollkommen erreicht wurde. Urheber der Kosmos-Einfassung in ihrer Zeichnung ist der talentvolle und kunsterfahrene Herr Karl Klimsch in Frankfurt a. M. Die Kosmos-Einfassung besteht aus 92 Stücken, welche durch schöne Zeichnung den günstigsten Eindruck machen. Der Fachgenosse findet da nebst allen möglichen Knopfarten auch einige hübsche Ausläufer größern Kalibers. Die Ecken 36 und 37 erscheinen uns wegen ihrer Einfachheit zu selten anwendbar, während die Rosetten 65, 66, 71 und 72 wegen ihrer zu dem durchsteckten Stab in richtigem Verhältniß stehenden Größe recht gefallen. Die Nummern 79—92 mit ihrem gestrichelten Kern bilden ein abgeschlossenes Ganze; sie sollen die Anwendung der Einfassung erleichtern und dürften diesem Zweck vollkommen entsprechen.

Koster, s. Coster.

Kräftige Farbe. Wenn beim Farbendruck irgend eine Farbe besonders satt und kräftig gewünscht wird, so erreicht man dies am sichersten durch deren zweimaligen Druck, der sich auch schließlich als der billigste Weg zum Ziele herausstellen wird. Man kann sich hierbei selbst geringerer Farben bedienen, da auch diese, zweimal gedruckt, außerordentlich an Glanz und Kraft gewinnen. Es muß jedoch jeder Farbe hinreichend Zeit gelassen werden zu vollständigem Trocknen und Einziehen; ist dies nicht der Fall und wird auf nicht hinreichend trockene oder eingezogene Farben gedruckt, so wird der Druck aussehen, als seien die Walzen nicht in ordnungsmäßiger Beschaffenheit oder der Stock nicht gut aufgetragen gewesen.

Krafft, Johann, sonst auch Crato, einer der ersten Buchdrucker Wittenbergs, und zwar von 1549 bis 1577, hat durch den Druck mancher kleiner Schriften Luthers und anderer Reformatoren wesentlich zur Verbreitung der neuen Lehre, welche seit 1517 von Wittenberg ausging, beigetragen. Für seine hohe Bildung mag die vertraute Freundschaft mit Melanchthon zeugen, dessen Werke er in ungemein sauberer Ausführung druckte.

Kreisbewegung, eine von König & Bauer in Kloster Oberzell bei Würzburg erfundene Methode zur Erzielung der Vor- und Rückwärtsbewegung des Karrens bei den Schnellpressen, wobei eine Zahnstange oder ein Zahnrad auf ein Kreiskamrad wirkt. Man kennzeichnet diese Art Schnellpressen als solche mit Kreisbewegung. Es ist jedenfalls die sicherste und vorzüglichste aller Bewegungsarten.

Kreis- oder **Nullen-Zirkel** mit feststehender Centrirspitze ist eine neuere patentirte Erfindung, wodurch die Klagen der Lithographen und Zeichner über das ungenügende der bisherigen Zirkel jedenfalls beseitigt sind. Er unterscheidet sich von allen anderen Zirkeln hauptsächlich dadurch, daß die Centrirspitze auf dem Steine oder dem Papier feststeht und die eigentliche Ziehfeder, vermöge ihres eigenen Gewichts auf dem Stein oder Papier aufliegend, um die Centrirspitze als Drehachse herumgeführt wird. Es wird dadurch das unangenehme Ausrutschen der Feder und Einschneiden der Spitze beseitigt und kann die bewegliche Feder verstellt werden, ohne den Zirkel vom Stein oder Papier fortzunehmen. Durch diese Vortheile wird ein sehr schnelles und sauberes Arbeiten, selbst wenn die kleinsten Kreise zu ziehen sind, erzielt. Bei der Handhabung ist hauptsächlich erforderlich, die Centrirspitze ruhig und gerade zu halten, während man die Feder an einem geränderten Knöpfchen leicht, ohne zu drücken, herumbringt.

Kreuz kommt in der Typographie in mehrfacher Bedeutung vor: 1) bei den Typen als das Zeichen des Kreuzes, welches als Notenzeichen und als Kürzung für gestorben Anwendung findet; 2) bei der Columbia-, Stanhope- und Cogger-Presse das Untergestell aus Holz, welches die Form eines Kreuzes hat, wenn diese Pressen nicht auf eisernen Füßen stehen; 3) bei der Holzpresse heißt die Verbindung der vier den Tiegel haltenden Stangen Kreuz.

Kreuzmaß, ein Instrument in der Schriftgießerei bei den Justiren der Matrizen, hat nahezu die Gestalt eines Kreuzes oder vielmehr die eines T, sonst aber Aehnlichkeit mit einer Reißschiene.

Kreuzsteg ist in dem Formate derjenige Steg, welcher die Columnen am Kopfe auseinanderstellt; sein Name ist aus dem Umstande erklärlich, weil er, die Bundstege durchschneidend, mit diesen ein Kreuz bildet. Der Kreuzsteg bildet den Raum über dem Columnentitel.

Krystall-Unterdruck zu Wechseln und Werthzeichen aller Art ist eine neue Art Fond, welche das Aussehen krystallisirter Lagerungen hat und am leichtesten auf lithographischem Wege zu beschaffen ist. Dieser Unterdruck ist eine Erfindung der letzten Jahre und leistet vortreffliche Dienste als Schutz gegen Nachahmung von Werthpapieren, Wechseln u. s. w. Die Buch-, Stein- und Kupferdruckerei von G. Hunkel in Bremen liefert denselben in jeder Farbe und in immer veränderten Platten.

Kundmachung, s. Annonce.

Kunne, Albert, gebürtig aus Duderstadt, erster Buchdrucker in Memmingen, einer kleinen Stadt im Landgerichte Ottobeuern im baierschen Oberdonaukreise, wo er die neue Kunst schon 1482 einführte und wo dieselbe in ununterbrochener Thätigkeit bis zur Mitte des sechzehnten Jahrhunderts ausgeübt wurde. Albert Kunne von Duderstadt, welcher seine Laufbahn 1475 zu Trient in Tirol begonnen, hat sie hier mit einer Menge gediegener Werke fortgesetzt. Man zählt deren einige fünfzig, die mit oder ohne seinen Namen erschienen sind. Das erste derselben ist: „Werneri Rolavinckii Fasciculus temporum", 1482 mit Holzschnitten in Folio, ein zu jener Zeit allgemein beliebtes, fast in alle Sprachen übersetztes und unzähligemal gedrucktes Buch. Er scheint selbst Schriftgießer gewesen zu sein und bediente sich in seinen Werken fast durchgängig der gothischen Minuskel.

Kupferdruckfarbe, eine eigens zu dem Kupferdruck zusammengesetzte Schwärze, wird unter obiger Benennung von den Farbefabriken geliefert.

Kupferdruckpapier, ein starkes, ungeleimtes Maschinenpapier, welches aus den feinsten Lumpen bereitet wird. Die Fabrikate der Schweiz in diesem Genre sind ausgezeichnet.

Kupferdruckpresse. Sie hat Aehnlichkeit mit unseren gewöhnlichen Satinirwerken, indem sie der Hauptsache nach aus zwei über einander liegenden Walzen besteht, von denen die oberste meistens einen schwächern Umfang hat. Zwischen diesen befindet sich ein Laufbrett von Holz oder Eisen. Auf dieses Laufbrett wird die Kupferplatte gelegt, nachdem alle ihre Vertiefungen derart mit Schwärze eingerieben sind, daß dieselben vollständig sich gefüllt haben und die Oberfläche rein gewischt ist; dann wird das zum Druck bestimte Papier auf die Platte und ein Drucktuch darüber gebracht, die Walzen scharf angespannt und das Laufbrett mit der Platte durch die Walzen geführt. Hierbei wird das weiche Kupferdruckpapier in die Vertiefungen der Platte gedrückt, infolge davon die darin befindliche Farbe an dem Papier haften bleibt.

Kupferniederschlag ist ein auf dem Wege der Galvanoplastik erzeugter Abklatsch von einem Original-Holzschnitte oder einem Metallstempel, ersetzt als Copie das Original und ist zur Verwendung für die Buchdruckpresse bestimmt.

Kupferstechkunst oder Chalkographie ist die Kunst, mit Hülfe der Kupferplatte und der Kupferdruckpresse bildliche Darstellungen und Schrift auf mechanischem Wege zu vervielfältigen. Sie theilt sich in Beziehung zu der Ausführung oder vielmehr der Herstellung der Platten zu dem Druck in verschiedene Manieren, deren erste und schwierigste, sowie auch die älteste die Strich- oder Linienmanier (s. b.) ferner die Schwarzmanier oder die Schwarzkunst (s. b.) sonst auch Schabmanier genannt, hat viel Aehnlichkeit mit der Tuschmanier oder der Aquatinta, tritt aber viel sauberer und effectvoller auf als letztere, und ist erfunden im Jahre 1643 von L. v. Siegen in Kassel, dann die Nabirmanier (s. b.), bei welcher die Zeichnung leichter gehalten wird, weiter die Punktmanier oder Stigmatypie (s. b.), bei welcher die Strichlager der anderen Manieren mittelst Punkte gebildet werden; und endlich die Aetzmanier oder die Aetzkunst (s. b.). — Während bei dem Holzschnitt die Zeichnung oder der Schnitt erhaben sein muß, ist der Stich der Kupferplatte vertieft nach Art der Lithographie oder vielmehr der Gravirmanier derselben. — Die Kupferstechkunst ist eine deutsche Erfindung und aller Wahrscheinlichkeit nach aus der Formenschneidekunst oder dem Metallstempelschnitt hervorgegangen. Der erste hervorragende Kupferstecher und jedenfalls der Urheber dieser Kunst war der Goldschmied und Maler Martin Schön in Kulmbach, gestorben 1486, von dem noch viele Stiche vorhanden sind. Uebrigens nehmen auch die Italiener und die Niederländer die Ehre der Erfindung für ihre Nationen in Anspruch, sind aber nicht im Stande, historisch begründete Beweise dafür beizubringen.

Kupferstichplatte, die Tafel, in welche der Kupferstich eingegraben oder eingeätzt werden soll, muß aus dem besten Kupfer bestehen, vollständig gleichmäßig sein, geschliffen, mit Bimstein und Holzkohle abgerieben und schließlich mit dem Polirstahl vollständig geglänzt werden.

Kupferwasser-Pulver ist beim Farbendruck ein vorzüglicher gelber Ton, indem es mit arabischem Gummi und Copaivbalsam verrieben und ihm mit Terpentin die erforderliche Stärke gegeben werden muß. Diesen Farbekörper kann man sich selbst dadurch bereiten, daß man Kupferwasser in Aschenlauge auflöst und diese Flüssigkeit über ein gelindes Feuer verdunsten läßt. Der Rückstand ist der Körper, welcher dann zum Gebrauche auf das feinste zu pulverisiren ist. Beim Drucken dieser Farbe muß man vorsichtig umgehen und vor allen Dingen wenig zum Auftragen nehmen, denn sie besitzt die Eigenschaft, daß sie nach einer Zeitdauer von vierundzwanzig Stunden erst deutlich zum Vorschein kommt. Es ist Farbe genügend vorhanden, wenn der Ton ganz schwach zu bemerken ist. Die Farbe ist giftig und trocknet schnell.

Kurbel, dient bei der Handpresse zum Ein= und Ausfahren des Karrens, besteht aus einer Holzwelle mit eiserner Achse, an welcher sich vorn eine Hand= habe zum Herumdrehen befindet. Sie ist unter dem Karren zwischen den Schienen in diese eingelassen und sind auf der Holzwelle drei Riemen oder Gurten be= festigt, von denen die beiden äußeren am Karren hinter dem Deckel, der mitt= lere am Karren vor dem Tiegel mittelst einer Vorrichtung zum Einlassen und Festschrauben ihren Halt bekommen.

L

L l, der elfte Buchstabe in den Alfabeten der Sprachen des germanischen und romanischen Stammes; im Russischen der zwölfte Buchstabe und unserm gleichnamig; im Griechischen heißt er Lambda und ist ebenfalls der elfte; im Arabischen heißt er Lam, ist der dreiundzwanzigste Buchstabe vom Anfange und der sechste vom Ende, repräsentirt hier einen Zahlenwerth von 30; im Hebräi= schen ist er der zwölfte Buchstabe in der Reihenfolge, heißt Lamed und hat einen Zahlenwerth von 30; im Polnischen kommt außer dem gewöhnlichen L l noch ein gestrichenes vor, welches eine eigenthümlich dumpfe, schleppende Aussprache hat; die russische Sprache besitzt dasselbe L l und wird hier mittelst Anfügung des leichten Hauches, des Jehr, gekennzeichnet. Als römisches Zahlzeichen hat er den Werth von 50. Seiner sprachlichen Beschaffenheit nach ist dieser Buchstabe ein weicher Mitlaut.

Lage kommt vor beim Papierabzählen, wo sie meistens aus 25 auf einander liegenden Bogen besteht, dann beim Papierfeuchten, beim Aufhängen und Ab= nehmen des Papiers, beim Aufnehmen, Aufstoßen und Zusammenschlagen des= selben, wo man unter Lage allgemein diejenige Anzahl von Bogen versteht, welche auf einander liegen. In ihrer Gesamtheit bilden die Lagen einen H a u f e n.

Lagen machen. Beim Zusammentragen der einzelnen Druckbogen zu einem vollständigen Exemplar, beim Aufnehmen, ist ein Tisch, welcher eine derartige Länge hat, um etwa acht Haufen des Druckes in seiner Breite neben einan= der zu fassen, oder in Ermangelung dessen zwei Bretter von dieser Länge, welche auf Böcke gelegt werden, erforderlich. Davor stehend, wird am linken Ende der erste Bogen mit der Primesignatur nach oben gelegt, daneben auf einanderfol= gend Bogen 2, 3, 4, 5, 6, 7 und 8, so daß letzterer das rechte Ausgangsende oder die letzte Lage bildet.

Läufer dient zum Verreiben von Farben, welche mit Firniß oder anderen Substanzen selbst zubereitet werden. Es ist das gleiche Werkzeug, welches die Maler zu demselben Zwecke benutzen. Er ist von Stein und hat die Form einer Pyramide, ist oben spitz und unten breit, und diese untere breite abgeebnete Fläche dient zum Reiben. In der Steindruckerei bedient man sich manchmal eines gläsernen Läufers bei dem Schleifen und Körnen des Steines.

Landkartensatz oder Typometrie bezieht sich auf die Herstellung geographischer Karten und Pläne mittelst beweglicher Typen. Früher vielfach versucht und auch einigermaßen mit Erfolg durchgeführt, bekümmert man sich heute nicht mehr darum, weil die Praxis sehr schwierig und unlohnend ist und man Landkarten mit Hülfe der Lithographie, des Holzschnitts, der Zinkätzung und des Kupferstichs viel leichter und besser beschaffen kann. Verdient um die Praxis des Landkartensatzes haben sich J. G. J. Breitkopf in Leipzig, W. Haas in Basel, Bauerkeller und A. F. Dibot in Paris, Raffelsperger in Wien, Mahlau in Frankfurt a. M. gemacht.

Lateinische Abkürzungen. Die heute üblichen Schriftkürzungen im Druck des Lateinischen sind im allgemeinen folgende:

A

A., anni, des Jahres; anno, im Jahre; annus, Jahr

aa., ana, zu gleichen Theilen

A. A. A., aurum, argentum, aes, Gold, Silber, Erz (in der Scheidekunst)

a. a. C., anno ante Christum, im Jahre nach Christi

a. ae. vulg., anno aerae vulgaris, im Jahre der allgemeinen Zeitrechnung

AA. LL. M., artium liberalium Magister, Meister der freien Künste

AA. M., artium Magister, Meister der Künste

a. a. u. c., anno ab urbe condito, im Jahre nach Erbauung der Stadt (Rom)

A. B., aurea bulla, die goldene Bulle

a. C., anno Christi, im Jahre Christi; ante Christum, nach Christo

a. c., anno currente, im laufenden Jahre; anni currentis, des laufenden Jahres

a. C. n. oder A. C. N., ante Christum natum, nach Christo Geburt

act. jur., actuarius juratus, geschworener Gerichtsschreiber

a. curr., anni currentis, des laufenden Jahres; anno currente, im laufenden Jahre

A. D., anno Domini, im Jahre des Herrn

adj., adjunctus, der Amtsgehülfe

ad l., ad libitum, nach Belieben

A. D., anno Domini, im Jahre des Herrn

act., aetatis, seines oder ihres Alters

a. f., anni futuris, des künftigen Jahres

al., alias, auch

a. l., a linea, von vorn

A. M., anno mundi, im Jahre der Welt

a. m., ante meridiem, vormittags

A. M. C., anno mundi condito, im Jahre der Erschaffung der Welt

ao., anno, im Jahre

a. p., anni praesentis, des gegenwärtigen Jahres

a. pr., anni praeteriti, des verflossenen Jahres

aq., aqua, Wasser

A. R., Academiae Rector, Rector der Hochschule; anni Regni, des Jahres der Regierung

Art., articulus, der Abschnitt, die Abtheilung

Auct., Auctor, der Urheber, Verfasser

a. u. s., actum ut supra, geschehen wie oben

B

B, altrömische Zahl 300; Beata und Beatus, die oder der Selige

B. c. D., bono cum Deo, mit dem guten Gott

Bibl., Biblia, das Buch der Bücher, die Heilige Schrift

B. L., benevole Lector, geneigter Leser

B. M., balneum Mariae, das Marienbad

b. m., beatae memoriae, seligen Andenkens
B. P. D., bono publico datum, zum öffentlichen Besten gegeben
B. Q., bene quiescat, er oder sie ruhe sanft
B. V., Beata Virgo, die selige Jungfrau

C

C, als römischer Zahlbuchstabe 100; centum, hundert
c., currente, laufenden; currentis, des laufenden; contra, gegen, wider; circa, etwa
ca., circa, ungefähr, etwa
Caes. Maj., Caesarea Majestas, kaiserliche Majestät
Cand., Candidatus, Candidat, Anwärter
Cand. Rev. Min., candidatus reverendi ministerii, Anwärter des hochwürdigen Predigtamts
c. c. (auf Recepten), concinde, contunde, zerschneide, zerquetsche
cf., confer, vergleiche; conferatur, zu vergleichen, man vergleiche, es werde verglichen
c. l., citato loco, an beregter Stelle
cld., claudatur, es ist geschlossen
C. M., Caesarea Majestas, kaiserliche Majestät; Candidatus ministerii, Anwärter des Predigtamts
Cod., codex, die Urschrift
Codd., codices, die Urschriften
col, columna, die Spalte
Coll, Collegium, die Versammlung; collegus, der Amtsbruder
coll., collatis, verglichen
Com., Comes, der Graf
Com. Pal., Comes Palatinus, der Pfalzgraf
Cons reg., consulus regens, der regierende Bürgermeister
Cop., Copia, die Abschrift
coq. (auf Recepten), coque, koche; coquetur, es werde gekocht
cort. (auf Recepten), cortex, die Rinde, Schale
c. p., cum pertinentiis, sammt Zubehör
C. P. S., Custos privati sigilli, der Geheimsiegelbewahrer
curr., currente, laufend; currentis, des laufenden

D

D, als römische Zahl 500, mit Punkt Doctor; Dominus, der Hausherr
d. (auf Recepten), dat, gieb, datum, gegeben
d. a., dicti anni, des erwähnten Jahres
dat., datum, gegeben
DD., doctores, Doctoren
d d., de dato, vom oder am ...
ddt., dedit, er hat gegeben, b. h. bezahlt
del.. delineavit, er (oder sie) hat es gezeichnet; dele, streiche aus, tilge; doleatur, es werde fortgestrichen, getilgt, ausgemerzt
D. G., Dei Gratia, von Gottes Gnade
Disp., Disputatio, die Streitschrift
Diss., Dissertatio, die gelehrte Abhandlung
D. J. U., Doctor juris utriusque, Doctor der beiden Rechte
d. l., dicto loco, am besagten Orte
D. M., Doctor medicinae, Doctor der Heilkunde
D. N., Dominus noster, unser Herr
Dom., dominica, Sonntag
D Ph, doctor philologiae, Doctor der Sprachenkunde; doctor philosophiae, Doctor der Weltweisheit
Dr., doctor, Doctor
Dr. chir., doctor chirurgiae, Doctor der Wundarzneikunde
Dr. jur., doctor juris, Doctor der Rechtswissenschaft
Dr. med, doctor medicinae, Doctor der Heilkunde
Dr. phil., doctor philologiae, Doctor der Sprachenkunde
Dr. philos., doctor philosophiae, Doctor der Weltweisheit
Dr theol., doctor theologiae, Doctor der Gottesgelahrtheit
d. s (auf Recepten), da signe, gieb und bezeichne; detur signetur, es werde gegeben und bezeichnet
D. Th., doctor theologiae, Doctor der Gottesgelahrtheit

D. V., deo volonte, so Gott will

E

E, altrömische Zahl 240
e., ergo, also, folglich
e. c., exempli causae, zum Beispiel
Ed., editio, Ausgabe
ed., edidit, hat herausgegeben
edd., ediderunt, sie haben herausgegeben
e. g., ex grege, unter anderm
e. gr., exempli gratia, zum Beispiel
ej., ejusdem, desselben (Tages oder Monats)
eod., eodem, an demselben (am genannten Tage)
e. off., ex officio, von Amtes wegen
Ep., episcopus, der Bischof; epistola, der Brief
etc. oder &c., et caetera, und so weiter
excl., exclusive, ausschließlich
extr. (auf Recepten), extractus, der Auszug

F

F, altrömischer Zahlbuchstabe 40
f., fae, mache, bereite; fiat, er bereitet; femininum, ein Wort weiblichen Geschlechts
fac., facit, es macht
F. C., formula concordia, die Uebereinstimmung
fco., franco, frei
fec., fecit, es ist gemacht
fig., figura, die Form, die Abbildung
fin., finis, das Ende
f. l. (auf Recepten), fiat linctus, es werde ein Brei daraus gemacht
f. l. a., fiat lege artis, nach den Regeln der Kunst zu bereiten
fl., flores, die Blüte
fl. pl., flore pleno, mit gefüllter Blüte
f. m., fiat mixtura, man mache eine Mischung; folio mihi, auf meinem Blatte
fol., folio, das Blatt
fol. cit., folio citato, auf dem angezogenen Blatte
f. pill. (auf Recepten), fiant pillulae, man mache Pillen
f. p. (auf Recepten), fiat pulvis, man pulvere, man bereite ein Pulver
f. s. a., fiat secundum artem, es werde nach den Regeln der Kunst bereitet

G

G, altrömischer Zahlbuchstabe 400
gl. m., gloriosae memoriae, ruhmvollen Andenkens
glor. mem., s. gl. m.
gr., granum, ein Gran
gran., grana, ein Korn; granula, Körner
gtt. oder gutt., guttae, Tropfen
gutt., s. gtt.

H

H, altrömische Zahl 200
h., hora, die Stunde (oder um die Stunde)
h. a., hoc anno, in diesem Jahre; hujus anni, dieses Jahres
Hab. Cor., habeas corpus, die Freiheit der Person
Hab. fa. poss., Habere facias possessionem, die Sicherheit des Eigenthums
Hab. fa. seis., Habere facias seissinam, die Sicherheit des Besitzes
hb., herba, das Kraut
h. e., hoc est, das ist, das heißt, es bedeutet
H. I. S., hic jacet sepultus, hier liegt begraben
h. l., hoc loco, an diesem Orte; hujus loci, dieses Ortes
H. L. Q. C., hora loco que consueta, zur gewöhnlichen Stunde und am gewöhnlichen Orte
h. m., hoc mensa, in diesem Monate; hujus mensis, dieses oder des gegenwärtigen Monats
H. M. P., hoc monumentum posuit, dieses Denkmal ist errichtet . . . .
H. R. I. P., hic requiescit in pace, hier ruhet in Frieden
h. s., hoc sensu, in diesem Sinne
H. S., hic situs, hier ruhet . . . hier liegt begraben . . . .
h. t., hoc tempore, zur Zeit, derzeitig, gegenwärtig
huj., hujus, dieses (Monats oder Jahres)
h. v., hoc verbum, in diesem Worte; hic verbis, in diesen Worten

I

I, römischer Zahlbuchstabe 1

ib. ober ibid., ibidem, an demselben Orte, ebendaselbst
ibid. s. ib.
id., idem, der=, die= oder dasselbe
id. ib., idem ibidem, derselbe (Schriftsteller), ebendaselbst
i. e, id est, das ist, das heißt, es bedeutet
I. H. S, (Zeichen der Jesuiten), Jesus humilis societas, demüthiges Mitglied der Gesellschaft Jesu; in hoc salus (Inschrift an Gebäuden), hier innen ist Heil; Jesus habemum socium, Jesus zum Begleiter haben; Jesus hominum salvator, Jesus der Heiland der Menschen; Jesus hortatus Sanctorum, Jesus der Berather der Heiligen (oder Frommen)
Imp., imperium, das Reich; imperator, der Herrscher
impr., impimatur, es werde gedruckt, es kann gedruckt werden
inc. inc. (auf Recepten), incidenda incidantur, Schneidbares werde geschnitten
incl., inclusive, einschließlich
i. n., in nomine, namens, im Namen; in natura, in Gestalt
I. N. D., in nomine Dei (sprich de=i), im Namen Gottes
in eff., in effigie, im Bilde
in ext., in extenso, i. Auszuge, auszüglich
inf. (auf Recepten), infunde, gieße zu; infusum, der Aufguß; infinitivus, die unbeschränkte, endlose Form des Zeitwortes; infra, (b. Ortsnamen), Unter=
inf. aq. bull. (auf Recepten), infunde aquam bullientem, man gieße siedendes Wasser darauf
inf. aq. ferv. (auf Recepten), infunde aquam fervidam, man gieße warmes Wasser darauf
I. N. I., in nomine Jesu, im Namen Jesu
in pcto., in puncto, in Sachen, wegen, halber
in pcto. deb., in puncto debiti, Schulden halber
ins, insinuatum, eingehändigt, überreicht; inseratur, es werde einge=

schaltet; insertum, die Einschaltung
I. N. S. T., in nomine Sanctae Trinitatis, im Namen der heiligen Dreieinigkeit
in term., in termino, im Termine
i. q., idem quo, das, was; id quod, dasselbe, was ...
i. q. e. d, id quod erat demonstrandum, das, was zu beweisen war
it., item, desgleichen, gleichfalls
i. v., in vice, in Stellvertretung
* * *
JCtus., Juris oder Jura Cousultum, der Rechtsgelehrte
J. N. R. J., Jesus Nacarenum rex Judaeorum, Jesus von Nazaret, König der Juden (Kreuzesinschrift)
jr, junior, der jüngere
J. U. C., juris utriusque candidatus, Candidat beider Rechte
J. U. D., juris utriusque doctor, Doctor beider Rechte
jun., junior, der jüngere

L

L, römische Zahl 50
l., liber, das Buch; linea, die Zeile, die Reihe; littera, der Buchstabe
l. a., lege artis, nach den Regeln der Kunst; loco allegato, am angeführten Orte
lat., latitudo, Breite, Breitengrad
lb., libra, das Pfund
L. B, lector benevole, geneigter Leser; lectori benevolo, dem geneigten Leser
L. B. S., lectori benevolo salutem, der Gruß dem geneigten Leser!
l. c., loco citato. am angeführten Orte
L. D., laus Deo! Gott sei gelobt! Gott sei Dank!
leg., legatur, es werde gelesen, man lese
Lib., liber, das Buch, als Abtheilung in einem Buche
liq, liquor, die Flüssigkeit
Litt., littera, der Buchstabe
l. l., loco laudato, am belobten (an= empfohlenen) Orte
long, longitudo, Länge, Längengrad
L. S., loco sigilli, anstelle des Siegels
l. s. c., loco supra citato, an der oben angezogenen Stelle im Buche

M

M, römische Zahl 1000
M., magnus, der Große; magister, der Meister, Magister
m. oder masc., masculinum, ein Wort männlichen Geschlechts
masc., s. m.
M. D., medicinae doctor, Doctor der Heilkunde
m. d. (auf Recepten), misce da, mische, gieb; misceatur detur, es werde gemischt und gegeben; mano destra, rechter Hand
mens., mensis, der Monat; mensura, das Maß
m. f. p. (auf Recepten), misce fiat pulvis, mische zu Pulver; misce fiant .... pulveres, mische zu .... Pulvern
min., minus, weniger
mpp. oder m. pr., manus propria, zu eigener Hand, eigenhändig; mensis praeteritis, des vergangenen Monats
m. pr., s. mpp.
M. R., manu regis, von der Hand des Regenten
M. S., memoria sacrum, geheiligten Andenkens
Ms. oder Mspt., manuscriptum, die Handschrift
Mspt., s. Ms.
Mss., manuscripta, die Handschriften
mut. mut., mutatis mutandis, mit Abänderung des Abzuändernden

N

NB., nota bene, wohl zu beachten, zur gütigen (freundlichen) Beachtung
n. l., non liquet, es ist nicht deutlich
N. N., nomen nescio, ich weiß den Namen nicht, unbekannten Namens; notetur nomen, der Name werde vermerkt, nachgetragen, eingeschaltet
No., Nr. und Nro., numero, die Zahl, die Nummer
Not. publ. jur., notarius publicus juratus, öffentlicher beeidigter Notar
Nr., s. No.
Nro., s. No.
N. T., Novum Testamentum, das Neue Testament

O

O. A. D. G., omnia ad Dei gloriam, alles zum Ruhme Gottes
Ol., oleum, das Oel
Op., opus, das Werk
O. P. N., ora pro nobis, bitte für uns
Opp., opera, die Werke
Opp. posth., opera posthuma, hinterlassene Werke
orb. terr., orbis terarum, der Erdkreis
Ord., ordinarius, der ordentliche Lehrer

P

P, altrömische Zahl 4000
P., papa, Papst; pastor, Pastor; pater, Vater; pars, Theil
p. oder pag., pagina, die Seite (eines Blattes im Buche)
p. a., per annum, auf das Jahr
p. aeq., partes aequales, gleiche Theile
pag., s. p.
pagg., paginae, die Seiten
p. C., post Christum, nach Christum
pct., puncto, betreffs; pro centum, für das Hundert
p. ct., pro centum, für das Hundert
P. f. a. ff., pastor fides animarum fidelium, ein treuer Hirte der gläubigen Seelen (Ursprung des Wortes Pfaff)
P. L., pastor loci, der Ortsprediger; poëtus laureatus, der gekrönte Dichter
pl., plus, mehr
pl. min., plus minus, mehr oder weniger
plur., pluralis, die Mehrzahl (in der Sprachlehre)
P. M., piae memoriae, seligen Andenkens; pro memoria, zur Erinnerung; pontifex maximus, der heilige Vater; post meridiem, nachmittags; pondus medicinale, Apothekergewicht
p. m., post meridiem, nachmittags
P. N., pro notitia, zur Kenntnißnahme zur Nachricht; pater noster, Vater Unser
po., passato, des vergangenen (Monats)
P. O., professor ordinarius, ordentlicher Professor
Pont. max., pontifex maximus, der Papst

Lateinische Abkürzungen

pos., positio, der Absatz, die Abtheilung
P. P., pastores, die Pfarrer; professores, die Professoren
P. P., professor publicus, öffentlicher Professor; pater prior, der Klostervorsteher; praemissis praemittendis, unter Hinweglassung dessen, was hierher gehört (Anredeform in Briefen)
pptr., praeter propter, ungefähr, etwa
P. R., populus romanus, b. römische Volk
pr., per, auf, durch, an; pro, für
pr. a., per annum, auf oder für das Jahr
Praef., praefatio, die Vorrede
Praes., Präsens, die gegenwärtige Zeit (in der Sprachlehre); präses, der Vorsitzende; presentis, des gegenwärtigen (Monats oder Jahres); presentum, vorgelegt, eingegangen
praet., praeteriti, des vergangenen (Monats oder Jahres)
pr. lig. act., pro ligatura actorum, für das Heften der Acten
pr. mdo., pro mundo, für das Abschreiben
pro cop., pro copia, für die (Richtigkeit) der Abschrift
Prof., professor, der Professor
prov., proverbium, das Sprüchwort
prox., proximo, im künftigen (Monat)
pr. r. & s., praelecta ratihabuit sripsit, vorgelesen, genehmigt und unterschrieben
pr. ult., per ultimum, auf den letzten Tag des Monats
P. S., post scriptum, Nachschrift
.P. T., post trinitatis, nach der Dreifaltigkeit
p. t., pro tempore, derzeitig, dermalen, zur Zeit
pxt., pixit, er oder sie hat es gemalt, gezeichnet

Q

q., quasi, beinahe, gleichsam
Q. B. F. F. S., quod bonum felix faustumque sit, was gut, glücklich und gesegnet sei
q. d., quasi dicat, wie er sagte; quasi dictum, wie gesagt, bemeldetermaßen; quasi dixissit, wie er oder sie gesagt hatte
Q. D. B. V., quod Deus bene vertat, Gott wolle es zum besten lenken
q. e., quid est, was ist; quod est, welches ist
Q. E. D., quod erat demonstrandum, was zu beweisen war
q. e. f., quod erat faciendum, was zu machen war oder was gemacht werden konnte
q. l., quantum libet, so viel als beliebt, beliebig viel
qm., quandam, vormals, ehedem
q. pl., quantum placet, beliebig viel
q. s., quantum satis, so viel als nöthig ist; quantum sufficit, so viel als hinreicht
qu., quesitur, es ist fraglich, der fragliche . . . .
quer., querula, die Klage
quer. null., querula nullitatis, die Nichtigkeitsklage
q. v., quod vide, welche siehe (bei Verweisungen auf Schriftstellen); quantum vis, so viel du willst

R

R, als altrömischer Zahlbuchstabe 80
R., rex, der König; recipe (auf Recepten), nim
rad., radix, die Wurzel
R. D., Reverendus Domini, der ehrwürdige Herr
rect., rectius, richtiger (gesagt oder ausgedrückt)
Rec. (auf Recepten), recipe, nim
Rect., Rector, der Rector
Rect. vic., rector vicarius, der Vertreter des Rectors
ref. exp., refusis expensis, unter Tragung der Kosten
Reg., regens, der Regent; regnus, das Reich
rep., repelatur, es werde wiederholt
resp., respective, beziehungsweise, rücksichtlich; response, antworte
R. I., Romanum Imperator, der Römische Kaiser: Romanum Imperium, das Römische Reich
R. I. P., requiescat in pace, er oder sie ruht in Frieden; requiescent in pace, sie ruhen in Frieden

R. I. P. S., requiescat in pace sancta, er oder sie ruht in heiligem Frieden; requiescent in pace sancta, sie ruhen in heiligem Frieden

R. M., regia majestas, königliche Majestät

R. M. C., reverendi ministerii candidatus, Candidat des ehrwürdigen Predigtamtes

Rp., res publica, das Gemeinwesen, die Allgemeinheit

rubr., rubrum, roth, Rubrik

S

s., sive, oder; sine, ohne

Sa., Summa, das Ganze, das Insgesammt

s. a., secunda artem, kunstgemäß; sine anno, ohne Jahreszahl (auf Buchtiteln)

s. a e. l., sine anno et loco, ohne Jahreszahl und Datum

salv. cur., salvis curialibus, der Förmlichkeit wegen

salv. rem, salva remissione, unter Vorbehalt der Zurücksendung

salv, salvo titulo, des Titels unbeschabet; salvis titulis, der Titel unbeschabet

Sa. p. s., Summa per se, das Gesammte für sich

Sa. Summ., summa summarum, alles in allem

sc. oder scil., scilicet, nämlich; sculpsit (auf Kupferstichen), gestochen von

.... scatula (auf Recepten), die Schachtel

scil., scilicet, nämlich

S. C. M., Sacra Caesarea Majestas, Heilige kaiserliche Majestät

scr., scripsit, geschrieben von ....

Scr., sancta scriptura, die heilige Schrift

Sct., Sanctus, der Heilige, Sancta, die Heilige, Sanctum, das Heilige

SCtus., senatus consultus, der Rathsbeschluß

sculp., sculpsit, gestochen .... (auf Kupferstichen)

S. D., salutem dicit, bestelle seinen Gruß

S. D. G., soli Deo gloria, Gott allein die Ehre

s. e. c., salvo errare calculi, vorbehaltlich eines Rechnungsfehlers

sec. ord., secundum ordinem, nach der Reihenfolge

sect., sectio, die Abtheilung

S. E. e. O., salvo errare et ommissione, Irrthümer und Auslassungen vorbehalten

sen., senior, der ältere

seq., sequens, der folgende ....

seqq., sequentes, die folgenden

s. h., salvo honore, der Ehre unbeschadet

sign., signe, zeichne, überschreibe, signire (auf Recepten); signetum, gezeichnet, überschrieben; signetur, es werde überschrieben

S. J., societas Jesu, die Gesellschaft Jesu

s. l., suo loco, an seinem Orte

s. l. e. a., sine loco et anno, ohne Angabe des Ortes und Jahres (auf Büchertiteln)

s. m., salvo meliori, unbeschadet des bessern

S. O., servus observantissimus, gehorsamster Diener; summa observantia, mit aller Hochachtung

sp., species, Art und Weise; spiritus, der Geist

S. E. D., salutem plurinam dicit, melde seinen höflichen Gruß

S. P. Q. R., Senatus Populusque Romanus, der Senat und das Römische Volk

s. p. r., sub petitione remissionis, mit der Bitte um Zurücksendung

sp. s., spiritus sanctus, der heilige Geist.

s. r., salvo ratificatione, mit Vorbehalt der Genehmigung; sub rubrica .... unter der Rubrik ....

S. S., Sancta Scriptura, die Heilige Schrift

Ssc. T. D., Sacra Sanctae Theologiae Doctor, Doctor der heiligen Gottesgelahrtheit

s. str., sensus stricto, im strengen Sinne

S. T., (Ueberschrift in Schriftstücken, Briefen und Circularen), salvo titulo, des Titels unbeschadet ·

St. Ap., sanctus apostolus, der heilige Apostel

st. n., stili novi, neuen Styls
str., stretto, gedrängt, kompreß
S. T. T. L., sit tibi terra levis, die Erde sei ihm oder ihr leicht (d. h. er oder sie ruhe sanft)
st. v., stili veteris, alten Styls
sub pet. rem., sub petitione remissionis, mit der Bitte um Zurücksendung
Subst., substantivum, das Nennwort
Stud., studiosus, Student
Stud. cam., studiosus cameralium, Student der Cameralia
Stud. jur., studiosus juris, Student der Rechtswissenschaft
Stud. med., studiosus medicinae, Student der Heilkunde
Stud. pharm., studiosus pharmaciae, Student der Arzneiwissenschaft
Stud. theol., studiosus theologiae, Student der Theologie
succ., succus, der Saft
sup., supra, oben
s. v., salva venia, mit Erlaubniß; salvo veto, mit Vorbehalt der Stimmen; sub verbo oder sub voce, bei oder unter dem Worte

T

T oder Tom., tomus, der Band oder der Theil (eines Buches)
t., teste, bezeuge; testatur, es werde bezeugt
t. a., testantibus actis, nach Aussage der Acten
tab., tabula, die Tafel
Test., testamentum, der letzte Wille; testimonium, das Attest, das Zeugniß
Tit., titulo, der Titel (Abschnitt in einem Buche)
Tit. deb., titulo debito, mit schuldigem Respect
Tit. pl., titulo pleno, mit vollem Titel
Tom., s. T.
tot. tit., toto titulo, mit ganzem Titel
t. pl., titulo pleno, mit vollem Titel
Tra., tinctura, der Auszug

tut. nom., tutorio nomine, verwandschaftshalber

U

u. c., urbis conditae, seit Erbauung der Stadt
ult., ultimo, am letzten Tage (eines Monats); ultimus, der letzte
unc., uncia, die Unze; uncias, die Unzen
ungt. oder ungu. (auf Recepten), unguentum, die Salbe
ungu., s. ungt.
u. s., ut supra, wie oben

V

V, römische Zahl 5
v., verso, die Rückseite; versus, Vers; vertatur, es werde umgewendet, man wende um; verte, schlage um; vide, siehe; videatur, es werde nachgesehen; voce, bei dem Worte
var., varietas, die Mannichfaltigkeit
v. c., verbi causa, zum Beispiel; vigore commissionis, kraft Auftrages
v. cl., vir clarissimus, der hochberühmte Mann
v. D., volente Deo, so Gott will
V. D. M., Verbi Divini Magister, Diener des göttlichen Wortes
vert., vertatur, es werde umgewendet (das Blatt)
v. g. oder v. gr., verbi gratia, zum Beispiel
v. gr., s. v. g.
vid., videatur, man sehe, es werde nachgesehen
vig. comm., vigore commissionis, kraft Befehls
vo, fo., verso folio, Breitfolio
Vol., volumen, der Band, der Theil (eines Werkes)
Voll., volumina, die Bände
vt., vidit, ... hat es durchgesehen
v. V., vice verso, hinwiederum, umgekehrt

X

X römischer Zahlbuchstabe 10

Lateinischer Gießzettel. Der auf Seite 458 abgedruckte Gießzettel der Lateinischen Sprache ist wie alle in diesem Buche enthaltenen, außer dem der englischen Sprache, auf 100,000 Buchstaben berechnet worden.

Lateinischer Kasten. Unser heutiger Frakturkasten, welcher sich von Beginn der Buchdruckerkunst ziemlich unverändert auf die Gegenwart erhalten hat, war ursprünglich zum Satz der lateinischen Sprache eingerichtet, weil unsere ersten Buchdrucker ja nur Latein druckten, und so paßt er denn heute noch zum Satz dieser Sprache, wenn wir einige Fächer ändern. Die im Lateinischen sehr häufig vorkommenden Buchstaben c und q müssen ein umfangreiches Fach haben, und wir können uns leicht helfen, wenn wir das Fach des w leeren und q hineinlegen, denn jenen Buchstaben hat die lateinische Sprache nicht; ebenso können wir dem c das ch-Fach anweisen. Der am meisten im Lateinischen vorkommende Buchstabe ist das i, und daher ist es rathsam, diesem das e-Fach einzuräumen, während wir das e in das n-, und letztern Buchstaben in das i-Fach legen.

Lateinischer Gießzettel.

Buchstaben	Zahl	Buchstaben	Zahl	Buchstaben	Zahl	Buchstaben	Zahl
m	4200	t	6500	F	50	Æ	50
a	8050	u	6800	G	150	Œ	50
b	1400	v	2500	H	50	.	500
c	4500	x	700	I	350	,	1000
d	3450	y	150	J	90	-	500
e	9500	z	500	L	100	:	100
f	500	æ	300	M	100	;	100
g	880	œ	200	N	150	!	100
h	2000	ſſ	300	O	180	?	100
i	12000	fi	150	P	100	—	400
j	900	fl	200	Q	100	( )	400
l	4000	ě	50	R	200	[ ]	50
n	7500	&	100	S	200	*	50
o	8000	A	200	T	200	†	50
p	2600	B	100	U	200	"	500
q	1200	C	150	V	250	'	200
r	6600	D	200	X	150		
s	5400	E	220	Y	30		

100,000 Buchstaben

Lateinischer Satz. Regeln über den Satz des Lateinischen sind nicht aufzustellen, eben weil die Lateinische Sprache eine todte ist und die Typographien der verschiedenen Länder bei dem Satz derselben ihre Eigenarten zur Anwendung bringen. Nur ein paar Bemerkungen über das Theilen der Wörter von einer Zeile zur andern sind hier am Platze, weil hier die Vorschrift der Sprache, nicht aber die Eigenart dieses oder jenes Landes in Betracht kommt. So darf **erstens** das ct nicht von einander getrennt werden, denn beide Buchstaben, welche vormals sogar als Ligatur zusammengegossen waren, machen den Anfang der Sylbe, z. B. sanctus, heilig, zu theilen: san-ctus, nicht aber sanc-tus; pictus, klein, zu theilen: pi-ctus, nicht pic-tus; **zweitens** darf gn nicht von einander getrennt werden, denn auch diese beiden Buchstaben beginnen die Sylbe, als z. B.: magnus, groß, zu theilen ma-gnus, nicht mag-nus; dasselbe ist **brit-**

tens mit pt der Fall, welche beiden Buchstaben immer den Anfang einer Zeile machen. Viertens ist darauf zu achten, verbundene Wörter möglichst in ihren Verbindungen zu theilen, diese selbst aber nicht gottlos aus einanderzureißen, z. B. contradictum, die Gegenrede, zusammengesetzt aus contra (gegen, wider) und dictum (geredet, Rede), ist zu theilen als contra-dictum, nicht aber als con-tradictum.

[Abbildung: Lateinischer Kasten]

Lateinisches Alfabet. Das lateinische Alfabet besteht aus den Buchsta=

ben der Antiqua mit Ausnahme des K k, des W w und des Z z. Die Buchstaben haben die gleichen Namen wie die des deutschen Alfabets und ist die Aussprache des Lateinischen auch fast gleich mit der des Deutschen. Im Lateinischen kommen übrigens andere Ligaturen vor, als im Deutschen, so das Æ æ, Œ œ, & für et, ff, fi und fl.

Lauge, die Flüssigkeit, welche zum Reinigen der Druckformen von dem aus der Farbe an ihnen zurückgebliebenen fettigen Schmutztheilen nach dem Abziehen der Correctur, vor dem beginnenden Druck und nach dem Ausdrucken verwendet wird, ist entweder von warmer (siedender) oder kalter Beschaffenheit.

Laugebürste, bei der kalten Lauge (s. Kalte Lauge) diejenige sogenannte Waschbürste, welche ausschließlich zum Auftragen der Lauge auf die Form benutzt wird. Sie muß von weicher Beschaffenheit, aus Pferdehaaren gearbeitet und dicht gesetzt sein.

Lauge gegen das Kleben der Schrift. Um das Kleben neuer oder lange gestandener Schrift abzustellen, überbürste man den Satz mit einer Lösung von Aetznatron, welche mindestens eine Schärfe von 15 Grad nach dem Baumé'schen Aerometer haben muß. Das Aetznatron wird in Fluß- oder Regenwasser aufgelöst und diese Flüssigkeit mit einer weichen Bürste über die abzulegende und klebende Schrift gebracht. Nach Verlauf von etwa fünf Minuten hat diese Substanz die klebenden fettigen Bestandtheile vollständig aufgelöst und der Satz läßt sich nun ebenso leicht wie eben ausgedruckter ablegen. Das Aetznatron ist ein fettlösendes Mittel und schadet dem Schriftmetall nicht.

Lauge, kalte, s. Kalte Lauge.

Laugekessel, der Behälter der warmen Lauge, in welchem dieselbe zum Kochen gebracht wird, besteht meistens aus Kupferblech und ist von runder blasenartiger Form.

Laugemesser, dient zur Bemessung der Schärfe der kalten Lauge, ein sehr nützliches und kein anderes Instrument, als der Baumé'sche Aerometer, welcher bei jedem Optiker um einen billigen Preis zu erstehen ist. Die Verfahrungsweise des Messens ist folgende: Ein Glascylinder von etwa 3—4 Cm. Durchmesser und 30 Cm. Länge, der nur eine Oeffnung haben darf, wird mit Lauge gefüllt und der nach Graden eingetheilte Aerometer in dieselbe hineingehalten, so daß die Lauge auf denselben wirkt. Eine Schärfe von 12 Grad kann als die mittlere angenommen werden, sie darf aber nicht unter 10 Grad betragen und nicht schärfer als 15 Grad sein.

Lauge, warme, s. Warme Lauge.

Lavagna, Philipp de, oder Philippus de Lavagnia, wie er sich selbst in den Unterschriften mit dem Zusatze „artis stampandi in hac urbe primum latorem atque inventorem" nennt, eröffnete in Mailand im Jahre 1471 die Reihe berühmter Typographen mit der Schrift: Alchuni Miracoli de la gloriosa nergene Maria, 1469 in 4, denn die von Joh. Ant. Saxius in seinen „Prolegomenen zur Mailändischen Buchdruckergeschichte" Seite 88 aufgestellte Behauptung, daß die Historia Augustae Scriptores von Sweynheym und Pannartz vom Jahre 1465 das erste in Mailand gedruckte Buch sei, ist längst als unrichtig verworfen. Der Druckfehler 1465 statt 1475 gab dazu die Veranlassung. Von Philippo de Lavagna kennt man viele schöne Druckwerke, die bis zum Jahre 1489 reichen, von wo aber sein Name verschwindet.

Lebende Columnentitel, s. Columnentitel.

Leempt, Gerhard de, erster Buchdrucker in Utrecht, in der Provinz Ostflandern der Niederlande, wo er, gemeinschaftlich mit Nikolaus Ketteler, im

Jahre 1473 die erste Presse aufstellte, und dann namentlich eine Ausgabe der „Historia scholastica novi Testamenti" veranstaltete und der ein Jahr darauf eine andere der „Eusebii historia ecclesiastica" folgte.

Leeu oder Leew, Gerhard, einer der ersten Buchdrucker in der Stadt Gouda in Flandern, blieb hier aber nicht lange, sondern siedelte 1484 nach Antwerpen über und erwarb sich durch zahlreiche meistens mit Holzschnitten gezierte Werke einen nicht geringen Ruhm, unter welchen die älteste niederdeutsche Uebersetzung der Fabeln des Aesop von 1485 sich hervorthut. Der große Erasmus von Rotterdam, welcher sich damals in dem benachbarten Kloster Stein aufhielt, beehrte ihn mit seiner Freundschaft. Im Jahre 1494 erscheint sein Name nicht mehr, aber von nun an tritt ein anderer dieses Namens als Buchdrucker in Rotterdam auf, nämlich Claas (Claus oder Nikolaus) Leew, und es ist wohl anzunehmen, daß er um diese Zeit gestorben, und jener Claas Leew sein Sohn und Nachfolger gewesen.

Leew, s. Leeu.

Legirung ist in der Metallkunde der technische Ausdruck für die Vornahme von Verbindungen verschiedenartiger Metalle. In der Schriftgießerei hat man diesen Ausdruck bei der Componirung des Schriftmetalls adoptirt, so daß man hier von der Legirung des Zeuges redet und darunter die Kenntniß versteht, aus welchen Metallen und aus je wie vielen Theilen derselben es besteht.

Lehre vom Annoncensatz, s. Annoncensatz, Lehre vom.

Register.

A

A a 1
Aa
Aaa
Aanwyzing der tekenen
Abbinden
Abchasisches Alfabet
Abebnen 2
Abformen
Abgang
Abgangsbogen
Abgebrochene Spatien
Abgekürzte Stiele . . 3
Abhandlung
Abhobeln
Abklatsch
Abklatsch-Instrument
Abklatschmasse
Abklopfbürste 4
Abklopfen
Abkröschen
Abkürzen
Abkürzung
Abkürzungszeichen . . 5
Ablagern 6
Ablagerung
Ablaßbriefe
Ablegebrett
Ablegegriff
Ablegen
Ablösen 7
Abnehmen
Abnubeln
Abonnementslose Blätter
Abreiben 8
— das Rähmchen
Abrichten
Absatz

Abschlagen 8
Abschmutzbogen
Abschmutzen 9
Abschmutztuch
Abschneidelinie
Abschnitt am Papier
— beim Duodez
— eines Buches
Abschnittlinie
Absetzen, die Walze . 10
— ein Manuscript
Abspülen
Abstäuben
Abtheilung
Abtheilungslinie
Abtheilungssternchen 11
Abtreten
Abzählen
Abzieh-Apparat
Abziehen 12
— einer Correctur
Abziehpresse
Abziehen, sich
Abzug
— machen 13
Accente
Accentuirte Buchstaben
Accidenz
—druck
—drucker
—druckerei 14
—-Gothisch
—kasten 15
—lokal 16
—maschine
—presse
—rahme 17

Accidenzraum 17
—regal
—saal
—satz
—schiff
—schriften
—setzer 18
—zimmer
Accolade
Accountzeichen 19
Achtelpetit
Achter
Achtzehner 20
Achtundvierziger . . . 23
Acidimeter 24
Acta
— Erubitorum . . . 25
Adams
Abbitionszeichen
Abreßbuch
. . . . 26
Aethiopisch-Amhari-
sches Alfabet
Aetzen
Aetzgrund 27
—kunst
—natron 28
—präparat
—tisch
—wasser 29
Aeußere Form 30
Affiche
Affichendruck
—druckerei
—papier
—satz
—schriften 31

Agate 31
Ahle
Ahlheft
—scheibe
—spitze
Aigu 32
A ij
Aikens
Akographie
Akutus
Albertotypie
Albion 35
—presse
Albegrever
Alde Manutio
Aldens Setzmaschine
Albine
Albinen 36
Albinische Lettern
Alfabet
—berechnung
Alfabete orientalischer Sprachen 37
Allemand
Allgemeiner Anzeiger
Aloys
Alte Textur
Altstylige Antiqua
Altorfer 38
Am Deckel sein
Americaine
Amerikanischer Oberkasten
— Unterkasten . . . 39
Amiantpapier
Amman
Anastatischer Druck . 40
Anderthalbpunkt . . . 41
—spatien
Anfänge der Buchdruckerkunst
Anfangscolumne
—gründe der Buchdruckerkunst
—zeile
Anfeuchten
Anführen 42
Anführgespahn
Anführungszeichen
Angelsächsisch

Angelsächsisches Alfabet 43
Anglaise
Anhalten
Anhang
Anhängen
Anilin
Anisson 44
Anlagen
— machen
Anlaufen
Anlegen 45
Anleger
Anlegerin
Anlegespahn
—steg
—tisch
—tritt
Anmerkungen 46
Annalen der Typographie
Annales Typographici
Annonce
Annoncenbuch 48
—=Einfassung . . . 50
—=Expedition . . . 51
—=Katechismus
—satz
—setzer 53
—steuer 54
—theil
Anopisto-Typograbie
Auredetag
Anschlagen
Anschleifen des Bimssteins 55
Anselmus
Ansetzblatt
Ansetzen, beim Werksatz
— beim Zeitungssatz
Anspritzen
Anstellen
Anstreichbogen
Anstreichen, den Satz
— das Papier
— die Walze
Antimon
Antiqua 57
—=Gießzettel . . . 59

Antiqua-Kasten . . . 59
Antiquarius 62
Antiquasatz
— =Versalien
— —=Kasten 64
Autreiben
Anweisung zum Corrigiren
Anzeigeblatt
Apokalypse
Apostroph 65
Apothekerzeichen
Appentegger
Arabesken
Arabisch
Arabisches Alfabet . 66
Arabischer Kasten
Arabische Vokale . . 68
— Ziffern 70
Archiv für Buchdruckerkunst
Armenbibel 71
Armenisches Alfabet
Armenische Lesezeichen 73
— Ligaturen
Arnbes
Ars memorandi
— moriendi 74
Ashley
Assuree- oder Sicherheitslinien
Astrologisch-medicinischer Calender . . 75
Auer 76
Aufbinden 78
Aufbringen
Auffangrolle
Aufgabebuch
Aufhängekreuz 79
Aufhängen
Aufheben
Auflage
Auflegen 80
Auflösen
Aufnehmen
Aufräumen
Aufrufen 81
Aufschlagen
Aufsetzen
Aufstellen

Aufstellung 81
Aufstoßen 82
Auftragemaschine
Auftragen
Auftragewalze 83
Auftragewalzen
Aufzug des Cylinders
Auge 84
Augustin
Ausbinden
Ausbreiten 85
Ausbringen
Auseinanderstellungs=
  Zeichen 86
Ausfahren
Ausführen
Ausführungszeichen
Ausfüllen
Ausfütterung b. Schrift=
  kasten

Ausgang 87
Ausgangscolumne
Ausgießen
Aushängebogen . . . 88
Aushänge=Exemplare
Aushängen
Ausheben
Austeilen 89
Auslassen
Auslassung
Auslegebank
Auslegen
Auslegetisch
Auspunkten 90
Auspuzen
Ausraffefächer
Ausraffen
Aussaß
Ausschießen
Ausschließen 91

Ausschließungen . . . 92
Ausschneidemesser
Ausschneiden
Ausschnitt
Ausstreichen, das Pa=
  pier 93
— die Farbe
Auszeichnen d. Bogens
— den Satz
Auszeichnungsschriften
Autographie 94
Autographiren
Autographische Feder
— Presse
— Tinte
Automatischer Anleger 95
Avisbriefe
Aviskarten 96
Ayrer
Azzoguibi

B

B b 96
Babbage
Bachmann 97
Bachulke
Babius, Conrad
— Jodocus
Bämler 98
Bänderführung
Bahnen
Baierische Schule . . 99
Balbini
Balken (Musiknoten)
— (Presse)
—=Einfassung
—=Linie
Ballanche
Ballen
— abschlagen
— aufschlagen . . 100
— einölen
—haare
—holz
—knecht

Ballenleder 100
—machen
—meister
—messer
—nägel
— packen 101
— Papier
Ballhorn, Johannes
— Friedrich
Band=Einfassung . . 102
Barclay
Barth
Bartschrift 103
Baskerville
Bastard
Bauen 104
Bauer
Bausche 105
Baxter
Beiläufer
Beleuchtung
Bellaert 106
Bengel

Bengelknopf . . . 107
—scheibe
—schnalle
Bensley
Berechnen
— der Arbeit
— des Manuscripts
— des Notenplanes 108
Bertram
Beschweren
Besehlblech
Besehlklotz
Bethuc & Plon . . . 109
Bewick
Bibel
Biblia Latina Vulgata
— Sacra Latina
Bibliographie der Gra=
  phischen Künste
Bienenkorb 146
Bild
—fläche
Billetpapier 147

30

Bimsstein
Bis=Zeichen
Blanket
Bläw
Blatt 148
— gold
Blechdruck
Blei 149
— weiß 150
Blindendruck
Blockaden
Blockbücher
Blockiren 151
Bloemaert
Bobani
Bogen 152
— quadraten
— regletten
— schneider
— stege

Boudinot 152
Bomberg 153
Bourgeois
Bradford
Brand'amour
Breite des Satzes
Breiter Schnitt . . . 154
Breite Schrift
Breitformat
Breitkopf, Bernhard
  Christof
  — Johann Gottlob
    Immanuel 155
Brett 156
Brevier
Brief 157
— kopf
— maler
Brilliant

Brockhaus, Friedrich
  Arnold 157
  — Dr. Heinrich . 159
Brodschriften 161
Bronze
Bronziren
Bronzirmaschine . . 162
Bruce
Bruchzifferkasten
Bruchziffern 163
Buch
  — Papier
Buchdruckerkunst
  — wappen 176
Buchstabe
Buchstaben=Signirung
Buchnick 177
Bütten= oder Hand=
  papier

C

C c 177
Calander 178
Camphausen
Canon
Canzlei 179
Capitälchen
Capital
  — stege
Capitel
Caput mortuum
Capuciner
Carmin
Carree
Catholicon
Cavalier 180
Caxten
Cellulose 182
Censor 184
Censur
  — bogen 185
  — lücke
  — strich
Centennialschreib=

schrift 186
Central=Anzeiger
  — buchdruckerei
Chalkographie . . . 187
Chemiegraphie
Chemische Abkürzun=
  gen 188
Chine
Chinesischer Kalender
Chinesisches Papier 189
Choralnoten=Typen
Chouët
Christoph der Heilige 190
Chromo=Lithographie
Cicero 191
  — System
Circular
Clayn 192
Clichee
Clichiren
Clymer 193
Cobiees
Cogger=Presse

Collationiren 194
Colombier
Colonel
Colorirte Holzschnitte
Columbia=Presse
Columne 195
— maß
— mit Linien=Ein=
  fassung 196
— schnur 197
— titel
— zahl
— ziffer
Complementärfarbe
Completmaschine
Compositions=Walzen=
  masse 198
Complicirte Einfassun=
  gen
Compreß 199
Concept
Concertprogramm
Concordanz

Concordanzlinie .. 199
—steg
Congreve
—druck 200
—maschine
Consequent bleiben
Cooperative Blätter
Copaivbalsam
Cope-Presse 201
Coquille
Corps
Corpus
—system
Correct

Corrector 201
—-Zimmer 202
Correctur
—-Abzieher 203
—bogen
—fahne
— lesen
— machen 204
—-Papier
—-Zeichen
Correspondent ... 205
Correspondenz-Zeichen
Corrigiren

Corrigirstuhl 225
—-Winkelhaken
—zange
Coster
Coupon 207
Couronne
Cranz
Creußner 208
Cromberger
Cursiv
Custos
Cylinder
—färbung

D

D b 209
Dänische Abkürzungen
— Ligaturen ... 210
— Schreibschrift
— Sprache
Dänischer Gießzettel
— Kasten
— Satz
Dänisches Alfabet 215
Danner
Daune
Day
Deckel
—gewicht 216
—schnalle
—stuhl
—-Ueberzug
Dedikation
Dedikationstitel . 217
—-Vignette
Defecte
Defectbogen
—buch
—kasten
—schrank 218
—zettel
Degener
Deleatur-Zeichen
Delineavit

Deposition 219
Depositionsbuch... 240
Depositor
Derriey
Deutsche Abkürzungen
Deutsche Buchdrucker-
  Zeitung 243
— einheitliche Pa-
  pierformate
— Höhe 244
— Ligaturen .. 245
— Signatur
Deutscher Kalender
Deutsches System
Dezimale Papier-Ein-
  heiten
Dextrin 246
Diamant 247
Diamond
Dibbin
Didot, Francois
— Francois Am-
  broise 248
— Pierre Francois 249
— Henri 250
— St. Leger
— jun.
— Pierre
— Firmin 252

Didot,Ambroise Firm.254
Dingler 257
Divis
Divisorium 258
Dlabacz
Dobras
Dobrowsky
Dobt van Flensburg
Dokumenten-Papier
Donat
Doppel-Calander .. 259
—-Cicero
—-Corpus
—feine Linie
—-Garmond
—-Leipziger
—-Maschine
Doten-Danz
Double Canon ... 260
— English
— Great Primer
— Parangon
— Pica
— Smal Pica
Doupliren
Draubius
Dreck 261
Dreier
Dreifaches Regal

30*

Dreipunkt 261
—-Spatien
Dreiviertel
—-Concordanz
Drittel
—-Cicero
—-Geviert 262
—-Satz
Dritte Defecte
Dritzehn
Druck 264
—cylinder
Drucken
Drucker 265
Druckerballen 266
—factor
—saal
—zimmer 267
Druckfehler
—Verzeichniß
Druckpapier
—säule
— von farbigem Papier
Ducale, La
Ductor
Dürer
Dunkelblau 268

Duodez 268
Dupont 273
Durchbrehen
Durchschneide-Linien
Durchschießen . . . 274
Durchschossener Satz 275
Durchschuß
—- und Regletten-Gießmaschine
Durchzeichnen oder Durchpausen . . . 276
Durchziehen 277
Dutartres Zweifarben-Maschine

E

E e 277
Eden 278
Eckige Klammer
Eckiger Schnitt
Ecquabraten
Ecu 279
Eggesteyn
Egyptienne
Eichhoff
Eibographie 280
Einer 281
Einfache Cylinder-Schnellpresse
— Einfassungen . 283
Einfacher Calander 284
Einfahren
Einfallen
Einfassungen
Einfassungslinien
Einheben
Einteilen
Einteilung
Einladungsbriefe . . 285
—karten
Einlaßkarten
Einlegen der Schrift
— in Punkturen . 286
Einlegen in Preßspahn 286
Einlegetisch
Einölen
Einpunkt 287
—spatium
Einschlagen
Einsteckbogen
Einstecken
Einwerfen
Einziehen
Einzug 289
Eisenbahn-Bewegung
Eisen-Papier
Eiserne Pressen
— Schließstege
Eiweiß 290
Ektypographie
Ektypographischer Satz 291
Elfer oder Nummer Elf 292
Elzevir, Ludwig
— Isaal
— Johann 293
—-Versalien
Encyklopädie, chines.
Englische Abkürzungen 294
— Albine 300

Englische Antiqua . 300
— Druckschrift
— Ligaturen . . . 302
— Linien
Englischer Kasten
— Oberkasten
— Unterkasten
— Satz
— Gießzettel . . . 303
Englische Schreibschrift
— Sprache
— Sylben-Theilung
Epilogus 307
Episteln des heiligen Hieronymus
Errata
Erste Defecte
Etcetera-Zeichen
d'Este
Etienne
—-Versalien
Et-Zeichen
Excellenz-Bibel
Excelsior
—-Gasmaschine
Excenter 311

F

Ff 311
Fabricius
Facette 313
Facettiren 315
Factor
— Drucker=
Factoren = Aufgabe=
  buch 317
—=Inventarbuch
Factor=Gehülfe . . . 319
—zimmer
Factura
Fahne 321
Fahrt
Farbe
—brett 322
—bruck
—eisen 325
—kasten
—löffel
—mischung
—mühle 326
— nehmen
—contrast
—=Lithographie . . 327
—reibmaschine
— reiben
—=Reliefdruck
—platte
—stein 328
—tisch
—walze
—werk
Faulmann 329
Faulenzerstrich
Federpunkturen . . . 330
Fehler
Feinfettfeine Linie

Feiner Schmirgel . 330
Feine Spatien
Feinfeinfettfeinfeine
  Linie
Feine Linie
Fett
Fette Antiqua . . . 331
— Egyptienne
— Fraktur
— Linie
—feine Linie
— Säuren
Feuchten 332
Feuchtbrett 333
—=Extract
—mulde
—wanne
Figur
Filz
Finalstöcke
Firnißbereitung
Fleisch 335
Fliegenköpfe
Flinsch, Ferdinand
— H. F. G. 337
Floßfedern 339
Folio
—=Duern 340
—=Tritern 341
—=Quatern 342
—schiff 343
Form
Format
—bogen
—breite
—bücher 344
—länge
— machen

Formatlehre 345
—stege
Formel 346
Formenbrett
—=Regal
—waschen
—schneiden
Fortbrucken 347
Fränkische Schule
Fraktur
—=Gießzettel
—kasten
Franklin
Französische Abkür=
  zungen 358
— Ligaturen
— Papierformate 361
Französischer Deckel
— Gießzettel
— Kasten
— Satz 365
Französische Schrift
— Signatur 366
— Sprache
Französisches Schiff
— System 367
— Wörtertheilen
Französische Zurich=
  tung
Frasers Setz= und Ab=
  legemaschinen
Froben 370
Frosch 371
Füllungsmaterial . 372
Fünfer
Fünfpunkt
Fundament
Fuß

G

Gg 375
Gabel

Gährungen 375
Gaillarde

Galgen 375
Galläpfelextract

Gallussäure 375
Galvanische Eisennie-
  derschläge
Galvanoglyphie ... 377
Galvanographie
Galvanoplastik
Ganze 378
Garamond
Garmond
Gautschen
Gedankenstrich
Gedenkbuch 379
Gedichtsatz
Gegenhebel 380
Gehülsenbuch ... 381
Gelb
Gelber Ton
Gemeine
Gemischter Satz
Gerippe
Germanisch
Gespaltener Satz ... 383

Geviert 383
Gewaschene Manier
Gießinstrument
Gießlöffel 384
—ofen
—pfanne
—zapfen
—zettel
Gills Heißwalzen-Ma-
  schine zum Glätten
  und Trocknen ... 385
Glasätzkunst 387
Glatter Satz
Glätten
Glättpresse
Gleichheits-Zeichen . 388
Glückwunschbriefe
—karten
—schreiben
Glycerinbogen
Golddruck
—farbe 389

Gordons Last Franklin
  Job Printing Preß 938
Gothisch 390
Grab
—zeichen
Grand-Aigle
Granjon
Grapholypie 391
Graphit
Grau
Griechisches Alfabet
Griechischer Kasten
Gros Canon 393
Großes Gegengewicht
Grundirtes Papier
Grün
Gute Correctur
Guter Satz
Gutenberg
—-Denkmal in Frank-
  furt 399
— — in Mainz

H

H h 400
Haarspatium
Haas 401
Hagar-Presse
Halbe Concordanz .. 402
Halber Satz
Halbfett
—fette Linie
—geleimtes Papier
—geviert 403
—punkt
—petit
Handpresse
Hand Proof Press
Handzeichen 404
Hartblei
Harter Druck
Hartmetall
Harz
Hattersley
Haufen

Haupttitel 405
—zeile
Hebel
—druckwerk
Hebewalze
Hebräisch 405
Hebräische Lesezeichen
Hebräischer Satz
Hebräischer Kasten . 406
Hebräisches Alfabet 407
— Ausschließen ... 408
Heft
Heims
Heimsche Satinir-
  Schnellpresse
Helffmann 410
Heliographie
Hell-Dunkel
Herausstoßen des Durch-
  schuß 411
Hialographie

Himham 411
Hochätzung in Zink
Hochstehende Bruch-
  ziffern 414
— Buchstaben
Hochzeit
— machen
Hockscher Sparmotor
Höhe Didot 415
Hoe
Hoes Papier-Feucht-
  maschine 417
— Rotationsmaschine
Hohe Ausschließungen 418
Hohenwang
Hohlstege
Holzmann
Holzpresse
—säure 419
—schneidekunst
—schnitt 420

Register 471

Holzschrift 421
—stoff 422
Homöographie

Hülfsbüchlein für Buch=
　drucker und Setzer 422
Hurenkind

Hydraulische Glätt=
　presse 423

J

Jij 423
Ibarra
Illustration 424
Illustrationsdruck
—drucker 425
—satz 426
Imham

Imperial 426
Imprimatur
Incunabel
Indigo
Indische Ziffern
Indispensable
Inhalt 427

Initialen 428
Insignie 428
Interimsformat
Interlinirter Satz
Interpunktionen
Irisdruck 492
Italic

Jacobi 430
Jensen 431
Jesus
Johnsons Selbstanleger

Journal générale d'af-
　fiches 432
Justiren
Justirer

Justirung der Matrize 431
Justorium
Juvenile Reader

K

K k 433
Kachelofen
Kalendarium
Kalender
—=Zeichen 435
Kali=Abschmutzbogen
Kalligraphie
Kalte Lauge
Kanzlei 437
Kapitel
Kapuziner
Karren
Kartenblatt
—presse
—satz
Karton 438
Kasten
Kastenbeins Setz= und
　Ablegemaschine

Kasten für Einfassun=
　gen 439
— kleiner
—regal
— zum Aufstellen von
　Schrift
Kegel
—bourgeois 440
—stärke
Keil
—facette
—hammer
—rahme
—treiber 441
Kernmaß
Kippen
Klammer
Kleine
— Canon

Kleine Cicero ... 441
— Mittel
Kleiner Kasten
Klopfen 442
Klopfholz
Kniehebelpresse
Koberger
Königswasser 443
Körnen des Steins
Körper 444
Kolon
Kolophon
Kopf 445
—leisten
—linie
—lose Blätter
Kork 446
Kosmos=Einfassung
Kräftige Farbe

Krafft 447
Kreisbewegung
Kreis= ober Nullen=
  Zirkel 447
Kreuz
—maß

Kreuzsteg 547
Krystall=Unterdruck
Kunne
Kupferdruckfarbe
  —papier
  —druckpresse

Kupferniederschlag . 547
  —stechkunst 448
  —stich
  —stichplatte
  —wasser=Pulver
Kurbel 449

L

L l 449
Lage
Lagen machen
Läufer 450
Landkartensatz
Lateinische Abkürzun=
  gen
Lateinischer Gießzettel 457
  — Kasten

Lateinischer Satz . . 458
Lateinisches Alfabet 459
Lauge 460
—bürste
  — gegen das Kleben
    der Schrift
  — kalte
—kessel
—messer

Lauge, warme . . . 460
Lavagna
Lebende Columnen=
  titel
Leempt
Leeu 460
Leew
Legirung
Lehre vom Annoncensatz